中国历史文摘

CHINESE HISTORY DIGEST

2022年卷
（总第3卷）

主编／李 军

社会科学文献出版社
SOCIAL SCIENCES ACADEMIC PRESS (CHINA)

中国历史文摘

2022 年卷（总第 3 卷）

C 目 录
ontents

全文转载

论点摘编

魏晋南北朝隋唐五代史

宋元明清史

中国近现代史

篇目推荐

全文转载

史学经典与中华民族文化基因的锻造

陈其泰

摘　要　中华民族文化基因是民族久远历史发展的根脉，是民族伟大创造力的源泉，在今天应当大力发扬光大。探索中华民族文化基因的产生和锻造任务繁重，涉及浩瀚的典籍，亟须采用俯察众流、抓住关键的方法。《史记》是一部产生于中华民族青春勃发时代、内容博大厚重、凝聚着古代先贤智慧、体现民族伟大创造精神的史学经典，对于民族精神的锻造和提升起到极大作用。我们站在今天的时代高度进行深入的发掘、阐释，能够确有根据地总结出中华民族文化基因坚韧性、优良性和融通性的宝贵特点，中华民族形成了五大文化基因：弘扬传统是中华文化的根脉；革新创造是中华文化的发展动力；加强统一、团结凝聚是中华文化战胜艰难、不断取得胜利的保证；热爱和平、反抗压迫是中华文化的愿景和气概；包容、和谐是中华文化的胸怀和神韵。如此独特、坚韧、强大的文化基因，是中华民族战胜一切困难、不断壮大发展、繁荣昌盛的奥秘所在。

关键词　《史记》　中华民族文化基因的锻造　疏通知远　穷变通久　大一统　反抗压迫　包容和谐

一　俯察众流，抓住关键

　　文化基因是民族特质和生命力的集中体现，是数千年奋斗前行的中华民族躯体内流淌的血脉，是民族精神的根基。习近平总书记指出："要加强对中华优秀传统文化的挖掘和阐发，使中华民族最基本的文化基因同当代中国文化相适应，同现代社会相协调。"① 这是当前

---

① 习近平：《在中国文联十大、中国作协九大开幕式上的讲话》，《人民日报》2016年12月1日，第2版。

学术界必须高度重视和认真落实的重要课题。

中华民族五千多年的悠久历史是一部气势恢宏的伟大史诗，文化基因浓缩了她的传承力、生命力、影响力，因此又与当代社会进程密切相连。中国是世界各大文明古国中唯一文明没有中断的国家，保存了几千年连续不断的历史记载，而且中华民族活动的舞台、历史演进的地理范围始终未曾迁移，历几千年间，文字、语言的体系也前后相承，虽然古今有所变化，但演进的脉络清晰可寻。中国古代政治、文化成就灿烂辉煌，中间虽经历过严峻考验，却能穿越曲折、衰而复振、蹶而复起。尤其是到了近代，在西方列强嚣张的侵略气焰面前，中国作为统一的东方大国，坚持反抗斗争，给西方殖民主义的侵略扩张造成了巨大的障碍，对于世界被压迫民族是一个巨大的鼓舞，经过抗日战争之后，中华民族浴火重生，建立了新中国，从此走上奋发图强、实现民族复兴的光明大道。古老的东方民族能够创造出人类史上如此非凡的奇迹，历经漫长岁月考验却具有坚韧不拔的生命力，并且在现当代再度激发出伟大创造力，展现出大国的尊严和风采，为人类进步做出更大贡献，其文化基因和历史根源是什么？今天如何将传统文化的精华发扬光大，发挥其促进现代化建设的重要作用？对此深入探讨，无疑具有重要学术价值和意义。

中华民族文化基因的锻造形成是一个历史过程，经历了漫长的孕育、产生、壮大，又在严峻考验中得到淬砺而升华。大体而言，从黄帝时代至夏、商时期，是萌发阶段；西周至春秋战国时期，是产生和光彩展露阶段，其标志是《尚书》《周易》《论语》《孟子》《左传》《国语》及其他战国诸子中对民族文化基因的一些特征、智慧做了极其简要的概括，成为著名的古训，这是民族文化基因的重要渊源，也是后代卓荦人物认识中华文明特质并加以阐释的纲领；秦汉以后至明代，是民族文化基因壮大和芳华盛放阶段，众多政治家、思想家和有为之士结合所处时代特点，吸收新的智慧，对民族文化基因予以丰富、提升，为汉唐盛世的出现和古代文化的光辉灿烂提供创造的依凭和睿思卓识，在此漫长时期中也有过严峻的考验、磨难，但依靠文化基因的优良和坚韧，中华民族得以衰而复振、蹶而复起；自清初至20世纪，民族文化基因在社会趋势走向近代、救亡图强思潮涌起的新环境中得到淬砺、升华，凤凰涅槃，为民族伟大复兴提供助力。历经五千多年进程，漫长而壮阔，丰富而深刻，历久而弥坚！探索中华民族文化基因如何锻造，意义重大又任务繁重，因其思想内涵堪称精深奥妙，而这些珍宝却散存于浩瀚的典籍之中，要对此做全面梳理论证，工作量是很大的。据此，需要俯察众流，抓住关键，采用恰当的方法，首先应致力于对具有特殊价值的文化经典的深入考察。从内容博大厚重、记载系统、议论深刻、凝聚着古代先贤的哲理思考和智慧、体现民族伟大创造精神而又影响深远的经典名作入手，认真进行发掘、总结。产生于西汉强盛时代的不朽巨著《史记》，就是这样兼具丰富性、思想性、创造性，在中华民族文化基因锻造与提升过程中产生过巨大作用的杰作，亟须我们站在当今时代的高度重新审视，做出具有理论价值的创造性阐释，并从中获得宝贵的启示。

二 司马迁著史的时代机遇

《史记》被誉为"史家之绝唱",是因为这部杰作产生于特殊的历史环境,司马迁站在前所未有的时代高度总结中华民族壮阔的历史道路,难能可贵地表现出中国精神、中国智慧。

"社会存在决定社会意识",①是马克思主义的基本原理。《史记》这部对于中华民族文化基因的形成具有里程碑意义的杰作何以能在西汉时期产生,其间所存在的多层次的、具有丰富哲理内涵的关系,完全值得做专题研究并写成厚重的著作。本文只能从宏观方面对于西汉时期何以恰好为《史记》产生提供了时代机遇,从以下三项做概括的论述。

一是,在国家实现了空前统一的时刻,总结中华民族以往全部历史。

秦王朝是在吞并六国的基础上建立的,尽管仅存在15年,但它对全中国统一事业做出了重要的贡献。西汉建立,一方面继承了秦朝的统一事业,另一方面,吸取秦朝实行酷烈政治而骤亡的教训,采取宽省政策,从高祖立国起制定的休息民力、奖励生产、发展经济的施政方针,经高后、文帝、景帝各朝一直得到遵行,至武帝初年达到国力强盛,汉朝成为中国历史上第一个强盛的朝代,三千年中华民族的演进史至此达到新的高峰。伟大史学家司马迁即生于斯、长于斯,由此而能够站在前所未有的历史高度,对中华民族的历史做系统记载和深入考察。《史记》的成就,首先在著史规模和格局上,与先秦史著相比实现了巨大的飞跃。《左传》是先秦史籍中成就最高的著作,在记载春秋大国争霸、列国社会状况、战争谋略、人物言论和保存古史传说等方面,都有值得称道的成就。而将《史记》与《左传》相比,前者却是一座巍然耸立的丰碑,最为关键的是《史记》的通史性质和记载的内容极其丰富。《左传》是春秋时期的编年史,记载了255年史事。而《史记》则记载了远古以来中华民族的全部历史,上起五帝时代,下讫史家生活的当世汉武帝时期。这不但在中国历史上是首创,在世界文化史上也是独一无二的。司马迁为何能够撰成这部雄视千古的杰作?是因为中华民族的统一规模获得了空前的发展,以此为依凭,史家才有如此宏大的气魄和冷静的思考,并确立了以"通古今之变""成一家之言"为著史的目标。司马迁创造了以"本纪""表""书""世家""列传"五体有机联系的成功体裁,其中十二篇本纪就是纵向记述各个历史时期的大事件,总结治乱兴衰的经验教训,再现中华民族三千年历史演进的主线,构成全书的纲领;其他十表、八书、三十世家、七十列传围绕本纪展开,构成历史演进的全景图。因此,中国史学由先秦时期产生的《左传》到西汉时期撰成的《史记》,并不是简单地

---

① 《马克思恩格斯选集》第2卷,人民出版社,1995,第32页。

做到史书体裁由编年体到纪传体的变化，而是史书规模、著史格局、记载内容丰富的程度和史家揭示历史进程深刻程度的质的飞跃。概言之，如此贯通古今、内容饱满生动、有血有肉的史学杰作，有力地回应了表现和提升中华民族文化基因的时代要求！唐代史论家皇甫湜目光如炬，他称誉司马迁为了贯通上下、详载以往历史，"必新制度而驰才力"，"于是革旧典，开新程，为纪为传为表为志，首尾具叙述，表里相发明，庶为得中，将以垂不朽"。①

二是，适逢民族创造力旺盛的时代展现出中国精神、中国智慧。

"好比青年时期是人生朝气蓬勃的年代一样，在中华民族进化史上，汉朝也是这样一个富有活力、成长迅速的重要时期。中国中古时代的政治设置、典章制度、思想观念、学术文化的基本格局是在这一时期形成的。我国今日的辽阔版图，是在汉朝奠定的。作为中华民族主体的汉族也是在汉朝形成，并且以这一强盛朝代命名的；当今世界各国也都称我们的语言、文字、学术，为汉语、汉文、汉学。"②从立国开始，汉朝就产生了许多出色的政治、军事人物和思想家、文学家，他们在平民大众终日劳作的基础上，促使汉朝保持上升和强盛的局面达一个半世纪以上。汉朝人物又有"引大体忼慨"③的豪迈气质，敢于和善于议论国家的政治得失、历史教训、治国理政的重大设施，思想顾忌少，这也与当时社会旺盛的创造力相合拍，因此有的研究者称汉代为"英雄时代"。司马迁对其生活时代这种特点感受最为强烈，《史记》记述历史就是以人物活动为中心，父亲司马谈临终对他谆谆嘱咐："今汉兴，海内一统，明主贤君忠臣死义之士，余为太史而弗论载，废天下之史文，汝其念哉！"④对此司马迁俯首流涕，庄严承诺。

《史记》成功地做到以记载人物为中心，不仅七十列传基本上都是写各阶层代表人物的活动，而且十二本纪兼载军国大事和帝王的活动、性格，三十世家中也记载了齐桓公、晋文公、楚庄王、赵武灵王等国君，孔子、陈涉，及汉初社稷重臣萧何、曹参、张良、陈平、周勃等人。在司马迁笔下，这些人物无不奋发有为、仗义倜傥。司马迁以丰富的史料和可贵的实录精神所成功再现的人物形象，展现出历史上的民族精神和非凡智慧，这对于锻造中华民族文化基因，意义同样非同寻常。

司马迁对中华民族历史上英伟卓荦人物的记载，成为千百年来全民族共同的历史记忆，后代史家以《史记》为楷模，把实现长期连续记载历史作为神圣职责。中华民族的先人本来有发达的历史意识，经过《史记》的撰成又达到更高的阶段。黑格尔讲过一段话对我们很有启发，他认为历史著作的产生表明人类智力的提升，能够客观地认识自己的进程，并且达到自觉地总结和反思的阶段。他特别称赞"中国人具有最准确的国史"，他说："因为'历史'

① 皇甫湜：《编年纪传论》，《全唐文》卷六八六，中华书局，1983，第7030页。
② 陈其泰：《再建丰碑——班固和〈汉书〉》，生活·读书·新知三联书店，1994，第1页。
③ 《史记》卷一〇一《袁盎晁错列传》，中华书局，1959，第2739页。
④ 《史记》卷一三〇《太史公自序》，第3294页。

这样东西需要理智——就是在一种独立的客观的眼光下去观察一个对象，并且了解它和其他对象之间合理的联系的这一种能力。所以只有那些民族，它们已经达到相当的发展程度，并且能够从这一点出发，个人已经了解他们自己是为本身而存在的，就是有自我意识的时候，那种民族才有'历史'和一般散文"。① 这段话的道理很深刻，一个民族，只有它的智能达到对民族本身的发展能够做一番探讨时，才有"历史"，这时，不但个人获得是为本身而存在（而不是为"神灵""教义"存在）的自我意识，而且，就这个民族全体来说，也才具有认识自己的存在和发展的由来这样一种"自我意识"。② 中华民族很早就重视记载历史，先秦时期撰成的《尚书》《春秋》《左传》为中国史学奠定了基础，现在《史记》以人物为记述历史的中心更表明"历史意识"得到了升华，通过记载人在历史进程中如何发挥聪明才智而演出了无数可歌可泣的生动活剧，表明史家是在一种独立的客观眼光下去观察历史，并通过总结经验教训来推动历史前进，这就使《史记》成为展现中华民族精神、中国智慧的最为宝贵的历史教科书。由此也说明，今天通过这部产生于中华民族历史上最具青春活力的时期的史学宝典来剖析中华民族文化基因，该有何等特殊的意义。

三是，汉武帝时代为《史记》的产生提供了良好的物质文化条件。

汉武帝雄才大略，兴造功业，班固曾经概括这个时代的特点为"海内艾安，府库充实……群士慕向，异人并出""汉之得人，于兹为盛"，③ 并举出一批名垂青史的人物，包括大经学家、大理财家、大军事家、大文学家等都应时而生。正是国家辽阔版图和社会蓬勃向上的局面，为司马迁提供了极好的著述条件。他有两次壮游的经历。"二十而南游江、淮，上会稽，探禹穴，窥九嶷，浮于沅、湘，北涉汶、泗，讲业齐、鲁之都，观孔子之遗风，乡射邹、峄；厄困鄱、薛、彭城，过梁、楚以归。"此是一并记载其二十岁以后游学四方之经历。又一次重要的旅行、考察经历是："于是迁仕为郎中，奉使西征巴、蜀以南，南略邛、笮、昆明，还报命。是岁天子始建汉家之封。"④ 不仅走遍中原大地，还远至西南夷地区和东南方的会稽，因而大大丰富其阅历，开阔其胸怀。诚如梁启超所言，"考迁游综，则知当时全汉版图，除朝鲜、河西、岭南诸新开郡外，所历殆遍矣"。⑤ 古代交通条件极困难，司马迁正是凭借盛世提供的种种条件和机遇，才能实现这一切。其壮游，又是与实地调查史迹、访问故老传说相结合的，因而对史实的把握更准确，对历史特点的认识更深刻。在文献的收集、整理上，西汉初年和武帝时期都曾大规模搜集图籍，如其所言，"百年之间，天下遗文古事靡不毕集太史公"。广泛的阅历，丰富的典籍，严肃认真的"考信"功夫，使司马迁实

---

① 黑格尔：《历史哲学》，王造时译，生活·读书·新知三联书店，1956，第204—205页。
② 参见本刊编辑部《座谈中国史学史之史》，《史学史研究》1985年第1期。按，座谈会于1984年12月17日举行，经《史学史研究》编辑部对座谈记录整理发表。此为笔者在会上发言中讲到历史著作的意义的一段话。
③ 《汉书》卷五八《公孙弘卜式儿宽传·赞》，中华书局，1962，第2634页。
④ 《史记》卷一三〇《太史公自序》，第3293—3295页。
⑤ 梁启超：《要籍解题及其读法》，《饮冰室合集》专集之七十二，中华书局，1989，第13页。

现了其"厥协六经异传，整齐百家杂语"的宏愿。① 现代学者郑振铎评论说："他排比、整理古代一切杂乱无章的史料，而使之就范于一个囊括一切前代知识及文化的制作定型之中。"② 对司马迁系统地整理古代学术文化的贡献做了切中肯綮的评价。

上述分析说明了：国家统一事业的空前发展，使史家勇于担负继五帝传统、承三代绪业的大任，总结中华民族已往全部历史；史家生活于西汉盛世，深受"引大体忼慨"时代风气所浸染，因而具有展现中华民族非凡精神和智慧的襟怀与能力；"天下遗文古事靡不毕集太史公"的史料凭借，史家本人丰富、广泛的阅历，使他能够撰成将一切前代知识及文化囊括其中的、"实录"式的史学杰构。多种历史条件因缘际会，相互作用，加上司马迁本人的杰出才华——以上各项，就是《史记》能为锻造和提升中华民族文化基因做出杰出贡献的原因所在。

三 《史记》对锻造中华民族文化基因的非凡贡献

中华民族作为穿越历史上几千年狂风暴雨、曲折磨难，发皇张大、坚不可摧，至今成为世界人口最多的民族并焕发出蓬勃生机，她的文化基因一定具有醇美质朴、蕴蓄深厚、广纳互通、绵延持久的优良品格，因而在历史长河中不断吸收时代的营养而得到提升。毫无疑问，各个时代的文化经典都为民族文化基因的形成和发展做出贡献。然则《史记》因其得天独厚的时代机遇和生动记述汉武帝时期以前全部历史与文化的宏富内容，而理所当然地最受我们关注。兹事体大，亟须学界共同努力，切磋、提炼，以求其圆满解决。本文仅是探索性工作，初步将《史记》这部史学宝典为锻造与提升中华民族文化基因的贡献，归纳为以下五项。

（一）弘扬传统，疏通知远

中国历史与文化从殷代甲骨文大量记载史事起，一脉相承，长期继承发展。甲骨文于1898年在安阳小屯殷朝故都遗址发现，一时成为震动全国学术界的大事，以后更发展成为世界范围的一门"显学"。原因就在于，这些刻在龟甲和牛骨上的文字是殷王室为占卜政事和日常生活而留下来的记录。甲骨文的记载尽管很简略，但大部分卜辞都已具备历史记载所必要的时间、事件、人物（占卜人）和占卜结果等要素，这些要素，实为后来《春秋》简要记事的雏形。甲骨文记载的内容，包括王室世系、年代、征伐、祭祀、田猎、王室与各方国

---

① 《史记》卷一三〇《太史公自序》，第3319页。
② 郑振铎：《插图本中国文学史》，人民文学出版社，1957，第120页。

的关系，以及气象、收成、自然灾害等，因此，研究者可以依据这些大量史料，经过考证、整理而撰写成内容充实的殷商制度和社会生活史。尤能证明殷代先民历史意识发达的事实是，王室有意识地保留这些记载而予以整齐地贮存。这一重要的考古发现是在1936年6月12日，当时的历史语言研究所组织第13次发掘，由考古学者郭宝钧主持，石璋如等参加，甲骨学专家李济、董作宾曾前往视察。此次重大收获是，在第127坑发现了重达3吨多的龟甲、牛骨板，出土甲骨还有涂朱涂墨的特点。考古人员大喜过望，于是采用特殊的方法完整挖出，然后用特制大厚木箱装好运到南京史语所，经仔细清理，共有甲骨17000余片，其中完整龟甲300多版。李济在其著作中称此次发掘的龟甲是"地下档案库"，恰当地强调当年的统治者竟然做到了有意识地整齐保存。① 这次重要考古发现也为《尚书·多士》所载"惟殷先人，有册有典"② 提供了新的确证。

中华民族历史记载的发端是如此茁壮，其重视文化传承的意识是如此明确，这就预示其必然具有强盛的生命力，很快由滥觞而汇成江河！到周代，即产生了被誉为"中国第一部信史"③ 的《尚书》，相传为孔子编选删定而成。④ 先秦典籍并非出于一人一时之作。经学者考证，《今文尚书》二十八篇中之主体篇章，均应出于史官所记载或史官依据原有资料所做的追记。如《虞书》《夏书》，共四篇，是春秋战国时人根据相传旧说，综合整理或改写而成的。《商书》五篇，当以《盘庚》写成最早，文献价值最高。《史记·殷本纪》称《盘庚》是帝小辛时的作品，当与史实相近。《周书》共十九篇，其中《洪范》是战国时作品，《文侯之命》和《秦誓》是周室东迁后作品，《吕刑》的时代待考，其余十五篇基本上可信为西周初年史官的记录或史官追忆所作。⑤ "《尚书》的编纂体现出强烈的历史意识，重视中国古代文明前后相承的发展。《尚书》各篇所记历史，上起唐尧，下讫秦穆，不仅时间跨度极大，代代赓续，而且内容涉及政治、宗教、哲学、思想、历法、典章、法律、语言文字、地理、军事等方面，可以说，中国古代史记载的连续性、反映民族文化认同不断发展、体现中华民族统一的规模不断扩大等优良传统，都肇始于此。"⑥

"疏通知远"是华夏先民很早提出的观念，是中华民族文化基因重要源头之一，应予高度重视。这一观念出于《礼记·经解》："疏通知远，《书》教也。"⑦ 准确地道出《尚书》开创

① 参阅李济《安阳》，河北教育出版社，2000，第124页；柴如瑾《写在甲骨上的中国自信》，《光明日报》2019年10月27日，第9版。
② 《尚书·多士》，阮元校刻《十三经注疏》，中华书局，1980，第220页。
③ 金景芳：《尚书新解·序》，金景芳、吕绍纲：《〈尚书·虞夏书〉新解》，辽宁古籍出版社，1996，第1页。
④ 《史通·六家》篇云："至孔子观书于周室，得虞、夏、商、周四代之典，乃删其善者，定为《尚书》百篇。"意为《尚书》各篇来源于史官所记或追记。
⑤ 周初八诰——《大诰》《康诰》《酒诰》《梓材》《召诰》《洛诰》《多士》《多方》，以及《无逸》《君奭》《立政》《金縢》《顾命》等，价值尤高。周初八诰记载了周公东征、营建洛邑、封建侯国、降服"殷顽"等重大政治、军事活动和努力安定国家局面的策略思想，为西周这一重要时期提供了翔实可靠的历史记载。
⑥ 陈其泰：《中国历史编纂学史》第1卷，国家图书馆出版社，2018，第191页。
⑦ 《礼记·经解》，阮元校刻《十三经注疏》，第1609页。

了中华民族历史记载长期连续性的传统这一重要价值，"疏通"是指要认识历史的发展变迁，"知远"是指要追溯前代，记述祖先的历史，传承文明。还有《周易》所言"君子以多识前贤往行，以畜其德"，①《诗经》所言"殷鉴不远，在夏后氏之世"，②这些著名的古训同样昭示后人要弘扬传统，重视总结历史经验，同样鲜明地体现中华民族这一重要的文化基因。我们不妨拿同属于世界文明古国的其他国家相比较。黑格尔将古代印度几乎没有历史记载与中国典籍的丰富相对比，感叹说："因为这个原因，最古老而又可靠的历史资料，反而要从亚历山大打开了印度门路之后希腊著作家笔下的文字里去找。"又说："中国凡是有所措施，都预备给历史上登载个仔细明白。印度则恰好相反。"③古代希腊有著名的历史著述，后来没有了。古代埃及几经波斯人、希腊人、罗马人所灭亡、征服，这期间没有自己的历史著述，埃及古代史上有许多无法解决的疑问，连著名的《伊浦味陈辞》究竟是说明古王国末还是说明中王国末的情况，至今学者们还弄不清楚。④通过比照，中华民族从上古时代开始就高度重视弘扬传统、重视历史记载和总结历史经验所具有的独特性、优异性更加凸显，由此形成历史文化认同的牢固基础，成为不竭生命力的源泉，因而谱写出五千年文明连续发展的伟大史诗！《史记》的著成，使华夏先民"弘扬传统，疏通知远"这一重要文化基因得到有力的提升。司马迁确立的著史宗旨"通古今之变"，就是《尚书》"疏通知远"精神的直接发展，站在新的高度对中华民族全部历史做关照，总结其发展的全过程。《史记》继往开来，史识卓越，气魄更雄伟，再现中华民族有史以来历史进程的方式更加连贯和丰富，对锻造中华民族文化基因贡献巨大，成为后代著述历史尤其是通史著作的楷模。由于《史记》自觉地弘扬传统，因而成为中华文明的根基，世界文化史上的瑰宝。

司马迁生当华夏文明前所未逢的最佳机遇，司马氏又世代担负史官重任，所以他以著成《史记》，接续五帝、三代，直至记载秦、汉历史为本人的崇高使命。⑤在这种历史责任感鼓舞下，在许多关键问题上，司马迁做出了典范性处理，彰显了中华民族珍惜祖先成果、高度重视人的活动、以理性态度解释历史创造进程的人文精神。

首先，确认黄帝为中华文明始祖，是在审慎"考信"基础上对于先秦儒家典籍记载的恰当继承并做出定论，这对于几千多年来的民族文化认同具有重大意义。《史记》以十二

---

① 《周易·大畜》，阮元校刻《十三经注疏》，第40页。
② 《诗经·大雅·荡》，阮元校刻《十三经注疏》，第554页。
③ 黑格尔：《历史哲学》，王造时译，第206—207页。
④ 有学者论述：古埃及是古代世界宗教信仰非常浓厚的文明。古埃及人崇拜2000多个神祇，仅太阳神即有阿图姆、阿蒙等多个。"埃及人的宗教信仰和实践使埃及文化呈现出强烈的'以神为本'的特点。在很大程度上，人变成了神的奴隶，沉浸于对神灵的崇拜和对来世的追求中，不够重视现实生活，自然不关注真实历史，不借鉴历史，不研究历史，不书写历史。"（郭子林：《古埃及：一个不重视历史的文明》，《新华文摘》2022年第2期）
⑤ 司马迁对于总结华夏民族远古以来历史的工作充满自豪感，《史记·太史公自序》有一段充满自豪感的话："维我汉继五帝末流，接三代绝业。……百年之间，天下遗文古事靡不毕集太史公。太史公仍父子相续纂其职。曰：'于戏！余维先人尝掌斯事，显于唐虞，至于周，复典之，故司马氏世主天官。至于余乎，钦念哉！钦念哉！'网罗天下放失旧闻，王迹所兴，原始察终，见盛观衰，论考之行事，略推三代，录秦汉，上记轩辕，下至于兹。"

"本纪"为全书记载历史的纲领，首篇《五帝本纪》始于黄帝，确认黄帝、颛顼、帝喾、尧、舜为上古时代"五帝"。当时司马迁面对两类史料，一类是"百家杂语"，其言不雅驯，无法与其他典籍记载相参稽而论定；另一类是《左传》《国语》《五帝德》《帝系姓》的记载，这些有关古史的说法可以从其他典籍中得到参照，尤其是能与司马迁在全国各地调查访问、采访故老传说相印证。① 司马迁以"考而后信"所做的裁制，在中华文明史上有重大的意义。两千多年来，中国人世世代代普遍地以黄帝为中华民族共同祖先，形成了占全世界人口最多的中华民族对于自己的民族历史和文化"本根"的共同认识，促进了"大一统"局面的巩固，加强了民族向心力，其意义极其深远。司马迁根据《五帝德》等儒家典籍和传说材料整理成这段历史，称黄帝为"天子"显然是后世"天子号令天下"这种统一局面在传说时代的投影。其次，《史记》明确记载，夏、商、周三代鼎革，但是文明相承，以周公为代表的周初政治家所总结的王朝盛衰的历史教训一直为后代传承下来，成为加强民族文化认同的宝贵思想营养。以周公为代表的周初政治家明确地认识到，商之代夏、周之代商，盛衰规律相同，历史教训相同：失德就失去民心，失去民心就失去天命，夏商以来，一贯如此。② 周初这种对历史的认识价值，对于中国历史文化认同的传统具有开山的意义，在人类的认识史上也是具有开创性意义的。再次，继承先秦政治家、思想家的进步观念，对秦汉之际历史变局和西汉建立这一大历史关节点做出深刻的总结。秦始皇以"振长策而御宇内"之势，兼并六国、威震天下，但是为何秦朝却在反秦起义烈火中顷刻灭亡？继而，楚汉相争长达六年，项羽本来号令天下，占有巨大优势，却为何最后众叛亲离败走东城，而刘邦转弱为强，建立了西汉帝业？书中的记载极为翔实，而寓含的哲理至为深刻。秦汉之际历史变局对于汉武帝时期来说是近现代史，司马迁却能准确地把握其大格局、大趋势，不但再现其风云变幻，生动地写出跌宕起伏的场面和众多人物活动，而且总结出复杂历史运动背后深刻的教训和哲理，继承并发挥了孟子对战国时局的判断和贾谊对秦亡汉兴历史经验的总结。他指出秦国"矜武任力"，③ 严刑峻法，遂致二世而亡；项羽滥杀无辜，最后陷于四面楚歌的境地，而刘邦实行安抚民众的政策，最后成功开创了历史新局面，这也恰恰证明了孟子"不嗜杀者能一之"的

---

① 对此，司马迁写了《五帝本纪·赞》，郑重地说明上古历史荒远难以确考，为何儒家典籍的记载最足以凭信的理由："余尝西至空桐，北过涿鹿，东渐于海，南浮江淮矣，至长老皆各往往称黄帝、尧、舜之处，风教固殊焉，总之不离古文者近是。予观《春秋》《国语》，其发明《五帝德》《帝系姓》章矣，顾弟弗深考，其所表见皆不虚。……余并论次，择其言尤雅者，故著为本纪书首。"

② 诚如刘家和教授所说："中国商周之际，经历了王朝兴亡的巨变，而与世界上其他地方因王朝兴亡而产生文化断裂不同，商、周之际在王朝更替中却确切地表现出历史文化认同。"这是因为，一是，作为文化连续的基本手段的文字没有发生遗忘现象。二是，周人自己承认与殷商在政治上有先后继承的关系。在《史记·周本纪》所载周初的文告里，周公一再说明，夏曾经有德，因而有天下，后世夏王失德，从而失去民心，于是有商之代夏；商因有德而有天下，也是由于后世商王失德，从而失去民心才有周之代商。

③ 《史记》卷一三〇《太史公自序》，第 3202 页。

预言。①

　　总之，历史记忆是民族文化认同的基础。司马迁无比珍惜中华民族壮阔的历史道路和文化成就，由于他如此高度重视搜集、整理有关先民活动的一切有价值的史料，重视中华民族的优良文化传统，重视继承前代明君贤士观察历史时势的嘉言谠论，而把这一切囊括于书中，成为华夏子孙保存集体历史记忆的依据，这正是司马迁为锻造"弘扬传统，疏通知远"这一民族文化基因作出的不可磨灭的贡献。

（二）革新创造，穷变通久

　　贯彻革新、创造的精神，根据客观形势的需要制定正确的施政方针，是中华民族克服艰难、发展壮大的力量源泉。《易经》上所说："天行健，君子以自强不息。"② 又说："穷则变，变则通，通则久。"③ 正是民族精神的最好概括，也是面对积弊或艰危局面、勇于变革旧章开辟新路的规律之总结。司马迁以史实对《易经》的古训做了充分的阐释，而其"通古今之变"的著史宗旨，首先即要探究变革对推进历史进程的意义。对于战国时期的历史，他突出记载了商鞅变法、吴起变法和赵武灵王胡服骑射对于实现强国的明效大验。司马迁为商鞅设立专传，这是历史上大有作为人物才享有的待遇。篇中记载，商鞅对秦孝公说，"圣人苟可以强国，不法其故；苟可以利民，不循其礼"，大得孝公赞赏。商鞅总结历史经验，对保守派的阻挠做有力批驳："治世不一道，便国不法古。故汤武不循古而王，夏殷不易礼而亡。"因而大受秦孝公信用，任左庶长，实行变法。主要措施有：奖励军功，民有二男以上者必须分户居住，否则"倍其赋"，加速旧的氏族制的瓦解；"各以率受上爵"；为私斗者以罪服刑；以军功等级占有田宅，宗室无功者不得滥赏，"有功者显荣，无功者虽富无所芬华"。因旧势力反对阻挠，太子犯法，商鞅以刑其师傅，重办其罪，以树立法令权威。篇中盛赞变法的巨大成效："行之十年，秦民大悦。道不拾遗，山无盗贼，家给人足，民勇于公战，怯于私斗，乡邑大治。"孝公任商鞅为大良造，又主持第二次变法，主要内容有：合乡邑为县；为田开阡陌封疆，废除井田制，准许土地买卖；统一度量衡制度。其卓著效果是："居五年，秦人富强，天子致胙于孝公，诸侯毕贺。"④ 司马迁大力肯定商鞅变法为秦国富强奠定了基础，对此又在《太史公自序》中做了画龙点睛的评论："鞅去卫适秦，能明其术，

---

① 当战国各国争战不断时，孟子纵观形势，并做出预见：各国分立混战的局面必将过去，天下大势必将"定于一"，必将实现统一局面。又问：什么人能够统一呢？孟子回答"不嗜杀者能一之"，即不滥杀无辜民众、能行仁政的人能统一天下。汉初著名政论家贾谊《过秦论》则对秦亡教训做了深入的总结，极具警醒意义。提出的问题十分尖锐：原本强大无比的秦国何以骤亡？他明确回答："仁义不施而攻守之势异也。"秦的灭亡是实行暴政的结果，当百姓疲惫不堪、困苦无告急需当政者顾恤之时，却悍然"焚文书而酷刑法，先诈力而后仁义，以暴虐为天下始。……故其亡可立待也"。

② 《周易·乾卦·象辞》，阮元校刻《十三经注疏》，第14页。

③ 《周易·系辞下》，阮元校刻《十三经注疏》，第86页。

④ 《史记》卷六八《商君列传》，第2229—2232页。

强霸孝公，后世遵其法，作《商君列传》。"①楚悼王时，任吴起为相，实行改革措施："明法审令，捐不急之官，废公族疏远者，以抚养战斗之士。"变法的结果，楚国骤强："于是南平百越；北并陈蔡，却三晋；西伐秦。诸侯患楚之强。"②司马迁在《赵世家》中同样有声有色地记述赵武灵王胡服骑射、实行军事改革的成功。其时，赵国之国中有中山腹心之患，四周受到燕、东胡、楼烦、秦、韩的威胁，武灵王遂果断地决定改用胡服、求强国之策。中间受到宗室公子成、贵族赵文等人的质疑、反对，赵武灵王却表现出坚定不可动摇的意志，以历史经验论述变革是时势变化提出的客观要求和强国的必由之路："法度制令各顺其宜，衣服器械各便其用。故礼也不必一道，而便国不必古。"遂下令全国，胡服骑射，使赵国国势勃兴，连年攻略中山，乘胜攘逐群胡。"二十年（按，赵武灵王二十年，前307年，为其变法次年），王略中山地，至宁葭；西略胡地，至榆中。林胡王献马。归，使楼缓之秦，仇液之韩，王贲之楚，富丁之魏，赵爵之齐。""二十六年，复攻中山，攘地北至燕、代、西至云中、九原。"③赵国一举成为战国中期北方的强国。

司马迁特别以浓墨重彩，再现了汉朝因成功实行治国政策的改变而成为中国历史上第一个强盛朝代的历程，《高祖本纪·赞》所论"故汉兴，承敝易变，使人不倦，得天统矣"，就成为《史记》有关西汉前期历史记载的总纲；相关的史实依次详细展开，与"承敝易变"这一哲理概括相呼应，有力地彰显了正确的变革方针对于推动社会前进的意义。西汉初前期的成功变革主要包括：一者，因谋士陆贾及时向高祖谏议："马上得天下，不能马上治之。"使他省悟到面对秦国严刑峻法、重赋暴敛而骤亡，必须反其道而行之，实行宽省政策，国家才能长治久安。遂让陆贾著《新语》，总结秦亡汉兴的经验教训，"每奏一篇，高帝未尝不称善，左右呼万岁。"④由此实行以儒家"德治"为指导的政治方针，成为汉初君臣的共识，这一政治变革对于西汉立国实具生死存亡的意义。《高祖本纪》中尤详载刘邦实行恢复生产、招集流亡、安抚百姓、蠲免赋税以及因战争被掳为奴者恢复平民身份的政令，充分证明由于实行"承敝易变"的方针，奠定了西汉社会走向强盛的基础。二者，惠帝、高后年间，继续有效地实行顺流更始、休养生息的政策。刘邦卒后，丞相萧何"休息无为，故天下俱称其美矣"。⑤曹参依然奉行"因民之疾秦法，顺流与更始"。⑥吕后秉政时，继续减轻刑罚，还避免了与匈奴的大规模战争。因此，吕后当政的十五年中，生产得到发展，社会经济处于上升趋势。《吕后本纪·赞》对此大为赞赏："孝惠皇帝、高后之时，黎民得离战国之苦，君臣俱欲休息乎无为，故惠帝垂拱，高后女主称制，政不出房户，天下晏然。刑罚罕用，罪人是

---

① 《史记》卷一三〇《太史公自序》，第3313页。
② 《史记》卷六五《孙子吴起列传》，第2168页。
③ 《史记》卷四三《赵世家》，第1810—1811页。
④ 均见《史记》卷九七《郦生陆贾列传》，第2699页。
⑤ 《史记》卷五三《萧相国世家》，第2020页。
⑥ 《史记》卷五四《曹相国世家》，第2031页。

希。民务稼穑，衣食滋殖。"①

在《平准书》中，司马迁真切地描写西汉立国之初因长期战乱而造成的民生极度凋敝、社会残破不堪的景象："民亡盖藏"，"自天子不能具钧驷，而将相或乘牛车"。经过六七十年间实行宽省政治、休息民力，到武帝初年，社会财富大大增加，百姓号称丰足，社会状况极大改观："国家无事，非遇水旱之灾，民则人给家足，都鄙廪庾皆满，而府库余货财。京师之钱累巨万，贯朽而不可校。太仓之粟陈陈相因，充溢露积于外，至腐败不可食。众庶街巷有马，阡陌之间成群，而乘字牝者傧而不得聚会。"前后如此鲜明的对比，所展示的正是革新和创造的力量！司马迁不仅总结了"承敝易变"的深刻哲理，又清醒地提出"见盛观衰"的重要命题。《平准书》中尖锐地提出：由于社会财富充溢，造成了公卿大夫"争于奢侈"，无有限度，而武帝连年大事征伐，百姓因赋税和转运军需造成无法承受的负担，"兵连而不解，天下苦其劳，而干戈日滋"，引起社会的动荡。司马迁之实录式著史和"盛极而衰"的敏锐观察，恰好与武帝晚年"深陈既往之悔"而转变政策、实行"罢兵力农"的历史进程相符合。其"物盛而衰，固其变也"的观察，也影响了后代史家，如司马光在《资治通鉴》中评论汉武帝云："有亡秦之失而免亡秦之祸。"②

（三）加强统一，凝聚团结

不断加强全国范围内的统一，是中华民族在自然环境和社会文化心理双重作用下形成的必然历史趋势。中华民族的生存环境构成一个自然格局，东西南北四周有大海、高山、大漠、急流等形成天然屏障，而中原地区土壤、水利、气候环境优越，很早就发展了农业生产，由此滋养了先进的古代文明，因而成为周边居民向往之所在和向四周边远地区传播先进文明的中心。中原地区与周边地区相互交流、融合的趋势，早在古远的新石器时期已开始显示。汉族（先秦时期是华夏族）在多民族统一过程中是起到核心和主导民族的作用。而汉族之所以成为全世界人数最多的民族，其原因即在长期发展过程中不断吸收、融合了周边少数民族，因而像滚雪球一样越滚越大。至秦汉国家大一统时期形成了汉族这一坚强的民族共同体，此后在漫长的历史进程中，起到多民族统一和融合之核心的作用。全中国各民族共同创造历史，各有自己的特点、各自做出贡献，同时各民族有强大的凝聚力、向心力，促进全国统一不断加强，这就是中华民族多元一体的格局。我们的祖先赞赏"协和万邦"，③就是在小国林立的时代表达对广大范围内实现统一的愿景。《论语》中所载孔子梦周公，赞美周礼，要求"天下有道，则礼乐征伐自天子出"④都是表达对西周初年以封土建邦形式体现的统一

---

① 《史记》卷九《吕太后本纪·赞》，第412页。
② 《资治通鉴》卷二二，汉武帝后元二年，中华书局，1956，第748页。
③ 《尚书·尧典》，阮元校刻《十三经注疏》，第119页。
④ 《论语·季氏》，阮元校刻《十三经注疏》，第2521页。

局面，反对诸侯分立、纷争和对抗王室的行为。孟子则在上述观念的基础上呼吁制止列国攻伐争夺，早日实现全中国统一。我国最早的历史典籍《尚书》《春秋》《左传》《国语》，都是在当时历史条件下尽可能地搜集史料，将全国范围的历史活动记述编纂成书。上述古代政治家、思想家的遗训和典籍记载的特点，都对中华民族不断巩固和推进统一局面产生极其深远的影响。

司马迁深谙中华民族统一发展的历史趋势及其重大意义，他不仅自觉继承上述优良传统，更以精心创造的著史格局和丰富确凿的内容，为提升世代中华儿女的文化认同和维护统一事业发挥了巨大的作用。《史记》首创的"五体"配合的著史体制，以十二"本纪"为总纲，其余八"书"、三十"世家"、七十"列传"等相环绕，如众星拱北辰，"以奉主上"，①恰恰是现实大一统政治结构在历史编纂中的投影，极其形象地体现了中央集权体制，成为意识形态上潜移默化的力量。从《史记》开始，两千年间历代纂修的纪传体史书被尊奉为正史，誉为著史之"极则"，对加强全国统一实有十分重要的意义。

在内容上，司马迁更殚精竭虑、旗帜鲜明地记载了大量有关国家统一不断加强的史实。仅举数例。其一，作为全书总纲的十二"本纪"所贯穿的一条主线，就是统一规模不断向前推进。如叙述商朝兴起，是因为汤体恤民众的疾苦，重视人心的向背。武丁治国五十年，是殷商最强盛的时期，号为高宗。至殷纣王残暴骄淫，众叛亲离，终于自取灭亡。周代商而起，经过武王伐纣的胜利，周公平定武庚叛乱、艰难创业，实行大分封，创设制度，奠定立国基础，至成王、康王时期，政治比较清明，赋敛有度，出现了西周的"盛世"。《史记·三代世表》谱列了自夏以下三代君主的世系，从此以后，中国历代君主世系直至清末止迄未中断。《十二诸侯年表》自公元前 841 年始，从此中国史书纪年迄无中断。其二，专门设置《秦本纪》和《秦始皇本纪》两篇，充分肯定秦的历史地位，这个原先僻居西陲的小国，因历代国君、能臣奋力经营，逐步强大，最后终于完成了统一全国的大业。这一认识是有关中国历史进程的大问题。但有的前代学者对此并不理解，因而不恰当地评论司马迁"自乱其例"，对此，我们应从《史记》成功地贯彻国家统一规模不断发展这一高度，重新予以评价。其三，文帝、景帝时期，政论家贾谊、晁错针对诸侯王国势力膨胀、尾大不掉的严重问题，相继提出削藩建议。如晁错"请诸侯之罪过，削其地，收其技郡"，②这就成为西汉解决藩国割据势力的指导方针。司马迁高度评价这种巩固中央集权、强干弱枝的政策和发展趋势，详细记述景帝平定吴楚七国之乱和武帝实行"推恩令"，赞赏诸侯王势力大大削弱的结果，最后的局面是大国不过十余城，小侯不过数十里，实现了"强本干弱枝叶"。③其四，以"宣汉"的鲜明立场，大力赞扬汉朝推进全国统一规模的历史功绩。他把记述国家的统一兴旺、

---

① 《史记》卷一三〇《太史公自序》，第 3319 页。
② 《史记》卷一〇一《袁盎晁错列传》，第 2747 页。
③ 《史记》卷一七《汉兴以来诸侯王年表·序》，第 803 页。

社会的进步、君臣建树的功业，视为不可推诿的责任。在政治上，司马迁歌颂汉代把人民从秦的暴政下解救出来，获得民心，是历史的巨大进步。以"得天统矣"作了很高的评价，指出汉代政策符合历史发展的趋势。又说："汉兴，至汉文四十余载，德之盛也。"①《太史公自序》论及文、景两篇本纪的撰写义旨说"蠲除肉刑，开通关梁，广恩博施……作《孝文本纪》"，"天下翕然，大安殷富。作《孝景本纪》"。②废除肉刑、拆毁关卡、天下安定、社会财富大大增加，都是就汉代政治给人民带来重大的好处而言。在经济问题上，司马迁赞颂汉兴六、七十年间生产的发展和社会的丰足景象，而且概述"汉兴，海内为一，开关梁，弛山泽之禁，是以富商大贾周流天下，交易之物无不通，得其所欲"，③讴歌国家空前统一为经济和交通的发展开创了新局面。在文化上，他谴责秦"焚《诗》《书》，坑术士"，赞扬"汉兴，然后诸儒始得修其经艺"，而武帝兴儒学，"天下之学士靡然乡风矣"。④"自孔子卒，京师莫崇庠序，唯建元、元狩之间，文辞灿如也"。⑤《史记》全书百科全书式的宏伟结构和"整齐百家杂语，厥协六经异传"的大规模整理文献、熔铸成书的功绩，本身即是汉代空前统一的产物。司马迁以其"实录"精神对汉武帝连年征伐及与民争利等曾提出批评，而同时，对武帝的雄才大略、建树功业又是明确赞扬的。如说"明天子在上，兼文武，席卷四海"，"汉兴五世，隆在建元，外攘夷狄，内修法度，封禅，改正朔，易服色。作《今上本纪》"，⑥都是对武帝功业作高度评价。今本《孝武本纪》并非司马迁原文，历代学者均认为属后人割裂《封禅书》以充篇幅，⑦不能为据。其五，司马迁以宏大气魄记述了国家大一统局面下，各民族的活动、边疆民族与中原民族联结一体的关系。《史记》撰有《匈奴列传》《南越列传》《东越列传》《朝鲜列传》《西南夷列传》《大宛列传》一共六篇记载少数民族的专传，详载边疆各族的生产生活情况、源流沿革、各族与中原汉族联系的加强，如讲南越"保南藩、纳贡职"，大宛和西域各族"引领内乡，欲观中国"，⑧证明各民族的巨大向心力和民族文化认同具有牢固的基础。对此笔者已有专文论述，⑨此不详论，以上司马迁大处落笔记述歌颂国家统一发展的宗旨和风格，为东汉初班固所继承，《史》《汉》两部巨著深深刻印在中华儿女的脑海里，使"加强统一"、团结凝聚的文化基因得到极大提升。

---

① 《史记》卷一〇《孝文本纪·赞》，第437页。
② 《史记》卷一三〇《太史公自序》，第3303页。
③ 《史记》卷一二九《货殖列传》，第3261页。
④ 《史记》卷一二《儒林列传》，第3116—3118页。
⑤ 《史记》卷一三〇《太史公自序》，第3318页。
⑥ 《史记》卷二〇《建元以来侯者年表·序》、卷一三〇《太史公自序》，第1207、3303页。
⑦ 较早为张晏说，见《孝武本纪》集解所引，称："诸先生所作。"后钱大昕又考辨云："少孙补史，皆取史公所缺，意虽浅近，词无雷同，未有移甲以当乙者也。或晋以后少孙补篇亦亡，乡里妄人，取此以足其数尔。"（《廿二史考异》卷一"孝武本纪"条）赵翼也认为非司马迁所作。
⑧ 《史记》卷一三〇《太史公自序》，第2317页。
⑨ 陈其泰：《历史编纂与民族精神》，国家图书馆出版社，2011，第231—235页。

（四）热爱和平，反抗压迫

热爱和平是中华民族历史文化的传统。《尚书》讲"协和万邦"，① 在上古时代是希冀天下各小邦和平相处、互助发展，可以此推演成为后世处理各国关系的原则。孔子讲"四海之内皆兄弟也"，② 更是表达了中华民族热爱和平的情怀。《礼记》中描绘的"大同"理想"天下为公，选贤与能，讲信修睦"，③ 以及儒家春秋公羊学派憧憬的人类社会进化的高级阶段"至所见之世，著治太平，夷狄进至于爵，天下远近小大若一"，④ 都以根绝战争、压迫、剥削，臻于理想境地的愿景，滋养、熏陶世代中华儿女。司马迁继承了华夏先人热爱和平的传统，在《史记·孝文本纪》中，对汉文帝成功实行对匈奴"坚边设候，结和通使，休宁边陲"的政策，"故百姓无内外之徭，得息肩于田，天下殷富"，表达了衷心赞赏，称其达到了"仁"的境界，使这一传统得到强有力的传承。中华民族向来以热爱和平著称，中国共产党人在经历两万五千里长征那样的艰难严酷环境下，却以豪情高扬起"太平世界，环球同此凉热"⑤ 的旗帜，而今天，在向建设现代化道路上奋进的强大的中国，更以政治上的非凡定力，成为世界和平的忠实维护者。

热爱和平与反抗压迫，是正义事业相辅相成的两翼。制止战争、掠夺，才能维护和平；反抗压迫、强暴，才能实现社会安定。毛泽东主席说："我们中华民族有同自己的敌人血战到底的气概，有在自力更生的基础上光复旧物的决心，有自立于世界民族之林的能力。"⑥ 这是革命领袖总结中华民族精神而发出的气壮山河的时代强音，在民族危亡时刻发挥了动员亿万民众战胜日寇凶残侵略的伟大作用。中华民族自古有反抗压迫、伸张正义、坚强不屈的光荣传统。《周易》上说："汤、武革命，顺乎天而应乎人。"⑦《论语》说："三军可夺帅也，匹夫不可夺志也。"⑧ 又说："岁寒，然后知松柏之后凋也。"⑨ 孔子严斥"苛政猛于虎"，他的学生冉求为季氏敛财，遭到孔子呵斥，说："小子鸣鼓而攻之可也。"⑩ 孟子同样严正宣称推翻残害民众的暴君统治是正义的事业："闻诛一夫纣矣，未闻弑君也。"⑪

《史记》将这种民族精神大力发扬光大。楚怀王昏庸误国，屈原忠心爱国而被放逐，《屈

---

① 《尚书·尧典》，阮元校刻《十三经注疏》，第 119 页。
② 《论语·颜渊》，阮元校刻《十三经注疏》，第 2503 页。
③ 《礼记·礼运》，阮元校刻《十三经注疏》，第 1414 页。
④ 《春秋公羊经传解诂》鲁隐公元年何休注文，阮元校刻《十三经注疏》，第 2200 页。
⑤ 毛泽东：《念奴娇·昆仑》，《毛泽东诗词选》，人民文学出版社，2004，第 55 页。
⑥ 毛泽东：《论反对日本帝国主义的策略》，《毛泽东选集》第 1 卷，人民出版社，1991，第 161 页。
⑦ 《周易·革卦·象辞》，阮元校刻《十三经注疏》，第 60 页。
⑧ 《论语·子罕》，阮元校刻《十三经注疏》，第 2491 页。
⑨ 《论语·子罕》，阮元校刻《十三经注疏》，第 2491 页。
⑩ 《论语·先进》，阮元校刻《十三经注疏》，第 2499 页。
⑪ 《孟子·梁惠王下》，阮元校刻《十三经注疏》，第 2680 页。

原列传》称颂他："推此志也，虽与日月争光可也。"①又表彰蔺相如面对秦昭王恃强对赵国欺诈侵夺侮辱，他大义凛然、视死如归，怒喝："五步之内，相如请得以颈血溅大王矣！"秦王左右欲以利刃加害，"相如张目叱之，左右皆靡"。②相如为捍卫赵国尊严而表现出的英勇气概，令秦国君臣大惊失色。司马迁又郑重表彰鲁仲连义不帝秦的事迹。鲁仲连是个没有官职的平民，当时，秦国大军包围邯郸，兵临城下，而赵国刚刚在长平之战大败，损失了四十万大军。魏国又派客将军新垣衍来催促赵国投降秦国，尊秦为帝。鲁仲连处危城而不惧，他面见新垣衍，分析利害，义正词严地告诉他：如果尊秦为帝，那就堕落为秦的臣妾仆役，丧失了起码的人格！鲁仲连这番大义凛然的言辞，使新垣衍羞愧无地自容，承认自己是个"庸人"，"不敢言帝秦"！秦将闻之，为却军五十里，后又引兵而去。司马迁大力赞许他刚直不屈的精神："余多其在布衣之位，荡然肆志，不诎于诸侯，谈说于当世，折卿相之权。"③而《史记》提升抗击强暴、伸张正义的民族精神的高峰，更在于表彰雇农出身、揭竿而起、点燃了反秦起义烈火的英雄陈涉，破格立了《陈涉世家》，生动地表现他为解救民众灾难敢于举起反抗大旗的精神，并满怀激情赞颂陈涉起义的历史功绩："秦失其政，而陈涉发迹，诸侯作难，风起云蒸，卒亡秦族。天下之端，自涉发难。"④由于《史记》的大力表彰，蔺相如视死如归捍卫赵国尊严的气概、陈涉揭竿而起反抗暴秦的精神，就成为教育后代中华儿女、提升民族精神的崇高典范。

（五）包容共辉，和谐有序

《周易·坤卦》载有重要古训："地势坤，君子以厚德载物。"《坤卦》爻辞讲的这句话，与"天行健，君子以自强不息"同样表达了中华民族精神的基本特征。"自强不息"概括民族文化的革新性、创造性，生机勃勃、永远进取；"厚德载物"则概括民族文化的兼容性、广博性，博大精深、多元并存。《史记》这部巨著囊括了中华民族几千年的历史事件、众多人物活动，和丰富的典章制度、社会情状，恰恰典型地体现了中华文化"厚德载物"、海纳百川的宏伟气魄和特征。司马迁是如何有力地提升了广泛包容、共存共辉的文化基因的？这里举出突出例证。一是，《史记》首创从多方面记载各边疆民族的历史、文化，并揭示出边疆民族与中原民族的紧密联系，证明一部中国历史是各民族的共同创造；又称被视为"蛮夷"的荆楚与偏处东南的吴与中原华夏民族是兄弟关系，⑤称惯于骑射的游牧民族匈奴也与华夏民族是兄弟关系。⑥诚如白寿彝先生所说：《史记》所写的各篇民族传，"把环绕中原的

---

① 《史记》卷八四《屈原贾生列传》，第2482页。
② 《史记》卷八一《廉颇蔺相如列传》，第2041页。
③ 《史记》卷一三〇《太史公自序》，第3310—3311页。
④ 《史记》卷一三〇《太史公自序》，第3310—3311页。
⑤ 《史记》卷三一《吴太伯世家》载："余读《春秋》古文，乃知中国之虞与荆蛮句吴兄弟也。"（第1475页）
⑥ 《史记》卷一〇九《匈奴列传》载："匈奴，其先祖夏后代之苗裔也，曰淳维。"（第2879页）

各民族，尽可能地展开一幅极为广阔而又井然有序的图画"。①司马迁在其纂修的通史巨著中把详细地记载边疆各民族活动视为不可或缺的一部分，开创了中国史学重视民族史撰述的成例，对于推进包容共辉、多元一体的文化传统，其功甚伟。

二是，《史记》又展示出拥抱全民族文化的宽阔胸怀。司马迁生活在儒家学说地位迅速上升、武帝提倡"独尊儒术"的时代，其学术思想无疑是以尊儒为主。他立孔子为"世家"，赞颂为"高山仰止，景行行止"；全书各篇中评价历史事件和人物，大量采用孔子的观点，"折中于夫子"。董仲舒之尊儒主要是进行经义的推演，司马迁则与之不同，他是"出于尊重历史的发展和孔子的学术地位，而对同样在历史上起过作用的其他学派，他也予以承认并且吸收。在他看来，尊崇当时处于上升趋势的儒学与容纳各家学说可以并包俱存，各采其长，这正是司马迁文化观点的卓越之处"。②《曹相国世家》《商君列传》《吴起列传》《苏秦列传》《张仪列传》诸篇，各对道家、法家、纵横家的作用适当地予以肯定。兼容各家、不拘一格的胸怀和见识，还使司马迁善于从各种类型的人物，发现其嘉言善行，采撷入史，从而使全书蕴含着大量的思想资料，丰富了我们的民族智慧。如从散见于《晏子春秋》《左传》《韩诗外传》的片段材料中，提炼了晏子指责齐景公暴政的出色言论；《叔孙通列传》写他适应时变，"制礼进退"，卒为汉家儒宗；又在《滑稽列传》中，以独特的眼光，指出滑稽家言包含着机巧辩慧，妙语解纷，有益于治道，等。概言之，《史记》将各家各派的学术思想都囊括其中，把各具智慧和光彩的历史人物都载入史册。就汉以前的历史说，《史记》既反映了儒学地位的上升、学派的繁盛，又写了儒家以外的思想家老子、韩非、庄周、申不害、邹衍；写了政治人物管仲、晏婴、商鞅、魏冉、李斯、吕不韦、孟尝君、平原君、信陵君、春申君、田单；写了军事家司马穰苴、孙子、吴起、白起、王翦、蒙恬、乐毅、廉颇；写了文学家屈原、司马相如；写了策士苏秦、张仪、陈轸、犀首、甘茂、甘罗、范雎、蔡泽；还有反映其他社会阶层的刺客、医生、游侠、龟策、货殖等的传记。故梁启超推崇司马迁是古代文化思想的集大成者："其于孔子之学，独得力于《春秋》，西南学派（老庄）、北东学派（管仲齐派）、北西学派（申、商、韩）之精华，皆能咀嚼而融化之。又世在史官，承胚胎时期种种旧思想，磅礴郁积，以入于一百三十篇之中，虽谓史公为上古学术思想之集大成可也。"③

与此密切相连的，和谐有序这一文化基因也在《史记》中得到大力发扬、提升。"和"既可以指陈政治上的和平、正义，又具有社会伦理和审美观念上的重要意义。中华民族的先人认为"和"是事物的极高境界，列国之间以玉帛通好，不以兵戎相见谓之"和"；人际关系感情融洽谓之"和"；群体相处有共同遵守的秩序，长幼有序、以礼相待谓之"和"；不同味道的食物，放在一起煮成一锅佳肴，各自发挥自己的特性而又互相补充，谓之"和"；

① 白寿彝主编《中国通史》第1卷《导论》，上海人民出版社，1989，第6页。
② 陈其泰：《史学与中国文化传统》，书目文献出版社，1992，第117页。
③ 梁启超：《论中国学术思想变迁之大势》，《饮冰室合集》文集之七，第52页。

如《左传》所载春秋时齐国名臣晏婴对齐景公所言："和如羹焉，水、火、醯、醢、盐、梅，以烹鱼肉，燀之以薪，宰夫和之，齐之以味，济其不及，以泄其过。君子食之，以平其心。君臣亦然。"①"和"是中国古代哲学的极高境界，也是古人的高度智慧，要求达到和谐、协调，事物之间既保持本身的特点，而又彼此融洽相处。司马迁以高明的手法，将这种智慧用到史书体例上，经过他精心组织、安排，使全书各大部件之间、篇章之间、相关的重要内容之间形成一种统一、协调的关系。

这里以司马迁对七十"列传"的精心安排为例证。纪传体以记载人物活动为主，七十"列传"尤在《史记》全书中占有重要地位，司马迁对这一部分的设目、编次、结构安排更是苦心经营。将《伯夷列传》居于全部列传之首篇，一是因两人是商周时期最早的有事迹可以记载的历史人物，而且受到孔子的表彰，二是由于司马迁对于流行的说法，所谓"天道无亲，常与善人"，表示极大的疑惑，对于人的不同命运和遭遇表示无限感慨。因此，《伯夷列传》置于首篇，又有作为全部七十"列传"之总序的作用。而以下，从《管晏列传》开始，记述从春秋时期至"今上"汉武帝时期的人物事迹，构成浩繁丰富，而又激动人心的篇章，通过仔细研读，我们可以归纳出司马迁设置列传的主要体例：以时间先后为顺序；凡是地位重要而又事迹丰富的人物，设立为专传；对于人物事迹互相关联密切或风格相近者，设立合传，如《管晏列传》《老子韩非列传》《孙子吴起列传》等；先记载有重要作为、建立功名的人物活动，然后安排记载边疆民族的传，和记载某一阶层、某一类型人物的类传，如《匈奴列传》《东越列传》，以及《循吏列传》《儒林列传》《货殖列传》等。最后一篇《太史公自序》，更是对《史记》全书的总结和提升。其中，讲了司马氏的先世和他本人著史的家学渊源；高度评价儒家《六经》的地位，抒发他继承孔子学说的强烈愿望；尤其是，作为全书的总结，司马迁一一提炼出《史记》130篇的撰著义旨，进而概括全书的著述目标是"成一家言，厥协《六经》异传，整齐百家杂语"。司马迁在著成全书之后，又如此完整、准确地将各篇撰著义旨和全书宗旨全部论定，成为后人理解《史记》深邃蕴涵的准绳。其时，他已处于生命最后阶段、精神恍惚情况下，却仍以惊人的毅力做到如此精当、严密、完善的安排。这一成就使《史记》世代为广大民众所传诵，也启发人们对运用均衡协调观点审美的追求，使和谐有序这一民族文化基因提升到更高层次。

至此，应为本文做一总结。

站在21世纪的今天，深入探讨《史记》杰出成就与中华民族文化基因的锻造这一课题，我们深切地感到华夏祖先对我们的馈赠十分丰厚，中华民族文化基因的锻造与提升源远流长，浩瀚激荡，穿越几千年历史风雨而熠熠生辉，令全体中华儿女无比自豪。中华民族文化基因的塑造和发挥强大作用，与五千年恢宏历史进程相表里，举世独有，这是她的坚韧性。

---

① 《左传》昭公二十年，阮元校刻《十三经注疏》，第2093页。

中华民族文化基因传承发展，由此创造了古代文化的灿烂光华，在经受困厄危难之后又能衰而复振、浴火重生，而今重新焕发青春，阔步前进，这是她的优良性。中华民族五大文化基因综合地发挥作用，因而具有融通性特点，因此文化基因的传承力极其强大，举世难有其匹。弘扬传统是中华文化持续发展壮大的根脉；革新、创造是中华文明演进的动力；加强统一、团结凝聚是中华文明战胜一切艰难险阻、不断取得胜利的强大保证；热爱和平、反抗压迫是中华文化的愿景和气概；包容和谐是中华文化的胸怀和神韵。这五大文化基因在先秦时期已经产生，到了西汉盛世，经过司马迁以其全部智慧和生命加以继承、总结、淬砺，而大大提升，堪称在中华民族文明基因锻造史上放一异彩！《史记》的杰出成就为世代中华儿女提供思想营养，后代具有创造魄力的卓荦之士又吸收时代智慧再加丰富、发挥，并且在当今建设现代化伟业中仍然产生潜在的、巨大的推进作用——这就是如此独特、坚韧、强大的中华民族文化基因为中国历史创造奇勋的奥秘所在。习近平总书记指出，要"把跨越时空、超越国度、富有永恒魅力、具有当代价值的文化精神弘扬起来"。① 确立文化自信，在新时代阳光照耀下，将独特的中华民族文化基因结合实现民族伟大复兴的现实需要大力发扬，我们就一定能够不断创造新的辉煌！

〔本文原载《东岳论丛》2022 年第 7 期。作者陈其泰，北京师范大学历史学院、史学理论与史学史研究中心教授〕

---

① 《建设社会主义文化强国 着力提高国家文化软实力》，《人民日报》2014 年 1 月 1 日，第 1 版。

欧美史学的引入与中国史家的话语权焦虑

——一个当代学术史的考察

李剑鸣

摘 要 自19世纪末以来，中国史学经历了三次转型，多种"新史学"次第登场，旧传统崩塌，新传统难以确立，以致当前的中国史学在理念、结构、范式、知识体系、研究方式乃至表述形式等方面，均打上了深重的外来印记。中国史家越来越离不开欧美史学的模式及启发，同时也感受到越来越难以承受的文化压力，引发"中学"和"西学"、传统和现代、政治和学术、民族主义和国际主义之间的多重博弈。为了走出困局，中国史家纷纷设想以多种方式构建自己的史学话语体系，冲破欧美史学的笾罩。然则要在当今学术全球化的时代实现这一目标，不仅不得不继续借用来自欧美史学的理论和方法，而且还必须取得能为欧美史学界所认可的研究成果。这一悖论无疑进一步加重了中国史家的话语权焦虑。

关键词 西方史学 新史学 国际学术竞争 史学话语权

在近期的舆论和学术讨论中，"话语权"是一个出现频次很高的词，同时也是一个搅动学者心绪的词，因为这个词所指涉的话题，不仅产生于全球化与地方化、国际主义与民族主义的张力之中，而且直接触及国家实力、国际地位和民族自尊。暂且不论"话语权"中的"话语"究竟是什么含义，仅一个"权"字就至少可作两解。其一，"权"可以是基于"能力"和"实力"的"权力"，大体近于英文的"power"；其二，"权"也可指做某事的资格、机会和正当性，这与英文中的"right"大致相当。在国际学术领域，如果"话语权"指的是一国学者发言的"权利"，那似乎没有太大的疑问。以当今国际学术交流的活跃、开放和包容的程度，各国学者都有权利和机会来表达自己的见解，展示自己的研究所得。如果从"权力"的维度来看，情形就大不一样。一个国家的学者要在国际学术中拥有"权力"，就必须提出主导性的学术议题、新颖的理论创见和独到的研究范式，并能在其他国家学者中引发反响，对国际学术产生引领。在世界学术史上，任何国家的学者在话语方面的"权利"和"权力"都是相辅相成、相互加强的。只要具备学术上的"权力"，自然就能拥有发言的"权利"；只有能够行使发言的"权利"，方可充分展示学术上的"权力"。如果仅仅停留于"权利"的层面，而不以"权力"为支撑，一切关于学术"话语权"的讨论都会流于空谈。说到底，国际学术中的"话语权"也属于"软实力"的范畴。

具体到历史学领域，话语权也牵涉两个层面的问题。首先是"历史话语权"，其核心关切在于，由谁来书写谁的历史，也就是"谁拥有历史"的问题。这里偏重的是历史书写的"权利"。其次是"史学话语权"，其基本内涵是采取什么方式、借助什么技艺、使用什么语言来表述历史，涉及的主要是历史书写的能力。一国史学的国际影响力，主要取决于后一点。一般来说，一个社会、一个群体，都希望由自己来书写自己的历史，甚至由自己来书写他人的历史，这是"历史话语权"的体现。那些由他人来书写其历史的人群或社会，通常不是遭遇文化的湮灭，就是陷于主体意识的沦丧，因而也无从谈及"史学话语权"。另一方面，任何历史的书写都必须采取一定的形式，运用一定的技艺，依照一定的规范，形之于一定的语言，这些书写历史的形式、技艺、规范和语言结合在一起，就构成"史学话语权"的内涵。正如"权力"和"权利"息息相关一样，历史话语权和史学话语权也是紧密相连的。一个社会或群体，只有具备"历史话语权"，才有可能追求"史学话语权"；只有掌握"史学话语权"，才能更好地行使"历史话语权"。

对于清末以降的中国史学来说，最大的难题也许不是来自"历史话语权"，而在于"史学话语权"。中国拥有悠久而成熟的历史书写传统，当前更是存在一个数量庞大的专业史家群体，中国的历史也一直是由中国人自己来书写的，这一点大抵很少有人会表示怀疑。但是，自19世纪末以来，"西学"进入中国的节奏，从最初的"东渐"进而变成"汹涌直入"；这一源源不绝、势不可当的"西学"之潮，不仅导致中国史学传统崩解，而且逐渐淹没了中国史家的自主性。中国史家书写历史的形式、技艺、规范和语言，基本上采自欧美；中国学者非但很少引领国际史学前沿，反而一直处于追赶前沿的路途。在一定程度上，中国史学的"现代转型"不啻为学术的"西化"。在国家积贫积弱的时代，急切需要吸取外来资源以图自救和自强，这时"西化"对许多人还是可以接受的事；待到国家"崛起"、民族强大以后，"话语权"的缺失就成为扎在一大批中国史家心头的锐刺。个体的学者在进行具体课题的研究时，所调动的资源，包括理论、概念、方法和材料，不论中西，只要用得恰到好处，就能带来创获，并不会引发学术身份意识的困扰。但是，当中国史家作为一个群体对较大的研究领域乃至整个史学加以反思时，"中学"和"西学"、"传统"和"现代"、民族和国际、政治和学术等多方面的张力，就会全方位地释放出来，以致在他们内心引发强烈的"话语权焦虑"。在最近十余年里，中国史家置身于"伟大复兴"的时代潮流中，有志于参与国际史学的"话语权"竞争，于是加剧了欧美史学的引入同中国史学话语建构之间的紧张，与此相关的许多问题也引起了广泛的关注。

一　传统的破碎：三种"新史学"相继登场

自19世纪末以降，在宏大的社会政治变迁中，中国史学（主要是大陆史学）经历过三次明显的转型。这三次转型的中心议题，都在于寻求史学"话语体系"的革新，其结果是出现了三种形态不一的"新史学"。[①] 所谓"话语体系"的革新，通常都表现为以不同的方式来回答三个基本问题：什么是历史？历史应当如何书写？历史有何功用和意义？但从清末民初以来，中国史家用以回答这三个问题的主要资源和参照，却不是源自中国自己的史学传统。

第一次史学转型发生在19世纪末至20世纪前期，中间经历过梁启超等人倡导的"史界革命"和新文化运动以后的学术"西化"等不同阶段，而其目标所向一直都是改造传统史学，实现中国史学的"现代化"。[②] 中国古代史学留下了庞大而驳杂的遗产，而这份遗产又散落在数量极多的编年纪事、典章制度、人物传记、表志、地方志和治学札记之中。大致从19世纪末开始，源远流长的传统史学范式趋于式微，而翻译欧美史籍、引介欧美史家、传播欧美史学理念、采用欧美范式来书写历史，逐渐蔚然成风。与此同时，学科意义上的专业史学也趋于形成，既出现了连贯性的全景式历史写作，也产生了以问题为导向的专题探讨，著述语言则大多采用杂糅众多翻译元素的现代白话文。

进入民国以后，虽然学术上的新旧中西之争并未止息，但是推重"西法"的"新史学"逐步走向正统，而传统史学话语则声息渐弱。[③] 1914年，姚永朴所编《历史研究法》专叙中国史学旧例，被杨鸿烈讥为"我国从古以来老师宿儒教人读史的方法"，也不受学界看重。1931年，齐思和审视近期史学进展，满目皆是以胡适和顾颉刚为代表的"新史学"。[④] 1947年，顾颉刚主持编写《当代中国史学》，其中论及造成近期"史学进步"的五点原因，有三点直接与"西方"相关，即"西洋的科学的治史方法的输入""西洋的新史观的输入""欧美

---

① 此处的"新史学"系用其广义，泛指相对于传统史学和前一阶段史学的史学新样态，并不专指梁启超所说的"新史学"或欧美"新史学"在中国的回声。

② 关于中国近代史上新旧史学转换的讨论，参见张越《论中国近代史学的开端与转变》，《史学理论研究》2017年第4期，第33—43页。

③ 关于晚清民国"新史学"的论述，参见桑兵《近代中国的新史学及其流变》，《史学月刊》2007年第11期，第5—28页。

④ 王学典主编《20世纪中国史学编年（1900—1949）》，商务印书馆，2014，上册，第178页，下册，第494页。

日本汉学研究的进步"；另有两点则与"西方"间接相关，其一是新史料的发现，其二是新文学运动的兴起。①

这期间中国史家建构"新史学"的榜样和资源，主要取自德国、法国、英国、美国和日本，特别是兰克学派、美国新史学、欧洲汉学和日本的中国史研究。对第一次史学转型厥功甚伟的一批学者，比如胡适、梁启超、傅斯年、陈寅恪等，都深受欧、美、日史学的熏染。对"新史学"的形成出力甚多的蒋廷黻、雷海宗、张荫麟、顾颉刚、吕思勉等人，或直接倡导和传播欧美史学，或间接受到欧美史学的影响。②他们大多看重兰克史学，关注"如实直书"的理念，对客观主义、档案至上和史料考辨也是欣赏有加。③陈训慈提到兰克，称他为科学史学之祖。傅斯年称自己最推崇兰克（软克）和蒙森（莫目姆森），还反复翻阅伯伦汉的《史学方法论》，以至全书破损散乱。④陈寅恪治学除取法于德国的历史语言学和施莱尔马赫的阐释学之外，在不少地方也带有兰克的影子。⑤朱谦之在中山大学倡导"现代史学"运动，主张史学向社会科学靠拢，也带有呼应兰普勒西特和鲁滨逊史学理念的意味。⑥颇值得玩味的是，力倡以精读二十四史为治史正途的邓之诚，也曾与来中国做研究的德裔美国史家魏特夫有过亲密的合作。⑦

在第一次史学转型中，有三个学术机构起过关键作用。第一个是成立于1917年的北京大学史学门。朱希祖受兰普勒西特《近代西方史学》的启发，于1920年设计出一套新课程体系，在中外通史、断代史、专门史之外，还开设史学基本学科（社会科学）、史学辅助学科（工具性课程）、史学史及史学理论、外语等科目。此后，他在课程体系和教学方式上还屡有调整和改进。⑧第二个是清华的历史学科。清华史学先有以治国学著称的王国维、梁启超和陈寅恪等，都是浸淫西学已久、并且深谙传统学术的大家，堪称当世"引西学以治中学"的代表性人物；1926年史学系建立后，蒋廷黻、雷海宗等人相继加入，并大力倡导"新史学"，在30年代中期以后渐成清华历史研究和教学的主流。⑨第三个是1928年成立的中央研究院史语所。这个机构不仅仿照欧洲的学术体制，而且基本上依循欧美学术理念和范

---

① 顾颉刚：《当代中国史学》，上海古籍出版社，2002，第2—3页。
② 这个时期欧洲史学的影响是第一位的，而美国史学主要借鲁滨逊及其弟子班兹的观点而在中国传播。
③ 关于兰克史学在晚清民国的传播和影响，参见张广智主编《近代以来中外史学交流史》上册，复旦大学出版社，2020，第306—435页。
④ 李勇：《中国新史学之隐翼》，中国社会科学出版社，2015，第37、38页。
⑤ 张广智：《傅斯年、陈寅恪与兰克史学》，《安徽史学》2004年第2期，第13—21页。
⑥ 桑兵：《近代中国的新史学及其流变》，《史学月刊》2007年第11期，第18页；李孝迁：《观念旅行：〈史学原论〉在中国的接受》，《天津社会科学》2019年第1期，第146页。
⑦ 王学典主编《20世纪中国史学编年（1900—1949）》下册，第680页。
⑧ 赵晓阳：《西学传入与近代中国历史观念的创新》，《史学理论研究》1997年第2期，第53页；周文玖：《朱希祖的历史学科建设思想》，《历史教学问题》2018年第2期，第22—26页。
⑨ 王学典：《中国新史学的摇篮——为清华大学历史系创建90周年而作》，《清华大学学报》2016年第5期，第5—13页。

式来开展研究，一时成为"新史学"的主要实验场所。①

　　"新史学"的历史观和方法论的形成，直接受益于伯伦汉（Ernst Bernheim）、朗格诺瓦（C. V. Langlois）、瑟诺博司（Charles Seignobos）、鲁滨逊（James Harvey Robinson）等欧美史家"始考史著，裁定史例"②的反思性著述。1920年，李泰棻编成《史学研究法大纲》，试图融合旧学新知，大量援引兰克、鲁滨逊、伯伦汉和瑟诺博司，一度颇受好评，并为梁启超的《中国历史研究法》所借鉴。③梁启超、胡适、何炳松等人所阐发的史学方法论，在1949年以前的中国史学中具有重要影响，而他们的材料和观点无一不与欧美史学相关。据杜维运说，梁启超《中国历史研究法》中的"突破性的见解，其原大半出于朗、瑟二氏"。④在荣孟源看来，胡适在《中国哲学史大纲》"论史料审定及整理之法"，还有何炳松的《历史研究法》，都不过是伯伦汉（书中作"朋汉姆"）、朗格诺瓦、瑟诺博司之说的翻版。⑤清华史学系主要创办人陆懋德也十分推重伯伦汉，他在1945年出版的《史学方法大纲》中，仍"多采取西人名著，以为补助"。⑥

　　在"新史学"的语境中，许多中国史家都意识到传统史学话语的局限，转而吸纳和采用越来越多的欧美元素。1920—1924年，李大钊在北京大学编写《史学思想史》讲义，介绍鲍丹（让·博丹）、孟德斯鸠、韦柯（维柯）、孔道西（孔多塞）、桑西门（圣西门）、马克思、理恺尔（李凯尔特）等西欧各家之说，目的在于打破中国传统的"旧史观"，建设"新史观"，改造"旧历史"。⑦大致同一时期，蒋廷黻也抱怨说，当时精于传统学术的学者只通古籍而不懂历史。⑧古史研究原本最能体现中国史学的底色，但其中的欧美印记同样随处可见。举凡考古学意义上的新材料，人类学和民族学的分析工具，历史分期和社会变迁的宏大叙事，无不反映了欧美学术的影响。"古史辨派"在理念和方法上固然不止一源，而其主帅顾颉刚的学术思想则带有鲜明的欧美烙印。⑨同样重要的是，20年代以后国内各大学历史学系纷纷开设史学方法论课程，大多选用伯伦汉、瑟诺博司、朗格诺瓦等人的书做教本，

---

① 傅斯年在阐述其"史学即史料学"的主张时，特意引述了欧美史学的经验："西洋人作学问不是去读书，是动手动脚到处寻找新材料，随时扩大旧范围，所以这学问才有四方的发展，向上的增高。"傅斯年：《历史语言研究所工作之旨趣》，见岳玉玺等编《傅斯年选集》，天津人民出版社，1996，第177页。

② 张其昀语，见李勇《中国新史学之隐翼》，第37页。

③ 李孝迁：《观念旅行：〈史学原论〉在中国的接受》，《天津社会科学》2019年第1期，第140页；王学典主编《20世纪中国史学编年（1900—1949）》上册，第246页。

④ 张广智主编《20世纪中外史学交流》，北京师范大学出版社，2007，第73页。

⑤ 荣孟源：《史料和历史科学》，人民出版社，1987，第11页。

⑥ 胡昌智、李孝迁：《伯伦汉〈史学方法论〉及其东亚的知识旅行》，《中华文史论丛》2018年第3期，第334页。

⑦ 中国李大钊研究会编注《李大钊文集》第3卷，人民出版社，1999，第227—326页。

⑧ 蒋廷黻：《蒋廷黻回忆录》，谢钟琏译，传记文学出版社，1979，第124页。

⑨ 顾颉刚在1929年写道："我们这班人受了西方传来的科学教育，激起我们对于学问的认识，再耐不住不用了求真知的精神，在中国建设一个学术社会了。"顾潮：《顾颉刚年谱》，中国社会科学出版社，1993，第169页。

或以他们的材料和观点为授课的主要内容。① 受此熏陶而成长起来的一代史家，在史学话语上或多或少都会带有"西化"痕迹。

尽管很少有人把传统史学贬得一无是处，但从总体上看，中国史家的历史观和方法论均已发生根本性的变化。历史不再仅仅是帝王将相的事迹，而是国家、社会和民众的经验，而历史研究的要旨在于"说明其事实之关系与其原因结果"，而非止于"记载事实"；历史叙事也不再以华夏中心，转而接受某种世界史观。越来越多的史家相信，历史的功用不仅在于资治和"惩恶扬善"，而且关乎国民教育和国族构建。同时，历史书写的形式也从纪传体、编年体、纪事本末体、札记体转变为专著、论文和通史等体裁。诚然，晚清民国"新史学"的兴起并非畅行无阻，只是多种阻挡的努力最后都沦为辛辣的历史反讽。据有学者研究，在西潮扑面而来之际，中国士人曾以"中学为体、西学为用"的策略来应对，最终却意外地发现"中学不能为体"。② 民初"国学"兴起，原本意在阻击或对抗"西学"，可是在"西方"学术、特别是欧美汉学的影响下，"国学"也逐渐放弃了以经学为主体的格局，转而沿用现代知识分类体系和研究体制，走上了某种"西学化"的道路。③

中国史学的第二次转型发生在 1949—1966 年，其结果是确立了一种由党性原则所主导的"新史学"。④ 这个时期，中国史家依照执政党的政治路线和最高国家领导人的历史观，以马克思主义理论为旗帜，效法苏联史学的范式和体系，基于意识形态的基本元素，构造出一套新的史学话语。这套史学话语不仅从根本上否定传统史学，而且也排斥 19 世纪末以来的"新史学"和整个欧美史学，并极力抹去学术和政治的边界，具有越来越强烈的政治化和意识形态化倾向。如果说第一种"新史学"的基调是"西化"，那么第二种"新史学"在很大程度上则近于"苏化"。⑤ 当然，这个阶段国内政治和思想风气屡经变动，历史研究的历程也远非一贯而下，而是常有起伏和波折，其中 1957 年尤其是一个标志性的年份。及至

① 胡昌智、李孝迁：《伯伦汉〈史学方法论〉及其东亚的知识旅行》，《中华文史论丛》2018 年第 3 期，第 328—337 页；李孝迁：《观念旅行：〈史学原论〉在中国的接受》，《天津社会科学》2019 年第 1 期，第 138—143 页。

② 罗志田：《西潮与近代中国思想演变再思》，《近代史研究》1995 年第 3 期，第 2 页。

③ 桑兵：《晚清民国时期的国学研究与西学》，《历史研究》1996 年第 5 期，第 30—45 页。

④ 有学者对此持不同意见，称"文革"前 17 年的史学并不是对此前中国学术的全面反动，也并非与"文革"后的史学取向毫无关联；如果剥去其政治和意识形态的表皮，揭示其研究路径、问题意识、方法论和思考框架方面的创造性发展，便可发现当前"西方史学"的冲击并未造成中国史学"学统的中断"。罗志田：《文革前"十七年"中国史学的片断反思》，《四川大学学报》2009 年第 5 期，第 5—15 页。

⑤ 在 20 世纪 50 年代，苏联史学被树为中国史家的样板和标准，而欧美史学则属于必须予以批判和清算的"资产阶级历史观点"。1952 年，北京大学历史学系围绕中国古代史教学发生争论，结果邓广铭以苏联官方文件压服了翦伯赞。1953 年，刘大年在《苏联的先进历史科学》（《科学通报》1953 年第 11 期，第 20—24 页）一文中，高度赞扬苏联史学的成就，并号召中国史家"努力学习苏联历史科学的先进经验"，以"帮助我们有效地加强中国的历史研究工作"。1957 年，郑天挺发表题为《坚决地诚恳地向苏联历史科学学习》（《历史教学》总第 83 期，1957 年，第 27—28 页）一文，表达对苏联史学的拥护和推崇。虽然在中苏关系破裂以后，中国史学界也对"修正主义史学"展开批判，但并未清除此前引入的斯大林时代的苏联史学资源。另参见王学典主编《20 世纪中国史学编年（1950—2000）》上册，第 40、47 页；张广智《苏联史学输入中国及其现代回响》，《社会科学》2003 年第 12 期，第 84—93 页。

1966—1976 年，情况更是为之大变，史学完全沦为权力的工具，已失去了基本的学术品格，因而也难以归入第二种"新史学"的范畴。在第二种"新史学"的框架中，人类历史，无论中国或世界，均被视为各个社会形态依次演进的历程；而历史研究和写作必须坚持用马克思主义做指导，以官方认可的唯物史观为解释一切历史问题的终极准则；历史的功用和历史研究的意义，则在于探寻社会发展规律，证明共产党执政的合理性和社会主义制度的优越性，并揭示世界无产阶级革命和共产主义胜利的必然性。[①]

"文革"结束以后，中国史学进入第三次转型，大体呈现出几个次第相接的阶段。在最初的近 10 年里，史学界致力于消除"文革"遗毒，倡导思想解放，摆脱教条主义的束缚。[②]随着政治和社会转型的缓步推进，史学界也着手修复遭到权力和意识形态破坏的学术机制，极尽艰辛地使历史研究转入正常的学术轨道，在一定程度上重建为"文革"所摧毁的第二种"新史学"。诚然，意识形态的语言和议题仍然决定着史学话语的基调。[③]1982 年，中国史学会确定首届学术年会的讨论主题有两个，一是"马克思主义与历史科学"，二是"社会主义精神文明与中国历史遗产"；而关于史学本身或国际史学前沿的议题，并未出现在会议论文参考选题的范围。[④]不过，学术争鸣的风气也渐趋浓厚，1949 年以来的若干史学命题引发了反思，对马克思主义理论也形成了不同的态度和不同的理解；农民战争与历史发展动力，历史的多样性与统一性，历史的创造者，以及历史的动力等问题，一时成为讨论的"热点"。越来越多的学者意识到学术政治化的危害，开始清理苏联史学的负面遗产，期盼学术探索的开放性和多元性。黎澍在 1983 年撰文指出，历史学必须坚持实事求是，坚持科学性，不能以意识形态和现实政治的需要来曲解历史，不可混淆学术问题和政治问题。[⑤]1985 年，有一批学者提出，历史唯物主义并不等于全部史学理论，阶级分析方法也不是历史分析的唯一方法；应当在马克思主义指导下实行广泛的学术自由，研究并吸收其他的史学理论和方法。[⑥]

及至 20 世纪 80 年代中期，史学界开始将注意力转向恢复史学的专业主义精神，极力

[①] 荣孟源说："无产阶级的历史科学，揭示出历史发展的客观规律，鼓舞了、增强了劳动群众革命斗争的热情和信心。这就必然引起资产阶级的反对、攻击和歪曲。"荣孟源：《史料和历史科学》，第 12 页。刘大年在 1983 年撰文说，"深入研究中国历史发展的全部客观规律性，阐述中国的社会主义、共产主义前途，仍然是中国历史科学首要的和根本的任务"。这里的"仍然"二字表明，在主流政治话语中，关于中国史学旨趣的定位乃是一以贯之的。刘大年：《当前历史研究的时代使命问题》，《近代史研究》1983 年第 3 期，第 3 页。

[②] 谭其骧：《对今后历史研究工作的四点意见》，《社会科学》1983 年第 5 期，第 38—41 页。

[③] 白寿彝在 1982 年撰文，把此前六十年中国史学等同于马克思主义史学，对其他非马克思主义的学者仅一笔带过（白寿彝：《60 年来中国史学的发展》，《史学月刊》1982 年第 1 期，第 1—6 页）。1983 年，刘大年强调马克思主义是不朽的，必定长期指导中国的历史研究；至于回到乾嘉学派、回到王国维等说法，以及倡导用自然科学理论研究历史等，都是指导思想迷糊的表现（刘大年：《关于历史研究的指导思想问题——评马克思主义"过时"论》，《世界历史》1983 年第 4 期，第 2 页）。1985 年，尹达主编《中国史学发展史》（中州古籍出版社，1985）提出，要坚持以马克思主义史学为正统和归宿，清算和贬斥非马克思主义史学。

[④] 中国史学会：《关于中国史学会学术年会讨论主题的一些参考意见》，《历史教学》1982 年第 4 期，第 61 页。

[⑤] 黎澍：《马克思主义与中国历史学》，《历史研究》1983 年第 2 期，第 3—16 页。

[⑥] 他石：《阶级分析不是唯一的历史研究方法》，《世界历史》1985 第 1 期，第 51—53 页；陈高华、李祖德：《加强史学理论和史学方法论研究》，《光明日报》1985 年 2 月 6 日；另参见《历史研究》编辑部 1985 年 2 月 12 日座谈会。

把史学拉回到基于史料的经验研究的轨道，而兰克、傅斯年（以及他身后的乾嘉诸老）和陈寅恪则被视为史学专业主义的精神象征。尤其值得一提的是，对第一种"新史学"产生过巨大影响的兰克，再度引起了中国史家的重视。有一篇专门介绍兰克史学的文章写道："对于我国史学工作者来说，研究朗克（通译"兰克"——引者）及其史学也是很有意义的，因为通过对朗克史学理论和方法的了解与分析，可以从中吸取对我们有益的东西。"① 直到 21 世纪初年，还有学者称，"兰克史学对中国古代史……具有十分重要的意义"；因此，"在今后的历史研究中，中国学者应继续对外国的史学（包括兰克史学）持有一种开放、积极的态度，利用这些方法来进行更加深刻、细致的研究"。②

同样是从 20 世纪 80 年代中期开始，引入战后欧美史学流派，译介欧美史家作品，邀请欧美史家来华讲学，迅速兴起为热潮；欧美史学的议题、理论和方法，也越来越多地进入中国史家的视野之中。尤其是一批中青年学者，目睹中国史学与欧美史学之间的巨大差距，产生了强烈的"危机"意识，于是发起新一轮"新史学"运动。他们创办多种"新史学"杂志，召开各种聚焦于前沿议题的研讨会，表现出一种走向国际学术、铸造新史学话语的宏大志向。有学者在 1994 年就观察到，"新时期"中国史学思潮经历了"回到六十年代初期去""回到马克思去""回到乾嘉学去""走向系统论""走向跨学科研究"等交替递进的演化过程。③ 各种史学思潮的兴替，既见证了这个时期中国史学的多样性，也意味着向欧美取法逐渐成为潮流。到 1999 年，有学者在回顾近 20 年中国史学的新发展时，着重指出了其中的两大趋向：一是研究领域和研究对象的拓展，二是与国际史学的接触和对话。④ 进入 21 世纪以后，这两种趋向都呈方兴未艾之势。在这个过程中，法国年鉴学派、英国马克思主义学派、德国概念史、美国新史学、欧美的新文化史和后现代史学，都给中国史家带来了许多灵感。

1980 年以后有十余年时间，在主流史学话语中，晚清民国的"新史学"仍然被称作"资产阶级史学"而受到贬抑；直到 1996 年，几位学术界的重要人物方以"近代实证史学"称之，终于去掉了政治性的标签。⑤ 与此同时，一大批中青年学者仰慕民国史学大家的风范，以"接着讲"的取径，试图在方法、议题和风格上接续第一种"新史学"。⑥ 但是，第三次

---

① 王晴佳：《简论朗克与朗克史学》，《历史研究》1986 年第 3 期，第 118 页。
② 白杨：《论兰克史学在唐史研究中的应用——以唐代给事中及其职掌为中心》，《理论界》2009 年第 2 期，第 129—131 页。
③ 王学典：《新时期史学思潮的演变》，《中国社会科学》1994 年第 2 期，第 197—207 页。
④ 陈启能：《近 20 年中国历史学的新发展》，《世界历史》1999 年第 3 期，第 79—81 页。
⑤ 林甘泉：《二十世纪的中国历史学》，《历史研究》1996 年第 2 期；戴逸：《世纪之交中国历史学的回顾与展望》，《历史研究》1998 年第 6 期。
⑥ 在 1980 年以后，研究和引述民国史学大家愈成为一种学术风气。据 2021 年 2 月 1 日从中国知网（https://kns.cnki.net）检索的结果，中文历史学各类文献中出现梁启超、胡适、傅斯年、陈寅恪、钱穆等名字的篇目，在 1980—1989 年分别为 2757 条、767 条、167 条、211 条、170 条；在 1990—1999 年则分别为 4570 条、1994 条、555 条、753 条、578 条；可见其增加幅度之显著。

转型同第一次转型并没有直接的联系，在内涵和性质上都相当于一次重新开始。而且，这次转型的重点不在于改造传统史学，而是放开心胸地借鉴和吸收欧美史学的理论和方法，极意追赶国际史学的前沿，尽管这种"追赶"在节奏上总是要慢若干拍。[①] 当前，中国史家普遍注重从政治、经济、社会、文化等维度来考察过往精英和普通人的经历，秉持"问题史学"的理念，借助各种理论工具来发掘、组织和诠释史事，以揭示过去的意义。他们相信，历史的功用在于保存集体记忆，理解当今的中国和世界，推动中国的现代化进程，并提升中国的文化"软实力"。

在以往一个多世纪的时间里，中国现代史学在社会政治的洪流中起伏颠簸，相继出现三种并无直接关联的"新史学"，因之在旧传统被打破的同时并没有形成稳定的新传统。虽然三种"新史学"在主旨和内涵上都不尽相同，但是它们都对传统史学加以"扬弃"，并且通常是"弃"多于"扬"。于是，当今中国史学中的传统元素已然十分稀少，而传统史学除却充当史学史研究的题材，或为相关研究提供论述的材料，更多的只是中国史家借以慰藉民族情怀的精神资源。如果去掉采自欧美的知识谱系、时空观念、研究方式、解释模式、组织性概念、分析工具和表述语言，中国的现代史学似乎就难以成立。如此一来，中国史家在国际史学中所享有的"话语权"，就不可能同中国的国家地位成正比，由此埋下了话语权焦虑的根源。

二 "西方"的幽灵：无处不在的域外印迹

中国史学界习惯于把欧美史学称作"西方史学"，而且认为它拥有一条从希罗多德一直到后现代的发展脉络，是一个可以同中国史学对举的纯一的知识和思想整体。[②] 其实，构成所谓"西方史学"的主要是英、法、德、美四国的史学，间或也涵盖意大利、比利时、荷兰等国的史学。在晚清民国时期"新史学"的铺垫下，经过最近四十多年的交流和引进，欧美史学在当前中国史学中的印迹，可以说已是无处不在。文化的接触和涵化通常以潜移默化的方式进行，而欧美史学对中国史学的影响也不例外。再则，欧美史学并非单独作用于中国史学，而是与欧美的社会科学、人文学科乃至自然科学的理论、方法一起进入中国，构成更广泛的知识和思想流变趋势的一部分。在那些更具社会科学色彩的史学领域，这种特点表现得尤为明显；人类学、考古学、政治学、地理学乃至自然科学的某些分支，都在中国史学中投

---

① 有位年轻学者谈到，自己从事社会史研究，一直以为是加入了史学新潮流，可是忽然听说社会史已成了新文化史"反动的对象"，颇感意外地发出疑问：社会史怎么了？张俊峰：《也论社会史与新文化史的关系：新文化史及其在中国的发展》，《史林》2013年第2期，第172页。

② 杜维运：《中国史学与西方史学之分歧》，《学术月刊》2008年第1期，第120—125页。文中把中国史学和西方史学视作两个分立的系统，颂扬前者而贬抑后者，而且对后者做了极为扭曲的想象。

射了巨大的影子。① 当然，中国现代史学并不纯粹是在欧洲学术作用下演化的结果，而是域外史学、本土资源以及社会实践等综合作用的产物。

欧美史学进入中国，首要渠道是借助欧美史家的著述。由于语言的限制，能够直接阅读欧美史学原著的人并不多，对于英语以外的语种尤其如此，因而中国史家接触欧美史学主要依靠翻译的途径。

清末民初翻译"西书"就已成风气，那些能够为中国史学转型提供指引的著作，如朗格诺瓦、瑟诺博司、伯伦汉、鲁滨逊等人的方法论著述，尤其受到重视。在第三次史学转型时期，"走向未来"丛书于 1984 年开始出版，系统引介欧美各学科的新知识、新理论和新方法，新一轮"西学热"也随之兴起。1987 年，英国史家巴勒克拉夫的小书《当代史学主要趋势》（杨豫译，上海译文出版社 1987 年出版）介绍了年鉴学派，引起中国史家对史学社会科学化的兴趣。1989 年，伊格尔斯《欧洲史学新方向》（赵世玲、赵世瑜译，华夏出版社 1989 年出版）的中译本问世，进一步激发了中国史家对欧美史学动向的关注。

中国的世界史学者大多乐于介绍欧美史学新动向，相关的书籍和文章源源不断地问世。其中较为重要的有徐浩、侯建新的《当代西方史学流派》（中国人民大学出版社 1996 年出版），张广智、张广勇的《现代西方史学》（复旦大学出版社 1996 年出版），罗凤礼的《现代西方史学思潮评析》（中央编译出版社 1996 年出版），何兆武、陈启能主编的《当代西方史学理论》（上海社会科学院出版社 2003 年出版），等等。在各类史学期刊上，关于欧美史学趋向和新书的评述，也可谓比比皆是。

自 20 世纪 80 年代以来，翻译欧美历史著作的热潮真可谓一浪高过一浪。多家出版机构组织翻译和出版了多种大型译丛，其中包含大量欧美史学著作。在这些译丛中，上海译文出版社的"当代学术思潮译丛"、华夏出版社的"二十世纪文库"、上海社会科学院出版社的"名人名著译丛"、三联书店的"学术前沿丛书"、浙江人民出版社的"比较文化丛书"、辽宁教育出版社的"新史学译丛"、译林出版社的"人文与社会译丛"、社会科学文献出版社的"外国史学理论名著译丛"、广西师范大学出版社的"雅典娜思想译丛"、北京大学出版社的"历史的观念译丛"等，都拥有广泛的读者。商务印书馆历来重视欧美史学的译介，自 1936 年即开始编印"各国社会经济史丛书"，规模不断扩大的"汉译世界名著丛书"更是影响深远，其中的史学著作以英、法、德、美等国学者的作品为主。截止于 2014 年，这套丛书的历史部分总共出书 126 种，其中英国 27 种、法国 23 种、美国 17 种、德国 13 种、四国共 80 种；欧洲三国独占 63 种，正好居半。收入这些丛书的大多是欧美史学名著，而散

---

① 一位中国社会史专家写道："中国社会史研究从一开始就受到西方社会科学尤其是社会学的影响……社会史之争在一定程度上是对社会的认识之争，对社会学的理解之争，对西方社会史的解读之争。"行龙：《二十年中国近代社会史研究之反思》，《近代史研究》2006 年第 1 期，第 6 页。另，朱凤瀚的《商周家族形态研究》（天津古籍出版社，1990），被誉为运用欧美人类学理论处理考古学资料和其他史料以研究上古社会的佳作。

见于各个出版社的其他欧美史学著作，尤其是通俗读物和通史，更是不可胜计。

在高校的历史教学和专业训练中，欧美史学著作通常被列入核心阅读书目。1986年，山东教育出版社开始推出多卷本《外国史学名著选介》（刘明翰主编）。在各高校历史学系开设的"史学名著选读"课程中，在导师为研究生开列的阅读书目中，英、法、德、意、美等国史家的作品通常都占较大的分量。一批接一批历史专业学生，在对欧美史学著作的细读和研讨中，逐渐把来自域外的知识、理念、方法和用语，转化成自己的学术素养的主要成分。专治外国史的学者主要依靠本领域的外国著作，而中国史学者通常也很重视欧美研究中国的论著。[①] 那些身在国际交流比较活跃的学术机构的学者，那些具有较强烈国际主义意识的学者，通常会把阅读欧美史家著作当成日常功课。

中国学者赴欧美留学或访问，则是引入欧美史学的另一条直接渠道。在第一种"新史学"的缔造者中，蔡元培、胡适、陈寅恪、傅斯年、蒋廷黻、张荫麟、雷海宗、张贵永等人，均有留学欧美的经历。在第二、三次转型中发挥重要作用的史家，如翦伯赞、齐思和、韩儒林、翁独健、周一良、吴于廑、蒋孟引、杨生茂、张芝联等，也是从欧美学成归来的留学生。最近四十余年相当活跃的学者中，除少数人有留学经历外，更多的是到欧美国家访问、进修、从事研究和参加学术会议。有一位学者在论及近期的魏晋南北朝史研究时说，从前辈学者到当前新锐，"都非常重视对国外学术成果的吸收与利用"，"都以开阔的国际学术视野，给我们做出了示范"。[②] 可见，国际学术交流直接关系到研究水准的提升。

与此同时，许多欧美史家名家受邀来国内讲学，以更近身的方式现场传递欧美史学的理念、方法和前沿动向。[③]1982年，法国史家乔治·杜比（Georges Dubby）访问北京和上海，中国学者端木美后来还对他做了专访。[④]1985年，英国史家霍布斯鲍姆（Eric Hobsbawm）和汤普森（E. P. Thompson）先后来华讲学，引起广泛关注。1994年，法国史家勒华拉杜里（Emmanuel Le Roy Ladurie）访华，陈启能、许明龙与他做了访谈。[⑤] 此后，美国史家埃里克·方纳（Eric Foner）、德国史家于尔根·柯卡（Jürgen Kocka）等相继访华，

[①] 1989年上海古籍出版社开始推出王元化主编的"海外汉学丛书"；同年，刘东主编的"海外中国研究丛书"第一批译著由江苏人民出版社出版；《剑桥中国史》系列也有中文版问世。截至目前，不仅欧美中国研究的经典论著都有了中文译本，而且许多刚刚问世的新著也有中文译者跟进。另，1991年，四川外国语学院建立国外中国学研究所，创办《国外中国研究》杂志；1996年，华东师大成立海外中国学研究中心，并招收这一方向的研究生；同年，北京外国语大学成立海外汉学研究中心。

[②] 陈长琦：《魏晋南北朝史研究三十年》，《史学月刊》2009年第10期，第125页。

[③] 关于20世纪90年代中期以前来华讲学的部分欧美史家名单，见张芝联《当代中国史学的成就与困惑》，《史学理论研究》1994年第4期，第77页。

[④] 端木美：《回顾历史·继承传统·着眼未来——访法国著名史学家乔治·杜比》，《史学理论研究》1995年第1期，第105—109页。

[⑤] 许明龙：《"年鉴派的建树不可逆转"——法国著名历史学家勒胡瓦·拉杜里访谈录》，《史学理论研究》1994年第3期，第97—101页。

王希和景德祥也整理和发表了对他们的采访。[①]英国史家哈里·迪金森（H. T. Dickinson）更是同中国史家建立了长期的合作关系。德国学者约恩·吕森（Jorn Rüsen）和斯特凡·约尔丹（Stefan Jordan）等，还与中国学者联手引进、出版欧美史学理论著作。

当前中国史学的学科设置固然不同于欧美，但在理念和构成要素方面也同样带有欧美的印记。中国史学的学科体系基于中国史和世界史"两分法"，在各自名下又分设若干二级学科，而这些学科的名称和内涵都不是来自传统史学，而是经由欧美、苏联和中国自身的多种学科资源融合发酵后逐渐生成的。现代中国史学的职业机构（大学历史学系、社科院历史研究所）、学术团体（从1915年北京高师和武昌高师的史地学会、1929年的中国史学会到当今的中国史学会及各个专业学会）、研究体制（专业平台、研究基金、课题项目制、个人和团体协作）、写作形式（论文、专著、通史、书评）、专业期刊（从1921年的《史地学报》到当今的《历史研究》等）、评价方式（同行评审、会议评议和学术评奖）、学术会议（按主题组织，由大会报告、小组发言、专人评议、提问和讨论等环节构成，会后出版文集），无一不是以欧美史学界的经验为模板而演化成形的。当前中国大学的历史教育和学术训练，在专业设置（本科、硕士、博士分阶段培养）、课程体系（通史、专史、理论、方法）、教学方式（讲授、阅读、讨论、研究、写作）各个环节，也从欧美汲取了大量经验。20世纪90年代反响热烈的学术规范讨论，参照深受"西学"影响的民国学术，援引现代欧美学术的经验和定则，努力界定引用与抄袭、借鉴与剽窃的区分，并就注释体例、参考书目和论著评审等制定了初步的规范。

时空概念不仅是重构历史的基本工具，而且也为治史提供具有可操作性的框架。关于历史的分期，梁启超在1901年的《中国史叙论》中提出，要放弃朝代分期法，采用"西人之著世界史"的分期法，以"上世史""中世史""近世史"来划分中国历史时期。[②]当前中国通行的古代（上古）、中古（中世纪）、近现代、当代的历史分期法，最初源自欧美史学，后经苏联史学的加固而成为定例。以奴隶制、封建制、资本主义、社会主义等社会形态概念来划分历史阶段，固然是直接仿效苏联的理论和意识形态的结果，但其最初的源头仍在西欧。另外，历史年代的标注采用公元纪年，而划分世界历史阶段的标志性年代，比如476年、1500年、1900年、1945年等，也无一不是依据欧美的历史事件、并由欧美史家所确定的。在历史的空间维度上，现在通行以国家、大洲、大洋为历史叙事的空间单位，这显然是基于欧美现代地理学的概念；而用东亚、南亚、中亚、西亚、内亚、近东、中东、远东等方位性名称来区分历史地域，也是欧美人、主要是西欧人的习惯。另外，考察历史的各种空间层次，诸如地方、（民族）国家、区域、国际、跨国、全球等，也全都是欧美学者率先使用

---

① 王希：《近30年美国史学的新变化——埃里克·方纳教授访谈录》，《史学理论研究》2000年第3期，第61—75页；景德祥：《德国社会史研究的今昔——德国社会史学家科卡访谈》，《史学理论研究》2001年第4期，第125—130页。
② 梁启超：《中国史叙论》，汤志钧、汤仁泽编《梁启超全集》第2集，中国人民大学出版社，2018，第319—320页。

的概念。

领域、路径的划分则涉及历史研究的方向和操作方式。当前中国史家普遍接受欧美史学的成例，把历史研究划分为政治史、经济史、社会史、文化史、军事史、外交史等经典领域。自20世纪80年代中期以来，最初兴起于欧美的新社会史、新文化史、环境史、生态史、妇女史、全球史、医疗史、计量史学、心理史学、历史人类学、记忆研究、公共史学等，也渐次进入中国，并且很快成为学术前沿。特别是社会史的引入，在很大程度上造成了中国史学的重构：它打破以政治史为中心的史学体系，借鉴社会学和人类学的理论，采用民俗学、历史地理学的方法，提升民间史料的地位，使得日常生活在史学上取得了近于重大事件的地位。① 此外，最早发生于欧美史学中的"经验转向""社会转向""叙事转向""文化转向""语言学转向""跨国转向"等路径变化，也给中国史家带来新鲜的刺激和启示。

王国维曾把新思想的引进化约为"新语之输入"，② 而当今中国史学的语言，尤其是核心术语，也基本上源自欧美。今天，中国史家张口就来的变迁、过渡、转型、革命、改革等宏大叙事，须臾不可离的趋势、时段、演变、结构、心态、中心、边缘、底层、性别、族群等核心概念，见于诸多论著中的"中华帝国"、"专制君主"、"王权主义"、公共领域、市民生活、民族国家、国家认同、"中国性"（Chineseness）等提法，大都是从欧美史家那里借用过来的。中国史家热烈讨论过的一些重大议题，比如谁是历史的主人、由谁来书写历史、历史的主线、历史的动力、古史分期、封建社会何以长期延续、近代何以落后、西学东渐、李约瑟之问、大分流、17世纪危机、新清史、冲击—回应说、中国中心观、中国的国际化、过密化（或内卷化）、世界体系等，有些是由欧美学者率先提出的，有些则是欧美学术启发或刺激下的产物。

概而言之，经过三次转型，中国史学话语中的欧美元素不断增加，逐渐居于主导地位。关于中国古代史学的"理论遗产"及其意义，在中国史家中存在争议；③ 不过至少有一点是可以肯定的，就是中国史学话语中的传统色彩在不断消退。改革开放初始，中国史学界就迅速兴起了"史学理论热"；而造成这一现象的首要因素，乃是"积极引入西方的史学新思潮、新方法"。④ 1986年，在天津召开的"全国史学理论研讨会"上，"马克思主义史学理论"和"外国史学理论与方法"并列为两大议题，而且与会者几乎一致强调，中国史学的发展需要引进西方的史学理论与方法。⑤ 自此而后，中国史学理论在体系（本体论、认识论、方法论）、论题（客观性、相对性与历史知识的性质）、范畴（政治、经济、社会、文化、形态、

---

① 冯尔康：《开展社会史研究》，《百科知识》1986年第1期。1986年10月在天津召开"第一届中国社会史研讨会"，中国史家首次集中讨论社会史的内涵和方法，倡导开展中国社会史研究。
② 王国维：《论新学语之输入》，《教育世界》第96号，1907年4月。
③ 瞿林东：《史学理论史研究·中国史学上的五次反思》，《史学史研究》2015年第1期，第1—11页。
④ 陈启能：《史学理论与改革开放》，《史学理论研究》2008年第2期，第5页。
⑤ 赵进中等：《全国史学理论研讨会综述》，《天津师范大学学报》1986年第6期，第61—66页。

跨学科）等各个方面，越来越多地取法于欧美史学理论；克罗齐、科林伍德、海登·怀特等人的名字，频繁出现于中国史家的笔端。[①] 举例来说，"史学概论"一类书籍在写法上的变化，庶几能集中反映中国史学话语的演变。20 世纪 80 年代初通行的几种《史学概论》读本，其基调是把传统史学经验和马克思主义话语糅合在一起，而很少论及欧美现当代史学。[②] 到 20 世纪 80 年代末，越来越多的中国学者开始关注二战以后欧美史学的进展，并试图用欧美史学理论来改造史学概论的知识体系。及至 2006 年，人民出版社推出《历史学理论与方法》一书，作者系留美归来的资深学者，真诚信奉马克思主义，对中国古代史学思想也有颇深的造诣。可是，他这本毕生治学的"压卷之作"，则通篇以古代希腊罗马及欧美近现代史学和历史哲学为参照，采用来自欧美哲学、史学的理论、概念和材料，着力阐述他所理解的史学理论和西方史学中的历史思维模式。[③]

有一位熟悉中国史学现状的德国学者谈到，中国的历史研究实际上曾分裂为两个部分，一是占主导地位的"未被全球化的国内史学话语"，另一个是"次要的、'西方化'的史学话语"，主要盛行于中国的西方史学研究，其中美国的影响越来越大。[④] 对于当前的中国史学来说，这种"两分法"似乎过于绝对。实际上，无论中国史还是外国史的具体研究，无不深受欧美史学的塑造性影响。即便是那些坚持用（经典的、或苏联式、或中国化的）马克思主义为指导的研究者，即便那些顽强地维护传统史学重要地位的史家，在理念、方法和研究方式上，都或多或少带有"西方史学"的印记。欧洲汉学和美国的中国研究在国内学界受到普遍重视，就是一个明证。

在拥有悠久传统和丰厚积累的中国古代史研究领域，当一批重要学者在回顾改革开放以来本领域的进展时，无一不强调欧美史学理论和方法的巨大推动作用。就整个中国古代史学科而言，"较之新材料的发现影响更大的，应属与海外学术交流的开展以及随之出现的介绍和引进海外学术著述的热潮"。[⑤] 在先秦史领域，"人们在继续坚持马克思主义的唯物史观的同时，也开始借鉴西方史学、考古学、文化人类学理论中的某些有益成分"；而且，今后要"增进开放意识，加强对西方史学、考古学、文化人类学有关理论的学习和引进"，因为这将有助于克服不足，提高研究水平。[⑥]1980 年以后秦汉史研究的转向，主要得益于引进"西方史学理论和方法"；随着社会学、人类学、心理学和民俗学等学科的理论和方法的引

① 据 2021 年 2 月 1 日从"中国知网"（https://kns.cnki.net）检索结果，在 1980—2021 年的历史学期刊论文中，包含"克罗齐"名字的文献共 1660 篇；包含"科林伍德 / 柯林伍德 / 柯林武德"名字的文献共 261+453+1035 篇；包含"海登·怀特"名字的文献共 845 篇。

② 白寿彝主编《史学概论》，宁夏人民出版社，1983；葛懋春：《历史科学概论》，山东教育出版社，1983。

③ 朱本源：《历史学理论与方法》，人民出版社，2006。

④ 罗梅君（Mechthild Leutner）：《中国史学和（西）德 / 西方史学：一种对话？——始于 1980 年代中国社会史转向》，《山西师范大学学报》2006 年第 3 期，第 87 页。

⑤ 向燕南、戚菲诺：《70 年中国古代史学科建设历程的回顾与反思》，《河北学刊》2019 年第 5 期，第 47 页。

⑥ 沈长云：《改革开放 30 年的先秦史研究》，《史学月刊》2008 年第 11 期，第 12、17 页。

入，"研究的视野和领域有了很大拓展，秦汉社会史和文化史的兴起是典型标志"。① 对于魏晋南北朝史研究者来说，不仅要了解大陆同行的研究，还要关注海外同行的工作，因为"日本、欧陆、英美等地区的学者在魏晋南北朝史研究领域都有很好的成果，我们应该加以吸收与利用"。② 在唐史领域，无论题材的选取，领域的开拓，方法的运用，解释的策略，以及"范式"的转换，都或多或少看得到海外学术的影响。③ 在宋史研究中，由于缺少新材料，"运用新方法、新理论、新视野，显得尤为重要"；而这些新方法、新理论，主要是"来自西方的社会科学方法和历史理论"；因此，宋史研究今后若要取得进展，一方面须"从域外学习新的方法和理论"以"开启新视野"，另一方面也要"摸索适合本土宋史研究的理论和模式"。④ 在清史研究中，受欧美史学和社会科学的影响，形成了一系列新领域、新视野、新方法，提供了"很多新的学术增长点"，并且"逐步改变以往研究偏重于帝王、重臣等上层人物的做法，眼睛向下，更多地关注下层人物，关注清代社会中的弱势群体"。⑤

最近40余年，中国近现代史研究可谓突飞猛进，其中许多变化都受到了美国学术的引导和推动。自费正清开始逐渐兴起的美国的中国史研究，对于中国学者具有某种范式性的意义。中国学者不仅积极响应美国学者发起的围绕某些具体问题的讨论，而且以美国中国研究的理念来思考和规划中国学术的发展。据有一位学者观察，"八十年代末以来，美国中国学的基本方法开始较为广泛地进入中国历史学家的视野，其各种转型方法的争议也成为部分学者讨论的话题"；虽然相互的理解和沟通并不理想，没有把美国的中国研究成果转化为"我们自身创新的内在资源"，但至少把大量美国中国研究的元素注入中国史家的思考和写作当中。⑥20世纪90年代以后，中国近代思想史研究也发生了明显转向，其主要动因在于"西方观念史、新文化史、社会史等研究理论和方法的引入"。⑦ 还有一位中国近现代史专家自承，他近期关注"从地方的而不一定是国家的视角去看中国史"，这"跟西方的 history from below 有一定关联"。⑧

中国史学中新领域、新路径的开辟，通常都是追随欧美史学新进展的结果。中国社会史的产生和发展，无疑是欧美新社会史在中国史学中的折射，并得益于欧美社会学、人类学、民俗学的理论和方法。在一位研究近代中国社会的学者看来，社会史的兴起和发展，给中国历史研究在内容上带来三大转向，即"由精英的历史转向普通民众的历史"，"由政治的历史转向日常社会生活的历史"，"由一般历史事件转向了重大的社会问题"。⑨ 乍看之下，

---

① 杨振红：《改革开放三十年来的秦汉史研究》，《河北学刊》2008年第6期，第89页。
② 陈长琦：《魏晋南北朝史研究三十年》，《史学月刊》2009年第10期，第125页。
③ 张国刚：《改革开放以来唐史研究若干热点问题述评》，《史学月刊》2009年第1期，第5页。
④ 李华瑞：《改革开放以来宋史研究若干热点问题述评》，《史学月刊》2010年第3期，第26—27页。
⑤ 杨珍：《改革开放三十年清史研究回顾与思考》，《河北学刊》2008年第6期，第98页。
⑥ 杨念群：《美国中国学研究的范式转变与中国史研究的现实处境》，《清史研究》2000年第4期，第73页。
⑦ 郑大华：《改革开放40年来的中国近代思想史研究》，《广东社会科学》2018年第6期，第111页。
⑧ 罗志田、赵妍杰：《探索开放的史学——访罗志田教授》，《社会科学战线》2017年第3期，第245页。
⑨ 王先明：《新时期中国近代社会史研究评析》，《史学月刊》2008年第12期，第12页。

这类"转向"无一不是欧美史学相应趋向在中国史学中的延伸。20 世纪 80 年代中期,中国史学界兴起文化史热潮,举凡文化的概念,文化史的内涵,也都参照或借用了欧美的理论。还有论者预言,"随着改革开放的持续进展,随着国际史学界之间交流的扩大,包括西方'新文化史'在内的国际史学思潮、流派对中国文化史研究的影响将有增无减"。[①] 此外,城市史、环境史、生态史、医疗社会史、书籍和阅读史等,均已成为中国史学中最具活力的新方向,而在理念和范式上,它们都不是中国本土的产物,而是向欧美史家学习的成果。

中国的外国(世界)史研究和教学,由于完全缺乏可以倚重的本土资源,不得不片面依赖域外史学。用一位资深学者的话说,"世界史是一门研究外国的学科,所以就规定了我们必须首先向人家学习,而且因为欧美的历史学发达在前,所以首先就是向欧美的该学科学习。无可否认,我们关于现代历史学的许多基本概念、术语、理论和方法,都是由欧洲首先创造、使用的,否则也就没有我们历史学的现代化。这样就决定了,我们起初只能是一个学生"。同时,令他担忧的是,"我们学习了人家的理论和方法,不可避免地也就被别人的话语所控制;也就是说,我们只能在他们制定的规范内行动,只能循着别人的路径前进"。[②] 可是,对于这方面的问题,一时似乎也找不出解决的良策。比如,中国史家长期抱怨欧美史家有"欧洲(西方)中心论"倾向,但用以批判"欧洲(西方)中心论"的逻辑、材料和观点,却仍然大多来自欧美。更重要的是,中国学者若要写一篇合格的外国史论文,首先必须全面而深入地把握国外(主要是欧美)的研究状况;由此造成的一个后果是,中国的外国史论著不得不以国外史学为学术语境,以国外史家的观点为立论的对象,在视角、方法和材料上也离不开国外的资源。这样的外国史研究,又如何能够真正融入中国的史学体系呢?

总之,如果把学术话语体系理解为"学术思想、研究理念与方法、范畴或概念的运用、关于研究对象的解释以及语言表述的风格和特点等",[③] 那么经过三次转型和三种"新史学"次第登场后,中国传统的史学话语体系已然分崩离析,仅余一大片支离散落的残砖碎瓦;与此同时,现代的新话语体系却没有顺利地形成。于是无怪乎,在"对外学术交流的场景"中,中国学者听到的"基本上是'海外声音'"。[④]

三 榜样的力量:外来范式的示范效应

欧美史学对于中国史学的辐射无疑是全方位的,其影响真可谓无孔不入。有学者在论

① 何晓明:《改革开放以来的中国文化史研究》,《史学月刊》2009 年第 5 期,第 27、28 页。
② 马克垚:《世界史学科发展路径管窥和前景展望》,马克垚《学史余沈》,商务印书馆,2020,第 260 页。
③ 瞿林东:《关于当代中国史学话语体系建构的几个问题》,《中国社会科学》2011 年第 2 期,第 21 页。
④ 朱汉国:《70 年来中国近代史学科建设的成就与新使命》,《河北学刊》2019 年第 5 期,第 57 页。

及改革开放 40 年来中国近代史研究的发展时说，"国外特别是西方的史学研究以及相关学科的理论方法的引入，是改革开放后推动中国历史研究的最新、恐怕也是力量最强的来源"。① 这个判断若放到中国史学的其他领域，大体上也是成立的。除开前文论及的史学理念和方法的整体性影响外，近 40 余年里，有三个域外史学流派在中国史学的发展中起过异乎寻常的引领作用。细致剖析这几个案例，有助于更具体地了解欧美史学元素如何渗入中国史学话语，又如何发挥改造的效用。

（一）法国年鉴学派

年鉴学派在 20 世纪世界史学中的地位，自然毋庸赘述；而中国史学从年鉴学派所获得的启示和滋养，则超过欧美任何其他史学流派。在一位中国学者看来，年鉴学派的"历史综合主义模式"和兰克的"历史实证主义模式"，可以并称为"两个世纪以来西方史学发展"的两大模式。② 这个估价是否切合"西方史学"的实际另当别论，但至少揭示了"西方史学"影响中国史学的情况。据另一位中国学者观察，在二战后传入中国并对中国史学产生"积极影响"的"西方史学"中，"当首推以法国年鉴学派为代表的法国新史学"；它是 20、21 世纪之交"中国史学走向世界的一座桥梁"。③ 总而言之，年鉴学派对中国史学的影响是全面而深刻的。无论是布罗代尔总体史的宏大，还是勒华拉杜里村庄史的精细；无论是经济史、社会史、心态史、环境史等领域的开拓和深化，还是跨学科路径的探索；都深为中国史家所仰慕和追摩。

早在 20 世纪五六十年代，年鉴学派及其主将的名字就已出现在中国的出版物中；不过，对年鉴学派的史学思想及主要著作的引进，则是 1980 年以后才逐渐开展的工作，而将年鉴学派的理论和方法运用于具体研究中，更是经历了一个逐步深化的过程。据有学者观察，起初，"年鉴学派对于中国的影响基本上局限于史学理论领域而并未深入到历史研究的内部与细节"；因而需要深入理解布罗代尔的"整体历史"和"历史时间"理论，用以重构具体研究领域（具体指中共党史和中国当代史）的研究框架。④ 到目前为止，布洛赫（Marc Bloch）、费弗尔（Lucien Febvre）、布罗代尔（Fernand Braudel）、勒华拉杜里、勒高夫（Jacques Le Goff）等人的主要著作均有中译本，而布罗代尔的几乎所有作品都被译为中文。年鉴学派及其代表性史家在中国受关注的程度，可以从被引用的数据中窥得一斑。据 2021 年 2 月 1 日从中国知网（https://kns.cnki.net）检索的结果，自 1980 年以来，历史类中文期刊论文中讨论或提及"年鉴学派"的文献多达 2532 篇；另外，提到马克·布洛赫名字的文

---

① 李金铮：《赓续与创新：改革开放四十年中国近代史研究的四个推动力》，《河北学刊》2018 年第 6 期，第 4 页。
② 朱本源：《近两个世纪以来西方史学发展的两大趋势》，《世界历史》1986 年第 10 期，第 1—10 页。
③ 于沛：《西方史学的传入和回响》，《浙江学刊》2004 年第 6 期，第 44、45 页。
④ 苏海舟：《中共党史、当代中国史研究的方法论视角——兼议布罗代尔的"整体性历史"与"历史时间"的引入》，《党史研究与教学》2012 年第 6 期，第 8—11 页。

献有 829 篇，提到费尔南·布罗代尔名字的文献有 2052 篇，提到雅克·勒高夫的名字的文献有 620 篇，提到勒华拉杜里名字的文献也有 460 篇。

年鉴学派给中国史家带来的启迪，首先体现在领域和路径的开拓上。年鉴学派的形成与史学和社会科学的碰撞、融合有明显的关系，而各位代表性史家都是善于调动多学科理论和方法的高手。中国史家由此领会到，引入社会科学理论，采用跨学科路径，对于历史研究的革新具有至关重要的意义。在那些与社会科学关系密切的领域，诸如经济史、社会史、环境史等，年鉴学派的理念和方法尤其具有吸引力。据一位颇有影响力的中国经济史家自述，"学习年鉴学派和新制度学派给我很大启发。至少，经济史不能就经济论经济，要研究社会结构、制度、思想"。① 不过，年鉴学派贬抑和忽视政治史的倾向，也对中国政治史的史学霸主地位造成冲击；在有的政治史研究者看来，这是"不合理的现象"。②

在治史的理念和操作方式上，中国史家热烈地拥抱年鉴学派倡导的"问题史学"。据 2021 年 2 月 1 日从中国知网（https://kns.cnki.net）检索的结果，自 1980 年以来，历史类中文期刊论文中讨论或提及"问题史学"的文献有 576 篇。在有的学者看来，"问题史学"乃是"年鉴派范型"的方法论原则，集中反映了年鉴学派的史学观念，实现了对传统史学的根本超越。③ 还有学者尝试以"问题史学"为方法论，具体讨论"国际长安学"的内涵和意义。④ 在史学论文写作以及史学论著的评议中，"问题史学"几乎取得了指南和衡量标准的地位。

布罗代尔提出的"长时段"以及他倡导的"总体史"（整体史），也颇受中国史家的喜爱。据 2021 年 2 月 1 日从中国知网（https://kns.cnki.net）检索的结果，自 1980 年以来，历史类中文期刊论文中讨论或提及"长时段"的文献多达 6327 篇，提及"总体史"的文献也有 845 篇。有论者倡议用"长时段"理论来考察中国历史民族地理格局的演变，在空间和结构的相互关系中讨论地理环境对民族演变的影响。⑤ 社会史学者则从"长时段"理论获得启发，认为"在中国社会史的研究中就是要打破朝代划分时期的局面，把研究对象发展的内在脉络置放在长时段的历史长河中加以把握"。⑥ 即便是治先秦史的学者也相信，"法国年鉴学派大师布罗代尔的长时段理论"具有参考价值。⑦ 在有的学者看来，"总体史"既是一种无所不包的"全面史"，也是探讨重大问题的"宏观史"，还能为引导和照亮"碎片研究"充当

---

① 吴承明：《研究经济史的一些体会》，《近代史研究》2005 年第 3 期，第 248—249 页。
② 杨天宏：《政治史在民国史研究中的位置》，《南京大学学报》2013 年第 1 期，第 114—115 页。
③ 姚蒙：《法国的新史学范型》，《读书》1989 年第 6 期，第 40—41 页；赵建群：《论"问题史学"》，《史学理论研究》1995 年第 1 期，第 92—100 页。
④ 王成军：《"问题史学"视域下国际长安学的产生和理论建构》，《陕西师范大学学报》2015 年第 3 期，第 131—143 页。
⑤ 安介生：《"长时段"研究理论与中国历史民族地理格局及演变趋势之解析》，《江西社会科学》2012 年第 4 期，第 14—18 页。
⑥ 行龙：《二十年中国近代社会史研究之反思》，《近代史研究》2006 年第 1 期，第 15 页。
⑦ 沈长云：《改革开放 30 年的先秦史研究》，《史学月刊》2008 年第 11 期，第 12 页。

"宏大叙事"。① 还有一位研究东南亚的国际关系学者径直提出，"关于中国华南地区与东南亚在历史与社会方面的整体性"，值得写一部布罗代尔的《地中海》那样的著作。②

在中国史学领域的开拓方面，社会史和历史人类学的兴起，与年鉴学派的影响更有直接的关系。中国学者倾向于把年鉴学派等同于社会史学派，甚至把"西方社会史"化约为年鉴学派的社会史。③1987 年，正当社会史在中国初兴之际，有论者在界定中国社会史的内涵和研究对象时，主要以年鉴学派的社会史为参照。④ 布罗代尔的《历史和社会科学：长时段》，与霍布斯鲍姆的《从社会史到社会的历史》一道，成为社会史讨论中必引的文献。2010 年，一些学者论及社会史在中国勃兴的原因，把年鉴学派的影响排在第三位。⑤ 直到2012 年中国社会史学会的年会上，与会者在探讨今后社会史研究的方向和路径时，仍然不时提及年鉴学派。⑥ 可见，中国社会史的兴起，主要是欧美经典社会史和年鉴学派社会史相结合的产物，而美国"新社会史"所擅长的社会科学模式和计量方法，基本上没有引起中国社会史家的重视。另外，历史人类学在中国史学中也是一个新方向，中国史家在这方面的灵感，也同年鉴学派的启发有关。在一些学者看来，布洛赫的《国王的神迹》对民俗学的重视，意味着开创了历史人类学；⑦ 勒高夫的学术理念，特别是他提出的"优先与人类学对话"的主张，也激发了中国史家对历史人类学的兴趣。⑧

（二）英国马克思主义史学

在意识形态和史学观念的层面，英国马克思主义史学曾给中国史家带来了深远的震撼。自 20 世纪 80 年代以来，介绍、翻译、研究英国马克思主义史学的论著不断增多。据 2021年 2 月 1 日从中国知网（https://kns.cnki.net）检索的结果，自 1980 年以来，历史类中文期刊论文中讨论或提及 "英国马克思主义史学" 的文献有 161 篇，评论、提及和引用《英国工人阶级的形成》的文献有 279 篇，而出现霍布斯鲍姆名字的文献更是多达 1005 篇。除了为数甚多的文章，还有若干部颇具深度和分量的研究著作。⑨E. P. 汤普森、埃里克·霍布斯鲍姆等人的主要著作都出了中文译本，霍布斯鲍姆的自传也有中译本。⑩此外，《史学理论研究》

① 李金铮：《整体史：历史研究的"三位一体"》，《近代史研究》2012 年第 5 期，第 24—28 页。
② 庄礼伟：《年鉴学派与世界体系理论视角下东南亚的"贸易时代"》，《东南亚研究》2016 年第 6 期，第 111 页。
③ 常宗虎：《社会史浅论》，《历史研究》1995 年第 1 期，第 25—26 页。
④ 陆震：《关于社会史研究对象诸问题》，《历史研究》1987 年第 1 期，第 92—93 页。
⑤ 蔡少卿、李良玉：《六十年来的中国近代社会史研究》，《南京晓庄学院学报》2010 年第 4 期，第 36 页。
⑥ 张瑜、郭宇：《改革开放以来的中国社会史研究——第十四届中国社会史学会年会会议综述》，《历史教学》2012 年第 22 期，第 71 页。
⑦ 张绪山：《〈国王的神迹〉与年鉴派的史学研究》，《世界历史》2014 年第 3 期，第 131—132 页。
⑧ 王先明：《新时期中国近代社会史研究评析》，《史学月刊》2008 年第 12 期，第 7 页。
⑨ 张亮：《阶级、文化与民族传统：爱德华·P. 汤普森的历史唯物主义思想研究》，江苏人民出版社，2008；梁民愫：《马克思主义理论与实践——霍布斯鲍姆的史学研究》，社会科学文献出版社，2009；张广智：《史学之魂：当代西方马克思主义史学研究》，复旦大学出版社，2011。
⑩ 霍布斯鲍姆：《趣味横生的时光：我的 20 世纪人生》，周全译，中信出版社，2010。

2007 年第 2 期还以专栏形式讨论英国（为主的）马克思主义史学。

英国马克思主义史家大多成名于冷战时期，他们面对巨大的意识形态乃至生计方面的压力，始终把马克思学说作为理论的启迪和基本的分析工具，同时反对采用教条主义和机械主义的方式；他们在坚持马克思历史唯物主义的同时，大量吸收新的理论和方法，开辟新的研究路径，推出了一大批新颖而精深的研究论著，极大地提升了激进史学的学术声望。[①] 霍布斯鲍姆自承，他一方面坚信"经济基础－上层建筑模式是理解历史的一个线索"，另一方面又觉得"问题并不是谁是百分之百忠于马克思的原话，因为马克思的观点并不是已完成的观点，而只不过是一种概括，一种看问题的方法"。[②] 汤普森也自我总结说，他的确"深受马克思主义理论影响，极大地得益于马克思主义史学传统"；但也反对"把马克思主义当做一种已完成的、包容一切的、自证自明的思想体系"。他的主要治学取向在于打破简单的经济决定论和目的论，把文化因素引入历史解释。[③]

直到改革开放初期，教条主义一直是束缚中国史家的"紧箍咒"，而英国马克思主义史家的历史观念和治学成就，不啻给中国学者打开了一道豁然敞亮的大门。他们从这里看到，把马克思主义理论应用于具体研究，还可以有如此具有创造性和想象力的方式；英国马克思主义史家成功的经验，"也许可以成为我国史学现代化的直接推动力量"。[④] 他们进而意识到，把马克思主义看作"教条主义的、机械的狭隘唯物论"，固守简单的经济决定论和阶级分析方法，根本无助于解释复杂的历史现象，因而有必要"重建马克思主义的历史理论框架"。[⑤]

在研究实践的层面，英国马克思主义史学与年鉴学派一道，在中国社会史的兴起中发挥了重要的推动作用。有学者把英国马克思主义史学等同于"新社会史"，关注它对中国社会史研究所产生的影响。[⑥] 的确，中国社会史学者在讨论社会史的内涵、探索社会史的方法时，经常提及霍布斯鲍姆和汤普森的著作及有关论述。[⑦] 霍布斯鲍姆的《从社会史到社会的历史》和汤普森的《民俗学、人类学与社会史》，都收入蔡少卿主编的《再现过去：社会史的理论视野》（浙江人民出版社，1988）一书，对中国社会史概念的形成产生过重要的影响。而且，汤普森和霍布斯鲍姆都善于运用阶级理论，重视对社会底层的研究。虽然在中国长期流行"人民是历史的创造者"的口号，但是中国史家并未建立研究底层民众历史的有效模式。在一些社会史家看来，英国马克思主义史家"从底层看历史"的视角，正可启发他们

---

① 梁民愫：《当代英国马克思主义史学：注重理论渊源和文化研究传统的双重考察》，《史学理论研究》2006 年第 3 期，第 14—16 页；张文涛：《E. P. 汤普森视野下的马克思主义》，《史学理论研究》2006 年第 2 期，第 82—89 页。

② 刘为：《历史学家是有用的——访英国著名史学家 E. J. 霍布斯鲍姆》，《史学理论研究》1992 年第 4 期，第 61 页。

③ 刘为：《有立必有破——访英国著名史学家 E. P. 汤普森》，《史学理论研究》1992 年第 3 期，第 108—111 页。

④ 徐浩：《弘扬马克思主义的历史科学——英国马克思主义史学辨析》，《学习与探索》1993 年第 6 期，第 127 页。

⑤ 刘志丹：《30 年来我国英国马克思主义史学流派研究：逻辑、问题与反思》，《贵州社会科学》2014 年第 10 期，第 52—53 页。

⑥ 张广智主编《20 世纪中外史学交流》，第 353—374 页；鲍绍霖编《西方史学的东方回响》，社会科学文献出版社，2001，第 126—174 页。

⑦ 行龙：《二十年中国近代社会史研究之反思》，《近代史研究》2006 年第 1 期，第 9—10 页。

关注普通民众的思想和活动；从理念到方法、从题材到史料，中国史家都必须打开眼界，改弦更张，才能真正写出普通人民的历史。[①]

（三）德国概念史

就德国史学对中国现代史学的感染力而言，最受青睐的史家可能是兰克，而效法最多的研究范式，或许要数科塞勒克（Reinhard Koselleck）等人的"概念史"。中国传统学术中固然有训诂和考据一脉，不少学者长于梳理词汇的含义及其流变；但只有在概念史引入以后，对重要概念含义变迁的诠释才超出了语言学和文献学的范畴，而成为历史研究中一个新的领域。"概念史"一词出现在中文学术出版物中，主要是最近二十余年的事。据2021年2月1日从中国知网（https://kns.cnki.net）检索的结果，自1980年以来，历史类中文期刊论文中讨论或提及"概念史"的文献共有427篇，其中422篇发表于1998年以后；篇名中包含"概念史"一词的文献有44篇，而主题涉及"概念史"的文献有89篇，全部发表于1998年以后。《史学理论研究》（2012年第1期）和《史学月刊》（2012年第9期）都曾刊发"概念史研究"笔谈，介绍欧洲概念史的理念、方法和成果，倡导把概念史范式引入中国史研究。

众所周知，"概念史"有英、德两脉，前者经常混同于思想史，而后者则更偏向于历史语义学。[②] 相对而言，中国史家似乎更欣赏德国的概念史。在接触概念史之初，不少学者对于它与观念史的区别深感困扰，用了不少精力来讨论两者的区别。通过对德国的概念史理念的细致梳理，中国学者终于把概念史同观念史区分开来。他们逐渐明白，观念史研究成体系的思想或核心观念的生成、演化和传播，而概念史则关注核心概念（特别是重要的社会政治词汇）在特定历史语境中的生成、使用和意义。[③] 不过，中国学者对于概念史的了解，主要借助欧洲学者的评述文献的中文译本，特别是斯特凡·约尔丹主编的《历史科学基本概念辞典》和关于科塞勒克等人理论的介绍。很少有人能直接阅读德文的概念史原著，即便科塞勒克的主要著作也长期没有中文版问世。于是，对概念史的含义和方法多有错会或误解，也就在所难免。这也使有的学者意识到，"只有真正理解国外概念史研究方法并具备自身方法论

① 陈启能：《当代西方史学的演变与中国史学》，《史学理论研究》1995年第2期，第76页。

② 李宏图主编"剑桥学派概念史译丛"，华东师范大学出版社，2010；方维规：《历史语义学与概念史——关于定义和方法以及相关问题的思考》，冯天瑜等主编《语义的文化变迁》，武汉大学出版社，2007；方维规：《概念史研究方法要旨——兼谈中国相关研究中存在的问题》，黄兴涛主编《新史学》（3），中华书局，2009。

③ 一位中国近代概念史专家参照科塞勒克等人的观点，就概念史的含义做了如下说明："'概念史'假定，每一个具有转型特点的历史时期，都存在着凝聚那个时期丰富的历史信息、反映和塑造那个时代社会历史特征的重要的政治和文化概念。因此历史学家不仅需要对这些概念的内涵演变进行专门探讨，同时需要关注、甚至更为关注这些概念的历史运用，也即重视它们与当时政治、社会和文化发展变迁之间深刻微妙的互动与关联。换言之，'概念史'着眼的是'概念'，关注和究心的却是'历史'，它试图通过对历史上某些特色或重要概念的研究，来丰富和增进对于特定时期整体历史的认知，因此，也有人将其视为一种历史研究的范式。"黄兴涛：《概念史方法与中国近代史研究》，《史学月刊》2013年第9期，第11页。

的自觉，才能铸就汉语概念史的范式"。[1]

从事概念史研究的学者大多来自中国近现代史领域，这可能是由于近代以来中文词汇变化剧烈，外来词和新词不断增加，而其中不少具有重大社会政治意义的关键词，其含义和用法难以捉摸，这就提出了考辨、梳理和澄清的必要。有学者呼吁，要用德国（尤其是科塞勒克）的概念史理念和范式来界定研究题材和路径，在研究中重点关注跨文化的特性，在条件成熟时编一本"中国概念史词典"或"东亚近代历史的基本概念"。[2]即便在中共党史研究中，也有学者觉得有必要引入概念史的理念和方法，以开拓新的领域，提升研究水平。[3]许多外源性的重要概念，比如"民主""共和""自由""平等""革命""人权""议会""人文主义"等；某些长期习用的中国历史词汇，比如"中国""中华民族""华夷"等；某些中外交集的常用概念，比如"封建""人种""文化""文明"等；某些新生成的词语，比如"她"字等；某些外来生活器物的名称，比如"自行车""火车"等；全都成为概念史学者考察的对象。还有作者采用概念史的方法，考察了"民主革命"在现代中国的引入、传播和流变，以及进入中国共产党的政治语言的过程。[4]

不过，在中国史学的理念和结构中，概念史一时还没有取得独立的身份，通常被归入思想史和文化史的范畴，甚至在很大程度上仅被视作方法和工具。即便对于专事概念史研究的学者来说，讨论历史中概念演变的最终意义，也不过是有助于理解和阐释更大的思想史问题。在这个意义上运用概念史范式，对于深化和拓展思想史、文化史的研究固然不无助益，但是终究难以产生足以颠覆既有史学模式的效应。

其实，概念史在中国史学中的境遇，在一定程度上也可视作许多欧美史学范式进入中国后发生变异的缩影。中国史家在接受外来史学范式的过程中，也难免发生"橘过淮则枳"的现象。这当然不足为异，因为文化的交流和传播往往是一个误读、改造进而创新的过程。早在1949年以前，中国史家多以传统的史料学或考据学来附会兰克史学，以此造成重视史料发掘和考辨的风气。[5]到20世纪80年代，不少学者，特别是老一代史家，习惯于把社会史理解为"社会的历史"，进而将社会看作一个包罗政治、经济和文化的整体，于是就使社会史变成了一种新版本的通史。[6]中国学者所从事的文化史研究，则因为远离阐释人类学和象征主义的路径，也与同期欧美的"新文化史"大异其趣。在经济史研究中，欧美学者常用的反事实模式和计量方法，似乎不曾见于中国史家的著述。在政治史领域，某些被目为"新

---

[1] 钱宁峰：《观念史抑或概念史———评〈观念史研究：中国现代重要政治术语的形成〉》，《学术界》2011年第4期，第97页。

[2] 孙江：《概念、概念史与中国语境》，《史学月刊》2013年第9期，第5—11页。

[3] 郭若平：《概念史与中共党史研究的新视野》，《中共党史研究》2013年第5期，第20—28页。

[4] 曹龙虎：《"民主革命"界说：一项基于近代中国情境的概念史考察》，《中共党史研究》2016年第6期，第32—43页。

[5] 李孝迁：《观念旅行：〈史学原论〉在中国的接受》，《天津社会科学》2019年第1期，第142—143页。

[6] 行龙：《二十年中国近代社会史研究之反思》，《近代史研究》2006年第1期，第3页。

政治史"先锋之作的论著，^①在材料、路径和方法上既不属于美国的"新政治史"（以行为科学和统计学方法研究基层政治），也不像勒高夫所提倡的法国式"新政治史"（以象征主义路径讨论"阳性"的政治）。这似乎说明，中国的史学传统和中国学者的治学方式，还是能在无形中对欧美史学范式进行加工和改造。

四　前路何在：全球化时代的学术自主性

论及近期中国历史研究的走向，一些乐观持重的学者认为，"随着当代西方各种史学思潮、流派著述的纷至沓来，以及互联网在学术交流中所发挥的积极作用，我国史学工作者的学术视野大大开阔，促进了中国历史学优良传统与当代人类文明先进成果的结合。新兴学科的崛起，史学研究方法的更新，研究手段的现代化，使我国史学工作者大踏步地赶上了国际历史学发展的时代潮流"。^②尽管中国史学在"追赶"的途中发生了巨大而深刻的变化，但就总体情况而言，"西方史学传入……没有代替中国史学，也不可能代替中国史学。当代的中国史学仍然深深地扎根于中国的传统与现实"。^③可是问题在于，中国史家对于"传统"和"现实"的理解，早已混入太多的"西方"元素，或基本遵循"西方"的逻辑和方式，早已不是纯粹中国的"传统和现实"。

在这方面可以举出一个显著的证明：无论从事实证研究还是进行学术反思，中国学者大多喜欢"言必称西方"，甚或以"西方"学术为标准。他们在谈论许多问题时都喜欢做国际比较，而这里的"国际"通常暗指"西方"。即便那些高扬学术民族主义旗帜的人，在讨论如何振兴中国史学时，也不得不援引"西方"的成例或趋向作为佐证，其注释中也多有"西方"的文献。^④当年陈寅恪论及学术的"预流"和"未入流"，所参照的正是当时的欧洲汉学；^⑤而当今不少学者更是相信，唯有与国际学术接轨方能步入"史学前沿"。^⑥在有的学者看来，像社会史这样的新领域在中国兴起，其意义恰在于使中国史学与"相对发达的西方史学"逐步接轨。^⑦作为一名合格的中国史学者，追踪国际史学的动向，关注国外史家的论说，乃是研究中必做的功课，因为"今日中国史是一个世界范围的学问，几乎研究任何

---

①　曹家齐：《突破史料和家法之局限——对宋代政治史研究的一点思考》，《史学月刊》2014年第3期，第22页。

②　陈祖武：《认真总结改革开放三十年的中国史学》，《高校理论战线》2008年第10期，第9页。

③　于沛：《西方史学的传入和回响》，《浙江学刊》2004年第6期，第48页。

④　王学典：《崛起的中国需要历史学家的在场》，《史学月刊》2013年第5期，第5—8页。

⑤　陈寅恪：《陈垣敦煌劫余录序》，《金明馆丛稿二编》，三联书店，2001，第266页。

⑥　罗志田：《史学前沿臆说》，《四川大学学报》2008年第4期，第32页。

⑦　常宗虎：《社会史浅论》，《历史研究》1995年第1期，第36页。

问题都必须参考非汉语世界的中国研究成果"。[①] 即便是在中国古代史研究中,"对国内外研究状况不甚了解",也是一个很大的欠缺。[②] 退而言之,一个学者的治学即便与"西方"并无具体关联,也需比照欧美史学范式方能凸显其价值。[③] 有时为了借"西方"学术旗号以自重,即使强作解人、穿凿比附也在所不惜。[④] 在有的学者看来,种种迹象表明,中国学者已然"不会说自己的话,也不知道什么是自己的话",到了"唯人是从,唯'外'是从"的地步。[⑤]

在"西方"史学话语的重重笼罩之下,中国史学界再度萌生对"西化"的强烈忧虑。20世纪"新史学"初兴之际,当时学界对待"西学"就有不同的策略,有的热情拥抱,有的嗤之以鼻,有的则"允执厥中"。比如,梁启超等人力图以欧美史学改造中国史学(诚然,梁启超并不主张彻底抛弃旧学,认为完全不知国学的"新学之士"有"背本诬祖"之嫌);马叙伦等人却坚称"中国之学术,何尝不及泰西",因而力倡国学;王国维则主张打破学术的"中外之见",使"西学""与我国固有之思想相化"。[⑥] 而今,在欧美史学新一轮强势冲击下,晚清以降纠结于学人内心的"新旧中西"之争,也以新的面目重现于学界。相对而言,在"文革"以前接受大学教育的那一代学者中间,留恋传统史学、信守"苏化"史学的人略多。这些学者力图从传统史学中发掘可用于当前的资源,或重提"文革"前17年史学以抵制"西方"话语,极端者甚或完全漠视或刻意抹杀欧美史学的影响。1977年以后成长起来的年轻一代学者,大多关注欧美史学,乐于接受新的理论和方法。以中国古代史为例,"文革"后的新生代学者中间,有的以韦伯的官僚政治理论为分析工具来讨论专制主义和官僚制的演化,有的倡导政治文化的研究路径,有的专注于民族史和中外交通史的研究,有的致力于探讨帝国和民族问题,有的热衷于构建中国的社会史和历史人类学,有的还直接参与欧美史学界的话题讨论,另有若干人还受邀参加编写剑桥版或牛津版的综合性中国史著作。

同时,国内史学界面对欧美史学时的矛盾心态也越来越严重。许多学者一方面欢迎引入欧美史学所带来的积极变化,另一方面也担心学术"西化"严重损害中国史学的自主性。在他们看来,"这一百多年来形成的新史学"的实质,是效法"西方"、追随苏联,其结果是中国史家"跟着人家来解读我们自己的历史",以致无法"揭示中国历史的本来面貌",因为"那些既定的观念经常紧紧地钳制着他们,妨碍着他们真正从中国历史实际出发"。[⑦] 尽

① 罗志田:《近三十年中国近代史研究的变与不变——几点不系统的反思》,《社会科学研究》2008年第6期,第139页。
② 高寿仙:《改革开放以来的明史研究》,《史学月刊》2010年第2期,第28页。
③ 有论者称谷霁光虽不了解世界史,但其治学追求会通和强调整体综合的特点,与年鉴学派的长时段和总体史的理念相契合。邵鸿:《谷霁光先生的治学特点》,《南昌大学学报》2017年第3期,第89页。
④ 高尚、王四达:《从"总体史"到"三时段"——一个解析社会主义思想在近代中国传播的新视角》,《江苏社会科学》2017年第1期,第227—234页。
⑤ 钱乘旦:《世界历史研究的若干问题》,《历史教学》2012年第20期,第9页。
⑥ 参见王学典主编《20世纪中国史学编年(1900—1949)》上册,第35、86—87、107页。
⑦ 姜义华:《正本清源——建立合乎实际的中国历史观》,《史林》2014年第5期,第152页。

管中国古代史学拥有"一个相对稳定的话语体系"，但随着近代以来外国史学的大量涌入，"在很大程度上改变了中国史学固有的话语体系，甚至出现用外国学人的话语体系评论中国史学得失的倾向"，致使中国史学遗产沦落到"被轻视以至被批判的境地"。[①] 以往用"拿来主义"策略对待外来学术，由此也造成了十分严重的不利后果："中国历史学园地的确景观大变，满眼一片姹紫嫣红，但在这缤纷的园地里，究竟有多少是中国人自己培育出来的'土产'呢？"[②] 更严重的是，"我们史学的概念、模式、术语、规律，都是从西方输入的。我们是按西方人的眼光看世界的。我们没有属于自己的历史学理论，我们认识我们自己的历史，也是按照西方的模式来认识的"。[③] 一言以蔽之，"西方话语控制了中国的学术研究"；[④]"中国史学好像正在自我迷失"。[⑤]

这里还触及另一个同样尖锐的问题，即欧美史学的理论、方法同中国的问题、材料之间，往往存在巨大的反差或鸿沟，两者强行结合的结果，难免造成对中国历史的误解和扭曲。在中国古代史研究中，"因受到欧风美雨的影响而展现出学术话语的不断变换"，以致当前中国史家"依然未能走出五四学者'引西学治中学'之途辙"。[⑥] 那么，"西方"的理论和方法是否能够有效地处理古代中国的问题和材料呢？陈寅恪在评论王国维的治学方法时，称赞他"取外来之观念，与固有之材料互相参证"。[⑦] 然而，当今中国学者所用的外来理论，已不再仅是参证的对象，而成了研究的指引和解释的依凭。这样一来，"过去百年中国史学"所面临的"最具根本性的挑战"就在于，"如何能够在概括本国历史经验的基础上提炼出系统的解释"，因为用"带有西方的胎记"的理论和概念，"能否洞悉中国历史文化"，不免要打一个很大的问号。然则实际情况却是，"长期以来，多数中国学者或是在这些理论光芒的笼罩之下，直接利用它们来分析、解释中国的具体史实；或是埋首于似乎远离理论的具体问题，敢于越出雷池的学者寥寥无几"。[⑧] 在中国近现代史领域也存在类似现象，对于"西方的中国学研究"中出现的理论，诸如施坚雅的"区域经济理论"，萧公权与周锡瑞等人的"士绅社会"，罗威廉的"市民社会"，黄宗智的"经济过密化"，杜赞奇的"权力的文化网络"及乡村基层政权"内卷化"，吉尔兹的"地方性知识"，艾尔曼的"文化资本"等，中国学者只是注解式地单向借用，而不能在细致微观的研究中加以深化、发展和修正，乃至新创自己的理论和概念，以"应对西方中国学的挑战"。[⑨] 因此，当今学者应当"在思考具体

---

① 瞿林东：《关于当代中国史学话语体系建构的几个问题》，《中国社会科学》2011年第2期，第25页。

② 刘克辉：《史学理论创新与历史学科的发展——史学理论前沿问题春季论坛综述》，《史学月刊》2009年第9期，第120页。

③ 马克垚：《编写世界史的困境》，《光明日报》2006年3月18日，第6版。

④ 钱乘旦：《多一些思考，少一些盲从，推进中国的世界史学术研究》，《世界历史》2013年第3期，第6页。

⑤ 章开沅：《走自己的路——中国史学的前途》，《暨南学报》2005年第3期，第106页。

⑥ 张国刚：《改革开放以来唐史研究若干热点问题述评》，《史学月刊》2009年第1期，第29页。

⑦ 陈寅恪：《王静安先生遗书序》，《金明馆丛稿二编》，第247页。

⑧ 许兆昌、侯旭东：《阎步克著〈乐师与史官〉读后》，《中国史研究》2003年第4期，第149页。

⑨ 行龙：《二十年中国近代社会史研究之反思》，《近代史研究》2006年第1期，第7页。

的中国历史问题的时候，审视过去历史研究中种种似是而非的问题和观念，注重外来观念与范式的本土化改造，重建真正的中国学术传统"。①

从这里也可以看出，学术"西化"还涉及民族主义与国际主义的关系。对于当前的中国史家来说，审视历史时是从本国和本民族的立场出发，还是着眼于世界趋势和跨国视角；在研究实践中是立足以史学传统和民族文化，还是面向国外并走国际接轨之路；这并不是简单的二中择一的选项问题，而牵涉到民族情感和国际胸怀的张力。有些学者抱温和的学术民族本位心态，在治学时强调"鉴别吸收"和"洋为中用"，既关注中外比较，也追求"中国特色"。②他们意识到，"我们老认为西方人传过来的东西都是好的，都是先进的，是方向，是潮流，而对老祖宗几千年流传下来的东西熟视无睹，不以为然，自轻自贱，这是不可取的"。③他们还相信，"历史学是属于意识形态领域的，是民族文化的一部分"，因而既要"了解和借鉴包括西方史学在内的国际史学"，也要"承继我国文化传统"。④还有学者发现，1978年以后中国学术界对"西方"学术和思想的狂热兴趣，同对"西方现代化道路"的"极度热衷和盲目崇拜"是紧密联系在一起的。⑤心绪略微偏激的学者，则蔑视和厌恶追随各种"生成于域外"而"移诸禹内"的"时髦方法"的风气，称挽救和匡正之策在于"恪守古训，读书为己，严格自律"。⑥另有极端的学术民族主义者主张发展国学，扩张儒学。虽然"新国学派"近期遭遇体制方面的挫折，未能把"国学"列入2011年版的学科目录中，但他们一如既往地倡导复兴儒学，极意掀起国学热潮，以抵制"西方中心论"，终止"西方化"。他们甚至乐观地宣称，传统学术、人文学科正在取代"西学"和社会科学而"重返主流"，成为"中华文化复兴"的征兆。⑦

在中国当前的社会政治语境中，学术和政治始终是难以脱钩的。在有的学者看来，"西方"史学理论和话语的风行，不仅关乎"学术话语权"，而且还触及"国家安全"和"民族文化自尊"。⑧另有一些坚持政治优先的学术领导人，始终崇奉1966年前所确立的史学范式和基本结论，并以此衡量和批评当前史学的趋向。相较于各个研究领域的具体问题，他们更关心那些自以为触及主流政治话语底线的"原则性争论"。⑨另有一批地位稳固的史家则对

① 张国刚：《改革开放以来唐史研究若干热点问题述评》，《史学月刊》2009年第1期，第29页。
② 齐世荣：《我国世界史学科的发展历史及前景》，《历史研究》1994年第1期。
③ 张俊峰：《也论社会史与新文化史的关系：新文化史及其在中国的发展》，《史林》2013年第2期，第171页。
④ 陈启能：《史学理论与改革开放》，《史学理论研究》2008年第2期，第5页。
⑤ 杨念群：《中国历史学如何回应时代思潮（1978—2008）》，《天津社会科学》2009年第1期，第124页。
⑥ 桑兵：《治学的门径与取法——晚清民国研究的史料与史学》，《中山大学学报》2014年第1期，第85—96页。
⑦ 王学典：《中国向何处去——人文社会科学的近期走向》，《清华大学学报》2016年第2期，第5—16页；王学典：《整个中国正在朝着更加本土化的方向发展》，《理论建设》2016年第2期，第143—144页。
⑧ 向燕南、戚菲诺：《70年中国古代史学科建设历程的回顾与反思》，《河北学刊》2019年第5期，第46页。
⑨ 龚书铎：《坚持以马克思主义指导史学研究》，《人民日报》1996年8月27日；张海鹏：《"告别革命"说错在哪里》，《当代中国史研究》1996年第6期；刘大年：《方法论问题》，《近代史研究》1997年第1期；沙健孙、龚书铎主编《走什么路——关于中国近现代历史上的若干重大是非问题》，山东人民出版社，1997；张海鹏：《近年来中国近代史研究中的若干原则性争论》，《马克思主义研究》1997年第3期，第14—22页。

欧美史学持相对开放的态度，觉得"西方"史学的理论和研究成果，同马克思主义是可以兼容的。[①] 用一位中国古代史学者的话说，学习和借鉴外国史学成果，"目的是要建设有中国特色的马克思主义的史学"。[②] 即便那些真心欣赏和拥抱欧美史学的学者，也并非主张照单全收，原样复制，而是强调对"西方"理论和方法加以鉴别、过滤和合理取舍。他们反对把"本土化"和"西方化"简单地对立起来，强调"只有在中西文化的交融之间，在频繁的接触碰撞争论中间，才能开拓我们的视野，把我们的思想进一步解放出来，创造出符合中国国情的新时代的中国新文化"。[③]

可见，中国史家不管对引入欧美史学持何种态度，其落脚点都在于如何构建中国自己的史学话语体系，如何使中国史家在国际学术竞争中获得较大的发言权。只是落实到如何构建这种话语体系，就出现了不同的思路和方案。从理论上说，清末孙宝瑄所谓"贯古今，化新旧，浑然于中西的"的"通学"之路，[④] 依然是最佳选择；但实际上，古今、新旧、中西之间仍然存在无从摆脱的张力。中国史家不可能抛弃自己的传统，可是传统的营养早已所剩无多；中国史学离不开"西学"，但又面临沦为"西学"唾余的风险。这可以说就是构建中国史学话语所不得不重视的最大难题。在20世纪90年代末，有学者观察到，中国史学中出现了"西化""民族本位""中西会通"等三种取向。[⑤] 进入21世纪，这三种取向仍在发展，只不过在名目上有所变化，其内涵也有新的交叉和混合。

当前，多数中国学者关注欧美史学的进展，重视国际学术交流，力图通过与国际史学的接轨或对话，使中国史学融入国际学术共同体。就总体趋向而言，中国学者引入欧美史学的方式，有"唯洋是从"和"食洋而化"的差别，也有从"洋为中用"到构建"中国学派"的变化。于今绝大多数学者主张"以一种对话的方式，去塑造与西方理论的全新关系，就是说，既不要在西方所设定的话语体系内人云亦云，也不宜用自我封闭的理论体系针锋相对，而应当在'求同存异'的原则上展开平等的对话"。他们宣称，要"冷静地分析西方理论背后的那些基本概念与假设，对之提出质疑，作出取舍"。[⑥] 当探讨具体课题时，则要"尽可能'思他人之所思，想他人之所想'，充分关注和考虑时间和空间的'异文化'取向对这一研究对象已经有和可能有的各种看法，并在论述中与之进行实质性的对话。未曾这样做的，只能说是在'学术'周围徘徊，遑论是否'国际'；只有在此基础上的研究，才可以说是真

① 吴于廑：《世界历史》，《吴于廑学术论著自选集》，首都师范大学出版社，1995，第52—87页；刘绪贻：《美国垄断资本主义与马列主义》，《兰州学刊》1984年第3期，第45—57页；罗荣渠：《论一元多线历史发展观》，《历史研究》1989年第1期，第3—20页；罗荣渠：《建立马克思主义的现代化理论的初步探索》，《中国社会科学》1988年第1期，第39—64页。
② 林甘泉：《新的起点——世纪之交的中国历史学》，《历史研究》1997年第4期，第12页。
③ 姜义华：《当代中国史学——从帝王之学走向普遍性的人学》，《湖南社会科学》2008年第6期，第16页。
④ 转引自罗志田《道出于二：过渡时代的新旧与中西》，《读书》2016年第6期，第106页。
⑤ 王家范：《走向世界与中国情怀——"中国史"世纪学术回顾》，《浙江社会科学》1999年第5期，第134页。
⑥ 张旭鹏：《西方话语与中国史学理论》，《史学理论研究》2008年第3期，第13、14页。

正'进入'了国际学术"。[①] 而且，据有些学者观察，在借鉴、吸收欧美史学的基础上寻求自创，已经是一种见诸实践的可喜动向。有学者提倡"新史学"或"新社会史"，"试图在引入（西方学者的理论模式）过程中建构起'本土化'的解释体系"。[②] 在清代思想文化史研究中，"经过多年（对外来解释模式）的反思，一些研究者已开始寻找清代思想文化中带有自主性的演变特性和发展脉络，尝试建立起具有本土气质的解释框架"。[③] 在史学理论方面，中国学者除了继续关注"西方史学理论"，也开始"发掘中国史学自身的理论建树"。[④]

同时，有一批学者则主张抵御、过滤或消减欧美史学的影响，回归中国传统和中国经验，坚信非如此不足以建立中国自己的话语体系。他们赋予中国传统史学崇高的地位，宣称"中国传统史学的遗产，不仅没有任何单一的民族或国家可与比拟，而且超越古代欧美国度的总和"。[⑤] 还有学者对欧美史学的新进展加以贬斥，称其为"碎片化"，并批评有些欧美史家反对历史真相，滑入"不可知论"，常有"见木不见林"的毛病，足见欧美史学（特别是近期的发展）并没有想象的那么高明和神奇。因此，中国史家不再需要"以西为师"，那种对"西方"三四流学问的追捧，对于"西方"各种"时髦玩意儿"的模仿，都可以休矣。[⑥] 进而言之，中国学者不仅要扭转人文社会科学的"西方化"，而且要刹住把中国"西方化"的趋势，基于对中国经验的理论化来构建中国范式。[⑦] 他们相信，如果把"几千年的文明积淀"和"一百多年学习西方、了解西方的经历"结合起来，"利用多种资源"，中国史学就能够拥有自己的话语体系。[⑧] 还有学者具体阐述了一些可用于构筑"自己的中层理论"的传统要素，以"替代西方社会科学理论的概念，以此作为解释自身历史演进变化的依据"；比如"中国""大一统""封建""经世""道统""夷夏""文质"等，这些都"不是源自'西方'的认识系统，而是来自西方人进入中国之前的传统历史观"，因而可以作为"建构中国新型历史叙事的可靠资源"。[⑨]

也有学者主张走集萃、中和之路，即从传统史学、马克思主义史学、西方史学中提取精华，建立一种混合型的中国史学话语结构。他们相信，"主动地进行积极的文化选择，以及

① 罗志田：《史学前沿臆说》，《四川大学学报》2008 年第 4 期，第 32 页。
② 王先明：《新时期中国近代社会史研究评析》，《史学月刊》2008 年第 12 期，第 12 页。
③ 黄兴涛等主编，杨念群著《百年清史研究史·思想文化史卷》，中国人民大学出版社，2020，第 14 页。
④ 李桂枝：《当前史学理论与史学史研究中的前沿问题——第 20 届全国史学理论研讨会综述》，《史学理论研究》2018 年第 1 期，第 155—156 页。
⑤ 乔治忠：《改革开放以来的中国史学史研究》，《史学月刊》2009 年第 7 期，第 17 页。
⑥ 钱乘旦：《世界历史研究的若干问题》，《历史教学》2012 年第 20 期，第 3—9 页；钱乘旦：《多一些思考，少一些盲从，推进中国的世界史学术研究》，《世界历史》2013 年第 3 期，第 6 页。
⑦ 王学典：《把中国"中国化"——人文社会科学的转型之路》，《中华读书报》2016 年 9 月 21 日。
⑧ 钱乘旦：《多一些思考，少一些盲从，推进中国的世界史学术研究》，《世界历史》2013 年第 3 期，第 7 页。
⑨ 杨念群：《中国人文学传统的再发现——基于当代史学现状的思考》，《中国人民大学学报》2015 年第 6 期，第 109 页。

认真汲取外国史学理论方法论的积极成果，从来都是和中国历史科学的建设联系在一起的"；对于"西方史学"，应当"取其精华，为我所用，借鉴外国史学的有益营养以丰富和发展中国的史学"；同时，不可"对中国传统史学和中国马克思主义史学的优良传统视而不见，妄自菲薄"。[①] 换言之，为了构建中国史学话语体系，一方面要以"马克思主义的社会经济形态学说"以及"与其相关的范畴和概念"为核心，以唯物史观为"宗旨"，另一方面则"应加强对中国史学遗产的研究，发掘和梳理其中有价值、有意义的成果，并加以继承和发扬，作为中国史学话语体系当代建构过程中不可缺少的重要资源"，同时还要"借鉴和吸收外国史学的一切积极成果所提供的思想、理论和方法，用以充实、丰富以至于融入中国史学的当代话语体系"。[②] 如此三管齐下，方能提升中国史学"品格"，推动"中国史学走向世界"。[③] 还有学者回顾过去几十年的经验，展望未来的发展前景，发现从先秦史到近代史，其发展的要诀都在于，必须把唯物史观、传统史学和西方理论三者结合在一起。[④] 可见，这里所设想的中国史学话语体系类似于飞机的结构，即以唯物史观为机身，以传统史学和"西方史学"为两翼。

大致来说，中国史学话语体系的构建还处于愿望和设想的阶段。从古今史学演变的实际来看，话语体系和话语权都不是由概念或口号所构成的，而须立足于得到学界承认、推重和效法的实证研究之上；那些最终成为话语体系标志的术语或口号，往往是对相关实证研究加以"概念化"的产物。因此，当前中国史家仍须努力在领域、议题、路径、方法和具体题材等方面做出新的探索，产生一大批富有创见的研究成果，然后在这个基础上加以"概念化"，提出一系列足以架构中国历史、进而可用于阐释世界历史、引导国际史学的理论和方法。到那时，中国史家才能真正拥有自己的话语权。

诚然，在这个全球化继续推进的时代，国际学术权力方面"被结构化了的不平衡或是不平等的关系"，对于中国史家的话语权的确是一种极大的制约，因为"在方法和理论、英语能力、出版机会、学术机构和国际网络方面，西方史学研究占了统治地位。中国史学研究某种程度上被边缘化，因为缺少资源，很难有机会进入国际网络、会议和出版机构"。[⑤] 但另一方面，正是由于全球化的缘故，学术也越来越突破（民族）国家的畛域，各国学者在研究兴趣、思维方式、学术语言、操作程序上早有趋同的迹象；不同民族、不同文化中的学者若要获得话语权，就必须首先使自己的研究在国际学术界赢得认可和尊重；如果刻意"另讲

---

① 于沛：《西方史学的传入和回响》，《浙江学刊》2004年第6期，第48页。
② 瞿林东：《关于当代中国史学话语体系建构的几个问题》，《中国社会科学》2011年第2期，第22、24页。
③ 瞿林东：《前提和路径——关于中国史学进一步走向世界的思考》，《北京师范大学学报》2006年第5期，第66—77页。
④ 沈长云：《改革开放四十年中国先秦史研究的回顾与反思》，《文史哲》2019年第5期，第111—112页；朱汉国：《70年来中国近代史学科建设的成就与新使命》，《河北学刊》2019年第5期，第57页。
⑤ 罗梅君（Mechthild Leutner）：《中国史学和（西）德/西方史学：一种对话？——始于1980年代中国社会史转向》，《山西师范大学学报》2006年第3期，第87页。

一套"，则只能是自说自话，并自外于国际学术竞争。当今国际学术竞争类似于现代奥运会，项目、赛制、规则早已约定俗成，各国选手能做的事情不外是获取名次，力争锦标；而要实现这一目标，唯一可恃的只能是经过刻苦训练而获得的实力。总而言之，在全球化时代，学术自主性已经变成一个开放的概念；在兼顾本土化和国际化的前提下呈现高水准的学术实绩，无疑是中国史家赢取"话语权"的必由之路。

附识：在写作中得到北京师范大学张越教授、南开大学孙卫国教授、复旦大学张广智教授和黄洋教授、上海师范大学何明敏副教授的帮助，谨致谢忱。

〔本文原载《清华大学学报》2022 年第 1 期。作者李剑鸣，复旦大学历史学系教授〕

早期中国社会权力演化的独特道路

陈胜前

摘 要 基于中国文明发展进程中物性的变化，中国文明的演化可以划分为玉石、青铜、铁器三个阶段。玉石时代大体对应新石器时代晚期，玉石礼器的大量使用，意味着政治权力崛起，孕育出国家组织雏形。青铜时代大体对应夏商周三代，青铜礼器和兵器的大量使用，意味着军事权力崛起，更加广泛的区域性王权国家出现。铁器时代诞生于春秋战国时期，铁质生产工具的产生和推广，象征着经济权力成为国家社会的主导性力量。秦汉以后，意识形态权力稳定成型，最终形成四权合一的社会权力形态。

关键词 文明起源 早期国家 社会形态 物性 社会权力

中国文明的起源与发展是学术界长期关注的重大问题。所谓文明起源，根本问题就是社会组织形态的复杂化，即人类社会如何从相对平均、简单的状态走向等级差异明显的复杂状态，也就是社会权力形成的过程。就中国文明起源而言，这个问题还有另外一层含义，就是探讨中国文化的起源。20 世纪 80 年代，苏秉琦提出中国考古学研究应从以区系类型研究为中心转向中国文明起源课题，探索"中华民族、中华国家、中华文化的起源"。[①] 过去数十年来，围绕这个中心问题，产生了诸如良渚、陶寺、石峁等重要考古发现；夏商周断代工程、中华文明探源工程等重大研究项目汇聚多学科的努力，有力地推动了中华文明起源研究。除了考古材料的发现与研究，还需要从理论视角展开研究，探索中国文明演化进程中丰富的社会历史意义。考古学者更多从考古材料出发，相对忽视理论，研究成果集中在器物层

---

① 区系类型理论参见苏秉琦、殷玮璋《关于考古学文化的区系类型问题》，《文物》1981 年第 5 期。有关中国考古学研究转向，参见苏秉琦《辽西古文化古城古国——兼谈当前田野考古工作的重点或大课题》，《文物》1986 年第 8 期；《关于重建中国史前史的思考》，《考古》1991 年第 12 期。

面，难以为其他学科所参考。本文试图跨越理论与物质遗存研究之间的鸿沟，拟从物性理论视角审视早期中国文明社会权力演化的阶段性问题，[①]侧重探讨不同阶段的社会权力属性。考虑到探讨的难度，研究将从背景更加清晰、更为晚近的铁器时代开始，逐步向更古老的时代追溯，从已知走向未知，逐步厘清早期中国文明不同阶段社会权力的演化进程，认识中国文明逐渐走向定型的独特道路，理解中国文化的部分特点。与此同时，本文作为物性理论的一种实践尝试，也希望从当代考古学理论研究的角度，为早期中华文明起源与发展研究探索一条新路径。

一 物性理论的内涵特质

物性理论登上考古学舞台是后过程考古学兴起之后的事，但其思想渊源非常古老。物性理论在形成过程中融入了许多思想，尤其是后现代主义观念。它以超越笛卡尔以来的二元对立为目标，希望超越过程考古学与后过程考古学的对立。[②]哲学家莱斯特·恩布里指出，就满足工作所需要概念的熟练程度而言，考古学可能仅次于哲学。[③]不过现实中考古学研究似乎总与田野发掘联系在一起，考古学家对考古材料的理解也非常简单——仅将其视为外在的研究对象而已。物性理论从本体论上拓展了我们对考古材料的理解，因此，其含义比较晦涩。下文先阐释这一理论的主要内容，并探讨其考古学意义以及运用该理论探索中华文明起源问题的可能性。

（一）考古学中的人—物关系辩证

中国考古学滥觞于金石学，其目的是"观其器，诵其言，形容仿佛，以追三代之遗风，如见其人"，[④]即"透物见人"。"透物见人"的前提是人与物相互作用的客观存在，这里强调的是"风尚"（社会规范），不是物的实用功能，而是物的非功能性因素。其非功能性能够表征三代时期的风尚，后人通过欣赏体验，能够感受到这种风尚的意义。简言之，金石学强调物的文化意义，带有很强的人文色彩。但是这种主客体不分的本体论，与强调主客体分离的科学研究是背道而驰的，因此在近代科学考古学引入中国之后，金石学受到批判，其合乎科学考古学的部分被后者吸纳，作为独立学问的金石学不复存在，[⑤]其对物与人关系认识的人文性被忽视了。

---

① 这里所说的早期中国文明阶段泛指汉以前的时间范畴。
② R.Alexander Bentley et al., eds, *Handbook of Archaeological Theories*, Lanham: AltaMira Press, 2008, pp.298–320.
③ L.Embree, "Archaeology: The Most Basic Science of All", *Antiquity*, Vol.61, 1987, pp.75–78.
④ 吕大临编撰《泊如斋重修考古图》，北京图书馆出版社，2003，第 12 页。
⑤ 《中国大百科全书·考古学》，"金石学"条，中国大百科全书出版社，1986，第 236 页。

近代科学考古学从器物的共存关系、风格演变等推断年代序列。研究者无须感受器物，而是将其当作客观物质材料加以理性分析。当然，近代考古学并非没有前提，从提出"三代论"的汤姆森（C. J. Thomsen）到他的后辈沃尔塞（J. J. A. Worsaae），都希望通过研究古物来探索丹麦民族祖先的历史，从而增强当时新兴的民族国家认同。这里的器物组合是与特定族群身份联系在一起的，即物质遗存可以代表民族身份。19世纪中期，西方殖民主义盛行，文化达尔文主义把生物与文化进化混为一谈，英国人卢博克（J. Lubbock）根据民族志材料区分出不同文化，认为它们代表不同的族群，更进一步将文化与种族直接关联起来。19世纪末到20世纪前半叶，德国人科西纳（G.Kossinna）把物质遗存与文化联系起来，进而建立起物质遗存、文化、族群、种族之间的对应关系，最后为极端纳粹主义考古所利用。[①]第二次世界大战之后，反对这种对等关系的趋势更加明显，尤其是在过程考古学崛起之后。过程考古学强调明确的前提预设，批判物质遗存与文化、族群的对应关系，[②]强调人与物的关系主要是行为与行为结果的关系，物质遗存作为客观存在是检验假说的基础。20世纪80年代，反对二元论的后过程考古学兴起，它批评过程考古学严重忽视物质遗存本身的文化意义。[③]后过程考古学从本体论的角度重构人与物的关系，提出物性（materiality）理论，[④]主张从人与物关系一元论来理解物质遗存。

（二）物性概念及其特性

一般而言，物质的属性基本分为两类：功能与象征。事实上，功能与象征更像两个极端，这种二元对立的划分显然过于简单化，在这两个极端之间还有不少意义存在的空间。卡尔·纳派特区分出四种物性概念：物性是人与世界的物质关系；物性反映人与人的社会关系；物性是物本身生命力对人的影响；物性是不同物的多重属性的集合与组合。[⑤]物性理论并不是在功能与象征之间做出选择，而是探讨两者之间或之上物与人的关系。物性理论源于马克思的异化理论，劳动者的生产劳动及其产品异化了劳动者本身，[⑥]进一步受到习惯与日常实践理论、[⑦]能动性理论的影响。[⑧]对此国内研究者已有归纳，[⑨]在此不再赘述。

---

① B.G.Trigger, *A History of Archaeological Thought*, Cambridge:Cambridge University Press, 1989，pp.73–86, 114–118, 163–166.

② L.R.Binford, "Archaeological Systematics and the Study of Culture Process", *American Antiquity*, Vol.31, No.2, 1965, pp.203–210.

③ I.Hodder, "Postprocessual Archaeology", in M.B.Schiffer, ed., *Advances in Archaeological Method and Theory*, Vol.8, New York:Academic Press, 1985, pp.1–26.

④ D.Miller, *Material Culture and Mass Consumption*, Oxford:Basil Blackwell, 1987.

⑤ C.Knappett, "Materiality", in I.Hodder, ed., *Archaeological Theory Today*, Oxford:Polity Press, 2012, pp.189–207.

⑥ 《马克思恩格斯选集》第1卷，人民出版社，2012，第49—63页。

⑦ 皮埃尔·布尔迪厄：《实践理论大纲》，高振华、李思宇译，中国人民大学出版社，2017，第218—238页。

⑧ B.Latour, *Reassembling the Social: An Introduction to Actor–Network–Theory*, New York: Oxford University Press, 2005; A.Gell, *Art and Agency: An Anthropological Theory*, Oxford:Clarendon Press, 1998.

⑨ 刘岩：《后过程考古学理论体系的研究与实践》，博士学位论文，中国社会科学院研究生院，2018。

在当代西方考古学理论中，物性理论研究包括物质文化研究、[①] 对等性考古（symmetrical archaeology）、[②] 物质参与理论（material engagement theory）、[③] 纠缠理论（entanglement theory）[④] 以及其他一些相关理论。这些理论之间的主要分歧在于人与物关系方面的理解，究其原因，则要追溯到它们不同的哲学立场。如物质参与理论虽然也探讨人与物的关系，但更侧重人的认知考古学研究。本文侧重从文化意义上考虑人与物的关系，更关注运用该理论解决中国上古史分期问题。

我们应该如何理解物性，首先要理解物质的可供性（affordance），[⑤] 就是物可以为人所利用的属性。需要强调的是，物质属性与人之间的关系并不随意，它们深受时代及人类行动情境影响。这也是我们通过研究人与物的关系，进而了解古人所处时代及其行动状况的基础。我们的问题是需要了解物质属性如何与人发生关系，如何影响人的行动，又如何导致物性的形成。因此，人与物的关系不仅仅指通常所说的物的功能与意义，更多是指以前常常被忽视的方面。

首先，物质本身会限制人的认知，或者说人类的认知就镶嵌在物质之中，不同时代、文化背景的认知与物质以不同的方式相结合。奈吉尔·巴利（N. Barley）以多瓦悠人的例子来说明这种关系，"技术过程不仅用来产制物品，也提供我们对其他事物（尤其是我们自身）的思考模型。泵的发明便让我们重新思考人类心脏的运作……对多瓦悠人而言，制陶过程提供了一种思考方向，将人类的成长与岁时更迭结合在一起。多瓦悠仪式系统明显引用制陶模型，只是从未行诸文字"。[⑥] 多瓦悠人的物质发展水平与物质条件深刻影响其认知，他们生活在干湿季节分明地带，干季是收获的季节，陶器的干湿、仪式上干湿表现都具有内在的结构一致性。

其次，物质本身可以人格化，人对待物质材料如同对待人本身。比如中国文化中被称为"岁寒三友"的松、竹、梅，就是中国人对物的人格化（或拟人化）。中国传统文人以之砥砺情操、修身养性。物质的人格化不仅仅指物质具备象征意义，因为象征（能指）与意义（所指）之间没有必然的联系，只是一种设定而已。但是作为人格化的物质与意义之间是密不可分的，经霜而不凋的松竹、在苦寒中绽放的梅花才称得上坚忍不拔。物性并不是随意的，人格化之后的物性由此得以影响人们的行动。在狩猎采集社会中，"万物有灵"是最常见的意识形态，把人与物严格区分，是近代科学运动的产物。

---

① D.Miller, *Materiality*, Durham:Duke University Press, 2005.

② M.Shanks, "Symmetrical Archaeology", *World Archaeology*, Vol.39, No.4, 2007, pp.589–596.

③ L.Malafouris, *How Things Shape the Mind:A Theory of Material Engagement*, Cambridge: MIT Press, 2013.

④ I.Hodder, *Entangled:An Archaeology of the Relationships between Humans and Things*, Chichester: Wiley Blackwell, 2012.

⑤ 参见 J.J.Gibson, *The Ecological Approach to Visual Perception*, Boston: Houghton Mifflin, 1979。

⑥ 巴利:《天真的人类学家》，何颖怡译，广西师范大学出版社，2011，第288—289页。

最后，物性使得物质具有能动性。物质的能动性是在人对物质进行人格化塑造过程中产生的，物质不仅仅以存在的人格形式影响人，还会以非人格的、具有文化特殊性的方式影响人。处在一定文化中的任何物都是有意义的，后过程考古学认为物都是"有意义地构建"（meaningfully constituted）。[①]人不仅生活在一个由意义构建的世界中，与此同时，物质借助人赋予的能动性反作用于人。由此，物与人构成一种相互渗透的关系，并非单向的人利用物或物限制人，而是存在形式丰富的相互纠缠。[②]

相互纠缠的多样形式就是我们所说的文化，它是人长期实践的产物。在历史进程中，经历大浪淘沙式的选择过程，部分形式反复地得到呈现，成为文化传统，文化传统就是人与物经过历史过程逐渐形成的某种具有稳定形式的纠缠形态。从长时段来看，文化传统是我们经常关注的对象，而考古学正以长时段视角见长，传统于是成为考古学的研究对象之一。物性的存在则使得物质文化传统这一概念成为可能，虽然"物质文化"是考古学中长期使用的概念，但其中"物质"的概念是未经审察的，其内涵只是表示文化存在的形态。物性视角的文化传统不仅仅表示文化的物质形态（一切都是物质的），更强调人在长期日常生活实践中，与物反复纠缠形成一种可见的稳定的社会认知关系形态。

物性的存在是历史的，与特定文化背景相关联，这是它与作为哲学意义的普遍"物质"属性的根本区别。物性的世界是一个有意义的世界，尽管面对的可能是同一类物质，但是不同群体可能看到的是不同的世界，比如西方人与中国人看松、竹、梅，观感存在显著差异。历史过程与文化背景乃至于行动的情境，都可能影响到物性的作用，离开它们去谈物性是不可能的。

由此，我们可以尝试给物性一个定义：物性是一定社会历史文化情境中人与物长期相互作用所形成的稳定的、物质的社会属性。正因为物性是人与物长期相互作用形成的，是具有稳定性的物质存在，也就使得考古学研究可以通过研究物性来探讨与之相关联的社会历史文化。

（三）物性理论的考古学意义

物性理论对考古学研究有深远的意义。首先，物性理论的提出打破了物质功能性与象征性的二元对立，从本体论层面拓展了考古学研究的基础。由此，可以重新理解物质遗存，不仅将其视为行为的结果或背景，更应看作人与物关系在历史中经历积累、淘汰、重组等过程之后相对稳定的关系形态。立足于此，理论上通过物质遗存研究可以探索更丰富的社会内容。尽管实践上不一定都能实现，但是，如果没有本体论层面上的突破，即在理论上认识到

----

① I.Hodder, "Postprocessual Archaeology", p.18.
② I.Hodder, *Entangled:An Archaeology of the Relationships between Human and Things*, pp.206–207.

物性的意义，那么就很难有相应的研究实践。当然，这个层面上的拓展不是由考古学家完成的，考古学家借鉴了哲学领域的成果，丰富了对物质遗存的理解。

其次，物性理论为重新理解中国文化遗产提供新视野。百年来，中国考古学取得了不小成绩，但是对物质遗存文化意义的挖掘甚至弱于传统金石学。我们把考古材料当成客观的、外在的物质材料，排除研究者乃至于古人与物相互作用、相互渗透、相互纠缠的可能性。把发现于中国、由中国人祖先所创造的物质，当成不需要理解就可以研究的所谓科学材料，把这些物质材料当作只是为了证明知识而非与人相互交融的客观存在，一个典型的例子就是中国缺乏自己的古典考古。相比而言，西方考古学通常把古典考古与人类学背景的考古学区分开来，古典考古承担着熏陶与培育作为文化意义上的"西方人"的责任。物性意义上的文化遗产（物）会对后人产生影响，起到延续文化传统、传承文化意义的作用。认识到这一点，将有助于深化对中国文化遗产的认识，完善中国考古学的研究理念。

最后，由于物性是历史过程的产物，对其变化过程的研究有助于深入理解社会历史发展进程，这也是本文着眼点之一。对于上古史而言，由于缺乏共时性文献材料，我们无法直接对其进行区分。物性理论的引入，使直接立足考古学研究、审视上古史分期成为可能，从另一个角度丰富对上古史的认识，使认识上古史的途径更加多样。

二 铁器时代起源及其权力形态

考古发现表明，中国使用铁器的历史至少可追溯至商代中期，当时已出现陨铁制品。考古学者发现了公元前 9 世纪前后的块炼铁，并随之出土块炼渗碳钢。公元前 7 世纪前后有了液态生铁冶炼技术，公元前 5 世纪前后有了铸铁脱碳技术，公元前 4 世纪前后出现淬火技术。由此可见，中国铁器技术的提高是一个不断发展的过程。但是，铁器的大规模出现，包括各种全铁产品——从普通农具到一般兵器，还是在春秋战国之交，[①] 这里就产生了问题，我们所说的铁器时代起源究竟是指最早的铁的应用，还是指炼铁技术的出现，抑或指铁器广泛应用所带来的社会变迁？如何理解铁器技术革新与社会变迁之间的关系？

从目前的考古发现来看，由于西北地区如甘肃发现有早至公元前 14 世纪的铁器制品，因此在探讨铁器技术的起源时，研究者倾向于认为冶铁技术（至少是块炼铁、渗碳钢技术）来自西亚。[②] 不过，考古发现同时显示，中原地区的铁器自成体系，产品类型与西北地区并

① 白云翔：《先秦两汉铁器的考古学研究》，科学出版社，2005，第 352—354 页。亦有学者认为是在战国中晚期，参见唐际根《先秦两汉时期铁器的生产应用与社会发展进程问题——读〈先秦两汉铁器的考古学研究〉》，《华夏考古》2009 年第 4 期。
② 陈建立等：《甘肃临潭磨沟寺洼文化墓葬出土铁器与中国冶铁技术起源》，《文物》2012 年第 8 期。

不相同。[1]需要强调的是，铁器不同于驯化的羊、马、小麦等，这些动植物是中原地区所没有的，而陨铁制品中国早已有之。中国青铜时代已有浇铸技术，铁矿较之铜矿更容易得到，铜铁共生矿亦多，古人在炼铜时可能已发现了铁。因此，对中华先民而言，铁的冶炼在技术上来说并不是问题。尽管早期的块炼铁杂质多，硬度不如青铜，但是不久就有了渗碳钢技术，克服了这个缺点。因此，阻止铁器大规模应用的真正问题应该不是技术本身，而是在技术之外，即社会关系与意识形态的障碍。换句话说，铁器时代的起源应该不是指技术上的尝试，而是与社会变迁相关联的产业应用。

中国铁器时代替代的是青铜时代。与世界其他文明相比，中国的青铜技术发展程度非常高，熔炼浇铸大型器物与采用失蜡法铸造复杂纹饰就是标志性成就。从另一个角度来说，青铜早已渗透到当时社会不同层面的结构组织当中。所谓"国之大事，在祀与戎"，制造礼器与兵器是青铜的主要用途；青铜还被用于经济贸易，作为通货；还有部分用作实用工具。简言之，青铜已经融入当时社会的权力结构与社会生活运作之中，这是可见的方面。不可见但可推知的是，青铜可能是时人衡量价值的尺度，类似现代人用金钱来衡量物品与服务的价值，青铜在时人意识形态建构中的重要地位是其他器物无法比拟的。

铜远不如铁常见易得，其稀有性自然赋予它更高的价值。新铸出来的青铜器耀眼炫目，这种属性与稀有性使得它很适合用来彰显威仪，尤其是与典章制度结合起来，奠定社会秩序的基本框架，青铜礼器因而成为社会政治规范的象征。青铜器历时久远之后，遭到腐蚀，铜绿丛生，由此产生一种新的属性，古意盎然，显示一种历久弥新的传统。而铁器就不具备这样的性质，除了陨铁，铁并不稀有，也没有耀眼的光泽，而且非常容易锈蚀，不易产生美感。再者，青铜的冶炼需要混合锌、锡等成分，这种技法及其在上古文化背景中的"超自然"内涵，已然成为一种知识权力。青铜冶炼所需的不同元素往往来自不同地方，甚至需要与西南地区远程贸易才能获得。由资源控制所产生的权力感，也不是社会准入门槛较低的铁器所能比拟的。最后，青铜作为通货，可以进行广泛的交换，而铁器由于普遍易得，无法具有这样的品质。由此，围绕青铜，不仅产生社会规章制度，而且产生了当时的社会价值体系，甚至是审美观念。虽然春秋战国时期"礼崩乐坏"，但是青铜作为文化传统的价值一直得到士大夫阶层的认同，金石学的产生就是明证。归纳起来说，物性视角中的青铜已经融入当时的社会组织、生活实践与意识形态构建之中。

由此，铁器全面取代青铜的垄断地位，绝不仅仅因为其廉价易得、坚韧耐用就能够实现。没有社会的全面变革，要建立一个堪称"铁器时代"的历史阶段是不可能的。郭沫若提出，铁器的普及应与当时"私田"的增加、新兴地主阶级形成相关。他们为了增加自己的收益，更愿意采用代表当时"先进生产力"的铁器工具。他由此提出，与这种新的生产力相应

---

[1]　白云翔：《先秦两汉铁器的考古学研究》，第 47—48 页。

形成的新型生产关系代表封建社会。他认为，中国从奴隶制时代转向封建时代的社会变迁主要发生在春秋战国之交，当时既有的社会秩序严重衰落，传统社会的控制力减弱，新的秩序随之形成。[1]尽管彼时考古发现的铁制农具尚少，郭氏基于理论推导，认为春秋战国之时应该已使用铁制农具。1951年河南辉县固围村考古发现的数十件铁制农具与工具，部分印证了他的观点。[2]

郭氏所没有注意到的是铁器在物性上的意义。对于新兴的社会阶层而言，铁器不仅仅是一种效率更优越的工具，更重要的，它是一种"新的"工具，一种不同于传统的工具。青铜因为稀有、生产成本高，以及在社会政治与经济领域的重要地位，注定不可能大规模用作普通农业工具，当时主要的农业工具还是石器、木器、骨器等。相比于这些"传统"的落后工具，铁制工具的效率要高得多。实验研究表明，就伐木而言，石斧效率不到铁斧的三分之一。[3]与铁制农具配合使用的还有犁耕、牛耕，从前利用石质工具无法开垦的土地得以利用，耕地面积、生产范围得以扩大，以家庭为单位的生产单位成为可能。新兴阶层更可能把铁器及其优越效率看作自身地位合法性的标志，用以强化身份地位。

对于旧的社会秩序而言，铁除了是"新的"，还是"外来的"。于是，当时社会，以青铜为代表的传统势力与以铁器为代表的新兴势力产生了一种结构性矛盾。

铁器时代崛起的标志是以青铜器为中心的礼制体系的崩溃，青铜器作为兵器的作用也为钢铁所取代。青铜器从社会政治权力中心退出，更多成为文化传统的载体，以及作为经济交易的通货单位，融入新的社会体系之中。因此，铁器时代取代青铜时代，本质上是一种社会政治意义上的变革。当然，推动变革的是铁器代表的新生产力的崛起，以及生产关系的调整。相对于青铜而言，铁的物性是平实的、效用的、普遍的，还是"叛逆"于旧礼制体系的，它打破了以血缘贵族为中心的社会政治体系，开启了一个讲究事功的新时代。此外，铁器时代的到来极大促进了生产力的发展，核心家庭作为基本生产单位成为可能，人口总量与密度增加，经济控制的收益相应提高，成本降低。与之相应，以铁器为标志的经济权力崛起。

三　青铜时代的起源及其权力形态

在世界文明史上，中国青铜时代成就斐然，青铜铸造技术的复杂程度以及青铜器的使

---

[1] 参见郭沫若《奴隶制时代》，中国人民大学出版社，2005。
[2] 中国科学院考古研究所编著《辉县发掘报告》，科学出版社，1956，第69—109页。
[3] 参见谢礼晔《微痕分析在磨制石器功能研究中的初步尝试——二里头遗址石斧和石刀的微痕分析》，硕士学位论文，中国社会科学研究生院，2005。

用规模都是空前的。这个时期包括夏、商、周三代，考古学的相关阐释只有少量文献与传说作为参照，因此归入"原史考古"，又称"三代考古"。在中国历史上，"三代"是后世倾慕的典范时期，这个时期奠定了中国文化思想基础，不妨称之为"古典中国"时期。

三代是以青铜为标志的时代。如上所述，在物性视角中，青铜是炫耀性的合金，同时因为涉及复杂、专门的技术以及产地各异的合金冶炼矿物，所以它体现的控制性也很强。青铜器主要用于祭祀与战争，与政治、军事权力密切相关，其铭文往往以"子子孙孙永宝用"之类用语结束，强调血缘世系的重要性。青铜器提供了一种血缘联系的凭证，显示这是一个在政治上以血缘联系为中心的时代。青铜器传承的权力合法性，也是财富合法性。中国青铜时代，尤其是在西周时期，逐步建立起完善的青铜器使用礼制。青铜器的器型规范有序，中正稳重，朴素端庄。北宋时，金石学兴起，注重从青铜器中汲取文化精神。感受是主观的，但又是可以沟通、理解的，这也是文化传统能够代代相传的基础。

值得注意的是，商代青铜器的纹饰多为狰狞、令人恐惧的图案，除了炫耀，还有震慑威吓的效果。加之青铜器还用作兵器及与军事相关的车马器，因此予人的印象是强制性权力，与暴力密切相关，权力的彰显和渲染更加夸张。与铁器时代相比，青铜时代的炫耀性更强，形式大于内容，对权力的控制其实不如铁器时代严密。但是与石器时代相比，已是巨大的发展。

青铜时代取代的是一个以石器为中心的时代。相对于青铜而言，石器制作也可能需要远距离、多手段采集原料以及大量、专业的劳动投入。但是，石器不像青铜那样需要不同原料配比熔铸，资源控制程度与技术的垄断性远不如青铜。石器产品中的玉石，外观晶莹剔透，相比于青铜的金光灿烂，其色彩的可炫耀性要弱得多。二者最根本的区别可能在于，打磨后的玉石并不适合用作实用工具，除了用于祭祀、装饰，基本没有其他实用价值。青铜则有一项重要的实用价值——军事。青铜因为可以熔铸生产，其大小、形状、纹饰等特征，都可以根据需要设计制作，不像石器产品的特征很大程度上取决于原料的形态。比如，古人希望生产不同尺寸的玉石产品，但是原料的大小、形状、质地（是否有裂纹、杂质等）都是难以克服的限制因素。正是基于青铜材料的特征，中国古人建立起复杂的用鼎制度，鼎、簋及其他器物构成多样的器物组合，代表一种明确的社会秩序。[①]青铜时代的人们正是借助可以变化铸造的材料，构建了系统完整的社会组织规范。

中国青铜时代是一个"王国"时代，与以玉石所代表的"古国"时代、以铁器为代表的"帝国"[②]时代形成鲜明对比。政治形态与物质表征的巧合并不是偶然的，而是人与物长

---

① K.C.Chang, "The Chinese Bronze Age: A Modern Synthesis", in Wen Fong, ed., *The Great Bronze Age of China*, New York: The Metropolitan Museum of Art, 1980, pp.35-40，转引自张光直《中国青铜时代》，三联书店，2013，第1—27页。

② 本文使用的"帝国"，是指中国的帝制时代或"帝制中国"，即大一统王朝时代，并非西方所谓"征服性帝国"。

期关系的产物。"王国"时代不同于"古国"时代的最明显特征是，"王国"首领是世袭的，而"古国"首领更可能是禅让式的（可能自愿也可能被迫）。青铜时代的社会控制力、政治权力集中度更高，权力形式更具有强制性，社会秩序意识更强。和"帝国"时代相比，"王国"的控制集中在政治与军事领域，经济与文化的控制力相对较弱。青铜时代的崛起，最重要的意义可能是社会秩序的控制，相比于玉石时代不稳定的政治局势来说，稳定的社会政治秩序意味着攻伐相对更少、暴力程度降低，尽管青铜时代看起来更重视杀伐。实际上，从民族志的研究来看，在缺乏统一政府控制的情况下，群体之间相互攻伐的频率更高，在人口总量相对有限的情况下，攻伐偷袭造成的人口伤亡比例更大。[1]青铜时代对社会秩序的强调，某种意义上回应了这种社会需要。

四　玉石时代起源及其权力形态

长期以来，夏被视为中国文明的开端。在西方历史教科书中，中国文明的开端被定在商代。经过最近几十年考古发现与研究可知，新石器时代晚期部分地区已经存在明确的文明形态。近年来，中华文明探源工程研究逐步厘清了中华文明起源的基本框架，它至少可以分为前后两个阶段，文明起源前段：距今5800/5300—4500/4300年，在长江中下游地区、辽河流域等地出现具有文明形态的社会，其中最有代表性的是长江下游的良渚文明、长江中游的石家河文化、辽河流域的红山文化等。这个阶段的典型特征是普遍使用玉石器。后段：距今4300—3800年，长江中下游地区衰落，黄河与北方地区后来居上，典型代表为襄汾陶寺与神木石峁遗址，青铜器开始出现，暴力与战争现象加剧。石峁遗址发现铜玉镶嵌的器物，还在城墙缝隙中发现插有青铜与玉器的现象，[2]但玉的使用远不如前期普遍。

前后两个阶段持续时间超过1500年。尤其是前段，玉器广泛见于墓葬与祭祀遗存，玉石器数量多、体量大，制作复杂，显示专业化分工的存在。为什么这个时代选择了玉而不是其他物质？从物性角度分析，可以帮助我们发现古人用玉的意义。古人所谓的玉，包括多种不同石料，它们具有近似的外观与物理属性。就玉的可供性而言，它质脆易折，而且产地有限，并不适合做武器，更不适合做农具。玉的剥片性质不佳，不适合打制，更多依靠切割琢磨成器，费时费力。但是，琢磨成器的玉晶莹剔透，与一般石料迥然不同，有很好的装饰性。它的稀有性让其显得更加珍贵，也更加适合用作装饰。

物性的体现不是随意与随机的。玉不适合制作杀伐的工具，但黑曜石容易打制加工，

---

① L.H.Keeley, *War before Civilization*, New York: Oxford University Press, 1996, pp.83-97.
② 参见陕西省考古研究院等编著《发现石峁古城》，文物出版社，2016。

中南美印第安人用它制作武器，还用来制作礼仪祭祀用器，外形奇特夸张。[①] 黑曜石的黑色玻璃质外观有一种让人恐惧的力量感，而玉不具有这样的特质。即便是和其他旧、新石器时代常用的石料如燧石、石英岩相比，玉在切割、刺杀、砍伐等方面也均有所不如。换句话说，古人之所以选择玉，不是基于实用的属性，而是基于非实用的属性。但从非实用属性来看，玉的外观也不适合夸张性的炫耀，其光泽柔和，体现一种温润的特点。玉的品质决定了它最多只能是一种隐性的炫耀，而不能比拟新铸青铜器张扬的光泽，更比不上铁器能够带来实际生产利益。玉的加工是不断做减法的过程，玉器的性质很大程度上取决于原料，不像青铜可以依靠添加不同元素变化其品质，铸造所需要的器物。相比其他石料、青铜与铁器，玉的特殊性使得它最适合体现非直接的品质。

物性是历史的、社会的、有特定文化背景关联的。新石器时代晚期，质地坚硬、外观柔和的玉器作为一种石质人工制品，很符合威望展示的社会历史情境。广泛用于祭祀的玉器同时拥有超越人的"神性"，正是基于威望与"神性"，社会首领构建起自己的权力。这种权力是通过物的"装饰"来获取的，不像青铜那样具有高度的强制性。所谓"装饰"，某种意义上说，就是提供一种权力合法化的途径，这一途径就是祭祀。玉器在新石器时代早期墓葬中就有发现，如辽西的兴隆洼文化。[②] 玉器从早期的个体装饰品（个体威望）转变为晚期的祭祀用品与首领饰物（群体威望），其大小、形制也发生了明显变化，如红山文化的大型玉龙以及大量随葬的玉器组合，[③] 显然都已经超越普通个体威望的需要，而是用以彰显区域性首领地位。

中国文明发展阶段中存在一个以玉为表征的时代并不是一个新观点，除了东汉袁康曾提出石、玉、青铜、铁四个时代的说法外，[④]20 世纪八九十年代研究者提出过"玉兵时代"或"玉器时代"的观点，[⑤]并引起广泛讨论。[⑥]重要的不是时代划分方案，而是划分背后所依赖的理论原理，以及分期所代表的社会演化意义。物性理论为这一分期方案提供了新的理论支持。玉石时代是中国文明的滥觞时期，苏秉琦称之为"古国"阶段。[⑦]酋邦理论来自殖民主义时期西方学者对文明边缘地带特殊形态的复杂社会的人类学观察，[⑧]其理论结构系统完

---

① H.McKillop, *The Ancient Maya: New Perspectives*,Santa Barbara: ABC–CLIO, 2004, pp.249–250.

② 内蒙古自治区文物考古研究所：《白音长汗——新石器时代遗址发掘报告》，科学出版社，2004，第 308—310 页。

③ 辽宁省文物考古研究所：《牛河梁：红山文化遗址发掘报告（1983—2003 年度）》，文物出版社，2012。

④ 张仲清译注《越绝书》，中华书局，2020，第 213 页。

⑤ 孙守道：《论中国史上"玉兵时代"的提出》，《辽宁文物》1983 年第 5 期，第 34 页；张光直：《谈"琮"及其在中国古史上的意义》，《文物与考古论集》，文物出版社，1986，第 252—260 页；吴汝祚、牟永抗：《玉器时代说》，《中华文化论坛》1994 年第 3 期。

⑥ 谢仲礼：《"玉器时代"——一个新概念的分析》，《考古》1994 年第 9 期；陈星灿：《青铜时代与玉器时代——再论中国文明的起源》，中国社会科学院考古研究所编著《考古求知集》，中国社会科学出版社，1997；安志敏：《关于"玉器时代"说的溯源》，《东南文化》2000 年第 9 期。

⑦ 苏秉琦：《辽西古文化古城古国——兼谈当前田野考古工作的重点或大课题》，《文物》1986 年第 8 期。

⑧ K.Oberg, "Types of Social Structure among the Lowland Tribes of South and Central America", *American Anthropologist*, Vol.57, No.3, 1955, pp.472–487；埃尔曼·塞维斯：《国家与文明的起源：文化演进的过程》，龚辛等译，上海古籍出版社，2019。

整，影响巨大，但是该理论存在先天不足，那就是它来自人类学观察，而非考古学的实证研究。采用"古国"的说法与借鉴酋邦理论并不矛盾，"古国"的概念与中国文明后来的"王国""帝国"形成一条完整的序列，较之酋邦能够更好地与考古材料对应。目前需要进一步丰富这个概念的内涵。

按张忠培的说法，"古国"阶段的社会属性，属于"神王"时代。① 领袖通过祭祀及其他仪式垄断权力，玉是媒介。玉器的生产需要专业人员，玉的获取需要贸易交换与资源控制。社会资源控制有利于玉器生产，反过来说，玉器生产也再生产了社会资源的控制。更进一步说，再生产的社会资源控制不再限于玉，而且可以替换为其他资源，乃至于形成整个社会资源控制体系。"神王"时代的典型代表是良渚文明，不仅有葬玉丰富的高等级墓葬、规模宏大的城墙，以及环绕古城的聚落与稻田，还兴建了复杂的水利系统。② 如此大规模的建设必定需要有效的社会资源调配体系支撑。"神王"的权力合法性来自其神性的维系，祭祀则是维系神性的基本途径。利用超自然信仰组织社会资源是早期文明的共同特征，在缺乏有效的经济、军事等手段的情况下，通过神性来达到组织社会的政治目的，是比较经济、有效的。

按照中国古史传说，这个时代还没有采用血缘世系来体现神性，首领的产生取决于个人威望，首领的更替则采取禅让制，这与玉的物性是一致的。但是，正如前文所提及，玉器生产是难以标准化的，每一件玉器都是不同的。相应的社会中，每位首领的竞争者都有不同的威望，难以量化比较。由此，权力的竞争是普遍的，权力的维系也是困难的，因为竞争者不断产生，这在古代文献中得到了一定的证明。③ 神性的判断是不确定的，不像血缘世系那样明确，只能依靠社会，尤其是长老阶层的确认。欺骗与滥用可能导致神性的崩溃，社会需要更有力的控制才能得以维系，军事权力以高强度的暴力形式迫使一些人服从另一些人，青铜时代就崛起于这个背景。从目前的考古发现来看，"古国"阶段的后期，已经开始出现青铜器，最早可以追溯至距今4500年前，④ 同时发现了普遍暴力活动的证据。⑤ 这说明"古国"时代正在崩溃，新的"王国"阶段已经萌发。

五　社会权力演化的独特道路

文明社会的诞生意味着社会权力已经发展到较为复杂的程度。那么，从物性视角划分出的玉石时代—青铜时代—铁器时代这一分期及其动态过程，与中国文明从孕育到诞生再到

① 张忠培:《良渚文化墓地与其表述的文明社会》,《考古学报》2012年第4期。
② 浙江省文物考古研究所:《良渚古城综合研究报告》,文物出版社,2019。
③ 范祥雍订补《古本竹书纪年辑校订补》,上海古籍出版社,2018,第1—4页。
④ 白云翔:《中国的早期铜器与青铜器的起源》,《东南文化》2002年第7期。
⑤ 陕西省考古研究院等:《陕西神木县石峁遗址》,《考古》2013年第7期。

基本成型的发展过程存在怎样的联系？能否从中揭示出中国文明发展道路的本土特点？

中国旧石器时代晚期，大约距今4万—3万年开始出现装饰品。[①]艺术品的出现代表人开始把物当成自身的象征，传递某些信息。人与物之间摆脱了单向的功能关系，人把自身的意义渗透到物中，人物关系进入双向互动、相互渗透的阶段。按照克里夫·甘博的说法，人类由此摆脱持续了数百万年的"面对面交往的约束"。[②]当事人尽管不在场，仍然可以做到"不在如在"，通过物的表达继续维系社会关系，社会交往的效率大大提高；扩展的社会网络（extended network）得以形成，社会规模空前扩大。与此同时，物之于人的意义也发生了重大改变，物成为人本身的延伸，而不只是像工具一样延伸人体的功能。理解人与物关系的重大变化也是理解"旧石器时代晚期革命"或者说现代人"行为现代性"（behavioral modernity）的关键。[③]

旧石器时代晚期，人类过着狩（渔）猎采集的生活，考古学家通过考古材料与民族志研究大体可以把握他们生活模式的轮廓。狩猎采集者的认知模式通常是"万物有灵"。当然，不同环境中，与人们密切关联的事物并不一致，事物被人类赋予的意义也千差万别。但有一点是可以肯定的，即人们对物的理解最终会影响他们的行动，而不同的生活实践会产生不同的物性表达。正是在这种双向的互动过程中，物性得以产生并得到传承。

在传统文献中，狩猎采集者过着和平、简单、怡然自得的生活。然而，越来越多的民族志与考古学研究表明，狩猎采集者的生活并不和平，暴力造成的伤亡相对其有限的人口而言，破坏力要高于农业甚至近代社会。[④]在无政府状态下，战争与暴力更容易失控，尽管大规模战争在狩猎采集社会中并不存在，但是频繁偷袭与复仇累积造成的伤害并不弱于大规模战争。社会冲突的加剧，催化了社会组织和社会权力的诞生。

旧石器时代晚期的物质材料中，出现了一个前所未有的现象，即文化的精致化，人类在物质材料的加工上投入前所未有的劳动。功能主义的解释是，这可能与人口增加有关，社会群体必须限定互惠圈的规模，地区性群体单位由此形成，需要独特的物质文化加以标识。[⑤]还有一种解释认为，文化的精致化可能与人口生育限定有关，较少的人口生育意味着

① 宁夏文物考古研究所编著《水洞沟——1980年发掘报告》，科学出版社，2003；高星等著，宁夏文物考古研究所等编《水洞沟：2003—2007年度考古发掘与研究报告》，科学出版社，2013。
② C.Gamble, *The Paleolithic Societies of Europe*, Cambridge: Cambridge University Press, 1999.
③ 陈胜前：《中国旧石器时代晚期革命：研究范式的问题》，中国人民大学北方民族考古研究所等编《北方民族考古》第2辑，科学出版社，2015，第29—46页。
④ M.W.Allen and T.L.Jones, eds., *Violence and Warfare among Hunter-Gatherers*, Walnut Creek, CA:Left Coast Press, 2014; A.García-Piquer and A.Vila-Mitjà, eds., *Beyond War: Archaeological Approaches to Violence*, Newcastle upon Tyne: Cambridge Scholars Publishing, 2016.
⑤ H.M.Wobst, "Stylistic Behavior and Information Exchange, inC.E. Cleland, ed., *For the Director:Research Essays in Honor of James B.Griffin*, Ann Arbor:Museum of Anthropology, University of Michigan, 1977, pp.317-342.

人类在后代抚养上可以投入更多，还意味着更多的社会组织活动。[1]总之，物质现象与社会发展密切相关。需要注意的是，地方群体的形成导致竞争的社会单位更加明确，后代抚养投入与社会组织活动的增加会提高个体的群体身份认同，也会间接加剧社会群体之间的竞争。社会权力很可能通过文化精致化产物进行表达，比如通过个人装饰品来体现社会威望。

距今 1 万年前后，狩猎采集生活开始向农业生产过渡，这是人类历史上一次重大社会变迁。人类获取食物与维系社会关系的方式都发生了根本变化，从流动采食转向定居生产，从流动邂逅到固定交往。有关农业起源，当前的理论解释主要分为两类：一类认为农业是为了获取更多食物，[2]即"为了吃饭"；另一类认为农业是服务于社会组织目的，如宴飨，[3]即"为了请客吃饭"。就后者而言，宴飨涉及个体威望的竞争与群体之间社会关系的协调，也涉及生产剩余的支配权问题。农业可以产生更多的生产剩余，农业可能也起源于对生产剩余的追求。一方面，农耕生产方式促进了社会复杂化进程与社会权力的发展；另一方面，社会复杂化以及社会权力的竞争促进了农业起源。

农业起源（新石器时代开始）以后，人们对物质的运用与理解也在发生改变。人们开始形成一些同源性的适应，建筑房屋、烧制陶器、兴建墓葬，同时也这样看待自己的身体。[4]物性与人们的生产实践相互渗透，形成新的关系形态。相应的变化也就反映于社会生活的变迁，包括性别关系的更替。中国新石器时代早期，如在辽西地区兴隆洼文化墓葬中发现玉器，这是玉石时代的萌芽。新石器时代早期人类逐渐建立定居生活模式，转而依赖驯化的动植物为生，相对于狩猎采集时代，人口显著增加，社会群体的界限，如地域、群体身份认同等，区分更加明显。从新石器时代早期初步形态的定居社会到新石器时代晚期文明起源，出现规模宏大的城址、高等级墓葬、专业化的手工业等，其间发生了一系列变化。如与兴隆洼文化处于同一地区的赵宝沟文化，开始出现男性专属的社会空间，女性的空间限定在家庭之中，在两性的权力竞争中，男性逐渐垄断了社会权力。这种性别关系的改变同样体现在新石器时代中期陶器装饰主题的变化上。[5]

目前既有的新石器时代考古发现与研究，较好地呈现了中国史前社会的复杂化进程，在"古国"时代开始之前，聚落规模不断扩大，礼仪祭祀不断复杂，手工制作更加专业化，墓葬等级也逐步分化，社会权力出现集中化与分层的趋势。从物性视角看，人与物的关系

---

① R.C.Dunnell, "The Concept of Waste in an Evolutionary Archaeology," *Journal of Anthropological Archaeology*, Vol.18, No.3, 1999, pp.243—250.

② L.R.Binford, Constructing Frame of References:*An Analytical Method for Archaeological Theory Building Using Hunter-Gatherer and Environmental Data Sets,* Berkeley:University of California Press, 2001.

③ B.Hayden, "Nimrods, Piscators, Pluckers, and Planters:The Emergence of Food Production", *Journal of Anthropological Archeology*, Vol.9, No.1, 1990, pp.31—69.

④ 杜桑·波利克等：《身体的界限》，约翰·罗布、奥利弗·J.T.哈里斯主编《历史上的身体：从旧石器时代到未来的欧洲》，吴莉苇译，格致出版社、上海人民出版社，2016，第80—102页。

⑤ 中国社会科学院考古研究所内蒙古工作队：《内蒙古敖汉旗小山遗址》，《考古》1987年第6期。有关性别空间的判断主要基于石器加工产品的分布，其中房址F2中有4处石堆，显示为石器的专门加工场所。

也开始复杂化，权力的物性表达特征日趋鲜明。需要注意的是，玉石时代的出现仍然是涌现性（emergence）的，如辽西地区红山文化用玉情况突然显著增加，长江流域的良渚文明用玉数量更是达到前所未有的高度。涌现性是上古史发展的一个显著特征，它与文化的缓慢发展构成辩证关系；从萌芽逐渐成长，到了一定程度迅速发生变化，产生质变。新石器时代早期中国北方与长江中下游地区集中涌现出一系列考古学文化，[①]青铜与铁器时代也不例外。从物性视角能够看到上古史发展具有明显的阶段性。

在石器、青铜、铁器三个时代的传统划分之中插入了"玉石时代"，重要的不是这个分期方案本身，而是分期背后的社会意义。物性理论为上古史分期提供了一个可行的理论前提：基于物质的可供性、能动性，人与物相互纠缠、相互作用与相互渗透，物本身具有历史、文化意义，而不仅仅是客观存在。物就是人，物就是社会，物就是时代。从物性视角审视中国上古史，从晚向早追溯，至少存在铁器、青铜与玉石三个文明阶段。从中还能看到，贯穿文明史分期的是权力运作形式的变化，这也正是从物性视角审视上古史分期的社会意义所在。

迈克尔·曼把社会权力的来源分为四个方面：意识形态、政治、经济与军事，[②]但他没有意识到这四个方面并不是同步演化的。物性视角的考察很好地揭示了社会权力逐步复杂化的过程。玉石时代，中国上古社会已经复杂化，权力开始集中，社会组织可以完成诸如建设大型城池、水利工程、高等级墓葬以及需要专业化劳动的玉器加工。但是此时权力的表征，更多来自威望和祭祀礼仪的神性，结合中国古史传说以及与古埃及、中南美文明的比较，中国上古时期的"神王"拥有的主要是一种政治权力，这种政治权力很大程度上不是高度强制性的。随着前代神王的故去，权力有可能传递给其他有威望的候选人，并不必定会世袭。

青铜时代兴起了一种带有强制特征的新型社会权力。青铜是炫耀性的，是可铭记的，具有良好的传承性。青铜带来的新的意义主要包括两个方面：一是青铜本身的可铸造特点，使其成为构建社会政治秩序的理想物质；二是青铜适用于制作兵器，与暴力结合在一起。相比于玉石时代，青铜时代的社会权力中明显增加了军事权力。也正是此时，王权统治开始，通过血缘世系确定权力继承关系。相比于玉石时代，青铜时代的社会政治秩序更加稳定。生产青铜的过程也是社会秩序的再生产过程，在此过程中社会上层获得了更加广泛的资源控制，社会权力的运作效率进一步提高。

铁器时代的兴起代表了社会的重大变迁，社会权力体系也发生了重要改变。以青铜为代表的传统势力逐步退出历史舞台，秉承铁器实用精神与经济效用的新兴阶层兴起。铁器

---

① 陈胜前：《史前的现代化：中国农业起源过程的文化生态考察》，科学出版社，2013，第148页。
② 迈克尔·曼：《社会权力的来源》第1卷，刘北成、李少军译，上海人民出版社，2002。

时代新工具的普及促进了生产力的提高，人们可以开垦从前难以利用的土地，人口数量与人口密度得以增加，经济权力运作的收益提高（有更多的生产剩余可以征收），运作成本减小（如无须远距离征收赋税）。铁器时代，社会权力中的经济权力崛起，并且成为统治阶层需要考虑的核心因素。与新的生产力相关联的是新的生产关系、新的社会秩序。统治者在政治、军事权力之外获取了经济上更高的控制权，社会权力的控制力度进一步增强。

如果扩展一下讨论，就会发现意识形态的权力产生于秦汉，儒家思想逐渐成为古代中国统治合法性的基本宗旨。至此，中国文明的基本格局完全形成，也就是我们熟知的中国历史时期了。中国作为超大型文明型国家，[①]绵延数千年，是世界上唯一延续至今的古老文明。中国地形复杂，东西南北差异明显，在交通困难的古代，要维系这样一个规模巨大的文明实体是非常困难的。再者，中国一直都不是一个宗教性国家，不存在统一的宗教，而是包容不同宗教。按照福山的说法，古代中国正是通过文化意识形态，比欧洲早一千年成为一个现代国家。[②]的确，不论是政治、军事还是经济权力，都不容易打破传统的地方性部落制度，建立长期的统一政权。古代中国通过文化意识形态上的权力，打破了地域（部落）、族群乃至宗教的壁垒，形成稳定广泛的文化认同。文化意识形态传承的主要形式是察举制、科举制，作为选贤任能的政治制度设计，它保持社会阶层之间的流动性，同时促进文化认同。相比而言，欧洲社会是通过宗教突破传统部落制度。

意识形态权力的物性表达要比前面三种权力更含蓄、更多样，其中最突出的莫过于儒家经典，它就像《圣经·旧约》之于犹太社会一样，成为维系社会认同的基础。它形诸文字、纸本、印刷术，传统社会"敬惜字纸"，从某种意义上说就是这种权力的表现。由尊儒发展出来的一系列礼仪制度、孔子崇拜以及精神规范，渗透到中国人的文化血脉之中，以至于生老病死、衣食住行乃至举手投足与喜怒哀乐，无不与之密切相关。

需要强调的是，四种权力与四个时代的对应关系是相对而非绝对的。玉石时代并非没有经济、军事与意识形态的权力，只是其表现不如政治权力突出。那个时代获取全面的经济权力的成本高昂，生产剩余有限，交通不便，人口分布稀疏。如果要进行较大规模的军事行动，也缺乏充分的后勤补给，难以持久作战。就意识形态而言，祭祀虽然赋予首领以某种程度的神性地位，但是当时文字还在萌芽状态，所谓意识形态并没有系统的思想基础和高效率的传播媒介。相对而言，只能通过威望、祭祀等来获取政治权力，社会维系权力的途径较为单一。这样的权力获取是情境性的，即需要不断塑造情境来维系权力，祭祀、修建陵墓、兴修水利等都服务于这一目的，按塞维斯的说法，对上古社会来说，祭祀与兴修水利都是为了生产。[③]铁器时代，经济权力在诸种权力中更为基础，但并非唯一权力，铁器技术也影响到

---

① 张维为：《文明型国家》，上海人民出版社，2017。
② 福山：《政治秩序的起源：从前人类时代到法国大革命》，毛俊杰译，广西师范大学出版社，2012。
③ 参见埃尔曼·塞维斯《国家与文明的起源：文化演进的过程》。

兵器发展，军事权力比青铜时代更加成熟，只是此时铁器大规模用于生产活动，由此产生的经济权力作为新的权力形态具有更重要的意义。

玉石、青铜、铁器时代的分期方式，是非常粗线条或者说是宏观性的，各时代之间的过渡期很长。我们知道玉石（"古国"）时代后期已经出现青铜器，而夏代遗存如二里头就发现有较多的玉器，青铜礼器还不发达，体现出浓重的过渡色彩。从青铜到铁器时代虽然处在春秋战国这个战争频繁之时，但铁器早在商代已经出现，西周已经有非陨铁的铁制品；同样，到秦统一六国时，青铜礼器和兵器仍大量存在。过渡期漫长与社会变迁之间并不矛盾，这与我们采用的时间尺度的长短相关，在考察前者时采用的是相对短的时间尺度。另外，虽然我们把"古国"时代称为玉石时代，但并非每个地区都同等程度地依赖玉石。山东及中原龙山文化中玉的应用并不普及，这可能与原料供给相对不足相关，也有地方文化传统原因，但是从粗线条的空间来看，还是可以确认玉石时代的存在。

过渡期的另一层含义是，每个时代都孕育了下一个时代的因素。"古国"时代后期出现青铜器，它经过数百年的孕育，逐渐成为下一时代人与物关系的主导因素；又经过数百年发展，青铜建立起绝对的垄断地位。物性演变也符合量变到质变的规律。铁器在青铜时代的孕育时间同样漫长，在春秋战国群雄竞争的时代，实用性强的物质，更容易脱颖而出，铁器时代由此产生。春秋战国时期同时也是中国传统文化基本定型的时期，诸子百家勃然兴起，没有这个时代的各种思想实践和发展完善的思想体系，也不可能有后来意识形态权力的实现。

从玉石时代的政治权力优先，到秦汉之后实现四权合一，社会权力来源的增加与融合反映了社会演化的复杂性，社会政治形态从"古国""王国"演变成为"帝国"，中央集权的色彩越来越明显。从历史上看，尽管古代王朝均存在兴亡周期，但是总体上，社会权力的演化是趋于复杂的。这样的基本形态并不限于中国，世界其他地区也是如此。石器、青铜、铁器的三代论在欧洲首先提出，从现有考古发现来看，欧洲铁器时代（铁制品与炼铁技术出现）可以早到公元前1000年，[①] 其青铜时代不如中国复杂，缺少玉石时代。中南美地区尽管存在文明，但是一直没有金属冶炼技术，南美的印加文明虽然被称为"印加帝国"，然而并没有文字。从文化多样性角度来看，不同文化的物性并不一致。当然，从统一性角度来看，中南美古文明社会权力的发展复杂程度相对旧大陆来说要脆弱得多。[②]

物性变迁与社会权力演化的对应，从一个角度让我们看到了中国文明的发展过程。中国文明发展的典型特征是原生性、长期性与融合性，而不是一个"早熟"的文明。它在青铜时代之前存在一个持续超过1500年的玉石时代，此时，复杂的文明已经基本形成。作为文明基础的农业在距今1万年前后起源，随之出现了北方与长江中下游两个文明起源中心。[③]

---

① K.Kristiansen, *Europe before History,* Cambridge: Cambridge University Press, 1998.
② 贾雷德·戴蒙德：《枪炮、病菌与钢铁：人类社会的命运》，谢延光译，上海译文出版社，2000。
③ 陈胜前：《史前的现代化：中国农业起源过程的文化生态考察》。

中国文明是经过数千年缓慢孕育之后形成的，而不是受到外来影响突然产生的。玉石时代，文明率先在长江中下游地区起步，如良渚与石家河；次之，在北方如红山、石峁、陶寺形成第二波高潮，长江流域陷入低潮；最后，中原地区汇通融合，发展出中国古史记载的三代文明。[①] 通过物性分析，我们有理由认为中国上古时代存在一个玉石时代，这也是中国上古文明发展史上一个特别值得注意的现象，它不仅代表中国早期文明独特的发展道路，而且很大程度上影响了后来的中国文化传统，乃至于中国人的文化性格——包容、和平、含蓄。[②]

物性理论超越主客体二元对立的底层逻辑，可以从历史发展进程中考察不同社会组织状态下的物性特征表达。作为一个新的理论工具，它为认识中国文明演化的独特道路提供了新途径。物性视角注意到中国文明起源进程中存在一个长达千余年的玉石时代，而且"以玉为礼"成为后世中国政治文化的重要特征，同时在日常社会实践中，玉成为中国文化理想人格的象征。从这个角度说，物性视角不仅有助于我们认识中国早期文明的社会权力表征，更有助于我们关注中国文化内涵的形成及其现实意义。当然，物性理论的运用还存在较为严格的条件限制，它需要依赖连续的、未曾断裂的直接历史，需要充分理解相关历史背景关联，这在一定程度上限制了该理论的应用范围。中国作为一个有 5000 余年连续历史的文明，许多文化意义一脉相承，这为物性理论的应用提供了难得的舞台。

〔本文原载《历史研究》2022 年第 2 期。作者陈胜前，中国人民大学历史学院考古文博系教授〕

---

① 王巍：《从考古发现看中华文明的起源》，《人民政协报》2010 年 3 月 22 日，第 C03 版。
② 陈胜前：《史前中国的文化基因》，《读书》2020 年第 7 期。

夷夏互化融合说

王震中

摘　要　黄河中游与下游、中原与海岱地区的早期文明是在交互作用中演进的，其族共同体既有独立发展的一面，也有互化融合的一面，中原地区的华夏族正是因四夷在中原的汇聚、相互融会而形成的。从五帝时代到夏商周三代，直至春秋战国时期，东夷与华夏的关系既有由一方迁徙到另一方而呈现出"嵌入式"的融合，也有经过战争冲撞或兼并而发生的融合。无论哪种方式的融合，都不是单向同化而每每是相互展开的。夷夏互化融合的最终结果，是华夏民族像滚雪球似的越滚越大，海岱东夷则越来越少，到秦汉时期海岱东夷已消失，完全融入华夏民族之中。

关键词　海岱　中原　互化融合　复合制王朝国家

1935 年，傅斯年发表了著名的"夷夏东西说"，[①] 在中国史学界、考古学界产生重大影响。"夷夏东西说"认为，自东汉以来的中国史及其政治的展开，在地理上常常分为南北，然而在此之前，尤其在夏商周三代及三代以前，政治的演进，由部落到帝国，是以黄河、济水、淮河流域为历史舞台的。在这片大地上，地理形势主要是东西之分，即分为东部的诸夷（以山东半岛海岱地区为核心）与西部的诸夏（以中原地区为核心）两大系统的对峙。今天看来，从新石器时代到夏商周三代，夷与夏确实有东西分布和对峙的一面，但也有互化融合的一面；然而傅斯年没有注意到华夏民族形成的问题，没有把华夏民族看成一个整体来讨论"夏""夷"关系。夷夏互化融合及其与华夏民族形成之关系，傅斯年没有讲，而学术的发展又需要"接着讲"。在这里，笔者从傅斯年"夷夏东西说"出发，根据中原与海岱地区在文

---

① 傅斯年：《夷夏东西说》，《中央研究院历史语言研究所集刊》外编第一种《庆祝蔡元培先生六十五岁论文集》下册，中研院历史语言研究所，1935。

明起源及其早期发展过程中交互作用、相互影响、互动互化的史实，结合中国古代国家形态结构由万邦林立的单一制的都邑邦国走向多元一体复合制的夏商西周王朝国家的演进历程，提出"夷夏互化融合说"。

一　夷夏概念溯源

说到夷夏关系，需要就"夷""夏"的概念加以说明。就一般意义而言，"夏"既可以指夏王朝，也可以指华夏民族，在极个别情况下，"夏"也特指姒姓的夏部族。而"夷夏"相对而言之"夏"，是就族共同体说的，是一个族的概念，它既非指夏王朝，亦非指作为较小的族共同体的姒姓的夏部族，而主要指较大族共同体的华夏民族，也包括夏代之前的华夏集团。关于华夏民族的形成，笔者曾提出：华夏民族形成于夏代，只是夏商时期的华夏民族属于"自在民族"，西周、春秋战国时期的华夏民族属于"自觉民族"。[①]

对于夏代之前的中国上古民族，蒙文通把它们划分为"江汉民族、河洛民族、海岱民族"三系；这三系分称为"炎族、黄族、泰族"。[②]徐旭生把一度以中原为主要历史舞台的炎帝族和黄帝族合称为"华夏集团"，把海岱地区的族群称为"东夷集团"，把南方的族群称为"苗蛮集团"。[③]蒙文通和徐旭生关于上古民族的划分有同有异。不同之处在于：蒙文通所说的上古"江汉民族"实指炎帝族，他称炎帝族为炎族，并主张炎族出于南方；而徐旭生则主张炎帝族发祥于陕西宝鸡，后来来到了中原，炎帝族属于华夏集团。也就是说在炎帝族的归属问题上，它究竟归属于"中原"还是"江汉"，蒙文通与徐旭生的观点是不同的。相同之处在于：蒙文通和徐旭生两人划分的三个区域可以对应起来，因而两人的划分就区域的方位而言又是相同的。在两人所使用的词汇概念方面，笔者赞成徐旭生所用的称谓，即在夏代之前（亦即在华夏民族形成之前），中原地区的族群可称为"华夏集团"，海岱地区的族群可称为"东夷集团"，江汉地区的族群可称为"苗蛮集团"。由此，本文在论述夷夏关系时，把夏代之前作为"华夏民族"前身的中原混合族群，原则上称为"华夏集团"，只是有时为了行文的方便而称为"史前华夏"。

"夷夏"之"夷"，也属于族的概念。一般认为，把夷、蛮、戎、狄整齐划一地分配于东、南、西、北四方是从战国中后期开始的。[④]例如，《礼记·王制篇》："中国、夷戎五方之民，皆有性也，不可推移。东方曰夷……南方曰蛮……西方曰戎……北方曰狄……中国、

---

① 王震中：《从复合制国家结构看华夏民族的形成》，《中国社会科学》2013 年第 10 期；王震中：《中国古代国家的起源与王权的形成》，中国社会科学出版社，2013，第 365—374 页。
② 参见蒙文通《古史甄微》，《蒙文通文集》第 5 卷，巴蜀书社，1999，第 42—62 页。
③ 参见徐旭生《中国古史的传说时代》，科学出版社，1960，第 37—66 页。
④ 参见童书业《春秋左传研究》，上海人民出版社，1980，第 252—255 页。

夷、蛮、戎、狄，皆有安居。”而在春秋时期，“夷”有时是作为非华夏族的泛称，但也存在作为专称的“东夷”的称呼。

春秋时期，“夷”作为一种泛称是很常见的。《左传》定公十年载孔子语云：“裔不谋夏，夷不乱华。”这里的“夷”即泛指非华夏的族群。这种泛称有时也使用“蛮夷”或“夷狄”的形式表述，如《公羊传》成公十五年：“《春秋》……内诸夏而外夷狄。”《左传》僖公二十一年：“任、宿、须句、颛臾，风姓也，实司大皞与有济之祀，以服事诸夏……蛮夷猾（乱）夏，周祸也。”这里与“诸夏”相对照的“夷狄”和“蛮夷”之“夷”，都属于泛指。

春秋时期，“夷”在专指东夷时，使用的就是“东夷”这一称呼。例如，《左传》僖公四年，陈辕涛涂谓郑申侯曰：“师出于陈、郑之间，国必甚病。若出于东方，观兵于东夷，循海而归，其可也。”在辕涛涂的话中，东夷位于东方是明确的。再如《左传》僖公十九年：“夏，宋公使邾文公用鄫子于次睢之社，欲以属东夷。”这里的“东夷”说的也是春秋时代海岱地区尚未华夏化的土著族群。《左传》文公五年、文公九年、襄公二十六年、襄公二十九年、哀公十九年等出现的“东夷”，也属于这种情况。此外，《左传》昭公四年楚椒举曰：“商纣为黎之蒐，东夷叛之。”《左传》昭公十一年叔向曰：“桀克有缗以丧其国，纣克东夷而陨其身。”这里的“东夷”说的则是商纣王时期海岱土著族群。

由春秋上溯到西周，我们在西周青铜器铭文中可以看到“东夷”的称呼，这样的称呼从西周早期一直存在到西周晚期。例如，《𣪘方鼎》：“唯周公征于伐东夷，丰伯、薄姑咸𢦏，公归䙴于周庙……”（《集成》[①]02739）该铭文记录的是周公东征东夷的事情（包括征伐丰伯、薄姑等东夷诸部），年代在西周早期。再如《寈鼎》：“唯王伐东夷……”（《集成》02740、02741）说的也是周王征伐东夷，年代是西周早期。还有，《保员簋》也记有周王“伐东夷”之事，时代在西周早期后段。《小臣謎簋》说：“东夷大反，伯懋父以殷八师征东夷。”（《集成》04238、04239）该铜器的年代为西周早期后段。西周晚期，周厉王在对“南国”的一次军事行动中对南夷和东夷产生极大的威慑，后者纷纷前来朝觐，《㝬钟》：“南夷东夷俱见，廿又六邦……”（《集成》00260）铭文中说“南夷东夷”有二十六邦来见周王，其中东夷的族邦应当不少。此外，西周晚期的《禹鼎》记述“噩侯驭方率南淮夷、东夷”（《集成》2833）大范围地攻打周的南国、东国，周王命令西六师、殷八师前往征讨，继而又派遣禹所率领戎车百乘、驭二百、徒一千人参与作战，终获胜利。从西周初年到西周末年，这么多西周青铜器铭文中出现“东夷”一词，足以说明东方土著族群称为“东夷”是西周时的实情，春秋时的东夷是西周东夷衰落后的一部分的延续。

由西周上溯到商代，一般认为商代的东夷在甲骨文中被称为“人方”。在甲骨文中有许多“王征人方”的卜辞，例如：

① 中国社会科学院考古研究所编《殷周金文集成》，中华书局，1984—1994。下文简称《集成》。

癸卯王卜，贞：旬亡祸。在十月又一，王征人方，在商。

癸丑王卜，贞：旬亡祸。在十月又一，王征人方，在亳。

癸亥王卜，贞：旬亡祸。在十月又一，王征人方，在雀。

［癸］酉王卜，在□，贞：旬亡祸。［在］十月又二，［王］征人方。（《英藏》[①]2524）

这是一版分别在商、亳、雀等地占卜商王征伐人方的卜辞。关于人方所在地，有人认为是淮夷之地。然而，因有一条"征人方"卜辞涉及齐地（"二月癸巳，惟王来征人方，在齐㒸。"《合集》[②]36493），所以早在20世纪三四十年代就有学者认为人方是东夷，征人方是从商都出发向东进军。近年，李学勤先生又重新论及"征人方"问题，认为人方"释为夷方'较好，其事与《左传》《吕氏春秋》所载'纣克东夷'之事有关"，修正了他在《殷代地理简论》中有关人方在西方的观点，并指出商人征夷方是从商都出发向东行走，"即由安阳—兖州—新泰—青州—潍坊，一直向东进发"。[③]

最近新发现的两片征人方甲骨，可直接证明人方在东方，其中一片记有：

己未王卜贞，禽［巫九禽，人方伐东］或（国），典东侯，㬎［人方，余其比多侯］甾戋人方，亡［害才畎］……（《殷墟甲骨辑佚》689正）[④]

另一片甲骨文可与《合集》36182缀合，缀合后释文为：

丁巳王卜贞，禽巫九禽，禺（遇）人方率伐东或（国），东典东侯，㬎人方，妥（绥）余一［人，余］其比多侯，亡左自［上下］于㫃示，余受有佑？王固曰：大吉……乡（肜），王彗在□□宗。[⑤]

由上述两片征人方甲骨可以看出，人方在东方、属于东夷的结论，可成定论。其实，正如李学勤先生所言，卜辞所谓"人方"直接可释为"夷方"。

卜辞"某某方"之"方"指的是方国，卜辞"人方"释为"夷方"，指的就是商代海岱地区土著民族，与西周金文中的"东夷"是一致的。

① 李学勤、齐文心、艾兰：《英国所藏甲骨集》，中华书局，1985。下文简称《英藏》。

② 郭沫若主编，胡厚宣总编辑《甲骨文合集》，中华书局，1978—1982。下文简称《合集》。

③ 李学勤：《重论夷方》，陈梧桐主编《民大史学》第1期，中央民族大学出版社，1996，又收入《当代学者自选文库·李学勤卷》，安徽教育出版社，1999；李学勤：《夏商周与山东》，《烟台大学学报》2002年第3期。

④ 李学勤：《论新出现的一片征人方卜辞》，《殷都学刊》2005年第1期；段振美等编著《殷墟甲骨辑佚——安阳民间藏甲骨》，文物出版社，2008，第88、150页。

⑤ 《殷墟甲骨辑佚》690+《合集》36182。参见段振美等编著《殷墟甲骨辑佚——安阳民间藏甲骨》，李学勤序；焦智勤：《新发现的一片征人方卜辞》，安阳甲骨学会编《安阳甲骨学会文集》，文物出版社，2008，第66—67页。

在殷墟卜辞中，除"夷方"称呼之外，最近，方辉指出甲骨文中有"东夷"一词，他举出的卜辞是《合集》8410 反和《英藏》1288，其卜辞记有"东夷凷曰千森……"商代甲骨文中"东夷"的称名，这是目前所知唯一的记录。[①]虽说是一例，但至少说明"东夷"称谓可以上溯到商代。当时实际情形可能是这样：商人认为"夷方"一词已具有方位的指向，不需要再加上"东"这样的方位词，所以用"夷方"（人方）指称海岱地区土著居民，是当时一种普通和普遍的做法，但偶尔也在"夷"之前加上方位词"东"，出现"东夷"称呼，这一称呼被后来的西周所继承。

从商代上溯至夏代，由于夏代尚不存在像甲骨文、金文那样本朝人书写的史料，只能使用《古本竹书纪年》《史记·夏本纪》等夏代之后的史料来说明问题。在这些史书中，与"夏"相对应的东方土著被称为"夷""嵎夷""畎夷""于夷""方夷""黄夷""白夷""赤夷""玄夷""风夷""阳夷"，从"畎夷"到"阳夷"这九种又被合称为"九夷"。[②]联系商代甲骨文中的东夷一般被称为"夷方"而不加"东"这样的方位词，加"东"方位词构成"东夷"，在甲骨文中仅属个别，那么，《古本竹书纪年》等所记的"夷""嵎夷""畎夷""于夷""方夷""黄夷""白夷""赤夷""玄夷""风夷""阳夷"等，也没有方位词，这恰恰与甲骨文的用词习惯相一致，可以认为这种不加方位词而使用具体的名称，正反映出夏代东夷称谓的实情。

"夷"和"东夷"的概念是相对应于华夏而存在的，而华夏民族是从夏代开始出现的，夏代是一个重要的时间节点。从夏代再往前追溯，文献中对于史前东夷，一般不用"夷"之类的泛称，而是使用"太皞""少暤""有虞"之类的具体指称。正像我们把夏代之前作为"华夏民族"前身的中原族群称为"华夏集团"一样，我们把夏代之前的东夷族群，原则上称为"东夷集团"，只是有时为了行文的方便而称为"史前东夷"。

夷夏关系，既有东西对峙的一面，亦有相互交流、相互影响、相互转化的一面。在分布方位上，诚如傅斯年所言，夷与夏分处东与西，这种格局形成于夏代之前，并一直持续于夏商以后。在夷夏互动互化方面，也是开始于夏代之前的五帝时代，持续于夏商以后。因此，欲阐述"夷夏互化融合说"，也得从夏代之前的五帝时代谈起。

二 文献所见五帝时代的夷夏互化融合

五帝时代的"夷夏"互化融合，主要表现为夷族人来到中原之地在融入华夏族的过程

---

① 参见庞小霞《"早期城市和经济：帝国兴起前山东半岛城市化，区域政治与经济网络的发展"国际学术研讨会会议纪要》，2018 年 1 月 1 日，http://kaogu.cssn.cn/zwb/xsdt/xsdt_3347/xsdt_3348/201811/t20181101_4768633.shtml，2021 年 3 月 20 日。
② 朱右曾辑，王国维校补，黄永年校点《古本竹书纪年辑校》："后芬即位，三年，九夷来御，曰畎夷、于夷、方夷、黄夷、白夷、赤夷、玄夷、风夷、阳夷。"（辽宁教育出版社，1997，第 4 页）

中也对原有的中原族群发生作用，结果是夷与中原族群通过交互作用和相互转化，再加上戎狄蛮等其他族群的汇入融合，最终形成华夏民族。

（一）黄帝时期夷夏的交互作用

五帝时代开始于黄帝称雄时期，我们称之为黄帝时期。黄帝时期在河北涿鹿发生过黄帝族与蚩尤族的大战——著名的涿鹿之战，战争的结果以蚩尤被杀而告结束。如《逸周书·尝麦解》记载：

> 昔天之初，□作二后，乃设建典，命赤帝分正二卿，命蚩尤于宇少昊，以临四方，司□□上天末成之庆。蚩尤乃逐帝，争于涿鹿之河（或作阿），九隅无遗。赤帝大慑，乃说于黄帝，执蚩尤，杀之于中冀，以甲兵释怒，用大正顺天思序，纪于大帝。用名之曰绝辔之野。乃命少昊清司马鸟师，以正五帝之官，故名曰质。天用大成，至于今不乱。[1]

引文中的"赤帝"即炎帝，这条记载表达的意思大体是：在上古之世，上帝命炎帝分设二位卿官，让蚩尤居住于少昊之地管理天下百姓，但蚩尤为了向外扩展，驱逐炎帝，占领炎帝的土地，致使"九隅无遗"。炎帝十分害怕，只好求助于黄帝，黄帝在"中冀"这个地方杀了蚩尤，用少昊清（名"质"）代替蚩尤来统率东方，稳定了天下秩序。

蚩尤原来是"于宇少昊（居住在少昊之地），以临四方"。蚩尤被杀之后，黄帝让少昊清（少昊质）代替蚩尤，"以正五帝之官"。关于蚩尤的族属，徐旭生主张蚩尤属于东夷族；[2]汉代的高诱、马融等人都说蚩尤是九黎的君名，而九黎一般被认为属于三苗集团。这里暂不讨论蚩尤的族属，仅就黄帝让少昊清代替蚩尤统领东方诸部而论，其背景应该是此时的黄帝族与东夷族结成了联盟，黄帝为盟主，以少昊清为首领的东夷族是盟友。可作为这一情况旁证的是《韩非子·十过》中的一段话："昔者黄帝合鬼神于西泰山之上……蚩尤居前，风伯进扫，雨师洒道……"这段话是用神话的方式表达了一些史实。据《山海经·大荒北经》记载，风伯、雨师是蚩尤请来"纵大风雨"、用以对付黄帝的风神和雨神，现在却成为"黄帝合鬼神于西泰山"[3]时与蚩尤一同为黄帝的到来而"进扫""洒道"者。就连蚩尤以及风伯雨师都归于黄帝麾下了，那么替代蚩尤的少昊诸部与黄帝族结为友好联盟，更属情理之中。在古史传说中，人名、族名和神名每每可以相同一，《韩非子·十过》这段属于神话与历史相

---

[1] 黄怀信、张懋镕、田旭东：《逸周书汇校集注》下册，李学勤审定，上海古籍出版社，1995，第781—786页。
[2] 参见徐旭生《中国古史的传说时代》，第50—53页。
[3] 关于"西泰山"，徐旭生解释说："旧本无'西'字，王先慎据《论衡》《艺文类聚》《御览》所引补。他又说有小泰山称东泰山，故泰山为西泰山。"（徐旭生：《中国古史的传说时代》，第98页）

交融的话中，既有人名与族名（如蚩尤与蚩尤族）相同一的情形，也有人与神（如风伯雨师与风神雨神以及死后的蚩尤等）相同一的情形。所以，阪泉之战和涿鹿之战之后，不但黄帝族与炎帝族结为联盟，黄帝族与东夷族也结为联盟。在联盟之前，炎黄与东夷就有交互作用，联盟之后，交互交往应该更深了一层。

（二）"颛顼—祝融"集团乃夷夏交融而形成

颛顼地处中原。《左传》昭公十七年："卫，颛顼之虚也，故为帝丘。"其地在今河南濮阳。按照春秋战国时的古史系统，颛顼属于华夏族。例如，《山海经·海内经》："黄帝妻雷祖，生昌意，昌意降处若水，生韩流。韩流……生帝颛顼。"[①] 这是说颛顼与黄帝为一系。再如《国语·鲁语上》在叙述华夏族列祖列宗之所以受到崇拜和祭祀时说：

> 夫圣王之制祀也……黄帝能成命百物，以明民共财，颛顼能修之。帝喾能序三辰以固民，尧能单均刑法以仪民，舜勤民事而野死，鲧鄣洪水而殛死，禹能以德修鲧之功，契为司徒而民辑，冥勤其官而水死，汤以宽治民而除其邪，稷勤百谷而山死，文王以文昭，武王去民之秽。故有虞氏禘黄帝而祖颛顼，郊尧而宗舜；夏后氏禘黄帝而祖颛顼，郊鲧而宗禹；商人禘舜而祖契，郊冥而宗汤；周人禘喾而郊稷，祖文王而宗武王。

从中可以看出：（1）春秋战国时期的人共认黄帝、颛顼、帝喾、尧、舜、禹、契、汤、稷、文王、武王为华夏系统中最有代表性的列祖列宗；（2）在华夏这一系统中，颛顼上承黄帝，下续有虞氏和夏后氏。然而，颛顼这位华夏族的圣君，却是民族融合的结果。徐旭生指出"他属于华夏集团，但是受东夷集团的影响很大"，他的文化"是一种混合而较高的文化"。[②]

我们说颛顼族是中原的族群与东夷相融合而形成的，有四方面的证据。其一，颛顼与少皞有很深的关系。《山海经·大荒东经》："东海之外大壑，少昊之国，少昊孺帝颛顼于此。"[③] "孺"即"乳"，是说颛顼幼时曾经在少皞氏族内被养育的意思。这与《帝王世纪》"颛顼生十年而佐少昊"的说法相一致。其二，颛顼也称为高阳氏，表现出对太阳的崇拜。太皞、少皞也以崇拜太阳而著称。其三，《左传》昭公二十九年说："少皞氏有四叔，曰重、曰该、曰修、曰熙。"这个"重"，《国语·楚语下》说颛顼"乃命南正重司天以属神，命火正黎司地以属民……是谓绝地天通"。文中的"南正重"之"重"即少皞氏四叔之一，这也牵扯到少皞与颛顼的关系。其四，《左传》昭公八年说："陈，颛顼之族也……自幕至于瞽瞍

---

① 袁珂校注《山海经校注》，上海古籍出版社，1980，第442—443页。
② 徐旭生：《中国古史的传说时代》，第86页。
③ 袁珂校注《山海经校注》，第338页。

无违命，舜重之以明德，真德于遂。遂世守之。及胡公不淫，故周赐之姓，使祀虞帝。"上引《国语·鲁语上》也说"有虞氏禘黄帝而祖颛顼，郊尧而宗舜"，这是说东夷的有虞氏与颛顼也有族源上的关系。

颛顼族与祝融族实属一个集团，笔者称之为"颛顼—祝融"集团。《左传》昭公二十九年："颛顼氏有子曰犁，为祝融。""犁"即"黎"，《左传》庄公五年"郳犁来"，《公羊传》作"倪黎来"，《谷梁传》作"倪黎来"，说明"犁"与"黎"通用。颛顼的这个儿子就是火正黎，乃祝融。这种关系，用《山海经·大荒西经》的文字来表达就是"颛顼生老童，老童生重及黎，帝令重献上天，令黎邛下地"。此外，《世本》《大戴礼记·帝系》《史记·楚世家》都列有"颛顼—老童（或作卷章）—祝融（或作重黎）"这样一个世系，这些都是说祝融族出自颛顼。笔者认为，祝融有八姓，虽然并非全部来自颛顼族，但其中重要部分来自颛顼族。

祝融族也有来自炎帝族的一面。《山海经·海内经》："炎帝之妻，赤水之子听訞生炎居，炎居生节并，节并生戏器，戏器生祝融。"[1]《左传》昭公十七年说"炎帝氏以火纪，故为火师而火名"，火是炎帝族的重要图腾之一。祝融为火正，也以职掌大火历和崇拜火而著名。祝融与颛顼和炎帝都有关系，说明祝融也是因融合而形成的中原族群。

祝融族居地中心区域在今河南新郑、新密一带。《左传》昭公十七年："郑，祝融之虚也。"祝融八姓后来散居于各地，大致上，己姓的昆吾先在濮阳，后迁徙至许昌；苏、温在河南温县；顾在河南范县；董姓的鬷龙、豢龙在河南唐河县；彭姓的彭祖在江苏徐州市；豕韦在河南滑县；秃姓的舟人在河南新郑一带；妘姓的郐在河南偃师；鄅在河南密县；偪阳在山东峄县；曹姓的邹（邾）在山东邹县；莒在山东莒县（与己姓莒国有别）；芈姓的夔在湖北秭归县；楚原在丹阳，后迁至郢。[2]祝融八姓的这些居地，以豫中地区分布较为密集，有密县的郐，新郑一带的舟人，偃师的鄅，温县的苏、温，濮阳和许昌的昆吾。

祝融八姓中芈姓的楚和夔分布在湖北境内，其中一支成为楚王族。所以，《左传》僖公二十六年说："夔子不祀祝融与鬻熊，楚人让之。"可知楚人以祝融为自己的祖先。屈原《离骚》："帝高阳之苗裔兮，朕皇考曰伯庸。"屈原是楚王族之人，屈原以颛顼高阳氏为自己远祖。《左传》和《离骚》这两条史料共同指向祝融与颛顼有族源关系。《史记·楚世家》："楚之先祖出自帝颛顼高阳。高阳者，黄帝之孙，昌意之子也。高阳生称，称生卷章，卷章生重黎。重黎为帝喾高辛居火正，甚有功，能光融天下，帝喾命曰祝融。"[3]所以楚人由两部分组成，其最高层统治者即王族来源于"颛顼—祝融"，其中下层乃当地土著居民。这种情形与嬴秦由海岱前往"西垂"相同，其王室王族来自东夷少皞族，其中下层民众乃甘陕土著

---

① 袁珂校注《山海经校注》，第471页。
② 参见徐旭生《中国古史的传说时代》，第63—66页；李学勤《谈祝融八姓》，《江汉论坛》1980年第2期。
③ 《史记》卷四〇《楚世家》，中华书局，1959，第1689页。

居民。

颛顼与东夷的关系还可以由嬴姓的秦王族得以佐证。《史记·秦本纪》：

> 秦之先，帝颛顼之苗裔孙曰女脩。女脩织，玄鸟陨卵，女脩吞之，生子大业。大业取少典之子，曰女华。女华生大费，与禹平水土。已成，帝锡玄圭。禹受曰："非予能成，亦大费为辅。"帝舜曰："咨尔费，赞禹功，其赐尔皂游。尔后嗣将大出。"乃妻之姚姓之玉女。大费拜受，佐舜调驯鸟兽，鸟兽多驯服，是为柏翳。舜赐姓嬴氏。[1]

我们知道，嬴姓属于少皞（少昊）集团，其大本营在海岱地区。嬴秦后来从海岱迁徙到甘陕一带，《秦本纪》说在商代时秦的先祖"中潏在西戎，保西垂"；再到秦的先祖非子时，"非子居犬丘"，为周孝王养马。这样，商周时期的秦国人就由两部分组成：其王族和上层贵族来自东夷嬴姓，其中下层贵族和平民等属于西部土著。因而考古发现的春秋战国秦人墓葬的葬俗也分为两种：王族和上层贵族的葬俗是仰身直肢葬，中下层土著民众则是屈肢葬。秦人的屈肢葬是西部土著的一种葬俗，不属于等级或阶级的缘故。

《秦本纪》说嬴秦乃颛顼之后裔，这可由陕西省凤翔县南指挥村秦公一号大墓出土的石磬等残铭的缀合文字得到证实。20世纪80年代，在陕西凤翔县南指挥村秦公一号大墓出土的石磬（85凤南：M1:300）残铭与1982年出土的另一块残铭缀合后，有9句37字，其中后四句记有："天子匽喜，龚（共）（桓）是嗣。高阳又（有）灵，四方以鼏（宓）平。"该秦公大墓磬铭自言自己继承秦共公、桓公，可知作器人是秦景公。[2]对此，笔者赞成王晖的研究结论：春秋时期的秦景公说"高阳又（有）灵，四方以鼏（宓）平"，这是把颛顼高阳氏当作自己的高祖，并作为自己的护佑神灵，认为得到高阳神灵的佑助，便可以平定四方。这与《史记·秦本纪》《世本》等古文献的说法是一致的。[3]

嬴秦之嬴以颛顼为先祖，这有力证明《山海经·大荒东经》所言"东海之外大壑，少昊之国，少昊孺帝颛顼于此"的说法是可信的。反过来讲，当颛顼由海岱地区来到中原濮阳之后，由颛顼所代表的颛顼族群就属于东夷与华夏交融而形成的新型部族。

（三）虞舜由东夷变为华夏的民族融合

帝舜是华夏民族的圣人。《礼记·中庸》："仲尼祖述尧舜，宪章文武。"《孟子·滕文公上》："滕文公为世子，将之楚，过宋而见孟子。孟子道性善，言必称尧舜。"但是，这位华夏的圣人却属于从东夷融入华夏集团之人。

---

[1] 《史记》卷五《秦本纪》，第173页。
[2] 王辉、焦南峰、马振智：《秦公大墓石磬残铭考释》，《中央研究院历史语言研究所集刊》第67本第2分，1996。
[3] 参见王晖《古史传说时代新探》，科学出版社，2009，第13—14页。

虞舜之所以能够由东夷之人变为华夏集团重要一员，就在于他从东夷之地迁徙到了中原地区，并一度担任中原地区族邦联盟的盟主。根据"尧舜禹禅让"的古史传说，在中原地区的尧舜禹部族联盟中，舜占有重要地位。此时作为盟主的舜，定都于山西西南部的永济至平陆一带。如《帝王世纪》："舜所都也，或言蒲坂（阪），或言平阳及潘者也。"① 蒲阪在今山西永济市。据《尚书·尧典》，尧曾把二女嫁给了舜，使之"居于妫汭"。《帝王世纪》："妫水在河东虞县历山西汭水涯也。"②《括地志》："妫汭水源出蒲州河东南山。"③ 此地也称为蒲阪，在今晋西南的永济市。再如，舜又被称为"虞舜"，属于有虞氏之人。虞舜所都之城也称为虞城。虞城，有今河南虞城，也有在今山西平陆的虞城。山西平陆的虞城，《史记·秦本纪》《正义》引《括地志》说："虞城故城在陕州河北县东北五十里虞山之上，亦名吴山，周武王封弟虞仲于周之北故夏墟吴城，即此城也。"④ 其地在今山西平陆县。山西平陆的虞城之外，今河南商丘市也有虞城，就二者的关系而言，平陆的虞城是虞舜由豫东商丘的虞城迁徙至此而来的。对此，我们后面再详加叙述。总之，虞舜在担任尧舜禹族邦联盟首领时，虞舜邦国的都城在山西西南部的永济至平陆一带，所以《史记·五帝本纪》说："舜，冀州之人也。"⑤ 古时的冀州包括山西与河北在内。

舜原本是东夷人。《孟子·离娄下》："舜生于诸冯，迁于负夏，卒于鸣条，东夷之人也。"诸冯在今山东诸城。清《诸城县志》："（该）县人物以舜为冠，古迹以诸冯为首。古之言舜生地者，自孟子始曰诸冯，且曰东夷之人。县……城北十五里有村名诸冯，故前明职方地图诸城下特注舜生处。"⑥ 今山东诸城在西汉时为诸县，春秋时是鲁国的一个邑。《春秋》载鲁国曾先后两次"城诸"，即修筑诸邑的城墙。《春秋经》庄公二十九年："城诸及防。"《春秋经》文公十二年："季孙行父帅师城诸及郓。"杨伯峻认为："诸、防皆鲁邑。据《山东通志》，诸故城在今山东省诸城县西南三十里。"⑦ 朱玲玲认为："诸冯应即诸，从语言角度讲，诸冯的冯字是个轻读语尾音，如北京话的'儿'，付诸文字是可省去的，不省则作'诸冯'，省去尾音则作'诸'。"⑧ 为此，我们说诸冯在山东诸城，与孟子所说的舜为"东夷之人"颇为吻合，舜的出生地、虞舜族的发祥地在今山东诸城。

那么，舜是如何从山东的诸冯迁徙到山西的蒲阪，其迁徙路线是否有迹可循？笔者认为今豫东的商丘虞城是其由东向西迁徙过程中的重要一站。豫东的虞城，在夏代的太康少康时期，是虞舜之后裔虞思掌控的地区。《左传》哀公元年：

① 皇甫谧撰，宋翔凤、钱保塘辑《帝王世纪》，辽宁教育出版社，1997，第16页。
② 皇甫谧撰，宋翔凤、钱保塘辑《帝王世纪》，第15页。
③ 李泰等撰，贺次君辑校《括地志辑校》，中华书局，1980，第52页。
④ 《史记》卷五《秦本纪》，第219页。
⑤ 《史记》卷五《五帝本纪》，第32页。
⑥ 宫懋让修，李文藻等纂《诸城县志》卷八"古迹考一"，乾隆二十九年（1764）刻本。
⑦ 杨伯峻编著《春秋左传注》第1册，中华书局，2016，第243、586页。
⑧ 朱玲玲：《舜为"东夷人"考》，《南方文物》2011年第1期。

昔有过浇杀斟灌以伐斟鄩，灭夏后相。后缗方娠，逃出自窦，归于有仍，生少康焉。为仍牧正，惎浇能戒之。浇使椒求之，逃奔有虞，为之庖正，以除其害。虞思于是妻之以二姚，而邑诸纶。有田一成，有众一旅。

关于文中少康逃奔的"有虞"，杨伯峻认为："在今河南商丘地区虞城县西南三里。"虞思让少康居住的"纶"邑，在今虞城县东南三十里。① 夏代太康少康时期虞城一带的有虞氏（虞思），是夏代之前（即五帝时代）就住在这里的有虞氏的延续，也是虞舜由诸冯（今山东诸城）迁往山西的蒲阪（今山西永济市）、虞城（今山西平陆县）一带迁徙路线中的重要一站。

关于虞舜的迁徙，《吕氏春秋·贵因》："舜一徙成邑，再徙成都，三徙成国。"《孟子·离娄》："舜生于诸冯，迁于负夏。"《墨子·尚贤中》："古者舜耕历山，陶河濒，渔雷泽，尧得之服泽之阳，举以为天子，与接天下之政，治天下之民。"这些文献中的"负夏""历山""河濒""雷泽"等地，在山东有之，在山西有之，在其他地方亦有之。对于这一现象，笔者以为山东这些地名与虞舜起初居住和活动在这一带有关，是虞舜在山东时留下的；山西的这些地名是虞舜从山东迁徙至山西后带来的；至于其他地方的这些地名，或者是舜在迁徙过程中留下的，或者是因舜职掌部族联盟盟主之后在这一带曾经活动过而产生的。我们在这里只需考察山东与山西，即可大体勾勒出虞舜的迁徙路线。

关于山东的历山与雷泽，《淮南子·原道训》："昔舜耕于历山，期年而田者争处垗埲，以封壤肥饶相让。"高诱注："历山在济阴城阳也，一曰济南历城山也。"② 《水经注·济水注二》："济水又东北，泺水入焉。水出历城县故城西南，泉源上奋，水涌若轮……俗谓之为娥姜水也，以泉源有舜妃娥英庙故也。城南对山，山上有舜祠，山下有大穴，谓之舜井。……《书》舜耕历山，亦云在此，所未详也。"③ 这是说舜耕种的历山在济南历城。

雷泽，或曰雷夏泽，其地在今山东菏泽市。《史记·五帝本纪》："舜耕历山，渔雷泽。"《集解》引郑玄曰："雷夏，兖州泽，今属济阴。"《正义》引《括地志》云："雷夏泽在濮州雷泽县郭外西北。"④ 《水经注》瓠子河下载："瓠河又右径雷泽北，其泽薮在大城阳县故城西北一十余里，昔华胥履大迹处也。其陂东西二十余里，南北十五里，即舜所渔也。泽之东南即成阳县。"⑤

关于山西的历山，《史记·五帝本纪》"舜耕历山"，《集解》引郑玄云："在河东。"《正义》引《括地志》云："蒲州河东县雷首山一名中条山，亦名历山，亦名首阳山，亦名蒲山，

---

① 参见杨伯峻编著《春秋左传注》第4册，第1605—1606页。
② 刘文典：《淮南鸿烈集解》上册，冯逸、乔华点校，中华书局，1989，第23页。
③ 郦道元注，杨守敬、熊会贞疏《水经注疏》卷八"济水二"，江苏古籍出版社，2001，第743—744页。
④ 《史记》卷一《五帝本纪》，第33页。
⑤ 郦道元注，杨守敬、熊会贞疏《水经注疏》卷二四"瓠子河下"，第2038—2039页。

亦名襄山……亦名吴山。此山西起雷首山，东至吴坂，凡十一名，随州县分之，历山南有舜井。"① 雍正时期所修《山西通志》卷二四永济县条云："历山，在县东南三十里，上有舜庙，山下二泉，名妫、汭，即尧釐降二女地也。"② 对于郑玄所说的"河东之历山"，张盼盼做了较详细研究，她认为山西永济的历山是舜由海岱地区迁徙至晋南带来的。③

关于山西的雷泽，清毕沅《墨子注》曰："今山西永济县南四十里雷首山下有泽，亦云舜所渔也。"④ 又雍正时期所修《山西通志》云："雷泽，在县西南首阳山下，南流入河，相传舜渔此。"⑤ 山西永济的"雷泽"，也属于舜迁徙到晋南之后带来的。

总之，对虞舜从海岱迁徙到晋南路线的深入考察，可补充孟子"舜东夷之人也"的说法。舜由海岱地区来到中原地区后，一度接替帝尧而成为中原地区尧舜禹族邦联盟的盟主，这就是古史传说中广泛流传的尧舜禹禅让的故事。舜以及和他一起迁徙的族人，来到中原之后就变成了华夏集团的成员，也只有这样才可以解释《史记》"舜，冀州之人也"与《孟子》"舜，东夷之人也"之间的矛盾，而这一矛盾恰恰反映出虞舜从海岱迁徙到中原的历史过程，舜是由东夷人变为华夏人的华夏圣人。

三　考古所见新石器时代海岱与中原的交往交融

（一）仰韶文化和大汶口文化早期中原与东夷的交往

仰韶文化是距今 7000—5000 年间以中原地区为核心区而分布甚广的一支考古学文化，与仰韶文化相对应的海岱地区的考古学文化是晚期的北辛文化和早期以及中期的大汶口文化。这一时期，仰韶文化与大汶口文化之间的交流呈现了中原族群与史前东夷的交往。

在大汶口文化的早期阶段，既可以看到仰韶文化中期的彩陶对海岱的大汶口文化的影响，也可以看到大汶口文化早期的釜形鼎对中原仰韶文化的影响。诚然，中原与海岱地区的文化影响和交互作用，并非始于仰韶时代。在前仰韶时代，二者即已有交流和影响，但由于我们把大汶口文化和海岱龙山文化的族属推定为东夷族的论证最为充分，⑥ 因而这里仅从大汶口文化与中原的交流互动谈起。

在仰韶文化中期，即距今 6000—5500 年，分布在黄河中游地区的由圆点、弧边三角形组成的仰韶文化庙底沟类型的彩陶图案，对黄河下游地区的大汶口文化有着强烈影响。例

---

① 《史记》卷一《五帝本纪》，第 33 页。
② 《山西通志》卷二四，《文渊阁四库全书》第 542 册，台北：台湾商务印书馆，1986，第 749 页。
③ 参见张盼盼《先秦陈国研究》，硕士学位论文，河南大学，2021。
④ 毕沅：《墨子注》卷二，扫叶山房，1925，第 9 页。
⑤ 《山西通志》卷二四，《文渊阁四库全书》第 542 册，第 757 页。
⑥ 参见王震中《东夷的史前史及其灿烂文化》，《中国史研究》1988 年第 1 期。

如，江苏邳县大墩子遗址出土的Ⅰ式彩陶钵，邳县刘林遗址出土的Ⅰ式彩陶钵，以及野店采集的由弧线三角、圆点等构图的敛口彩陶钵，无论其造型还是彩绘图案，都酷似中原的仰韶文化庙底沟类型的同类器物。仰韶文化庙底沟类型的典型器物在大汶口文化早期遗址一再出现，表明仰韶文化庙底沟类型对大汶口文化早期偏晚阶段遗存的影响。

早期的大汶口文化对同时期的仰韶文化也有影响。例如，仰韶文化庙底沟期开始出现颇具特色的折腹釜及釜形鼎，在仰韶文化半坡期找不到渊源，却与大汶口文化的兖州王因、邳县刘林等遗址都流行折腹的釜形鼎相似，而它们都来自大汶口文化之前的北辛文化，在北辛文化中有釜形鼎的前身——折腹釜。为此，我们说，海岱地区由釜加三足而发展成釜形鼎，其后又发展出罐形鼎、钵形鼎、盆形鼎，形成了由北辛文化发展而来的大汶口文化的传统；而中原地区由夹砂罐变为折腹釜、再发展为釜形鼎，表现出庙底沟时期关中至豫中的仰韶文化对传统炊器的改进，这一变革当是东方大汶口文化对中原仰韶文化影响的结果。值得强调的是，鼎乃华夏礼器文化中的重要器型，而鼎的大量使用是大汶口文化一个非常显著的特点，这一文化传统一直持续到海岱龙山文化时期，构成东方文化的传统因素之一。

（二）大汶口文化中期与仰韶文化在中原的融合

如果说，在大汶口文化早期（相当于仰韶文化庙底沟时期），海岱与中原仅是互有影响的话，那么，到了大汶口文化中期，大汶口文化与仰韶文化在其接壤地——豫中地区，又进一步发生了融合，仰韶文化大河村类型（有人称之为"大河村文化"）就是大汶口人与仰韶人此时在中原地区相融合的产物。

大河村类型是分布于中原地区别具一格的重要原始文化之一。它以郑州大河村遗址第三、四期为代表，过去也有人称之为秦王寨类型。其分布范围以河南省中部为中心，西至洛阳，北起黄河以南，波及汝河沿岸的河谷平原以及丘陵地带。其重要遗址，除大河村外，有郑州后庄王，荥阳点军台、青台，偃师高崖西台，洛阳王湾二期前段，临汝大张，禹县谷水河，鲁山丘公城。此外，豫西南唐河寨茨岗等遗址也近似于大河村类型。大河村类型文化的成因是复杂、多方面的。根据大河村及荥阳点军台的情形看，它主要是在大河村一、二期之类遗存的基础上，又融合了大汶口文化的因素而形成的。诚然，大河村一、二期遗存本身亦甚为复杂，它以仰韶文化庙底沟类型为基调；残留半坡类型的一些因子，如杯口尖底瓶等；又保留有后岗类型的因素，尤其是大河村一期更为明显，诸如"红顶"碗钵、罐形鼎之类都可作为证明。

大河村、点军台之类遗址的大河村类型文化，由一、二期到三、四期的转变，既有承袭继承，也有因新的因素的汇入而发生明显变化。这一新的因素主要来自东方大汶口文化：其中既有随葬背壶的墓葬，大汶口文化特有的青灰色陶器，典型的陶鬶、背壶、匜、圈足尊等器物，以及背部钻四孔的龟甲器、骨雕筒等；亦有对大汶口文化加以改造而吸收的因素，如凿形足鼎的盛行。凿形足鼎是大汶口文化中的传统风格。在大河村类型中，其罐形鼎及折腹釜形鼎，如果将上部看作是在原来罐形及釜形的基础上进一步演变的话，其下部的凿形足显然是吸收大汶口文化的因素形成的。需要指出的是，大河村类型中，无论凿形足的罐形鼎，还是凿形足的折腹釜形鼎，就整个器物形态观察，它既非传统正宗的仰韶风格，也非大汶口文化原封不动的搬迁，而是两种文化传统巧妙的结合，重新的创造，使之浑然一体。

除了陶鬶、背壶、匜、盉、圈足尊、凿形足鼎等器物，盛装食物的豆也来自大汶口文化。大汶口文化中豆的数量之多，不必赘言，即以形式而论也是多种多样的。在大河村类型中，目前发现两种形式的豆，一种为敛口喇叭形豆足；另一种为敞口、折腹、圈足上附有弦纹及长条、"十"字形和圆形镂孔的豆。前者见于大河村四期、洛阳王湾二期前段、荥阳点军台三期、临汝大张，后者出现于大河村三期。大河村类型中的这两种陶豆，其源头都在大汶口文化之中。

陶壶在仰韶文化半坡类型与大汶口文化中数量都不少，但二者的形制风格迥然有别。前者主要是小口、细颈、大腹的蒜头壶，后者有大口、粗颈的无鼻壶、双鼻壶及颇具特色的背壶。大河村遗址第四期 M9 出土两件背壶、荥阳点军台第三期遗存出土的 II 式壶，都来自大汶口文化。

大河村类型中的彩陶风格，与仰韶文化大司空类型有近似之处，再联系大河村类型之前身遗存中明显地含有后岗类型的成分，可证在大河村类型的形成过程中，豫北冀南的文化始终有汇入的情形。大河村类型中也存在南方屈家岭文化的因素，说明它也有吸取、融汇南方江汉流域文化的方面。不过，这一因素在大河村类型中所占比例甚小，同东方大汶口文化相比，远不占主导地位。

有关大河村类型文化的来源与组成，大致可作如上分析。对于这个融合型文化，笔者主张它是"颛顼—祝融"集团的早期文化。关于古史传说诸人物的时代区分，笔者认为，所谓炎黄时代或颛顼时代或其他什么时代，是指炎帝族、黄帝族、颛顼族或其他什么族称雄时期。因为作为古老的氏族部落或部族，其存续的时间是相当长久的，而它留在先民们的记忆中的年代每每是其称雄阶段，在其称雄之前或衰落之后，该族实际上都是存在的，只是它不在历史舞台的中心而已。在"黄帝—颛顼—帝喾—尧—舜"这一五帝谱系中，颛顼—祝融集团称雄时期较晚，属于五帝时代的中期，在考古学上已属于龙山时代中期，但它和其他部族一样，都有自己源远流长的历史，在这样源远流长的历史中，每一个传说人物及其神话传说都有其"时间深度"，[①]颛顼—祝融的古史传说也有其"时间深度"，将其有关天文历法方面的古史传说与大河村类型中的天文星象等文化特征相对照，大河村类型属于其称雄之前所创

---

① 所谓神话传说的"时间深度"，指的是在口耳相传的神话和传说中，每每把不同时期的一连串神话传说挤压在一起，使之成为一个神话传说。参见张光直《中国青铜器时代》，三联书店，1983，第256页。

造的考古学文化，即大河村类型是颛顼—祝融集团在仰韶时代所创造的文化。

判断大河村类型文化属于颛顼—祝融集团所创造的文化，其理由有三：（1）在地望上，颛顼—祝融集团的中心所在地及其主要分支的居地，与大河村类型文化的分布相一致，在地望上是重合的；（2）大河村类型文化是由中原的仰韶文化与海岱的大汶口文化相融合而形成，而颛顼族群恰恰是中原的族群与东夷相融合而形成的；（3）在大河村遗址出土有彩陶天文图像和太阳崇拜纹样等，可与颛顼和祝融的特性联系在一起，而在没有文字记载的情况下，这种文化特征所显示的族属特性是至关重要的。

郑州大河村第三期遗存出土的彩陶天文图像，一种是复原后有 12 个太阳。这个有太阳纹的彩陶片，是绕陶钵肩部一周而绘。发现者"根据口沿的弧度和每个太阳的夹角（30°），计算出的口径为 30 厘米，在钵的肩部一周原来应绘 12 个太阳纹"。[①] 笔者 1984 年到郑州博物馆参观，谢遂连同志给笔者看了在郑州市北郊后庄王的大河村类型遗址一个断崖上采集的五片大河村类型文化的彩陶片，其中一件是带有口沿的陶钵肩部残片，用白衣衬底，以黑红相间的彩绘绘出太阳图案，经笔者计算陶钵肩部口沿一周也是由 12 个太阳组成。在大河村遗址也发现有星座图案的残片，该残片出土于第四期，由三个或三个以上的圆点，以直线、曲线连接组成。据发掘者推测，"可能是北斗星尾部形象写照"。此外，在大河村遗址还发现了几片绘有日晕的彩陶片，中间绘有光芒四射的太阳，左右两侧各绘有内弧图案，在弧背上也绘有向外发出的光芒。[②]

大河村出土的几件彩陶钵和后庄王出土的彩陶钵上都绘有 12 个太阳围绕陶钵肩部一周而排列，其含义是什么？对此，我们既不能用《山海经·大荒南经》"羲和生十日"等有关东海少暤的十日神话来解读，亦不能用《山海经·大荒西经》"常羲生月十有二"来解释。许顺湛另辟蹊径，他认为《左传》昭公七年说"日月之会是谓辰"，日月交会的时间都是阴历每月初一，一年交会十二次，所以画十二个太阳。《山海经·海内经》说"噎鸣生岁十有二"，噎鸣是岁星，《山海经·大荒西经》说它"处于西极，以行日月星辰之行次"，可知古代曾以岁星纪年。《左传》襄公九年说"十二年矣，是谓一终，一星终也"。依据这些资料，许先生说：陶钵上 12 个太阳，或许与岁星纪年有一点关联。[③] 许先生所言甚是。由大河村遗址出土的星座图案和日晕图案也可证明大河村人对天文星体是有自己的观察和认识的。更为有说服力的是，关于"噎鸣生岁十有二"的噎鸣，《山海经·大荒西经》说："颛顼生老童，老童生重及黎，帝令重献上天，令黎邛下地，下地生噎鸣，处于西极，以行日月星辰之行次。"这就把 12 个太阳、岁星噎鸣与颛顼、祝融和重黎联系在了一起。可见，大河村类型出

---

① 李昌韬：《大河村新石器时代彩陶上的天文图象》，《文物》1983 年第 8 期。

② 大河村出土的陶钵肩部绘的 12 个太阳纹、由直线和曲线连接组成的星座图案、绘有日晕的彩陶片，参见《郑州大河村》上册，科学出版社，2001，第 192 页图一〇六：8、9，第 314 页图一八八：2，第 192 页图一〇六：1、2 等。

③ 参见许顺湛《中原远古文化》，河南人民出版社，1983，第 359 页。

土的天文星象等图案等可证明大河村类型这样一个辉煌灿烂的文化就是由颛顼—祝融集团在仰韶时代所创造的文化。

（三）大汶口文化晚期（中原龙山时代早期）东夷人向中原的挺进

大汶口文化中期大汶口文化之人向中原挺进，已如前所述。大汶口文化晚期相当于中原的庙底沟二期文化时期，属于中原龙山时代早期。此时，大汶口之人向外扩张更甚。在向西扩张上，明显地表现出大汶口人来到了中原地区。有关报道如下。

1962年，在偃师古"滑城"北墙下面发现一座墓葬，随葬的7件陶器中有5件属于典型的大汶口文化，另一件器盖和小圆罐也类似于大汶口文化的同类器物。[1]1975年，在河南商水县章华台遗址发现一批完整的人骨架和随葬品，也是一处大汶口文化墓地。[2]1975年，在平顶山市贾庄遗址发现一座墓葬，所随葬的红陶鬶、长颈壶、粗把豆、圈足尊、高柄杯和筒形杯，与大汶口文化中同类器物相同。[3]1976年及1979年，考古人员在河南郸城段寨村北台地发现有大汶口文化的墓葬，所出土的器物属于大汶口文化的典型器物。[4]除了上述四处墓葬外，在偃师二里头、信阳阳山和孟津寺等地的庙底沟二期文化时期的遗址中发现的大汶口文化晚期的陶器，武津彦对其质地、造型、纹饰及其时代已有详细的论述，[5]这里不再赘述。

关于大汶口文化向中原的挺进，杜金鹏通过对颍河中、上游和伊、洛下游地区40余处遗址分析，指出"大汶口文化遗存在颍水中、上游和伊、洛下游地区的分布是广泛而密集的"，并提出了"大汶口文化颍水类型"。此外，杜金鹏还指出：在山西垣曲古城东关遗址和夏县东下冯遗址的庙底沟二期文化遗存中所发现的筒形杯、小宽肩壶及背壶等，与大汶口文化同类器物形似，表明颍水类型的影响所及，可能已越过黄河，进入晋西南地区。

杜金鹏的研究非常深入而有远见卓识。他所划分的颍水类型早期偏早的遗存，我们在前一小节把它放在了以郑州大河村遗址第三、四期为代表的大河村类型中做了论述。他划分出的颍水类型晚期其时代属于庙底沟二期文化时期，也即龙山时代早期，与我们这里所论是一致的。杜金鹏认为：大汶口文化向颍水及伊洛地区的推进，比它向长江下游及东南沿海地区的渗透显然要重要得多。大汶口文化进入颍、伊、洛地区后，与当地土著文化进行了长期的接触与交流，逐渐与土著文化融为一体。这就是说，人们通常所说的东夷族、华夏族，在颍、伊、洛地区进行了一次长达数百年的民族大交流、大融合，为中华文明的形成与发展，

① 参见中国科学院考古研究所洛阳发掘队《河南偃师"滑城"考古调查简报》，《考古》1964年第1期。
② 参见商水县文化馆《河南商水发现一处大汶口文化墓地》，《考古》1981年第1期。
③ 参见张脱《河南平顶山市发现一座大汶口类型墓葬》，《考古》1977年第5期。
④ 参见郸城县文化馆《河南郸城段砦出土大汶口文化遗物》，《考古》1981年第2期；曹桂岑《郸城段寨遗址试掘》，《中原文物》1981年第3期。
⑤ 参见武津彦《略论河南境内发现的大汶口文化》，《考古》1981年第3期。

做出了重要贡献。[①]

综上所述，在大汶口文化晚期，向中原地区扩张而来的史前东夷人，已达洛阳和晋南地区。他们有的与中原部族相融合，创造出新的文化类型——大河村类型；有的保持了本部族原有的文化风貌而生息、安葬于中原之地，表明其势力之强大和文化风俗之顽固。这种在整体上保持自己风貌的现象，足以说明史前东夷集团中有一部分人向西发展，在中原诸部当中占有了一席之地。

（四）龙山时代中晚期夷夏在中原的融合状态

到了龙山时代的中期和晚期，即距今 4600—4000 年间，大概是由于之前来到中原的东夷人已与中原当地人通过互化而融入其中，所以再没有出现像商水章华台、平顶山市贾庄、偃师滑城那样的保持东方文化完整面貌的遗存，可以发现二者相互影响，特别是在二者的接壤地带出现一些文化渗透与混合。

在海岱地区出现的绳纹、方格纹、篮纹以及鬲、夹砂灰陶深腹罐，可以看作是中原龙山文化渗入的结果。而在中原地区出现的鸟头形（鸷鸟头形，亦即以前所谓"鬼脸形"）的鼎足、袋足鬶、蛋壳陶、筒形杯、罐形杯、双耳盆、大圈足盘和蛋壳黑陶等，都来自海岱龙山文化。正像海岱龙山文化靠近豫东地区所形成的南北一线遗址，接受中原龙山时代的文化影响较多一样；中原地区，处于豫北的后岗二期文化与豫东的王油坊类型文化（或称造律台类型）的遗址中，所含东方文化的因素亦较为明显。其中，对于分布于豫东和鲁西南、皖北接壤地区的王油坊类型文化，李伯谦提出这"是由当地大汶口文化直接发展下来的因素与王湾三期文化、后岗二期文化等外来因素相互融合"而形成的"一支混合文化"。[②]笔者赞成这是"一支混合文化"的概念。从豫东地区晚期的大汶口文化到龙山文化王油坊类型，既包含有太皞族的文化，[③]也包含有属于有虞氏发展到豫东商丘虞城之时产生的文化和虞舜离开虞城之后尚留存于豫东一带的有虞氏文化；它们在时间上是漫长的，在文化族属上是多元的，是这一阶段夷夏互化融合的一个方面。

龙山时代，海岱龙山文化盛行的磨光黑陶对中原龙山文化有广泛的影响。在海岱龙山文化的磨光黑陶中，有一种因陶胎薄如蛋壳而被考古学者称为蛋壳黑陶的陶器，是最为精美的，也代表了龙山时代制陶的最高水平。东夷这一高超的制陶技艺，可以与文献记载相印证。《韩非子·难一》："东夷之陶者器苦窳，舜往陶焉，期年而器牢。"《周礼·考工记》："有虞氏尚陶。"有虞氏尚陶是整个东夷人在尧舜禹时代尚陶的缩影，而随着东夷人西迁中原、融入华夏集团，对中原制陶的影响也是显而易见的。

---

① 参见杜金鹏《试论大汶口文化颍水类型》，《考古》1992 年第 2 期。
② 参见李伯谦《论造律台类型》，《文物》1983 年第 4 期。
③ 《左传》昭公十七年说："陈，大皞之虚也。"

四 中原族邦联盟内的四夷汇聚与夷夏融合

（一）中原族邦联盟内四夷汇聚所形成的华夏集团

中原五帝时代的族邦联盟是华夏民族的前身。中原地区的族邦联盟可分为两个阶段：第一阶段是黄帝、颛顼、帝喾时期，第二阶段是尧舜禹时期。因第二阶段的联盟与尧舜禹禅让传说联系在一起，所以其特征特别鲜明。就联盟的构成而言，在尧舜禹族邦联盟中，有来自北部戎狄的祁姓陶唐氏，来自西部姜戎的姜姓四岳和共工氏，来自东夷的姚姓虞舜和有虞氏、偃姓皋陶和嬴姓伯益等。

陶唐氏是祁姓，而祁姓乃黄帝族十二姓之一。据《山海经·大荒西经》："有北狄之国。黄帝之孙曰始均，始均生北狄。"[1] 黄帝族由轩辕氏和有熊氏两大支、二十五宗、十二姓所组成，是部族融合的结果，有熊氏大概就属于"黄帝北狄"这一支。这样，我们可以说，祁姓陶唐氏属于黄帝部族集团的"北狄"分支之一。陶唐氏最初活动于今河北唐县一带，其后逐步向南迁移，最后定居于今晋南临汾与翼城一带——山西襄汾陶寺遗址即帝尧都城遗址。《汉书·地理志》中山国唐县条下，班固自注："尧山在南"。颜师古注引应劭曰："故尧国也，唐水在西。"[2]《后汉书·郡国志二》唐县条下注引《帝王世纪》同此说，《水经注·滱水注》《读史方舆纪要》亦然。这些都是陶唐在今河北唐县一带留下的足迹。其后，陶唐氏迁往晋中地区。《毛诗·唐谱》："唐者，帝尧之旧都之地，今曰太原晋阳，是尧始居此，后乃迁河东平阳。"[3]《汉书·地理志》太原郡晋阳条班固自注及《水经·晋水注》均遵此说。陶唐氏最后定居于今晋南临汾与翼城一带，上引《毛诗·唐谱》《帝王世纪》"尧都平阳，于《诗》为唐国"，都主张临汾为陶唐氏所都。《左传》昭公元年与定公四年说成王封弟唐叔虞于夏墟，也即故唐国。《史记·晋世家》记载此事说："封叔虞于唐。唐在河、汾之东，方百里，故曰唐叔虞。"《正义》引《括地志》云："故唐城在绛州翼城县西二十里，即尧裔子所封。"[4] 顾炎武辩驳晋国都城在太原晋阳的说法时，主张唐叔始封迄侯缗之灭，并在翼城。[5] 顾氏的说法是有道理的。笔者认为，帝尧陶唐氏最后定居于晋南临汾与翼城一带的唐地，"尧都平阳"，这在地望上与山西襄汾陶寺遗址是一致的；在时代上，陶寺遗址作为都城的时间是其早期和中期（即距今 4300—4100 年），与唐尧称雄的时间也一致；在文化特征上，陶寺遗址四座大墓出土四个龙盘所展现的龙崇拜与文献上说陶唐氏以龙为图腾是一致的，陶

① 袁珂校注《山海经校注》，第 395 页。
② 《汉书》卷二八《地理志》，中华书局，1962，第 1632 页。
③ 郑玄注，孔颖达疏《毛诗正义》，阮元校刻《十三经注疏》，中华书局，1980，第 360 页。
④ 《史记》卷三九《晋世家》，第 1636 页。
⑤ 参见顾炎武《日知录》卷三一，《顾炎武全集》，上海古籍出版社，2011，第 1194—1198 页。

寺遗址所呈现的天文历法的成就与《尚书·尧典》记载的尧对天文历法的贡献是吻合的，由这些综合因素可以判定陶寺是尧都。

四岳和共工氏也是尧舜禹族邦联盟的重要组成部分，可他们却来自姜戎。《国语·周语中》："齐、许、申、吕由大姜。"《国语·周语下》："昔共工氏……欲壅防百川……其后伯禹念前之非度……共之从孙四岳佐之……皇天嘉之……祚四岳国，命以侯伯，赐姓曰姜，氏曰有吕。……申、吕虽衰，齐、许犹在。"齐、许、申、吕四国都是姜姓，是四岳的后代，而四岳则是共工的从孙。但就是这个姜姓的四岳却又被称为"姜戎"。《左传》襄公十四年，范宣子称戎子驹支为"姜戎氏"，戎人驹支自己说"我诸戎是四岳之裔胄也"，表明四岳与诸戎原本为同一部族。

戎狄之外，在中原族邦联盟中还有来自史前东夷的，既有前面已论述的"颛顼—祝融"集团中重和黎以及有虞氏和虞舜，也有皋陶和伯益诸部。

皋陶偃姓，伯益嬴姓，偃、嬴，同音通用，这是两个关系紧密的部族。嬴姓是东夷大姓，少皞氏就是嬴姓，所以皋陶和伯益与少皞部族有渊源。关于皋陶与少皞族的关系，《帝王世纪》："皋陶生于曲阜。"《左传》定公四年又说曲阜本为"少皞之虚"，由此也可证皋陶部族是从少皞部族衍生出来的。少皞属于东夷族，皋陶、伯夷也属于东夷族。皋陶的后裔有英、六、蓼和群舒（舒鲍、舒蓼、舒龚、舒庸、舒龙、舒鸠），分布于今安徽六安一带，这是皋陶族向南迁徙发展的结果。伯益即柏翳（伯翳），是秦人的先祖。前引《史记·秦本纪》："秦之先，帝颛顼之苗裔孙曰女脩。女脩织，玄鸟陨卵，女脩吞之，生子大业。大业……生大费，与禹平水土……佐舜调驯鸟兽，鸟兽多驯服，是为柏翳。舜赐姓嬴氏。"[1] 这段记载告诉我们四方面信息：（1）秦人的女性始祖"女脩"因为吞食玄鸟卵而孕育出男性祖先"大业"，这样的"祖先诞生神话"表明秦人上层集团的图腾崇拜与东夷少皞氏的鸟图腾相一致；（2）秦人的祖先"大费"在族邦联盟中辅佐大舜，驯化鸟兽，发展畜牧业；（3）大费还辅佐大禹"平水土"，治理水患；（4）秦人上层集团是嬴姓。《孟子·滕文公上》："舜使益掌火，益烈山泽而焚之。"这说明伯益与虞舜是同一时代之人，在族邦联盟中担任驯化鸟兽、管理山林的职务。

由上述可知，中原地区在五帝时代尤其是尧舜禹时期，其族邦联盟成员的族属是复杂的，并不单一。这些蛮夷戎狄四方之民来到中原时，起初也曾发生过冲突和战争，如黄帝与炎帝的阪泉之战，黄帝联合炎帝与蚩尤的涿鹿之战，以及共工氏与颛顼之间争夺霸权的战争等，但通过结成族邦联盟，逐步走向了民族融合，从而使得这样的族邦联盟成为中原地区华夏民族的前身——华夏集团。

笔者之所以把尧舜禹时期的族邦联盟视为华夏民族的前身，这是因为华夏民族的真正

---

① 《史记》卷五《秦本纪》，第173页。

形成应该从夏朝开始算起。在五帝时代，对于一个个部族国家而言，其国人可以是同一部族血缘的族众；但对于联盟而言，却超脱了部族血缘的樊篱，从而也会逐步产生超越部族意识的某些新文化因素。而这种新文化因素就是促使各部族的人们朝着民族方向发展的动因，并由血缘的部族走向文化的民族。然而，由于族邦联盟毕竟是松散的、不稳定的，随着盟主的更换，联盟的中心也是游移的，所以，对于民族的形成来说，仅仅有某些新文化因素是远远不够的，它需要有一种更大范围的、超越邦国限制的、能容纳和包裹诸多部族的"大国家机制"。而从其后出现的夏商周王朝的历史实际来看，这种"大国家机制"就是笔者所说的"复合制王朝国家结构"。只有复合制王朝国家结构才会出现多元一体的政治格局，才使分散的部族国家走向某种形式统一的民族的国家，出现王朝体制下的血缘之根与文化之根相交织的以大文化为纽带的华夏民族。

（二）史前东夷在尧舜禹族邦联盟中的地位

尧舜禹时代史称"万邦""万国"，其政治格局，一是邦国林立，二是在中原地区组成了族邦联盟。因此这一时期尧舜禹具有双重政治身份：既为本邦的国君，又为族邦联盟的盟主。其中，作为盟主的虞舜来自东夷，因而孟子说舜"东夷之人也"。他来到中原，最后定都于山西永济的蒲阪、平陆的虞城一带。虞舜接替唐尧而担任族邦联盟的盟主，这说明融入中原的虞舜和有虞氏已成为史前华夏集团的重要成员，这也是春秋战国时期孔孟等诸子把尧舜视为华夏圣人的缘由。

虞舜之外，来自东夷的皋陶，《论语·颜渊》中子夏说："舜有天下，选于众，举皋陶，不仁者远矣。"这是说舜挑选皋陶在联盟中委以重任，那些不仁之人也就难以存在了。《史记·夏本纪》也说帝舜让皋陶在联盟内担任掌管刑罚的要职。《左传》昭公十四年："夏书曰：昏、墨、贼、杀，皋陶之刑也。"《吕氏春秋·君守篇》："皋陶作刑。"可见皋陶曾制定并掌管刑罚，以处理联盟内外之事务。

在尧舜禹族邦联盟中，东夷的另一支是伯益。《孟子·滕文公上》："舜使益掌火，益烈山泽而焚之。"《尚书·尧典》："帝曰：'畴若予上下鸟兽草木？'曰：'益哉！'帝曰：'俞！咨益。汝作朕虞。'益拜稽首。"这段话意思是：帝舜说：谁能顺时管理我的山泽草木鸟兽之政？部下都说：用益呀！帝舜说：好吧！就对益说：任命你担任掌管山泽的虞官。[①]《国语·郑语》："伯翳能议百物以佐舜者也。"韦昭注："百物，草木鸟兽。议，使各得其宜。"[②]说的也是按照时令季节来管理山泽的生态和渔猎生产。除了担任管理山泽的虞官外，《吕氏

---

① 参见顾颉刚、刘起釪《尚书校释译论》第1册，中华书局，2005，第257—267、356页。
② 《国语》下册，上海古籍出版社，1978，第512页。

春秋·勿躬》："伯益作井。"①《淮南子·本经训》："伯益作井，而龙登玄云，神栖昆仑。"② 大概伯益对掘井技术的提高有过贡献。这些都属于伯益对中原族邦联盟的文明发展所做出的重要贡献。

在史前东夷的发展中，可分为两种情形：其一是在海岱地区的发展；其二是走出海岱，向外发展。史前东夷人走出海岱向外发展，既有向西走入中原者，也有向南走入江淮者。其中，走进中原，加入中原族邦联盟的史前东夷人，进而走向了民族融合，成为华夏民族的重要一员。

五 夏王朝多元一体的复合制国家结构与夷夏融合

（一）夏王朝的复合制结构与多源一体的华夏民族

笔者主张华夏民族的形成始于夏代，最主要的原因就在于从夏代开始，夏商西周三代王朝在国家结构上是多元一体的复合制。③ 所谓复合制结构，就像复合函数里函数套函数一样，在夏王朝中，既有作为"国上之国"的王邦（王国），又有作为"国中之国"的诸侯邦国，二者在夏王这样一种广域王权的支配下，构成多元一体的王朝国家。具体来讲，在夏代，在这一结构中，有作为王族王室的"夏后氏"；也有与夏王族同姓的"有扈氏、有男氏、斟寻氏、彤城氏、褒氏、费氏、杞氏、缯氏、辛氏、冥氏、斟戈氏"④ 等；还有韦、顾、昆吾（《诗经·商颂·长发》）、有虞氏（《左传》哀公元年）、薛（《左传》定公元年）、商侯（《今本竹书纪年》）等从属于夏王的异姓诸侯邦国；还有时服时叛的诸夷之国或部族。

就像商周时期的"内外服"中，"外服"的诸侯邦国之人要到"内服"的中央在朝为官一样，夏朝时，"商侯冥"担任夏朝治理水的职官，并且因治水而殉职，这就是《国语·鲁语上》所说的"冥勤其官而水死"。《左传》定公元年："薛之皇祖奚仲，居薛，以为夏车正。"是说薛国国君奚仲担任夏朝造车的职官。《墨子·耕柱》说嬴秦的君主蜚廉负责夏朝的采矿冶金。《清华大学藏战国竹简》（伍）说咎繇（即皋陶）担任夏启的卿事。⑤ 奚仲、蜚廉、咎繇（皋陶），这些都是东夷人在朝为官者。诸如此类，这些诸侯邦国之人在王朝中央任职，既是对王朝国家事务的参与，也是对夏王这个天下共主的认可；既构成了夏王与诸邦之间联结的纽带，也是适应复合制结构的一种统治方式，还有利于民族融合的加深。

自夏朝开始的复合制王朝国家结构，不但在政治结构上，王朝是多元一体；在族共同体类型上，也是多源一体：王朝内包含有众多不同血缘的部族，故而族源上具有多源性，它

---

① 许维遹：《吕氏春秋集释》下册，中华书局，2009，第450页。
② 刘文典：《淮南鸿烈集解》上册，第252页。
③ 参见王震中《中国古代国家的起源与王权的形成》，第358—374、436—440、471—485页。
④ 《史记》卷二《夏本纪》，第89页。
⑤ 参见李学勤主编《清华大学藏战国竹简》（伍），中西书局，2015。咎繇（皋陶）属于一个沿袭性人名，既有尧舜禹时期的皋陶，也有夏启时的皋陶。

们因王朝这样的机制而形成了华夏民族，作为华夏民族的整体又具有一体性。

夏代的民族融合，是在夏代之前尧舜禹时期的民族融合的基础上进行的，因而它包含有不同时期融入的四夷之民。其中，就四夷（蛮夷戎狄）之一的东夷而言，夏朝的夷夏关系是动态的，它有三种情形：一是部分夷族融入华夏之中；二是夷人的"来宾"；三是夏王对夷族的征伐。

（二）夏代融入华夏的夷族

如何判断夏代哪些东夷属于开始融入华夏，哪些东夷属于尚未融入华夏？笔者认为凡是进入复合制王朝国家结构的，就属于开始融入华夏民族，反之就属于还没有开始融入华夏民族。因为在民族与国家的关系上，王朝国家是民族的框架。

《左传》襄公四年："（后羿）……因夏民以代夏政。""后羿"也被称为"夷羿"，是东夷族成员，他能取代夏王，一度成为夏朝的国君，这属于由夷族融化为华夏族的典型例子。"羿"这个名称，既是人名（君主之名），也是族名，是一个沿袭性的称呼。所以，既有尧时期的"羿射十日"的羿，也有夏朝太康时期的羿。在夏代太康时期，《左传》襄公四年："《夏训》有之曰：'有穷后羿。'公曰：'后羿何如？'对曰：'昔有夏之方衰也，后羿自𨙭迁于穷石，因夏民以代夏政。'"所谓"因夏民以代夏政"，就是依靠夏朝的民众取代了夏王的君位，获得了统治地位。后来，"羿恃其射也，不修民事，而淫于原兽"，结果被奸臣寒浞所杀。夷羿能做到"因夏民以代夏政"，就在于他已融入夏的生活，并在夏民中建有良好威望。《古本竹书纪年》："太康居斟寻，羿亦居之。"①这是说夷羿"因夏民以代夏政"之时居住在斟寻，可也不排除在这之前，夷羿就住在夏的国都中。

位于山东滕州市的薛国，其先祖曾担任为夏王造车的职官。《左传》定公元年："薛之皇祖奚仲，居薛，以为夏车正。"《世本》《荀子·解蔽》《吕氏春秋·君守》《淮南子·修务》都说"奚仲作车"。在二里头遗址已发现车轮轨迹的遗迹，可见夏代已有车，这说明奚仲发明车的传说是可信的。薛国之君这位专门给夏王造车的车正，成为王朝的在朝之官，这也属于东夷族融入华夏族的例子。

东夷的皋陶也是一个沿袭性称号。五帝时代的皋陶在尧舜时期就在族邦联盟中担任掌管刑罚的要职。据《清华大学藏战国竹简》（伍）的《厚父》篇，到了夏代，皋陶依旧在夏朝内担任王的"卿事"。例如，在《厚父》篇王与厚父的对话中，王说：禹建夏邦，启惟后，帝"命咎繇下为之卿事"。清华简《厚父》篇所讲的皋陶担任夏启的卿事这件事，说明夏王朝在朝为官者，有许多是来自不同的部族，而且有些还是从夏代之前的唐尧虞舜时代沿袭下来的，其中皋陶则属于东夷融入华夏者。

---

① 朱右曾辑，王国维校补，黄永年校点《古本竹书纪年辑校》，第3页。

（三）夏王对外的征伐与夏代尚未融入华夏的夷族

夏代在海岱地区有"九夷"：畎夷、于夷、方夷、黄夷、白夷、赤夷、玄夷、风夷、阳夷等。以上诸夷最初是在复合制国家结构之外，属于"体制"外的所谓蛮夷之邦；又由于夏商王朝复合制结构是开放的，在理念上，夏商之王乃天下之共主，因而诸夷与夏王保持时疏时密、时服时叛的关系。当他们与夏王朝保持友好往来或服属关系时，就时常觐见夏王，史称"来宾"；当他们反叛夏王朝，夏王就去征伐他们。如《古本竹书纪年》就有一系列相关记载：

> （后相）元年，征淮夷、畎夷。
>
> 二年，征风夷及黄夷。
>
> 七年，于夷来宾。
>
> 少康即位，方夷来宾。
>
> 柏杼子征于东海及三（王）寿，得一狐九尾。
>
> 后芬即位，三年，九夷来御，曰畎夷、于夷、方夷、黄夷、白夷、赤夷、玄夷、风夷、阳夷。
>
> 后荒即位，元年，以玄珪宾于河，命九（夷）东狩于海，获大鸟。
>
> 后泄二十一年，命畎夷、白夷、赤夷、玄夷、风夷、阳夷。
>
> 后发即位，元年，诸夷宾于王门，再保庸会于上池，诸夷入舞。①

上述诸夷属于尚未纳入夏王朝国家体系的夷人，和夏王朝处于"时服时叛"状态，在民族融合上也是尚未融入华夏民族。夏王对夷人的征伐，从理念上讲，是因为王朝建立后，在"天下共主"和"天下一统观"的作用下，王有权对反叛的邦国或其他政治实体和族共同体行使征伐之权。上引《古本竹书纪年》所谓夏王"帝相即位，居商丘。元年，征淮夷、畎夷。二年，征风夷及黄夷"，就是如此。淮夷属于淮河流域的夷人，畎夷、风夷和黄夷都属于东夷。但由于复合制结构是开放的，它可以接纳不同血缘的族邦，慑于广域王权的这种征伐机制和王朝的实力，即使一时并不从属于夏王的独立族邦、不属于复合制国家结构内的所谓蛮夷之邦，也不得不时常觐见夏王，史称"来宾"，这就是上引《古本竹书纪年》所谓帝相七年，"于夷来宾"；"少康即位，方夷来宾"；"后芬即位，三年，九夷来御，曰畎夷、于夷、方夷、黄夷、白夷、赤夷、玄夷、风夷、阳夷"。在觐见、来宾的过程中，一些蛮夷之邦就有可能从属于夏王，在成为夏王的附属国的过程中走向融入华夏之路。

---

① 朱右曾辑，王国维校补，黄永年校点《古本竹书纪年辑校》，第3—6页。

原本夷夏概念和夷夏关系就是因夏朝的出现和华夏民族的形成而凸显出来的，夏代的东方诸夷与中原华夏，除已融入华夏之中的后羿、皋陶、奚仲之外，其余居住于海岱的夷人与中原华夏，其东西对峙远远大于互化融合，这一点也能得到考古学方面的印证。

（四）考古学上夏王朝与东夷之关系

在考古学上，从中原龙山文化末期到二里头文化第一至第三期，包括笔者在内的许多学者将它视为夏文化；与此相对，海岱的岳石文化则属于夏代东夷文化。在岳石文化中发现有青铜器，也有夯筑的城墙，属于都邑邦国文明，但其文明高度远不如中原地区。也就是说，比较夏代之前的龙山时代中原文明与海岱文明的发展程度，二者旗鼓相当，并驾齐驱，当时属于文明多中心，各个区域都有自己的中心；但是到了夏代中期和后期，由于夏王朝的王邦在中原地区的辉煌发展，出现了真正意义上的王朝的王都即为"天下中心"的格局，四裔的文化和文明的高度与中原地区拉开了差距，海岱地域的东夷就属于这种情况。岳石文化的文明高度远不如中原的华夏，另一个原因有可能是东夷中的虞舜、皋陶、伯益、后羿等发展程度较高的政治实体在岳石文化时期已经完全离开了海岱地区，致使海岱地区的文明有所跌落。

中原的二里头文化与海岱的岳石文化在文明发展程度上有差异，在文化特征上也泾渭分明，因而当二者相互影响时，也是很容易观察出来的，而且这种影响还发生在二里头文化和岳石文化之前的龙山文化晚期。例如，二里头文化中的平底盆、鬶，虽说在它之前的河南龙山文化和海岱龙山文化中都可以见到，但其祖型是在海岱龙山文化之中。[1] 二里头文化中的三足盘、盉、爵、盉等，也都属于东方因素汇入的结果。[2] 对于汇入二里头文化的海岱地区的文化因素，据栾丰实研究，二里头遗址第一期时来自东方的因素以海岱龙山文化为主，也有少量因素是从岳石文化传播而来；二里头遗址第二期及以后，岳石文化的因素明显增多。[3] 但是，我们比较二里头文化与岳石文化之间相互影响的状况，就会发现无论是二里头文化对岳石文化的影响，还是二者的相互影响，其广度和深度都是很不够的。这与从文献上看到的夏代的海岱诸夷多数尚未融入华夏是一致的。

需要说明的是，本文所论"夷夏互化融合说"，虽说是接着傅斯年"夷夏东西说"而发议论，但从"夷"和"夏"的定义开始，就与傅斯年有同有异。傅斯年是把"夷"与"夏"作为东西方位来对待的，他说的"夷"主要指东方，其中有商和东夷土著；他说的"夏"主要指西方，其中有夏和西周。而笔者对于"夷"和"夏"的定义是立足于华夏民族如何形

---

① 参见中国社会科学院考古研究所编著，许宏、袁靖主编《二里头考古六十年》，中国社会科学出版社，2019，第301页。

② 参见邹衡《试论夏文化》，《夏商周考古学论文集》，文物出版社，1980，第95—182页。

③ 参见栾丰实《二里头遗址中的东方文化因素》，《华夏考古》2006年第3期。

成这一基础上的，主张"夷"仅指东夷土著，"夏"指夏代以来的华夏民族和夏代之前的中原地区的华夏集团，认为在夏商西周三朝，夏人、商人和周人都属于华夏民族的组成部分。"夷夏互化融合说"是把二者的互化融合放在海岱与中原早期文明演进过程的交互作用的框架下展开的，在时间跨度上包括从新石器时代的仰韶时代经龙山时代到二里头文化的夏代；在研究对象上，虽然以海岱与中原的关系为主，但也涉及夏代之前和夏代时蛮夷戎狄等四夷融合而形成华夏民族的情形。

五帝时代，夷夏互化融合的结晶是"颛顼—祝融"以及虞舜和有虞氏等族共同体完全融入华夏之中，成为华夏集团的重要组成部分。夏代则有商族以及后羿和皋陶等族融入了华夏民族之中，而其他的"九夷"则大多尚未融入华夏民族。到了商代，如果把青州苏埠屯商代"亚醜（丑）"大墓的族属判断为东夷族的话，那么，我们可以看到商朝在夷夏融合的深度和广度上，有大大发展的情况，而商代夷方（人方）的其他人群则尚未融入华夏民族之中。没有融入华夏之中的夷人，是在商代之后的西周、春秋战国时期，完成了夷夏融合的。本文第一部分"夷夏概念溯源"多处引用《左传》所说的"东夷"，实际上到了春秋时期，其"东夷"已属于残留的那部分，这些残留的东夷因还保存着自己的传统文化的特征而区别于当时的华夏民族。经战国时期的兼并，当齐国等大国把残留的东夷也纳入自己的行政管辖的范围之后，由行政管理所带来的政治上的统合打散和融化了东夷与华夏的差异，所谓"东夷"，其文化完全被融入华夏，其族别也趋于消亡，到了秦汉时期海岱地区已属于完整的华夏文化区。

总括上述，夷夏互化融合之过程，从五帝时代开始，经历夏商西周，一直到春秋战国。互化融合有两种方式：一种方式是一方的一小部分族群由迁徙而嵌入另一方，最后融合变化为对方；另一种方式是双方乃至多方在各自扩张中相遇相撞，甚至发生战争冲突，最后在某种形式的"政治统一体"（这样的"政治统一体"，有的属于联盟或联合体，有的属于单一制的国家或复合制的国家）内融合，而融合的结果每每是你中有我、我中有你，所以它是一种互化。从五帝时代到春秋战国时期，夷夏关系所经历的互化融合，既有由一方迁徙到另一方而呈现出嵌入融合的"嵌入式"，也有经过战争冲撞或兼并而融合的方式。无论哪一种融合，都并非仅仅是单向同化而每每是相互的。夷夏互化融合的最终结果是：华夏民族像滚雪球似的越滚越大，海岱东夷则越来越少，到秦汉时期海岱东夷已消失，完全融入华夏之中。

〔本文原载《中国社会科学》2022年第1期。作者王震中，中国社会科学院大学特聘教授〕

秦汉乡里社会演变与国家治理的历史考察

卜宪群

摘 要 乡里是秦汉国家的社会基础，也是国家治理的重要对象。在四百多年的历程中，秦汉国家在乡里治理上多有创新，开创了我国封建社会大一统中央集权国家乡里治理模式之先河。社会演变是国家治理方式转变的根本动因，国家治理方式的转变又是社会演变在政治领域里的反映。春秋战国以降的社会变革，推动了秦汉国家治理的革新，也推动了国家在乡里治理上的积极探索。在乡里社会演变过程中，国家通过对社会流动的控制与治理、对乡里社会结构变化所带来的社会问题的治理、对宗族组织兴起的管控与治理，体现了秦汉乡里社会治理的主要特点，既积累了丰富经验，也留下了深刻教训。

关键词 乡里社会 国家治理 社会流动 社会结构

春秋战国之际，由于社会经济的发展，基层社会结构较之前有了重大变化。为适应这种变化，国家基层社会的治理方式也在发生深刻转变，其表现就是乡里基层组织的建立，国家权力快速向基层社会延伸。[①] 至秦汉大一统王朝确立，乡里基层组织构建更加完善，其职能几乎覆盖乡里社会各方面事务。"治天下必自治一国始，治一国必自治一乡始。"[②] 乡里（村）治理始终是中国古代大一统国家治理的重要内容，也是史学界长期以来十分关注的问题。[③] 秦汉作为中国封建大一统中央集权王朝的开端，尤重乡里治理的制度建设与创新，传世文献有很多记载，简牍材料又有十分丰富具体的补充，相关研究日渐深入，成果丰厚。但是，如何从宏观上和理论上看待和把握秦汉乡里社会演变与国家治理的关系，特别是从国家

---

① 参见卜宪群《春秋战国乡里社会的变化与国家基层权力的建立》，《清华大学学报》2007年第2期。
② 贺长龄、盛康编《清朝经世文正续编》（一）卷二二《吏政八》，广陵书社，2011，第224页。
③ 仅近期出版的通论性研究专著就有马新《中国古代村落形态研究》，商务印书馆，2020；鲁西奇《中国古代乡里制度研究》，北京大学出版社，2021；等等。

治理的角度总结其历史经验与教训，进一步推进相关研究，仍然有不少尚待探讨的问题。本文以传世文献与出土文献相结合，在吸收前人成果的基础上，就这些问题的若干方面谈几点自己的看法。

一 社会流动与基层管控

社会学理论认为，"社会结构的调整是通过社会流动实现的"。从广义上看，社会流动是指"人们在社会关系空间中从一个地位向另一地位的移动"，主要是"个人社会地位结构的改变"，但"人们在地理空间的流动也归于社会流动"；从狭义上看，社会流动则"常常指人的职业地位的改变"。[①] 考察秦汉时期基层行政组织的构建与国家治理，社会流动是一个重要视角。众所周知，春秋战国的社会变革，促进了区域化中央集权的产生，中央直接统辖地方和选贤任能的治理理念，推进了郡县制、官僚制、户籍制、赐爵制以及法律等相关制度在各国的产生，社会结构因此得到重大调整，原先人们几乎固化的社会身份、地理空间分布与职业等也都发生了重大变化。对于春秋战国社会变革所带来的人们社会地位的升降和社会身份的转变，大家有比较清楚的认识和一致的看法，但对人们地理空间上的流动及相关问题的关注尚不够。从史料看，春秋战国至秦汉的社会变革虽引发了人们社会地位与社会身份的巨大变迁，但人们地理空间上的流动并没有像社会地位与社会身份的改变那样快速。

在春秋战国至秦汉中央集权的发展道路上，国野乡遂制虽逐渐消失，"乡里聚落已经从先前的农村公社或家族公社共同体变成封建中央集权国家的基层行政组织"，[②] 但国家仍然牢固控制着人们的自由流动。《商君书·垦令》中就有"废逆旅""使民无得擅徙"，以及"博闻、辩慧、游居之事皆无得为，无得居游于百县"等关于限制迁徙和择业的规定。[③] 睡虎地秦简《封诊式》中有"亡自出"条，文云："乡某爰书：男子甲自诣，辞曰：'士五（伍），居某里，以迺二月不识日去亡，毋（无）它坐，今来自出。'"[④] 这个"亡自出"的无爵男子曾逃亡三次，除一次系逃避劳役外，并未见其他过错，但他仍然要到乡去自首，说明这种擅自外出是违法的。《封诊式》还有"覆"条，记某男自述"居某县某里，去亡"的过程，[⑤] 也系里民不可随意外出的反映。上述二事都由乡官向县官禀告，再由县官指令乡里吏员调查清楚后再向其报告，说明县乡官吏都有监管民众流动的职责，而乡里更为具体直接。相关秦律

---

① 参见郑杭生主编《社会学概论新修》，中国人民大学出版社，1994，第310页。
② 林甘泉：《秦汉帝国的民间社区和民间组织》，《中国古代政治文化论稿》，安徽教育出版社，2004，第179页。
③ 参见蒋礼鸿《商君书锥指》卷一《垦令》，中华书局，2017，第11、13、15页。
④ 睡虎地秦墓竹简整理小组编《睡虎地秦墓竹简》，文物出版社，1990，第163页。
⑤ 参见睡虎地秦墓竹简整理小组编《睡虎地秦墓竹简》，第150页。

也证明了这一点，如"商君之法，舍人无验者坐之"。^①睡虎地秦简《游士律》规定："游士在，亡符，居县赀一甲，卒岁，责之。·有为故秦人出，削籍，上造以上为鬼薪，公士以下刑为城旦。"^②睡虎地秦简系秦统一前后的文书，证明自商鞅变法以来，限制民众自由流动的政策没有改变。

秦汉大一统国家建立后，民众迁徙仍然受到政府的严格管理。里耶秦简16—9正面记载：

> 【廿】六年五月辛巳朔庚子，启陵乡庠敢言之。都乡守嘉言：渚里不□劾等十七户徙都乡，皆不移年籍∠。令曰：移言。·今问之：劾等徙□书，告都乡曰：启陵乡未有某（牒），毋以智（知）劾等初产至今年数。□【皆自占】，谒令都乡自问劾等年数。敢言之。□^③

秦洞庭郡迁陵县启陵乡徙往都乡的劾等17户民众缺少登记年龄的簿籍，都乡希望启陵乡协助查询。启陵乡回复劾等迁徙时有过文书通知都乡，启陵乡现没有记录，不知道劾等的年龄，请都乡自己询问。这份文书是启陵乡写给县廷的，迁陵县守丞批复给都乡负责人"以律令从事"，要求都乡应按照规定去查询登记年籍。从启陵乡迁往都乡，属于一县中两乡之间的人员流动，但仍然要具备完整的手续，说明秦统一后对人员流动的管理仍然十分严格。有关年龄的簿籍需要乡里吏员调查取证，也证明乡里是基层民众流动管理的直接机构。新公布的岳麓秦简中有《亡律》，对逃亡者的身份类型及"匿亡人"者有详细划分和法律处理规定。整理者据此指出："秦代对人口控制十分严厉，百姓不得随便流动，出县境都要得到官府批准。其他郡县的人无故不得随便进入内史郡，内史郡也不可收留外来人，违者将受到处罚，典、伍也要连坐。"^④岳麓秦简《亡律》的发现，再次证明秦有严格控制人口流动的法律，并且这种控制的具体任务主要是由乡里什伍等基层组织承担的。

汉承秦制，张家山汉墓竹简《二年律令·亡律》也是在秦律基础上演变而来的，其中有"吏民亡"等条，同样对各类逃亡及舍匿亡人者有详细的处罚规定。从比较的角度看，在汉初特殊社会环境下，《亡律》虽对逃亡者的处罚较秦代轻一些，但并非放松对人员自由流动的限制。^⑤从两汉整体看，这个政策基本是贯穿始终的。限制自由流动既有政治控制的原

---

① 《史记》卷六八《商君列传》，中华书局，1982，第2236页。
② 睡虎地秦墓竹简整理小组编《睡虎地秦墓竹简》，第80页。
③ 里耶秦简博物馆、出土文献与中国古代文明研究协同创新中心中国人民大学中心：《里耶秦简博物馆藏秦简》，中西书局，2016，第208页。
④ 陈松长主编《岳麓书院藏秦简》（肆），上海辞书出版社，2015，"前言"。
⑤ 如《二年律令·亡律》规定："诸亡自出，减之；毋名者，皆减其罪一等。"（张家山二四七号汉墓竹简整理小组编著《张家山汉墓竹简〔二四七号墓〕》（释文修订本），文物出版社，2006，第31页）将此条与云梦秦简"亡自出"条比较可见，汉初法律虽然更为宽容一些，但对人员流动的控制并没有丝毫放松，所谓"自出"者，仍然要负法律责任。

因，也有经济和社会稳定上的考虑。如张家山汉简《奏谳书》案例三中"律所以禁从诸侯来诱者"，①就是政治上的原因。而经济上的原因主要是防止编户民脱离户籍，影响国家的赋税和徭役，史籍对此多有记载。社会稳定上的原因主要是严控游侠等社会势力对社会秩序的破坏。当然，在边境地区，限制人口的自由流动可能还有军事安全上的考虑。

王充《论衡·别通篇》云："（汉）以文书御天下。"②文书是秦汉国家治理的重要工具，也是基层行政组织管控民众的重要手段，涉及民众生活的各个方面。从出土文书看，秦汉诸多有关基层民众管理的簿籍，其正本都是藏在乡一级。比如户籍"副臧（藏）其廷"，③以及"户籍臧（藏）乡"④等记载，就是副本在县、正本在乡的确证。正本在乡，是因为乡是民户的直接管理者。纪南松柏汉墓出土的各类簿册，包括南郡及江陵西乡等地的户口簿、正里簿、免老簿、新傅簿、复事算簿等多种文簿，⑤是乡保存各类簿籍的例证。《后汉书·循吏列传》云秦彭为山阳太守时，"兴起稻田数千顷，每于农月，亲度顷亩，分别肥塥，差为三品，各立文簿，藏之乡县"，⑥此记载虽系土地管理文簿，但也能说明东汉仍继承了文书藏乡的制度。以户籍为主体的多层次乡里文书系统，正是乡里基层行政组织管理职能的重要反映。⑦

在文献与出土材料中，还可见秦汉国家在人员管控上的诸多具体措施。比如里有门，说明里是一个相对封闭的社区。里有垣，《二年律令·杂律》"越邑里、官市院垣，若故坏决道出入，及盗启门户，皆赎黥"⑧的记载就证明了这一点。里有掌管里门的监门，文献记载秦汉有多人曾担任这一职务。张家山汉简《二年律令·户律》还有"田典更挟里门籥（钥），以时开；伏闭门，止行及作田者"⑨的记载，是里门有按时开闭的法律规定。里之下是什伍组织，《二年律令·户律》云："自五大夫以下，比地为伍，以辨券为信，居处相察，出入相司。"⑩又《盐铁论·周秦》云："故今自关内侯以下，比地于伍，居家相察，出入相司。"⑪可见什伍组织是人员管控最为直接的基层单位。秦汉民众未必全都住在里中，文献或见一些脱离乡里而僻居山中、野泽的个体、群体，⑫但无疑绝大部分民众，都是居住在里中的。既然居住在里中，其迁移也就受到国家控制。民众迁徙他地，需县乡合作，适时将户籍等资料迁

---

① 张家山二四七号汉墓竹简整理小组编著《张家山汉墓竹简〔二四七号墓〕》（释文修订本），第93页。
② 黄晖：《论衡校释》卷一三《别通篇》，中华书局，1990，第591页。
③ 张家山二四七号汉墓竹简整理小组编著《张家山汉墓竹简〔二四七号墓〕》（释文修订本），第54页。
④ 谢桂华、李均明、朱国炤：《居延汉简释文合校》，文物出版社，1987，第144页。
⑤ 参见荆州博物馆《湖北荆州纪南松柏汉墓发掘简报》，《文物》2008年第4期。
⑥ 《后汉书》卷七六《循吏列传》，中华书局，1965，第2467页。
⑦ 参见卜宪群《从简帛看秦汉乡里的文书问题》，《文史哲》2007年第6期。
⑧ 张家山二四七号汉墓竹简整理小组编著《张家山汉墓竹简〔二四七号墓〕》（释文修订本），第33页。
⑨ 张家山二四七号汉墓竹简整理小组编著《张家山汉墓竹简〔二四七号墓〕》（释文修订本），第51页。
⑩ 张家山二四七号汉墓竹简整理小组编著《张家山汉墓竹简〔二四七号墓〕》（释文修订本），第51页。
⑪ 王利器校注《盐铁论校注》卷一〇《周秦》，中华书局，1992，第584页。
⑫ 《盐铁论》卷一《复古》："远去乡里，弃坟墓，依倚大家，聚深山穷泽之中。"（王利器校注《盐铁论校注》，第78页）《后汉书》卷六七《党锢列传》："（李）膺免归乡里，居阳城山中。"（第2195页）《后汉书》卷四三《朱晖列传》："自去临淮，屏居野泽，布衣蔬食，不与邑里通。"（第1459页）

移他处。岳麓秦简伍：331/1181："尉史智（知）其不自占而弗籍及弗论者，赀二甲，废∟。其有移徙它县者，必□□□。"① 张家山汉简《二年律令·户律》："有移徙者，辄移户及年籍爵细徙所，并封。留弗移，移不并封，及实不徙数盈十日，皆罚金四两；数在所正、典弗告，与同罪。乡部啬夫、吏主及案户者弗得，罚金各一两。"② 上述岳麓秦简材料虽有残缺，但结合张家山汉简材料可以判断，应当都是要求基层官员在民众迁徙时，同时转移户籍等相关资料，非如此，各级官员要受到相应的惩罚。严格的流动管理导致民众即便因各种事务短暂离开乡里时，也要通过乡里向县申请相关文书，证明自己"毋官狱征事"后方可外出。

尽管秦汉国家对社会流动严格限制，但由于时代变化，人们的生活不可能完全局限于乡里，乡里已不是一个完全静止和封闭的社会。于是治理各种人员的社会流动是秦汉基层行政组织必须面临的问题。

一是政治性社会流动。秦汉王朝统一后，出于强本固基需要，对可能影响政治稳定的旧贵族、高级官僚与富豪，不断实行政治性迁徙。秦灭六国，除从政治身份上降低原六国贵族的地位外，还从地域上将他们从原居住地迁出。如秦灭赵，赵王迁被徙往汉中房陵。③ 秦灭齐，"子孙不敢称田姓"，当是担心被迁徙或打击的原因。赵、魏及山东等地富豪也分别被迁往各地。④ 但由于秦的历史短暂，大规模的政治性迁徙还是在汉代。汉代自高祖开始不仅对六国贵族广泛迁徙，而且对各地豪强及吏二千石高级官员也实施迁徙，文献及出土材料多有记载，兹不赘述。但这种迁徙并不是按照旧有乡里人群组织的整体性搬迁和安置，而是在被迁徙范围内的零散分布。如《史记·货殖列传》云："蜀卓氏之先，赵人也，用铁冶富。秦破赵，迁卓氏。卓氏见虏略，独夫妻推辇，行诣迁处。诸迁虏少有余财，争与吏，求近处。"⑤ 卓氏"独夫妻推辇"以及"诸迁虏""求近处"，说明他们是以一家一户的散落方式迁移落户，远近也各不相同。到达迁移地后，他们与所在地的乡里居民杂居是不可避免的。如汉武帝时，马援的祖先从邯郸迁往茂陵的成欢里，⑥ 而成欢里绝非马氏一家。秦汉的政治性迁徙是值得仔细研究的问题，如果说汉武帝之前这种迁徙具有强烈政治目的的话，那么武帝之后的诸多迁徙，既有政治目的也有稳定乡里社会秩序的目的，是国家乡里治理的一个重要组成部分。政治性迁徙还应包括移民实边等迁徙。如《汉书·晁错传》记载了晁错移民实边的建议，云："先为室屋，具田器，乃募罪人及免徒复作令居之；不足，募以丁、奴婢赎罪

---

① 陈松长主编《岳麓书院藏秦简》（伍），上海辞书出版社，2017，第208页。
② 张家山二四七号汉墓竹简整理小组编著《张家山汉墓竹简〔二四七号墓〕》（释文修订本），第54页。
③ 《淮南子·泰族训》："赵王迁流于房陵。"（何宁撰《淮南子集释》卷二〇《泰族训》，中华书局，1998，第1425页）又如《汉书》卷四六《石奋传》："其父赵人也。赵亡，徙温。"（中华书局，1962，第2193页）
④ 参见《后汉书》卷三八《法雄传》，第126页。《史记》卷六《秦始皇本纪》："（二十六年）徙天下豪富于咸阳十二万户。""（三十五年）因徙三万家丽邑，五万家云阳，皆复不事十岁。"（第239、256页）《史记》卷一二九《货殖列传》"秦破赵，迁卓氏""秦伐魏，迁孔氏南阳"等记载（第3277、3278页）。
⑤ 《史记》卷一二九《货殖列传》，第3277页。
⑥ 参见《后汉书》卷二四《马援列传》及注引《东观记》（第827页）。

及输奴婢欲以拜爵者；不足，乃募民之欲往者。"① 根据晁错的设计，这些所募之人有丁、奴婢、赎罪者等，也有一般百姓，他们在所迁移的地区不是按照军事组织聚居，而应是按照乡里行政组织建制聚居的。这样的乡里，其人员成分必定十分复杂。

二是贫困与灾害性社会流动。《汉书·食货志》云："贫生于不足，不足生于不农，不农则不地著，不地著则离乡轻家，民如鸟兽，虽有高城深池，严法重刑，犹不能禁也。"② 这些"离乡轻家"之民当然不是统治阶级所污蔑的"鸟兽"，而是由于贫困、灾害和统治阶级残暴所致。《汉书·鲍宣传》曾例举"民有七亡"，③ 水旱灾害、官府重责更赋租税、贪吏苛取、豪强蚕食、徭役无度、盗贼劫掠等都是原因。与政治性流动不同，这种流动往往是自发无序的，秦汉法律上往往称他们为"亡命""脱亡名数"，即脱离户籍之人。④ 秦汉地主租佃制经济尚不十分发达，编户民与国家的直接经济关系远较后世紧密，故政府竭力将脱离户籍的流民遣返归乡或就地安置，并给予经济、政治上的优待，以使其承担国家赋税徭役。如《汉书·高帝纪》："民前或相聚保山泽，不书名数。今天下已定，令各归其县，复故爵田宅。"《宣帝纪》："流民还归者，假公田，贷种、食，且勿算事。"《成帝纪》："流民欲入关，辄籍内。所之郡国，谨遇以理。"《平帝纪》："郡国大旱……罢安定呼池苑，以为安民县，起官寺市里，募徙贫民，县次给食。至徙所，赐田宅什器，假与犁、牛、种、食。"《后汉书·和帝纪》："诏流民所过郡国皆实禀之，其有贩卖者勿出租税，又欲就贱还归者，复一岁田租、更赋。"⑤ 秦汉政府为解决贫困问题，还采取救助性迁徙，如从狭地迁往宽地及允许民众异地"就食"，也是贫困与灾害性社会流动的重要类型。如岳麓秦简中有关于"就食"的记载。⑥ 《汉书·景帝纪》云："其议民欲徙宽大地者，听之。"⑦ 尽管政府为缓解贫困徙民他乡，但仍然鼓励他们返归本地并提供便利。如《后汉书·章帝纪》："其令郡国募人无田欲徙它界就肥饶者，恣听之。到在所，赐给公田，为雇耕佣，赁种饷，贳与田器，勿收租五岁，除算三年。其后欲还本乡者，勿禁。"《安帝纪》："若欲归本郡，在所为封长檄，不欲，勿强。"李贤注："长檄尤今长牒也，欲归者，皆给以长牒为验。"⑧ 史书多载两汉良吏通过澄清吏治、为

---

① 《汉书》卷四九《晁错传》，第2286页。
② 《汉书》卷二四上《食货志上》，第1131页。
③ 《汉书》卷七二《鲍宣传》，第3088页。
④ 《史记》卷八九《张耳列传》："张耳尝亡命。"（第2571页）《索隐》："晋灼曰：'命者，名也。谓脱名籍而逃。'崔浩曰：'亡，无也。命，名也。逃匿则削除名籍，故以逃为亡命。'"（第2571页）《汉书》卷一五上《王子侯表上》："元鼎五年，侯圣嗣，坐知人脱亡名数，以为保，杀人，免。"师古曰："脱亡名数，谓不占户籍。"（第437—438页）
⑤ 分见《汉书》卷一下《高帝纪下》，第54页；《汉书》卷八《宣帝纪》，第249页；《汉书》卷一〇《成帝纪》，第318—319页；《汉书》卷一二《平帝纪》，第353页；《后汉书》卷四《和帝纪》，第178页。
⑥ 《岳麓书院藏秦简》（肆）简0640："县恒以十月鄰牒，书署当卖及就食状，须卒史、属粪兵，取省以令，令案视。"简0319："·东郡守言，东郡多食，食贱，徒隶老、癃（癃）病、毋（无）赖，县官当就食者，请止，勿遣就食。它有等比。·制曰，可。"（陈松长主编《岳麓书院藏秦简》（肆），第213、214页）
⑦ 《汉书》卷五《景帝纪》，第139页。
⑧ 分见《后汉书》卷三《章帝纪》，第145页；《后汉书》卷五《安帝纪》，第209页。

政宽简、发展经济、占著户籍等诸多方式遣民、劝民返乡，正是流民治理重要性的反映。地方官员治理流民的方法各有不同，但其核心目的是将流民占著土地，收取赋税，强化控制。

三是职业性社会流动。秦汉乡里社会流动除上述原因外，还有为官为吏及从事各种职业所产生的流动。察举又被称为"乡举里选"，秦汉大批官员都出自乡里。秦汉属吏例用本地人，又有许多人离开乡里进入各级地方行政机构。他们从乡里踏入仕途，又因致仕、罢免等各种原因回归故里。官员回归乡里的材料文献比比皆是：《汉书·疏广传》："广既归乡里，日令家共具设酒食，请族人故旧宾客，与相娱乐。"《龚胜龚舍传》："舍、胜既归乡里，郡二千石长吏初到官皆至其家。"《鲍宣传》："王莽居摄，钦、诩皆以病免官，归乡里，卧不出户。"《后汉书·杨厚列传》："（厚）固称病求退。帝许之，赐车马钱帛归家。修黄老，教授门生……乡人谥曰文父。"《孔奋列传》："（奋）上病去官，守约乡闾。"《廉范列传》："在蜀数年，坐法免归乡里。范世在边，广田地，积财粟，悉以赈宗族朋友。"《李法列传》："出为汝南太守，政有声迹。后归乡里，卒于家。"《范升列传》："坐系，得出，还乡里。"《陈宠列传》："及莽篡位……父子相与归乡里，闭门不出入。"《李恂列传》："迁武威太守。后坐事免，步归乡里。"《荀淑列传》："后再迁当涂长。去职还乡里。"[1]秦汉官员的户籍是否仍保存在乡里尚无确切证据，[2]但大批官员回归乡里说明其户籍可能仍在乡里。这些回归故里的官员必然对乡里秩序产生一定的影响。从上述材料看，他们大都比较低调，或"卧不出户"，或"守约乡闾"，或"赈宗族朋友"，或"教授门生"。但也不乏扰乱乡里者，如酷吏宁成"诈刻传出关归家……乃贳贷陂田千余顷，假贫民，役使数千家"，[3]无疑成了地方豪强。汉代对回归乡里的官员管理也有相关规定，《后汉书·苏不韦列传》云："汉法，免罢守令，自非诏征，不得妄到京师。"[4]则被罢免的守、令级官员不能擅自离开乡里到京城。

秦汉国家有"禁民二业"的相关政策，但实际效果并不明显，[5]乡里民众从事的职业是多样的，并不仅限于农业生产。[6]有人教书游学，有人求为小吏，有人放牧、打柴、佣作，有人舍本逐末，从事各种商业或手工业，等等。职业分工是社会发展的标志，但从这些史料看，秦汉民众尽管有职业选择的多样性，但绝大多数民众脱离农业生产选择他业，还是因为

---

① 分见《汉书》卷七一《疏广传》，第3040页；《汉书》卷七二《龚胜龚舍传》，第3804页；《汉书》卷七二《鲍宣传》，第3096页；《后汉书》卷三〇上《杨厚列传》，第1049—1050页；《后汉书》卷三一《孔奋列传》，第1099页；《后汉书》卷三一《廉范列传》，第1103—1104页；《后汉书》卷四八《李法列传》，第1601页；《后汉书》卷三六《范升列传》，第1229页；《后汉书》卷四六《陈宠列传》，第1547—1548页；《后汉书》卷五一《李恂列传》，第1684页；《后汉书》卷六二《荀淑列传》，第2049页。

② 袁延胜认为："东汉官吏并没有特殊的户籍，而且这些官吏不管在何处做官，户籍基本没有变动，仍在原地。"（袁延胜：《论东汉的户籍问题》，《中国史研究》2005年第1期）

③ 《汉书》卷九〇《酷吏传》，第3650页。

④ 《后汉书》卷三一《苏不韦列传》，第1107页。

⑤ 参见赵光怀《两汉"禁民二业"政策的历史考察》，《烟台大学学报》2002年第2期。

⑥ 于琨奇认为："故秦汉间的小农，特别是两汉的小农转换职业并不受任何限制，兼业政府虽有明令禁止，但执行并不力，小农们还是可以兼业以营生计的。"（于琨奇：《秦汉小农与小农经济》，黄山书社，1991，第126页）

家庭贫穷、身份低贱或乡部吏逼迫所致，而并不是乡里本身社会经济文化发展的结果。秦汉乡里民众因职业缘故而四处流动，是职业性社会流动的重要内容。

二　社会结构变化与社会问题治理

乡里社会流动与社会管控是秦汉国家治理的一项重要内容。但在秦汉四百多年的历史进程中，由于社会结构变化所带来的乡里社会问题，同样是国家治理的重要内容。概括地说，秦汉乡里社会经历了一个由较为单一、相对平等的编户齐民社会结构，向豪民崛起这一社会结构转变的历程。这一转变，不仅深刻考验着国家治理能力，也对汉代历史的走向产生深远影响。

众所周知，汉初出现了一段社会经济发展较为平稳繁荣的时期，这与乡里编户齐民社会结构的相对稳定有一定关系。编户，《汉书·高帝纪》云："诸将故与帝为编户民。"颜师古注曰："编户者，言列次名籍也。"①编户即指在国家登记注册的民户。齐民，是指他们身份平等，在法律意义上没有贵贱之分。《史记·平准书》："齐民无藏盖。"《集解》引如淳曰："齐等无有贵贱，故谓之齐民。"②"齐民"是以"编户"为前提的，没有纳入编户的"民"自然也就不是齐民，身份也是非法的。这种编户齐民包括城市居民及其他职业者在内，但主要是自耕农。秦汉的乡里社会就是以这样一家一户的编户齐民存在为典型特征。编户齐民为国家承担着赋税、徭役与兵役，国家通过乡里机构将权力伸向社会基层，承担着管理编户齐民的种种责任。

以编户齐民为主体的秦汉乡里社会结构形成与新的国家形态出现有很大关系。它起源于战国时代。《史记·商君列传》云："令民为什伍，而相牧司连坐……民有二男以上不分异者，倍其赋。"又云："而令民父子兄弟同室内息者为禁。而集小乡邑聚为县，置令、丞，凡三十一县。"③商鞅的这两次家庭分析政策，都与国家基层行政组织的建立有关，如第一次的家庭"分异"与"什伍"制有关，第二次禁止"同室内息"是与"集小乡邑聚为县"有关，显然这种家庭分析的政策并不是单纯为了改变某种风俗，而是有更深层次的政治与经济原因。这种社会结构因秦的统一和汉承秦制而长期延续下来，秦汉国家在相当长的时期内不断致力于这种社会结构的构建与维护，取得了颇为显著的成就。汉兴至武帝前期社会出现了安宁、祥和、富庶的景象，被后世称为"文景之治"。史家关于汉初乡里社会繁荣场景的记述，

---

① 《汉书》卷一下《高帝纪下》，第79—80页。
② 《史记》卷三〇《平准书》，第1417页。关于编户齐民的研究，参见刘敏《秦汉编户民问题研究——以与吏民、爵制、皇权关系为重点》，中华书局，2014，第14—130页。
③ 《史记》卷六八《商君列传》，第2230、2232页。

当然与汉初统治者的政策分不开，如轻徭薄赋、与民休息、法律宽简等。但也要看到，这种局面的出现与汉初以来乡里社会结构自身的稳定有很大关系。也就是说，以一家一户编户民为主体的乡里社会结构还没有受到严重破坏。史书中的"晏然""不扰乱"等记载，都是乡里社会结构本身以及乡里社会结构与国家政治结构之间能够和谐相处的表现。

但是，这种稳定的乡里社会结构并没有存在太长的时间，一种被称为"豪"的群体，逐渐在乡里社会发展起来。他们的称呼在史书上各异，如"豪民""豪强""豪右""豪杰""豪宗""豪猾""豪侠"等。学者或以"豪民"来概括这一社会阶层，较准确地把握了其基本特征。[①]因为他们虽然属于地主阶级中的一个阶层，但是他们的政治身份与"民"并没有区别，甚至政治地位、法律地位有时还没有"民"高。他们与地主阶级中居于统治地位的官僚阶层有更大区别。汉代豪民的来源大致有三种渠道。

一是六国豪民的延续。《后汉书·酷吏列传》云："汉承战国余烈，多豪猾之民。其并兼者则陵横邦邑，桀健者则雄张闾里。"[②]这是说汉代的豪民有一部分来自战国。的确，秦汉统一国家建立后，战国时代的工商业主，列国旧官僚贵族和所谓"不轨之民"，由于失去其存在的社会环境和统一国家的政治限制与打击，有相当一部分人只能生存于乡里。但是秦汉国家对这些人主要是政治上防范而不是经济上剥夺，即使在迁徙过程中也保证了他们的经济利益不受侵犯，如汉初徙齐楚大族于关中时"与利田宅"。[③]因此，无论是被迁徙者还是留在故地，他们都极可能凭借财力而在乡里社会迅速发展起来，形成改变秦汉乡里社会结构的第一批势力。首先，六国豪民使乡里社会结构出现了复杂化的趋势。前面我们谈到，六国势力迁徙后，主要分布在乡里，与当地居民杂居。尽管这种情况并不涉及秦汉的每个乡里，但其人数也绝非少数。其次，他们破坏了乡里社会结构的平衡性。《续汉书志·五行志三》注引《东观书》杜林上疏云："及汉初兴，上稽旧章，合符重规，徙齐诸田，楚昭、屈、景，燕、赵、韩、魏之后，以稍弱六国强宗。邑里无营利之家，野泽无兼并之民，万里之统，海内赖安……强干弱枝，本支百世之要也。"[④]我们对杜林所说的"邑里无营利之家，野泽无兼并之民，万里之统，海内赖安"并不能作过高的评价。由于汉初迁徙豪民的本质目的是政治控制而不是经济剥夺，故当他们经济实力增长后，干扰与破坏基层社会结构的行为就开始了。所谓"其并兼者则陵横邦邑，桀健者则雄张闾里"，显然包括了汉初乡里的"兼并""营利"之家。汉初的乡里绝不是杜林所说的平静如水、一派和谐。《史记·孟尝君列传》载太史公曰："吾尝过薛，其俗闾里率多暴桀子弟，与邹、鲁殊。问其故，曰：'孟尝君招致天下任侠，奸人入薛中盖六万余家矣。'"[⑤]薛地的"暴桀子弟"虽然不能说是"六国强宗"，但显然是从

---

① 参见王彦辉《汉代豪民研究》，东北师范大学出版社，2001，第1—38页。
② 《后汉书》卷七七《酷吏列传》，第2487页。
③ 所谓"与利田宅"，《汉书》卷一下《高帝纪》颜师古注曰："利谓便好也。"（第66—67页）
④ 《续汉书志》第一五《五行志三》，中华书局，1965，第3307页。
⑤ 《史记》卷七五《孟尝君列传》，第2363页。

战国延续下来的豪民，由来已久。

二是编户齐民的分化。乡里社会经济发展变化所导致的编户齐民分化是豪民产生的另一种途径。以编户齐民为特点的乡里社会结构是大体而言的，但对"齐民"的理解并不能绝对化。从战国时代开始形成的自耕农，其本身的政治地位、经济地位是不平衡的。这种不平衡性源自这样几个方面。第一是爵制所致。战国时期出现的新爵制，授予的对象主要是有军功者，战争结束后，他们把荣获的爵位带回了乡里，也把附属在爵位上的各种利益与特权带回了乡里。虽然同为编户齐民，但由于爵位的高低、有无而彼此并不平等。传世文献及《睡虎地秦墓竹简》《张家山汉墓竹简》中的有关材料都十分清楚地证明了这个问题。第二是编户齐民本身因贫富差别也有高低之分。首先，国家赋予编户齐民的是政治、法律上的平等，而不是经济上的平等。国家虽然实行名田制，但名田的标准却因身份不同而有很大差别。《张家山汉墓竹简·户律》中，自关内侯至庶人的名田标准，从九十五顷至一顷不等。[①]关内侯当然未必都居住在乡里，但从《张家山汉墓竹简·奏谳书》中的记载看，汉初关内侯以下的爵位在乡里是很普遍的。爵位差别所造成的贫富差别至少在汉初社会仍然十分显著。其次，编户齐民本身由于家庭人口不同、劳动力强弱不同、居住地域不同以及抗衡自然灾害能力不同等因素，也必使他们的贫富差别在客观上各不相同。再次，由于土地私有化的发展，无论是国家授予的土地还是其他形式的私有土地，都因各种原因不可避免地转入买卖之中。始于战国的土地买卖在汉代更加盛行，正如学者所说："汉代的土地买卖契约属于私契而不是官契，但它不仅得到社会的公认，而且受到封建国家法律的保护。"[②]土地买卖的相对自由，使财产集中加速，也是导致乡里编户齐民经济上贫富分化的重要因素之一。其中的部分"齐民"由此演变为具有强大经济实力的乡里豪民。

三是工商业豪民和各级贵族官僚向乡里的经济渗透。工商业豪民和乡里豪民在秦汉历史上本是有一定区别的。大体在汉武帝以前，工商业豪民由于国家工商政策的松弛，主要活跃在工矿业和商业领域；汉武帝以后，由于国营工商业政策的推行，豪民的经济结构发生了变化，工商业豪民逐步向乡里豪民转变。至东汉，豪民的经济结构更是出现了"综合化"趋势。[③]除了经济结构变化的因素外，经济观念的变化也是工商业主向乡里渗透的重要动因。《史记·货殖列传》在论述所谓"贤人所以富者"诸例后说："此其章章尤异者也。皆非有爵邑奉禄弄法犯奸而富，尽椎埋去就，与时俯仰，获其赢利，以末致财，用本守之，以武一切，用文持之，变化有概，故足术也。若至力农畜，工虞商贾，为权利以成富，大者倾郡，中者倾县，下者倾乡里者，不可胜数。"[④]

① 参见张家山二四七号汉墓竹简整理小组编著《张家山汉墓竹简〔二四七号墓〕》（释文修订本），第52页。
② 林甘泉主编《中国封建土地制度史》第2编，中国社会科学出版社，1990，第327页。
③ 参见王彦辉《汉代豪民研究》，第1—38页。
④ 《史记》卷一二九《货殖列传》，第3277、3281—3282页。

"以末致财，用本守之"的观念，使工商豪民向乡里转移资本、兼并土地，史家已多有论述，兹不再列。而"下者倾乡里"，足证乡里的社会结构也因工商业豪民的介入而变化。不独如此，各级贵族官僚也加入土地兼并，跻身乡里豪民的行列。《汉书·董仲舒传》云："身宠而载高位，家温而食厚禄，因乘富贵之资力，以与民争利于下，民安能如之哉！是故众其奴婢，多其牛羊，广其田宅，博其产业，畜其积委，务此而亡已，以迫蹴民。民日削月朘，浸以大穷。"《汉书·哀帝纪》云："诸侯王、列侯、公主、吏二千石及豪富民多畜奴婢，田宅亡限，与民争利，百姓失职，重困不足。"①

董仲舒与汉哀帝都曾严厉批评身居高位的官员与民争利，导致民众贫困。哀帝试图把吏二千石等与"豪富民"有所区别，但实际上他们的性质并没有太大差别。一般来说，贵族官僚可能并不直接管理土地，他们的土地家产应是由其子弟或代理人经营，这些豪富民的身份虽然往往也是"民"，但很多却是贵族官僚的经济代理人。特别是因各种原因罢官的官僚，更是行无遮拦，大肆掠夺土地。灌夫失官后虽身居长安，但在其家乡"陂池田园，宗族宾客为权利，横于颍川"。②酷吏宁成丢官后，在家乡"贳贷买陂田千余顷"。他们无疑是乡里不可一世的豪民。史料关于这方面的记载还有很多，不再列举。豪民的出现导致乡里社会结构发生了两个重要变化。

其一，同为编户之民，但却因为贫富分化而有了高下之分，贫穷者受其役使。《史记·货殖列传》："凡编户之民，富相什则卑下之，伯则畏惮之，千则役，万则仆，物之理也。"《后汉书·仲长统列传》："汉兴以来，相与同为编户齐民，而以财力相君长者，世无数焉。"《汉书·陈汤传》："关东富人益众，多规良田，役使贫民。"《循吏传》："黄霸字次公，淮阳阳夏人也，以豪杰役使徙云陵。"颜师古曰："身为豪杰而役使乡里人也。"《后汉书·李通列传》："世以货殖著姓……为闾里雄。"③编户民不断向豪民屈从，甚至沦为了依附民。

其二，豪民在乡里不仅拥有特殊的经济地位，而且拥有了独立于国家权力之外的私威，有的甚至左右着乡里社会秩序。《史记·平准书》云西汉武帝时："网疏而民富，役财骄溢，或至兼并豪党之徒，以武断于乡曲。"《索隐》云："谓乡曲豪富无官位，而以威势主断曲直，故曰武断也。"④"主断曲直"本是国家官吏的职责，现在无官位的"乡曲豪富"也能够以"威势主断曲直"，故被史家称为"武断"。受到"武断"的不仅是一般的编户齐民，甚至还有郡守等地方高级官吏。《后汉书·陈球列传》云："迁南阳太守，以纠举豪右，为势家所谤，征诣廷尉抵罪。"《方术列传》云："初，豪右大姓因缘陂役，竞欲辜较在所，（许）杨

---

① 分见《汉书》卷五六《董仲舒传》，第 2521 页；《汉书》卷一一《哀帝纪》，第 336 页。
② 《史记》卷一〇七《魏其武安侯列传》，第 2847 页。
③ 分见《史记》卷一二九《货殖列传》，第 3274 页；《后汉书》卷四九《仲长统列传》，第 1648 页；《汉书》卷七〇《陈汤传》，第 3024 页；《汉书》卷八九《循吏传》，第 3627—3628 页；《后汉书》卷一五《李通列传》，第 573 页。
④ 《史记》卷三〇《平准书》，第 1420 页。

一无听，遂共潜杨受取赇赂。"①陈球、许杨纠举豪右而获罪，足见豪民的政治背景已十分复杂，高级官吏也不免受到他们的欺凌。"宁负二千石，无负豪大家"②的谚语，是他们强力干预现实政治的写照。豪民凭借经济实力强大而拥有社会地位，是汉武帝之后的普遍现象，也常常为时人所批评。如《史记·货殖列传》云："今有无秩禄之奉，爵邑之入，而乐与之比者，命曰'素封'。"《酷吏列传》云："（宁成）为任侠，持吏长短，出从数十骑。其使民威重于郡守。"③东汉仲长统在《昌言·理乱》《损益》等篇中不仅形象描绘了豪民的强大经济实力，也深刻指出了他们"身无半通青纶之命，而窃三辰龙章之服；不为编户一伍之长，而有千室名邑之役。荣乐过于封君，势力侔于守令"的社会地位与政治势力。他们甚至"财赂自营，犯法不坐。刺客死士，为之投命。至使弱力少智之子，被穿帷败，寄死不敛，冤枉穷困，不敢自理"，④乡里秩序受到严重的干扰与破坏。

秦汉国家对待豪民的总体政策是限制和打击，文献记载了许多官吏采取摧毁与蔑视的方法消灭豪民势力，其执行的当然是国家治理政策。《汉书·酷吏传》云严延年："其治务在摧折豪强，扶助贫弱。贫弱虽陷法，曲文以出之；其豪杰侵小民者，以文内之。"《后汉书·酷吏列传》："（李章）光武即位，拜阳平令。时赵、魏豪右往往屯聚，清河大姓赵纲遂于县界起坞壁，缮甲兵，为在所害。章到……掩击破之，吏人遂安。"《酷吏列传》云周纡"志除豪贼"，为洛阳令时，"下车，先问大姓主名，吏数闾里豪强以对。纡厉声怒曰：'本问贵戚若马、窦等辈，岂能知此卖菜佣乎？'"⑤但打击并不是唯一的方法，在基层社会，豪民与国家行政组织之间实际还存在着多种复杂的关系，打击与拉拢利用相结合也是常用方法，如吸收豪民协助地方社会治理。《史记·酷吏列传》云："定襄吏民乱败，于是徙（义）纵为定襄太守。纵至，掩定襄狱中重罪轻系二百余人，及宾客昆弟私入相视亦二百余人。……是日皆报杀四百余人。其后郡中不寒而栗，猾民佐吏为治。""猾民佐吏为治"，不应当如《索隐》所说的那样是"谓豪猾之人干豫吏政"，⑥而是指"猾民"此后协助官吏治理地方。又《史记·酷吏列传》云王温舒："择郡中豪敢任吏十余人，以为爪牙。"《后汉书·廉范列传》云廉范："赵将廉颇之后也。汉兴，以廉氏豪宗，自苦陉徙焉。……永平初，陇西太守邓融备礼谒范为功曹。"《酷吏列传》云董宣"累迁北海相。到官，以大姓公孙丹为五官掾"。⑦这些原本受到限制打击的豪民，却被除任为地方属吏了。

不过史书反映秦汉乡里豪民并非都是"武断于乡曲"，与国家秩序尖锐对立。如《史

---

① 《后汉书》卷五六《陈球列传》，第1832页；《后汉书》卷八二上《方术列传》，第2710页。
② 《汉书》卷九〇《酷吏传》，第3668页。
③ 分见《史记》卷一二九《货殖列传》，第3272页；《史记》卷一二二《酷吏列传》，第3135页。
④ 参见仲长统《昌言》，中华书局，2012，第265、279页。
⑤ 分见《汉书》卷九〇《酷吏传》，第3669页；《后汉书》卷七七《酷吏列传》，第2492、2493—2494页。
⑥ 《史记》卷一二二《酷吏列传》，第3146页。
⑦ 分见《史记》卷一二二《酷吏列传》，第3147页；《后汉书》卷三一《廉范列传》，第1101页；《后汉书》卷七七《酷吏列传》，第2489页。

记·货殖列传》云："然任公家约，非田畜所出弗衣食，公事不毕则不得饮酒食肉。以此为闾里率，故富而主上重之。"①豪民也并非总是满足于"身无半通青纶之命""不为编户一伍之长"，他们通过自我调适向官僚转化，豪民的官僚化是汉代政治中的一种普遍现象。特别是基层社会众多的属吏，相当一部分就是由豪民或豪民子弟所把持和担任的。如《汉书·游侠传》云："初，（原）涉与新丰富人祁太伯为友，太伯同母弟王游公素嫉涉，时为县门下掾，说尹公曰……尹公如其计。"②这个王游公是新丰富人祁太伯的同母弟，他任县门下掾恐怕与其家庭势力有关。《后汉书·第五伦列传》云蜀郡掾史家赀富饶，"以财货自达"，③这种属吏，恐怕也不是一般家庭出身。一些非属吏、为民表率的三老甚至也可以由豪民担任，如南阳豪民樊重因"恩加乡闾"被推为三老。④又《后汉书·左雄列传》云："稍迁冀州刺史。州部多豪族，好请托，雄常闭门不与交通。"⑤豪族请托，也应包括当官为吏之类的事。左雄难以拒绝，只好闭门不与交通，但其他刺史的情况就难以知晓了。

当然，也有的官员向豪民妥协，表现出双重人格。《汉书·王温舒传》云："（王）温舒多诌，善事有势者；即无势，视之如奴。有势家，虽有奸如山，弗犯；无势，虽贵戚，必侵辱。"⑥"势者""势家"并不专指豪民，但必包括豪民在内。王温舒曾以严厉打击河内豪奸之家闻名，但又有两面性。他"善事有势者"，当指那些既有经济势力又有政治社会背景的豪强，他所"侵辱"的"无势者"，当指那些失去政治势力的官僚贵族。又《潜夫论·爱日》云："以羸民与豪吏讼，其势不如也……治讼若此，为务助豪猾而镇贫弱也。"⑦关于"豪吏"，增渊龙夫认为是郡县掾吏与当地豪侠游民结合的产物，⑧这个看法是正确的。在这些地方，国家法律已经变成了豪民手中的工具，贫弱者孤苦无助。

豪民势力的发展，使乡里社会结构与社会问题复杂化，编户齐民有了非身份性的高下之分。豪民凭借强大的经济势力干预、扰乱甚至控制乡里政治权力，形成了高于国家权力的私权，乡里社会结构与国家政治结构之间的互动出现了新变化。东汉末年，不少豪民以村屯坞壁的形式控制基层社会人口，乃至与国家相抗衡，是其势力发展对社会结构影响的典型表现形态。这一变化对魏晋历史走向产生了深刻影响。

---

① 《史记》卷一二九《货殖列传》，第 3280 页。

② 《汉书》卷九二《游侠传》，第 3718 页。

③ 《后汉书》卷四一《第五伦列传》，第 1398 页。

④ 《后汉书》卷三二《樊宏列传》，第 1119 页。

⑤ 《后汉书》卷六一《左雄列传》，第 2015 页。

⑥ 《汉书》卷九〇《王温舒传》，第 3655 页。

⑦ 王符撰，汪继培笺，彭铎校正《潜夫论笺校正》，中华书局，1985，第 217 页。

⑧ 参见增渊龙夫《汉代民间秩序的构成和任侠习俗》，刘俊文主编《日本学者研究中国史论著选译》第 3 卷，黄金山、孔繁敏等译，中华书局，1993，第 526—563 页。

三 宗族组织兴起与宗族治理

秦汉乡里社会结构的另一个重要变化是宗族组织的发展。在秦及汉初的基层社会结构中，宗族活动并不明显，国家治理所直接面对的主要是个体家庭，而与国家发生联系的也主要是个人或者家庭。这种个体家庭的蓬勃发展起源于战国，与秦的"分异"政策有很大关系。"分异"政策至少在汉初的法律中仍是得到支持的，这在张家山汉简《二年律令·户律》《置后律》等简文中有清晰的反映。此非本文研究主旨，不再细论。

宗族与同居有很大关系，但"同居"的概念并不相同。睡虎地秦简中有数条涉及秦代"同居"问题的简文，如《法律答问》云："可（何）谓'同居'？·户为'同居'"，[①] 这是说一户之内即为"同居"，所谓"户"，指同一个户籍之下。这种同居既指一般家庭内父母与子女的共同居住，也指与收养、过继者的共居。如《法律答问》云："士五（伍）甲毋（无）子，其弟子以为后，与同居，而擅杀之，当弃市。"[②] 简文中的甲与其弟是分户的，甲无子，以其侄为后，即属于"同居"的后一种形态。《法律答问》又云"可（何）谓'同居'？'同居'，独户母之谓殹（也）。"整理小组释："独户母，一户中同母的人。"[③] 张家山汉简也多次提到"同居"。如《二年律令·盗律》："诸予劫人者钱财，及为人劫者，同居智（知）弗告吏，皆与劫人者同罪。"《钱律》："盗铸钱及佐者，弃市。同居不告，赎耐。"《户律》："寡夫、寡妇毋子及同居……欲令归户入养，许之。"《置后律》："诸死事当置后，毋父母、妻子、同产者，以大父，毋大父以大母与同居数者。"[④] 等等。

关于"同居"，《汉书·惠帝纪》颜师古注曰："同居，谓父母妻子之外若兄弟及兄弟之子等见与同居业者。"[⑤] 上述张家山汉简反映，汉初的"同居"，与秦代并没有太多的差别，都应当指同一户籍之下共同居住生活的人，人数不会太多。秦汉律中虽列出了"同居"问题，并做出了许多法律上的细致规定，但上述简文中的"同居"都还只是以户为单位，因血缘关系或其他原因而共居于一个家庭内部，是家庭的扩大，与后世的宗族"同居"不是一个概念。这种以户为单位的"同居"，尚不能构成宗族，故不能将他们视为宗族形态。

宗族形态在战国及秦汉国家建立后相当长的历史时期里的发展并不典型和充分，国家在基层社会的权力没有受到宗族势力太大的影响，乡里社会中的个体家庭也很少受宗族的制约。文献和简帛都反映邻里什伍组织是当时乡里最基本的、合法的组织形式，个人的政治、

---

① 睡虎地秦墓竹简整理小组编《睡虎地秦墓竹简》，第98页。

② 睡虎地秦墓竹简整理小组编《睡虎地秦墓竹简》，第110页。

③ 睡虎地秦墓竹简整理小组编《睡虎地秦墓竹简》，第141页。

④ 张家山二四七号汉墓竹简整理小组编著《张家山汉墓竹简〔二四七号墓〕》（释文修订本），第19、35、55、59页。

⑤ 《汉书》卷二《惠帝纪》，第88页。

经济、社会活动与宗族没有太多的联系。当然，这不等于说宗族与宗族关系在当时社会中完全不存在，如春秋战国之际的陶朱公，"十九年之中三致千金，再分散与贫交疏昆弟"，①即包括了同族之中的抚恤。《慎子·逸文》云战国时代："家富则疏族聚，家贫则兄弟离。非不相爱，利不足相容也。"②《史记·苏秦列传》载苏秦云："此一人之身，富贵则亲戚畏惧之，贫贱则轻易之，况众人乎！""于是散千金以赐宗族朋友。"③这些材料透露出当时宗族的重要特点，如宗族凝聚的基础主要不是血缘关系，宗族内的贫富分化十分显著，宗族内各个家庭间的利益关系色彩浓厚等。岳麓秦简第 3 卷《识劫婉案》载秦王政时期的大夫沛，在其妻危死后又娶婉为妻，并召集宗人，"欲令婉入宗"，获得宗人认可。④ 此是战国晚期乡里宗族组织存在的明证。但婉为妻的合法身份，仍需要官府认可，说明宗族组织与行政组织有着截然不同的职能。晁福林对战国时期宗法制的发展及衍变的论述，也从一个侧面证明了宗法、宗族在战国虽有削弱，但没有被废弃的事实。⑤ 当然，战国秦汉初期强盛的宗族势力仍然是六国"宗强"，⑥ 以及前引杜林上疏中所指出的汉初迁徙的"六国强宗"。

这些汉初被迁徙的宗族，主要是六国贵族，他们在秦代似未被大规模迁徙，故仍有一定势力。杜林认为迁徙这些强宗可以使"邑里无营利之家，野泽无兼并之民"，说明他们在秦代曾经影响了"邑里"基层社会结构的稳定。当然六国贵族的宗族结构在战国秦汉的社会变革中并不是都能够完整保留而被迁徙，他们中相当多的宗族已被打乱，流散到各地。如乐毅的后代乐氏族人，在秦灭赵后就分散到了各地。⑦ 这样的事例史籍多见。何兹全认为："秦汉之际，氏族组织残遗的宗族关系似不只在屈、景、昭、田这些大贵族中存在，大贵族之外，宗族关系在社会上似乎也是存在的。"⑧ 的确，除了一些贵族宗族外，秦汉官僚及一般家庭也有宗族组织活动的迹象，如《史记·萧相国世家》高祖云："今萧何举宗数十人皆随我，功不可忘也。"⑨ 萧何为一县属吏，算不上高级官僚，但在遇事时他能够"举宗"，可见基层社会宗族的存在及其相互联系的迹象。不过就西汉一代而言，宗族组织的发展及其内部联系仍然是有限的，其宗族活动主要表现在宗族间的散财及一般聚会，间或也有商议族内事务者。这些材料分见于西汉中晚期：

> 过齐，（楼户）上书求上先人冢，因会宗族故人，各以亲疏与束帛，一日散百金

① 《史记》卷一二九《货殖列传》，第 3257 页。
② 许富宏：《慎子集校集注》，中华书局，2013，第 88 页。
③ 《史记》卷六九《苏秦列传》，第 2262 页。
④ 陈松长、朱汉民主编《岳麓书院藏秦简》（叁），上海辞书出版社，2013，第 154—155 页。
⑤ 参见晁福林《先秦社会形态研究》，北京师范大学出版社，2003，第 15 页。
⑥ 参见《史记》卷九九《刘敬列传》，第 2720 页。
⑦ 参见《史记》卷八〇《乐毅列传》，第 2436 页。
⑧ 何兹全：《中国古代社会》，北京师范大学出版社，2001，第 327 页。
⑨ 《史记》卷五三《萧相国世家》，第 2015 页。

之费。

（杨）恽受父财五百万，及身封侯，皆以分宗族。后母无子，财亦数百万，死皆予恽，恽尽复分后母昆弟。再受訾千余万，皆以分施。其轻财好义如此。

（朱邑）身为列卿，居处俭节，禄赐以共九族乡党，家亡余财。邴越、相，同族昆弟也，并举州郡孝廉茂材，数病，去官。越散其先人訾千余万，以分施九族州里，志节尤高。

（疏）广既归乡里，日令家共具设酒食，请族人故旧宾客，与相娱乐。

（张）临亦谦俭……且死，分施宗族故旧，薄葬不起坟。

（苏）武所得赏赐，尽以施予昆弟故人，家不余财。

及贤病笃，（韦玄成兄）弘竟坐宗庙事系狱，罪未决。室家问贤当为后者，贤恚恨不肯言。于是贤门下生博士义倩等与宗家计议，共矫贤令，使家丞上书言大行，以大河都尉玄成为后。"宗家"，颜师古注曰："贤之同族也。"

明年春，上使使者召，欲封当。当病笃，不应诏。室家或谓当："不可强起受侯印为子孙邪？"

（刘德）家产过百万，则以振昆弟宾客食饮。

（关内侯郑宽中）私门不开，散赐九族，田亩不益。[①]

何兹全、赵沛均认为上述部分材料反映了西汉中后期宗子收养赡给同宗贫穷者的义务，[②] 其实并不完全准确。如宗子收养根本不见于上述材料，而列传中诸人的散财与赈恤宗族贫穷者也没有什么关系，如他们的散财并不是在自然灾害发生之时，也无同宗贫困不堪的记载，至多不过是散财者本人"轻财好义"，显示"志节"的一种价值观念而已。如楼护一日散百金，但他自己却"家狭小"。郑宽中散财九族，自己家中却"田亩不益"。又疏广归乡聚会族人的目的是宣扬"圣恩"，感受的是"娱乐"。疏广散财引起子孙的不满，以致子孙不得不寻找"丈人"，婉转劝疏广"买田宅"为子孙计，[③] 这些"子孙"当然只是疏广家庭内部的子孙，而不是宗族内其他家庭的子孙。这不仅说明疏广宗族内部各自以家庭利益为上，也反映这种族人之间的"酒食"关系，宣扬成分很大。散财不局限于同宗之人，还包括了"乡党""故旧""宾客"。这种行为对扩大散财者本人在宗族内部及社会上的影响，对联络族人之间的情感有一定意义，但对基层社会结构的改变，特别是政治结构的影响并不明

---

① 分见《汉书》卷九二《楼护传》，第3707页；《汉书》卷六六《杨恽传》，第2890页；《汉书》卷八九《朱邑传》，第3636页；《汉书》卷七二《鲍宣传》，第3095页；《汉书》卷七一《疏广传》，第3040页；《汉书》卷五九《张汤传》，第2654页；《汉书》卷五四《苏建传》，第2468页；《汉书》卷七三《韦贤传》，第3109页；《汉书》卷七一《平当传》，第3051页；《汉书》卷三六《楚元王传》，第1928页；《汉书》卷八八《儒林传》，第3605页。

② 参见何兹全《中国古代社会》，第328页；赵沛《两汉宗族研究》，山东大学出版社，2002，第114页。

③ 参见《汉书》卷七一《疏广传》，第3040页。

显。甚至有的还是在国家控制之下进行的，如楼护"上先人冢"，与族人聚会需先"上书"，显然是经过上级批准的。韦贤门生与贤同族商量贤家爵位继承之事，是同族内部相互联系的反映，但此事由贤之门生出面组织，贤宗家计议的是贤之家事而不是族事，[①] 终究说明其内部的联系不甚紧密，也说明管理族内公共事务的机制还没有形成。《平当传》中的"室家"应是与平当有血缘关系的宗族，但他们对平当是否受封也仅仅有建议权而无决定权。

宗族内部虽然还没有严密的公共事务管理机制，但同宗之间的政治提携与保护却由来已久。[②] 随着社会对宗族关系的认同逐步加强，在部分官僚贵族内部，因宗族关系而相互政治提携的现象已不罕见，如：

> 地节中，（刘德）以亲亲行谨厚封为阳城侯。子安民为郎中右曹，宗家以德得官宿卫者二十余人。
>
> （江充）迁为水衡都尉，宗族知友多得其力者。
>
> 昆弟以（司马）安故，同时至二千石十人。
>
> 昆弟以（郑）当时故，至二千石者六七人。
>
> 宗族至吏二千石者十余人。[③]

如同散财一样，这些政治提携虽不是维系宗族内部关系的必然行为，但客观上加强了宗族内部的联系，特别是政治联系。也正因此，战国以来法律在处理严重犯罪时，往往采取"族诛"的方式。

东汉宗族组织形态的发展较西汉有了很大进展，学者们已有很多研究和精辟论述，这里不再详论，仅做一些归纳与补证。从两汉之际开始，由于战乱原因，宗族内部的凝聚力急剧加强。单个家庭为了在战乱中生存，必须依附于一定的组织，而宗族无疑是首选。两汉之际拥兵自保、割据一方者所依赖的社会基础虽不完全是宗族组织，如还有宾客及其他社会阶层，但宗族组织最为典型。东汉初期众多人物的政治活动都与宗族有关的现象就能够证明这一点。[④] 我们不能说这些举族而动的宗族都有政治野心，恐怕对于绝大多数宗族中的家庭来说，跟随宗族活动的主要目的只是获得平安而已。[⑤] 战乱对于宗族的聚合作用还可以通

---

① 参见赵沛《两汉宗族研究》，第 144—145 页。

② 晁福林指出："当时同族的人往往祸福同当，相互提携保护。"（晁福林：《先秦社会形态研究》，第 158 页）"当时"，指战国时期。

③ 分见《汉书》卷三六《楚元王传》，第 1927 页；《汉书》卷四五《江充传》，第 2178 页；《汉书》卷五〇《汲黯传》，第 2323 页；《汉书》卷五〇《郑当时传》，第 2325 页；《汉书》卷七三《韦贤传》，第 3115 页。

④ 参见何兹全《中国古代社会》，第 327—356 页；赵沛《两汉宗族研究》，第 63—132 页。

⑤ 《后汉书》卷二一《耿纯列传》云："纯恐宗家怀异心，乃使祌、宿归烧其庐舍。世祖问纯故，对曰：'……纯虽举族归命，老弱在行，犹恐宗人宾客半有不同心者，故燔烧屋室，绝其反顾之望。'"耿纯派人烧其房屋，正是因为担心宗族可能会回归乡里而不再跟随自己（第 762 页）。

过《后汉书·耿纯列传》反映出来，本传载刘秀认为耿纯举族在军中对战争行动不利，于是"乃以纯族人耿伋为蒲吾长，悉令将亲属居焉"。[1]耿氏宗族因战乱原因从钜鹿郡迁到了常山郡，耿氏族人因此担任了新迁地的县长，耿伋任县长对这个宗族的凝聚和发展作用必定很大。战争和动乱促进宗族组织凝聚的事例还有很多，相关史籍多有记载，兹不一一列举。

战争和动乱能够促进宗族组织的凝聚，东汉宗族得到了很大发展。首先，战争与动乱使原本未必有十分紧密关系的家庭出于安全需要，迅速向宗族内部一些有势力、有武力的家庭靠拢，而宗族内部有实力、有号召力或者声誉良好的家庭，也借此机会联络宗族力量，扩大影响，宗族内部的向心力和凝聚力因此加强。王充在《论衡·语增篇》中感叹："九族众多，同里而处，诛其九族，一里且尽。"[2]此虽借古说事，但实际上反映的应是他所生活的东汉时代宗族聚居、人口众多的情况。考查两汉宗族发展史，战争与动乱的因素值得重视和细究。其次，宗族内部的联系加强。与西汉不同，东汉宗族内部的联系从形式到内容上都有很大变化。如共同尊奉、祭祀祖先的仪式，祠堂设置的普遍化，宗族之间的收养与赈恤，宗族内部礼仪道德教养的形式化与规范化，宗族政治上兴衰荣辱、休戚与共的特征，在东汉都十分明显。[3]再次，宗族演变为一个吸纳多阶层人物的社会集团。关于东汉宗族聚居的史料中，往往还有宾客、闾里百姓、奴婢、徒附等记载，这说明在日益发展的宗族组织中，依附性关系"也在暗暗滋长"，[4]宗族并不是一个纯粹的亲缘集团。如周堪，在动乱中因武力而凝聚了大量宗族，战后"仕郡县"，但他"公正廉洁，奉禄不及妻子，皆以供宾客"，[5]"宾客"就是宗族中的一部分。最后，我们还要看到，两汉宗族的发展并不意味着宗族内部都属于同一阶级和阶层，宗族内部不仅是以个体家庭形态存在的，而且其社会身份、各家庭之间的贫富分化也很不一致。因此，不能仅以宗族领袖的身份地位来论整个宗族的阶级性。

宗族的发展并不局限于乡里社会，但乡里是宗族发展最为广阔的天地。乡里宗族组织的发展在秦汉不同时期和不同地域有很大差异，但导致乡里社会结构发生变化应是历史事实。我们知道，秦汉的宗族组织与周代的宗法组织不同，自周天子到诸侯卿大夫士由宗法血缘关系形成的宗族组织，既是社会秩序的组成部分，也是国家政治秩序的组成部分。因此，在周代政体中，无论是上层社会还是基层社会的各级贵族，一般来说，宗法组织没有也不可能与国家秩序相对立。而秦汉因大一统中央集权郡县官僚制的确立，宗族失去了通过血缘关系与国家建立政治联系的通道，宗族在国家政治权力分配中不再有特殊地位，或者说"国家

---

① 《后汉书》卷二一《耿纯列传》，第763页。
② 黄晖：《论衡校释》卷七《语增篇》，第357页。
③ 参见何兹全《中国古代社会》，第327—356页；张鹤泉《东汉宗族组织试探》，《中国史研究》1993年第1期；赵沛《两汉宗族研究》，第133—156页。
④ 何兹全：《中国古代社会》，第331页。
⑤ 《后汉书》卷七九下《儒林列传下》，第2579页。

政治体制已从机制上排除了宗族权力与政治权力的结合"。^①但宗族的发展又是社会经济变化、阶级阶层关系变化、政治形态变化、思想文化变化的产物，秦汉宗族正是这些变化在社会组织形态上的反映。尽管宗族组织与政治权力不再有必然联系，但宗族组织的存在，必然要对国家治理产生深刻影响。

宗族治理是秦汉国家治理的重要内容，前揭学者们多有研究，但需要注意的是秦汉国家宗族治理政策与宗族组织自身调整两方面的历史演变。从国家治理政策层面看，秦及西汉时期的宗族治理是以迁徙与强力镇压相结合的方法为主体。文献中多见的政治性迁徙与经济性迁徙即为明证，汉武帝推行的刺史制度以"六条问事"，第一条就是"强宗豪右，田宅逾制，以强凌弱，以众暴寡"，^②说明打击不法宗族豪强扰乱地方经济与社会秩序，是刺史的首要职责。西汉酷吏的强硬作风，也大都针对的是这些强宗。学界普遍认为，东汉政府是在强宗大族支持下建立的，或其政权构成者本身就是强宗大族，故抑制政策也大体只延续到东汉前期，之后，宗族势力就迅猛发展，并与东汉政治相结合。但我们也应看到，东汉政权与宗族组织之间也不能画等号。社会结构变化是社会经济变化的产物，政治结构也必然随着社会结构的变化而发生变化。东汉政权尽管与宗族组织有着千丝万缕的联系，是东汉社会结构变化在上层建筑中的体现，但政权组织与宗族组织还不是一个概念，政权组织还有更为广泛的社会职能。东汉宗族势力扩张所带来的对抗官府、暴害乡里、交通王侯等政治问题与社会问题，与东汉政权的国家治理目标是不一致的。只不过由于政治腐败、皇权式微、中央集权涣散等原因，东汉政府已经无力回天罢了。从宗族组织自身看，历经长期发展，宗族自身也在调整，表现出与国家治理相协调的一面。一些宗族首领积极参与地方治理，担任三老或县乡属吏，如樊重被推为县三老，第五伦为乡啬夫等。^③一些宗族注重对族人的规范制约，避免与国家法律和社会秩序发生冲突。如《后汉书·邓骘列传》："自祖父（邓）禹教训子孙，皆遵法度，深戒窦氏，检敕宗族，阖门静居。"^④更重要的是，诸多宗族组织成员通过服膺儒学，与国家倡导的主流意识形态相结合，由通经而以察举征辟进入官僚队伍，实现了宗族势力的官僚化、士族化转化。东汉的宗族是魏晋门阀士族的重要来源之一，东汉宗族势力的发展，是推动秦汉政治社会结构向魏晋政治社会结构转变的重要动因。掌握魏晋政坛的门阀士族，大都与两汉宗族有渊源关系，魏晋的门阀政治正是宗族权力与国家权力相结合的产物。这一历史性转变深刻证明，社会结构变化是政治结构变化的根本原因，国家治理也必须顺应这一变化。

---

① 赵沛：《两汉宗族研究》，第 275 页。
② 《汉书》卷一九上《百官公卿表上》注引《汉官典仪》，第 742 页。
③ 《后汉书》卷三二《樊宏列传》："（樊重）赀至巨万，而赈赡宗族，恩加乡闾……县中称美，推为三老。"（第 1119 页）《后汉书》卷四一《第五伦列传》："王莽末，盗贼起，宗族闾里争往附之……伦后为乡啬夫，平徭赋，理怨结，得人欢心。"（第 1395—1396 页）
④ 《后汉书》卷一六《邓骘列传》，第 616 页。

余论 秦汉国家乡里治理的历史启示

秦汉国家在四百多年的历史进程中，为巩固加强大一统中央集权和治国安邦，创设了内涵十分丰富的乡里制度与治理体系。其中既积累了很多经验，也留下了深刻教训。

首先，在乡里治理上注重国家权力与乡里秩序相结合。战国以来的中央集权化发展道路，促进了以乡里为基础的地方行政制度与治理体系的快速发展，国家权力延伸到乡里。秦的统一，更使以秦为标准的乡里制度与治理体系整齐划一，遍及全国。但战国历史影响的遗存与秦的急政暴政，造成国家权力与乡里社会的严重对立。但这种对立并不是中央集权下的乡里行政制度所致。正如柳宗元在《封建论》中所说："失在于制，不在于政，周事然也……失在于政，不在于制，秦事然也。"[1] 所谓制，主要是地方行政制度，周的地方分封制度，是最终造成周亡的根本原因，而秦的地方行政制度设计本身是没有问题的，是"政"出了问题。"政"就是政治方向与治理体系。六国政治势力与六国故国意识的顽强存在，秦对乡里民众繁苛的赋税徭役，造成了秦政权与乡里社会的严重对立。尽管个别出土简牍反映了秦也有所谓"民本"思想，但恐怕不能改变其酷政的本质。汉代统治者"察盛衰之理，审权势之宜，去就有序，变化有时"，[2] 在总结历史教训的基础上，采用郡国并行和因俗而治的地方行政制度与治理体系，化解战国历史的影响；注重乡里原有共同体组织的自治功能，[3] 如三老、里父老参与治理，同时，注重构建以爵制为基础的乡里社会秩序，官员选拔上注重"乡论"，[4] 等等，使国家权力与乡里秩序有了较好的结合，发挥出国家与社会双方面的治理功能，塑造出中国历史上乡里治理的不少辉煌时期。但秦汉乡里不是自治社会，乡里基层组织设置与吏员任用制度的完善，以及以户籍与流动管控为代表的国家权力行使，深刻说明乡里是受统一中央集权领导下的权力机构。

其次，在国家权力深入乡里社会的同时，又注重改造乡里社会秩序。秦汉国家不是简单地控制着乡里社会，而是积极推动改造乡里社会秩序。如政治上不断迁徙打击各种扰乱乡里的社会势力，经济上防控土地兼并、扶持自耕农生产，意识形态上以儒家思想改造乡里社会风尚，社会治理上重视依法治民、以德化民，等等，都在一定时期、一定阶段发挥出积极作用。特别是察举制将选官用人与儒家思想相结合，在重塑乡里社会秩序上意义重大。为了在察举中脱颖而出，乡里民众注重人格的自我塑造完善，注重道德品质的自我修养提高，自

---

① 《柳宗元集》，吴文治等点校，中华书局，1979，第73页。

② 《史记》卷六《秦始皇本纪》，第278页。

③ 参见林甘泉《秦汉帝国的民间社区和民间组织》，《中国古代政治文化论稿》，第177—208页。

④ 参见卜宪群《乡论与秩序：先秦至汉魏乡里舆论与国家关系的历史考察》，《中国社会科学》2018年第12期。

觉保持与国家主流意识形态一致，在一定程度上实现了国家与乡里社会在政治层面和思想道德文化层面的成功对接。

最后，乡里社会秩序的破坏与历史周期律问题。历史证明，强大的中央集权是乡里治理的关键。中央集权强，乡里治理好；中央集权衰，乡里治理乱，这是一条历史经验。但由于秦汉国家乡里治理的主体是地主阶级政权，其阶级属性决定了他们不可能代表最广大乡里民众的利益。当中央集权受到破坏时，乡里治理就不断受到来自腐败政治的干扰，急政暴政导致民不聊生，贪官污吏的苛求导致小民冤苦不堪，察举制腐败致使民众甚至部分士阶层失去政治上升渠道。乡里社会豪民宗族势力的发展，致使土地兼并不断加剧，民众流亡他乡。这种情况下，中央集权实际处于涣散无力的境地，无力承担国家治理的重任，此时，要么统治阶级内部实现自我更新，要么民众揭竿而起。两汉虽然在中国历史上属于延续时间比较长的王朝，但仍不可避免地落入了历史周期律的陷阱，这无疑是深刻的历史教训。

〔本文原载《中国社会科学》2022 年第 3 期。作者卜宪群，中国社会科学院大学历史学院教授，中国社会科学院古代史研究所研究员〕

如何定位秦代

——两汉正统观的形成与确立

陈侃理

摘　要　包含唯一性、连续性、正当性三个标准的王朝正统观念，是在两汉时期逐渐形成和确立的。汉代的正统观主要表现在对秦的历史定位上，在守冢安排、纪年以及帝王称谓的变化中呈现出从无到有、从无意识到有意识的发展过程。五德终始说并未被秦和汉初的朝廷所采用，秦用水德之说是汉儒为支持革除秦政的主张而构拟出来的。汉廷在太初改历时定汉为土德，才正式承认秦为水德，确立起秦汉相承的王朝统绪。西汉末年，刘歆将秦列入"闰位"，为五德终始说加入道义因素，从而明确了正当性标准，奠定了正统观在后世的基本形态。

关键词　秦　汉　正统观　五德

"正统"是中国古代政治文化的核心观念之一，在历史叙述中表现为正统论。正统论将政权划分为正统与非正统，将历史进程叙述为正统王朝的单线更迭。它作为一种意识形态，还往往包含确立本朝在历史中的位置、说明统治合法性来源的作用。一个政权被论定为正统王朝，通常需要考虑以下三个标准：一是唯一性，即独享"天下"的最高统治权；二是连续性，即与此前的正统王朝在时间上前后衔接，或在法统上存在连结；三是正当性，即其建立和统治都应该合乎道义。由于历史上并不是总能找到同时符合三个标准的政权，在认定某个政权是否属于"正统"王朝时常常出现争议。[1]本文聚焦秦和西汉时期，旨在正本清源，探讨三者兼备的正统观念是如何形成，如何被确立为国家意识形态，以及如何被普遍接受的。

中外学者对历史上的正统观与正统论已经有过比较充分的探讨，[2]但对于正统观念形成、

---

[1]　在正统论中，论者即便接受某个正统王朝在哪个属性上有所欠缺，也总要对其欠缺做出解释。这恰恰说明在观念上，正统王朝理应三者兼备。

[2]　参看刘浦江《正统与华夷：中国传统政治文化研究》，中华书局，2017，第1—2页。

确立时期的看法，基本上没有超出 1930 年顾颉刚发表的《五德终始说下的政治与历史》一文的范围。[①] 顾先生将传世史料搜讨殆尽，厘清了从邹衍五德相胜说到刘歆五德相生说的变化，并且大胆创说，为这个问题的研究确立了很高的起点。但在他引导、刺激下展开的讨论似乎也限制住了后人的思路，学者很少超出德运之外，全面地考察秦汉正统观的表现。[②] 然而，德运问题在政治上的重要性恰恰是以正统观念为前提的。通过德运来讨论正统观念，至少需要面对以下三个问题。首先，五德终始说本是战国后期齐人邹衍个人的学说，进入国家制度，成为普遍观念，并非必然；这是如何发生的？其次，五德学说能否等同于正统理论，是否天然包含正统观的上述三个特征？最后，也是最根本的，秦汉时期，皇权郡县制国家正处在创始阶段，当时的人们是不是从一开始就具备了正统观念？

秦代的正统观姑且不论，探讨两汉正统观，核心问题是汉代人如何看待秦的历史地位。按照后世正统观的内容，这应该包含两个层面：第一，是否承认秦代帝王作为天子、皇帝的地位；第二，如何在五德终始序列中安排秦的德运。前者涉及如何评价秦始皇、秦二世个人的道德、功业，还关系着汉朝统治的正当性来源；后者涉及是否将秦自命水德认定为史实，如何认识汉朝自身的德运，决定在政治上因循秦制，还是自立法度。最终，汉代人达成了基本共识。他们认为：曾统治天下的秦始皇、秦二世拥有过皇帝身份、天子地位，但秦的水德居于闰位而非正统，汉朝则越秦承周为火德。这个共识被此后的正统论述大体继承下来。

上述秦史正统观的形成、演变、定型，历经了两汉数百年。研究这个过程，不能以五德终始说的确立为前提，更不能将正统观等同为五德终始说，而是需要从史料中寻绎正统观念的实在表现。在汉代，"正统"虽然已经连称构成词组，但通常是指一个王朝、家族内部的嫡系血脉或正当法度。[③] 现在所谓的正统观念或与之相似的意识，是通过其他的语汇、方式透露

---

① 顾颉刚：《五德终始说下的政治与历史》，《清华学报》第 6 卷第 1 期，1930，修订后收入顾颉刚编著《古史辨》第 5 册，朴社，1935，第 404—617 页，本文据上海古籍出版社 1982 年影印版。在此之前，1926 年日本学者津田左右吉发表《汉代政治思想的一面》（津田左右吉：《漢代政治思想の一面》，收入《儒教研究》二，《津田左右吉全集》第 17 卷，岩波书店，1966，第 1—108 页），系统讨论了五德、正朔服色、改元、郊祀封禅等思想学说与秦汉政治和儒家的关系。文中指出五德等学说主要是为了解决政权更迭的合法性问题，但作者旨在批判儒家吸收民间数术、巫祝思想的实用主义态度，因而没有系统讨论王朝正统的问题。

② 目力所及，仅有鹤间和幸的《汉代秦王朝史观的变迁——以贾谊〈过秦论〉、司马迁〈秦始皇本纪〉为中心》[鹤间和幸：《漢代における秦王朝史観の変遷──賈誼〈過秦論〉司馬遷〈秦始皇本紀〉を中心として──》，《茨城大学教養部紀要》(29)，1995，第 1—19 页]一文，涉及五德终始以外的正统观念表现。但该文重在讨论汉代人对秦代政刑与兴亡的评价，没有系统论述正统观的表现与演变。

③ "正统"指代王朝法度的例子，如西汉前期的大儒董仲舒有著名的"三统说"，认为有黑、白、赤三统循环，各有法度。董仲舒在《三代改制质文》中集中阐述三统说，其中谈到："其谓统三正者，曰：正者，正也。统致其气，万物皆应。而正统正，其余皆正。凡岁之要，在正月也。"（苏舆：《春秋繁露义证》卷七，中华书局，1992，第 197 页）联系上下文来看，这句话的意思是建立一统的法度，首要的在于确定本统的正月，正月选对了，其他都会跟着进入正轨。他说要"正统正"，前一个"正"是动词，后一个"正"指"正月"。汉武帝时，王褒引"记"曰："共惟《春秋》法五始之要，在乎审己、正统而已。"（《汉书》卷六四下《王褒传》，中华书局，1962，第 2823 页）此所谓"记"，就是《春秋》公羊家的学说，其中"正统"与"审己"对文，可见"正"与"审"一样，都是动词，可与《三代改制质文》中的"正统正"相印证。这里的"正统"显然与后世常用的偏正结构的"正统"不同。"正统"指王朝或家族内部血统的例子，如《汉书》卷二五下《郊祀志》云"宣帝即位，由武帝正统兴"（第 1248 页），意思是宣帝是戾太子之孙，出自武帝血统的正脉；又如《汉书》卷八六《师丹传》云"为人后者为之子，故为所后服斩衰三年，而降其父母期，明尊本祖而重正统也"，指小宗入继大宗，应该尊崇所继承的大宗血脉，这是重视宗法继承关系中的统绪。

出来的。本文主要关注三方面的表现，首先是守冢、纪年等可能反映正统观念的仪节，其次是对秦代帝王的称谓有无贬抑，最后再看汉人如何在五德终始说下安排秦和汉的德运。西汉初年的人们在安排守冢、纪年和选择秦代帝王称谓时，并没有同后世一样明确的"正统"观念，但却不能不涉及秦是否在战国七雄中地位特殊，是否曾拥有天下的最高统治权，是否具有衔接周、汉之间的历史地位这些与"正统"紧密关联具体问题。对上述两方面的考察，有助于探索"正统"观念如何萌发，并且启发我们对有关德运的老问题得出新认识。

除了历时性的变化，正统观还存在朝野差异、地区差异、个体差异，即便同一个主体的观念也可能发生变化或临时调整表达策略。本文将以西汉为主，搜集两汉各时期不同个人的表达，一方面注意区别不同的层次，另一方面归纳出大致的趋势。

一 仪节：守冢与纪年

汉朝之兴，起于反秦而终以承秦。汉之承秦，不仅在于制度，还表现为据秦之地、用秦之人。[1] 汉朝的皇帝称号，也是继承了秦始皇的发明。由于这样直接而且深广的联系，汉初朝廷虽然未曾有意识地直接处理正统问题，更没有将号令天下的正当性追溯到秦朝，但还是把秦的地位放在了六国之上。这一点在为秦始皇置守冢的家数上有所体现。

《汉书·高帝纪》载高祖十二年（前195）十二月诏：

> 秦皇帝、楚隐王、魏安釐王、齐愍王、赵悼襄王皆绝亡后。其与秦始皇帝守冢二十家，楚、魏、齐各十家，赵及魏公子亡忌各五家，令视其冢，复，亡与它事。[2]

这道诏书又见于《史记·高祖本纪》：

> 秦始皇帝、楚隐王陈涉、魏安釐王、齐缗王、赵悼襄王皆绝无后，予守冢各十家，秦皇帝二十家，魏公子无忌五家。[3]

《史》《汉》所记文字稍异，但无疑是节录同一件诏书。[4] 诏书命令为秦始皇置守冢二十家，数量

---

[1] 参看陈苏镇《〈春秋〉与"汉道"——两汉政治与政治文化研究》中华书局，2020，第38～72页。
[2] 《汉书》卷一《高帝纪》，第76页。古书本无标点，今天的点校本标点代表了点校者的理解和阅读习惯，其结果有得有失。本文引用史料时在尊重前人点校成果的基础上，对标点多有调整。这些调整对于文意理解的影响如涉及本文主要观点，将随文解释。为避免烦冗，不再一一说明改动之处。
[3] 《史记》卷八《高祖本纪》，中华书局，1982，第391页。
[4] 《史》《汉》所录诏书中的主要差异除了后文将要讨论的楚隐王问题外，还有赵悼襄王的守冢数，据《史记》有十家，据《汉书》则与信陵君一样仅有五家。信陵君得置守冢，可能是因为张耳曾为信陵君客，而刘邦为布衣时曾从张耳游。又，此诏为六国绝嗣者置守冢，但没有提及燕国和韩国，不知何故。

是齐、楚、魏的两倍。① 不过，二十家之数以汉代的标准而言并不算多。汉文帝时，淮南王刘长有罪，在流放途中绝食而死，葬以列侯之礼，获得了守冢三十家；宣帝给祖母史良娣、恩人掖庭令张贺都设置守冢，各有三十家；而成帝时为霍光置守冢更达到百家。② 此外，《史记·陈涉世家》记载："高祖时为陈涉置守冢三十家砀，至今血食。"③ 这条记载与上引高祖十二年诏不合，何者为是，难以遽定；④ 假如所记不误，陈胜的守冢家数也会让秦始皇相形见绌了。⑤

从守冢之家的数量可以推测，在汉初统治者的心目中，秦始皇帝的地位明显高于六国诸王，但也仅是战国七雄之中的翘楚，与汉朝统治天下的正当性没有直接、显著的联系。究其原因，一方面是反秦战争压低了秦代和秦始皇在时人心中的地位，另一方面恐怕也是由于当时的汉廷君臣长于列国并立之世，尚未习惯天下一统，没有形成明确的正统意识。

当然，这并不是说汉初人丝毫没有包含后世正统观因素的想法。即便当事人没有自觉的观念，实践也会促使他们表露出头脑中的潜意识。比如纪年，就包含了正统观的因素。秦和汉初还没有使用年号，主要用君主在位年数纪年。君主纪年在同一时段中只能选择一个国君，不能不考虑哪个国君更有资格，以及是否能够与当今的君主纪年相衔接。这就要用到正统观的唯一性和连续性标准，并且在一定程度上暗含了正当性的意味。

西汉早期文献追溯汉代以前，一般用秦君纪年，透露出秦汉相承的历史观念。汉初长沙国相軑侯利苍之子墓（马王堆三号汉墓）中出土的帛书《五星占》和《刑德》甲、乙篇中均有秦至汉初的纪年标注。过去，学者对其中的"张楚"相当关注，而将"始皇帝"或"秦皇帝"纪年视作理所当然，未予深究。这里尝试稍加辨析，阐释其意义。

---

① 荀悦《汉纪》卷四《高祖皇帝纪》云"为奉始皇帝置守冢三十家"（张烈点校《两汉纪》，中华书局，2002，第55页），当是节抄《汉书》有误，不足为据。

② 分见《史记》卷一一八《淮南王刘长传》（中华书局，1982，第3080页）、《汉书》卷六三《戾太子刘据传》（第2748页）、卷五九《张安世传》（第2651页）卷六八《霍光传》（第2959页）。

③ 《史记》卷四八《陈涉世家》，第1961页。

④ 班固可能注意到了《史记·陈涉世家》之文与《本纪》诏书存在矛盾，《汉书·陈胜传》没有保留"三十家"三字，回避冲突。梁玉绳《史记志疑》（中华书局，1981，第1145页）中则根据《史》《汉》所载诏书，认定陈胜守冢当为十家，《陈涉世家》作"三十家"者有误。目前人对《史》《汉》诏书的解读也尚存疑窦。今本《史记》节录高祖十二年诏书云"楚隐王陈涉"，而《汉书》作"楚隐王"，颜师古注"陈胜也"，可知原文无"陈涉"二字。唐人司马贞《史记索隐》于"隐王"下云："《系家》作'幽王'，名择，负刍之兄。"（《史记》卷八《高祖本纪》，第391页）其中的《系家》当是指《楚世家》。《楚世家》没有提到汉为楚王置守冢，但司马贞采信《陈涉世家》中"置守冢三十家"的记载，认为高祖诏书中仅置守冢十家的"楚隐王"不应该是陈胜，而应该是指楚国最后一代有谥号的国君楚幽王。末代楚王负刍篡位自立，亡国被俘后不知所踪，未必有冢墓保留下来。由此推测，司马贞所见本《史记》此诏应该与《汉书》一样没有"陈涉"二字，梁玉绳认为此二字当为衍文（《史记志疑》，第236页），张文虎进一步推测"此二字盖读者旁注，误入正文"（张文虎：《校刊史记集解索隐正义札记》卷一，中华书局，2012，第95页），其说当是。不过，梁玉绳认为《史记索隐》之说"大谬"，张文虎也引述其说，他们都没有认真考虑司马贞作出的这一看似突兀的推测，背后自有其合理的考虑。陈胜虽以"张楚"为号，但与战国楚王并非同姓。以楚幽王与魏安釐王、齐绪王、赵悼襄王并列，应该更加合适。至于张楚陈王，则被认为在反秦战争中有"首事之功"，在秦汉之间起着承上启下的特殊作用（参看田余庆《说张楚》—"汉初重张楚"，原载《历史研究》1989年第2期，今据《秦汉魏晋史探微（重订本）》，中华书局，2004，第1—4页），超越战国旧君而获得守冢三十家，应是符合汉初统治者的历史认识的。当然，汉人称陈胜为"楚隐王"，史有明文。司马贞以"幽王"释"隐王"，毕竟有改字作解之嫌，不一定符合《史记》原意。在此存疑备考。

⑤ 当然，也不能排除这样的可能，即陈胜的守冢后来有所增加，《史记》所载反映的是武帝时的守冢数。

图 1 《刑德甲篇》"皇帝元"　　　　图 2 《刑德乙篇》"秦皇帝元"

据整理者判断，马王堆帛书《刑德》甲篇编写于高祖十一年（前196）至十二年（前195）之间；《刑德》乙篇改编自甲篇，当编写于惠帝驾崩至文帝前元十二年（前168）之间。① 两者都包含《太阴刑德大游图》，由60幅钩绳图构成，60幅小图右下方依次标注"甲子"至"癸亥"六十干支，表示某年太阴所在，以60年为一个循环。甲篇在壬辰、乙巳、乙卯三幅小图左下方分别有"张楚""今皇帝十一""皇帝元"（图1）三个对应帝王纪年的注记；乙篇没有"今皇帝十一"，而在丁未小图左下方标注"孝惠元"，而乙卯小图左侧注文改为"秦皇帝元"（图2）。② 这些注记都包含帝王称号和年份序数，属于君主纪年。从中可知，《刑德》甲、乙篇都用秦纪年来表示汉兴以前的历史，但在相当于秦二世元年的位置，都不注"秦二世皇帝元"而标注"张楚"。刘乃和、张政烺都认为此处的"张楚"也是用以纪年的，③ 田余庆据此进一步指出时人重视"张楚"法统。④ 事实上，这些注记究竟反映怎样的观念，还需结合《五星占》来讨论。

---

① 裘锡圭主编《长沙马王堆汉墓简帛集成》第5册《刑德甲篇》《刑德乙篇》说明，中华书局，2014，第2、31页。

② 从裘锡圭主编《长沙马王堆汉墓简帛集成》第2册的图版看，《刑德甲篇》的乙卯小图左下方稍有残缺，但还是可以推测仅容三字，即"皇帝元"（第213页）。整理者将之释为"秦皇帝元"（第2册第214页、第5册第18页），因是受了《刑德乙篇》的误导。《刑德甲篇》编写于汉高祖十一年，年代较早，所依据的底本很可能是秦始皇时期编写的。当时，皇帝还是独一无二，故而写"皇帝元"即可。三字下还有方形墨块，应是将这一年标志为起点。《刑德甲篇》承袭未改，而称汉高祖为"今皇帝"。《刑德乙篇》编写的年代去秦稍远，而汉朝也已经有了不止一位皇帝，编写者不再将秦始皇看得那么特殊，故而加上"秦"字，称"秦皇帝"（第2册第221页）。

③ 说见刘乃和《帛书所记"张楚"国号与西汉法家政治》，《文物》1975年第5期，第36页；张政烺《关于"张楚"问题的一封信》，《文史哲》1979年第6期，第76页。

④ 田余庆：《说张楚》，《秦汉魏晋史探微（重订本）》，第2页。

同出的帛书《五星占》记录岁星（木星）、填星（土星）、太白（金星）行度，止于汉文帝前元三年（前177），编写年代大约与之相当。行度记录的起点都是"秦始皇帝元年正月"，保存较为完整的行度表都将"秦始皇帝"（岁星）或"秦始皇"（填星）纪年一直编到四十年，其下紧接汉元。[1]这一方面反映秦始皇即位在星占观测中是一个有特殊意义的起点，另一方面也说明秦汉相承的历史观念。前者当然可以归因于秦代十余年的统一对星占学产生了重要影响，而这种影响保留在汉代改编后的星占书中，恰可说明汉人有承秦的意识。这篇文献出土的长沙国，在战国时代属于楚地。它不用楚而用秦纪年，更能说明秦代统治留下了长远的影响，使汉人上溯历史时不得不归源于秦。

那么，帛书中位于秦汉之间的"张楚"注记应该如何理解呢？新近的出土文献已经证明，秦汉之际曾用"张楚"纪年。湖南益阳兔子山遗址出土的一枚木觚（J8⑥:1）上，用楚文字书写有"张楚之岁"四字，整理者认为应属大事纪年，[2]比较稳妥。还应当指出，这一纪年反映的是秦楚之际的观念，与马王堆帛书反映的汉初观念不同。帛书《五星占》中，仅有填星行度表在涉及张楚的部分保存完整。该表中代表秦始皇三十八年的栏格内，于"八"字之下加间隔号"·"，写下"张楚"二字。这样做保留了秦始皇纪年，不以"张楚"另起元年，说明"张楚"二字的性质是记事而不是纪年。至于《刑德》甲、乙篇，在帝王号下都有"元""十一"这样表示年份的数字，"张楚"下则没有，也说明"张楚"的记事性质。因此，马王堆帛书中的"张楚"注记虽有特殊重要的意义，仍当与秦汉皇帝纪年区分开来。它反映出汉初人十分重视张楚政权，但不能据此说张楚曾经有过类似正统的地位。[3]

考察马王堆帛书的纪年，除了认识到秦始皇在汉初人观念中如何重要，还不难注意到秦二世的"缺席"。在《五星行度表》表中，秦二世纪年被实际上并不存在的秦始皇三十八、三十九、四十年所取代。

关于秦二世在汉初的地位，最近又得新证。2018年出土的荆州胡家草场汉简中有一种编年记事的书，大约抄写于汉文帝时期，包含两组简册。发掘整理者介绍："第一组简所记内容为秦昭王元年至秦始皇时的大事，每年一简，通栏书写……第二组简有卷题'岁纪'，

---

[1] 裘锡圭主编《长沙马王堆汉墓简帛集成》第1册，第177—183页图版；第4册，第238—242页释文。

[2] 见湖南省文物考古研究所《二十年风云激荡 两千年沉寂后显真容》，《中国文物报》2013年12月6日第6版。

[3] 田余庆未能比较"张楚"注记与秦汉皇帝纪年在形式上的差别，主张汉人对"张楚"有法统意识，是不确切的。辛德勇在《马王堆帛书"张楚"注记与〈史记·秦楚之际月表〉之尊汉、尊楚问题》（《出土文献》第6辑，中西书局，2015，第258—284页）一文中对此做了批评。他的理由是马王堆帛书中的注记"没有实际的社会意义"，只是"出于某种术数意识"而"对陈涉建立张楚一事比较关心"（第278—279页）。这不免低估了帛书反映政治观念的史料价值。马王堆帛书中数术文献的制作和使用者是参与了秦汉之际斗争的政治人物，程少轩甚至认为利苍作为刘项彭城之战的亲历者，根据战况修改过马王堆占书（见程少轩《马王堆帛书"戊戌奇风"与楚汉彭城之战》，《简帛研究二〇一四》，广西师范大学出版社，2014，第208—213页）。利苍及其子或帮助他们编写帛书的方士在加注纪年、大事时自然会融入对于政权更迭的历史观念。加注"张楚"并在形式上将之与秦汉帝王纪年区别开来，绝非随意为之，正可说明背后有观念的力量在起作用。马王堆帛书虽不是官方文书，但仍是反映汉初一般观念的第一手史料。

所记内容为秦二世至汉文帝时的大事，每年一简，按月分栏书写。"① 可见，秦二世时期的记事不与秦始皇编为一册，而是下属于汉，格式也不同于秦的一组。这很可能是因为秦二世元年爆发了陈胜吴广起义，被视为汉朝前史的开端。

汉初将秦二世时期当作汉朝前史，在传世文献中也可以得到印证。《史记·高祖功臣侯者年表》记载的侯功，述列侯从起之年，有"前元年"一词，凡十一见，又有"前二年"，凡两见，《汉书·高惠高后文功臣表》略同。② 颜师古在《汉书·高惠高后文功臣表》"蓼夷侯孔聚"条下注云："前元年，谓初起之年，即秦胡亥元年。后皆类此。"③ 也就是说，所谓"前若干年"，指从刘邦最初起兵之年起算的第若干年。刘邦起兵在秦二世元年九月，前元年也就相当于秦二世元年。颜注推测合理，经得起验证。《史记·高祖功臣侯者年表》载棘蒲侯陈武"以将军前元年率将二千五百人起薛，别救东阿，至霸上，二岁十月入汉"。④ 秦汉以"岁"表示积年，多见于出土功劳文书，所谓"二岁十月"是指从"起薛"到"入汉"的时长。"入汉"指随着刘邦就国至汉中，在汉元年四月。这个时间点上距秦二世二年十月共两年又七个月，距陈胜起兵的秦二世元年七月则为两年又十个月，与"二岁十月"正相吻合。由此可以旁证"前元年"是指秦二世元年。"前元年"的"前"应是取"建汉以前"之意，用以指代秦始皇三十七年到汉元年之间的秦二世在位时期。《史记·高祖功臣侯者年表》的记载袭用吕后二年所定功状，⑤ 其中"前元年"云云自然也是汉初朝廷的用语。汉廷回避秦二世纪年，表现出不承认秦二世曾为天下主的意识。

综上所述，汉初朝廷和地方的统治者承认秦始皇的皇帝称号，认为其地位高于六国之君，但他们还没有明确的正统观念，并不将继承秦朝当作汉朝法统的来源。由于秦始皇曾统一天下，汉朝上溯历史不得不采用秦的纪年，一定程度上表现出秦汉相承的史观。秦二世的历史地位则明显低于秦始皇，不被承认为天下之主，甚至纪年也遭到抹杀。

上述情况到西汉中期发生了明显变化。汉武帝后期，司马迁著《史记》，在《秦始皇本纪》中明确称"二世皇帝"，并用以纪年。⑥《史记·六国年表》也称"起周元王"，

---

① 李志芳、蒋鲁敬：《湖北荆州市胡家草场西汉墓 M12 出土简牍概述》，《考古》2020 年第 2 期，第 22 页。不过文中还没有披露《岁纪》是如何称呼秦二世的。

② "前二年"见于汾阳侯靳强、谷陵侯冯谿的侯功。前者，《史记》云"前二年从起阳夏"（《史记》卷一八《高祖功臣侯者年表》，第961页），《汉书》作"前三年从起栎阳"（《汉书》卷一六《高惠高后文功臣表》，第606页）。按，阳夏与冯谿在"前二年"所从起的栎，在《汉书·地理志》中同属于淮阳国。刘邦当时很可能曾在这一代活动，将靳、冯二人收入麾下。至于"前三年"，刘邦尚未进入关中地区，不太可能在栎阳接收靳强，应是《汉表》转录《史表》时产生了错误。

③ 《汉书》卷一六《高惠高后文功臣表》，第 551 页。

④ 《史记》卷一八《高祖功臣侯者年表》，第 907 页。《汉书·高惠高后文功臣表》或误作"一岁十月"，中华书局点校本已根据所谓"景祐本"（即南宋初刻十行本）校改为"二岁十月"，见第 556、632 页。

⑤ 《史记·高祖功臣侯者年表》照录功状，就连"吕宣王"（吕后之父）、"悼武王"（吕后之兄周吕侯吕泽）等后来被废除的称号也照录不改，可见十分忠实于原文。参看朱东润《读〈高祖功臣侯者年表〉书后》，《史记考索（外二种）》，华东师范大学出版社，1996，第 56—63 页。

⑥ 《史记》卷六《秦始皇本纪》，第 266 页。

"迄二世"，并以"二世"纪元年、二年、三年之事，《秦楚之际月表》亦以"二世"为纪。这表明，汉人对秦代的定位已经发生变化。这种变化，在秦代帝王称谓方面也表现出来。

二 称谓：秦王与皇帝，胡亥与二世

司马迁作《史记》，帝王称谓方面体例颇严，尤其体现在"本纪"部分。比如：《高祖本纪》在刘邦起兵之前称为"高祖""刘季"，入沛起兵后称"沛公"，受项羽之封后称"汉王"，称帝后又改称"高祖"；《秦始皇本纪》在二十六年（前221）君臣议定"号曰皇帝"以前例皆称"王"，[①] 此后则一律改称"皇帝"。《史记·秦本纪》末尾简述秦代历史，其文云：

> 秦王政立二十六年，初并天下为三十六郡，号为始皇帝。始皇帝立十一年而崩，子胡亥立，是为二世皇帝。三年，诸侯并起叛秦，赵高杀二世，立子婴。子婴立月余，诸侯诛之，遂灭秦。[②]

这同样是以"初并天下"的二十六年为界，分别称"秦王政"或"始皇帝"，对胡亥称"二世皇帝"，对子婴则不称"皇帝"。[③]

不过，《史记》中对秦帝王称谓的这种书法，并非汉代人的一贯做法。湖北荆州松柏 M1 号汉墓中出土了编写于汉武帝七年（元光元年，前134）的《叶书》，其中记载从秦昭王至汉武帝的各个帝王在位年数，写道：

> 始皇帝卅七年死。
> 胡胲（亥）三年死。[④]

这块木牍应是地方官吏用于登记年龄的工具书，能够反映当时江陵地区的一般认识，也带

---

① 《史记·秦始皇本纪》仅有一次例外，在十九年书"始皇帝母太后崩"（第233页）。
② "始皇帝立十一年而崩"，"立"原作"五"，中华书局《史记》点校修订本据高山寺本改为"立"，并引钱大昕说为证（第276、286页）。今从之。
③ 据《史记》卷六《秦始皇本纪》，赵高杀死胡亥死后召集大臣公子，提出：秦本王国，始皇君临天下，所以改称皇帝，而今六国重建，秦不宜继续称帝。因此，他立子婴，仅称"秦王"（第275页）。《史记》卷五《秦本纪》则连子婴的王号也省去了（第221页）。
④ 此牍照片未正式发表，此录文据荆州博物馆展品陈列及说明。参见游逸飞《战国至汉初的郡制变革》，博士学位论文，台湾大学，2014，第194页。

有一定的官方性。① 其中秦始皇纪年到三十七年为止，以下三年虽用胡亥纪年，但不称"二世皇帝"，与对待"始皇帝"的态度明显不同。原因可能有二，一是反秦楚人有胡亥不当立的认识，② 二是胡亥是亡国之君，死于非命，不得用帝王之号。抄写于西汉中期的北大汉简《赵正书》，开篇即说"昔者秦王赵正"云云，又说"王死而胡亥立"，称"王"而不称"皇帝"，还直呼"赵正""胡亥"之名，并不因即位改号而变更。这样的称呼有意贬低秦代帝王，包含轻蔑和敌意，应是沿袭了秦汉之际东方六国遗民的做法。

《史记》的"列传"等部分，称谓使用不如"本纪"严格，当是承袭了作为史料来源的西汉早期文献的用词。"本纪"中也因此偶有特殊之处。《秦始皇本纪》之末"太史公曰"引用贾谊之论，七及秦始皇，一概称为"秦王"。③ 从《贾谊新书》和《汉书·贾谊传》保存的其他政论来看，称"秦王"才是贾谊的习惯。④《秦始皇本纪》中《过秦论》的"秦王"，应是保留了贾谊的原文，⑤ 未经司马迁改动。今本《贾谊新书》中的称谓使用则与《秦始皇本纪》不同，其中《过秦》分为上、下两篇，下篇四处仍称"秦王"，上篇三处则皆称"始皇"。⑥ 称谓与《秦始皇本纪》所引不同的《过秦》上篇，恰是《史记·陈涉世家》和《汉书·陈胜项籍传赞》引用过的部分，《文选》收录的《过秦论》也是这一部分。而《史记·陈涉世家》、《汉书》和《文选》都与《贾谊新书》一样作"始皇"。各本情况如表1所示。

表1 贾谊《过秦论》各本称"秦王""始皇"情况比较

《史记·秦始皇本纪》	《贾谊新书·过秦上》	《贾谊新书·过秦下》	《史记·陈涉世家》《汉书·陈胜项籍传》《文选》
自缪公以来至于秦王	—	秦王	—
秦王足己不问	—	秦王	—
及至秦王	始皇	—	始皇
秦王之心	始皇	—	始皇
秦王既没	始皇	—	始皇
秦王怀贪鄙之心	—	秦王	—
借使秦王计上世之事	—	秦王	—

① 参看陈侃理《松柏汉牍〈叶书〉考》，《第七届出土文献青年学者论坛论文集》，中山大学古文字研究所，2018年8月。
② 参看陈侃理《〈史记〉与〈赵正书〉》，日本中国史学会编《中国史学》第26卷，朋友书店，2016，第33—34页。
③ 《史记》卷六《秦始皇本纪》，第277—283页。
④ 如《贾谊新书·淮难》篇云"荆轲杀秦王政"（贾谊撰，阎振益、钟夏校注《新书校注》，中华书局，2000，第157页），《汉书·贾谊传》引贾谊上疏有"秦王之欲尊宗庙而安子孙与汤武同"，"秦王治天下，十余岁则大败"，"秦王置天下于法令刑罚"云云（第2253页）。
⑤ 清人严可均辑录《过秦论》，也认为《史记·秦始皇本纪》所录"最为古本"，见严可均《全上古三代秦汉三国六朝文·全汉文》卷一六，中华书局，1958，第435页。
⑥ 见贾谊撰，阎振益、钟夏校注《新书校注》，第1—17页。

以上四者与《秦始皇本纪》所引《过秦论》用词差异高度一致，不是偶然的现象。《过秦论》新文本的源头不明，可能是元成之际褚少孙补《史记》之文，也可能是班固《汉书》对《史记》的改笔。无论如何，它所反映的都是西汉后期以降的观念，已经不同于贾谊和他的时代了。①

贾谊并非否认秦有过"皇帝"称号，也承认秦曾为天下之主。他在《过秦论》中说"秦王"曾"南面称帝""南面而王天下"，并且称胡亥为"二世"，认为他应该"缟素而正先帝之过"。贾谊还在《保傅》篇中说"殷为天子三十余世，而周受之，周为天子三十余世，而秦受之，秦为天子，二世而亡"，②表达出殷、周、秦相继为天子的意识，已经将秦放到了类似后世所谓"正统"王朝的位置上。

但在贾谊的时代，世间仍多故老，战国遗风犹存，秦代十余年的短暂统治还不足以抹掉七国争雄的历史记忆。贾谊将秦的统治者称为"王"，与《赵正书》称"秦王赵正"一样，都是自然而然的。③等到时移世易，世人都生长于汉朝的统治之下，习惯于海内一统，那时，秦并天下、立号皇帝的功业，秦汉相承的历史线索，才会更加凸显出来。景武之际，大儒董仲舒写道："夏无道而殷伐之，殷无道而周伐之，周无道而秦伐之，秦无道而汉伐之。"④"夏—商—周—秦—汉"历代相承的意识已经颇为明显。

西汉中期以后，战国遗风衰歇，而汉武帝追慕秦皇一统，以汉承秦的观念越来越占据主流。武帝时，淮南王刘安主持编撰《淮南子》一书，书成众手，而各篇用语不同：《人间》有"秦王赵政兼吞天下而亡"之语，《泰族》直称"赵政"，《兵略》则云"二世皇帝"。⑤这反映出新旧观念交替时代的面貌。司马迁出生在秦亡六七十年以后⑥，成长于汉朝鼎盛、儒术勃兴的新环境下，是汉文化塑造的"新人"。《史记》明确以秦承周启汉，在东周列国之中独为秦作《本纪》，上承五帝三王。《秦本纪》云"九鼎入秦"，⑦而《太史公自序》云"昭

① 鹤间和幸已经注意到"秦王"与"始皇"的用词差别，认为是贾谊继承了战国的传统，而褚先生、班固在引用其文时将"秦王"改为"始皇"；贾谊将秦王政视作战国传统的继承者，与司马迁以降夸大始皇帝与秦王政之区别的做法不同。说见氏著《汉代秦王朝史观的变迁—以贾谊〈过秦论〉，司马迁〈秦始皇本纪〉为中心》，第 7 页。我赞同此说的基本倾向，但司马迁的处理方式，显然与褚先生或班固不同，不可一概而论。贾谊《过秦论》的文本问题还比较复杂，待另文详论。

② 见贾谊撰，阎振益、钟夏校注《新书校注》，第 183 页；《汉书》卷四八《贾谊传》（第 2248 页）、《大戴礼记·保傅》（王聘珍：《大戴礼记解诂》卷三，中华书局，1983，第 49 页）同。

③ 此外，陆贾《新语》有"秦二世""二世"之称，见于《道基》《术事》《辨惑》等篇，但未称"皇帝"，分见王利器《新语校注》，中华书局，2012，第 29、41、75 页。《辨惑》篇在"秦二世之时"云云之后，随即称胡亥为"王""秦王"，可见并不承认其皇帝身份，遑论正统地位。

④ 董仲舒：《尧舜不擅移汤武不专杀》，苏舆：《春秋繁露义证》卷七，第 220 页。

⑤ 分见何宁《淮南子集释》卷一八、二〇、一五，中华书局，1998，第 1255、1399、1423、1062 页。

⑥ 司马迁生年有两说，一说在汉景帝中元五年（前 145），一说在汉武帝建元六年（前 135），分别上距汉元年（前 206）61、71 年。关于此二说，聚讼纷纭，参看张大可《司马迁生卒年考辨》《司马迁生于建元六年说之新证评析》二文，《史记研究》，商务印书馆，2011，第 85—131 页。

⑦ 《史记》卷五《秦本纪》，第 218 页。

襄业帝"，[1] 当是指秦昭襄王灭周移鼎，开创秦之帝业。书中称王、称帝，体例谨严，已见前述。汉昭帝时，贤良文学与御史大夫桑弘羊争论国策，后由桓宽编集为《盐铁论》，其中或称"秦王"，或称"始皇"，对胡亥则称"二世"，当是实录。[2] 这反映出承认秦君为皇帝的观念在西汉中期还没有被普遍接受，但已经逐渐扩散。

西汉后期以降，称秦始皇为"秦王"的做法趋于消失。杨雄《法言》中有称秦二世为"胡亥"之处，但对秦始皇从不称"王"。东汉王充的《论衡》除了引述他书时偶或称"秦王"，其余一律称"始皇"。[3] 时代更晚的王符所著《潜夫论》则一概称"始皇"，未见称"秦王"者。今本《史记·秦始皇本纪》末尾附有东汉明帝的一段评论，其中斥责"吕政残虐"，诬之为吕不韦子，但仍承认其"始皇"称号，曾获祥瑞天命，唯于"胡亥""子婴"则直呼其名。这大概是因为汉朝的"皇帝"位号起自秦始皇，不得不尊之。至于二世，其元年即有刘邦起兵，在明帝看来天命已然去秦归汉。此论应可以代表东汉朝廷的一般看法。

从称谓的变化来看，胡亥作为皇帝的正当性长期受到质疑，但秦始皇的历史地位在西汉中期得到加强，从西汉后期已经相当稳固。这个过程与正统观的确立是密切相关、彼此促成的。

三　秦水德说与西汉正统观的确立

五德终始学说下的德运安排，是宋代以前正统观念的主要表现形式。然而，根据前文的讨论，秦汉相承的正统观念在汉初朝廷中尚不存在。那么，汉初朝廷是否会按照五德终始说来安排德运，而更早的秦代是否会在五德终始之中自居于水德，就有很大的疑问了。此前，栗原朋信等学者曾主张秦用水德并非秦代的史实，怀疑此事实际出于汉初五行家的构拟。[4] 现在，有必要也有条件重新来讨论这个问题。

五德以相胜为序以及每一德的仪节，是战国中后期齐人邹衍发明的。顾颉刚推测其对

---

[1] 《史记》卷一三〇《太史公自序》，第3302页。

[2] 《盐铁论》记载，桑弘羊直呼"孔丘"之名，并不讳改。（桓宽撰集，王利器校注《盐铁论校注》卷五《利议》，中华书局，1992，第324页）可见桓宽编撰时，应该比较忠实地保留了争论双方的原话。

[3] 比如王充在《论衡·书虚》篇中说："传书又言：燕太子丹使刺客荆轲刺秦王，不得，诛死。后高渐丽复以击筑见秦王，秦王说之；知燕太子之客，乃冒其眼，使之击筑。渐丽乃置铅於筑中以为重，当击筑，秦王膝进，不能自禁。渐丽以筑击秦王额，秦王病伤，三月而死。夫言高渐丽以筑击秦王，实也；言中秦王病伤三月而死，虚也。夫秦王者，秦始皇帝也。始皇二十年，燕太子丹使荆轲刺始皇，始皇杀轲，明矣。"（见王充著，黄晖撰《论衡校释》卷四，中华书局，1990，第200页）荆轲刺秦在秦王政二十年，尚未称帝。王充所引述的"传书"当是《燕丹子》一类书。书中称"秦王"，而王充则解释说，"秦王"就是秦始皇帝，并说"始皇二十年"云云，没有将称帝前与称帝后区分开。

[4] 栗原朋信：《〈史记·秦始皇本纪〉杂参》，《史记の秦始皇本纪に关する二·三の研究》第四章《秦水德说の批判》，《秦汉史研究》，吉川弘文馆，1960，第45—91页。此外，日本学者否定秦水德说的系统论述还见于鎌田重雄《秦汉政治制度研究》，《秦汉政治制度の研究》，日本学术振兴会，1962，第43—74页。

应顺序是"黄帝土—夏木—商金—周火",接下来的王朝应以水德代周。[①]秦用水德,似乎顺理成章。其事在《史记》中多有体现,最系统的说法见于《秦始皇本纪》:

> 始皇推终始五德之传,以为周得火德,秦代周德,从所不胜,方今水德之始。改年始、朝贺皆自十月朔;衣服旄旌节旗皆上黑;数以六为纪,符、法冠皆六寸,而舆六尺,六尺为步,乘六马;更名河曰德水。以为水德之治刚毅戾深,事皆决于法,刻削毋仁恩和义,然后合五德之数。于是急法,久者不赦。[②]

其中明确说秦始皇接受五德终始说,推断秦以水德继周火德,并且实施水德政治:以十月为岁首,色尚黑,数用六,河更名德水,严刑峻法,断绝仁义。[③]

但是,战国人所信奉的五德终始说认为五德皆有自然的周期,气数历尽则必然要转移到下一德,没有哪个王朝可以无限延续。《吕氏春秋·有始览·应同》论述五德的历运气数,说:

> 凡帝王者之将兴也,天必先见祥乎下民。黄帝之时,天先见大螾大蝼,黄帝曰:"土气胜。"……及禹之时,天先见草木秋冬不杀,禹曰:"木气胜。"……及汤之时,天先见金刃生于水,汤曰:"金气胜。"……及文王之时,天先见火赤乌衔丹书集于周社,文王曰:"火气胜。"……代火者必将水,天且先见水气胜。……水气至而不知,数备,将徙于土。[④]

从这段文字可以看出,战国时代的五德终始说主张:帝王兴起时要观察天所降下的征祥来判断时气,而时气之胜有自然之数,并不受人间帝王的影响。其中,自然期运是第一性的,人间帝王是第二性的。文末提到"水气至而不知,数备,将徙于土",根据俞樾的解释,这是说:周之木德衰微已久,虽未有新王,但已进入水气胜的时代,过了一定的年数,再有王者兴起,将跳过水德而用土德。[⑤]可见,德运不取决于人事,是一种自然周期;某气之胜,年数固定,有始也有终。

---

① 顾颉刚:《五德终始说下的政治与历史》三《邹衍的五德终始说》,《古史辨》第5册,第419—421页。
② 《史记》卷六《秦始皇本纪》,第237—238页。"以为水德之治",点校本"治"作"始",据王叔岷说改,参看王叔岷《史记斠证》,中华书局,2007,第201页。
③ 此外,《史记》中关于秦始皇用水德的记载还主要见于《封禅书》《历书》。
④ 吕不韦编,许维遹集释,梁运华整理《吕氏春秋集释》卷一三,中华书局,2009,第284页。顾颉刚认为这段话"可信其为邹衍的学说",其中称"代火者必将水"而不以秦为水德,可能的原因之一就是《吕氏春秋》抄录《邹子终始》,未加润色。说见顾颉刚《五德终始说下的政治与历史》三《邹衍的五德终始说》,《古史辨》第5册,第420—421页,甚是。我们至少可以相信,《应同》篇中的五德终始并未经过秦人的大规模改动,能够反映战国时期的基本情况,与邹衍的原意相去不远。
⑤ 俞樾:《诸子平议》卷二三《吕氏春秋二》,中华书局,1954,第466页。

邹衍创造此说，战国君主都不能遵行，[①]较之秦始皇的政治构想更是格格不入。在秦始皇看来，朝代更迭的历史已经终结，自己开创的王朝将"二世三世至于万世，传之无穷"，[②]那就不会再有"五德终始"的余地，更不可能依据水德来制定国策。再者，始皇君臣自以为兼并天下之功亘古未有，"海内为郡县，法令由一统，自上古以来未尝有，五帝所不及"，[③]因而创立"皇帝"尊号，以彰显独一无二。二十八年琅琊台刻石明确说始皇"功盖五帝"，并且贬斥"古之五帝三王"，说他们"知教不同，法度不明，假威鬼神，以欺远方，实不称名"。[④]故而司马迁评论秦始皇自诩"功过五帝，地广三王，而羞与之俦"。[⑤]既然如此，秦始皇怎么会接受五德终始说，甘愿排在周德之后，与三皇五帝并列呢？

秦水德说的疑点还有很多。对此，栗原朋信举证最为详备，而其文迄今未见中译，国内读者尚少。这里归纳其大旨如下。

一、《史记·秦始皇本纪》是根据不同类型的史料编撰而成的，其中《秦记》等形成于秦代的比较可靠的史料没有关于水德的记载。

二、《史记·屈贾列传》记载贾谊主张改正朔，色上黄，似有用土德之意，但他所作的《过秦论》却毫无以秦为水德的痕迹，是为矛盾。

三、《吕氏春秋·应同》已将战国视为水德时代。

四、"德水"之称在秦汉之际的文献中未见任何证据。

五、秦以十月为岁首始于秦昭襄王时，并非根据水德说而用颛顼历的结果，甚至称秦历为颛顼历，以颛顼为秦之先祖，也是汉代才出现的说法。

六、外黑内赤的旗色符合当时流行的审美趣味，与五德终始说无关。

七、秦用水德之政，"刚戾""刻削""毋仁恩和义"，显然是汉代人的评价，与秦始皇刻石中"圣智仁义""忧恤黔首"等自我标榜相矛盾。[⑥]

八、张苍以"河决金堤"为汉瑞，是以秦为金德而生汉水德，用五行相生说，既不同于司马迁等主张的五德相胜说，也不认为汉之水德是沿袭秦德。

九、原先被认为能够说明秦代数用"六"的种种事项，实际上都系于"十二"这个自

---

① 参看《史记》卷七四《孟子荀卿列传》，第 2344 页。
② 《史记》卷六《秦始皇本纪》，第 236 页。
③ 《史记》卷六《秦始皇本纪》，第 236 页。
④ 《史记》卷六《秦始皇本纪》，第 245—247 页。
⑤ 《史记》卷六《秦始皇本纪》，第 276 页。
⑥ 津田左右吉已经指出这一点，见氏著「漢代政治思想の一面」『津田左右吉全集』第 17 卷、第 35—36 頁。但正如栗原朋信（『秦漢史の研究』第 48 頁注 2）所说，津田氏并没有因此彻底否认秦用水德之说。

然之数，并非用水德的表现。[1]

栗原朋信全面搜讨传世史料和前人的研究，还尽可能利用了出土秦代文字资料。20世纪中叶，出土资料还稀如星凤，而现在，秦简牍已经相当丰富，特别是睡虎地、岳麓、里耶等秦简中包含的大量律令、文书，不仅呈现出可以与《史记》相印证的史实，还揭示了许多以往未知的事项。但是，秦用水德的证据，仍然一无所见。这进一步加强了我们对秦水德说的质疑。

那么，《史记》为什么多处记载秦用水德，如果不符合史实，这些记载应该如何理解呢？我的回答是：秦用水德是司马迁相信的史实，但他并没有秦代的原始史料，而是采信了汉文帝以后逐渐兴起的德运理论，其宗旨是支持汉朝以土德取代秦之水德。

秦汉德运问题，最初是汉文帝时由鲁人公孙臣提出来的。汉初朝廷可能有朴素的尚赤观念，认为秦在西方属金为"白帝"，[2]汉起于南方属火为"赤帝"。因而刘邦斩蛇起兵被附会神异，说成是赤帝子杀白帝子，作为亡秦之征。但这种观念仅是基于五方五色配五行和五行相克的理论，没有以五德终始的方式来安排德运，也没有关联上正朔、服色、制度。[3]汉

---

[1] 见栗原朋信《秦汉史研究》，第45—91页。从今天看来，栗原朋信的论证仍然是相当全面和准确的，只有少数地方可以稍做修正或补充。比如：贾谊不仅没有在《过秦论》中涉及秦的德运问题，而且今本《贾谊新书》的其他篇章也未见秦水德的迹象。例如《立后义》篇谈到"犹行弊世与其功烈风俗也"，主张改德变岁，但丝毫不提水德；还有一篇《六术》，主张"事之以六为法者，不可胜数也"（见阎振益、钟夏校注《新书校注》卷一〇、卷八，第409、318页）。可见，在贾谊看来，数用六是普遍现象，而非水德的特征。又如，认为秦的种种事项系于数字"十二"，是受秦用"六"数说的影响，并不确实。他还认为司马迁有意将《秦始皇本纪》排在十二本纪中第六的位置，是为了表现秦始皇用水德（栗原朋信：《秦汉史研究》，第91页），这不免穿凿附会了。

[2] 《史记·封禅书》记载秦的西畤、鄜畤、畦畤都祭祀"白帝"。根据田天的研究，这些祭祀的对象都是上帝，与五色帝无关，说见田天《秦汉国家祭祀史稿》，生活·读书·新知三联书店，2015，第12—33页。汉人一方面将之附会五色帝，一方面也将之金德联系起来，比如《封禅书》称"栎阳雨金，秦献公自以为得金瑞，故作畦畤栎阳而祀白帝"（第1365页），反映出汉初存在秦属金德的观念。司马迁虽然主张秦为水德，但仍然在《史记》中存录旧史料，保留下了另一种观念的蛛丝马迹。这里还要说明，顾颉刚在《五德终始说下的政治与历史》——《汉为火德及秦为金德说》中系统搜集了反映秦为金德的资料，但他认为秦为金德说是汉末人为了说明汉为火德而发明的，《封禅书》中西畤、畦畤以及相关的"金瑞"也都是后人篡改伪造的（顾颉刚编著《古史辨》第5册，第494—499页）。此说受晚清今文学影响，高估了汉人作伪的能力和意愿，疑所不当疑。钱穆在《评顾颉刚五德终始说下的学术与政治》（收入顾颉刚编著《古史辨》第5册，第617—630页）一文中已经做了批评，此不赘述。

[3] 顾颉刚认为，赤帝子斩白帝子的传说是刘向歆父子发明新五德终始说后编造出来篡入《史记》的，见顾颉刚《五德终始说下的政治与历史》——《汉为火德及秦为金德说》，顾颉刚编著《古史辨》第5册，第492—500页。实则汉初尚赤，有坚强的证据：文帝创造郊见雍五畤祠的制度，而"衣皆上赤"（《史记》卷二八《封禅书》，第1382页）；张苍主张汉用水德，也不能彻底抛弃尚赤的传统，而用"色外黑内赤"（《史记》卷二八《封禅书》，第1381页）之说加以调和。对此，钱穆、杨向奎已经分别做了有力的辨正。钱穆说见《评顾颉刚五德终始说下的学术与政治》第三《汉为火德及尧后》，顾颉刚编著《古史辨》第5册，第625—629页。杨向奎进一步指出，汉初尚赤是出于五方帝或五色帝的观念。他详细辨析"汉初属德"问题，提出："（一）高祖初起事时，习闻秦为白帝子的说法，故自号赤帝子而色尚赤；但没有实行火德制度的事实。（二）及至第二次入关，立北畤，祠黑帝，又以为获水德。（三）高祖虽以为获水德而无说，张苍乃与以理论的根据，大概是以汉继周而目无赢秦了。（四）以汉继周为水德的说法，终觉勉强，于是贾谊遂倡土德说；但不为文帝所采用。（五）及公孙臣倡土德说而符应现，张苍被黜，土德说的一切制度眼看就实行了。（六）又因新垣平之乱，文帝怠于改正朔易服色事，终文帝之世，事又不行。一直到武帝时，才旧事重提。"见杨向奎《西汉经学与政治》，独立出版社，1945，第27—41页。此外，日本学者箭内亘、津田左右吉、加藤繁也有类似的观点，见镰田重雄的概括（《秦汉政治制度研究》，第96—98页）。杨向奎说除了第三条外，大致正确。后来，杨权又梳理前人之说，充分说明了汉初尚赤，并且补充证明

初朝廷亦未曾在这些方面表现出改易秦法、独树一帜的取向。

汉革秦命，却承秦之制。不少儒生、方士对此感到不安和不满，改革的呼声很高。汉文帝初年，洛阳人贾谊首倡改制，但未必如班固所说已经提出用土德。① 十多年后，鲁人公孙臣宣称汉当土德之时，并且预言符应。② 这才迫使丞相张苍做出回应，主张汉代乃是水德开始用事之时。张苍与公孙臣的争议，《史记·封禅书》记载最详：

> 鲁人公孙臣上书曰："始秦得水德，今汉受之，推终始传，则汉当土德，土德之应黄龙见。宜改正朔，易服色，色上黄。"是时丞相张苍好律历，以为："汉乃水德之始，故河决金堤，其符也。年始冬十月，色外黑内赤，与德相应。如公孙臣言，非也。"罢之。③

公孙臣的话出自上书，司马迁当有所本。这是通过五德终始说断言秦为水德的最早的可靠记载。张苍之说看起来针对公孙臣，实际上却未曾运用五德终始理论。正如前引栗原朋信所论，张苍以"河决金堤"为汉用水德的符应，是认为秦在西方属金，河水冲毁东郡的金堤，象征水德取代金德。这既不用五德相胜的理论，以火克金，也不像西汉末刘歆的新五德终始说那样主张相生，用"金生水"来解释秦汉更迭。

张苍在秦代曾为御史，主柱下方书，明习秦制。如果秦代官方曾采用五德终始理论，他不会毫无所知或置之不顾。张苍反对公孙臣的土德代水说，用意不过是因循旧制。但他反取得暂时的成功，文帝的心意实已转向改制一方。此后，"黄龙见于成纪"，公孙臣的预言应验，文帝遂决定改用土德，只因突发新垣平事件，才抱憾中辍。④

这与五德终始说无关，见杨权《新五德理论与两汉政治——"尧后火德"说考论》，中华书局，2006，第103—113页。但书中主张汉高祖刘邦"自以为获水德之瑞"，很快改用水德（第113—114页），恐怕不确。杨权自己已经指出刘邦对五德终始说一无所知。那么，即使刘邦确有追立黑帝祠之举，也很难说是有意地选择了水德作为汉朝的德运。"自以为获水德之瑞"应是司马迁根据刘邦"北畤待我而立"的态度推测出来的，并不符合刘邦的思想和汉初制度。汉初的情况当如《史记·历书》所说，"天下初定，方纲纪大基，高后女主，皆未遑，故袭秦正朔服色"（第1260页），没有特意考虑和安排德运。

① 《史记·屈原贾生列传》称贾谊认为"当改正朔、易服色、法制度、定官名、兴礼乐"，于是"悉草具其事仪法，色尚黄，数用五，为官名，悉更秦之法"（第2492页）。学者一般据此认为贾谊率先提出汉当用土德，《汉书·贾谊传》末的班固赞语直接说他"欲改定制度，以汉为土德"。但是，今本《贾谊新书》及《汉书·贾谊传》所引政论等贾谊本人的著述，都没有与土德明确相关的内容。《宋书·律历志中》有"贾谊取秦，云汉土德"一句，中华书局点校本在"取秦"二字旁加书名线，盖以此为贾谊书佚篇的篇名，非是。案下文云"详论二说，各有其义。张苍以汉水胜周火，废秦不班五德。贾谊则以汉土胜秦水，以秦为一代。……若同苍黜秦，则汉水、魏土、晋木、宋金；若同贾谊取秦，则汉土、魏木、晋金、宋水也。"（中华书局，1974，第259页）可见"取秦"二字与张苍排除秦代的"黜秦"对文，是概括贾谊取秦为五德终始中的一个朝代之说，并非贾谊书的篇名。至于《宋书》说贾谊"云汉土德"，只是继承了班固以降的认识，不足为据。贾谊力倡革除秦政之弊，建立汉家制度，但说他建议用土德当是后来史家的附会，今不取。

② 公孙臣上书建议用土德的时间，史无明文，但可以确定在文帝前元十二年河决酸枣到十五年"黄龙见于成纪"之间。

③ 《史记》卷二八《封禅书》，第1381页。

④ 新垣平事件的始末及其与汉文帝改制的关系，参看田天《略论西汉初年的儒生形象——从"复为新垣平"谈起》，《学灯》第1辑，上海古籍出版社，2016，第98—103页。

汉武帝时期，儒学已经兴起，汉政面临转型。儒生、方士重提汉用土德之议，恰好能够在宇宙论上为政治转型提供依据。司马迁是此议的主要倡导者和改制的主事者之一。他将水德政治的特点概括为"刚毅戾深，事皆决于法，刻削毋仁恩和义"，与贾谊在《过秦论》中批评的"仁义不施"相近。通过五德终始说，不仅可以批评秦政的弊病，而且可以将之描述为一种"过时"的政治，要求顺天应人，与时俱进建立有别于秦的汉政。

为此，司马迁批评张苍的汉水德说，力主水德属秦。《史记·张丞相列传》太史公曰：

> 张苍文学律历，为汉名相，而绌贾生、公孙臣等言正朔、服色事而不遵明，用秦之颛顼历，何哉？①

其实，司马迁责备张苍沿用"秦之颛顼历"也就是水德的历法，歪曲了他的本意。张苍固然反对汉用土德，但他以"河决金堤"为汉水德之瑞，是说汉朝方乃水德的开始，并无沿袭秦德之意。这既没有采用五德终始理论，更不曾说秦用水德。张苍以文帝十二年（前168）刚刚发生的黄河酸枣决口作为理由，②正说明他在这一年之前根本没有设想过汉的德运，只是为了应付公孙臣，才临时提出"汉乃水德之始"。③《史记·张丞相列传》先说张苍为"计相"时"推五德之运，以为汉当水德之时"，然后才说他为丞相时有公孙臣上书，颠倒时序，将张苍推德运前移了二三十年。

汉武帝封禅泰山，司马谈认为是继承尧舜，"接千岁之统"，④已经明确表达出汉朝继承上古圣王传统的意识。元封七年（前105）改历诏书明确说"绌绩日分，率应水德之胜"。⑤太初元年（前104）五月，历法改革完成，改以正月为岁首，色尚黄，数用五，显然是用土德。武帝改从土德之说，有追慕黄帝升仙之意，⑥不尽是考虑秦、汉之间的正统和政治问题，也没有遵从司马迁的全部主张。但无论如何，司马迁和其他儒生方士的理想终于在形式上实现了。这是古代国家第一次正式采用五德终始说来订立制度，而秦用水德也由此成为"定谳"。因此，太初改历也可以视作正统观念在国家意识形态层面确立的标志。

然而，问题还没有完全解决。邹衍的五德终始只讲历数期运，不强调政权的正当性。这种不讲道义的统绪理论很难让儒生满意：汉以土德继秦水德之说，将秦放到周、汉之间承上启下的地位，而短命的暴秦怎能与三代、圣汉并列？因此，汉人在很多场合仍将秦排除在

---

① 《史记》卷九六《张丞相列传》，第 2685 页。
② 《汉书》卷四《文帝纪》："十二年冬十二月，河决东郡。"（第 123 页）《史记》卷二九《河渠书》云："汉兴三十九年，孝文时河决酸枣，东溃金堤。"（第 1409 页）这就是张苍所谓"河决金堤"。
③ 张苍秦时曾为御史，熟悉秦的律令制度。萧何为相时，倚仗他在相府中建章立制，掌管上计，做自己的左膀右臂。张苍的为政风格当与萧何一样，不过是因循秦法，调整轻重而已。既然无意改弦更张，也就没必要借助五德终始理论了。
④ 《史记》卷一三〇《太史公自序》，第 3295 页。
⑤ 《史记》卷二六《历书》，第 1260 页。
⑥ 参看郭津嵩《公孙卿述黄帝故事与汉武帝封禅改制》，《历史研究》2021 年第 2 期，第 89—105 页。

正统序列之外，而以汉朝直承三代。这就与五德终始相继之说有所扞格，成为西汉末年新五德终始说将秦排入闰位的张本。

汉武帝初年，皇帝策问已经提到"三代异教"之说，董仲舒的对策中提到夏尚忠、商尚敬、周尚文，主张汉朝应革除周之文弊，循环回去用夏朝的"忠"。① 司马迁也在《史记·高祖本纪》中说："周秦之间，可谓文敝矣。秦政不改，反酷刑法，岂不缪乎？故汉兴，承敝易变，使人不倦，得天统矣。"② 他认为秦没有革除周政之"文"弊，因而在"三统"中不占地位，汉朝之兴仍是上接周统，回归夏政，与董仲舒观点相似。③《史记·太史公自序》也说："维我汉继五帝末流，接三代统业。周道废，秦拨去古文，焚灭《诗》《书》……于是汉兴……《诗》《书》往往间出矣。"④ 这意味着将秦排除出五帝三王以至汉朝的正统序列。后文又说周道废弛以后，《诗》《书》被秦所毁灭，到了汉兴才重出人间。这显然是将秦看作周汉之间的破坏性因素，否定其承统继绝的历史地位。类似的看法并非司马迁所独有。《汉书·律历志》载汉武帝太初改历前夕倪宽与博士等议云："臣愚以为三统之制，后圣复前圣者，二代在前也。今二代之统绝而不序矣。"⑤ 可见，朝臣们也明确主张秦没有能够接续商周二代的正统，认为前代之统在汉以前已经中断。

秦非正统的观念，还反映在西汉后期"存二王之后"的安排上。《汉书·成帝纪》载绥和元年（前8）二月诏封二王之后，以"通三统"。由于商王室早已绝祀，便封殷遗民孔子的后裔孔吉为殷绍嘉侯，与奉周祀的周承休侯并列。其后，殷周二侯都晋爵为公。⑥ 可见，朝廷认定的"三统"，在汉之前的是商和周，没有秦。

在上述的观念下，刘歆的新五德终始说将秦改入闰位，就顺理成章了。这样做在五德统绪中正式加入了正当性的标准。根据《汉书·律历志下》所收录的刘歆《世经》，新五德终始说的相生次序可以表示如表2。

---

① 参看陈苏镇《〈春秋〉与"汉道"——两汉政治与政治文化研究》，第224—244页。陈先生还指出，董仲舒虽然不得不承认"三代异教"，但根本上还是主张是"天不变，道亦不变"，认为改正朔、易服色仅是改变表象，表明王者不相袭，夏忠、商敬、周文虽有偏重，但都不离于正道。这与"五德终始说"中政教随德运转换的理论，是不相同的。在本文的思路中，董仲舒对道的一贯性的坚持，可能对刘歆新五德终始说纳入道义因素、将秦排入闰位有所影响。但此事不易确定，姑且存此备考。

② 《史记》卷八《高祖本纪》，第393—394页。

③ "三统"又称"三正"，在汉朝武帝以前就开始流行，其说见于《尚书大传》、董仲舒《春秋繁露·三代改制质文》和《春秋感精符》等纬书，大同小异。《白虎通·三正》归纳了汉代的通说，大意以夏、商、周分别对应黑、白、赤或人、地、天三统，夏建寅，商建丑，周建子，以为汉当以夏之"黑统"或"人统"继周。司马迁却说汉当"得天统"，《史记·历书》所附《历术甲子篇》也以十一月为岁首，与通说似乎稍有差异。顾颉刚将司马迁所说的"天统"解释为"自然的统"（说见顾颉刚《五德终始说下的政治与历史》六《汉武帝的改制及三统说的发生》，顾颉刚编著《古史辨》第5册，第446页），比较牵强，今不取。关于"三统说"对两汉及新莽正朔服色的影响，可参看陈鹏《三统说与汉晋服色》，《史林》2017年第4期。

④ 《史记》卷一三〇《太史公自序》，第3319页。"统业"，《汉书·司马迁传》及《文选》李善注引作"绝业"，点校修订本据此将正文改作"绝业"，见《史记》卷一三〇《太史公自序》，第4033页。但"统业"于文义亦通。

⑤ 《汉书》卷二一上《律历志上》，第975页。

⑥ 事见《汉书》卷一〇《成帝纪》，第328页。

表 2　新五德终始说五德次序

德运	木	闰水	火	土	金	水
第一轮	1 太昊帝	R①共工	2 炎帝	3 黄帝	4 少昊帝	5 颛顼帝
第二轮	6 帝喾	R②帝挚	7 唐帝	8 虞帝	9 伯禹	10 成汤
第三轮	11 武王	R③秦伯	12 汉高祖	……	……	……

（阿拉伯数字表示正统帝王的次序，R 和加圈数字表示闰位帝王）

其中变动的奥妙，顾颉刚论之已详，不必重复。[①] 这里要补充强调的是以下三点。第一，刘歆的五德终始说中，五德统绪不能有中断。周亡汉兴之间的四十九年，不得不用秦来补足。第二，改秦为闰是以接受秦水德说为前提的。夏、商、周都改用新德，而秦则沿用水德，并且为了与之配合，设计出共工和帝挚两个闰水位，可见水德说影响之大。第三，也是更重要的，闰位的加入使得五德增加了与"闰"相对的"正"的意味。

应该注意：刘歆用来对应五德的都不仅是朝代，更要看具体的帝王，确切地说是创业受命的圣王。在他的叙述中，"闰位"之君虽领有天下，在历史中独占若干年，但终究德不配位，只能算是"伯"，不得入五德之正序；只有兼具统治天下权势和高尚道义的圣王，才能进入真正的五德终始序列，成为"正统"。这样，五德统绪不再只是自然期运，而被赋予了"治"和"道"双重含义。后世衡量正统的三个标准——唯一性、连续性、正当性——在此就都具备了。此后，王莽代汉，利用新五德终始理论，以汉为尧后，有传国之运，并以王氏为舜后，当继汉火德而为土德，为自己找到正当性的来源，同时将作为国家意识形态的正统观念的主要内容改为新五德终始说。这也构成了此后历代推演德运的基础。

相比旧说，新五德终始说在五德的自然期运之中注入人伦道义因素，给统绪加入正当性标准，使之成为"正统"。有了这层变化，习凿齿才会论说晋朝应该黜曹魏而直承汉统，[②] 北魏才有理由越过五胡十六国而上接晋之金德，[③] 王通、王勃才能主张隋唐越过魏晋南北朝而上承周汉之统；[④] 而北宋中期以后，人们斥五代为"五季"，否定其正统地位，同样是基于道义认同。[⑤] 在正统观念的历史中，正当性标准的加入，意义要比重排五德历运次序更为重大。

---

① 见顾颉刚《五德终始说下的政治与历史》，顾颉刚编著《古史辨》第 5 册，第 567—571 页。
② 参看饶宗颐《中国史学上之正统论》，中华书局，2015，第 11 页。
③ 参看罗新《十六国北朝的五德历运问题》，《中国史研究》2004 年第 3 期，第 47—56 页。
④ 参看刘浦江《南北朝的历史遗产与隋唐时代的正统论》，《正统与华夷：中国传统政治文化研究》，第 1—34 页。
⑤ 参看刘浦江《正统论下的五代史观》，《正统与华夷：中国传统政治文化研究》，第 35—60 页。

余　论

　　秦始皇自立于历史传统之外，排斥兴衰期运，不会有正统意识，也不可能接受"五德终始"学说。然而，随着秦亡汉兴，周—秦—汉的统绪若隐若现。一方面，汉初人还保有战国时期列国并立的记忆，正统意识淡薄，尚未意识到或不愿意正视秦并天下十余年的历史影响，仍视秦为七国之一。加之六国遗民厌恶秦政，故当时人多称秦始皇为"秦王"，对秦二世更直呼"胡亥"，甚至刻意不用二世纪年。另一方面，"承秦立汉"毕竟是现实。西汉初年的人们，尤其是汉廷，在政治实践中无法回避秦的特殊性，在守冢、纪年乃至皇帝名号的使用上，隐约把秦放到了类似于正统的地位上。

　　汉文帝时，儒生、方士为扫除秦政，利用五德终始说，号称秦当水德，而汉胜秦，当土德。当时朝中保守势力尚强，改制又受新垣平事件影响，错失良机。武帝以后，战国遗风衰歇，诸侯削弱，汉廷承秦而以郡县一统天下的历史脉络日益清晰。司马迁等人力主改正朔、易服色，终于在国家意识形态层面确立了汉以土德代秦水德之说。此说客观上使秦在周汉之间牢牢地占据了一席之地。稍后写定的《史记》为秦立二《本纪》，明确称"秦始皇帝""二世皇帝"，不再刻意贬低其名号，并且将汉人构拟的秦水德说写成了秦代的史实。

　　然而，战国的五德终始说是一种自然周期，无关道义。儒学兴起以后，政治的道义观念强化，暴秦竟以水德居于正统，让人难以接受。汉越秦而上承周的史观长期存在，并且在朝廷立二王之后的举措中表现出来。西汉末年，刘歆创立基于五行相生的新五德终始说，改汉德为火，上承周之木德，而将水德之秦排入闰位，扫除出五德正统。这就明白地在五德统绪之上加入了正当性标准，使正义和统治一道成为"正统"的基本要素。这样做的客观效果之一，是减轻了人们承认秦朝统治权的压力。东汉以后，在名号上刻意贬低秦始皇、秦二世的行为基本消失。因为，承认他们当过皇帝，跟在道义上肯定秦的统治，已经是截然不同的两回事了。

　　两汉的秦史正统观大致经历过从无意识到有意识的过程，也经历过从客观上接受、主观上否定到政治上接受、道义上否定的过程。模糊的期运统绪意识逐渐转变为清晰的正统观念，其内涵也由简单而丰富，最终以新五德终始说的形式，在中国古代的思想史和政治文化史上产生了深远的影响。限于史料和学力，本文还只是研究了正统观的形成与演变的早期阶段，论证它存在从个人学说被确立为国家意识形态的过程，未能充分讨论这个过程的详情以及本文开头提出的正统观如何成为普遍观念等问题。文章仍然将重心落在了五德终始说上，对于三统说等其他有关正统的学说关注不够。为此要向读者致歉，并期待将来的研究。

　　最后还要顺带谈及，后世正统观并非只体现于五德终始，也并不总是包含治权和道义两个层面。大家知道，宋代五德终始说趋于消亡，而正统论却演绎出新说。欧阳修提出"绝统"说，[①]朱熹继而有"无统"说。[②]他们否定正统的连续性，同时又肯定秦为正统，推翻五德终始的闰位说，认定居于中原、一统天下即为正统，否定正统必须包含道义因素。[③]在刘歆的学说中，"正统"是"治""道"合一的，而宋儒力主"道统"与"治统"分离，"道统"属于孔子以降的儒家圣贤，帝王即便夺取"正统"也不能将"道"据为己有。在现实中不再幻想"内圣外王"，这是儒学经历千年皇权统治后获得的智慧，自非汉儒所能预知。至于分隔"治""道"的樊篱此后竟被清代帝王所打破，[④]那又不是宋儒所能预知的了。

〔本文原载《史学月刊》2022 年第 2 期。作者陈侃理，北京大学中国古代史研究中心、出土文献与古代文明研究所长聘副教授〕

---

① 欧阳修在《正统论》中说："夫居天下之正，合天下于一，斯正统矣……故正统之序，上自尧、舜，历夏、商、周、秦、汉而绝，晋得之而又绝，隋、唐得之而又绝，自尧、舜以来，三绝而复续。"（《欧阳修全集》卷一六《正统论下》，中华书局，2001，第 269—270 页）这是以三国、南北朝、五代十国为"绝统"时期。

② 朱熹在《资治通鉴纲目凡例》中说："凡正统，谓周、秦、汉、晋、隋……无统，谓周秦之间、秦汉之间、汉晋之间、晋隋之间、隋唐之间、五代。"（朱熹：《朱子全书》第 11 册《资治通鉴纲目》附录一，上海古籍出版社、安徽教育出版社，2002，第 3476—3477 页）

③ 宋儒的正统论当然并非只有这两家。比如，北宋章望之反对欧阳修，分统为"正统""霸统"，以秦、晋、隋有功无德而为"霸统"；苏轼又驳章说，认为欧阳修据名而不害实，也就是只考虑治权而不考虑道义，因而也无伤于道，章氏的"霸统"说却"伤乎名而丧乎实"。南宋的周密也不同意朱熹，认为秦、晋与隋是"有统而无正者"，与章望之说相近（参看饶宗颐《中国史学上之正统论》通论八《宋之正统论》，第 44—53 页）。要之，终究是欧阳修、朱熹之说影响要大得多。

④ "治统""道统"之分合，参看黄进兴《清初政权意识形态之探究：政治化的道统观》，《优入圣域：权力、信仰与正当性（修订版）》，中华书局，2000，第 75—105 页。

"碑禁"与曹魏西晋的石碑文化

徐　冲

摘　要　本文以"碑禁"为切入点，对曹魏西晋的石碑文化进行了初步探讨。"碑禁"不是"薄葬"措施的组成部分。其禁止对象并非主要由血缘性丧家负责的"厚葬"，而是"私立"，即门生、故吏这样的非血缘性政治团体不经朝廷批准擅自立碑。石碑在曹魏西晋仍是备受整个统治阶层认可的纪念装置。不过与东汉后期相比，其适用标准大幅提升，变得"重器化"了。在奏请朝廷之后，上层精英多可获得立碑资格。皇帝权力自身亦积极使用石碑以为王权的象征与纪念。所谓"碑禁"，并非是要禁绝石碑这一纪念装置本身，也未必一定对门生、故吏所代表的非血缘性政治团体抱持敌对态度，而是要在"重器化"石碑的基础上，将互为表里的二者制度性地纳入皇帝权力结构之中，成为精英阶层可操控的政治资源。"碑禁"的出现，应视为清流士人在汉魏之际掌握政治主导权之后，在皇帝权力结构的重构过程中，将自身所秉持的精英文化提升至王权层面进行再创造的结果。

关键词　碑禁　薄葬　石碑　石碑文化

引　言

"碑禁"是中古文史学者熟悉的话题。自建安十年（205）曹操"禁立碑"之后，虽时有弛替，但总体来说所谓"碑禁"在整个魏晋时代都得到了有力的贯彻，影响并及于东晋南朝。作为时代秩序转换的重要标志之一，碑禁也成为汉末魏晋历史叙述中的常见拼图。

学界关于魏晋"碑禁"的认识相当程度上已经"通说化"了。[①] 其内容主要由以下两个相互关联的论点构成。

第一,"碑禁"针对的对象是东汉盛行的"厚葬"之风,是魏晋时期开始推行的"薄葬"措施的组成部分。

第二,"碑禁"导致了西晋墓志的出现。因为无法在墓外立碑,故转入地下圹内制作碑形墓志。

第一点有《宋书·礼志》等权威可靠的文献记载为据,且汉末魏晋之际从厚葬到薄葬的转变也得到了考古学研究的进一步佐证。第二点则敏锐捕捉到地上的汉代墓碑与地下的西晋墓志之间在形制上的相似,而以文献记载中的碑禁构建起前者到后者的演进脉络。这两点认识都是将"纸上之材料"与"地下之新材料"结合即运用所谓"二重证据法"来研究历史的思路体现,[②] 成为学界通说并非无因。

然而不能忽视的是,以上两点认识实际上分别从属于"从厚葬到薄葬"[③] 和"墓志的起源"[④] 这样两大学术课题,而非建立在正面探析"碑禁"本身和魏晋时期石碑文化的基础之上。

---

① 代表性论述如赵超《中国古代石刻概论》,文物出版社,1997,第41页;赵超《古代墓志通论》,紫禁城出版社,2003,第49页;杨泓《谈中国汉唐之间葬俗的变化》,《文物》1999年第10期,第64页;罗宗真《魏晋南北朝考古》,文物出版社,2001,第150页;毛远明《碑刻文献学通论》,中华书局,2009,第109—110页;永田英正《汉代石刻概说(下)》,周长山译,《文物春秋》2002年第6期,第73页;王静芬《中国石碑:一种象征形式在佛教传入之前与之后的运用》,毛秋瑾译,商务印书馆,2011,第63页。

② 王国维:《古史新证:王国维最后的讲义》,清华大学出版社,1994,第1—3页。较近讨论参李锐《"二重证据法"的界定及规则探析》,《历史研究》2012年第4期,第116—133页。

③ 魏鸣:《魏晋薄葬考论》,《南京大学学报》1986年第4期,第133—143页;杨泓:《谈中国汉唐之间葬俗的变化》,第60—68页;李梅田:《曹魏薄葬考》,《中原文物》2010年第4期,第17—20、69页;齐东方:《中国古代丧葬中的晋制》,《考古学报》2015年第3期,第345—366页;刘振东:《冥界的秩序——中国古代墓葬制度概论》,文物出版社,2015,第171—221页;耿朔:《"于襄阳致之":中古陵墓石刻传播路线之一瞥》,《美术研究》2019年第1期,第75—82页(后收入氏著《层累的图像:拼砌砖画与南朝艺术》,人民美术出版社,2020)。

④ 关于墓志起源问题,迄无定论。相关研究史参智武《中国古代墓志起源新论——兼评诸种旧说》,《安徽史学》2008年第3期,第33—38页;朱智武《东晋南朝墓志研究综述与理论思考》,《中国史研究动态》2011年第6期,第39—49页;邱建智《近百年来的墓志起源与发展研究之回顾》,《早期中国史研究》3卷2号,2011,第157—188页。中文学界的研究看看赵超《汉魏南北朝墓志汇编·前言》,天津古籍出版社,1992;同氏《中国古代石刻概论》,第33—42页;刘凤君《南北朝石刻墓志形制探源》,《中原文物》1988年第2期,第74—82页;程章灿《墓志起源考——兼对关于墓志起源诸种说法的考察》,氏著《石学论丛》,大安出版社,1999,第1—12页;程章灿《墓志文体起源新论》,《学术研究》2005年第6期,第136—140页;邱建智《汉魏南北朝墓志的起源与发展》,硕士学位论文,台湾大学,2011,第19—33页;孟国栋《墓志的起源与墓志文体的成立》,《浙江大学学报》2013年第5期,第138—149页;赖非《墓志起源辨析》,氏著《赖非美术考古文集》,齐鲁书社,2014,第98—104页;徐冲《冯熙墓志与北魏后期墓志文化的创生》,《唐研究》第23卷,2017,第109—143页;耿朔《宋孝武帝礼仪改革与南朝陵墓新制的形成》,贺西林主编《汉唐陵墓视觉文化研究》,高等教育出版社,2021,第499—521页。日本学界的研究见日比野丈夫「墓誌の起源について」『江上波夫教授古稀記念論集「民族·文化篇」』,山川出版社,1977、第181—192页;福原启郎撰,陆帅、刘萃峰、张紫毫译《西晋墓志的意义》,氏著《魏晋政治社会史研究》,江苏人民出版社,2021,第341—411页;中村圭爾「東晋南朝の碑·墓誌について」,氏著『六朝江南地域史研究』,汲古書院,2006、第384—406页;窪添慶文「墓誌の起源とその定型化」『墓誌を用いた北魏史研究』,汲古書院,2017,第5—54页;同氏「遷都後の北魏墓誌に關する補考」『墓誌を用いた北魏史研究』,第55—98页。

另一方面，学界关于魏晋碑禁与碑刻的有限研究，或流于碑禁时严时弛的泛论，[①] 或过于拔高政治人物的个人影响，[②] 或分散于对个别"名碑"的个案考察，[③] 对以上通说的合理性并未有深入反思。本文则希望从碑禁与"薄葬"的关系切入，正面考察魏晋时期石碑文化的整体面貌与内在性格，并在汉魏之际皇帝权力结构再构筑的时代背景下，[④] 对碑禁进行再定位。

一 "碑禁"与"薄葬"

学界关于"碑禁"与"薄葬"密切关联的认识，很大程度上是受到了《宋书》卷一五《礼志二》关于碑禁记载的影响：

> 汉以后，天下送死奢靡，多作石室石兽碑铭等物。建安十年，魏武帝以天下雕弊，下令不得厚葬，又禁立碑。[⑤]

在这一叙述之中，碑铭与石室、石兽一起被列为东汉"送死奢靡"的典型表现，又在"下令不得厚葬"之后即言"又禁立碑"，容易让人把碑禁针对的对象理解为"厚葬"。《宋书·礼志》其后又引用晋武帝咸宁四年（278）的诏书，言"此石兽、碑、表，既私褒美，兴长虚伪，伤财害人，莫大于此；一禁断之"，[⑥] 也把"伤财害人"列为"石兽、碑、表"的社会危

---

① 如前述关于碑禁的"通说化"认识所列诸研究。

② 如后藤秋正《蔡邕〈童幼胡根碑铭〉与哀辞——论禁碑所产生的影响》，《佳木斯师专学报》1996年第3期，第39—44页；徐国荣《汉末名谥与曹操碑禁的文化意蕴》，《东南文化》1997年第3期，第108—111页；刘涛《魏晋南朝的禁碑与立碑》，《故宫博物院院刊》2001年第3期，第4—11页；刘淑芬《从造像记看南北朝佛教的几个面向——石像、义邑和中国撰述经典》，林富士主编《中国史新论：宗教史分册》，联经出版，2010，第222—223页；邱建智《汉魏南北朝墓志的起源与发展》第三章第一节"禁碑令与魏晋时代墓志发展"，第35—42页。

③ 如余嘉锡《晋辟雍碑考证》，氏著《余嘉锡文史论集》，岳麓书社，1997，第123—159页；唐长孺《晋郛休碑跋》，氏著《山居存稿续编》，中华书局，2011，第122—132页；福原启郎《关于〈晋辟雍碑〉的考察》，氏著《魏晋政治社会史研究》，第107—158页；津田资久「『曹真残碑』考释」『国士館東洋史学』第1号、2006、第59—96页；津田资久「『郛休碑』初探」『国士館東洋史学』第3号、2008、第29—87页；魏斌《国山禅礼前夜》，《文史》2013年第2辑，第73—96页（收入氏著《"山中"的六朝史》，三联书店，2019）。

④ 本文所谓"皇帝权力结构"，指围绕中国古代政治社会中所实现的最高支配权即皇帝权力而形成的整体权力秩序，与"皇权"或"皇帝个人权力"有别。参徐冲《中古时代的历史书写与皇帝权力起源·前言》，上海古籍出版社，2012，第3页。

⑤ 《宋书（点校本二十四史修订本）》卷一五《礼志二》，中华书局，2018，第440页。

⑥ 《宋书（点校本二十四史修订本）》卷一五《礼志二》，第440页。《太平御览》卷五八九《文部五·碑》引《晋令》云"诸葬者皆不得立祠堂、石碑、石表、石兽"（中华书局，1960，第2653页下栏），与此诏书相近。又《宋书·礼志》"此石兽碑表"一句，对比上引《晋令》文辞，应标点为"此石兽、碑、表"。参杨晓春《南朝陵墓神道石刻渊源研究》，《考古》2006年第8期，第74—82页；耿朔：《于襄阳致之：中古陵墓石刻传播路线之一瞥》，第79—80页。耿朔推测"从建安十年至咸宁四年的七十多年间，其他种类石刻或许不在明文禁止之列，到晋武帝禁断陵墓石刻，才将'石兽'和应该就是指神道柱的'表'也纳入其间，与石碑一并被禁"；并指出"汉代陵墓石刻种类较多，但到魏晋时期很可能逐渐'筛选'出碑、柱和兽三种，成为公元三世纪中原地区具有代表性的墓前设施，只是还不能肯定它们已经构成了固定组合，至少尚未制度化"（第79—80页）。

害之一。而这样的措辞往往出现在对厚葬的负面评价之中。[①]

不过,《宋书·礼志》关于建安十年的"不得厚葬"和"禁立碑",毕竟是以"又"字相连分开叙述的。这显示曹操曾分别下令"不得厚葬"和"禁立碑"。换言之,在最初发布的旨在"薄葬"的"令"内,很可能并不包含"禁立碑"的内容。即使"碑禁"与"薄葬"之间存在交集,二者背后对应的理念却未必一致。

（一）"薄葬"的理念

先来观察魏晋时期"薄葬"的所指。《宋书》卷一五《礼志二》对魏晋皇帝（包括曹操、司马懿、司马师这样的"准皇帝"）所颁《终令》《终制》有所记载。[②]其要点可总结为在地上设施方面,主张利用天然地形营造墓葬,反对各种耗费人力的人工建筑,即如魏文帝黄初三年（222）十月甲子《终制》所言,"寿陵因山为体,无为封树,无立寝殿、造园邑、通神道";[③]在内部陪葬方面,主张"敛以时服,不设明器",[④]反对各种耗费财力的随葬品,包括明器和贵金属等。晋武帝所谓"祖考清简之旨",[⑤]可谓是对魏晋皇帝葬制"薄葬"特征的准确概括。这一特征在近年魏晋帝陵考古工作的进展和研究中也得到了更为确凿的印证。[⑥]

这种"清简之旨"在魏晋皇帝所颁《终制》中多以"不""无"等否定性措辞表达出来,所针对的正是汉代的"厚葬"传统。下面这个时代略晚而较少为学者关注的例子,以一种特殊形式展示了两种丧葬理念的冲突。十六国时期前赵国主刘曜曾两度营建皇室陵墓。先是为自己营建寿陵,计划"周回四里,下深二十五丈,以铜为棺椁,黄金饰之";又为其父及妻营建陵墓,"下锢三泉,上崇百尺,积石为山,增土为阜"。结果分别遭到大臣乔豫、和苞与游子远的进谏。其措辞如"自古无有不亡之国,不掘之墓,故圣王知厚葬之招害也,故不为之""圣主明王、忠臣孝子之于终葬也,棺足周身,椁足周棺,藏足周椁而已,不封不树,为无穷之计"云云所示,与魏晋《终制》一脉相承。[⑦]显然,刘曜的陵墓营建计划是汉代"厚葬"传统的延续,而上书进谏的大臣则秉持了魏晋的"薄葬"理念。

值得注意的是,此时西晋已亡,三位士人均已入仕前赵。他们对刘曜作如是进言,适足说明薄葬理念在魏晋精英中的深入程度。在皇室以外,魏晋时期亦多见以《遗令》命家

---

① 如王符撰、汪继培笺、彭铎校正《潜夫论笺校正》卷三《浮侈第十二》:"今京师贵戚,郡县豪家,生不极养,死乃崇丧。或至刻金镂玉,橘梓楩柟,良田造茔,黄壤致藏,多埋珍宝偶人车马,造起大冢,广种松柏,庐舍祠堂,崇侈上僭。宠臣贵戚,州郡世家,每有丧葬,都官属县,各当遣吏赍奉,车马帷帐,贷假待客之具,竞为华观。此无益于奉终,无增于孝行,但作烦扰,伤害吏民。"中华书局,1985,第137页。
② 《宋书》卷一五《礼志二》,第437—440页。
③ 《三国志》卷二《魏书·文帝纪》,中华书局,1982,第81页。标点有调整。
④ 《宋书》卷一五《礼志二》,第437页。
⑤ 《宋书》卷一五《礼志二》,第438页。
⑥ 李梅田:《曹魏薄葬考》,第19—20页;齐东方:《中国古代丧葬中的晋制》,第348—354页;刘振东:《冥界的秩序——中国古代墓葬制度概论》,第171—221页。
⑦ 《晋书》卷一〇三《刘曜载记》,中华书局,1974,第2688—2689、2692—2693页。

人薄葬者，其内容多与前述《终制》类似，此不赘引。①《晋书》卷五一《皇甫谧传》全文收录其咸宁初"着论为葬送之制，名曰《笃终》"。②皇甫谧以一介处士，早列传于王隐《晋书》和臧荣绪《晋书》，③《太平御览》卷五五四《礼仪部·葬送二》引王隐《晋书》亦载皇甫谧《笃终论》数语。④此篇文献很可能在西晋之世即已进入国史系统，应视为王朝精英关于薄葬理念的理论性表达。⑤事实上，皇甫谧《笃终》与黄初三年魏文帝所下《终制》在宗旨、文脉与措辞等方面都是极为相似的。一为天子，一为隐逸，显见这一理念在魏晋时代的意识形态地位。而左思之妹左芬以贵嫔身份为武元杨皇后所作诔辞中有"不封不树，山阪同形""去此素衣，结恋灵丘"之语，⑥《王浚妻华芳墓志》言"及遗令送终，敛以时服，金镮珠玉，非徒存所不尚，乃戒莫以送，殡葬之制，事从节约"，⑦《傅宣妻士孙松墓志》言"杉棺五寸，敛以时服。土棹陶器，无藏金玉。既将反之于俭贤，盖亦述其素志也已"⑧，亦可从女性史的角度进一步说明这一问题。

向前追溯，在东汉末年的士人精英中已经可以看到这种新理念的若干表现。《后汉书》卷八一《范冉传》载其中平二年（185）临终以《遗令》敕子：

> 气绝便敛，敛以时服，衣足蔽形，棺足周身，敛毕便穿，穿毕便埋。其明堂之奠，干饭寒水，饮食之物，勿有所下。坟封高下，令足自隐。⑨

范冉《遗令》针对的是当时的"淫侈之俗"，而提出的"薄葬"举措也是以坟丘外观的不显和内里葬物的俭素为核心，与前引魏晋皇帝《终制》从理念到内容都高度近似。又如卒于初平三年（192）的卢植，"临困，敕其子俭葬于土穴，不用棺椁，附体单帛而已"；⑩卒于建安六年（201）的赵岐，临终敕其子"墓中聚沙为床，布簟白衣，散发其上，覆以单被，即日便下，下讫便掩"，⑪旨要亦同。这两个时间点距离曹操"令不得厚葬"的建安十年已经很近。

因此，在考虑魏晋"薄葬"问题时，与其强调魏晋皇帝的垂范作用，莫如将这些《终制》和《遗令》理解为魏晋统治精英共享的时代理念的一部分。这一理念来自东汉后期的清

---

① 杨泓：《谈中国汉唐之间葬俗的演变》，第62—63页。
② 《晋书》卷一二《皇甫谧传》，第1416—1418页。
③ 汤球辑《九家旧晋书辑本》，《丛书集成》初编本，商务印书馆，1936，第80—81、287—288页。
④ 《太平御览》卷五五四《礼仪部·葬医二》，第2508页上栏。
⑤ 齐东方据此指出薄葬理念与魏晋时生死观的变化有关，参《中国古代丧葬中的晋制》，第353—354页。
⑥ 《晋书》卷三一《后妃传》，第958—962页。
⑦ 毛远明校注《汉魏六朝碑刻校注》第2册，线装书局，2008，第340—345页。
⑧ 赵超：《汉魏南北朝墓志汇编》，第12页。
⑨ 《后汉书》卷八一《范冉传》，中华书局，1965，第2690页。
⑩ 《后汉书》卷六四《卢植传》，第2119页。
⑪ 《太平御览》卷五五八《礼仪部·冢墓》引《赵歧别传》，第2525页上栏。

流士人，伴随他们在汉魏之际把握政治主导权而意识形态化。由此反观曹操在建安末先后发布以"薄葬"为宗旨的《终令》《遗令》，应该也有在王权更替的关键时刻以新理念争取精英阶层广泛支持的用意。①

（二）"碑禁"的对象

在上述以反对"淫侈之俗""事从省约"为宗旨的诸《终制》《遗令》中，都并未包含"不得立碑"的内容。相反，在"薄葬"的同时亦行立碑的例子时有所见。如范冉有前引《遗令》敕子，而死后"会葬者二千余人，刺史郡守各为立碑表墓焉"。②贾逵临终，遗言"丧事一不得有所修作"，而"豫州吏民追思之，为刻石立祠"。③在史书的叙述措辞中，刻石立碑似并非与其"遗令"薄葬相抵触。这不禁让人怀疑，"碑禁"的对象所指是否确乎为"厚葬"？

更加值得深思的是，在一些魏晋碑文中还能看到对"薄葬"的重点记述。如《古文苑》卷一七载闻人牟准《魏敬侯碑阴文》：

> 敬侯所葬之先域，城惟解梁，地即邵首。山对灵足，谷当狩口。势高而趣幽，形垣而背阜。凿室而可以蔽藏，不坟而所冀速朽。珍琦素白而靡尚，衣服随时而则有。故吏述德于隧前，门生纪言于碑后。白季居亭而已治，詹嘉在主而可友。处高撼之厚地，将秭亿而永久。④

魏敬侯即卫觊，卒于魏明帝太和三年（229）。⑤"故吏述德于隧前，门生纪言于碑后。"显示立碑者为其门生、故吏。此碑当是卫觊卒后立于河东安邑卫氏墓地附近。碑文辞句与前引诸《终制》《遗令》多有对应，如"处高撼之厚地"同于"因高为基"，"凿室而可以蔽藏，不坟而所冀速朽"同于"不封不树"，"珍琦素白而靡尚，衣服随时而则有"同于"敛以时服"，正是"清简之旨"的明晰表述。

又如清代出于洛阳的《王基断碑》：

---

① 曹丕在代汉前夕彰表以东汉后期清流人士为主的"二十四贤"的用意，也可从类似角度解读。参徐冲《中古时代的历史书写与皇帝权力起源》，第211—235页。
② 《后汉书》卷八一《范冉传》，第2690页。
③ 《三国志》卷一五《魏书·贾逵传》，第484页。贾逵碑亦见于《水经注》，参张鹏飞《〈水经注〉石刻文献丛考》，社会科学文献出版社，2015，第197—200页。
④ 章樵注《古文苑》，《丛书集成初编》本，商务印书馆，1936，第393—394页。关于《古文苑》的成书年代与史料价值，参王晓娟《〈古文苑〉编纂者新考》，《南京师大学报》2009年第5期，第113—119页；同氏《古文苑成书年代考》，《文史哲》2010年第1期，第40—48页；同氏《〈古文苑〉辑录诗文来源考》，《文史哲》2012年第4期，第139—148页。
⑤ 曹道衡、沈玉成：《中古文学史料丛考》，中华书局，2003，第32页。

公天资高素，与/（上阙）亡则令俭，殓以时服。于是/（上阙）将矩奉册追位司空。赠以东武侯蜜印绶。送以轻车，不/（上阙）泰山之速颓，恨元勋之未遂。俯仰哀叹，永怀惨悴。以为/（上阙）苇。镌石表墓，光示来裔。其辞曰云云。①

王基卒于景元二年（261）。② 此碑出土时已残，故碑文不全。但"亡则令俭，殓以时服"云云，当是来自王基"遗令"的内容。在"镌石表墓，光示来裔"的碑文中记载以"薄葬"为宗旨的"遗令"，与上引卫觊碑的表现一致。这些文辞在碑文中作为碑主之德被公开赞颂，显示在时人眼中立碑与"薄葬"并行不悖。前引《宋书·礼志》虽将碑铭与石室、石兽一起列为东汉"送死奢靡"的典型表现，但其后先言建安十年（205）曹操"下令不得厚葬"，再言"又禁立碑"，③ 既是一种史实的陈述，也暗示两种禁令的背后各有不同的理念支撑，并不能似是而非地混为一谈。

那么，若"碑禁"并非针对"厚葬"而发，其对象又为何？其实《宋书·礼志》所载晋武帝咸宁四年诏书已把碑禁的对象表达得相当清楚了，即"私褒美，兴长虚伪，伤财害人"。④ 这里与厚葬有共通之处的"伤财害人"只是排在第三位的理由，立碑真正的问题在于"私褒美"，即独立于王朝权力之外的人物评价。《宋书·礼志》在其后叙述东晋至刘宋碑禁的反复时即言：

> 至元帝太兴元年，有司奏："故骠骑府主簿故恩营葬旧君顾荣，求立碑。"诏特听立。自是后，禁又渐颓。大臣长吏，人皆私立。义熙中，尚书祠部郎中裴松之又议禁断，于是至今。⑤

无论是东晋成立后的"禁又渐颓"，还是东晋末义熙年间的"又议禁断"，都是相对"大臣长吏，人皆私立"的情形而言的。这里未出现与"厚葬"相关的措辞，⑥ 而是与咸宁四年诏书一样，将禁止立碑的理由归于"私立"的不正当性。

义熙中裴松之"议禁断"表文载于《宋书》卷六四本传：

> 碑铭之作，以明示后昆，自非殊功异德，无以允应兹典。大者道勋光远，世所宗

---

① 《汉魏六朝碑刻校注》第2册，第211—213页。
② 《三国志》卷二七《魏书·王基传》，第756页。
③ 《宋书》卷一五《礼志二》，第440页。
④ 《宋书》卷一五《礼志二》，第440页。
⑤ 《宋书》卷一五《礼志二》，第440页。
⑥ 东晋时期无论帝陵还是士族墓均保持了魏晋时期的薄葬特质。参罗宗真《魏晋南北朝考古》，第75—128页；刘振东《冥界的秩序——中国古代墓葬制度概论》，第303—338页；齐东方《中国古代丧葬中的晋制》，第352—353页。

推，其次节行高妙，遗烈可纪。若乃亮采登庸，绩用显著，敷化所莅，惠训融远，述咏所寄，有赖镌勒，非斯族也，则几乎僭黩矣。俗敝伪兴，华烦已久，是以孔悝之铭，行是人非；蔡邕制文，每有愧色。而自时厥后，其流弥多，预有臣吏，必为建立，勒铭寡取信之实，刊石成虚伪之常，真假相蒙，殆使合美者不贵，但论其功费，又不可称。不加禁裁，其敝无已。以为诸欲立碑者，宜悉令言上，为朝议所许，然后听之。庶可以防遏无征，显彰茂实，使百世之下，知其不虚，则义信于仰止，道孚于来叶。①

裴氏上表虽也提及立碑"论其功费，又不可称"即厚葬问题，但通篇强调禁止立碑的主要理由在于"虚伪之常，真假相蒙"，也就是碑铭所述与碑主实际行迹并不相符。这并非只是碑文写作真实与否的问题。如上表开头对"碑铭之作"的定位所示，在裴氏看来，碑铭是一种极高的荣誉，只有少数"殊功异德"者才能匹配这一礼遇。换言之，一般臣民立碑的话，必定"几乎僭黩"。而他提出的解决方案是"悉令言上，为朝议所许，然后听之"，即将立碑的权力从民间收归中央，由朝廷负责审议是否符合立碑条件。如《宋书·礼志》所示，裴氏上表针对东晋立国以来"大臣长吏，人皆私立"的状况而发。②《宋书·裴松之传》言"松之以世立私碑，有乖事实，上表陈之曰"云云，是一种非常准确的概括。

或以为裴松之上表毕竟已经在晋室南渡百年以后，未必能用来说明魏晋中州时代碑禁的状况。那么再来看《群书治要》卷四七收录桓范《世要论·铭诔》所云：

夫渝世富贵，乘时要世，爵以赂至，官以贿成。视常侍黄门，宾客假其气势，以致公卿牧守。所在宰莅，无清惠之政，而有饕餮之害。为臣无忠诚之行，而有奸欺之罪，背正向邪，附下内上。此乃绳墨之所加，流放之所弃。而门生故吏，合集财货，刊石纪功，称述勋德，高邈伊周，下陵管晏，远追豹产，近逾黄邵。势重者称美，财富者文丽。后人相踵，称以为义，外若赞善，内为己发，上下相效，竞以为荣，其流之弊，乃至于此。欺曜当时，疑误后世，罪莫大焉。且夫赏生以爵禄，荣死以诔谥，是人主权柄，而汉世不禁。使私称与王命争流，臣子与君上俱用。善恶无章，得失无效，岂不误哉。③

---

① 《宋书》卷六四《裴松之传》，第 1859 页。
② 刘涛认为"裴松之是史学家，深知碑文'真假相蒙'将贻害无穷，强调禁碑的用意在'求实'，亦欲分别贵胄与寒素"云云（《魏晋南朝的禁碑与立碑》，第 8 页），王静芬认为"为了阻止这一不正确的习俗，即赞扬与事实不合的德行，裴松之建议立碑必须取得朝廷的许可"（《中国石碑：一种象征形式在佛教传人之前与之后的运用》，第 64 页），似均未达松之上表主旨。
③ 魏征等：《群书治要》卷四七，东京大学东洋文化研究所藏元和二年铜活字印本骏河版，第 34b—35a 页。《全上古秦汉三国六朝文》亦收录，严可均案语指出此书有《世要论》《政要论》等多种异名（中华书局，1958，第 1258 页）。

桓范在正始十年（249）高平陵之变中投向曹爽一方，为司马懿所诛杀。《三国志》卷九《魏书·曹爽传》裴松之注引《魏略》言其"正始中拜大司农"后，"尝抄撮《汉书》中诸杂事，自以意斟酌之，名曰《世要论》"。① 但上引文称"视常侍黄门，宾客假其气势"云云，显系对此前东汉历史的反省，非仅摘录《汉书》而已。其中"门生故吏，合集财货，刊石纪功，称述勋德"云云，对应的正是汉世石碑的"私立"之风。而桓范对此的批评集中于两点。首先言其名实不副，"欺曜当时，疑误后世"；其后指出与汉世立碑相伴随的"私称与王命争流，臣子与君上俱用"即"私谥"现象，明显是对"人主权柄"的僭用。② 这与前引裴松之义熙中上表禁碑的逻辑是基本一致的。上引《世要论·铭诔》虽未言及桓范的应对建议，但考虑到至高贵乡公甘露二年（257）"碑禁尚严也"，③ 可推测桓范在正始年间的此番言论，其导向应与裴氏大体一致。

还有一个现象可从侧面印证"碑禁"的对象并非"厚葬"。前述与"厚葬"相关的《遗令》，多有"敕子"之语，显示厚葬相关诸事主要由血缘性丧家主导。与此相对，在碑禁相关的措辞中，与朝廷之"公"对立的"私"，却频频指向门生、故吏之类。④ 如《宋书·礼志》言东晋碑禁弛颓，始于"故骠骑府主簿故恩营葬旧君顾荣，求立碑"；义熙中裴松之言"世立私碑"，对应的表述是"预有臣吏，必为建立"；桓范《世要论·铭诔》也以"门生故吏，合集财货，刊石纪功，称述勋德"来说明汉末私碑乱立之风。这也意味着东汉后期为死者立碑的行为主体尽管呈现多元化的面貌，但仍然以门生、故吏这样的非血缘性政治团体为主⑤。

综上，魏晋"碑禁"针对的对象并非主要由血缘性丧家主导的"厚葬"，而是"私立"，

---

① 《三国志》卷九《魏书·曹爽传》裴松之注，第290页。

② 李贵银指出桓范此论显示"汉代盛行的私立碑表、私定谥号的行为，使'私称与王命争流'，构成了对'人主权柄'的挑战，不利于国家的统治"（《中国古代碑志文批评史》，中华书局，2020，第31—32页）。刘淑芬则认为曹操禁立碑的原因即在于禁私谥（《从造像记看南北朝佛教的几个面向——石像、义邑和中国撰述经典》，第222—223页）。关于汉末"私谥"与士风的关系，参余英时《汉晋之际士之新自觉与新思潮》，氏著《士与中国文化》，上海人民出版社，1987年，第298—300页；徐国荣《汉末私谥与曹操碑禁的文化意蕴》，第108—110页；沈刚《论东汉的私谥问题》，氏著《汉代国家统治方式研究：列卿、宗室、信仰与基层社会》，社会科学文献出版社，2017，第254—267页。

③ 《宋书》卷一五《礼志二》，第440页。

④ 关于中古时期作为一种政治关系的门生、故吏现象，参川胜义雄《门生故吏关系》，徐谷梵、李济沧译，氏著《六朝贵族制社会研究》，上海古籍出版社，2008，第187—220页；東晋次「後漢時代の故吏と故民」、中国中世史研究会編『中国中世史研究続編』、京都大学学术出版会、1995、第409—433页；杨鸿年《汉魏制度丛考》，武汉大学出版社，2005，第382—387页；张鹤泉《东汉故吏问题试探》，《吉林大学社会科学学报》1995年第5期，第8—14页；同氏《东汉辟举问题探讨》，《吉林大学社会科学学报》2000年第4期，第82—88页；甘怀真《中国中古时期"国家"的形态》，氏著《皇权、礼仪与经典诠释——中国古代政治史研究》，华东师范大学出版社，2008，第151—187页；同氏《中国中古时期的君臣关系》，氏著《皇权、礼仪与经典诠释——中国古代政治史研究》，第188—224页；徐冲《中古时代的历史书写与皇帝权力起源》，第183—210页。

⑤ 参杨树达《汉代婚丧礼俗考》，上海古籍出版社，2000，第125—129页；永田英正《汉代石刻概说（上）》，周长山译，《文物春秋》2002年第5期，第71页；王元军《汉代书刻文化研究》，上海书画出版社，2007年，第149—157页；王静芬《中国石碑：一种象征形式在佛教传入之前与之后的运用》，第61—62页；角谷常子「後漢時代の刻石流行の背景」、角谷常子編『古代東アジアの文字文化と社会』、臨川書店、2019、第63—65页。

即门生、故吏这样的非血缘性政治团体不经朝廷批准擅自立碑。碑禁并非"薄葬"措施的组成部分，二者为并列关系，均为魏晋精英时代理念的体现。与薄葬一样，碑禁得以推行和维持的动力绝非仅来自魏晋帝室的个人好恶，而是如前引桓范《世要论·铭诔》所示，在统治精英中有着强有力的理念支持。学者指出"东汉以来呈风起云涌之势的私人立碑确实是人物品评风气的产物"，[①]是为的论。而在碑禁的推动者看来，以碑铭这种高级纪念装置来表彰死者的权力，在君主而非臣子，在王朝而非民间，在"公"而非"私"。魏晋王朝着力推行的"碑禁"，不是简单的移风易俗，实有皇帝权力结构调整与再造的深刻用意在内。

二 曹魏西晋的精英立碑

与东汉后期盛极一时的石碑文化相比，受到"碑禁"——包括理念与现实——制约的曹魏西晋石碑文化，呈现为怎样的面貌与特质？以下试从精英立碑与王权立碑两个层面来考察。

巫鸿曾讨论过魏晋时期的"毁祠造墓"现象，即魏晋墓中多见将东汉地上祠堂的石刻构件拆毁后用作地下墓室的石料，并归因于魏文帝所倡导的礼制改革。[②]与之相类，魏晋墓葬中亦可见若干"毁碑造墓"现象。[③]如1984年偃师杏园西晋墓M34中出土残碑六块，发掘者认为是"墓志碑"，系"被盗墓者打碎后零散地弃置在前、后室填土中"，似径以碑主为墓主。[④]但从所存残碑有"河东陈巳""辽西朱生""弘农赵□"等五人题名看来，应为碑主之门生或故吏的碑阴题名，与西晋小碑形墓志（即发掘者所谓"墓志碑"）一般为丧家所立且无碑阴题名不同，更可能来自东汉时期所立墓碑或颂德碑。将此碑"打碎后零散地弃置在前、后室填土中"的恐非盗墓贼，而是西晋时期的造墓者。[⑤]1993年偃师火神凹西晋

---

① 胡宝国：《杂传与人物品评》，氏著《汉唐间史学的发展（修订本）》，北京大学出版社，2014，第137页。不过胡氏认为"魏晋国家对此无可奈何"，"人物品评风气的减弱与私人立碑被有效禁止都是从晋宋之际开始的"，并将之归因于"南朝是皇权复兴的时期"（第137—140页），与本文所论相异。

② 巫鸿：《从"庙"至"墓"——中国古代宗教美术发展中的一个关键问题》，氏著，郑岩编《超越大限——巫鸿美术史文集卷二》，上海人民出版社，2018，第29—30页；巫鸿：《汉明、魏文的礼制改革与汉代画像艺术之盛衰》，《超越大限——巫鸿美术史文集卷二》，第52—60页。

③ 巫鸿讨论的部分案例中也有残碑类出土品，如1966年成都市郫都区三国墓中所出王孝渊碑和簿书残碑、1966年南阳三国墓中所出许阿瞿画像铭及1979年嘉祥宋山魏晋墓葬中所出东汉刻铭画像石等（《汉明、魏文的礼制改革与汉代画像艺术之盛衰》，第52—58页）。但这些所谓"残碑"或为丧家主导的祠堂构件，或为实用性文书类石刻，与本文讨论的主要由故吏、门生主导的墓碑和颂德碑不同。魏晋时期的"毁祠造墓"与"毁碑造墓"现象各有其背后的脉络，值得深入讨论。

④ 中国社会科学院考古研究所河南第二工作队：《河南偃师杏园村的两座魏晋墓》，《考古》1985年第8期，第721—735页。

⑤ 据《河南偃师杏园村的两座魏晋墓》，M34盗洞在后室上方（第727页）。很难想象由此进入墓室的盗墓贼在打碎墓志碑后，还要将其分别弃置在前、后室填土中。

墓 M51 中所出东汉张禹残碑，系"用残碑直立紧靠在小砖拱券的甬道门口"以为内侧封门。
碑额仅余一篆书残字，全碑缺损六十余字，"表面粗糙，凿剁痕迹明显"，[①]当为有意破坏后用
为墓室石料。[②]损毁后挪作其他建筑材料之用的汉碑亦复不少。《水经注》载洛阳天渊池中
"有魏文帝九华台，殿基悉是洛中故碑累之"。[③]2000 年四川芦山所出建安十三年赵仪残碑，
则是"被凿成三块，作为城墙的建筑石料"。[④]这些现象都可说明东汉后期竞相树立的石碑
尤其是墓碑和颂德碑，在魏晋时期曾经遭到较大规模的有意损毁。除了立于地面易致挪用的
经济性因素之外，作为时代理念代表的"碑禁"所发挥的作用不可低估。

　　不过这些颇具冲击力的现象反过来又影响了后人对魏晋"碑禁"的印象，以为"碑禁"
的旨趣在于全面"禁碑"，对"石碑"这一纪念装置持负面否定态度。存世的个别魏晋石碑，
则多被认为是碑禁时有弛替或执行不严的结果，[⑤]连带在书法评价方面亦偏低。[⑥]这一认识其
实相当片面。《北堂书钞》卷一〇二《艺文部八·碑》"文肃不虚"条引《会稽典录》所记如
下曹植佚事，对更为真切的理解"碑禁"颇具启发意义：

　　　　虞歆，字文肃，历郡守，节操高厉。魏曹植为东阿王，东阿先有三十碑，铭多非
　　实，植皆毁除之，以歆碑不虚独全焉。[⑦]

《会稽典录》为东晋后期会稽人虞预所撰。[⑧]虞歆为虞预先祖，东阿所立虞歆碑当为颂德碑。
曹植徙封东阿在明帝太和三年至六年（229—232）。[⑨]东阿当地包括虞歆碑在内的"先有
三十碑"当以汉碑为主。曹植毁掉其中廿九碑，名义上的理由是"铭多非实"，实际是为石

① 赵振华、王竹林：《〈张禹碑〉与东汉皇陵》，《湖南科技学院学报》2006 年第 4 期，第 110—113 页。
② 赵君平编《邙洛碑志三百种》（中华书局，2004）收录 2001 年春洛阳白马寺镇冒郭村西砖厂出土残碑一块，存字
　　四十余，可知碑主张姓，曾任小黄门及尚书监，当系东汉宫廷宦者身份。考虑到汉魏之际清流士人的政治倾向，
　　此碑可能也遭到了有意损毁，只是未知是否出自魏晋墓葬。参涂白奎、赵君平《东汉小黄门张残石疏证》，《书法
　　丛刊》2014 年第 4 期，第 18—22 页；熊长云《〈东汉尚方监张君残碑〉之定名、断代与释补》，《书法丛刊》2015
　　年第 3 期，第 18—22 页。又如东晋张镇墓志，系由一旧碑磨制改造而成，亦可视为"毁碑造墓"之变形。参张
　　今《读东晋刘媚子、张镇墓志札记》，《中国国家博物馆馆刊》2020 年第 3 期，第 77—84 页。
③ 郦道元撰，杨守敬、熊会贞疏《水经注疏》卷一六《谷水》，段熙仲点校，江苏古籍出版社，1989，第 1391 页。
④ 郭凤武：《芦山出土〈赵仪碑〉考释》，《中国文化论坛》2015 年第 8 期，第 93—97 页。
⑤ 刘凤君：《南北朝石刻墓志形制探源》，第 77 页；邱建智：《汉魏南北朝墓志的起源与发展》，第 35—42 页。
⑥ 洪适：《隶释》卷一九《魏横海将军吕君碑》跋："魏隶之佳者，惟钟、梁之碑四。若范式碑则又次之。此刻差胜
　　贾逵、刘熹尔，姑存之。"（洪适：《隶释·隶续》，影印洪氏晦木斋刻本，中华书局，1986，第 192 页下栏）同卷
　　《范式碑》跋："此碑虽不及延康、黄初四刻，在魏隶它碑中可取次。唐李嗣真作《书后品》乃云'蔡公诸体，惟
　　范巨卿碑风华艳丽，古今冠绝'，甚矣藻鉴之谬也！"（第 193 页下栏）同卷附《张平子碑》跋："魏隶自范式之后，
　　《隶释》悉弃不取。吴之谷朗、陆祎碑，晋之辟述、邓义碑，皆体弱格卑，已去黄初远甚，视熹平、光和年所刻，
　　殆天冠地屦之不侔也。此碑在同时字画中仅有可观，因赘之篇尾，亦以见一代佐书，其工者止此尔。"（第 195 页
　　上栏）
⑦ 《北堂书钞》卷一〇二《艺文部八·碑》，影印孔氏三十三万卷堂影宋本，中国书店，1989，第 390 页下栏。
⑧ 《晋书》卷八二《虞预传》，第 2147 页。
⑨ 《三国志》卷一九《魏书·陈思王植传》，第 569—576 页。

碑这一纪念装置设立了更高的准入标准，正可视为魏晋碑禁在地方层面的"追溯性"执行。而更值得注意的是，曹植最后仍然保留了虞歆碑，明示他并非对石碑本身持负面否定态度，只是认为其他廿九人不具备享有这一"重器"的资格。虞预在《会稽典录》中记述这一故事有褒扬先祖以自重的动机，或不无夸饰的成分，但其中所反映出的对曹魏西晋"碑禁"旨趣的理解，则相当准确。

（一）《水经注》的记录

事实上，尽管数量远逊于东汉后期，但从建安十年曹操发布所谓"禁碑令"，到永嘉之乱倾覆西晋洛阳朝廷，百年间曾经树立的魏晋石碑为数众多。这些石碑多数至宋代即已毁失，不过在北魏郦道元所著《水经注》中仍有相当规模的记录留存，可为了解"碑禁"状态下曹魏西晋石碑文化的基本面貌提供一份颇具代表性的清单。表1参考张鹏飞《〈水经注〉石刻文献丛考》一书，列出见载于《水经注》的汉末魏晋墓碑与颂德碑。表格大致以碑主卒年先后为序。碑主身份以《水经注》所记为主，缺失者据史传补以终官。立碑时地信息皆从张著，立碑时间不能确定者列出碑主任官信息以为参考。

表 1 《水经注》所见汉末魏晋墓碑与颂德碑

碑主	本籍	卒年	立碑时地	性质
军师祭酒郭嘉	颍川阳翟	建安十二年（207）	颍川阳翟	墓碑
征士邴原	北海朱虚	建安二十年（215）	北海朱虚	墓碑
豫州刺史贾逵	河东襄陵	太和二年（228）	黄初中(220—226)至太和二年任豫州刺史；陈郡项县	颂德碑
中郎将徐庶	颍川长社	太和末青龙初（232—233）	楚国彭城	颂德碑
独行君子管宁	北海朱虚	正始二年（241）	北海朱虚	墓碑
镇东将军胡质	楚国寿春	嘉平二年（250）	正始二年（241）至嘉平二年（250）任征东将军；东海下邳	颂德碑
将作大将毌丘兴	河东闻喜	嘉平六年（254）之前	魏明帝时立；洛阳新安	墓碑
征北将军刘靖	沛国相县	嘉平六年（254）	元康四年（294）；范阳蓟县	颂德碑
镇南将军毌丘俭	河东闻喜	正元二年（255）	太康元年（280）晋武帝灭吴后立；洛阳新安	墓碑
雍州刺史郭淮	太原阳曲	正元二年（255）	黄初元年（220）至嘉平元年（249）任雍州刺史；京兆长安	颂德碑
汝南太守程晓	东郡东阿		嘉平中（249—253）任黄门侍郎，后迁汝南太守；汝南新息	颂德碑

碑主	本籍	卒年	立碑时地	性质
征南军司张詹			"军司"避晋讳，或立于泰始元年（265）后；南阳冠军	颂德碑
征南将军宗均	河南新城		泰始三年（267）；河南新城	墓碑
城门校尉郑仲林	荥阳开封		泰始六年（270）；河南缑氏	颂德碑
大司马石苞	渤海南皮	泰始八年（272）	泰始元年（265）任大司马；东海下邳	颂德碑
司空郑袤	荥阳开封	泰始九年（273）	河南缑氏	颂德碑
李熹	上党铜鞮	泰始、咸宁年间（265—279）	北魏太和元年（477）复立；上党铜鞮	墓碑
西河王司马斌	河内温县	咸宁四年（278）	西河兹氏	墓碑
太傅羊祜	泰山南城	咸宁四年（278）	泰始五年（269）任都督荆州诸军事、假节；襄阳	颂德碑
范阳王司马绥	河内温县	咸宁五年（279）	范阳涿县	墓碑
镇南将军杜预	京兆杜陵	太康五年（284）	咸宁四年（278）任镇南大将军、都督荆州诸军事；襄阳	颂德碑
梁王司马肜妃王粲	东莱曲城	太康五年（284）	太康九年（288）；梁国睢阳	墓碑
征南将军荆州刺史胡奋	安定临泾	太康九年（288）	泰始中（265—274）任征南将军、假节、都督荆州诸军事；江夏鲁山	颂德碑
征南将军胡罴	楚国寿春	兄胡威太康元年（280）卒	襄阳岘山	颂德碑
司徒王浑	太原晋阳	元康七年（297）	太熙元年（290）后任司徒；东海下邳	颂德碑
琅琊太守潘尪	河南中牟	永康元年（300）前	河南中牟	墓碑
给事黄门侍郎潘岳	河南中牟	永康元年（300）	永康二年（301）；河南中牟	墓碑
监军石崇	渤海南皮	永康元年（300）	元康中（291—299）出为征虏将军、假节、监徐州诸军事；东海下邳	颂德碑
谯王司马随	河内温县	太安元年（302）	永嘉三年（309）；谯国谯县	墓碑
范阳王司马虓	河内温县	光熙元年（306）	范阳涿县	墓碑
冀州刺史丁绍	陈留谯国	永嘉三年（309）	原文青龙三年（235）或为永嘉三年（309）之误；安平信都	颂德碑
安南将军刘俨			襄阳	颂德碑

由表 1 可见，汉末魏晋的墓碑和颂德碑，其时、空分布均未呈现集中趋势。就地域而言，在北至范阳、南至襄阳、东至东海、西至长安的广阔范围内皆有出现，基本覆盖了魏晋国家的核心区域。就时间而言，约百年间出现了三十二方石碑。考虑到颂德碑的维护依赖于

地方资源而非碑主家族，较墓碑更易留存于世，此表中有颂德碑者，很可能当年在其墓地亦有墓碑。如此则石碑数量近于半百。① 两个方面合而观之，应可显示尽管曹魏西晋王朝数次颁行"碑禁"，石碑作为一种纪念装置在这一时期仍应用得相当广泛。

《水经注》所记石碑信息并不完整。表1所列三十二方石碑中，仅知潘岳碑为其门生所立，襄阳的羊祜碑、杜预碑和刘伿碑则"并是学生所立"。② 后文论及的司马芳碑、曹真碑、刘表碑、吕君碑、郛休碑、郑烈碑和羊瑾碑，皆明言为碑主故吏所立。考虑到前引桓范作于曹魏正始年间的《世要论·铭诔》所述"门生故吏，合集财货，刊石纪功，称述勋德"云云，可推测曹魏西晋时期墓碑与颂德碑的立碑主体仍为碑主之门生、故吏，与东汉相比并无二致。而在碑主身份方面，表1所见诸碑集中于朝廷之高官显贵，间有管宁、邴原这样的一流隐士。相对于东汉后期所呈现的碑主身份之多元性与广泛性，③ 毋宁说是相当精英化的。前引裴松之在义熙中（405—418）所上"议禁断表"，言"碑铭之作，以明示后昆，自非殊功异德，无以允应兹典。大者道勋光远，世所宗推，其次节行高妙，遗烈可纪"，④ 与这里呈现出的曹魏西晋时期石碑文化的面貌，明显存在一定对应关系。

（二）精英立碑与"碑禁"

在思考曹魏西晋时期的"碑禁"问题时，表1所列潘岳碑值得注意。潘岳于永康元年（300）为赵王伦所杀。⑤ 此碑据《水经注》为其侄潘尼所撰，有"君遇孙秀之难，阖门受祸。故门生感覆醢以增恸，乃树碑以记事"之语，当立于永康二年赵王伦及孙秀被诛、惠帝返政之后。⑥ 这意味着当时罪人自无立碑资格，但若得以平反，石碑即可成为正当的纪念装置，似无碍于"碑禁"之存在。类似例子尚有毌丘俭碑。⑦ 这提示我们对于曹魏西晋时期出现的精英立碑，未必都要理解为是对"碑禁"的违反之举，二者在本质上或为一种共存关系。下面以更为具体的材料来验证这一推论。

《水经注·颖水》载阳翟"城西有郭奉孝碑"。⑧ 郭奉孝即郭嘉，颖川阳翟人，建安十二年随曹操北征柳城，卒于归途。史载曹操"临其丧，哀甚"，为之上表增邑八百户。⑨ 阳翟郭嘉碑当为墓碑，可知立于建安十年曹操发布"禁碑令"之后。作为深受曹操赏识的颖川奇士，似难想象此碑之制作与树立是郭嘉门生的抗令之举。

---

① 《水经注》的记录之外，目前已知的魏晋精英立碑尚有若干，详见后文举例。
② 《水经注疏》卷一五《洛水》、卷二八《沔水中》，第 1326、2372 页。
③ 杨树达：《汉代婚丧礼俗考》，第 124 页。
④ 《宋书》卷六四《裴松之传》，第 1859 页。
⑤ 《晋书》卷五五《潘岳传》，第 1507 页。
⑥ 张鹏飞：《〈水经注〉石刻文献丛考》，第 67—68 页。
⑦ 张鹏飞：《〈水经注〉石刻文献丛考》，第 75—80 页。
⑧ 《水经注疏》卷二二《颖水》，第 1811 页。参张鹏飞《〈水经注〉石刻文献丛考》，第 84—85 页。
⑨ 《三国志》卷一五《魏书·郭嘉传》，第 435 页。

荀彧之例更堪玩味。《艺文类聚》卷四八《职官部》载汉潘勖《尚书令荀彧碑》曰："夫其为德也，则主忠履信，孝友温惠。高亮以固其中，柔嘉以宣其外。……于是百揆时序，王猷允塞，告厥成功，用俟万岁。"①《文选》卷五九沈约《齐故安陆昭王碑文》"男女老幼，大临街衢"句，李善注亦引此碑云"男女老幼，里号巷哭"。②荀彧死于建安十七年（212）。③潘勖时为尚书右丞，为前尚书令荀彧撰作碑文，或是因其文名而为荀彧之故吏、门生所托。荀彧之死与其反对曹操封建魏公有密切关系，当时就有服毒自尽的传言，只是并未"显诛"。④以如此敏感的身份，可以想象当时无论是故吏、门生立碑，还是潘勖撰作碑文，乃至碑文措辞的尺度如何，都离不开曹操的同意乃至授意。荀彧碑显然不能理解为"禁碑令"弛替的结果。

《艺文类聚》卷三七《人部·隐逸下》载刘桢撰《处士国文甫碑》。⑤按照东汉后期"处士碑"的惯例，此碑当为国文甫同县精英主持写刻树立。⑥据碑文文甫卒于建安十七年，其时刘桢为曹丕五官中郎将文学，此前则为曹操丞相府掾属，后为曹植平原侯庶子，⑦属于曹氏集团的一流文士。碑禁的存在，并未妨碍他接受委托撰写碑文。又如1952年出于西安的司马芳残碑，由碑阴题名可知为司马芳故吏所立。尽管碑主是否为司马懿父司马防尚有争议，但应属曹氏集团精英，⑧立碑亦当在"禁碑令"发布以后。

清末出于西安的"曹真残碑"是更为明显的例子。⑨曹真卒于太和五年。由碑阴题名可知，此碑是以曹真故吏为中心的雍州地方精英所立颂德碑，立于青龙三年（235）八月后。⑩因碑文残缺，没有明示立碑经过的证据，但若干迹象显示，此碑"私立"的可能性很小。

① 欧阳询：《艺文类聚》卷四八《职官部》，汪绍楹校，上海古籍出版社，1999，第852页。
② 《六臣注文选》卷五九，中华书局，1999，第1102页。《三国志》卷一〇《魏书·荀彧传》"太祖虽征伐在外，军国事皆与彧筹焉"条裴松之注亦引此碑云彧"瑰姿奇表"（第312页）。
③ 《三国志》卷一〇《魏书·荀彧传》，第317页。
④ 孟祥才：《论荀彧》，《史学月刊》2001年第1期，第47—52页；柳春新：《曹操政权中的谯沛集团与颍川集团》，氏著《汉末晋初之际政治研究》，岳麓书社，2006，第15—30页；于涛：《效忠与背叛：荀彧之死》，氏著《三国前传——汉末群雄天子梦》，中华书局，2006，第163—171页；郭硕：《荀彧之死与汉魏之际的政局》，《咸阳师范学院学报》2013年第3期，第21—25页；徐冲：《哀歌与史诗：〈献帝起居注〉与献帝朝廷的历史意义》，氏著《观书辨音：历史书写与魏晋精英的政治文化》，北京大学出版社，2020，第36—40页。
⑤ 《艺文类聚》卷三七《人部·隐逸下》，第658—659页。
⑥ 洪适：《隶释》卷〇《玄儒先生娄寿碑》《娄寿碑阴》，第103页上栏—104页下栏。
⑦ 曹道衡、沈玉成：《中古文学史料丛考》，第61—63页。
⑧ 路远：《〈司马芳残碑〉刻立年代考辨》，《文博》1998年第2期，第72—75页；仇鹿鸣：《〈司马芳残碑〉考释——以中正成立的年代为中心》，氏著《魏晋之际的政治权力与家族网络》，上海古籍出版社，2012，第299—311页；郭丛：《〈司马芳残碑〉碑主司马芳新考》，《中华文史论丛》2014年第4期，第187—199页；王庆卫：《再论〈司马芳残碑〉刊刻的年代及其背景》，《文博》2015年第6期，第66—70页；范兆飞：《司马芳残碑的时代及意义》，《史学月刊》2018年第1期，第21—31页。
⑨ 《汉魏六朝碑刻校注》第1册，第194—197页。
⑩ 津田资久「『曹真残碑』考釈」、第59—96頁。

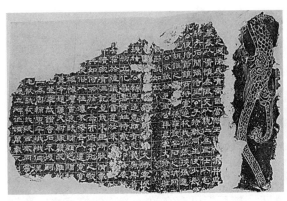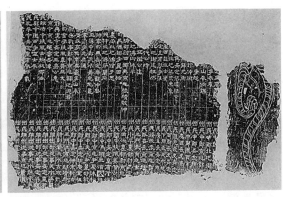

图 1　曹真残碑拓片 ①

如图 1 所示，此碑虽残，由碑侧拓片犹可确认分别刻有龙、虎形象。其中龙为五爪升龙，在汉魏时期很可能已为皇帝专用。考虑到曹真的宗室重臣身份，这一形象出现在曹真碑碑侧，当为来自朝廷的"殊礼"。换言之，此碑的立碑主体虽是雍州地方精英，但与朝廷之间有密切互动，不可能不经批准就擅自使用"殊礼"。

更为重要的是，曹真碑碑文云"〔虞舜〕之后，陈氏有齐国"云云，以曹氏为舜后。这是魏明帝在景初元年（237）十月确立的礼制改革的一部分。此前高堂隆首倡此说，在魏廷引起了不小的争议。而曹真碑的立碑时间下限，大致在景初元年八月前后。碑文提前采用尚未正式颁布的曹氏舜后说，显示明帝本人或积极参与了此碑的竖立过程，② 至少也应该有所了解和关注。"碑禁"的存在，并未妨碍包括皇帝在内的朝野精英以石碑这一形式来阐扬本王朝的正当性。

前引"王基断碑"的情形也值得注意。残碑文云"镌石表墓，光示来裔"，显示这是一方墓碑。问题在于王基为东莱曲城人，此碑却出于洛阳。说明景元二年王基死后并未归葬故乡，而是葬于京师之地。曹操《终令》言"其公卿大臣列将有功者，宜陪寿陵"。③ 王基作为当时主政的司马氏集团之要员，死后哀荣备至，或得到了陪葬帝陵的待遇。而 1990 年代出于洛阳偃师的西晋"羊瑾残碑"，碑文明言"天子□□，□□恸怀，刿我臣子，号咷……酉，陪葬崇峻之阳"，即陪葬于晋文帝崇阳陵。④ 在帝陵附近的陪葬墓地树立石碑，应该不会是王基、羊瑾二人之故吏、门生无视"碑禁"的擅自行动，何况甘露二年时"碑禁尚严"，咸宁四年时晋武帝又以诏书的形式"一禁断之"。⑤

以上诸例及表一所列汉末魏晋诸碑，均可说明以墓碑和颂德碑为代表的石碑，在厉行

① 日本天理图书馆藏拓片，转引自津田资久「『曹真残碑』考释」。
② 以上两点均参看津田资久「『曹真残碑』考释」。
③ 《三国志》卷一《魏书·武帝纪》，第 51 页。
④ 赵振华、王竹林：《偃师出土西晋何桢墓表、羊瑾神道碑研究》，西安碑林博物馆编《纪念西安碑林九百二十周年华诞国际学术研讨会论文集》，文物出版社，2008，第 335 页。
⑤ 《宋书》卷一五《礼志二》，第 440 页。

"碑禁"的曹魏西晋时期，仍是备受精英阶层认可的纪念装置。那么所谓"碑禁"，应该并非是对这一纪念装置本身的否定，毋宁说反而是将其作为一种不可轻易予人的"重器"而更为精英化了。前引裴松之在义熙中"议禁断"上表所言"碑铭之作，以明示后昆，自非殊功异德，无以允应兹典"，[①]正是对碑禁旨趣的精准概括。

裴松之上表针对的是东晋百年间"（碑）禁又渐颓。大臣长吏，人皆私立"[②]的情形，最后提出的解决方案则是"悉令言上，为朝议所许，然后听之"，[③]即将立碑的权力从民间收归中央，由朝廷负责审议是否符合立碑条件。此后这成为南朝立碑的标准流程，齐、梁时期多见其例。[④]那么在"碑禁"始行的曹魏西晋时期，是否即已存在这一流程？换言之，所谓"碑禁"，是否并非意指全面禁止立碑，而是强调立碑主体即碑主之故吏、门生需要经过一个向朝廷申请和批准的手续呢？从前文对魏晋"碑禁"的多方解读来看，答案应是肯定的，只是缺乏如南朝那样明确的例证。[⑤]《水经注》记范阳蓟县有"魏征北将军建成乡景侯刘靖碑"。碑主刘靖卒于曹魏嘉平六年（254），此碑则"以元康四年九月二十日刊石建碑，扬于后叶"，性质为颂德碑。据郦书，碑文在立碑之前有"晋司隶校尉王密表请，功加于民，宜在祀典"之语，[⑥]显示当时颂德碑的刊刻与树立需要朝廷的批准。而关于墓碑，《蔡中郎文集》所载《刘镇南碑》即刘表碑提供了若干信息：

> 时道路难险，留坟州土。转移葬归立墓。父勉其子，妻勉其夫，欲共扶送，至于乡里。南乡太守乐阳亭侯旻思等言，及志在州里者，自各发卒，具送灵柩之资。授征拜五官中郎将，乃共上归本县葬。见听许。太和二年，葬于先茔。于是臣故新沧休伐，以为申伯、朝侯之翼周室，受辂车、乘马、玄衮、赤舄赐，诗人咏功，列于《大雅》，至今不朽。况乎将军牧二川二纪，功载王府，赐命优备，赖而生者，毓子孕孙，能不歌叹？乃作颂曰云云。[⑦]

其中虽有若干舛滥之处，但大体可知建安十三年刘表死后先是"留坟州土"，即权葬于荆州；

---

① 《宋书》卷六四《裴松之传》，第1859页。
② 《宋书》卷一五《礼志二》，第440页。
③ 《宋书》卷六四《裴松之传》，第1859页。
④ 刘涛：《魏晋南朝的禁碑与立碑》，第8—9页；胡宝国：《杂传与人物品评》，第139—140页；李贵银：《中国古代碑志文批评史》，第32—33页。
⑤ 刘涛认为曹魏时期"推测经朝廷特许，仍然可以刻立私碑，大抵有两种情况：一种是朝廷直接下诏为大臣立碑，以示优礼；一种是百姓或故吏上表请求为官吏立碑，朝廷'降敕许之'，以抚民望"（《魏晋南朝的禁碑与立碑》，第6页），但并未列出具体例证。
⑥ 《水经注疏》卷一三《㶟水》，第1194页。
⑦ 《蔡中郎文集》卷三，《丛书集成初编》本，中华书局，1991，第22页。此碑非蔡邕之作，见欧静《序》。《世说新语·轻诋篇》刘孝标亦注引《刘镇南铭》曰："表字景升，山阳高平人。黄中通理，博识多闻，仕至镇南将军、荆州刺史。"徐震堮：《世说新语校笺》卷下，中华书局，1984，第447页。

后"归本县葬""葬于先茔",即其家乡山阳高平,时在魏明帝太和二年。此"刘镇南碑"当立于高平刘表墓域。归葬本县的行为似由以南乡太守乐阳亭侯旻思为首的荆州人士发起,但需先上奏朝廷,得到"见听许"的许可之后,方能"葬于先茔"。这应是缘于刘表曾与曹氏相敌对的历史。由此可以推测,尽管刘表碑的刻写竖立由其曾经的"臣故"发起完成,但亦应经过了曹魏朝廷的审议批准。因立碑的政治性无疑高于"归葬本县"。在后者尚需"见听许"的情况下,没有理由认为刘表之故吏会擅自为其立碑。

在以上检证的基础上,如下碑文中言及立碑事由的措辞就不仅仅是一种套话了:

黄初二年(221)《横海将军吕君碑》:"帝主闵□,□察伤悼,使谒者吊祠,赙赠有加。臣吏士庶,莫不哀□。于是故郡吏□□杨向□□追惟惠君,攀慕□极,乃共刊石勒铭,昭示来裔"云云。[1]

景元二年(261)《王基断碑》:"(上阙)将矩奉册追位司空。赠以东武侯蜜印绶。送以轻车,不/(上阙)泰山之速颓,恨元勋之未遂。俯仰哀叹,永怀惨悴。以为/(上阙)芾。镌石表墓,光示来裔。其辞曰"云云。[2]

泰始六年(270)《郭休碑》:"天子闵悼,群后咨嗟,谒者吊祠。于是故吏弩美、谢放等……乃相与刊石立铭,撰纪旧行"云云。[3]

太康四年(283)《晋右军将军郑烈碑》:"天子乃命使者奉策,追赠右军将军印绶,谥曰僖侯。于是故吏殿中监申扬等相与永思盛德……乃伐石建碑,刊表茂庸"云云。[4]

西晋《羊瑾残碑》:"……天子□□,□□恸怀,刿我臣子,号咷……酉,陪葬崇峻之阳,□□□行□日永□又□赠使持节、都督……安措。王人吊祭□□众事□□□□□□□□□□□也。……□□故吏主簿桓豹等人……琰之遐义,庶既殒而弗□,乃刊石铭勋,□美来叶。其辞曰"云云。[5]

碑文中的如上措辞均为先言来自朝廷的官方哀荣,再言故吏等刊石立碑。对于后者来说,前者不仅仅意味着来自皇帝权力的莫大荣誉,更为后者提供了政治保证,昭示立碑行动并非"私立",而是经过了朝廷方面的审议批准,符合"碑禁"所谓"自非殊功异德,无以允应兹典"的旨趣。

由此可见,所谓"碑禁",并非意指全面禁止立碑,而是在将石碑这一纪念装置"重器化"的前提下,大幅向上收紧其适用范围。"碑禁"的厉行与弛替,对应的并非立碑的可否,

---

① 洪适:《隶释》卷一九,第192页上栏。
② 《汉魏六朝碑刻校注》第2册,第211—213页。
③ 《汉魏六朝碑刻校注》第2册,第257—262页。
④ 洪适:《隶续》卷四,第314页上栏。
⑤ 赵振华、王竹林:《偃师出土西晋何桢墓表、羊瑾神道碑研究》,第335页。

而是得以立碑者资格审核标准的严格程度。《宋书》卷一五《礼志二》载甘露二年大将军参军王伦卒后，其兄俊作《表德论》云"祗畏王典，不得为铭，乃撰录行事，就刊于墓之阴云尔"，以为其时"碑禁尚严"之例。① 所谓"祗畏王典，不得为铭"，不应理解为"王典"全面禁止碑铭之作，只是以王伦的低级官僚身份尚无资格得到这种礼遇而已。

三　曹魏西晋的王权立碑

前节讨论曹魏西晋时代的精英立碑，显示在这个"碑禁"厉行的时代，石碑反而是备受精英阶层认可的纪念装置。而这种认可的另一突出表现是，皇帝权力亦开始作为立碑主体，在多元场合积极使用石碑，以为王权的象征与纪念。这与东汉时期的情形形成了鲜明对比。②

汉魏间的王朝更替是以"禅让"模式来完成的。③ 在此过程之中，石碑的使用引人注目。至少有三方石碑作为王权纪念装置曾为曹魏一方所用，即大飨碑、上尊号碑和受禅碑。

大飨碑见于《水经注疏》卷二三《阴沟水》："后文帝以延康元年幸谯，大飨父老，立坛于故宅。坛前树碑，碑题云'大飨之碑'。"④《隶释》卷一九收录此碑全文。⑤《三国志》卷二《魏书·文帝纪》载是年秋七月甲午，"军次于谯，大飨六军及谯父老百姓于邑东"。⑥ 此年正月曹操死，曹丕继任为丞相、魏王，献帝改元延康。于繁阳正式举行禅让仪式则在十月。此前的六月辛亥，曹丕"治兵于东郊，庚午，遂南征"，后"孙权遣使奉献。蜀将孟达率众降"。⑦ 作为历史上第一次正式实践"禅让"的新王权，曹丕在乃父曹操建安年间赫赫功绩的基础上，显然仍希望在自己即任后取得一定的对外武功，以增加曹魏皇帝权力起源的正当性。六月的南征即由此而发。取得胜果后于七月至谯县故宅大飨父老，自然不是泛泛之举，而是整个汉魏禅让进程中的重要步骤。《大飨碑》所言"斩吴夷以染钺，血蜀虏以衅鼓，曜天威于遐裔，复九圻之疆宇，除生民之灾孽，去圣皇之宿愤"，渲染的正是曹丕对汉王朝的

---

① 《宋书》卷一五《礼志二》，第440页。
② 东汉时期除了建武三十二年（56）光武帝封禅泰山石碑之外，罕见皇帝权力本身积极使用石碑以为王权纪念装置的迹象。
③ 关于"禅让"的王朝更替模式与魏晋王权理念的关系，参徐冲《中古时代的历史书写与皇帝权力起源》，第1—121页；徐冲《"禅让"与魏晋王权的历史特质》，氏著《观书辨音：历史书写与魏晋精英的政治文化》附录二，第278—291页。
④ 《水经注疏》卷二三《阴沟水》，第1950页。
⑤ 洪适：《隶释》卷一九，第185页上栏—186页上栏。
⑥ 《三国志》卷二《魏书·文帝纪》，第61页。《大飨碑》开篇记"惟延康元年八月旬有八日辛未"，与《三国志》所记曹丕至谯县大飨六军的"七月甲午"不同，或为立碑之时间。《隶续》卷四又有题黄初三年的《魏大飨记残碑》，第312页下栏—313页上栏。
⑦ 《三国志》卷二《魏书·文帝纪》，第59—60页。

"功臣"身份。按照"禅让"模式的内在要求，这一身份是曹丕从正月的魏王走向十月的魏皇帝之间不可或缺的升格阶梯。

《大飨碑》最后，言"虽夏启均台之飨，周成岐阳之蒐，高祖邑中之会，光武旧里之宴，何以尚兹"，引用历史上四位圣君的故事来比附曹丕此行的意义。然而"刊石立铭，光示来叶"，即以刻立石碑的形式来达到王权象征和纪念的目的，却是曹魏王权在此刻的新创造。如同大飨之行是刻意安排在南征和禅让之间的既定行程一样，大飨碑——从立碑创意、碑文撰写到碑石刻制——应该也是曹丕身边的精英群体在规划整个禅让进程时就已经被纳入了既定程序。

其后在禅让的正式阶段，纪念石碑的竖立在极短时间内又两次出现，即立于繁阳受禅台前的上尊号碑与受禅碑。[1]《隶释》卷一九收录此二碑全文，但并未记载立碑时间。[2]据《三国志》卷二《魏书·文帝纪》裴松之注引《献帝传》，魏国公卿上尊号奏在延康元年（220）十月廿七日，正式举行禅让仪式完成王朝更替则在十月廿九日。[3]《受禅碑》开篇言"维黄初元年冬十月辛未，皇帝受禅于汉氏。上稽仪极，下考前训，书契所录帝王遗事，义莫显于禅德，美莫盛于受终。……故立斯表，以昭德□义焉"，[4]明确说明了汉魏禅让与石碑树立之间的因果联系。二碑之树立或即在其所载文书发布前后。换言之，石碑的刻写竖立本身也是整个禅让仪式的有机组成部分。此二碑作为曹魏王权的象征和纪念性质，亦与大飨碑同。

曹魏皇帝权力积极使用石碑以为纪念装置的例子尚不止此。《隶释》卷一九载《魏修孔子庙碑》，黄初二年立于鲁国。《隶续》卷四载《下豫州刺史修老子庙碑》，黄初三年立于苦县。[5]《隶释》前三卷收集了多方东汉后期包括孔庙在内的地方祠庙立碑。两相比较，后者的直接颂扬对象在于主持缮修或祭祀等事务的地方官员，碑阴题名也显示其刊石立碑的经费来自以主事官员为中心的民间集资；而《魏修孔子庙碑》中只是模糊提及鲁之父老、诸生、游士"乃作颂曰"云云，并未出现直接责任者的名字。从立碑时间和碑文内容考虑，曹魏王权在其中应扮演了更为积极的角色。

又《水经注疏》卷一六《谷水》载："池南直魏文帝茅茨堂，前有茅茨碑，是黄初中所立也。"[6]此碑与《洛阳伽蓝记》卷一所载魏明帝立"苗茨之碑"的关系，历来聚讼纷纭，[7]但可以确定立碑主体为曹魏皇帝。又明帝即位后曾下诏在太庙与太学立碑刊刻文帝所著《典

---

① 《水经注疏》卷二二《颍水》，第1813—1814页。
② 洪适：《隶释》卷一九，第186页上栏—190页上栏。又可参京都大学"三国时代の出土文字资料班"编《魏晋石刻资料选注》，京都大学人文科学研究所，2005，第69—101页。
③ 《三国志》卷二《魏书·文帝纪》裴松之注，第72—74页。关于《献帝传》，参徐冲《名、实之间：〈献帝纪〉与〈献帝传〉考论》，氏著《观书辨音：历史书写与魏晋精英的政治文化》，第43—86页。
④ 洪适：《隶释》卷一九，第188页上栏。
⑤ 洪适：《隶释》卷一九，第190页上栏—191页下栏；洪适：《隶续》卷四，第312页。
⑥ 《水经注疏》卷一六《谷水》，第1391—1392页。
⑦ 张鹏飞：《〈水经注〉石刻文献丛考》，第266—268页；杨衒之撰，周祖谟校释《洛阳伽蓝记校释》卷一，中华书局，2010，第52页。

论》，"与石经并以永示来世"。[①] 曹魏王权立碑在多元场合得到应用，正是石碑文化在包括皇室在内的整个精英阶层备受认可的表现。

王权立碑亦见于蜀汉与孙吴。《隶续》卷一六载《黄龙甘露碑》，为"建安二十六年"蜀汉群臣上表劝进刘备之辞，相当于蜀汉一方的"上尊号碑"。[②] 孙吴则有著名的禅国山碑与天发神谶碑，皆立于天玺元年（276）孙皓当政时。[③] 尽管为数不多，但竖立石碑成为两国王权象征的选项之一。[④]

曹魏王权立碑的新传统在西晋的表现如何限于材料不能深论。从前节所论精英立碑的情形推测，应是同样得到了继承和发展。如1931年出于洛阳的辟雍碑，晋武帝咸宁四年立于太学，高逾三米，规模远超曹魏上尊号碑和受禅碑。[⑤] 此碑额题"大晋龙兴皇帝三临辟雍皇太子又再莅之盛德隆熙之颂"，结合碑文可知是以西晋王权为颂扬对象。[⑥] 碑文虽言"于是礼生、守坊、寄学、散生乃共刊石"云云，碑阴题名却是以"太常修阳子平原刘寔子真"为首，颇具官方性质，亦可视为西晋王权的一种纪念装置。

结　语

关于"碑禁"与曹魏西晋的石碑文化，我们得出了与引言所见"通说"第一点相当不同的认识。其要点可总结如下。

其一，"碑禁"不是"薄葬"措施的组成部分。其禁止对象并非主要由血缘性丧家负责的"厚葬"，而是"私立"，即门生、故吏这样的非血缘性政治团体不经朝廷批准擅自立碑。

其二，石碑在曹魏西晋仍是备受整个统治阶层认可的纪念装置。不过与东汉后期相比，其适用标准大幅提升，变得"重器化"了。在奏请朝廷之后，上层精英多可获得立碑资格。皇帝权力自身亦积极使用石碑以为王权的象征与纪念。

由此看来，建安十年曹操下令"禁立碑"也好，晋武帝咸宁四年诏书对石碑"一禁断之"也好，确实都不宜做字面意义的简单理解。曹魏西晋所谓"碑禁"，并非是要禁绝石碑

---

① 《三国志》卷四《魏书·三少帝纪》裴松之注引《搜神记》，第117页。此《典论》碑至东晋义熙末刘裕西征入洛时尚在，"四存二败"（《太平御览》卷五八九《文部·碑》引《西征记》，第2654页上栏）。

② 洪适：《隶续》卷一六，第425页下栏—426页上栏。田余庆：《蜀史四题——蜀国新旧纠葛的历史追溯》曾用以研究蜀汉政治史（氏著《秦汉魏晋史探微（重订本）》，中华书局，2004，第214—217页）。

③ 《汉魏六朝碑刻校注》第2册，第242—252页。

④ 这与"薄葬"在吴、蜀两国中的表现差不多。杨泓指出"蜀汉和孙吴的一些名臣也主节葬，但全社会厚葬习俗仍流行，与曹魏皇帝倡导薄葬有别"（《谈中国汉唐之间葬俗的演变》，第63页）。

⑤ 《汉魏六朝碑刻校注》第2册，第267—274页。又据《水经注疏》卷一六《谷水》，太学附近尚有泰始二年（266）立"晋辟雍行礼碑"（第1434页）。

⑥ 余嘉锡：《晋辟雍碑考证》，第123—159页；福原启郎：《关于〈晋辟雍碑〉的考察》，氏著《魏晋政治社会史研究》，第107—158页。

这一纪念装置本身，也未必一定对门生、故吏所代表的非血缘性政治团体抱持敌对态度，而是要在"重器化"石碑的基础上，将互为表里的二者制度性的纳入皇帝权力结构之中，成为精英阶层可操控的政治资源。[①]

如前文所论，在"碑禁"的推动者看来，石碑具有关乎人物评价与公共舆论的重要侧面。学者或指出"雄伟的墓碑、纪念碑炫耀了地方权贵的身份，因而对并不牢固的新政权形成了威胁……碑禁法令于是成为国家和地方、中央和区域之间内部紧张关系的外部标志"；[②]或将"碑禁"理解为"瓦解世家大族势力和重建中央集权的重要举措"。[③]这些认识有其敏锐之处，却忽略了与薄葬一样，碑禁在整个曹魏西晋的朝、野精英中都有着强有力的理念支持，并不能简单地归结于中央集权与地方分权的二元对立图式。构成曹魏西晋统治阶层的这批朝野精英，与东汉后期的清流士人群体存在谱系性关联。[④]碑禁的出现，毋宁视为他们在汉魏之际掌握政治主导权之后，在皇帝权力结构的重构过程中，将自身所秉持的精英文化提升至王权层面进行再创造的结果。

这一解读不由让人联想到学者对魏晋时期"九品中正制"的认识。如唐长孺所指出的，九品中正制源于东汉后期士人群体流行的人物品评之风。曹魏西晋政权推行九品中正制，一方面是将人物品评的权力自大族名士收归中央政权，一方面也是对这一风尚的接受与发扬。[⑤]选官与立碑，可视为魏晋时期人物评价机制的一体两面。[⑥]汉魏之际整体政治秩序的转换路径在皇帝权力结构的多个层面都有类似表现，值得学者继续发掘。[⑦]

由此反观引言所述"通说"的第二点，其中的似是而非之处就相当明显了。曹魏西晋

---

① 此前有学者已认识到，"曹魏的禁碑并非禁绝碑刻之制，只是为了限制私家立碑颂德的自由"（刘涛：《魏晋南朝的禁碑与立碑》，第6页）；"朝廷禁碑，只是忌滥立，禁奢靡，止浮夸。若是有功、有德者，也允许立碑"（毛远明：《碑刻文献学通论》，第110页）。邱建智：《汉魏南北朝墓志的起源与发展》主张西晋之所以重申前代的禁碑令，理论根据可能来自西晋的礼制改革，"希冀国家颁布的礼典可作为上自天子、下至庶人的生活规范"（第37页）。于溯：《消失的碑林：〈桥玄庙碑〉与东汉乡里石刻景观》将曹魏禁碑的根本意图理解为"国家希望对'谁可以展示、展示什么，谁可以书写、书写什么'不失控"，指出"这种禁止，只是将立碑变成特供而已"（《古典文献研究》第24辑下，凤凰出版社，2021，第151页）。

② 王静芬：《中国石碑：一种象征形式在佛教传入之前与之后的运用》，毛秋瑾译，第63、64页。

③ 刘涛：《魏晋南朝的禁碑与立碑》，第6页。

④ 川胜义雄：《贵族政治的成立》，氏著《六朝贵族制社会研究》，第3—17页；徐冲：《中古时代的历史书写与皇帝权力起源》，第211—235页。

⑤ 唐长孺：《九品中正制度试释》，氏著《魏晋南北朝史论丛》，中华书局，2011，第81—121页。

⑥ 胡宝国：《杂传与人物评品》，第136—140页。

⑦ 前文第一节已论"薄葬"为魏晋精英阶层共享的时代理念，使得这一时期的葬制与汉代传统形成极大断裂。阿部幸信《汉晋间绶制的变迁》从印绶制度的特定视角，指出了两汉与魏晋南朝之间在国家整体秩序结构上的重大差异（余欣主编《中古时代的礼仪、宗教与制度》，上海古籍出版社，2012，第224—249页）。陈侃理《罪己与问责：灾异谴责与汉唐间的政治变革》指出，黄初二年（221）曹魏废除东汉的灾异免三公制度，亦可视为"汉魏革命"的组成部分（氏著《儒学、数术与政治：灾异的政治文化史》，北京大学出版社，2015，第189—09页）。徐冲的系列研究则说明汉末魏晋之际的官制改革，应归入东汉后期以来士人群体在儒学意识形态的作用下再造新型皇帝权力结构的历史进程之中（徐冲：《"汉魏革命"再研究：君臣关系与历史书写》，博士学位论文，北京大学，2008；徐冲：《中古时代的历史书写与皇帝权力起源》；徐冲：《哀歌与史诗：〈献帝起居注〉与献帝朝廷的历史意义》）。

时期石碑并未从地面消失，仍然是精英阶层首选的纪念装置。而对于那些不能获得立碑资格的人来说，设若"因为无法在墓外立碑，故转入地下圹内制作碑形墓志"这一解释成立，这些小碑形墓志的制作主体也应该与墓外石碑保持一致，即门生、故吏这样的非血缘性政治团体。然而今天所见魏晋时期的墓志类出土物，无论其是否为小碑形，均出自丧家之手，几乎未见由门生、故吏主持制作的例子。我们至多可以说小碑形墓志在形式上模仿了墓碑，却不可因前者在墓内的存在而反推后者不能出现于地面。① 事实上，西晋小碑形墓志并非普遍出现于曾经盛行立碑之风的全国各地，而是集中于惠帝时期洛阳周边的官宦家族墓地，显示了他们在远离本籍而"假葬"洛阳状况下的文化发展。② 如何理解西晋时期包括小碑形墓志在内的墓志文化的出现与发展，需要在整体把握东汉后期至魏晋时期石刻文化演进脉络的基础上做更为全面的讨论。③

〔本文原载《文史》2022年第3辑。作者徐冲，复旦大学历史学系教授〕

---

① 窪添庆文「墓誌の起源とその定型化」通过对西晋、东晋和五胡时期墓志的全面检讨，已经指出不能将墓志的起源归因于"碑禁导致墓碑进入墓室"（氏著『墓誌を用いた北魏史研究』，第5—21页）。
② 福原启郎：《西晋墓志的意义》，氏著《魏晋政治社会史研究》，第341—411页。
③ 除前引福原启郎《西晋墓志的意义》、窪添庆文「墓誌の起源とその定型化」、邱建智《汉魏南北朝墓志的起源与发展》、耿朔《宋孝武帝礼仪改革与南朝陵墓新制的形成》、于溯《消失的碑林：〈桥玄庙碑〉与东汉乡里石刻景观》等，尚可参看孙梓辛《汉晋间"表"的形制、使用及变迁——兼论汉代的表墓风气》，《文史》2018年第1辑，第71—96页；屈涛《汉代碑刻研究述评》，《中国中古史研究》第7卷，中西书局，2019，第261—293页。

论入北南朝医术人士之境遇及其影响

王永平

摘　要　南北朝时期，自南入北之流徙人群中有一些医药术伎人士，尤以南北朝后期入北之江左医术世家人物为代表。诸人在南朝，就其门第而言，或为侨姓士族社会之"新出门户"，或为江东本土旧门之小族，或为高门中势望不振之房支，也有出自寒门者；就文化风尚而言，南朝士族社会普遍崇尚儒玄兼综，玄风昌炽，诸医药世家之术业自然遭受鄙视。然其入北，凭借医术伎能，侍奉诸朝君主及其上层，深得信重，获得丰裕的物质奖赏和生活待遇。特别在政治与社会地位上，诸人虽以侍御医为务，掌管诸朝内廷医政，但通过加官与赠封等方式，他们普遍获得了本职之外的官职与爵位，从而为其家族社会地位提升士大夫化奠定了基础。此外，入北医术之士注重总结、集成其家传世业，有的还参与北朝后期士大夫群体的交游雅集，对于南北医学与社会文化的融通有一定的促进作用。

关键词　北朝　南朝　医术之士　门第身份　社会文化

自东晋末年以来，随着南朝军政局势的变化，不断出现南朝人士流亡北朝的情况，以致有关这一时期入北流亡南人的研究成为一个突出的学术课题，涉及移民史、南北文化交流史等诸多领域。就入北南朝人士的社会身份而言，其中既有江左诸王朝之皇族宗室人物，也有侨旧士族代表，还有大量的边境州镇豪族。相关研究，或按时段，或按地域，或按社会身份，皆多有论述。不过，全面检点以往的相关研究，对入北南人中为数不少的一个特殊类别即技能之士则少有专题考察，其中包括一些以医术显名的人物，可视为一类特殊的术艺伎能人群。当然，这类人物身份复杂，尽管他们入北后主要以医术显名，但人们少有从医术的角度加以归类考察，而往往将其混入北迁南人群体中。检点南朝入北之医药术士，其数量颇众，他们在北朝的生活与仕宦等皆与其技能密切相关，与其他各类别流亡人士之境遇有所不同。有鉴于此，本文将南北朝时期入北人群中以医术技能显名者归为一类，并具体考察其入北后之相关活动及其境遇与影响，从一个侧面细化、深化对南朝入北流寓群体的认识。

一 入北南朝医士及其门第身份、社会地位

众所周知，在南北朝长期对峙的格局下，随着南朝内部军政斗争的激化，间有失意者流亡北朝，以避祸求生。此外，在南北朝军事对抗过程中，北魏统一北方以来，逐步加强对南朝的军事攻势，不断征服南朝的淮河南北地域，引发南朝边镇的北附，特别是北朝后期，西魏据有蜀地、灭梁元帝，最终隋文帝灭陈，将梁、陈上层集团整体迁徙关中。在这些流奔与北徙的南朝士众之中，有一些掌握某种实用技能的才艺之士，"医巫""医方"便是诸"伎巧"中的重要名目，其功用与人们日常生活密切相关，即所谓"御妖邪，养性命者也"。① 查考《魏书》《隋书》及《北史》的相关记载，可见北朝地位最高、影响最著之医士多来自南朝。《北史》卷九〇《艺术传下》概述北朝医士云："周澹、李修、徐謇、謇兄孙之才、王显、马嗣明、姚僧垣、褚该、许智藏方药特妙，各一时之美也。"其中所列乃北朝最具代表性之医家，除周澹、马嗣明之外，都有自南入北的经历。② 当然，还有一些未入《术艺传》《艺术传》者。作为一个特殊的入北南人群体，诸人不仅入北时间、地域等不一，而且在门第身份与社会地位等方面存在差异，这里就诸人相关行迹略加考察，以作为进一步论述之基础。

（一）入北江左医术人士考

徐謇、徐之才、徐之范。徐謇，《魏书》卷九一《术艺·徐謇传》载："徐謇，字成伯，丹阳人。家本东莞，与兄文伯等皆善医药。謇因至青州，慕容白曜平东阳，获之，表送京师"。可见徐謇出自南朝江左医术世家东莞徐氏，刘宋时仕于青州，北魏平定青齐后，随"平齐民"被俘至平城，以医术为北魏献文帝、冯太后赏识，孝文帝迁洛之后，为侍御师，专掌相关医疗事务。

徐之才，《魏书·术艺·徐謇传》附载徐之才事曰："成伯孙之才，孝昌初，为萧衍豫章王萧综北府主簿，从综镇彭城。综降，其下僚并奔散，之才因入国。"徐之才实为徐謇兄徐

① 《隋书》卷七八《艺术传序》。
② 其中李修、王显等，其家族本由河北南徙徐兖青齐地域，北魏献文帝得青齐后入北，具有较为典型的"平齐民"背景，与出自江左核心地域之医术人士尚有所区别，为免枝蔓，另文考论。

文伯孙，徐謇从孙，^① 主要活动于北齐，《北齐书》卷三三《徐之才传》载其事云："徐之才，丹阳人也。父雄，事南齐，位兰陵太守，以医术为江左所称。……豫章王综出镇江都，复除豫章王国左常侍，又转综镇北主簿。及综入魏，三军散走，之才退吕梁，综入魏旬月，位至司空。魏听综收敛僚属，乃访之才于彭泗……孝昌二年，至洛，敕居南馆，礼遇甚优。从祖謇子践启之才还宅。"东魏颇重之，封昌安县侯。高洋代魏后，徐之才以医术为北齐诸主所重，历任内外要职，封爵郡王。^②

徐之范，《北齐书·徐之才传》附载之曰："弟之范，亦医术见知……入周，授仪同大将军。开皇中卒。"徐之范之行迹及其入齐，《徐之范墓志》所载甚详，其在梁时，"释褐梁南康嗣王府参军事。梁武陵王纪以帝子之贵，任岷岳之重……引公为外兵，寻改录事参军。于是随府入蜀……俄迁□远将军、广汉太守。时梁室遘屯，江左沸腾，爰举玉垒之师，将御金陵之难，乃除将作大匠、持节梁州刺史"。后因萧纪争夺统治权失败，益州入周，徐之范因其兄在北齐，于是入齐。^③徐之范诸子不见于史籍所载，墓志载其有十二子，第二子《徐敏行墓志》已出土，述其"即齐高皇帝曾孙、梁司农卿溉之外孙也"，卒于隋开皇四年，"君践高门之庆，膺重世之和，闻诗趋礼，外朗内润。……天保云季，来仪河朔。……俄迁太子舍人，待诏文林馆"。后入周、隋。

东莞徐氏是南北朝时期著名的医术世家。《北史》卷九〇《艺术下·徐謇传》载其"与兄文伯等皆善医药"，"文伯仕南齐，位东莞、太山、兰陵三郡太守。子雄，员外散骑常侍，医术为江左所称，事并见《南史》"。^④关于东莞徐氏之家世及其医术，南朝史籍有所涉及，如《南齐书》卷二三《褚渊传附徐嗣传》载："时东阳徐嗣，医术妙。"徐嗣，当是徐嗣伯。^⑤《南史》卷三二《张邵传附徐文伯传》载吴郡名士张融"与东海徐文伯兄弟厚。文伯字德秀，濮阳太守熙曾孙也"。徐熙曾"好黄、老，隐于秦望山"，据说得道士所赠《扁鹊镜经》一

---

① 《魏书》之外，记载徐之才为徐謇孙者，还有《谈薮》和宋人张杲的《医说》。关于徐之才为徐文伯孙、徐雄子，除《北齐书》卷三三《徐之才传》外，《北史》卷九〇《艺术下·徐謇传》、《南史》卷三二《张邵传附徐文伯传》等皆有明确记载，特别是出土的徐之才、徐之范兄弟墓志，提供了更为可靠的家族世系证据。对此，章红梅《六朝医家徐氏考辨——以墓志为主要材料》（刊于《史林》2011 年第三期）对此有具体考证。

② 关于徐之才卒年，《北史》《北齐书》本传皆载其"年八十而卒"，而《徐之才墓志》载其武平三年六月"遘疾薨于清风里第，春秋六十八"（见赵超《汉魏南北朝墓志汇编》，天津古籍出版社，2008，第458页）。此当从墓志。对此，赵万里《汉魏南北朝墓志集释》（广西师范大学出版社，2008）考释徐之才墓志已涉及此事，明确指出其史传"误卒年八十"。见该书第 2 册第 75 页。

③ 《徐之范墓志》，罗新、叶炜：《新出魏晋南北朝墓志疏证（修订本）》，中华书局，2016，第 335 页。

④ 这里载徐文伯"仕南齐，位东莞、太山、兰陵三郡太守"，鉴于其弟徐成伯在宋孝武帝、明帝之际出仕青齐，故徐文伯的相关任职时间应当主要在刘宋时，《北史》所言"仕南齐"，时间上当有误。此外，南北朝之笔记小说一类文献所载徐文伯事迹，在时间上也生歧义。如《太平广记》卷二一八引《谈薮》（参阳松玠《谈薮》"徐文伯"条，程毅中、程有庆辑校，中华书局，1996）载有徐文伯医术轶事。其中一则述"宋徐文伯尝与宋少帝出乐游苑门"云云，宋少帝即前废帝刘义符。徐文伯主要活动于宋齐之际，不太可能在刘宋初入宫侍御少帝刘义符，考《南史》卷三二《张邵传》所载徐文伯与"宋后废帝出乐游苑门，逢一妇人有娠，帝亦善诊"云云，《谈薮》将刘宋前后废帝相混，当以《南史》为据。

⑤ 《南齐书》卷二三《褚渊传附徐嗣传》引张森楷校勘记云："徐嗣即徐嗣伯，《南史》附《张邵传》。"

卷，"因精心学之，遂名震海内。生子秋夫，弥工其术，仕至射阳令"。由此可见，徐氏以医术显，始于徐熙、徐秋夫父子，其时当在东晋中后期。后"秋夫生道度、叔向，皆精其业。道度有脚疾不能行，宋文帝令乘小舆入殿，为诸皇子疗疾，无不绝验。位兰陵太守。宋文帝云：'天下有五绝，而皆出钱塘。'谓杜道鞠弹棋，范悦诗，褚欣远模书，褚胤围棋，徐道度疗疾也。"可见至刘宋时，以徐道度、徐叔向为代表的徐氏医术声名卓著，有江左"五绝"之一的美誉。徐道度有子徐文伯，徐叔向有子徐嗣伯，"文伯亦精其业……为效与嗣伯相埒"。徐文伯子徐雄"亦传家业，尤工诊察，位奉朝请"。徐嗣伯医术甚精，史载其与徐文伯医案颇丰，南齐时"位正员郎，诸府佐，弥为（齐）临川王映所重"。可以说，自晋宋以来，徐氏家族人物名医辈出，《南史》卷三二有论云："徐氏妙理通灵，盖非常所至，虽古之和、鹊何以加兹"，成为江左最具声望的医术世家。①

关于徐氏郡望，这里有必要略做说明。上引《南齐书》称"东阳徐嗣"，《南史》则称"东海徐文伯兄弟"；②《北齐书·徐之才传》称其"丹阳人"；《魏书》《北史》所载徐謇、徐之才籍贯，则谓"丹阳人也，家本东莞"。《太平广记》卷二四七引《谈薮》称"齐西阳王高平徐之才"。《元和姓纂》卷二叙徐氏东阳支系之家世与郡望变迁略云："偃王之后。汉徐衡徙高平，孙饶又徙东阳，七代至融。融五代孙之才、之范，并《北齐》有传，继封西阳王。"③综上可见，有关徐氏之郡望，出现了东阳、东海、丹阳、东莞、高平④等说法，特别是《南史》《北史》皆出自李延寿之手，其所载竟不相同。根据出土的徐氏人物墓志所载，皆追述其家族郡望为东莞。《徐之才墓志》载其"讳之才，字士茂，东莞姑幕人。……十二世祖饶，汉郁林太守。属陈圣陵迟，黄车受命，紫盖程符，自他有耀，故世居江表。大父文伯，梁散骑常侍。……多能多艺，举世知名。考雄，不幸早卒，终于员外散骑侍郎"。⑤《徐之范墓志》亦载："公讳之范，字孝规，东莞姑幕人。汉太尉防之后，十二世祖饶，汉郁林太守。属汉魏纠纷，避地江表，居东阳之太末。"可见徐氏祖籍本为东莞姑幕，汉魏之际始

---

① 关于徐氏世代业医，《太平广记》卷二一八引《谈薮》"东海徐氏世为良医"条、"徐文伯油灌疗发瘕"叙述徐氏世代传承医术。参阳玠撰，黄大宏校笺《八代谈薮校笺》（中华书局，2010）正编卷下南朝刘宋部分相关条目。

② 中华书局校勘本《南齐书》卷二三《褚渊传附徐嗣传》引张森楷校勘记云："按'东阳'当作'东海'。"

③ 关于东阳太末徐氏，《南齐书》卷五四《高逸·徐伯珍传》载："徐伯珍字文楚，东阳太末人也。祖父并郡掾史。伯珍少孤贫，书竹叶及地学书。……叔父璠之与颜延之友善，还祛蒙山立精舍讲授，伯珍往从学，积十年，究寻经史，游学者多依之。"徐伯珍一再拒绝地方官长征聘，而与隐逸学者交游谈论，"儒者宗之"，后设学，"受业生凡千余人"。其为学，"好释氏、老庄，兼明道术，岁常旱，伯珍筮之，如期雨澍。举动有礼，过曲末之下，趋而避之。……家甚贫窭，兄弟四人，皆白首相对，时人呼为'四皓'。"徐伯珍生活于宋齐之间，当与徐之才同族。从其门第情况看，其"祖父并郡掾史"，当为寒士从其叔父与晋宋之际高门名士颜延之等交往情况，这一支东阳徐氏开始以儒学经术接触上流社会。至徐伯珍进一步"究寻经史"，并涉猎佛、玄之学，与士族上层社会趋同，但同时又"兼明道术"，其交际也是吴、会之地非主流的隐逸学者。从徐伯珍及其门支的学术风貌与仕宦情况看，尽管与徐之才曾祖一辈以医术求进的路径不同，其以"究寻经史"，并"兼明道术"，自晋宋以来开始有机会接触上层士族人物，但在仕宦方面依然难有根本改变。

④ 参见阳松玠《谈薮》"徐之才"条。这里标明徐之才郡望为"高平"，这是对其先人"汉徐衡徙高平"的追溯。

⑤ 赵超：《汉魏南北朝墓志汇编》，第455—456页。

徙居东阳太末。因此，就其郡望而言，徐氏族人皆溯源祖籍，以东莞为望；而南朝史家则以其定居东阳已历十数代，故称东阳徐氏；至于北朝人称其为"丹阳人"，或以南朝时期徐氏家族代表人物迁居生活于建康，或以丹阳指代江南，故称其为"丹阳人也，家本东莞"，以兼顾其家族迁移的特点。① 至于"东海"之说，则当有误，不合理据。

西魏、北周来自南朝的术艺之士颇多，《周书》卷四七《艺术传序》有言："太祖受命之始，属天下分崩，于是戎马交驰，而学术之士盖寡，故曲艺末技，咸见引纳。……及克定郢、郢，俊异毕集。乐茂雅、萧吉以阴阳显，庾季才以天官称，史元华相术擅奇，许奭、姚僧垣方药特妙，斯皆一时之美也。茂雅、元华、许奭，史失其传。季才、萧吉，官成于隋。自余纪于此篇，以备遗阙云尔。"周据蜀地，特别是灭江陵梁元帝、控辖荆雍，俘获甚众，颇多术艺之士，其中医术方药之士主要有如下人物。

姚僧垣、姚最父子。姚僧垣，《周书》卷四七《艺术·姚僧垣传》载："姚僧垣字法卫，吴兴武康人，吴太常信之八世孙也。曾祖郢，宋员外散骑常侍、五城侯。父菩提，梁高平令。尝婴疾历年，乃留心医药。梁武帝性又好之，每召菩提讨论方术，言多会意，由是颇礼之。"

姚僧垣"幼通洽，居丧尽礼。年二十四，即传家业。梁武帝召入禁中，面加讨试。僧垣酬对无滞。梁武帝甚奇之"。历领殿中医师、太医正等，为梁武帝等疗疾多有效验。梁元帝平侯景，姚僧垣应召赴荆州，曾为之治"心腹疾"。西魏灭梁，姚僧垣被俘入关中，以医术侍奉西魏北周上层统治人物，深得宇文泰、宇文邕、宇文赟等信重。开皇三年卒，时年八十五。

姚僧垣子姚最也有医术。《周书》卷四七《艺术·姚僧垣传附姚最传》载姚僧垣长子姚察"在江南"，其次子姚最随之入周。姚最字士会，"年十九，随僧垣入关……最幼在江左，迄于入关，未习医术。天和中，齐王宪奏高祖，遣最习之。……最于是始受家业。十许年中，

① 对于东莞徐氏之郡望问题，赵万里《汉魏南北朝墓志集释》(广西师范大学出版社，2008)卷七考释《徐之才墓志》，以为"志但著本贯，赖传志互补知之。《南史·张邵传》称'东海徐文伯'，盖南渡后东海郡侨治京口，故《北史·徐謇传》称謇丹阳人。今《北齐书》本传，文从《北史》出，亦称才为丹阳人，与《南史》无牴牾。《太平广记》卷二四七引《谈薮》称'齐西阳王高平徐之才'，(《魏书》)《地形志》高平属兖州，则以之才入齐后编籍高平，故志称'加兖州大中正'，与《谈薮》正合，而史不详著。"赵氏努力汇通异说，然其考释颇有牵强未允之论。对此，周一良《魏晋南北朝史札记》(中华书局，1985)"《北齐书·徐之才传》"条据其史传与墓志相参，指出："传称徐之才丹阳人也，而墓志言东莞姑幕人，当是举其南渡前之旧贯。东莞姑幕之徐氏，晋宋之间有徐邈、徐广，南渡后家于京口。之才盖其一族或初渡即家丹阳，或先徙京口而后迁丹阳。《北史》卷九十艺术传收之才父文伯之弟徐謇，亦称丹阳人，家本东莞。本传言丹阳尹袁昂辟之才为主簿，皆说明本籍东莞，南渡居丹阳，墓志与传各举其一，皆可信据。赵氏《集释》又引《南史》卷三二张邵传附张融传称之才祖父文伯为'东海徐文伯'之文，以为本传丹阳人与《南史》之东海本无牴牾。周嘉猷《南北史世系表》亦列文伯、之才一族为东海人。皆与墓志及《北史》徐謇传不合。疑《南史》'东海徐文伯'之海字乃莞字之误。东莞东海非一事，东海侨于京口，属南徐州晋陵郡；东莞徐氏亦有家于京口者，文伯一支则居丹阳，属扬州，不可牵合为一也。"(第415—416页)又，范家伟在《东晋南北朝医术世家东海徐氏之研究》(收入氏著《中古时期的医者与病者》，复旦大学出版社，2010)中对徐氏郡望，对史书中有关东海与东莞的记载，以为"不论是东海还是东莞在东晋南朝时期，都有徐氏家族，由于徐氏原籍所影响本文不大，故将徐氏属东海"(第71页)。范氏在这方面未能利用更具价值的墓志材料以厘定徐之才之郡望。

略尽其妙"。入隋，受蜀王杨秀狱牵连被诛，年六十七。

褚该、褚士则父子。《周书》卷四七《艺术·褚该传》载："褚该字孝通，河南阳翟人也。晋末，迁居江左。祖长乐，齐竟陵王录事参军。父义昌，梁鄱阳王中记室。该幼而谨厚，有誉乡曲。尤善医术，见称于时。仕梁，历武陵王府参军。随府西上。后与萧㧑同归国……武成元年，除医正上士。……自许奭死后，该稍为时人所重，宾客迎候，亚于姚僧垣。……该性淹和，不自矜尚，但有请之者，皆为尽其艺。时论称其长者焉。后以疾卒。"褚该子褚士则，"亦传其家业"。褚该在北周不仅医术高妙，"亚于姚僧垣"，而且医德尤佳，"时论称其长者焉"。

许智藏、许奭、许澄。许智藏，《隋书》卷七八《艺术·许智藏传》载："许智藏，高阳人也。祖幼道，尝以母疾，遂览医方，因而究极，世号名医。诫其诸子曰：'为人子者，尝膳视药，不知方术，岂谓孝乎？'由是世相传授。仕梁，官至员外散骑侍郎。父景，武陵王咨议参军。智藏少以医术自达，仕陈为散骑侍郎。"陈亡后入隋，以医术为隋文帝、隋炀帝所重，"年八十，卒于家"。

许奭、许澄父子与许智藏同宗，《隋书》卷七八《艺术·许智藏传》载："宗人许澄，亦以医术显。父奭，仕梁太常丞、中军长史。随柳仲礼入长安，与姚僧垣齐名，拜上仪同三司。澄有学识，传父业，尤尽其妙。历尚药典御、谏议大夫，封贺川县伯。父子俱以艺术名重于周、隋二代。史失事，故附见云。"许奭医术甚高，"与姚僧垣齐名"；其子许澄亦"传父业，尤尽其妙"，唯史载有缺，难见其实。

此外，入周之萧梁皇族人物也有好尚医药者，如萧㧑，《周书》卷四二《萧㧑传》载："萧㧑字智遐，兰陵人也。梁武帝弟安成王秀之子也。……㧑善草隶，名亚于王褒。算历医方，咸亦留意。所著诗赋杂文数万言，颇行于世"。萧㧑为萧梁宗室人物，身份特殊，其所学涉猎广泛，"算历医方，咸亦留意"，但其并无具体行医方面的实例记载。

以上诸医术之士皆自南入北，为北朝显赫一时之名医。就其入北方式及其时间而言，自北魏献文帝取青齐至隋灭陈，在历次南北军事冲突中，诸人相继为北朝所俘。其中徐謇因北魏献文帝攻占青齐而入魏，奉侍北魏献文、冯太后、孝文诸主；徐之才于萧梁后期自徐州入魏，主要活动于北齐；徐之范梁末自益州奔齐附兄；姚僧垣、姚最父子自江陵入西魏，历北周诸帝而入隋；许奭、许澄父子梁末自雍州入关，历西魏、北周而入隋；褚该、褚士则父子梁末自益州入关；许智藏则于陈亡后入隋。

诸人多出自江左具有医学术业积累与传承之世家。徐謇入魏稍早，时在南北朝中期，其余诸人集中于南北朝后期，或随南朝边境州镇北附、或因荆、益诸地失守而入北。诸人本为南朝医术名家，入北后皆应征诸朝内廷，以医术侍御，深得北朝统治集团之钦重。

（二）入北医术人士在南朝的门第身份及其社会地位

上述入北之南朝医术之士，他们在南朝之身份地位存在差异，有出自萧梁宗室者，如萧该、萧㧑。其他诸人，就其门第身份而言，多具有江左士族社会背景，如阳翟褚该、高阳许智藏等，从其祖、父及本人在南朝的仕宦情况看，虽非门望显赫之势家，但皆为永嘉乱后南渡之侨姓高门。至于吴兴姚氏、东莞徐氏这两个南朝著名的医术世家，其门第应为南朝士族社会中的"新出门户"。

姚僧垣为江东本土人物，各史传皆追溯其为"吴太常信之八世孙"。不过，吴兴武康姚氏长期门望不著，至陈朝姚察以才学卓著，位列宰辅。梁陈之际姚氏振兴的直接因素在于姚菩提、姚僧垣相继以医术侍奉于梁武帝、梁元帝等，然《陈书》卷二七《姚察传》讳此，仅记述其父所获萧梁官职，而对其祖父任职则只字未提，以遮掩其"门资"困窘。① 因此，吴兴姚氏虽有汉魏江东本土"旧族"的渊源，但实际上素为江东"小族"，东晋南朝长期仕宦不显，可视为南朝末之"新出门户"。姚察以其仕宦地位振作其门望于陈朝，后与其子姚思廉入隋，其后代子孙亦皆位列清显，终使其家族成为江东吴姓士族的重要代表。

东莞徐氏，据前文所述，汉魏之际流寓相对偏僻的东阳太末，与江东核心区域吴、会等地大族难以融通，又与两晋之际永嘉乱后南迁之侨姓士族无所关联，以致这支东莞徐氏自汉末至东晋百余年间未见显达之人物，长期沉寂无闻。徐熙子徐秋夫任射阳令，这是其家族在江南新仕宦历程的最早记载，其时应该在东晋后期。无论其得仕之由，就其门第而言，徐氏即便有其汉代仕宦背景，汉魏以降则日益寒微化。东晋中后期以来，徐熙及其子孙相继以医术显名，并无门户可恃；延及宋、齐，徐氏代表人物在文化上表现出士族化的特征。《南史》卷三二《张邵传》载吴郡名士张融与"徐文伯兄弟厚"，徐文伯有"学行"，徐嗣伯"有孝行，善清言"；徐文伯子徐雄"能清言，多为贵游所善。事母孝谨，母终，毁瘠几至自灭。俄而兄亡，扶杖临丧，抚膺一恸，遂以哀卒"。可见宋齐之际，徐氏代表人物与当时士族社会名士代表张融等有深交，为士族社会所接纳，"多为贵游所善"。② 从徐嗣伯、徐雄的仕宦任职情况看，宋齐间其家族政治、社会地位有所提升。萧梁时期，徐之才一辈自幼便进入太学接受上层士族社会的教育与文化熏陶；在仕宦方面，徐之才、徐之范兄弟分别出任豫章王

---

① 关于吴兴武康姚氏之门望及其地位的演变，王永平《中古吴兴武康姚氏之家风家学及其家族地位的升降》一文（收入氏著《东晋南朝家族文化史论丛》，广陵书社，2010）已有比较具体深入的考述，敬请参阅。《周书》卷四七《艺术·姚僧垣传》载侯景之乱中，姚僧垣返乡，吴兴太守张嵊邀其抗击侯景，称其"君是此邦大族，又是朝廷旧臣。今日得君，吾事办矣"。可见姚氏在吴兴当地有大族之称，但置于江东地域，与吴、会诸名族相比，则影响有限。《陈书》卷二七《姚察传》载陈后主任之为吏部尚书，姚察一再上表谦让，甚至垂涕自称"臣东皋贱族，身才庸近"云云，自谓"贱族"，固为谦称，但从南朝士族社会的传统观念而言，姚氏门户较小，人物不盛，加上其祖、父的经历，确实难称清显，而这在当时是众所周知的事实。因此，姚察只有以这种"自诬"的方式以尽可能获得士众的理解与同情。

② 范家伟在《东晋南北朝医术世家东海徐氏之研究》中概述徐氏家族文化特点为"医、玄、儒三修"，而其玄化与儒化，则在宋齐之际，"东海徐氏在徐嗣伯一代，便转向玄学化。……徐雄与贵族相善，因其善清言，而不是医术。……徐氏从第三代始，除了医术世传之外，亦走向了玄学化道路。徐之才与彭城刘氏、河东裴氏、吴郡张氏共同论学，凭着玄学则已打进士族圈子中"。与此同时，"徐氏家族亦秉承儒家学风，重视孝行。……家族中重视孝行行为，符合了当时社会价值标准"。见氏著《中古时期的医者与病者》，复旦大学出版社，2010，第87—88页。

萧综、武陵王萧纪之主要僚属佐官。这在婚姻上也有所表现，^①萧梁以前，徐氏人物的联姻唯一可考者见于《徐之才墓志》，载其"十五丁员外君忧，如不欲生，邻乎灭性。太夫人丘氏，譬诱抑夺，仅而获全"。^②这里"太夫人丘氏"，当为徐之才祖父徐文伯妻，至于其家世门第则不详。萧梁时，徐氏子弟婚姻可确考者是徐之范，《徐之范墓志》载其有二妻："前夫人兰陵萧氏，后妻西阳王国妃扶风马氏"。^③徐之范第二子《徐敏行墓志》载其"即齐高皇帝曾孙、梁司农卿溉之外孙也"，并载其"玉垒大同之年，生于西蜀，金陵侯景之乱，尽室东归"。^④徐敏行出生于蜀地，其时正值乃父为梁武陵王萧纪僚属任职益州期间，其母自为萧氏。可见，至梁代徐氏后进才学之士已得与萧齐宗室女通婚，表明其家族地位明显提升并得到了士族社会的认可。因此可以说，宋齐之间作为医术世家的东莞徐氏，其文化特征与门第身份经历了深刻的变化，齐梁之际终于挤入士族行列，成为南朝士族社会的"新出门户"。^⑤

由上文考述，可见入北之南朝医术人士，虽有南朝皇族宗室人物，但其主体则为士族人物。其中虽有侨姓与吴姓，高门旧族与新出门户等具体分别，但作为南朝士族社会之成员，他们都具有相当的文化素养，且兼有医术伎能，特别是东莞徐氏与吴兴姚氏，为南朝最著名的医药世家，代表着江左地域最高的医药水平。正因为如此，诸人入北后，以其医术侍御诸朝内廷，深得北朝统治者信重，成为北朝时期最具影响力的地域性医术群体。

二 "当世上医"与"接待资给"：入北南朝医士之术艺及其物质待遇

由上文所考，南北朝时期流徙北朝的医术之士颇众，成为南人入北流寓人群中一个特殊的职业群体。他们流亡北朝之时段不一，寄寓北朝之政权有不同，各人之遭际自有差异，但作为入北南人中的艺能技术群体，他们在北朝各政权中所经历的职业生活及其相关境遇则多有其共通之处。这里，就诸人入北后之医术活动及其生活待遇等进行具体考察。

诸人入北后，以其医术伎艺为北朝统治者所延揽，充任医官，侍御内廷，颇得宠信与钦重。

---

① 关于徐氏之婚姻，范家伟在《东晋南北朝医术世家东海徐氏之研究》中以为"东海徐氏通婚具体情况并不十分清楚，完全没有与当时一流士族通婚的记载，相信通婚对象也不是显赫家族。东海徐氏要攀登社会上层，只有凭着医术与交游"。见氏著《中古时期的医者与病者》，第85页。
② 《徐之才墓志》，赵超：《汉魏南北朝墓志汇编》，第456页。
③ 《徐之范墓志》，罗新、叶炜：《新出魏晋南北朝墓志疏证（修订本）》，中华书局，2016，第336页。
④ 《徐敏行墓志》，罗新、叶炜：《新出魏晋南北朝墓志疏证（修订本）》，第342页。
⑤ 关于徐氏士族化的过程及其特点，范家伟在《东晋南北朝医术世家东海徐氏之研究》中指出，其既"不是以经学入仕，也不是靠外戚关系，更没有显赫的婚姻关系，以及经过地方豪族的士族化过程，而是靠医术，在东晋时，从第三代开始一连八代凭借医术，在仕途显贵，并跻身世族圈，可说是另类世族"。见氏著《中古时期的医者与病者》，第70页。

徐謇自青齐入魏，于时有"当世之上医"①的美誉，《魏书》本传载其入魏之初，"显祖欲验其所能，乃置诸病人于幕中，使謇隔而脉之，深得病形，兼知色候。遂被宠遇"。魏献文帝通过高难度的方式，专门考察徐謇的疾病诊疗水平，于是"遂被宠遇"。文明冯太后对徐謇医术也颇钦重，"时问治方"。魏孝文帝亲政后，对徐謇尤为信重，"高祖后知其能，及迁洛，稍加眷幸。体小不平，及所宠之冯昭仪有疾，皆令处治"。特别是太和二十二年孝文帝南征途中病危，"乃驰驿召謇，令水陆赴行所，一日一夜行数百里。至，诊省下治，果有大验。……九月，车驾发豫州，次于汝滨。乃大为謇设太官珍膳，因集百官，特坐謇于上席，遍陈肴馐于前，命左右宣謇救摄危笃振济之功，宜加酬赉"。孝文帝特下诏称其医术及疗效曰："侍御师、右将军徐成伯，驰轮太室，进疗汝蕃，方穷丹英，药尽芝石，诚术两输，忠妙俱至，乃令沉劳胜愈，笃瘵克痊，论勤语效，实宜褒录。"此后，直到孝文帝去世，徐謇始终"日夕左右"。可见孝文帝迁洛后，徐謇最受钦重，孝文帝曾称"卿定是名医"。②

徐之才，据《北齐书》本传，萧综入魏荐之，在于其有医术，"魏听综收敛僚属，乃访之才在彭泗，启魏帝云：'之才大善医术，兼有机辩。'诏征之才"。其入洛后，"药石多效，又窥涉经史，发言辩捷，朝贤竞相要引，为之延誉"，深得东魏君臣所重，"敕居南馆，礼遇甚优"。天平中，高欢"征赴晋阳，常在内馆，礼遇稍厚"。高欢以徐之才"常在内馆"，自然以其为医侍。此后，北齐诸帝皆重其医术，孝昭帝皇建年间，"武明皇太后不豫，之才疗之，应手便愈……之才既善医术，虽有外授，顷即征还。既博识多闻，由是于方术尤妙"。又载："之才医术最高，偏被命召。武成酒色过度，恍惚不恒，曾发病，自云初见空中有五色物，稍近，变成一美妇人，去地数丈，亭亭而立。食顷，变为观世音。之才云：'此色欲多，太虚所致。'即处汤方，服一剂，便觉稍远，又服，还变成五色物，数剂汤，疾竟愈。帝每发动，辄遣骑追之，针药所加，应时必效，故频有端执之举。"后武成帝病情稳定，"入秋，武成小定，更不发动"，以徐之才外任兖州刺史，"及十月，帝又病动，语和士开云：'恨用之才外任，使我辛苦。'其年八月，敕驿追之才。帝以十日崩，之才十一日方到，既无所及，复还赴州"。齐后主时，徐之才依附权幸和士开、陆令萱母子，"二家苦疾，救护百端"。又，《颜氏家训·勉学篇》载："齐孝昭帝侍娄太后疾，容色憔悴，服膳减损。徐之才为灸两穴，帝握拳代痛，爪入掌心，血流满手。"由此可见，徐之才在医术领域涉猎广泛，既能"处汤方"，也能针灸，所谓"博识多闻，由是于方术尤妙"，确不为虚，故北齐诸主及其上层皆以"之才医术最高"。

徐之范，《北齐书·徐之才传》附载其"亦医术见知"，"大宁二年春，武明太后又病。之才弟之范为尚药典御，敕令诊候"。可见徐之范为尚药典御，医术颇为精湛，为北齐上层所重。

①《魏书》卷二一《献文六王·彭城王勰传》。
②《魏书》卷一九上《景穆十二王·阳平王新成传》。

姚僧垣入周，尤为其上层所重，其相关经历颇有戏剧色彩。《周书》本传载："及大军克荆州，僧垣犹侍梁元帝，不离左右。为军人所止，方泣涕而去。寻而中山公（宇文）护使人求僧垣。僧垣至其营。复为燕公于谨所召，大相礼接。太祖又遣使驰驿征僧垣，谨固留不遣。谓使人曰：'吾年时衰暮，疹疾婴沉。今得此人，望与之偕老。'太祖以谨勋德隆重，乃止焉。明年，随谨至长安。"可见由于姚僧垣为萧梁名医，西魏征服江陵后，宇文泰、宇文护和大将军于谨等人一度都参与了对姚僧垣的争夺。姚僧垣入长安后，侍奉宇文氏内廷，至周武帝时，尤受钦重。周武帝命其为文宣太后诊治，"建德三年，文宣太后寝疾，医巫杂说，各有异同。高祖御内殿，因僧垣同坐，曰：'太后患势不轻，诸医并云无虑。朕人子之情，可以意得。君臣之义，言在无隐。公为何如？'对曰：'臣无听声视色之妙，特以经事已多，准之常人，窃以忧惧。'帝泣曰：'公既决之矣，知复何言！'寻而太后崩。"周武帝出征，携之以救护，建德四年，"高祖亲戎东讨，至河阴遇疾。口不能言；睑垂覆目，不能瞻视；一足短缩，又不得行。僧垣以为诸藏俱病，不可并治。军中之要，莫先于语。乃处方进药，帝遂得言。次又治目，目疾便愈。末乃治足，足疾亦瘳。比至华州，帝已痊复。……是岁，高祖行幸云阳，遂寝疾。乃诏僧垣赴行在所。内史柳昂私问曰：'至尊贬膳日久，脉候何如？'对曰：'天子上应天心，或当非愚所及。若凡庶如此，万无一全。'寻而帝崩。"周宣帝素重其医术，"宣帝初在东宫，常苦心痛。乃令僧垣治之，其疾即愈。帝甚悦。……大象二年，除太医下大夫。帝寻有疾，至于大渐。僧垣宿直侍。帝谓随公曰：'今日性命，唯委此人。'僧垣知帝诊候危殆，必不全济。乃对曰：'臣荷恩既重，思在效力。但恐庸短不逮，敢不尽心。'帝颔之"。在北周一再为文宣皇太后、周武帝宇文邕、周宣帝宇文赟等及诸多王公显贵诊治疾患，效验显著，以致周宣帝"谓随公曰：'今日性命，唯委此人。'"周武帝、周宣帝父子对姚僧垣之信重如此，其无疑为首席御医。姚僧垣医术效验甚著，本传称"僧垣医术高妙，为当世所推。前后效验，不可胜记。声誉既盛，远闻边服。至于诸蕃外域，咸请托之"。《周书》卷四七"史臣曰"有论云："夫能通方术而不诡于俗，习技巧而必蹈于礼者，岂非大雅君子乎。姚僧垣诊候精审，名冠于一代，其所全济，固亦多焉。而弘兹义方，皆为令器，故能享眉寿，縻好爵。"

姚最在北周受命随父习医，《周书》本传载其"每有人造请，效验甚多"。

许智藏，《隋书》本传载："及陈灭，高祖以为员外散骑侍郎，使诣扬州。会秦孝王俊有疾，上驰召之。俊夜中梦其亡妃崔氏泣曰：'本来相迎，如闻许智藏将至，其人若到，当必相苦，为之奈何？'明夜，俊又梦崔氏曰：'妾得计矣，当入灵府中以避之。'及智藏至，为俊诊脉，曰：'疾已入心，郎当发痫，不可救也。'果如言，俊数日而薨。……炀帝即位，智藏时致仕于家，帝每有所苦，辄令中使就询访，或以辇迎入殿，扶登御床。智藏为方奏之，用无不效。"可见隋文帝、隋炀帝父子对许智藏颇为钦重，特别是隋炀帝，"辄令中使就询访，或以辇迎入殿，扶登御床"，而其所奏药方，"用无不效"。又，许奭、许澄父子在周隋间皆以医术显，许奭与姚僧垣齐名，可见其医术精湛，甚为关陇统治上层社会所重，惜其父子具体行医事迹失载，难见其详。对于诸许氏人物之医术，《隋书·艺术传》末"史臣曰"论云"许氏之运针石，世载可称"，当非虚言。

北朝统治者对南来医家之钦重，还表现在对其术业传承的重视。在古代社会，包括医术在内的各类伎艺之传承，首重家传世业。东莞徐氏作为南朝最具代表性的医术世家，其代表人物徐謇、徐之才、徐之范等相继入北，侍御北魏、北齐及隋朝，相延不废。而作为南朝另一著名医术世家的吴兴姚氏，入北人数少，姚僧垣之后，面临家业难续的状况。对此，北周统治者加以干预，《周书·艺术·姚僧垣传附姚最传》载姚最曾为北周齐王宇文宪府水曹参军，掌记室事，"特为宪所礼接，赏赐隆厚"，然姚最"幼在江左，迄于入关，未习医术。天和中，齐王宪奏高祖，遣最习之。……最于是始受家业。十许年中，略尽其妙"。宇文宪特请示周武帝，命姚最随父"受家业"，明确告诫姚最"天子有敕，弥须勉励"，表明责命其习医传业，周武帝是有御旨的，希望姚氏父子能将家族医术精髓传承下来，为统治阶层提供保健、医疗服务。

诸南来医家固然主要侍御内廷，但统治集团上层人物遇有疑难疾患，历代君主常遣诸"上医""名医"出诊。如北魏孝文帝、冯太后一再遣徐謇为王公大臣诊疗，《魏书》卷一九上《景穆十二王上·阳平王新成传》载阳平王新成子元衍"转徐州刺史，至州病重，帝敕徐成伯乘传疗。病差，成伯还，帝曰：'卿定名医'……其为帝所重如此。"又，《魏书》卷六〇《程骏传》载程骏"太和九年正月，病笃……遂卒，年七十二。初，骏病甚，高祖、文明太后遣使者更问其疾，敕御师徐謇诊视，赐以汤药"。徐之范也有相关经历，《北齐书》卷四四《儒林·张景仁传》载张景仁深得北齐权势者重视，"恩遇日隆。景仁多疾，每遣徐之范等治疗，给药物珍羞，中使问疾，相望于道"。姚僧垣多有受邀出诊的情况，《周书》本传载有四例：其一，"金州刺史伊娄穆以疾还京，请僧垣省疾。乃云：'自腰至脐，似有三缚，两脚缓纵，不复自持。'僧垣为诊脉，处汤三剂。穆初服一剂，上缚即解；次服一剂，中缚复解；又服一剂，三缚悉除。而两脚疼痹，犹自挛弱。更为合散一剂，稍得屈申。僧垣曰：'终待霜降，此患当愈。'及至九月，遂能起行。"其二，"大将军、襄乐公贺兰隆先有气疾，加以水肿，喘息奔急，坐卧不安。或有劝其服决命大散者，其家疑未能决，乃问僧垣。僧垣曰：'意谓此患不与大散相当。若欲自服，不烦赐问。'因而委去。其子殷勤拜请曰：'多时抑屈，今日始求。竟不可治，意实未尽。'僧垣知其可差，即为处方，劝使急服。便即气通，更服一剂，诸患悉愈"。其三，"大将军、乐平公窦集暴感风疾，精神瞀乱，无所觉知。诸医先视者，皆云已不可救。僧垣后至，曰：'困则困矣，终当不死。若专以见付，相为治之。'其家忻然，请受方术。僧垣为合汤散，所患即瘳"。其四，"大将军、永世叱伏列椒苦利积时，而不废朝谒。燕公谨尝问僧垣曰：'乐平、永世俱有痼疾，若如仆意，永世差轻。'对曰：'夫患有深浅，时有克杀。乐平虽困，终当保全。永世虽轻，必不免死。'谨曰：'君言必死，当在何时？'对曰：'不出四月。'果如其言。谨叹异之"。又如许智藏，隋文帝命其至扬州救治秦王杨俊，也属于这种情况。从以上诸例，可以说入北南朝医家之受命或应邀出诊，是他们在北朝行医活动的一个重要方面，史书所载有限，可谓百不存一，这也表明其医术在北朝上层社会中显著而广泛的影响。

北朝统治者对入北南朝医家倍加宠信，往往给予特殊的物质待遇。据《周书·艺术·姚僧垣传附姚最传》，北周齐王宇文宪劝姚最随父习医时曾明言，"尔博学高才，何如王褒、庾信。王、庾名重两国，吾视之蔑如。接待资给，非尔家比也。尔宜深识此意，勿不存心"。可见北朝统治者对术艺之士在"接待资给"方面确实多有破格优遇，远过于那些名高位重之士大夫代表。① 除正常俸禄外，这些医术人士常可获得额外奖赏，至于其出诊，服务对象皆为上层权贵，也当有不菲的报酬。在诸人所得额外奖赏方面，如徐之才，《北齐书》本传载其为武明皇太后诊疗，孝昭帝"赐采帛千段、锦四百匹"；姚僧垣，《周书》本传明确载其在北周所受物质赏赐仅有一次，即周宣帝封其为长寿县公，"册命之日，又赐以金带及衣服等"；许智藏，《隋书》本传载隋文帝以其为秦文俊诊治，"上奇其妙，赍物百段"。其实，这都是一些零星的记载，绝非诸人所获奖赏之全部。

在这方面，徐謇的有关记载颇为具体，《魏书》本传载其太和二十二年急救出征的孝文帝而"果有大验"，孝文帝"乃大为謇设太官珍膳，因集百官，特坐謇于席上，遍陈肴馐于前，命左右宣謇救危振济之功，宜加酬赉"。孝文帝下诏"赐钱一万贯"，又诏曰："钱府未充，须以杂物：绢二千匹，杂物一百匹，四十匹出御府；谷二千斛；奴婢十口；马十匹，一匹出骅骝；牛十头。"其"所赐杂物、奴婢、牛马皆经内呈。诸亲王咸阳王禧等各有别赍，并至千匹"。徐謇一次所得赏赐之数额如此之巨，颇令人震惊。至于出诊之报酬，徐謇也有一则相关具体记载，前述孝文帝遣徐謇为徐州刺史元衍治疗，事后孝文帝"赍绢三千匹。成伯辞，请受一千。帝云：《诗》云'人之云亡，邦国殄瘁。'以是言之，岂惟三千匹乎？'"② 由徐謇此次所得赏赐，可见他们平常出诊酬谢报答虽没有明确的规定，但实际上当有一定的标准，且数额不小。

概而言之，由上述可知，诸医术人士长期侍奉北朝之内廷，充任医官，备受宠重，俸

---

① 与此相似，《隋书》卷七八《艺术·庾季才传》载其有天文术数之才，"好占玄象"，梁元帝时为太史令，荆州亡后入周，宇文泰"一见季才，深加优礼，令参掌太史。每有征伐，恒预待从。赐宅一区，水田十顷，并奴婢牛羊什物等，谓季才曰：'卿是南人，未安北土，故有此赐者，欲绝卿南望之心。宜尽诚事我，当以富贵相答。'初，郢都之陷也，衣冠士人多没为贱。季才散所赐物，购求亲故。文帝问：'何能若此？'季才曰：'仆闻魏克襄阳，先昭异度，晋平建业，喜得士衡。伐国求贤，古之道也。今郢都覆败，君信有罪，搢绅何咎，皆为贱隶？鄙人羁旅，不敢献言，诚切哀之，故赎购耳'。太祖乃悟曰：'吾之过也。微君遂失天下之望！'因出令免梁俘为奴婢者数千口"。宇文泰平江陵后，对南人衣冠颇为粗暴，"多没为贱奴"，尽管像庾信、王褒这样一流名氏，虽待以虚位，内心则"视之蔑如"，而对有术伎的庾季才则如此优待。由此可推知，像姚僧垣这样的南朝名医，其入关后所受之"接待资给"当与庾季才相当。

② 《魏书》卷一九上《景穆十二王·阳平王新成传》。楼劲先生曾论述中古各类技术职业知识阶层的收入，其中有关"医师收入"部分引用这一记载，他分析指出，"孝文帝遣其远赴徐州治病而酬绢3000匹，虽是额外加赏，亦必考虑了徐成伯乃'当世上医'，远诊愈病本来就费用不赀；而徐成伯请受的1000匹，则必略加谦抑而取当时名医的远诊时价"。见氏著《魏晋南北朝隋唐时期的知识阶层》之四"魏晋南北朝隋唐知识阶层的生计"，兰州大学出版社，2017，第374页。可见当时作为"当世上医"或"名医"，其出诊愈病，是有一定的相对明确的收费标准的。

禄之外，多受官、私之奖赏与酬谢，数额甚巨，物质生活相当优裕，这是其他入北之大族名士所难望其项背的。①

不过，也应当指出，诸医术之士侍奉北朝统治集团上层，其特殊的职业及其侍奉对象，决定了他们也时常面临风险。就诊疗而言，诸人虽术业精湛，但也难免有失，徐謇便曾有误诊，《魏书·术艺·王显传》载："初文昭皇太后怀世宗也，梦为日所逐，化而为龙而绕后，后寤而惊悸，遂成心疾。文明太后敕召徐謇及显等为后诊脉。謇云是微风入藏，宜进汤加针。显云：'案三部脉非有心疾，将是怀孕生男之象。'果如显言。"徐謇诊断有误。很可能因为这一原因，冯太后对徐謇似乎不甚信重，以致"文明太后时问治方，而不及李修之见任用也"。②所谓"时问治方"，主要作为咨询对象，其"治方"自然仅为参考，至于具体药方确定、治疗方案及其实施，最受冯太后信重而得"任用"的是李修。以此之故，徐謇处事极为谨慎，《魏书·术艺·徐謇传》称其"和合药剂，攻救之验，精妙于（李）修，而性甚秘忌，承奉不得其意者，虽贵为三公，不为措疗也"。徐謇"性甚秘忌"，表明其谨小慎微之心态，一再拒绝官僚权贵的出诊邀约。作为内廷御医，对于王公权贵之延请，他们尚有推辞余地，若涉及救治君主，则绝无推辞之理。前已述徐謇应召急救病危的孝文帝，《魏书》卷二一《献文六王·彭城王勰传》载："高祖不豫，勰内侍医药，外总军国之务，遏尔肃然，人无异议。徐謇，当世之上医也。先是，假还洛阳，及召之，勰引之别所，泣涕执手而谓之曰：'君今世元化，至尊气力危掇，愿君竭心，专思方治。若圣体日康，令四海有赖，当获意外之赏；不然，便有不测之诛，非但荣辱，乃存亡由此。君其勉之！'左右见者，莫不鸣咽。及引入，謇便欲进治。勰以高祖神力虚弱，唯令以食味消息。"元勰明确告诫徐謇，务必"专思方治"，若有效验，"当获意外之赏；不然，便有不测之诛，非但荣辱，乃存亡由此"。可见元勰逼迫徐謇务必确保治疗成功，其所承受之压力甚巨。在治疗过程中，徐謇一度缓解了孝文帝病情，但此后"高祖犹自发动，謇日夕左右。明年，从诣马圈，高祖疾势遂甚，戚戚不怡，每加切诮，又欲加之鞭捶，幸而获免"。③可见作为内廷医侍，在特定情形下，其身份有如医奴，只能忍受心理的恐惧与折磨。④

---

① 当然，宫廷御医侍奉统治者，往往可以获得额外赏赐，这是普遍现象，不唯北朝，在南朝也有类似的情况。《周书》卷四七《艺术·姚僧垣传》载其曾为梁元帝治疾有验，"梁元帝大喜。时初铸钱，一当十，乃赐钱十万，实百万也"。《陈书》卷二七《姚察传》则载姚僧垣"知名梁代，二宫礼遇优厚，每得供赐，皆回给察兄弟，为游学之资，察并用聚蓄图书，由是闻见日博"。但比较而言，有二点需要指出，一是入北医术之士在北朝所获之物质奖赏数额有时特别巨大；二是相比于其他流寓北朝的高门名士之生活窘迫，凸显出术士群体的相对优越。
② 《魏书》卷九一《术艺·徐謇传》。
③ 《魏书》卷九一《术艺·徐謇传》。
④ 相对而言，北周武帝、宣帝父子，对医药之事较为通情达理，据前引《周书》卷四七《艺术·姚僧垣传》所载，周武帝母亲文宣太后病危，面对医巫杂说，"高祖御内殿，引僧垣同坐"，希望他"言在无隐"，姚僧垣表示"窃以忧惧"，周武帝表示"公既决之矣，知复何言"，坦然接受。周宣帝病危，姚僧垣表示"但恐庸短不逮，敢不尽心"，"帝颔之"，表示理解。

三 "位历仆射，爵为公侯"：入北南朝医士之社会政治地位

由上文所述，可见诸入北之南朝医术人士原本在门第身份上虽有士族背景，但也有出自寒庶、至南朝中后期才渐转为"新出门第"者，加上其术业身份，在南朝社会环境中，自为上层社会所鄙视。不过，诸人入北后，在侍御之职外，多获得相应的官职与封爵，门户身份与政治地位明显提升。清人所编《历代职官表》卷三六有论云："北魏及周、齐，徐之才、周澹、王显、姚僧垣等，咸以医著，至位历仆射，爵为公侯，颇见亵滥。然之才等本由儒吏见用，与专以一技登进者有殊。"[1] 这里所列诸人，姚僧垣、徐之才等皆由南入北，论者对其"位历仆射，爵为公侯"，不以为然，斥其"颇见亵滥"。至于将徐之才视为"本由儒吏见用"，与其他"专以一技登进者有殊"，显现了论者的儒家正统观念。然就东莞徐氏在南朝的门第身份而言，其非但无儒学旧族之渊源，而且是典型的出自医术世家的"新出门户"，自然亦应位不及此。此论尽管确实指出了入北医术人士在北朝凭借其技能获得了特殊的社会政治优遇，但由于对南北朝时代之社会及其相关文化观念颇有隔膜，所论只能流于表面而难入肌理。有鉴于此，这里先考列诸人入北后所得官爵等情况，进而论述其相关社会背景及其影响等。

北朝统治者对诸南来医术之士，首先重其术业，以"当世之上医""名医"相待，延入内府，任以侍御。故诸人之本职皆为内廷医官，主管医药事务。为表示宠信，北朝统治者常有破格举措，通过加官、赠官及封授爵位等方式，提升其门户身份与政治地位。

徐謇，《魏书》本传载其入魏后"为中散，稍迁内侍长。……又除中散大夫，转右军将军、侍御师"；太和二十二年，孝文帝诏命其为"鸿胪卿，金乡县开国伯，食邑五百户"；宣武帝正始元年，"以老为光禄大夫，加平北将军，卒。延昌初，赠安东将军、齐州刺史，谥曰靖"。

徐之才，《北齐书》本传载其"武帝时，封昌安县侯"，"武定四年，自散骑常侍转秘书监"，后转金紫光禄大夫。北齐立国，"寻除侍中，封池阳县伯"，除赵州刺史，未上任；皇建二年，除西兖州刺史，未赴任；天统四年，"累迁尚书左仆射，俄除兖州刺史，特给铙吹一部"，一度赴任；武平元年，齐后主"重除尚书左仆射"，又迁尚书令，封西阳郡王，后为侍中、太子太师。[2]

徐之范，据《北齐书·徐之才传》，在北齐曾为尚药典御，位至太常卿，袭徐之才爵为

---

① 纪昀等撰《历代职官表》，上海古籍出版社影印《四库全书》第601册，第696页。

② 关于徐之才在北魏、北齐的仕宦经历，《徐之才墓志》所载比之《北齐书》卷三三《徐之才传》和《北史》卷九〇《艺术下·徐之才传》尤详，可参见前揭赵超《汉魏南北朝墓志汇编》，第455—459页，此不赘述。

西阳王；入周，授仪同大将军。①

姚僧垣，《周书》本传载其入关后，武成元年，授小畿伯下大夫；天和元年，加授车骑大将军、仪同三司；天和六年，迁遂伯中大夫；周武帝宇文邕曾特召之问曰："姚公为仪同几年？"姚僧垣对曰："臣忝荷国恩，于兹九载"，周武帝曰："勤劳有日，朝命宜隆"，于是授骠骑大将军、开府仪同三司。后姚僧垣为武帝疗疾，"比至华州，帝已痊复"，即除华州刺史；周宣帝时，受封为长寿县公，邑一千户；大象二年，除太医下大夫；周静帝时，"迁上开府仪同大将军。隋开皇初，进爵北绛郡公。三年卒……赠本官，加荆、湖二州刺史"。

姚最，《周书》本传载其入周历麟趾殿学士，"俄迁齐王宪府水曹参军，掌记室事"；隋初除太子门大夫，后转蜀王秀友，迁府司马。

褚该，《周书》本传载其"与萧捴同归国，授平东将军、左银青光禄大夫，转骠骑将军、右光禄大夫。武成元年，除医正上士。……天和初，迁县伯下大夫。五年，进授车骑大将军、仪同三司"。

许智藏，《隋书》本传载其入隋后，隋文帝任之员外散骑侍郎。

许奭，《隋书·艺术·许智藏传》载其入周后拜上仪同三司，其子许澄则历尚药典御、谏议大夫，封贺川县伯。

由上述诸人入北后之仕宦、封爵情况，可做如下分析，以见其政治、社会地位之变化。

首先，诸入北南朝医术人士之仕宦履职，其核心职掌或"本职"皆为各朝内府之医侍，如诸人所任之侍御师、尚药典御、医正上士、太医下大夫等，以其医术侍奉诸朝之统治者及其上层权贵，即便其中个别人物获得君主的特殊信重，跻身朝臣权幸或外授地方官职，也不能改变其医者之身份与本职，随时待诏应侍。如徐之才，《北齐书》本传载其"见文宣政令转严，求出，除赵州刺史，竟不获述职，犹为弄臣"；后除西兖州刺史，"未之官"；武成帝时为兖州刺史，后帝病痛，表示"恨用之才外任，使我辛苦"，于是"敕驿追之才"。实际上，徐之才此次外任成行，是由于权臣和士开"欲依次转进，以之才附籍兖州，即是本属，遂奏附刺史，以胡长仁为左仆射，士开为右仆射"。又，姚僧垣，《周书》本传载周武帝授其骠骑大将军、开府仪同三司，特敕"公年过县车，可停朝谒。若非别敕，不劳入见"，这固然出于尊老之意，但也与其医术相关；后任之为华州刺史，"仍诏随入京，不令在镇"。对此，诚如论者所指出，中古时代"医学世家宦途显达者只是特例，医家登进官场的常例也像其他伎术官一样，经常都是父子相继在医官系统中任职，虽可加官晋爵而所掌仍限于医

---

① 关于徐之范在北齐的任职情况，《徐之范墓志》所载尤详："以天保九年入齐，仍除宁朔将军、尚药典御，食北平县干。河清二年，转散骑常侍、典御如故。天统二年，除辅国将军、谏议大夫。三年，迁通直散骑常侍，典御、食干如先。四年，转翊军将军、太中大夫。五年，除散骑常侍，其年除假仪同三司。……武平元年，迁仪同三司、征西将军。二年，除开府仪同三司。三年，除太常卿、西阳王。"北周灭齐，其入关中，仕于周、隋，开皇四年（584）卒，年七十八。墓志载其有子十二人。又载其第四弟徐之权，历谯郡太守、散骑侍郎。见罗新、叶炜《新出魏晋南北朝墓志疏证（修订本）》，第335—337页。

事"。① 徐之才、姚僧垣如此，其他诸医术人士也皆如此，其本职之外的上述诸多"加官"赠授，不可能实际履职。

其次，北朝统治者通过加官、赠官，以提升诸人之政治地位，改变其社会身份。由上述，可见诸人在本职之外，皆获得一系列加授之文武官职名号，对于其本人而言，这些闲散职衔虽多为虚职荣衔，且多未履职，但诸人皆因此获得了相当等级的朝官身份及其待遇，为其本人特别是后人的士大夫化奠定了基础。诸人任职中，徐之才最为突出，先后历任秘书监、侍中、尚书左仆射、尚书令、太子太师等显职，并多有实际履职的情况，并非完全虚授，可以说，徐之才在一定程度上已朝臣化、士大夫化了。

诸人任职中，还有委以地方刺史的情况，如姚僧垣授以刺史而未上任，徐之才一再被任为刺史，并有短期出刺的经历。② 中古时代，州刺之任，是士族社会出仕之正途，为世所重，故屡有权幸要求出刺的情况。因此，北朝统治者对南来医者代表授任州刺，无疑有助于其士人身份的确立与地位的提升。至于赠官，其意义大体相同，如徐謇、姚僧垣等所获赠将军名号与刺史职衔，显然对其本人地位的确立及其家族后人的发展颇具影响。

再次，北朝统治者通过封授爵位，为诸人"建国开家"，进一步提升其社会政治地位。据上述，徐謇、褚该、许澄等皆为县伯；姚僧垣周时受封县公，隋时进爵郡公；徐之才历受伯、侯，终封西阳郡王，其弟徐之范袭之。相较于诸人原本之家族身份地位，他们在北朝所受爵位封赏及其后人之袭封，不仅获得了一定的实际经济来源，而且获得了相应的门第身份与社会地位，从而为其后人仕宦途径与方式的转型，即从医术世家向一般仕宦家族的转变奠定了基础。北朝统治者赐封爵位的动机是很明确的，如姚僧垣，《周书》本传载其素为周宣帝信重，"及即位，恩礼弥隆。常从容谓僧垣曰：'常闻先帝呼公为姚公，有之乎？'对曰：'臣曲荷殊私，实如圣旨。'帝曰：'此是尚齿之辞，非为贵爵之号。朕当为公建国开家，为子孙永业。'乃封长寿县公，邑一千户。册命之日，又赐以金带及衣服等"。通过封爵，诸人得以"建国开家"，获得了士族社会的门户身份及其相关的仕进待遇。以东莞徐氏为例，《魏书·术艺·徐謇传》载其二子：徐践，袭父爵，历兖州平东府长史、右军将军、建兴太守；徐知远，官至给事中。《北齐书·徐之才传》载其有二子：长子徐林，子少卿，官至太尉司马；③ 次子徐同卿，太子庶子。《徐之范墓志》载其有子十二人，其中明确有官职者八人：长子徐敏信，济阴太守；次子徐敏行，尚书驾部郎中；三子徐敏璞，安定县令；四子徐敏直，给事中；五子徐敏智，

---

① 前揭楼劲《魏晋南北朝隋唐时期的知识阶层》，第251页。

② 《北齐书》本传载徐之才"见文宣政令转严，求出。除赵州刺史，竟不获述职，犹为弄臣"。《徐之才墓志》则载天保五年，"除使节、都督赵州诸军事、赵州刺史，将军、开国并如故。势均羽翼，用切股肱，思媚一人，未遑之述"。又载天保十年，"换仪同三师，又除赵州刺史。阴平豪强，匹南阳之不问；京华衿带，犹北门之掌管。水火胥济，琴瑟爰张，六条有序，九里云润"（见前揭赵超《汉魏南北朝墓志汇编》，第457页）。可见徐之才两度受任赵州刺史，一次未就职，一次曾短暂就职。对此，前揭章红梅文已有所考。

③ 关于徐之才长子徐林的名字，据周绍良、赵超《唐代墓志汇编续集》贞观018《徐謇墓志》载其"祖之才……父林卿，太尉府司马、西兖州刺史"。可知徐之才长子名当为"林卿"。

太尉府墨曹参军；六子敏贞，给事中；八子徐敏廉，通直散骑侍郎；九子徐敏恭，著作佐郎；七子徐敏鉴，早亡；十子徐敏宽、十一子徐敏惠、十二徐敏通，皆无官职。其中已无人明确专职担任御医者。① 《元和姓纂》卷二东阳徐氏条载："（徐）之才，官至尚书令。孙师顺，唐胜州总管，高平公。（徐）之范孙仲宗，卫尉大卿、任城公，生庆、祚。庆，右司郎中。祚，度支郎中。"② 可见，进入隋唐时代，徐氏后人之仕宦基本上摆脱了医术世家的固有痕迹，获得了士大夫社会依据其门第身份起家仕进的相关待遇。作为医术世家，伴随其政治、社会地位的提升，其后人之术业身份及其伎能则明显衰没，《北齐书·徐之才传》载其以诸子"无学术，每叹云：'终恐同《广陵散》矣。'"这里所谓"无学术"，恐主要指经史学术，但也可能包括其家传术业之学。及至隋唐，徐氏后人已少有以医术专职侍奉宫廷的记载了，表明其家学术业的不断衰微，这充分验证了古代术数方技世家"官愈贵而术愈微"的发展轨迹。③

最后，就诸人实际政治表现而言，入北医术人士所获医官之外的各类官职，主要是一种旨在提升其身份地位的荣衔，多非实质性的职务安排，故诸人多未实际履职。不过，也有个别人以医术获宠而为权臣佞幸者，徐之才便有这方面的表现，他在北齐立国过程中发挥了一定的作用。《北齐书·徐之才传》载："之才少解天文，兼图谶之学，共馆客宋景业参校吉凶，知午年必有革易，因高德政启之。文宣闻而大悦。时自娄太后及勋贵臣，咸云关西既是劲敌，恐其有挟天子令诸侯之辞，不可先行禅代事。之才独云：'千人逐兔，一人得之，诸人咸息。须定大业，何容翻欲学人。'又援引证据，备有条目，帝从之。登祚后，弥见亲密。之才非唯医术自进，亦为首唱禅代，又戏谑滑稽，言无不至，于是大被狎昵。"这里明确指出，"之才非唯医术自进，亦为首唱禅代"。在此过程中，徐之才与反对者多有辩驳，《北齐书》卷三〇《高德政传》所载尤详："德政与帝旧相昵爱，言无不尽。散骑常侍徐之才、馆客宋景业先为天文图谶之学，又陈山提家客杨子术有所援引，并因德政，劝显祖行禅代之事。德政又披心苦请。……帝便发晋阳，至平都城，召诸勋将入，以告禅代之事。诸将等忽

---

① 《徐之范墓志》，见前揭罗新、叶炜《新出魏晋南北朝墓志疏证》，第336页。又，徐之范次子《徐敏行及妻阳氏墓志》已出土，所载其历北齐、北周及隋之仕宦任职更为丰富完整，见前揭《新出魏晋南北朝墓志疏证》，第342页，此不具引。关于徐之范诸子之任职及其与医术之关系，楼劲在《魏晋南北朝隋唐时期的知识阶层》中曾有考述，他推测徐之范第四、第八等"给事禁中或仍为御医"（第251页）。但就其职掌而言，他们即便可能参涉医务，但确实已非专职医官。

② 林宝：《元和姓纂》，岑仲勉校记，中华书局，1994，第203页。

③ 参见前揭楼劲《魏晋南北朝隋唐时期的知识阶层》对中古时代术数方技之学"家传世授"现象及其演变轨迹的分析。见该书第234—255页。关于隋唐之际徐氏后人之医学，罗新、叶炜曾有所考列，其《徐之范墓志疏证》引《外台秘药方》卷四《黄疸方一十三首》："《必效》……此方是徐之才家秘方，其侄（徐）珍惠说密用。"可见徐之才有侄徐珍惠尚传其家族之医学术业。又据南宋张杲《医说》卷一所引《隋书》载："徐敏齐，太常卿之范之子也。工医，博览多艺，开皇中赠朝散大夫。"又引南宋周守忠《历代名医蒙求》卷上引《齐书》记徐敏齐为"太常卿之范子，代传攻医，博览多艺，隋开皇中为驾部郎中"。徐之范墓志载其有十二子，其中并无徐敏齐，故疏证据徐之范、徐敏行墓志所载徐敏行为尚书驾部郎中，与《历代名医蒙求》所载徐敏齐"为驾部郎中"任职相合，故推测二者可能为一人（见前揭《新出魏晋南北朝墓志疏证》，第338—339页）。由此可见，隋唐之际，东莞徐氏医学明显趋于式微，虽尚有人传承家业，并在医学史上有一定影响，但已失去了领军地位，可谓流风遗韵，渐成绝响。

闻，皆愕然，莫敢答者。时杜弼为长史，密启显祖云：'关西是国家劲敌，若今受魏禅，恐其称义兵挟天子而东向，王将何以待之？'显祖入，召弼入与徐之才相告。之才云：'今与王争天下者，彼意亦欲为帝，譬如逐兔满市，一人得之，众心皆定。今若先受魏禅，关西自应息心。纵欲屈强，止当逐我称帝。必宜知机先觉，无容后以学人。'弼无以答。……徐之才、宋景业等每言卜筮杂占阴阳纬候，必宜五月应天顺人，德政亦劝不已。仍白帝追魏收，收至，令撰禅让诏册、九锡、建台及劝进文表。"[1]可见，对于北齐之行禅代，徐之才在向高洋明确进言之前，利用"天文图谶之学"早有精心设计与谋划，进而交结高洋亲信高德政，"劝显祖行禅代之事"，促使高洋决意禅代。徐之才此举，显然有政治投机的成分，他深刻洞悉了魏齐易代的必然趋势，领会了高洋强烈的称帝愿望，从而以"首唱禅代"之功，跻身于立国功臣的行列。正因为如此，徐之才作为流寓之士，在北齐获得了特殊的政治地位。

当然，论及徐之才之政治活动，尽管其官至尚书左仆射、尚书令等显职，但在实际政治活动中，除"首唱禅代"外，他少有实质性的政治作为与影响。作为南来医术人士，尽管其跻身于北齐朝臣士大夫行列，但缺乏根基，实为佞幸弄臣，以致受到各种政治势力的排挤。《北齐书·徐之才传》载："天平中，齐神武征赴晋阳，常在内馆，礼遇稍厚。文宣作相，普加黜陟。杨愔以其南土之人，不堪典秘书，转授金紫光禄大夫，以魏收代领之。之才甚怏怏不平。"北齐末，后主以徐之才为尚书令，时"祖珽执政，除之才侍中、太子太师。之才恨曰：'子野沙汰我。'珽目疾，故以师旷比之"。杨愔、祖珽为东魏、北齐汉族士大夫权臣，他们对徐之才有所排抑，其中既有对"南土之人"的压制，也当有门户身份等方面的歧视。至于北齐勋贵和操控内廷的胡人佞幸，对徐之才也不以为意。前述武成帝时，徐之才一度出任兖州刺史，实际上是内廷权佞和士开"欲依次转进"所致。其实，对此境况，徐之才曾有过自我解嘲，《北齐书》本传载："为仆射时，语人曰：'我在江东，见徐勉作仆射，朝士莫不佞之。今我亦是徐仆射，无一人佞我，何由可活！'"此语虽为调侃，实有怨怼之意。然面对当时北齐的实际政治生态，他甘为北齐君主之"弄臣"，"历事诸帝，以戏狎得宠。武成生齨牙，问诸医，尚药典御邓宣文以实对，武成怒而挞之。后以问之才，拜贺曰：'此是智牙，生智牙者，聪明长寿。武成悦而赏之。'"对胡人权幸，则极力奉承，后主时再任尚书左仆射，"之才于和士开、陆令萱母子曲尽卑狎"，以致甚至忍受淫妻之辱，"之才妻魏广阳王妹，之才从文襄求得为妻。和士开知之，乃淫其妻。之才遇见而避之，退曰：'妨少年戏笑。'其宽纵如此"。这里所谓"宽纵"之论，实属荒唐，[2]其中隐含着其内心的泣血怨恨。

---

① 《魏书》卷一〇四《自序》载魏收自述云："时齐将受禅，杨愔奏收置之别馆，令撰禅代诏册诸文，遣徐之才守门不听出。"魏收受命起草"禅代诏册诸文"，以徐之才"守门不听出"，皆因此事为当时之绝密，而徐之才正为"首唱"元谋之人。

② 赵万里在《汉魏南北朝墓志集释》（广西师范大学出版社，2008）有关徐之才墓志考释中论及此事，以为徐之才"盖以谄事士开，得邀殊宠。其人恬不知耻至此。"（见第2册，第74页）这里轻鄙徐之才附会北齐权佞，确可谓恬不知耻，但未能将其置于北方特殊的社会政治环境下进行"理解之同情"的分析。又，《徐之才墓志》载其入北后曾请求南归，"但以分环有日，寻箭无期，痛结当归，悲缠衔□，频表还南，辞自恳到。朝廷求忠于孝，弗遂思请"。见赵超《汉魏南北朝墓志汇编》，第456页。此事当发生于其入魏之初，究其原因，与其入北之初所感之南北差异及其思乡情绪不无关系。

由上可见，南朝医术人士入北后，以其术艺伎能受到北朝统治集团及上层社会的重视，在物质奖赏、官爵封授等方面多有优遇，成为当时流寓北方南人中的一个特殊群体；比之既往，诸人之门户身份、社会地位皆有所提升，为其后人及其家族地位的转型奠定了基础。

北朝统治者何以如此宠重南来医术人士？究其原因，首先在于北朝统治集团具有一定的兼容并包文化心态及其用人政策，在文化上表现出崇尚实务伎艺的旨趣。作为后起的游牧部族，鲜卑拓跋氏及其相关部族社会发展进程及其文化相对落后，在其不断征服与南进过程中，必须大力招揽、任用以各地域汉族人物为主的异族人才，以汲取其社会文化因子与养分，从而形成了兼容并包的用人政策与文化观念。周一良先生曾指出，"北魏建国之始，用人即采取兼容并包之方针"，对所征服地区以汉族士大夫为代表的各族才学精英人物，"以及从南朝北投诸人，无不兼容并包"，其中"对于南朝北投者，拓跋氏尤能注意拔擢。……此种情况，与南朝统治者专重侨姓，排斥南人，而晚渡北人又被目为荒伧，备受排斥，北方各族更不予考虑者，迥不相同。因北魏承十六国之后，北方各族在中原共处已近二百年，虽力求保持代北风习，以便统治，民族偏见亦不能免。但对北方广大地区之统治，即使孝文帝汉化之前，仅依靠代来鲜卑亦无能为力。而从文化言，对南方又不免于自卑之感，因而必须兼容并包，与南朝统治者之偏隘态度大不相同。北朝终于灭南朝而统一全国，此种情况当亦有关"。[①] 在鲜卑拓跋部汲取汉人文化方面，术艺伎巧具有实用价值而无关民族观念，可直接为北魏统治者享用获益，故自然最受青睐。诸术伎之中，医术直接关乎身体健康与存亡，更为统治者所重视。因此，拓跋氏统治者尤重医术之士，《魏书·术艺·周澹传》载："周澹，京兆鄠人也。为人多方术，尤善医药，为太医令。太宗尝苦风头眩，澹治得愈，由此见宠，位至特进，赐爵成德侯。"其子周驴驹，"袭，传术。延兴中，位至散令"。又载"时有河南人阴贞，家世为医，与澹并受封爵。清河李潭亦以善针见知"。可见明元帝拓跋嗣对汉人医术之士已有封爵授官之举。

至于钦重南朝医术人士，太武帝拓跋焘已有相关表现，《宋书》卷七四《鲁爽传》载："先是程天祚为虏所没，（拓跋）焘引置左右，与（爽弟）秀相见，劝令归降，秀纳之。天祚，广平人，为殿中将军，有武力。元嘉二十七年，助戍彭城，会世祖遣将刘泰之轻军袭虏于汝南，天祚督战，战败被创，为虏所获。天祚妙善针术，焘深加爱赏，或与同舆，常不离于侧，封为南安公。焘北还蕃，天祚因其沈醉，伪若受使督切后军者，所至轻罚。天祚为焘所爱，群虏并畏之，莫敢问，因得逃归，后为山阳太守。"可见程天祚为刘宋将领，宋文帝元嘉二十七年北伐时一度被俘，拓跋焘"深加爱赏，或与同舆，常不离于侧，封为南安公"。[②] 程天祚作为俘虏而享有如此优遇，受封南安公，主要原因当在于其"妙善针术"而

---

① 周一良：《魏晋南北朝史札记》，"北魏用人兼容并包"条，中华书局，1985，第351—353页。
② 关于程天祚的医学成就，《隋书》卷三四《经籍志三》载梁有"程天祚《针经》六卷，《灸经》五卷，《曹氏灸方》七卷"。可见程天祚在针灸学方面造诣甚高，当有家业传承。

为拓跋焘所重。① 献文帝征服青齐地域，入魏的医术人士李修、王显、崔彧等人，深得冯太后、孝文帝、宣武帝等统治人物所宠信，② 徐謇也与上述诸人同时入魏。及至南北朝后期，徐之才等入东魏北齐，姚僧垣、褚该等入西魏北周，许智藏等入隋，这些北朝政权的统治者，在文化心态及其相关政策上，特别是在术艺文化方面，基本延续了北魏的传统，具有兼容并包和钦羡江左的文化倾向。在诸伎艺方面，医药术伎处于术艺之高端，与日常生活联系尤为紧密。作为术艺伎能，其虽不无相关理论探究，但更有赖于诊疗实践的能力培养与经验积累，而在古代社会，其传承最重家传，以致人们特重"世医"，《礼记·曲礼下》有言："医不三世，不服其药。"所谓"三世"，《礼记正义》释曰："择其父子相承至三世也"。两晋南朝以来，士族社会名士多涉医药之事，尽管隐而不显，但有的家族以医术相传。③ 在这一社

---

① 关于拓跋焘对南来伎艺人士之赏爱，毛修之事也颇可说明。《魏书》卷四三《毛修之传》载其随刘裕北伐而留守关中，后入魏，拓跋焘以之领吴兵征战，"修之能为南人饮食，手自煎调，多所适意。世祖亲待之，进太官尚书，赐爵南郡公，加冠军将军，常在太官，主进御膳"。毛修之得魏太武帝所信重，固有他因，但其善于烹饪则为直接原因，并由此而"进太官尚书，赐爵南郡公"。

② 关于诸入魏青齐地域医术人士之事迹，详见《魏书·术艺传》《北史·艺术传》诸人传记。

③ 东晋南朝士族社会医药之学相对发达，当时士族人物多有涉猎，考之正史，有明确记载的，如《晋书》卷七二《葛洪传》载其撰《金匮药方》一百卷、《肘后要急方》四卷；《晋书》卷八四《殷仲堪传》载其"父病积年，仲堪衣不解带，躬学医术，究其精妙，执药挥泪，遂眇一目"。《宋书》卷六二《羊欣传》载其"素好黄老，常手自书章，有病不服药，饮符水而已。兼善医术，撰《药方》十卷"。《隋书》卷三四《经籍志三》载梁有《羊中散药方》三十卷，羊欣撰"；又载梁有《羊中散杂汤丸散酒方》一卷"。《宋书》卷六二《王微传》载其"少好学，无不通览，善属文，能书画，兼解音律、医方、阴阳术数"。《南齐书》卷二三《褚渊传》载其弟褚澄"善医术。建元中，豫章王感疾，太祖召澄为治，立愈"。《隋书》卷三四《经籍志三》载梁有《褚澄杂药方》二十卷，齐吴郡太守褚澄撰"。其实，一般通医术而未见正史记载者当更多，可考者如东晋名士代表殷浩，《世说新语·术解篇》载："殷中军妙解经脉，中年都废。有常所给使，忽叩头流血。浩问其故，云：'有死事，终不可说。'诘问良久，乃云：'小人母垂百岁，抱疾来久，若蒙官一脉，便有活理。讫就屠戮无恨。'浩感其性，遂令舁来，为诊脉处方。始服一剂，便愈。于是悉焚经方。"殷浩为侨姓士族名士代表，他本"妙解经脉"，然"中年都废"，最终"悉焚经方"，可见其自身鄙视其伎，以致后人不知其精于医。余嘉锡《世说新语笺疏》此条下引程炎震云："《晋书》八十四《殷仲堪传》云：'躬学医术，究其精妙。《隋书·经籍志》：梁有殷荆州《要方》一卷，殷仲堪撰，亡。不闻殷浩，盖传写之失也。'"余嘉锡特案曰："诸书并不言殷浩通医术，余初亦疑为仲堪之误。既而考之唐写本陶弘景《本草集注序录》云'自晋世已来，其贵胜阮德如、张茂先、裴逸民、皇甫士安及江左葛稚川、蔡谟、殷渊源诸名人等，并亦研精药术。凡此诸人，各有所撰用方'云云，乃知殷中军果妙解经脉，非多读古书见古本，不能知也。《大观本草》所录《陶隐居序》，殷渊源作商仲堪，盖宋人妄改。文廷式《纯常子枝语》卷三十三曰：《图书集成·艺术典·医部·名医别传》引《医学入门》云：'殷浩精通经脉，著《方书》。'"可见殷浩及诸多士族名士确实精通医术。此外，根据《隋书》卷三四《经籍志三》所载相关医药典籍，东晋南朝时期研究医药的著名士族名士至少还有范汪，他著有《范东阳方》一〇五卷，录一卷，梁时有一百七十六卷；范晔撰有《上香方》一卷、《杂香膏方》一卷，可见范氏可谓医药世家。另有阮文叔撰有《阮河南药方》十六卷，《孔中郎杂药方》二十九卷等，显然也出自士族人物之手。无怪乎梁武帝曾说"前代名人，多好此术"。梁武帝本人对此也颇有兴味，有所探究与实践。《周书》卷四七《艺术·姚僧垣传》载：大同九年，"时武陵王所生葛修华，宿患积时，方术莫效。梁武帝乃令僧垣视之。还，具说其状，并记增损时候。梁武帝叹曰：'卿用意绵密，乃至于此，以此候疾，何疾可逃。朕常以前代名人，多好此术，是以每恒留情，颇识治体。今闻卿说，益开人意。'"梁武帝自言"朕常以前代名人，多好此术，是以每恒留情，颇识治体"，确不为虚，他甚至有为自己诊治之事。《周书》卷四七《艺术·姚僧垣传》又载："梁武帝曾因发热，欲服大黄。僧垣曰：'大黄乃是快药。然至尊年高，不宜轻用。'帝弗从，遂至危笃。"他还为皇子治疗，《梁书》卷五《元帝纪》载梁元帝萧绎年幼时"初生患眼，高祖下意治之，遂盲一目，弥加愍爱"。可见梁武帝对于医药之事确实"每恒留情"，并一再付诸实践，只是医术未精，竟然将其子萧绎眼睛治瞎了。梁武帝晚年颇为固执自负，《通鉴》卷一四七"梁武帝天监十二年"载："上尝与侍中、太子少傅建昌侯沈约各疏栗事，约少上三事，出，谓人曰：'此公护前，不则羞死！'上闻之怒，欲治其罪，徐勉固谏而止。"胡三省注曰："帝每集文学之士策经史事，群臣多引短推长，帝乃悦，故约退有是言。护前者，自护

会环境下，一些门望相对较低的家族及其代表人物，以医术为专业，世代相承，出现了一些医术世家，东莞徐氏、吴兴姚氏便是南朝时期最具代表性的医术世家。故诸人入北，其医术当多有过人之处，被尊为"上医""名医"，自然备受北朝统治者重视而"深加赏爱"。

其次，北朝统治者钦重南来医术人士，普遍加授官职爵位以提升其政治与社会地位，这与其相对淡薄的社会等级意识及其文化观念密切相关。就北魏鲜卑拓跋氏统治者而言，他们少受华夏正统文化观念的影响与束缚，淳朴质直，刚健务实，任人不唯门第，崇尚实用伎艺，从而与当时汉族士族尤其是南朝士族社会严格的社会等级及其雅俗文化分别形成鲜明的对照。北魏拓跋氏如此，此后的北齐、北周及隋统治者在社会与文化观念方面多表现出大致相同的心态。这方面，姚最在北周的相关经历颇能说明这一点。关于北朝胡族统治者社会阶级与文化意识相对较弱，对才艺之士少有歧视，《周书》卷三〇《于翼传》载："世宗雅爱文史，立麟趾学，在朝有艺业者，不限贵贱，皆预听焉。乃至萧㧑、王褒与卑鄙之徒同为学士。翼言之帝曰：'萧㧑，梁之宗子；王褒，梁之公卿。今与趋走同侪，恐非尚贤贵爵之义。'帝纳之，诏翼定其班次，于是有等差矣。"西魏灭梁元帝江陵政权，从荆州俘获入关的南人甚多，宇文氏统治者立麟趾学，起初对"在朝有艺业者，不限贵贱，皆预听焉"。所谓"不限贵贱"，就是不以原有的门户出身作为选拔条件，以致诸多"卑鄙之徒"得预学士行列。《周书·艺术·姚僧垣传附姚最传》载"世宗盛聚学徒，校书于麟趾殿，最亦预为学士"。姚最本为职业医师姚僧垣之子，职业身份卑贱，门第亦非显赫，然其一度与萧㧑、王褒这样的萧梁宗室和江左清流名士同列，显然突破了身份与等级樊篱。姚最所涉另一件事，就是前述北周齐王宇文宪劝姚最随父习医以传家业。其实，宇文宪是代表周武帝劝命姚最的，所言直白地表达了北周统治集团不屑高门士族虚名而崇重实用术艺的文化倾向。正因为如此，南来医术人士深得北朝历代统治集团之钦重，往往因其伎能表现而获破格封授官爵，以致出现"位历仆射，爵为公侯"的情况，其社会身份与政治地位有所改善，从而为其后人及家族仕宦方式与途径转型奠定了基础。①

其所短，不使人在己前。忌前者，忌人在己前。"《隋书》卷二三《五行志下》载："时帝自以为聪明博达，恶人胜己"。梁武帝这种自以为是的性格，在以上所为医药之事上也有所表现。《隋书》卷三四《经籍志三》载《梁武帝所服杂药方》一卷"，这未必是他亲撰，但可见其对医药事务的重视。梁武帝如此，南朝其他统治人物也"多好此术"者，如《隋书》卷三四《经籍志三》载梁有《杂戎狄方》一卷，宋武帝撰；又载有《宋建平王典术》一百二十卷；《南史》卷三二《张邵传》载"宋后废帝出乐游苑门，逢一妇人有娠。帝亦善诊，诊之曰：'此腹是女也。'问文伯，曰：'腹有两子，一男一女，男左边，青黑，形小于女。'"可见刘宋统治者也重视医药之事，颇有通医术，"亦善诊"者。

① 南朝士族在社会诸领域居于主导地位，他们强调社会等级差别，门阀意识强烈，门阀制度严格，"士庶天隔"；在思想文化上，则倡导儒玄兼综，喜尚谈论，鄙薄实务，重道轻技。在这一社会文化环境中，江左士族人物出于生活所需，虽多涉及医药及其他相关伎艺且有所成就，但囿于道器分别，他们并不以此自炫，视之为小技。颜之推在《颜氏家训·杂艺篇》中将书法、绘画、射技、卜筮、算术、医方、琴瑟、博弈等皆归为"杂艺"，训诫子弟对诸艺或"率不劳为之"，或"可以兼明，不可以专业"，即便如书法艺术，"微须留意"即可，"此艺不须过精"，他以为"夫巧者劳而智者忧，常为人所役使，更觉为累"。至于医术，他以为"医方之事，取妙极难，不劝汝曹以自命也。微解药性，小小和合，居家得以救急，亦为胜事，皇甫谧、殷仲堪则其人也"。颜之推的术艺观，代表了南朝士族社会普遍的文化观念。

四 "搜采奇异"与"谈义推属"：入北医士对南北文化融通之影响

作为流亡北朝的特殊南人群体，入北之南朝医术人士在南风北渐、南学北传及南北文化风尚融汇方面也有相关的表现和影响。

（一）入北医术人士汇集南北医药文化

在医药文化方面，来自江东的医术之士，多是江左医术世家子弟，其医术承袭，既是其家学术业之积淀，也体现着南朝医药发展之成就。众所周知，地理环境与人类疾病存在密切的联系，这就造成了医药文化的地域特点。入北江左医术之士侍奉北朝上层社会，其相关医案甚多，录入史传者，皆为显示其医术之神异，其中也体现出其南方医术特点。如徐謇，《魏书·术艺·徐謇传》载其善养生，"常有药饵及吞服道符，年垂八十，鬓发不白，力未多衰"。他长于和合药物，研制延年之丹，"謇欲为高祖合金丹，致延年之法。乃入居嵩高，采营其物，历年无所成，遂罢"。金丹与服饵之术，目的在于养生延年，人们将魏晋南北朝时期的炼丹服饵之术归入道教之"丹鼎派"，而此派正式创立的代表性人物是葛洪。[①] 因此，这一道派在早期道教史上自然属于南学系统。东莞徐氏家族与道教关系密切，[②] 其家族医术也可循此追溯其渊源。因此，徐謇为北魏孝文帝"合金丹，致延年之法"，显然有助于江左道教丹鼎派及其相关的金丹、服饵之类医术养生观念的北传。

徐之才也有明显的崇奉道教的表现，墓志称其"绛宫玉帐之经，绿帐金丹之秘"，[③] 表明他在北齐宫中可能有传授道教秘术，并且影响其医术活动。《北齐书》本传载其一则医疗实例云："有人患脚跟肿痛，诸医莫能识。之才曰：'蛤精疾也，由乘船入海，垂脚水中。'疾者曰：'实会如此。'之才为剖得蛤子二，大如榆荚。"对于这类"蛤精疾"，北方"诸医莫能识"，首先在于其少有这类见识，自然无从判断，而在南方水乡，医者可能所见颇多，故徐

---

① 参见任继愈主编《中国道教史》（上海人民出版社，1990）第三章"葛洪与魏晋丹鼎道派"的相关论述。

② 关于东莞徐氏之信奉道教，范家伟在《东晋南北朝医术世家东海徐氏之研究》中设有"东海徐氏与道教"一节进行专题考论，可参见。见氏著《中古时期的医者与病者》，第80—83页。陈寅恪先生指出，中古道教世家一个特殊的具体表现在于其名字方面，"六朝人最重家讳，而'之''道'等字则在不避之列，所以然之故虽不能详知，要是与宗教信仰有关"。（见《天师道与滨海地域之关系》，《金明馆丛稿初编》，三联书店，2001，第9页）东莞徐氏人物多有名字中含"之""道"及取名"灵宝"者，表明了其家族道教世家的文化特征。徐謇奉道，为子取名便如此，《魏书》卷九一《术艺·徐謇传》载其"子践，字景升，小名灵宝，袭爵"。对此，周一良先生《魏晋南北朝史札记》（中华书局，1985）"灵宝"条据《晋书》卷九九《桓玄传》所载"字敬道，一名灵宝。……及生玄，有光照室，占者奇之，故小名灵宝"，指出"灵宝乃道家经典名，所谓'灵宝之方，长生之法'，屡见于《抱朴子》及《真诰》（参陈国符《道藏源流考》五符经考证节）。桓氏奉道，故名玄字敬道而小字灵宝，有光照室之云全是附会。玄、道、灵等字皆是天师道世家习用为名者。《魏书》卷九一《徐謇传》言其常有药饵，吞服道符，是信奉天师道者，其子亦小字灵宝。"（第107页）由此可证徐謇之笃奉道教。

③ 《徐之才墓志》，前揭赵超《汉魏南北朝墓志汇编》，第458页。

之才能做出明确诊断。其次，此症必须通过"外科手术"才能进行有效治疗，而徐之才则承其家业，掌握这一技能。① 南朝一流名医入北，他们将南方的医术经验带到北方，通过大量的具体医术实践，必然有助于南北医术诊断、治疗等医疗经验与医学文化的交流。

除了具体的医术实践之外，在推动南北医学文化融汇、整合方面，这些入北之江左医药名家在北朝特定的社会文化环境下，大都完成了对其世传医术的汇集和总结。东莞徐氏在这方面的表现尤具代表性。自晋宋以来，徐氏家族名医辈出，他们在长期的诊疗实践中不断总结经验。延及宋齐，其代表人物已有各类医药著述。其中徐叔向，《隋书》卷三四《经籍志三》录其所著《针灸要钞》一卷、《宋大将军参军徐叔向本草病源合药要钞》五卷、《徐叔向等四家体疗杂病本草要钞》十卷、《徐叔向解寒食散方》六卷、《徐叔向解散消息节度》八卷、《体疗杂病疾源》三卷、《徐叔向杂疗方》二十二卷、《徐叔向杂病方》六卷、《徐叔向疗少小百病杂方》三十七卷、《疗少小杂方》二十卷、《疗少小杂方》二十九卷、《落年方》（或作《随手方》）三卷、《徐叔向疗脚弱杂方》八卷等。徐文伯，《隋书》卷三四《经籍志三》载其著有《本草》二卷、《徐太山房内秘要》一卷、《辨伤寒》一卷、《徐文伯辨脚弱方》一卷、《徐文伯药方》二卷、《徐文伯疗妇人瘕》一卷及《徐太山试验方》二卷、《徐太山巾箱中方》三卷、《徐太山堕年方》二卷等。② 徐嗣伯，《隋书》卷三四《经籍志三》载其撰《徐嗣伯落年方》三卷、《徐嗣伯药方》五卷，《旧唐书》卷四七《经籍志下》又载有徐嗣伯撰《杂病论》一卷等。徐之才等人在传承家传医药的基础上，进行整体性总结，《隋书》卷三四《经籍志三》载徐之才撰有《徐王八世家传效验方》十卷、《徐氏家传秘方》二卷、《雷公药对》三卷

---

① 关于徐之才这一诊治"蛤精疾"事，《太平广记》卷二八所引《太原故事》也有记载，文字略有差异。朱大渭先生在《魏晋南北朝的中医外科医术》（收入氏著《六朝史论》，中华书局，1998）中详细致考论指出："正是由于整个医学的发展，中医外科医术的发达，麻沸散的出现，以及对人体生理结构认识的提高，魏晋南北朝时期出现了许多惊人的外科医术病例。"（第71页）而徐之才这一医案则是当时可考的成功的中医外科手术之一，其中说："北齐时，有人患脚跟肿痛，诸医皆不能治，名医徐之才为之解剖肿处，经治疗后病愈。"（第75页）东莞徐氏擅长外科治疗是有传统的，《南史》卷三二《张邵传附徐嗣伯传》载其"见一老姥称体痛，而处处有黯黑无数。嗣伯还煮斗余汤送令服之，服讫痛势愈甚，跳投床者无数。须臾所黯处皆拔出钉，长寸许。以膏涂诸疮口，三日而复，云'此名钉疽也。'"此事《南齐书》卷二三《褚渊传附徐嗣传》也有载。可见徐嗣伯精于外科治疗，徐之才这方面的诊治能力自有其家学之传承。关于中古时代的外科医术，吕思勉先生《吕思勉读史札记》（上海古籍出版社，2005）丙帙魏晋南北朝部分"手术"条有言，"近世之论西医者，多艳称其手术。……若就医疗治之术言之，则使用手术，为法最为简逮，固非古人所不能知，其兴起度必甚早也"。除华佗利用麻沸散进行剖割外科手术外，又列举汉末三国关羽之刮骨去毒、《三国志·魏志·贾逵传》注引《魏略》所载贾逵割瘿、《晋·魏咏之传》载其补兔唇、《魏书·长孙道生》载其玄孙子彦开肉锯骨等多则实例，指出在没有麻沸散的情况下，当时人们在实践中，已了解并实施了诸多方面的外科手术，积累了一定的治疗经验，以为"世容有绝精之技，而必无独擅之学"。他以民间妇女以刀割白喉腐肉为例，"此足证吾手术治病最为简直、兴起当早之说。盖病之有形质可见者，就所在而迳抉去之，原为人所易见；初用之或致死加剧，久之则其术渐精矣。然亦有古人技精，而后世反不逮之者。新医有阅《银海精微》者，谓其手术或为近世眼医师所不知"。可见汉魏以降，外科手术颇有进步。论及古代技艺之不传，他指出"此由医学传习不盛，医家又或自秘，前人之所知所能，不能尽传于后也。然世之偏重儒医，亦当分尸其咎。凡儒医多好空谈，而手术则非所习；使此辈享盛名，食厚糈，而袭古代医家真传之铃医，日益衰落，而古医家专门之技，不传于后，亦益多矣"（第990—992页）。

② 中华书局点校本校勘记："《堕年方》，《日本国见存书目》作《随手方》。""徐太山"即徐文伯，因其曾出任太山太守。见《隋书》卷三四《经籍志三》相关条目校勘记。

等；另录有《徐王方》五卷，虽不著撰人，但清人姚振宗《隋书经籍志考证》和日本学者兴膳宏、川合康三《隋书经籍志详考》皆以其作者为徐之才。① 对于徐氏家族医学成就与特点，已有论者从其著作情况进行分析与概括，范家伟详考其相关著作后指出，"《隋书·经籍志三》所载有关徐氏家族的医方，十分丰富，其中以徐文伯与徐叔向最多。如果以家族为计算单位，数量之多，整个魏晋南北朝其他家族无出其右"。就其书目所体现的其家族医学特征而言，"著作性质面甚宽阔，属本草和用药类有六，脉学有二、脚气病有二、小儿科有二、疗寒食散病有二、妇科有二、针灸有一、房中术有一、伤寒有一。此外，从《随手方》《巾箱中方》名称可知乃常置于行箱中以随时使用，犹如葛洪《肘后备急方》性质一样，当属于应急药方"。② 不仅如此，徐氏之医术非止家传之学，还不断吸收南朝其他医家之优长，范家伟指出："徐叔向著作中有《针灸要钞》《本草病源合药要钞》，这两种著作极有可能是徐叔向抄撮别人医方而成。至于《体疗杂病本草要钞》，《隋志》中则谓徐叔向等四家，可能后人抄撮四家精义而成，其中包括徐叔向一家。"因此，他以为"可以断定徐氏家族虽医术世传，但不固守于自家医术之中，还吸取同时代医学知识，扩展家族医术传习的内容"。他以为徐氏医药之学有别于其他墨守成规之医家，具有一定的开放特性，"这种特性或许就是徐氏家族能屹立医坛的重要因素"。③ 从这一角度看，徐之才所总结其家族之医药，不仅是其家学术业之集成，也体现着南北朝以来医药领域的最高成就，促进了南朝医学文化之北传。关于徐氏诸人对南朝医学文化北传与南北医学交融的影响，诚如论者指出，徐謇、徐之才、徐之范"三人均精通医术，且都得到政府的重用，其中徐之才还撰有《徐王方》五卷、《徐王八世家传效验方》十卷、《徐氏家传秘方》二卷、《雷公药对》二卷，中间二书正是对其家传医术的总结，这些对当时南北医学的交流，应有一定的影响"。④ 这从现存中医文献的相关记载也可得到佐证。如唐孙思邈《备急千金要方》卷一四《小肠腑·风眩》载徐嗣伯自述善治"风眩"："至于此术，鄙意偏所究也，少来用之，百无遗策。今年将衰暮，恐奄忽不追，故显明证论，以贻于后云尔。"又载徐嗣伯启曰："嗣伯于方术岂有效益，但风眩最是遇患小差者，常自宝秘，誓不出手，而为作治，亦不令委曲得法。凡有此病是嗣伯所治，未有不差者，若有病此而死，不逢嗣伯故也。伏愿问人，立知非嗣伯之自夸。殿下既须此方，谨封上呈，嗣伯鄙志上存，谨自书写，年老目暗，多不成字，伏愿恕亮，谨启。"⑤ 对此，范家

---

① 《隋书》卷三四《经籍志三》还载录其他以"徐氏"名义所撰之医药著述，如《徐氏脉经》二卷、《徐氏杂方》一卷、《徐氏效验方》三卷、徐辨卿《药方》二十一卷等。其中或为东莞徐氏家族医药治疗经验的总结，也不排除有假托徐氏之著述。对于这类以"徐氏"名义的医学著述，范家伟在《东晋南北朝医术世家东海徐氏之研究》中指出："魏晋南北朝时代的徐氏，除了东海徐氏之外，再无其他家族世代习医，所以可以断定此徐氏即东海徐氏无疑。"这类"冠以徐氏为名的医方，并不直称作者，所以应该是徐氏家传医术著作，属世传的"。见氏著《中古时期的医者与病者》，第 76 页。
② 范家伟：《东晋南北朝医术世家东海徐氏之研究》，氏著《中古时期的医者与病者》，第 75—76、76—77 页。
③ 范家伟：《东晋南北朝医术世家东海徐氏之研究》，氏著《中古时期的医者与病者》，第 77、80 页。
④ 前揭罗新、叶炜《新出魏晋南北朝墓志疏证》，第 340 页。
⑤ 孙思邈：《备急千金要方》卷一四《小肠腑·风眩》，人民卫生出版社，1997，第 493—494 页。

伟以为"孙思邈特地抄录了此医方，既然此医方是徐嗣伯的上奏，当在南朝，孙思邈何以得到此方？而徐氏医术世传，其中一个可能就是从徐之才家族处得来，而徐嗣伯自言'常自宝秘'，徐謇'性甚秘忌'，相信不会轻传外人"。① 这就是说，正是由于徐氏医术人士之入北，将其家族世传医方秘籍传入北方。②

姚僧垣在集成南北医学成就方面也有卓著之表现。《周书·艺术·姚僧垣传》载其"搜采奇异，参校征效者，为《集验方》十二卷"。《隋书》卷三四《经籍志三》载："《集验方》十卷，姚僧垣撰。"姚僧垣编撰《集验方》，其"搜采奇异"，表明征集范围广泛；"参校征效"，则表明其遴选标准严格，将经过长期实践检验而疗效显著的医方汇集成编。很显然，这不仅是对其家族世代医案药方的总结，而且是对当时南北医药经验的汇集，大力推动了当时南朝医学文化的北输与南北医药文化的融合。③ 至于其他入北医术之士，在这方面也有所表现，据《隋书》卷三四《经籍志三》，许澄撰有《备急单要方》三卷，萧吉撰有《帝王养生要方》二卷，这都是在周隋之际编撰而成的医药文献，自然为南北医药文化之集成。

（二）入北医术人士所显现之江左士风

在其他社会文化领域，入北医术士人群体也有所表现，对南北文化交流产生了一定的影响。那些出自江左士族的入北医术之士多具有一定的学术文化修养，如姚僧垣，"少好文史，不留意于章句。时商略古今，则为学者所称"。其所著，除《集验方》外，"又撰《行记》三卷，行于世"。④ 其子姚最，"幼而聪敏，及长，博通经史，尤好著述"，曾为北周齐王宇文宪府僚属，"特为宪所礼接，赏赐隆厚。宣帝嗣位，宪以嫌疑被诛。隋文作相，追复官爵。最以陪游积岁，恩顾过隆，乃录宪功绩为传，送上史局"。又"撰《梁后略》十卷，行于世"。⑤ 可见姚僧垣、姚最父子具有较高的学术文化修养，或"少好文史"，或"博通经史"，姚最还为麟趾殿学士。姚氏父子尤长于史学，姚僧垣"时商略古今，则为学者所称"，撰著《行记》三卷；姚最则撰录宇文宪传记，"送上史局"，特别是撰述《梁后略》十卷，篇制颇巨。

在社会文化交流方面，徐之才的表现更为突出。关于徐之才之学养，《北齐书·徐之才传》载"之才幼而俊发，五岁诵《孝经》，八岁略通意旨。曾与从兄康造梁太子詹事汝南周

---

① 范家伟：《东晋南北朝医术世家东海徐氏之研究》，氏著《中古时期的医者与病者》，第79—80页。
② 与此类似，孙思邈《备急千金要方》卷二《妇人方上》录有徐之才《逐月养胎方》、卷五《少小婴孺方》又录其《小儿方》，说："齐有徐王，亦有《小儿方》三卷，故今之学者，颇得传授。"又，王焘《外台秘要方》卷四《黄疸遍身方》十一首引《必效》载："黄疸，身眼皆如金也，但诸黄皆主之方。……此方是徐之才家秘传，至侄（徐）珍惠说密用。出第一卷中。"（见华夏出版社，1993，第70页）又，唐慎微《重修政和经史类备用本草》卷一录有徐之才《药对·序》（见华夏出版社，1983，第18页）。可见徐氏家族诸多世传秘方，随着徐之才及其后人相继入北及其活动，逐渐为世人所知，并汇入此后唐、宋人纂修的集成式的大型医药文献典籍之中。
③ 《隋书》卷三四《经籍志三》载："《本草音义》三卷，姚最撰。"可见姚最也有医药方面的著述。
④ 《周书》卷四七《艺术·姚僧垣传》。
⑤ 《周书》卷四七《艺术·姚僧垣传附姚最传》。

舍宅听《老子》。舍为设食，乃戏之曰：'徐郎不用心思义，而但食乎？'之才答曰：'盖闻圣人虚其心而实其腹。'舍嗟赏之。年十三，召为太学生，粗通《礼》《易》。彭城刘孝绰、河东裴子野、吴郡张嵊等每共论《周易》及《丧服》仪，酬应如响。咸共叹曰：'此神童也。'孝绰又云：'徐郎燕颔，有班定远之相。'"对此，墓志所述大体相同："五岁诵《孝经》，八年通《论语》。方数小学，经耳得心；琴书众艺，过目成手。十三召为太学生，受业于博士缪昭、后庆，礼经涉律，知齐施梁《易》旨，望表探微，射策举高第。河东裴子野、彭城刘孝绰，并当时标秀，命世宗府，累尝试王机神，《丧服》疑义，辞若珠连，思侔泉涌，莫不倒绝，相顾缺然。"① 可见，徐之才自幼受到良好的士族文化教育，具有较高的学术文化修养。正因为徐之才有如此学养，与其他术艺之士迥然有别，其自入魏，"之才以药石多效，又窥涉经史，发言辩捷，朝贤竞相要引，为之延誉"。② 他在北齐，参与了监制五礼之事，《北齐书》卷三七《魏收传》载齐后主以魏收"掌诏诰，除尚书右仆射，总议监五礼事，位特进。收奏请赵彦深、和士开、徐之才共监"。他还受命入文林馆，监撰典籍，《北齐书》卷四五《文苑传序》载齐后主武平三年，"祖珽奏立文林馆，于是更招引文学士，谓之待诏文林馆焉。珽又奏撰《御览》，诏珽及特进魏收、太子太师徐之才、中书令崔劼、散骑常侍张雕、中书监阳休之监撰"。

南朝士族社会学风尚博，倡导经史、文史之结合，兼习诗赋杂艺。徐之才也有如此特征，《徐之才墓志》称其"以博闻强记，渔猎遍于书府；华辞丽藻，绮缋溢于翰林。白马骊牛，辩同河霣，腾蛇飞燕，□若云起。……师旷调钟，京房吹律，皆洞彼渊玄，该兹要妙"。徐之才死后，齐后主特下诏表彰，其中称其学养云："理造希微，道该儒数，博识逾于画地，精辩可以谈天。自发迹江表，来仪上国……廉诚效节，历奉六君；春煦秋凄，年移三纪。任惟端揆，位极天卿，声动缙绅，望隆冠带。"③ 其墓志铭文又赞其"弱龄驰誉，一日千里，不测其深，未见其上。博闻精义，高谈名理，辞穷五鹿，辩藏三耳。学富山海，文谐钟律，葺华既蕴，风飙自逸"。④ 这些出自墓志的记载，虽难免夸饰谀辞，但由所谓"博闻强记"，"华辞丽藻"，"博识逾于画地，精辩可以谈天"，"博闻精义，高谈名理"，"辞穷五鹿，辩藏三耳"，"学富山海，文谐钟律"云云，再辅之以"师旷调钟，京房吹律"诸才艺，确实显示出其所具南朝士人的学术文化品格。《北齐书》卷四三《许惇传》载其"虽久处朝行，历官清显，与邢邵、魏收、阳休文、崔劼、徐之才之徒比肩同行，诸人或谈说经史，或吟咏诗赋，更相嘲戏，欣笑满堂，惇不解剧谈，又无学术，或竟坐杜口，或隐几而睡，深为胜流所轻"。

---

① 《徐之才墓志》，前揭赵超《汉魏南北朝墓志汇编》，第456页。关于徐之才"幼而俊发"及所谓"神童"之誉，周一良先生在前揭《魏晋南北朝史札记》"徐之才传"条中指出："汉以来童蒙读书多自《孝经》《论语》始……如五岁诵《孝经》至八岁始略通其义旨，则不足称为'幼而俊发'矣。"（第416页）这指出了史书所称有所夸饰。

② 《北齐书》卷三三《徐之才传》。

③ 《徐之才墓志》，赵超：《汉魏南北朝墓志汇编》，第458页。

④ 《徐之才墓志》，赵超：《汉魏南北朝墓志汇编》，第458、459页。

许惇固然浅陋无学，难以融入北齐朝臣名士之学术文化交流，但由此可见徐之才参与其间，"或谈说经史，或吟咏诗赋，更相嘲戏"。

南朝士族社会普遍崇尚风流，作风玄化，日常交游雅集，重视谈论，以言辞争锋竞先。自北魏孝文帝迁都洛阳以来，北朝士大夫社会日益文雅化，一个突出表现便是效仿南朝士风，东魏北齐亦承其流风遗韵，蔚为风尚。在这一社会文化背景下，入北之南朝士人多扮演南风北传之角色。在这一方面，徐之才在北齐履职及其与朝臣士大夫交游过程中，往往有突出的表现。《徐之才墓志》载其北魏末普泰初进位散骑常侍、中军将军、金紫光禄大夫，"师友佥归，谈义惟属，煌煌加首，若若垂要"；武定四年，除秘书监，"职号典文，任专考异，追风王肃，竞烈华峤"；天保元年，除侍中，"嘉谋良策，敷陈帷扆，切问近对，启沃聪明。谈笑箴规，才优方朔；从容讽议，事溢简雍"。① 这是其在东魏、北齐任官履职及交往过程中所体现出的南朝名士风度。

关于徐之才善于言辞戏弄，《北齐书》本传载："之才聪辩强识，有兼人之敏，尤好剧谈体语，公私言聚，多相嘲戏。郑道育常戏之才为师公。之才曰：'既为汝师，又为汝公，在三之义，顿居其两。'又嘲王昕姓云：'有言则诳，近犬便狂，加颈足而为马，施角尾而为羊。'卢元明因戏之才云：'卿姓是未入人，名是字之误，之当为乏也。'即答云：'卿姓在亡为虐，在丘为虚，生男则为虏，养马则为驴。'又尝与朝士出游，遥望群犬竞走，诸人试令目之。之才即应声云：'为是宋鹊，为是韩卢，为逐李斯东走，为负帝女南徂。'李谐于广坐，因称其父名，曰：'卿嗜熊白生否？'之才曰：'平平耳。'又曰：'卿此言于理平否？'谐遽出避之，道逢其甥高德正。德正曰：'舅颜色何不悦？'谐告之故。德正径造坐席，连索熊白。之才谓坐者曰：'个人讳底？'众莫知。之才曰：'生不谓人所知，死不为人所讳，此何足问？'唐邕、白建方贵，时人言云：'并州赫赫唐与白。'之才蔑之。元日，对邕为诸令史祝曰：'见卿等位当作唐、白。'又以小史好嚼笔，故尝执管就元文遥口曰：'借君齿。'其不逊如此。"② 又，《太平广记》卷二七四引《谈薮》"徐之才"条载："徐之才博识，有口辩。……纳言祖孝征戏之，呼为师公。之才曰：'既为汝师，复为汝公。在三之义，顿居其两。'孝征，仆射（祖）莹之子。之才尝以剧谈调仆射魏收，收熟视之曰：'面似小家方相。'之才答曰：'若尔，便是卿之葬具。'"③ 其中有关北人戏弄徐之才为"师公"云云，《北齐书·徐之才传》载其出语者为郑道育，而《谈薮》则载为祖珽，可见此事流播甚广，相传

---

① 《徐之才墓志》，赵超：《汉魏南北朝墓志汇编》，第456—457页。
② 这里所述徐之才与诸人之言辞嘲戏，多有涉及姓氏祖讳的情况，其中文字，则与当时流行的俗字有关，否则难以理会其讥讽谐谑之意。对此，周一良先生已有所考论，见前揭氏著《魏晋南北朝史札记》"徐之才传"条，第416—417页。
③ 参阳松玠《谈薮》，第44—45页。关于徐之才之谈笑辩捷之相关记载，又多见于旧题侯白撰《启颜录》等，参董志翘笺注《启颜录笺注》（中华书局，2014）上编"辩捷"之"徐之才"、"嘲诮"之"徐王"诸条及黄大宏校笺《八代谈薮校笺》（中华书局，2010）正编卷上北朝之北齐第二"徐之才博识善辩"条等，其内容多相类，不具引。

致混。

由上所述，可见东魏、北齐士大夫之"公私言聚，多相嘲戏"，显然与当时南朝士风的影响不无关系，其中情形，可与《世说新语》之《言语》《捷悟》《排调》诸篇相对应。徐之才频繁参与北齐士大夫朝臣这类集聚"嘲戏"，其言辞机锋所关涉之人物，如魏收、祖珽、王昕、郑道育、卢元明、李谐等，皆为当时北齐士族社会一流才学名士。这类即兴的言辞戏弄，虽有如语言游戏，但往往事起仓促，并无固定的题目，不仅需要随机拆解文字的机敏与诙谐，而且更需要精熟经史典故和雅俗文字的学问基础。徐之才来自江左，其自少"聪辩强识，有兼人之敏"，与萧梁诸多才学名士多有言辞辩驳与论难，具有南朝士人的文化素养。其入北后与东魏、北齐士大夫交游，"尤好剧谈体语"，这在一定程度上有助于南朝社会文化风尚的传播，促进了南北士风的融通。

在这方面，徐之范也有所表现。墓志载其在梁时，"梁武陵王纪以帝子之贵，任岷岳之重，妙选朝贤，僚采是寄，以彭城刘孝胜、孝先兄弟及公三人俱以问望英华，才行秀美，且弹冠结绶，德义绸缪，孝胜任长史，孝先为宾友，引公为外兵，寻改录事参军。于是随府入蜀……与二刘兄弟，或爕谐好善，驰芳东阁，或翼陪敬爱，命藻西园。声重邹枚，事高梁楚"。① 由徐之范在梁与彭城刘孝胜、刘孝先兄弟齐名及其交游等情形，可见其才学与玄化风采。墓志载其入北后之作风曰："惟公枢机警发，思理通晤，博洽今古，渔猎典坟，渊卿丽藻之文，谈天炙輠之妙，探求幽赜，往往入神。似周瑜之听声，悬知曲误；如孔融之爱客，樽酒不空。会友必贤，三明八俊，市朝屡变，一心事百。"齐亡后，徐之范入关，隋初任职晋阳，并与晋王杨广有所交集，"临代名邦，优贤是任，公下车布政，高卧共治，磐石维城，有国之重。晋王帝子，出抚汾绛，以公宿望，诏追翼辅"。② 徐之范子徐敏行也有一定的学养，墓志载其在齐后主时，"俄迁太子舍人，待诏文林馆，铜驼□士，□入□间，金马词人，皆愁角折"。入隋后，他曾入晋王杨广幕府，"皇隋□历，网罗俊异，上柱国、晋王出总河□，君奉诰来参幕府。明月澄光，时振长裾之客，援琴奏曲，犹□□□之声"。③ 可见徐之范、徐敏行父子皆具学养与江左风习，在传输南风方面也当有所表现。④

综观全文考论，南北朝时期特别是南北朝中后期以来，随着南北军政局势的变化，经历数百年南北割裂的局面渐趋终结，而由北朝统一南朝之大势日益明朗。在此过程中，不间断地出现了大量的由南入北之人群，在南北社会文化沟通与交融等方面产生了广泛而深刻的

---

① 《徐之范墓志》，罗新、叶炜：《新出魏晋南北朝墓志疏证》，第335页。
② 《徐之范墓志》，罗新、叶炜：《新出魏晋南北朝墓志疏证》，第336页。
③ 《徐敏行墓志》，罗新、叶炜：《新出魏晋南北朝墓志疏证》，第342页。
④ 由上引墓志，可见徐之范、徐敏行父子是开皇初期进入杨广晋王幕府具有江左文化背景的入北南士，也是杨广最早结识的南朝人物，他们在与杨广的日常交往中，应当在一定程度上潜移默化地熏染了少年杨广的文化趣味。众所周知，隋平陈之后，杨广长期驻守江都，掌控东南军政，及至其继位，始终大力招揽江南士众，转输江左文化，推进南北文化融合。隋炀帝如此，固由当时南北统一与文化整合的时代大势所决定，但与其个人的文化趣味也不无关系。就其对江南文化之喜好而言，徐氏父子或当有启蒙之功。

影响。入北流寓人群中有一个相对特殊的医术人士群体，其中如东莞徐氏、吴兴姚氏等是南朝医学领域具有最高水平的医术世家代表。作为具有实用技能的术艺之士，其入北后，他们不仅凭借其世业声誉和高超技能，深得历代北朝统治者信重，执掌诸朝之医政，而且获得了北朝统治者的特别优遇，在物质待遇与政治、社会地位上受到特殊照顾。就物资赏赐而言，诸位南来"上医""名医"普遍所获甚丰，其中如徐謇诸人所得之财物，数额甚巨。更为重要的是，由于北朝具有胡族文化背景的统治者在思想文化方面尚未确立起儒家学说倡导的有关重道轻器、以本抑末的文化观念，对包括医术在内的各类实用术艺之学比较重视，特别在政治上，诸人在医官本职之外，给予他们较高的官爵加授予封赏，提升其个人及其子孙的政治与社会地位，从而为其家族的"士族化"及其仕宦的转型奠定了基础。从文中所涉入北之南朝医术世家代表人物的情况而言，尽管他们本人所得之官爵多为"加官"、"赠官"与"赠封"，属于荣衔虚职，特别是地方州刺一类安排，诸人少有实际履职者，但在客观上提高了他们的身份地位，有助于其子孙步入一般士族的仕宦坦途。入北医术之士的这一普遍境遇，相对于南朝而言，无论是物质生活，还是政治、社会地位待遇，都有明显的变化，究其原委，当与南北朝社会思想文化风尚的差异，特别是北朝统治者的文化观念密切相关。当然，作为流寓北朝的江左特殊人群，这些医术之士难免受到南朝士风之熏染，特别是东莞徐氏家族代表徐之才，颇具名士气质，在北齐享有特殊地位，与北齐士族朝臣多有交往，他在文化上，除了对其家世医术加以集成与总结外，还多方面表现出南朝名士风尚，从一个侧面体现出当时南风北渐与南北文化融通的时代风尚。

〔本文原载《东岳论丛》2022年第5期。作者王永平，扬州大学社会发展学院历史系教授〕

隋唐时期的聚众之禁

——中古国家与宗教仪式关系之一侧面

雷 闻

摘 要 利用宗教仪式聚集百姓，并借以对抗朝廷，是中国古代反复出现的现象。国家对此极为警惕，总是不遗余力加以约束。从隋朝开始，国家律令就对聚众有明确的禁约，地方官府切实执行，僧团对此也有清醒的认识，天台大师智顗遗书中的第五恨即为明证。唐初的《永徽留司格》就有了对僧尼俗讲的限制措施，而目前所见《神龙散颁刑部格》与《开元户部格》也都有相关禁令，其对象包括了宿宵行道与白衣念佛的佛教斋会，隐逸人的广聚徒众，以及百姓的排山社等社邑组织。唐玄宗严禁僧、道人士在俗家居止，又严禁僧道离开所属寺观去山林兰若修炼。代宗则下诏不许州县公私借佛寺道观居止，并严禁僧尼道士进行斋会礼谒之外的"非时聚集"。从宪宗元和十年到文宗时，又陆续对两京与诸州寺观的俗讲聚众的时间、寺观数量等做出严格规定。隋唐的聚众之禁趋向严厉，与隋唐王朝重新统一全国、重建中央集权的国家秩序有关。

关键词 隋唐 聚众之禁 《神龙散颁刑部格》 开元三年《户部格》 俗讲

信仰与仪式是所有宗教最重要的核心因素。在中国古代，无论是以儒家理论为基础的兼具政治性与宗教性的国家祭祀，还是佛教、道教等各种制度性宗教，抑或是各种来源复杂、内涵各异的民间祠祀，往往都需要通过仪式来宣传信仰，凝聚人心。虽然一小部分密仪为保持神秘感而仅在少数人的小圈子内举行，但在大多数宗教仪式乃至政治仪式中，除了直接筹备、执行者之外，往往还需要有不少普通参与者乃至仪式的旁观者，他们都是仪式的重要组成部分。

不过，这样就带来一个问题：当大量人群聚集起来，是否会脱离国家的控制，甚至成为王朝的对立面？从汉唐以来的历史发展来看，答案是肯定的，利用宗教仪式聚众进而对抗官府，是经常发生的现象。因此，对于各种形式的"聚众"，国家始终心存警惕，不仅在法律上进行了规范，而且在日常行政中，各级官府对于佛教、道教等各种宗教团体举行的仪式，也采取了许多管控措施。这一点，在结束了魏晋南北朝数百年割据局面、重建中央集权的隋唐时期，显得尤为突出。

何谓"聚众"？《唐律疏议》对"众"有明确的解释："称'众'者，三人以上。称'谋'者，二人以上。"疏议曰："称众者，《断狱律》云：'七品以上，犯罪不拷，皆据众证定刑，必须三人以上始成众。'但称众者，皆准此文。"[1] 这是从法律量刑定罪的角度，对三人成众进行的规范。事实上，隋唐时期的一些"聚众"动辄有数千人之多。本文试考察这一时期的各种"聚众"及国家的禁约，希望能有助于深化对隋唐国家与宗教仪式关系的理解。[2]

一 合法的聚众

并非所有的"聚众"都是非法的。国家为了统治的需要，也常常有聚众的情形，最为常见的一是国家礼仪，二是处决死囚，前者的参与者主要是官员，后者则主要是百姓。当然也还有其他一些需要聚众的场合，但无论如何，合法的聚众一般都是由官府主导的。

（一）国家礼仪中的"聚众"

唐代的国家祭祀，特别是由皇帝亲自主持的大祀，往往规模很大，参与者众多，比如郊祀这样最高等级的祭祀，除了中央的各级官员之外，还有代表地方的诸州朝集使及代表天下万国的诸蕃使人参与，他们通常是按照方位站在相应的位置。[3] 又比如封禅，其规模更大，耗时更久，参与者除了和郊祀一样有来自各级、各地的官员与使者，甚至也可能有当地的父老。骆宾王就曾写下了《为齐州父老请陪封禅表》："岂可使稷下遗甿，顿隔陪封之礼；淹中故老，独奏告成之仪？是用就日披丹，仰璧轮之三舍；望云抒素，叫天阊于九重。傥允微诚，许陪大礼，则梦琼余息，觊仙阙以相欢；就木残魂，游岱宗而载跃。"[4] 可见，封禅大礼也可能会有当地百姓的参与。至于地方长官上任的仪式，通常除了当地各级官吏的参与

---

① 《唐律疏议》卷六《名例》"称日年及众谋"条，中华书局，1983，第141—142页。
② 关于隋唐时期国家与宗教仪式的关系，参看拙著《郊庙之外——隋唐国家祭祀与宗教》，读书·生活·新知三联书店，2009。
③ 参见池田温解说『大唐開元禮』卷四「皇帝冬至祀圜丘」、汲古書院、1972、第35—44頁。参看吴丽娱《朝集使在郊庙礼仪中的出现——〈大唐开元礼〉校读札记一则》，《隋唐辽宋金元史论丛》第7辑，上海古籍出版社，2017，第45—54页。
④ 骆宾王：《为齐州父老请陪封禅表》，陈熙晋笺注《骆临海集笺注》卷七，上海古籍出版社，1961，第220页。

之外，往往还有当地"乡望"的列席，《大唐开元礼》卷一二六《京兆河南牧初上》条就明确说："诸州刺史初上准此。其乡望、文武官七品以上及德行有闻者，皆升堂。"[①]这些乡望与"德行有闻者"代表着地方百姓对新任长吏的欢迎。

除了这些国家礼仪之外，还有一个重要层面，即在地域社会中，由官府所主导的为众多民间祠祀举行的祭祀仪式，它们也往往聚集了大量的参与者和观众，如京兆尹黎幹在曲江池投龙祈雨时，观者就有"数千"之众；而在这类仪式中，通常会有众多乡望、父老等豪族活动的身影，我们称之为国家祭祀仪式上"民众的在场"。[②]毫无疑问，这些由中央与地方官府举行的仪式都是合法性的聚众。

（二）刑人必于市

《礼记·王制》有"爵人于朝，与士共之；刑人于市，与众弃之"的古训。[③]在中国古代的城邑中，"市"是人口聚集和流动最多的地方，处决死囚往往在这里举行。在押解囚犯赴市途中，往往击鼓以集众，至市之后则纵人围观，当众宣布罪名。显然，刑人于市一方面是为了显示至公，所谓"与众弃之"，另一方面也为了震慑百姓，展示朝廷与官府的权力。[④]唐代的情形亦复如此，在长安，通常是在东、西两市执行死刑，到了中晚唐，一些政治要犯则往往于皇城西南隅的独柳树行刑。[⑤]无论是在何处，聚众行刑都是必须的。例如，唐肃宗至德二年（757）二月，特别"诏军人有侵掠平人子女者，令聚众斩之。"[⑥]

在甘露之变后，长安城在血雨腥风之中人心惶惶，于是文宗在大和九年（835）十二月丁亥诏曰："昨者有擅入逆人之家，盗掠财物，拥无故之利，生怙乱之心，尚有纵酒聚徒，妖言惑众，志于掠盗，恐吓居人，假托军司，辄持兵器，及以前月二十一日事妄相告讦者，委御史台、京兆府严加伺察，擒捉奏闻，所在集众决杀，不在恩赦之限。"[⑦]可见，对于这些乘长安城混乱之机浑水摸鱼者，朝廷下令御史台与京兆府在将其擒获之后，"集众决杀"，以儆效尤。

又比如，唐哀帝天祐二年（905）十二月，朱全忠认为枢密使蒋玄晖与宰相柳璨、太常卿张廷范等背叛自己，谋复唐祚，于是痛下杀手，蒋玄晖先被杖杀于河南府，但朱全忠仍不解气，又"追削为凶逆百姓，仍委河南府揭尸于都门外，聚众焚烧"，而张廷范则被"除名，

---

① 《大唐开元礼》卷一二六《京兆河南牧初上》，第 601—602 页。
② 参看拙著《郊庙之外——隋唐国家祭祀与宗教》，第 344—346 页。
③ 孙希旦：《礼记集解》卷一二《王制第五之一》，沈啸寰、王星贤点校，中华书局，1989，第 325 页。
④ 参看侯旭东《北朝的"市"：制度、行为与观念》，原刊《中国社会历史评论》第 3 卷，中华书局，2001；此据氏著《北朝村民的生活世界——朝廷、州县与村里》，商务印书馆，2005，第 172—230 页，特别是第 208—218 页。
⑤ 参见张荣芳《唐代长安刑场试析》，《东海学报》第 34 期，1993，第 113—121 页。
⑥ 《册府元龟》卷六四《帝王部·发号令三》，中华书局，1960，第 713 页。
⑦ 《册府元龟》卷九一《帝王部·赦宥一〇》，第 1088 页。

委河南府于都市集众，以五车分裂"。[①] 显然，朱全忠就是要以这样残忍的手段震慑仍然忠于唐室的官员，为其改朝换代铺平道路，于是"聚众"行刑就成为必然。

（三）其他场合

除了国家礼仪与处决死囚之外，还有其他一些需要合法性聚众的场合，例如，据敦煌文书《神龙散颁刑部格》残卷（P.3078，S.4673）记载：

> 13　流外行署、州县杂任，于监主犯赃一疋以上，先
> 14　决杖六十；满五疋以上，先决一百；并配入军。如当
> 15　州无府，配侧近州。断后一月内，即差纲领送所
> 16　配府，取领报讫，申所司。赃不满疋者，即解却。
> 17　虽会恩，并不在免军及解免之限。在东都及
> 18　京犯者，于尚书省门对众决。在外州县者，长
> 19　官集众对决。赃多者，仰依本法。[②]

"流外行署"指在京诸司的流外官，"州县杂任"指在地方担任执事的吏员，如佐史之类。在处理他们所犯赃罪时，《刑部格》强调："在东都及京犯者，于尚书省门对众决。在外州县者，长官集众对决。"对众决杖，其功能类似于刑人于市，目的都不仅是为了羞辱这些犯赃者，更是为了震慑其他官吏，使之廉洁自律。

大历二年（767）春正月癸酉，代宗下诏："其玄象器物、天文图书、谶书、《七曜历》、《太一雷公式》等，准法：官人百姓等私家并不合辄有。自今以后，宜令天下诸州府切加禁断，各委本道观察、节度等使，与刺史、县令严加捉搦，仍令分明榜示乡村、要路，并勒邻伍递相为保。如先有藏畜者，限敕到十日内赍送官司，委本州刺史等对众焚毁。"[③] 唐代官方禁止天文图谶的规定由来已久，经过安史之乱后，唐帝国的稳定受到极大冲击，朝廷对于此类具有左道乱政危险的东西更加警惕，故代宗要重申这一禁令。他不仅要求各级地方官将此禁令在乡村、要路进行榜示，使百姓周知，而且对于各州收缴上来的这类禁物，也要求刺史集合百姓，公开焚毁。

---

① 《旧唐书》卷二〇下《哀帝纪》，中华书局，1975，第804—805页。
② 刘俊文：《敦煌吐鲁番唐代法制文书考释》，中华书局，1989，第247页。
③ 常衮：《敕天文图谶制》，《文苑英华》卷四六五，中华书局，1966，第2377页。

二 汉隋间国家对宗教性聚众的限制

（一）汉隋间的聚众作乱与官府的疑惧

自汉代以来，朝廷对于百姓之间的聚众就心怀戒惕，甚至连几人在一起饮酒都是违法之举。《史记·孝文本纪》载，汉文帝即位时，下诏书"赦天下，赐民爵一级，女子百户牛酒，酺五日"。《集解》引东汉人文颖曰："汉律：三人已上无故群饮，罚金四两。今诏横赐得令会聚饮食五日。"① 也就是说，只有在皇帝即位等特殊场合，民间才能大酺数日以示庆祝。平时如果三人以上无故聚在一起喝酒，就已违反了汉律，需要受到"罚金四两"的处理。我们在居延新简中也能看到类似的禁令，残简 E.P.T59:40 号："●甲日初禁酤酒群饮者。"② 可见禁止百姓聚众饮酒的禁令在西北边陲地区也得到施行。③

不仅是民间的"群饮"，甚至连儒生的讲学活动也会引起朝廷的猜忌，王莽时期的大儒刘昆就曾因此受到惩处。史载："王莽世，教授弟子恒五百余人。每春秋飨射，常备列典仪，以素木瓠叶为俎豆，桑弧蒿矢，以射'菟首'。每有行礼，县宰辄率吏属而观之。王莽以昆多聚徒众，私行大礼，有僭上心，乃系昆及家属于外黄狱。寻莽败得免。"④ 汉代大儒讲学之风盛行，许多大儒的弟子往往有数百上千之多，官府对此一般是默许的，但也可能招致怀疑，刘昆被王莽下狱的原因，正是其"多聚徒众""有僭上心"。

之所以如此，自然是因为聚众会带来潜在的对抗朝廷的危险。当这种聚众与宗教仪式结合在一起的时候，这种危险往往就会变成现实。在汉隋之间的史籍中，"妖贼""聚众反""聚众叛""聚众谋反""聚众谋逆""聚众为寇""聚众为盗"的记载等比比皆是，宗教往往成为他们聚众进而对抗朝廷的重要手段。无论是东汉末的黄巾起义，还是东晋的孙恩卢循之乱，都是利用道教来聚众起兵的，而这一时期利用道书中的李弘谶言与佛教的弥勒下生信仰来组织百姓者，更不在少数，这些都为治史者所熟知。⑤

不止如此，由于中古僧人多聚集在一起习禅，⑥ 名僧大德身边聚集的徒众更多，这也常引起朝廷的注意。唐初道宣《续高僧传》记载了北齐文宣帝与高僧僧稠交往的一个插曲：

① 《史记》卷一〇《孝文本纪》，中华书局，1959，第417页。
② 甘肃省文物考古研究所、甘肃省博物馆、文化部古文献研究室、中国社会科学院历史研究所编《居延新简》，中华书局，1994，第361页。
③ 当然，汉代社会宴饮成风，这条禁令在某种程度上并未获得严格执行。参看林永强《关于汉代"群饮酒之禁"的释析》，《兰州学刊》2008年第4期，第142—144转133页。
④ 《后汉书》卷七九上《儒林列传上》，中华书局，1965，第2550页。
⑤ 参看唐长孺《史籍与道经中所见的李弘》《北朝的弥勒信仰及其衰落》两文，收入《唐长孺社会文化史论丛》，武汉大学出版社，2001，第176—184、185—194页。
⑥ 例如《续高僧传》卷一七《隋慧日内道场释慧越传》："释慧越，岭南人，住罗浮山中，聚众业禅，有闻南越。"郭绍林点校，中华书局，2014，第641页。

"时或谗稠于宣帝以倨傲无敬者，帝大怒，自来加害。"[①] 此事在稍后的《朝野佥载》里亦有记载："禅师后证果，居于林虑山。入山数十里，精庐殿堂，穷极壮大，诸僧从而禅者常数千人。齐文宣帝怒其聚众，因领骁骑数万，躬自往讨，将加白刃焉。"[②] 在僧稠显示了咒术神通之后，这场危机才得以化解。无论如何，从文宣帝的反应我们不难看出统治者对于宗教性聚众怀抱的疑惧之心。南朝也有类似的例子，如《善慧大士语录》卷一记载，梁朝的傅大士在二十四岁（梁普通元年，520年）悟道后不久，"既而四众常集，问讯作礼。郡守王烋谓是妖妄，囚之数旬。大士唯不饮食，而众益叹异，遂释之"。[③] 显然，"四众常集"虽是傅大士自身号召力彰显的结果，但却给官府留下"妖妄"的口实。

在《续高僧传》里，还记载了不少类似的事例。例如卷二六的《隋鄂州沙门释法朗传》略曰："释僧朗，一名法朗，俗姓许氏，南阳人。年二十余，欣欲出家，寻预剃落，栖止无定，多住鄂州。……陈末隋初，行于江岭之表，章服粗弊，威仪越序，杖策徒行，护养生命。时复读诵诸经，偏以《法华》为志。……其降行通感，皆此类也。大业末岁，犹未尘飞，而朗口唯唱贼，朝夕不息。官人惧以惑众，遂幽而杀之。襄阳法琳素与交游，奉其远度，因事而述，故即而叙之。"[④] 法朗的事迹出自与其交游的名僧法琳之口，可信度较高。对于这类有神异色彩的僧人，官府本来就会有所警惕，而且他在隋末天下尚未大乱时，就"口惟唱贼，朝夕不息"，这自然会引起官府的不满，"惧以惑众"，于是将其处死。法朗之死，根本原因正在于官府对宗教性聚众的天然恐惧。

同书卷二〇《唐潞州法住寺释昙荣传》记载，昙荣在晋南山中结众习禅，晋、魏、韩、赵、周、郑等诸州追随者甚众，"尝往韩州乡县延圣寺立忏悔法，刺史风同仁素奉释门，家传供养，送舍利三粒，遗行道众。荣年垂八十，亲率道俗三千人步出野迎，路由二十余里，傧从之盛，誉满当时。既达寺中，乃告众曰：'舍利之德，挺变无方，若累业有销，请祈可遂。'乃人人前别置水钵，加以香炉，通夜苦求，至明，钵内总获舍利四百余粒。声名达于乡邑，县令惧其聚众，有坠条章，悕停其事。当夕怪兽鸣其厅宇，官民竟夜不安，明旦陈悔，方从荣法。斯德被圣凡，皆此之例"。[⑤] 昙荣在迎来刺史所施舍利之后，举行了一个仪式，令徒众每人面前放一水钵，点上香炉，整夜祈求，第二天清晨又新获四百多粒舍利，故其名声更加响亮。毫不意外，这种耸动人心的神异事迹马上引起官府的注意，"县令惧其聚众，有坠条章"，于是勒停此事。所幸县令在一系列怪异事件后收回成命，昙荣才得以继续其宗教仪式。案昙荣卒于贞观十三年，故这一事件当发生在隋末唐初。

① 《续高僧传》卷一六《齐邺西龙山云门寺释僧稠传》，第578页。
② 《朝野佥载》卷二，赵守俨点校，《隋唐嘉话·朝野佥载》，中华书局，1979，第39页。
③ 《卍续藏经》第120册，台北：新文丰出版公司，1994，第2页。
④ 《续高僧传》卷二六《隋鄂州沙门释法朗传》，第1009—1010页。
⑤ 《续高僧传》卷二〇《唐潞州法住寺释昙荣传》，第742页。

（二）智者大师的遗恨

随着南北朝至隋佛教的盛行，聚众举行仪式的场合自然越来越多，而对于因聚集徒众引发的官方疑惧，僧团也往往心知肚明。开皇十七年（597）十一月，隋代天台宗的创始人智颛给弟子——晋王杨广的遗书具有一定的代表性：

> 贫道初遇胜缘，发心之始，上期无生法忍，下求六根清净，三业殷勤，一生望获。不谓宿罪殃深，致诸留难。内无实德，外召虚誉。学徒强集，檀越自来。既不能绝域远避，而复依违顺彼，自招恼乱。道退为亏，应得不得，忧悔何补？上负三宝，下愧本心。此一恨也。……于荆州法集，听众一千余僧，学禅三百。州司惶虑，谓乖国式，岂可聚众，用恼官人？故朝同云合，暮如雨散。设有善萌，不获增长。此乃世调无堪，不能谐和得所。五恨也。①

智者大师在临终前给杨广的信中，称自己有"六恨"，其中第五恨正与国家的聚众之禁有关。据他说，自己在荆州讲法时，有听众一千余人，禅僧三百，这样的徒众规模令当地官府很是"惶虑"——"谓乖国式，岂可聚众，用恼官人？"显然，在荆州官府眼里，僧徒的聚众有违国法。为了消除官府的疑虑，这些听众与僧徒都是早上来听法，晚上散去，而智颛认为这不符合佛法修行规律，"设有善萌，不获增长"。不过国法如此，他也只能徒呼奈何。

如何解决这个矛盾呢？智颛想出了一个办法，他在遗书中又曰：

> 贫道在世六十年，未尝作有为功德，年暮力弱，多阙用心。又香火施重，近于荆州，仰为造玉泉寺，修治十住寺。并蒙教，嘱彼总管蕲春郡公达奚长儒，僧赍教书至夏口，而蕲春公亡，书未及付，慈恩已足，愿为玉泉作檀越主。

案，智颛在荆州所住玉泉寺，本系杨广为他所造。后者还曾专门请荆州总管达奚长儒关照此寺，只是当僧人送信时，恰逢长儒亡故。因此，智颛就直接请杨广作为玉泉寺的檀越主。显然，国法难违，他既不可能公然抗拒官府的聚众之禁，只能通过以晋王为外护的办法，尽量降低官府对寺院修法时聚众的怀疑。

在开皇十八年（598）正月二十日杨广的答书中，对智颛在遗书中的各项要求都一一回复，但对于其第五恨即僧徒聚众"乖国式"的问题，只是笼统答曰："荆州玉泉寺既是为造

---

① 灌顶：《国清百录》卷三《遗书与晋王第六十五》，《大正新修大藏经》第46册，大正一切经刊行会，1927，第809—810页。

理，当异余道场。其潭州大明寺、荆州十住、上明寺等，先以敬许为檀越，无容复乖。"① 也就是说，杨广表示要对这三所寺院区别对待，但具体措施却并未明言。毕竟，聚众之禁为"国式"，即便是晋王也不能公然违反。

在这种情况下，僧团自身也往往对聚众相当敏感，《续高僧传》卷二五所载并州沙门昙选的故事对此有生动的记载：

> 皇运伊始，人情安泰，义兴新寺，法纲大张。沙门智满，当途众主，一川乡望。王臣倾重，创开诸宇，严位道场，三百余僧，受其制约。夏中方等，清众肃然，风声洋溢，流润遐迹。选闻之，乃诣其寺庭，满徒闻来，崩腾下赴。告曰："卿等结聚，作何物在？依何经诰？不有冒罔后生乎？"…… 又曰："自佛法东流，矫诈非少。前代大乘之贼，近时弥勒之妖，诖误无识，其徒不一。闻尔结众，恐坏吾法，故力疾来问。虽尔，手把瓶子，倚傍犹可。"遂杖策而返。武德八年，遘疾淹积。……不觉已逝，时年九十有五。②

当武德初沙门智满在并州新创的义兴寺开坛讲法时，年近九旬的大兴国寺老僧昙选却忧心忡忡，遂"力疾来问"，其主要担心正是智满在寺中"结聚"了三百余僧，唯恐这种"结众"引起国家镇压，故直接以"大乘之贼""弥勒之妖"相戒。可以想见，隋代聚众之禁的"国式"给昙选留下了极为深刻的印象，即使已经改朝换代，但他依然心有余悸。这种担心可能并不多余，毕竟连智者大师对此尚留遗恨，遑论他人。

三 唐代前期的聚众之禁

唐代继承了隋朝的聚众之禁。高宗永徽年间，"益州光明柱上有一佛二菩萨现，虽削还影出。初在九陇佛堂，长史张绪以聚众，移入光明。今现在"。③ 益州九陇县佛堂里的柱子上有一佛二菩萨化现，长史张绪担心这种异迹引起百姓狂热，对"聚众"的警惕使他下令将此柱移入城内光明寺，以便就近管理。在《全唐文》里收录了一则李希定的《对丹书判》，判题曰："甲以经多谬，乃自丹书碑，使工镌刻，立于太学门外。其亲友摹写者，日千余人。两京尹以其聚众，笞之，诉称有故。"这位某"甲"能发现经典传抄中的诸多错误，应该是位饱学之士，而他将其刻碑立于太学门外，供人传抄，实开唐代官立《石经》的先声。不

---

① 《国清百录》卷三《王答遗旨文第六十六》，第810—811页。
② 《续高僧传》卷二五《唐并州大兴国寺释昙选传》，第932—933页。
③ 周叔迦、苏晋仁校注《法苑珠林校注》卷一四《敬佛篇第六·感应缘》，中华书局，2003，第487页。

过，因观者众多，京兆尹就以"聚众"为名对他加以处罚。对此，李希定判文称："观者如堵，且闻纸贵。将万古而不刊，于千两而何有？京尹之罚，其或病诸？"①对京兆尹的处罚持批判态度。但无论如何，"聚众"在唐朝的确是违法之举，我们先对其相关法律略加推论。

（一）《永徽留司格》与"聚讲"之禁

从上节所引诸例，可知聚众之禁在隋代就已经存在，而且得到各地方官府的严格执行。不过，由于隋代律令早已失传，我们已无法看到具体条文。目前我们能看到最早的禁令，可能来自《永徽留司格》。

敦煌 P.2481 是一件形式与内容都比较特别的文书，现存七类，每类前有"都头"，末有"都尾"，系中间各子目所通用，王重民先生将其定名为"书仪"，而周一良先生认为，从其都尾来看，"像是审判的语言，看来这是一种较为专门的手册，亦属《记室备要》类型"，即专门用于公务往来应酬的公文程序。②在此基础上，赵和平先生详细考察了这件文书的性质与时代，认为这件文书的内容出于贞观十一年（637）至天授二年（691）这54年之中，是唐代前期尚书礼部所属之礼部、祠部据永徽留司格或垂拱留司格拟定的，报尚书都省批复后下行的公文程序。③赵先生的考证颇为严密，不过对其时间的考察似可更进一步。

如赵先生所云，文书开头部分所缺失的，应该是"道士第一"的题目等二十多行。值得重视的是，其中"符咒"子目曰：

> 自可闲居养性，体道怡神，沐玄泽以自安，味真宗而取逸。何得虚行禁醮，异丹灶之希仙；妄作符书，夹（挟）玄坛之延寿。遂使五丸灵术，无闻变骨之奇；六甲神方，有昧还尸之验。（原注：李老君有作人徐甲，先吞太玄符，故得长生不死。老君欲将甲西化胡，甲乃迁延不去。老君曰："不然，吐我符出。"甲乃低头，其符从口而出，甲乃化作一聚白骨。尹喜曰："愿老君更活此人。"老君以符授之，其人忽起如旧。）④

文书中的"李老君"，或可作为判定文书年代的一个线索。高宗乾封元年（666）二月，高宗在封禅泰山之后来到老子故里亳州，拜谒了老子庙，并追尊他为"太上玄元皇帝"。⑤作为正式的官府文书，此后在提到老子时，一般应使用他的新尊号。而本件文书则依然用"李

---

① 《全唐文》卷九五五，中华书局，1983，第9913页。
② 周一良：《书仪源流考》，原刊《历史研究》1990年第5期；此据周一良、赵和平《唐五代书仪研究》，中国社会科学出版社，1995，第102页。
③ 赵和平：《敦煌写本 P.2481 号性质初探》，原刊《文献》1994年第4期；此据周一良、赵和平《唐五代书仪研究》，第266—284页。
④ 录文见赵和平《敦煌表状笺启书仪辑校》，江苏古籍出版社，1997，第403页。本文据 IDP 高清图版略有订正，如"真宗"原误录作"异宗"；"其符从口而出"，"而"字原脱。
⑤ 《旧唐书》卷五《高宗本纪下》，第90页。

老君"，然则其时间应该是在乾封元年之前。因此，我们推测这件文书可能是根据《永徽留司格》来拟定的。

在"僧尼第二"下，有"私度、聚讲、贮积、盗物、擅离寺、过斋行"等六个子目，与本文相关的是"聚讲"条。现将此条与"都头""都尾"联排如下：

【都头】妙力难思，神威罕测；趣包生灭，理会有无。是以觉相分辉，遍三千而显相；法身流号，冠百亿以标尊。洎乎汉梦宵通，微言载阐；周星夜殒，至教逯〔？〕。由是惠日流辉，慈云〔？〕润。化成易憩，变现之力良多；火宅难居，诱谕之门不一。厶乙浮生苦海，寄息尘劳，知俗网之婴身，悟法船之运已。

【聚讲】自可澄襟定水，栖念禅林，守真寂于心端，屏嚣烦于华外。何得轻陈罪福，辄纵是非，违犯金科，终贻聚众之责。

【都尾】既而迹缘事显，叠逐情彰；点（玷）慈教于三天，秽仁风于十地。徒使坏衣落发，入道出家，奸诈百端，何殊俗类？欺诬万计，更甚凡流。按金口之徽言，已获无边之罪；据玉条之明制，宁当有舍之科？理宜寘以严刑，庶将惩其慢犯。[①]

从文书内容和语言来看，P.2481文书颇类判文，也就是说，它是礼部根据《永徽留司格》来制作的判文范本。显然，"聚讲"是与私度、盗物等并列的僧尼违法的六种情形之一，不过判文并未明确说明，这种"聚讲"的对象是僧人还是俗人，不过，从"轻陈罪福，辄纵是非"之语观之，似乎更像是后者，也正因如此，才被认为是"违犯金科，终贻聚众之责"。我们可以推测，在《永徽留司格》中，就有对僧尼"聚讲"的禁令，即所谓"金科"或"玉条之明制"，而其出发点是防止他们因此而聚众。

（二）《神龙散颁刑部格》与"宿宵"之禁

除了《永徽留司格》中可能存在对僧尼"聚讲"的禁令之外，前引敦煌文书《神龙散颁刑部格》明确对僧尼的"宿宵"加以禁断：

99　宿宵行道，男女交杂，因此聚会，并宜禁断。
100　其邻保徒一年，里正决杖一百。[②]

---

① 赵和平：《敦煌表状笺启书仪辑校》，第404—406页。
② 刘俊文：《敦煌吐鲁番唐代法制文书考释》，第253页。

据唐长孺先生研究，文书中的"霄"当作"宵"，而"宿宵"系佛教晚上举行斋会的名词。[①]前引智者大师的第五恨，正是在为其徒众因避免官府疑惧不敢晚上举行斋会而困扰。其实，对于佛教僧团来说，"宿宵"原本是正常的仪式，初唐高僧善导（613—681）集记的《安乐行道转经愿生净土法事赞》就专门提到了"宿宵行道"之事：

> 窃以弥陀妙果，号曰无上涅槃。国土则广大庄严，遍满自然众宝。观音大士，左侍灵仪。势至慈尊，则右边供养。……西方极乐种种庄严，叹莫能尽。然今清信弟子某甲等尔许多人，知身假合，四大共成，识命浮危，譬似严霜对日。十方六道，同此轮回。……仰惟今时同生知识等尔许多人，恐畏命同石火，久照难期；识性无常，逝逾风烛。故人人同愿，共结往生之业，各诵《弥陀经》尔许万遍，念弥陀名尔许万遍，又造某功德等，普皆周备。故于某月日，庄严院宇，莹饰道场，奉请僧尼，宿宵行道。又以厨皇百味，种种甘香，奉佛及以僧徒，同心庆喜。又愿持戒诵经，念佛行道，及造诸功德等当今施主，及同行诸人、法界众生，从今已去，天神影卫，万善扶持。……又愿此功德资益大唐皇帝，福基永固，圣化无穷。又愿皇后慈心平等，哀愍六宫。又愿皇太子承恩厚地，同山岳之莫移；福命唐唐，类沧波而无尽。[②]

作为净土宗一代宗师，善导所记录的念诵《阿弥陀经》的法事活动，往往是由"清信弟子某甲等尔许多人""今时同生知识等尔许多人"来推动的，"共结往生之业"，似乎是一种社邑组织。他们除了持斋念佛等功德之外，还需要"奉请僧尼，宿宵行道"。在善导法师的心中，"宿宵行道"有其宗教正当性，且可以此功德为大唐皇帝、皇后、皇太子等祈福。这种宿宵在唐代前期似乎比较普遍，武则天时汾州司马李思顺被告妖言谋逆一案中，就有"汾州五万户，管十一府，多尚宿宵，好设斋戒"的记载。[③]

然而，对于国家来说，这种宿宵仪式无疑就是一种"聚众"，因此，它在前引《神龙散颁刑部格》中就被禁断了，连违者所在邻保、里正等也会因监管不力受到不同程度的处罚。到了开元三年（715）三月敕："巡察使出，宜察官人善恶。其有户口流散，籍帐隐没，赋役不均者；不务农桑，仓库减耗者；妖讹宿宵，奸猾盗贼，不事生业，为公私蠹害者；德行孝弟，茂才异等，藏器晦迹，堪应时用者，并访察闻奏。"[④]可见，是否存在"妖讹宿宵"的情形，也是巡察使考察诸州县官员善恶的一个重要指标。

---

① 唐长孺：《敦煌所出唐代法律文书两种跋》，《中华文史论丛》第5辑，1964；此据氏著《山居存稿三编》，中华书局，2011，第21—38页。最新的研究，见赵贞《〈神龙散颁刑部格〉所见"宿宵行道"考》，《史林》2019年第2期，第50—60页。
② 善导集记《安乐行道转经愿生净土法事赞》卷下，《大正新修大藏经》第47册，第437—438页。
③ 《通典》卷一六九《刑法七·守正》，中华书局，1988，第4378页。
④ 《唐会要》卷七七《诸使上·巡察按察巡抚等使》，第1674页。

到了开元十九年（731）四月癸未，玄宗诏略云："近日僧徒，此风尤甚。……因其聚会，便有宿宵，左道不常，异端斯起。自今已后，僧尼除讲律之外，一切禁断。六时礼忏，须依律仪，午后不行，宜守俗制。"①在国家眼里，这样的夜间斋会因人员众多，男女交杂，官府管理困难，成为导致"左道不常，异端斯起"的重要原因。在开元二十七年（739）成书的《唐六典》中，记载了殿中侍御史的职责："凡两京城内则分知左、右巡，各察其所巡之内有不法之事。"（原注：谓左降、流移停匿不去，及妖讹、宿宵、蒲博、盗窃、狱讼冤滥、诸州纲典贸易隐盗、赋敛不如法式，诸此之类，咸举按而奏之）②然则这类妖讹、宿宵等"不法之事"，在两京是由殿中侍御史来负责纠察举奏的。

前引《刑部格》并未明确说违反禁令的宿宵者应该受到何种惩处，不过，开元末的一道诏书隐约透露了一些信息：

（开元）二十九年五月庚戌，帝梦玄元皇帝告以休期，画真容，布告天下。制曰："道有三宝，慈居一焉，钦若至言，爰兹宥过。天下见禁囚徒，其十恶罪及造伪头首并谋杀、妖讹、宿宵人等，特宜免死，配流岭南。官人犯赃，据情状轻重，量事贬降，余一切放免。"③

从此诏书来看，这些宿宵人与犯十恶罪、杀人罪者一样，是要被处以死刑的。只是到了开元二十九年（741），因唐玄宗梦太上老君真容的机缘，这些人才得以免死配流岭南。不过这只是临时的恩典，而非改变罚则。反复的禁令，表明"宿宵"现象屡禁不止，这也从另一个侧面说明，佛教僧徒的夜间斋会仪式有其宗教合理性，④而宗教信仰的力量，往往会突破国法的限制。

（三）开元三年《户部格》中的"聚众"之禁

那么，对于不属于"宿宵"的聚众，国家的管理是否会比较宽松？答案是否定的。在敦煌 S.1344 开元三年（715）《户部格》中，就有三条格文与此相关：⑤

15　　敕：长发等，宜令州县严加禁断。其女妇识文解书
16　　堪理务者，并预送比校内职。

---

① 《册府元龟》卷一五九《革弊》，第 1925 页。
② 《唐六典》卷一三《御史台》，陈仲夫点校，中华书局，1992，第 381 页。
③ 《册府元龟》卷八六《帝王部·赦宥五》，第 1016 页。
④ 唐代流行的八关斋，也需要僧俗聚集一处，持续一日一夜受持八项戒行。详见刘宋沮渠京声译《佛说八关斋经》，《大正新修大藏经》第 1 册，第 913 页。
⑤ 刘俊文：《敦煌吐鲁番唐代法制文书考释》，第 277—278 页。

17　咸亨五年七月十九日

18　敕：诸山隐逸人，非规避等色，不须禁断。仍令所由觉

19　察，勿使广聚徒众。

20　长安二年七月廿八日。

21　敕：如闻诸州百姓结构朋党，作排山社，宜令州

22　县严加禁断。

23　景龙元年十月廿日

刘俊文先生对这件文书有详细的研究，为我们的进一步考察提供了方便。先来看第15—17行，这条格文的依据是高宗咸亨五年（674）七月十九日的敕文，其中的"长发"，唐长孺先生认为是北魏至隋唐流行的弥勒教派，其装束与一般剃发缁衣的僧人不同。[①]唐先生举出了《朝野佥载》中的一条材料：

> 景云中，有长发贺玄景，自称五戒贤者。同为妖者十余人，于陆浑山中结草舍，幻惑愚人子女，倾家产事之。给云至心求者必得成佛。玄景为金簿袈裟，独坐暗室，令愚者窃视，云佛放光，众皆慑伏。缘于悬崖下烧火，遣数人于半崖间披红碧纱为仙衣，随风习飏，令众观之。诳曰："此仙也。"各令着仙衣以飞就之，即得成道。尅日设斋，饮中置莨菪子，与众餐之。女子好发者，截取为剃头，串仙衣，临崖下视，眼花恍忽，推崖底，一时烧杀，没取资财。事败，官司来检，灰中得焦拳尸骸数百余人。敕决杀玄景，县官左降。[②]

贺玄景所纠集的显然是一个妖术聚众、谋财害命的佛教异端组织，从中也可以看出，这种长发并未随着咸亨五年的禁令完全消失，故此敕被编入开元三年的《户部格》，加以重申。不过，贺玄景似乎并未借助弥勒下生的内容，未必属于弥勒教派，毕竟佛教中有头陀僧，他们不住寺院而游行村落，由于不能定期剃发，这类僧人一般是蓄发的。[③]既蓄长发又宣扬弥勒下生的则属于弥勒教派，其范围比长发僧小，但对国家的威胁则可能更大，故同年十一月十七日《禁断妖讹等敕》又再次强调："比有白衣长发，假托弥勒下生，因为妖讹，广集徒

---

① 唐长孺：《敦煌所出唐代法律文书两种跋》，第25—26页。关于弥勒教派最近的研究，参看孙英刚《南北朝隋唐时代的金刀之谶与弥勒信仰》，《史林》2011年第3期；收入氏著《神文时代：谶纬、术数与中古政治研究》上编第四章，上海古籍出版社，2014，第134—164页。

② 《朝野佥载》卷五，第115页。

③ "长发"还有另一重含义，即指蓄发的菩萨僧，泛指非正式剃度的僧人。例如北周武帝灭佛之后，至宣帝大象元年渐复佛教，他下诏令高僧法藏"长发著菩萨衣冠，为陟岵寺主"。见《续高僧传》卷一九《唐终南山紫盖沙门释法藏传》，第703页。

侣，称解禅观，妄说灾祥。或别作小经，诈云佛说；或辄蓄弟子，号为和尚。多不婚娶，眩惑闾阎。触类实繁，蠹政为甚。"[①] 可见，在开元初这一假托弥勒下生的异端教派依然相当活跃。[②] 对于国家来说，其威胁来自他们"广集徒侣""妄说灾祥"，这显然孕育着宗教性反乱的因素，必须将其消灭在萌芽状态。因此，无论是咸亨五年的敕文，还是开元三年的《户部格》，抑或同年底的《禁断妖讹等敕》，都一再对长发聚众严加禁断。

第18—20行，这条格文的基础是武则天长安二年（702）七月廿八日的敕文，其针对的，是"诸山隐逸人""广聚徒众"的现象。唐代的隐逸人来源颇广，儒释道各种思想背景的人都有。许多隐士其实只是为了获取更大的名声，才入山隐居的，而名声本来就是唐代入仕的一个重要依据，因此在唐代才出现了卢藏用这类"随驾隐士"。唐长孺先生认为格文中的"规避"是指规避赋役，而"敕条所指的有所'规避'的山林隐逸人实即是逃亡人民"。[③] 唐先生对"规避"的解释自无疑义，不过说这些"广聚徒众"的隐逸人是那些逃亡人民，可能求之过深，因为逃亡人民在唐代文献里都被称为"逃户"，而不会将其与那些山人、隐士相混同。其实，作为隐逸人，想要获取更大名声，"广聚徒众"正是必经之路，徒众的数量是衡量其精神影响力的重要指标。在这一点上，隐逸人与高僧、高道甚至大儒是一致的。从格文来看，国家对这些隐逸人要比"长发"宽松些，只要不是故意规避赋役，隐逸人不需要被禁断，但仍严禁其"广聚徒众"。

第21—23行，这条格文的基础是中宗景龙元年（707）十月廿日的一条敕文，针对的是诸州百姓的社邑组织，特别是"排山社"。至于排山社的性质，目前还不十分清楚。土肥义和先生认为排即盾牌之意，排山社是农民们结成的具有武装性质的私社，故政府要加以禁断。[④] 考虑到同卷文书42—48行所载天授二年（691）七月廿七日敕文中关于岭南风俗的描写："所有忿争，不经州县。结集朋党，假作刀排，以相攻击，名为打厾。"[⑤] 则土肥先生的推测有一定道理。在俄藏 Дx.06521 开元二十五年（737）的《格式律令事类》残卷中，又出现了"排山社"，可能是再次重申这一禁令。[⑥] 其实，对于这些聚众的私社，无论是否具有武装性质，国家都会进行打击。例如咸亨五年（674）三月十日诏："春秋二社，本以祈农。比闻除此之外，别立当宗及邑义诸色等社，远集人众，别有聚敛，递相承纠，良有征求。虽于吉凶之家，小有裨助，在于百姓，非无劳扰。自今以后，宜令官司禁断。"[⑦] 显然，

---

① 《唐大诏令集》卷一一三，商务印书馆，1959，第588页。
② 《新唐书》卷五《玄宗本纪》径称开元三年十一月"乙未，禁白衣长发会"（中华书局，1975，第124页），似为一个社邑组织。
③ 唐长孺：《敦煌所出唐代法律文书两种跋》，第27页。
④ 土肥义和「唐・北宋间の『社』の組織形態に関する一考察——敦煌の場合を中心に」『堀敏一先生古稀記念・中国古代の国家と民衆』、汲古書院、1995、第702页。
⑤ 刘俊文：《敦煌吐鲁番唐代法制文书考释》，第279页。
⑥ 参看拙撰《俄藏敦煌 Дx.06521 残卷考释》，《敦煌学辑刊》2001年第1期，第1—13页。
⑦ 《唐会要》卷二二《社稷》，上海古籍出版社，1991，第489页。

早在唐高宗时，就对春秋二社之外的社邑组织加以禁断，因为这类私社虽然以村民互助为宗旨，但毕竟会"远集人众"，于是被以经济原因为名加以禁断。

综观上述三条《户部格》的格文，针对的分别是作为弥勒教徒的"长发"、诸山"隐逸人"和百姓的"排山社"三类人群，其共同点则是"聚众"。格文对此进行了不同程度的禁约与规范，对于佛教异端的弥勒信仰以及百姓的武装私社，格文要求"严加禁断"；而对于隐逸人，如果不是为了逃避赋役，则无须禁断，但仍然严格禁止他们广聚徒众。在这三种情形下，格文是不区分其活动是在白天还是夜晚的。

（四）不断强化的聚众之禁

除了上述《永徽留司格》《神龙散颁刑部格》及开元三年《户部格》之外，唐代前期的许多诏敕都对各类聚众做了限制。在日常生活中，官府对聚众也有十足的警惕，有时甚至会反应过度。

道世《法苑珠林》记载的一则高法眼入冥的故事很有意思：高宗龙朔三年（663）正月二十五日，隋朝名相高颎的玄孙高法眼在回家的路上，被阎罗王派来捕捉自己的鬼卒围追堵截，后来"一鬼捉刀即截法眼两髻，附肉落地。便至西街闷绝，落马暴死。不觉既至大街要路，踟蹰之间，看人逾千。有巡街果毅瞋守街人：'何因聚众？'守街人具述逗留。次西街首即是高宅，便唤家人舆向舍，至明始苏"。[1] 由于高法眼是在长安大街上暴死的，因此很快引起上千人围观，值得重视的是，负责长安治安的巡街果毅首先关心的不是他的死亡，而是因此引起的聚众，显然这才是更有威胁性的事情。

《朝野佥载》记录了一则武则天时代的故事："如意年中，洛州人赵玄景病卒五日而苏。云见一僧与一木，长尺余，教曰：'人有病者，汝以此木拄之即愈。'玄景得见机上尺，乃是僧所与者，试将疗病，拄之立差，门庭每日数百人。御史马知己以其聚众，追之禁左台，病者满于台门。则天闻之，追入内，宫人病，拄之即愈，放出任救病百姓。数月以后，得钱七百余贯。后渐无验，遂绝。"[2] 在这则故事中，赵玄景因一次神奇的机遇，而有了为人疗病的能力，但左台御史马知己考虑的，不是他能为百姓治病，而是因此造成的病人盈门的"聚众"事件，特别是当他疗病是靠神通而非普通医术，这更容易引起官府的警觉。只是因为武则天的亲自过问，赵玄景才得以免祸。

开元十九年（731）六月，玄宗下诏不许度僧，并禁止僧道离开寺观而去山林兰若修炼：

---

① 《法苑珠林校注》卷四六《思慎篇第四十四·感应缘》，第 1413—1414 页。
② 《朝野佥载》卷一，第 3 页。

　　六月己未，诏曰："夫释氏之旨，义归真寂，爰置僧徒，以奉法教。而趋末忘本，摭华弃实，假托权便之门，以为利养之府。徒蠲赋役，积有奸讹。至于浮俗奔驰，左道穿凿，言念静域，浸成逋薮，非所以叶和至理，弘振王猷，宜有澄清，以正风俗。朕先知此弊，故预塞其源，不度人来尚二十余载。访闻在外有三十已下小僧尼，宜令所司及州府括责处分。"又曰："惟彼释道，同归凝寂，各有寺观，自合住持。或寓迹幽闲，潜行闾里，陷于非辟，有足伤嗟。如闻远就山林，别为兰若，兼亦聚众，公然往来，或妄托生缘，辄有俗家居止，即宜一切禁断。"①

在诏书的后一部分，玄宗禁止僧人、道士离开自己所在的寺观，在山林里别建兰若，值得重视的是，此诏针对的不仅是佛教，也包括了道教徒众。此禁令的一个重要的原因就是"兼亦聚众"，这是他们"陷于非辟"即违法的根源。而这些僧道因此在俗家居止，也是聚众的一个潜在因素，早在开元二年（714）七月，玄宗就下诏："如闻百官家多以僧尼道士等为门徒往还，妻子等无所避忌。或诡托禅观，妄陈祸福，事涉左道，深致大猷。自今已后，百官家不得辄容僧尼道士等至家。缘吉凶要须设斋，皆于州县陈牒，寺观然后依数听去，仍令御史金吾明加捉搦。"②可见玄宗早就严禁百官家召僧尼道士至家，有吉凶之事需要设斋，也须先向官府陈牒申请。开元十九年六月的诏书则扩大了禁令的范围，直接严禁僧道人士在所有俗家居止，而不仅是百官之家。这些禁令一以贯之的目的，都是严防这些宗教人士左道聚众，危害政权。

　　天宝七载（748）五月的册尊号大赦文提供了另一些信息："朕每以道元有属，思竭精诚，经教所在，岂忘崇奉。……如闻山林学道之士每被搜括，且法之防邪，本有所以。至于宿宵妖讹、亡命聚众、诱陷愚人，故令禁断。郡县遂一概迫逐，使志道之者（士）不得安居。自今已后，审系清洁，更不得恐动，以废修行。"③在此前后，正是唐玄宗崇道运动的高潮期，他在此年加尊号"开元天宝圣文神武应道皇帝"，在大赦文中，玄宗对杨羲、许翙、许黄民乃至陶弘景等上清派宗师以及张天师都进行了褒奖，令"有司审定子孙，将有封植，以隆真嗣"，并在"诸郡有自古得道升仙之处"置观度道士。在此背景下，才有了赦文对修道者适当放宽政策的文字。在前引开元三年《户部格》中，要求对隐逸人"广聚徒众"进行禁止，似乎之后官府对包括"山林学道之士"在内的隐逸人加强了管理，故"每被搜括"，甚至州县官府对他们"一概迫逐"，使之"不得安居"。到了天宝崇道高潮期，唐玄宗开始放宽对他们的限制，但也只有这些学道的隐逸人才被网开一面。

① 《册府元龟》卷一五九《帝王部·革弊一》，第1925页。《唐大诏令集》卷一一三收录此敕（第588—589页），题为《不许私度僧尼及住兰若敕》，时间则作"开元十九年七月"，文字亦略异。
② 《册府元龟》卷一五九《帝王部·革弊一》，第1922页。
③ 《册府元龟》卷八六《帝王部·赦宥五》，第1022—1023页。此赦文又见《唐大诏令集》卷九，题为《天宝七载册尊号赦》，第52—53页。

当然，这些山林学道之士如果来到都邑，并引发群众性事件，则他们同样会受到官府的严惩。《太平广记》就收录了这样一则故事：

> 唐开元二十四年春二月，驾在东京，以李适之为河南尹。其日大风，有女冠乘风而至玉贞观，集于钟楼，人观者如堵，以闻于尹。尹，率略人也，怒其聚众，袒而笞之至十。而乘风者既不哀祈，亦无伤损，颜色不变。于是适之大骇，方礼请奏闻。敕召入内殿，访其故，乃蒲州紫云观女道士也，辟谷久轻身，因风遂飞至此。玄宗大加敬畏，锡金帛，送还蒲州。数年后，又因大风，遂飞去不返。①

看来唐代两京的治安系多重管理，前引武则天时赵玄景为人疗病的事例中，就是由左台御史马知己将其收押的，在本则故事中，则由河南尹李适之出面，他们对这类事件的第一反应都是"怒其聚众"。《南部新书》亦载此事，不过细节颇有出入，例如这位女冠有了名字"李六娘"，故事发生的地点则为"河南府开元观"，② 这可能更为准确，因为玉贞（真）观在长安辅兴坊，而不在洛阳。这位蒲州的女道士因辟谷轻身，竟随风飞至东都，这自然是一则耸人听闻的神异事件，故造成了"观者如堵"的聚众效果，而这正是官府严禁的对象。于是李适之就下令将其"袒而笞之至十"，可见其手段之严厉。

在禅宗史上具有重要地位的神会和尚，天宝年间北上洛阳弘扬南宗禅法、为其师慧能争夺禅宗正统时，也曾被北宗弟子诬以聚众：

> 天宝四载，兵部侍郎宋鼎请入东都。然正道易申，谬理难固。于是曹溪了义，大播于洛阳；荷泽顿门，派流于天下。然北宗门下，势力连天。天宝十二年，被谮聚众，敕黜弋阳郡，又移武当郡。至十三载，恩命量移襄州，至七月又敕移荆州开元寺。皆北宗门下之所〔毁〕也。③

盛唐时代的两京是北宗的天下，神秀两大弟子普寂、义福在此具有极大的影响力。神会要到洛阳弘法，必然受到北宗僧人的仇视。如宗密记载，在天宝十二载时，他最终被诬"聚众"，这一罪名在唐代是极为严重的指控，因此玄宗将其流放远郡。事实上，佛教说法，必然聚众，这是如神会这样的高僧也难免被人以此罪名控告的原因。

---

① 《太平广记》卷六二《紫云观女道士》，中华书局，1961，第389页。出《纪闻》。
② 钱易：《南部新书》卷丙，黄寿成点校，中华书局，2002，第38页。参看拙撰《帝乡灵宇——唐两京开元观略考》，《首都师范大学学报》2021年第5期，第25页。
③ 宗密：《神会七祖传》，杨曾文编校《神会和尚禅话录》附编，中华书局，1996，第135—136页。

四　唐代中后期的聚众之禁

（一）对僧道非时聚会的限制

唐代中后期，国家的聚众之禁更加严格。略举几例：

> 代宗宝应元年（762）八月癸酉，诏曰："道释二教，用存善诱，至于像设，必在尊崇。如闻州县公私多借寺观居止，因兹亵黩，切宜禁断，务令清肃。其寺观除三纲并老病不能支持者，余并仰每日二时行道礼拜，如有弛慢，并量加科罚（原注：时天下公私等事，多借寺观居止，代宗恐其亵黩，因诏）。"又诏曰："教宗清净，礼避嫌疑，其僧尼道士，非本师教主及斋会礼谒，不得妄托事故，辄有往来，非时聚会。并委所隸官长勾当，所有犯者，准法处分，亦不得因兹搅扰，分明告示，咸使知悉。"[1]

在这道诏书中，主要有两条禁令，一是不许州县公私借佛寺道观居止，二是严禁僧尼道士进行斋会礼谒之外的"非时聚集"。诏书所谓"教宗清净，礼避嫌疑"，其实就是避免因聚众引起国家的怀疑。前引开元十九年诏令是禁止僧道人士居止私家，而宝应诏书前面一条是禁止公私人士居止寺观，这样就从两个方面断绝了僧道与俗人之间的日常联系。[2]宝应诏书的后面一条禁令则是对僧道内部的禁令，不许他们非时聚集，这更是相当严厉的规定。

代宗通常被认为是佛教的重要扶持者，《旧唐书·王缙传》曰："初，代宗喜祠祀，未甚重佛，而元载、杜鸿渐与缙喜饭僧徒。代宗尝问以福业报应事，载等因而启奏，代宗由是奉之过当，尝令僧百余人于宫中陈设佛像，经行念诵，谓之内道场。其饮膳之厚，穷极珍异，出入乘厩马，度支具廪给。每西蕃入寇，必令群僧讲诵《仁王经》，以攘虏寇。苟幸其退，则横加锡赐。胡僧不空，官至卿监，封国公，通籍禁中，势移公卿，争权擅威，日相凌夺。凡京畿之丰田美利，多归于寺观，吏不能制。僧之徒侣，虽有赃奸畜乱，败毁相继，而代宗信心不易，乃诏天下官吏不得箠曳僧尼。"[3]在《不空三藏表制集》中，仍保存着不少度僧、建寺等内容的敕牒与谢表。[4]即便如此，代宗依然严禁僧道内部及他们与俗人的聚会，国家对聚众的高度警惕可见一斑。

《宋高僧传》记载了一件德宗建中（780—783）年间西川地方官对僧人聚众说法的态

———

[1]　《册府元龟》卷五二《帝王部·崇释氏二》，第576页。
[2]　贞元五年（789）三月，德宗又下诏："释道二教，福利群生，馆宇经行，必资严洁。自今州府寺观，不得宿客居住，屋宇破坏，各随事修葺。"显然这种情形屡禁不止。见《册府元龟》卷五二《帝王部·崇释氏二》，第578页。
[3]　《旧唐书》卷一一八《王缙传》，第3417页。
[4]　久曽神昇编『不空三藏表制集』、汲古书院、1993。

度:"释难陀者,华言喜也,未详种姓何国人乎。其为人也,诡异不伦,恭慢无定。当建中年中,无何至于岷蜀,时张魏公延赏之任成都,喜自言我得如幻三昧,尝入水不濡,投火无灼,能变金石,化现无穷。初入蜀,与三少尼俱行,或大醉狂歌,或聚众说法,成将深恶之,亟令擒捉。"[①]难陀作为胡僧,有不少神异法力,日常行事也与众不同,故对于其聚众说法,西川的地方官深为厌恶,于是将其捕获。

《太平广记》卷七二收录了一则题为《骡鞭客》的故事:

> 茅山黄尊师,法箓甚高,于茅山侧修起天尊殿,讲说教化,日有数千人。时讲筵初合,忽有一人排阃叫呼,相貌粗黑,言辞鄙陋,腰插骡鞭,如随商客骡驮者,骂曰:"道士,汝正熟睡耶?聚众作何物!不向深山学修道,还敢谵语邪?"黄尊师不测,下讲筵逊词,众人悉惧,不敢抵牾。良久,词色稍和,曰:"岂不是修一殿,却用几钱?"曰:"要五千贯。"曰:"尽搬破甑釜及杂铁来。"约八九百斤,掘地为炉,以火销之,探怀中,取葫芦,泻出两丸药,以物搅之。少顷去火,已成上银。曰:"此合得万余贯,修观计用有余。讲则所获无多,但罢之。"黄生与徒弟皆相谢,问其所欲,笑出门去,不知所之。后十余年,黄生奉诏赴京,忽于长街西见插骡鞭者,肩一幞子,随骑驴老人行,全无茅山气色。黄生欲趋揖,乃摇手,指乘驴者,复连叩头。黄生但遥楫礼而已。老人发白如丝,颜若十四五女子也。[②]

故事发生的时间不明,不过颇疑这位"茅山黄尊师"正是后来茅山派追认的第十五代宗师黄洞元,在元代刘大彬编《茅山志》卷一一有传,[③]据称他早年与李含光为师友,不过,他之所以出名,是因为一个比自己更早成仙得道的高徒——瞿童。最早记述黄洞元与瞿童故事的文献,当属德宗贞元元年(785)符载所撰《黄仙师瞿童记》,[④]其素材直接来自黄洞元本人的讲述,然则他大约活跃在代宗、德宗时期。

在这则故事中,黄尊师为了在茅山修建天尊殿,于是"讲说教化,日有数千人",可见这种讲经活动规模之大,其性质当为俗讲,其目的则是为了筹集修殿经费。[⑤]值得注意的是,后来为其炼银的神奇人物骡鞭客骂他之语"聚众作何物",而黄尊师及"众人悉惧,不敢抵牾",可见,"聚众"的确为国家所严禁,被斥为聚众显然是严重的指控,故大家都很紧张。

---

① 赞宁:《宋高僧传》卷二〇《唐西域难陀传》,范祥雍点校,中华书局,1987,第512页。
② 《太平广记》卷七二,第451—452页。本条故事出自《逸史》。
③ 刘大彬:《茅山志》卷一一,《道藏》第5册,文物出版社、上海书店、天津古籍出版社,1988,第603页。
④ 《全唐文》卷六八九,第7059页。
⑤ 《云笈七签》卷一一三上《黄尊师》条径称其"起天尊殿,置讲求资",李永晟点校,中华书局,2003,第2473页。

（二）俗讲之禁

到了宪宗时期，国家对僧道聚众的禁令进一步升级，这一次针对的是寺观的俗讲。众所周知，在唐代两京的寺观中，俗讲是佛道二教吸引信众、获取香火的一个重要手段。[①]中晚唐时期，佛教俗讲尤其盛行，而道教俗讲虽不及佛教，但也颇为盛行，韩愈《华山女》长诗描述的正是这样一位善于俗讲的长安女道士，在她出马开俗讲之后，听众都从佛寺涌入道观来听讲，所谓"扫除众寺人迹绝，骅骝塞路连辎軿。观中人满坐观外，后至无地无由听"。[②]敦煌文书中保存的众多佛教讲经文，应该就是俗讲的话本，而"变文之属，则其支裔"。[③]当然其中也有少量的道教讲经文，学界对此已有不少研究。[④]

然而，对于朝廷来说，在天子脚下出现这样的聚众情形，无论如何也是一种潜在的危险，故开始加以禁断。元和十年（815）五月，宪宗下诏：

> 京城寺观讲，宜准兴元元年九月一日敕处分。诸畿县讲，宜勒停。其观察使节度州，每三长斋月，任一寺一观置讲，余州悉停。恶其聚众，且虞变也。[⑤]

从此诏书来看，早在德宗兴元元年（784）九月就曾对京城诸寺观的俗讲有敕处分，可惜具体规定不详。至于诸畿县的俗讲，至此被全部勒停。而全国范围内，也只保留了观察使、节度使所在州的一寺一观，在三长斋月（正月、五月、九月）的俗讲，其他诸州的寺观俗讲则被全部勒停。禁令的出发点在诏书中有明确说明——"恶其聚众，且虞变也"，显然正是担心俗讲聚集的民众成为对抗朝廷的潜在威胁。

赵璘《因话录》记载了一位最负盛名的俗讲僧文淑的事迹：

> 有文淑僧者，公为聚众谭说，假托经论所言，无非淫秽鄙亵之事。不逞之徒，转相鼓扇扶树。愚夫冶妇，乐闻其说，听者填咽。寺舍瞻礼崇奉，呼为"和尚"。教坊效其声调，以为歌曲。其民庶易诱，释徒苟知真理，及文义稍精，亦甚嗤鄙之。近日庸僧以名系功德使，不惧台省府县，以士流好窥其所为，视衣冠过于仇雠，而淑僧最甚，

---

① 关于俗讲的研究极多，早期经典如向达《唐代俗讲考》，收入氏著《唐代长安与西域文明》，读书·生活·新知三联书店，1957，第294—336页。关于俗讲的渊源，参看张弓《中古释门声业述略——从经导到俗讲》，收入氏著《汉传佛教文化演生史丛稿》，社会科学文献出版社，2016，第376—395页。

② 韩愈：《华山女》，方世举编年笺注《韩昌黎诗集编年笺注》卷一，郝润华、丁俊丽整理，中华书局，2012，第10—11页。

③ 向达：《唐代俗讲考》，第310页。

④ 参看周西波《敦煌写卷BD.1219之道教俗讲内容试探》，程恭让主编《天问》丙戌卷，江苏人民出版社，2006，第331—346页；郑阿财《唐五代道教俗讲管窥》，《敦煌学》第27辑，2008年，第331—346页；遊佐昇「道教の俗講に見られる劇場空間」、高田時雄主編『敦煌写本研究年報』第10号、2016、第205—218页。

⑤ 《册府元龟》卷五二《帝王部·崇释氏二》，第579页。

前后杖背，流在边地数矣。①

虽然受到赵璘的鄙视和批评，但也可见文淑在中晚唐长安受欢迎的程度，入唐求法的日僧圆仁就说："城中俗讲，此法师为第一。"②他用生动浅近的故事来讲述佛教经典，通俗易懂，故"听者填咽"，甚至敬宗皇帝也曾前往兴福寺"观沙门文溆俗讲"。③

对于僧尼在三长斋月的俗讲，文宗时又有禁令，其《条流僧尼敕》曰：

> 朕斋居法宫，详念至理。……比来京城及诸州府，三长斋月，置讲集众，兼戒忏，及七月十五日解夏后，巡门家提，剥割生人，妄称度脱者，并宜禁断。④

此敕具体年代不详，不过据圆仁称，武宗会昌元年（841）敕开俗讲，"从大和九年以来废讲，今上新开，正月十五日起首，至二月十五日罢"。可见文宗《条流僧尼敕》发布于大和九年（835），此敕要求禁断所有的三长斋月的俗讲，显然比宪宗的禁令力度更大。

然而，反复的禁令只说明了一个事实，即风尚所在，俗讲之禁实难彻底推行。经历了武宗会昌灭佛之后，宣宗开始复兴佛法，但对俗讲依然有严格的限制。日本入唐求法僧圆珍在《佛说观普贤菩萨行法经记》卷上，就记载了宣宗时官府对俗讲的规定：

> 言讲者，唐土两讲：一俗讲，即年三月，就缘修之。只会男女，劝之输物，充造寺资，故言俗讲（僧不集也，云云）。二僧讲，安居月传法讲是（不集俗人类也。若集之，僧被官责）。上来两寺事皆申所司（京经奏，外申州也。一日为期），蒙判行之。若不然者，寺被官责。⑤

可见，宣宗时的寺院俗讲被置于官府的严格控制之下，两京需要向朝廷申请，而地方寺院则需要向所在州提出申请，获准之后才能举行，且时间都只有一天。

（三）念佛的社邑

除了备受欢迎的都邑寺观的俗讲之外，唐代民间更多的是以僧人为中心，聚集百姓的

---

① 赵璘：《因话录》卷四《角部》，《唐国史补·因话录》，上海古籍出版社，1979，第94—95页。
② 圆仁：《入唐求法巡礼行记》卷三，白化文等校注，花山文艺出版社，1992，第369页。
③ 《资治通鉴》卷二四三，敬宗宝历二年（826）六月己卯条，中华书局，1956，第7850页。梅维恒（Victor Mair）先生坚持认为这位"文溆"与《因话录》中的"文淑"并非一人（见氏著《唐代变文：佛教对中国白话小说及戏曲产生的贡献之研究》，杨继东、陈引驰译，中西书局，2011，第156—159页），但学界大多将二者勘同，梅维恒先生的论证并不充分。
④ 《唐大诏令集》卷一一三《条流僧尼敕》，第591页。
⑤ 《大正新修大藏经》第56卷，第227页。

念佛组织。白居易就记载了他所目睹甚至亲身参与的一个规模巨大的"华严经社"：

> 有杭州龙兴寺僧南操，当长庆二年，请灵隐寺僧道峰讲《大方广佛华严经》，至《华藏世界品》，闻广博严净事。操欢喜发愿，愿于白黑众中劝十万人，人转《华严经》一部。十万人又劝千人，人讽《华严经》一卷。每岁四季月，其众大聚会。于是摄之以社，齐之以斋。自二年夏至今年秋，凡十有四斋。每斋，操捧香，跪启于佛曰："愿我来世生华藏世界，大香水海上，宝莲金轮中，毗卢遮那如来前，与十万人俱，斯足矣。"又于众中募财，置良田十顷，岁取其利，永给斋用。予前牧杭州时，闻操发是愿。今牧苏州时，见操成是功。操自杭诣苏，凡三请于予曰："操八十一矣，朝夕迫尽。恐社与斋来者不能继其志，乞为记诚，俾无废坠。"予即十万人中一人也，宜乎志而赞之。噫！吾闻一毛之施，一饭之供，终不坏灭。况田千亩，斋四时，用不竭之征，备无穷之供乎？噫！吾闻一愿之力，一偈之功，终不坏灭。况十二部经，常出于〔百〕千人口乎？况十万部经，常入于百千人耳乎？吾知操徒必果是愿。若经之句义，若经之功神，则存乎本传。若社人之姓名，若财施之名数，则列于别碑。斯石之文，但叙见愿，集来缘而已。宝历二年九月二十五日，前苏州刺史白居易记。[①]

显然，这是一个以杭州龙兴寺僧南操为核心的佛教社邑，以聚众念《华严经》为主要活动，"每岁四季月，其众大聚会"，在斋会仪式上，要捧香在佛像前发愿往生华藏世界。在从长庆二年（822）到宝历二年（826）不过四年的时间里，这个"华严经社"动员的僧俗人众达到惊人的十万人，作为地方长官的白居易也是其中之一。而且，此社邑还"众中募财，置良田十顷，岁取其利，永给斋用"，有了自我运行的经济基础。令人好奇的是，这样一个规模庞大的佛教社邑组织，居然没有引起官府的疑虑，甚至地方长官也加入其中，这或许与白居易本身就是虔诚的佛教徒有关。

然而，并非所有的佛教社邑都如此幸运，《旧唐书·高元裕传》就记载了稍后一起因百姓聚众念佛造成的冤案：

> 开成三年，充翰林侍讲学士。文宗宠庄恪太子，欲正人为师友，乃兼太子宾客。四年，改御史中丞，风望峻整。……寻而蓝田县人贺兰进与里内五十余人相聚念佛，神策镇将皆捕之，以为谋逆，当大辟。元裕疑其冤，上疏请出贺兰进等付台覆问，然后行刑，从之。[②]

---

① 白居易：《华严经社石记》，谢思炜校注《白居易文集校注》卷三一，中华书局，2011，第1834—1835页。
② 《旧唐书》卷一七一《高元裕传》，第4452页。据下文所引《册府元龟》卷五四七的记载，"贺兰进"当作"贺兰进兴"。

如前所述，宗教性仪式中的聚众，往往被国家视为谋逆的渊薮，故被严加禁止。而这种聚众也往往成为恐吓索财的对象。对于这件冤案，《册府元龟》有更为详细的记载：

高元裕为御史中丞，时开成四年，左神策军护军中尉仇士良奏："得百姓赵伦状，告造妖贼贺兰进兴并徒党五十九人，妄说祸福，附会谶书，欲谋大逆，军司追捕推勘，各得伏款。"文宗虑冤滥，召于宣和殿亲自鞫问，然付军司，令于东市狗脊岭集众斩决。元裕上疏，其略曰："伏以左神策军所推妖囚，访闻其徒结党聚众，恣为凶狡，合就严刑，臣亦料军中推穷，必得情实，然狱宜公共，刑贵正名，今刑部、大理皆是陛下掌狱之官，都不关知，便成其狱，三尺之法，无所凭依。伏乞以元恶三人付大理寺重加覆问，若无同异，便正刑书。则凡在中外，皆知事归有司，不废彝典。彰陛下慎刑之意，快兆人共弃之心。臣忝风宪，得议刑政，事关国体，不敢不论。"疏入未报。

起居舍人魏謩上疏曰："臣伏闻传说，官中捕捉造妖徒党，在外人情汹汹，深所不安，恐涉诖误之嫌，或忧爱憎而起。况事出军镇，未经台府，咸怀斯惧，逆不保生，滋蔓傥深，为患不小。今切在早去枝叶，不遣蔓延。呜呼！如事系军人，即委军中推勘，如名该百姓，宜从府县鞫寻，冀各尽情，免称冤死。臣伏以当今圣代，不宜有陷平人，如罪状昭然，始可从法。其间轻重，须有等差，臣窃知陛下近对法官，必将访狱，臣伏想此际，官吏岂能直言！如能直，即皆戴胄之守职也，且狱不在有司推劾，法官亦焉得细知。伏以陛下爱育生灵，不欲一物失所，此则事关刑戮，不可轻易处置。臣深虑旦夕诏下，忽有冤人，既当发生之时，切在审令详覆，成陛下好生之德，契前哲恤刑之心。伏请重敕法司，再令疏理，岂惟全其大体，冀不紊于刑章。"

疏奏，上遽降中使，宣令且停斩决。诏："军司所推鞫妖贼贺兰进兴等五十九人，昨令宰司详覆推状，款验节目，并无参差。缘是妖逆之徒，不同寻常刑狱，便令裁断，冀免停留。今高元裕及魏謩等论奏，请付法司覆问，重慎刑辟，与众弃之，斯亦旧章，雅当依允。其妖贼徒党除白身及官健四人依前军中及仗内推勘，余并宜付御史台重覆，限三日内闻奏。"翌日，台司奏差侍御史王初重覆，与军中所申无差，遂依前敕处置。先是蓝田县百姓贺兰进兴聚集乡村百姓为念佛会，因之妄有妖语，军镇捕捉，横及无辜，以要财贿，贫者多至自诬。及付台之后，皆望有所申明，然而推官怯慑，迎风听从，不敢异同其事，人皆惜之。[①]

---

① 《宋本册府元龟》卷五四七《谏诤部·直谏一四》，中华书局，1989，第1501页。因本卷有宋本留存，且文字与明本颇异，故改用此本。

《册府元龟》的这段引文很长，其重点是御史中丞高元裕、起居舍人魏謩的两篇上疏，关于案件本身的记载反而比较简略。结合《旧唐书·高元裕传》，可知案情大致是这样的：蓝田县人贺兰进兴聚集乡村百姓成立"念佛会"，在斋会念佛仪式中可能有某些不当言论，于是被当地驻守的神策军将士捕获59人，认为他们是要谋逆造反，罪当大辟。军人们为了借机纳财，于是有意"横及无辜"。神策军给此案的定性，就是高元裕疏中所言的"妖囚……结党聚众"、魏謩疏中所谓的"造妖徒党"，以及文宗诏书所谓的"妖逆之徒"。此案起初在宦官掌握的左神策军中审理，高元裕、魏謩都建议文宗皇帝将此案移出军中，交由刑部与大理寺审理。文宗遂下诏，除了几位有军人身份者之外，其他人付御史台重审，可惜侍御史王初不敢有异议，所审与军中一致，于是冤案成立，这些人全被斩决。如前所述，绝大多数宗教仪式都需要聚众，但毫无疑问，此案对于所有进行宗教性聚众的人来说，都敲响了一个警钟，因为一旦被国家认定为结党聚众的妖逆之徒，对其惩罚手段是极其严厉的。

余 论

利用宗教仪式聚集百姓，并借以对抗朝廷，是中国古代反复出现的现象。国家对此极为警惕，总是不遗余力加以约束。隋唐时期，这类禁约的资料显著增多，显然是与隋唐王朝重新统一全国、重建中央集权的国家秩序有关。至晚从隋朝开始，国家律令就对聚众有明确的禁约，故地方官府也有切实执行，僧团对此也有清醒的认识，天台大师智颛遗书中的第五恨即为明证。隋唐时期对于各种类型的聚众也相继出台了诸多限制措施，《永徽留司格》中可能就有了对僧尼俗讲的限制措施，而目前所见《神龙散颁刑部格》与《开元户部格》也都有相关禁令，其对象包括了宿宵行道与白衣念佛的佛教斋会，也有隐逸人的广聚徒众，以及百姓的排山社等社邑组织。

当然，更多的限制措施来自一道道诏敕之中，早在开元之初，唐玄宗就严禁百官家召僧尼道士至家，有吉凶之事需要设斋，也须先向官府陈牒申请。开元十九年则扩大了禁令的范围，直接严禁僧道人士在所有俗家居止，而不仅是百官之家。与此同时，又严禁僧道离开所属寺观去山林兰若修炼。只是到了崇道高潮期的天宝七载，才稍微放宽了对"山林修道之士"的限制。

唐代中后期，国家的聚众之禁更加严格。代宗宝应元年，下诏不许州县公私借佛寺道观居止，并严禁僧尼道士进行斋会礼谒之外的"非时聚集"。从宪宗元和十年到文宗时，又陆续对两京与诸州寺观的俗讲聚众的时间、寺观数量等做出严格规定。对于唐代民间广泛存在的以僧人为中心并聚集百姓的佛教社邑，通常官府并不特别限制，甚至连地方长官也可能参与其中，如白居易与"华严经社"，但一旦被人指控为造妖聚众，则后果不堪设想，蓝田县百姓成立的"念佛会"被处斩 59 人，就是一个极端的例子。

在五代时周世宗灭佛诏书中，除了一些对造寺、出家等的限制措施之外，还特别要求："僧尼俗士，自前多有舍身，烧臂炼指，钉截手足，带铃挂灯，诸般毁坏身体，戏弄道具，符禁左道，妄称变现，还魂坐化，圣水圣灯，妖幻之类，皆是聚众，眩惑流俗。今后一切止绝，如有此色人，仰所在严断，递配边远，仍勒归俗，其所犯罪重者，准格律处分。"①诏书中所提到的"烧臂炼指，钉截手足，带铃挂灯"，系指一些僧人自残身体的现象，它们与那些"还魂坐化，圣水圣灯"的情形一样，都是这些僧人炫人耳目的手段，在朝廷眼里，这些都属于"聚众"，必须严加禁断。

众所周知，日本律令是在学习、吸收唐代律令体系的基础上建立的。特别是唐代的"令"基本上已经散佚，日本的令则完整保存下来，因此数代中日学者在复原唐令时，都借助了日本的《养老令》。那么，唐代律令格式中的"聚众之禁"是否在《养老令》中有所继承？答案是肯定的。《养老僧尼令》第 5 条"非在寺院条"曰：

> 凡僧尼，非在寺院，别立道场，聚众教化，并妄说罪福，及殴击长宿者，皆还俗。国郡官司知而不禁止者，依律科罪。其有乞食者，三纲联署，经国郡司，勘知精进练行判许，京内仍经玄蕃知。并须午以前捧钵告乞，不得因此更乞余物。②

这条令文的核心是对僧尼不在寺院修行，而别立道场聚众教化等行为进行禁止。这与前引开元十九年诏书中"惟彼释道，同归凝寂，各有寺观，自合住持。……如闻远就山林，别为兰若，兼亦聚众，公然往来，或妄托生缘，辄有俗家居止，即宜一切禁断"的规定如出一辙，颇疑此诏书是被编入开元二十五年《道僧格》之后，③又被日本模仿，列入《僧尼令》的。

要言之，隋唐的聚众之禁趋向严厉，反映了国家对宗教性聚众的天然恐惧与警惕，官府总是希望将僧道人士固定于寺观之内，尽量限制他们与俗人之间的联系，更不愿他们与俗人过多往来。这一点，也对日本的律令有所影响。

〔本文原载《文史哲》2022 年第 4 期。作者雷闻，北京师范大学历史学院教授〕

---

① 周世宗：《毁私建寺院禁私度僧尼诏》，《全唐文》卷一二五，第 1255—1256 页。
② 『令义解』卷二「僧尼令第七」『新订增补国史大系』本、吉川弘文馆、1987、第 82 页。
③ 郑显文先生据开元十九年敕及日本令，将其复原为《道僧格》第四条。见氏著《唐代〈道僧格〉研究》，《历史研究》2004 年第 4 期，第 48—49 页。最近，赵晶对《道僧格》与《祠部格》的关系，以及《道僧格》的复原都有了新的讨论，值得重视。见氏著《唐代〈道僧格〉再探——兼论〈天圣令·狱官令〉"僧道科法"条》，《华东政法大学学报》2013 年第 6 期，第 127—149 页。

晚唐五代的军吏与基层治理体系转型

周 鼎

摘 要 晚唐五代的基层治理形态，是理解唐宋社会转型与制度演进脉络的重要一环。唐中后期，随着藩镇体制在内地确立，原先的军事管理体制也被移植到基层治理中。及至唐末五代，各地藩镇在城乡陆续创设了镇、厢、界、管等新型基层区划与管理机构，它们大多脱胎于唐前期军队组织建制。其任职者多为军吏，时人泛称为"节级""所由"。军吏直接统属于藩镇，从职衔上看，多拥有军将职级，或"散试官"等职衔，呈现出军将与胥吏的双重属性。从社会层面看，军吏大多出身本地富户、大姓，通过投身军府，他们获得了产业经营、家族发展的空间。藩镇在构筑基层治理体系时，采取"因地制宜"的策略，将固有社会势力吸纳进入使府，进而以此为媒介，将国家权力有效渗透到基层社会内部。

关键词 晚唐五代 军吏 节级 所由 基层治理

唐宋之际是中国古代地方治理模式的重要转型期。反映在宋代城乡基层管理体制上，表现为既因袭了前代乡、里、村、坊等建制名号，又涌现出管、都、保、社、厢、界等新型区划与组织形态。在制度整合与调适中，宋代基层治理呈现出新旧因素"叠加"与"更替"并存的复杂图景。也因此，上述历史进程一直备受学界关注，已积累了丰硕的研究成果。[①]

但研究中仍存有一些薄弱环节，如在梳理相关制度的演进脉络时，通行思路是以唐前期律令制下的乡里制度为起点，进而直接对照宋代出现的变化。但新的制度不会凭空出世，

---

① 相关学术史详参谭景玉《宋代乡村组织研究》，山东大学出版社，2010，第4—14页。近年包伟民围绕相关问题做过不少新的探索，参《中国近古时期"里"制的演变》，《中国社会科学》2015年第1期；《新旧叠加：中国近古乡都制度的继承与演化》，《中国经济史研究》2016年第2期；《宋代乡村"管"制再释》，《中国史研究》2016年第3期；《说"坊"——唐宋城市制度演变与地方志书的"书写"》，《文史哲》2018年第1期；《名实之间：关于宋代乡里单位文献记载辨析》，《唐宋历史评论》第8辑，社会科学文献出版社，2021，第8—23页；等等。

其萌芽往往可追溯至晚唐五代的藩镇体制。虽然不少学者已关照到这一点，[①] 但因典籍中缺乏对这一时期基层制度的体系性纂述，很多议题仍有进一步探讨的余地。本文以人群与制度的互动为线索，聚焦藩镇体制下的军职胥吏群体，进而对此期基层治理的运作机制做一番钩稽，期能为理解相关历史问题提供有益的思考。

一 "节级"与"所由"：藩镇体制下的基层军吏

在唐前期"州县—乡里"体制下，里正、村正、坊正等里胥负责按比户口、征发赋役、维持治安等基层事务，[②] 与录事、佐史、仓督、市令、白直、典狱等官衙胥吏，共同构成了地方行政的末端环节。在律令官僚制中，这类地方胥吏大多属于杂任、杂职序列，[③] 由州县长官直接从民户中选任，身份、管理体制均与品官存在显著区别。整体来看，唐前期律令体制下，地方胥吏的政治活动空间有限，员额、职权等均受到州县政府严格控制。

唐后期的藩镇体制下，随着地方行政模式的转型，对各类胥吏进行了更为有效的整合。这首先体现为在既有框架外增设大批新型胥吏，其整体组织形态更趋庞大。[④] 在这一过程中，地方胥吏的面貌也发生了很大改观。《唐语林校证》卷一：

> 韩晋公镇浙西地，痛行捶挞，人皆股栗。……公控领十五部人不动摇，而遍惩里胥。或有诘者，云："里胥闻擒贼不获，惧死而逃，哨聚其类，曰：'我辈进退皆死，何如死中求生乎？'乃挠村劫县，浸蔓滋多。且里胥者，皆乡县豪吏，族系相依。杖然一番老而狡黠者，其后补署，悉用年少，惜身保家，不敢为恶矣……"其旨如此……乃置浙东营吏，俾掌军籍，衣以紫服，皆乐为之。潜除莠豪，人不觉也。[⑤]

---

① 日野开三郎最早对晚唐五代藩镇体制下的基层治理、区划形态做过深入研究，参「唐代藩鎮の跋扈と鎮将」『日野開三郎東洋史学論集』第 1 卷、三一書房、1980、第 367—492 頁；《五代镇将考》，收入《日本学者研究中国史论著选译》第 5 卷，中华书局，1993，第 72—104 頁；「城廂制の発展」『日野開三郎東洋史学論集』第 20 卷、三一書房、1995、第 45—103 頁；「五代の監征軍将について」『日野開三郎東洋史学論集』第 12 卷、三一書房、1989、第 393—401 頁。周藤吉之在此基础上续有推进，参「五代節度使の支配体制——特に宋代職役との関係に就いて」『宋代経済史研究』、東京大学出版会、1962、第 573—654 頁。近年来鲁西奇利用买地券中的史料，对晚唐五代的厢、保、都等基层区划的起源进行了新的研究，参《唐宋城市的"厢"》，《文史》2013 年第 3 辑；《中国古代买地券研究》第 3 章 "隋唐五代买地券丛考"，厦门大学出版社，2014，第 176—259 頁。
② 《通典》卷三三《职官·乡党》，王永兴等点校，中华书局，1988，第 924 页。另参张国刚《唐代乡村基层组织及其演变》，《北京大学学报》2009 年第 5 期。
③ 赵璐璐：《唐代县级政务运行机制研究》，社会科学文献出版社，2017，第 30—58 页。
④ 李锦绣：《唐后期的官制：行政模式与行政手段的变革》，黄正建主编《中晚唐社会与政治研究》，中国社会科学出版社，2006，第 91—95 页。
⑤ 王谠撰，周勋初校证《唐语林校证》卷一，中华书局，2008，第 62 页。

韩滉在唐德宗建中年间任浙江东西道节度使，其辖下州县"族系相依"的"乡县豪吏"，应即里正、佐史等地方胥吏。为了有效控制这类人群，韩滉采取的措施是将其编入军籍，"衣以紫服"，授予军将职衔。在唐后期，上述现象相当普遍，时人有言："至德后，方事之殷，乡吏富家，咸俯拾青紫。"[1] 所谓"青紫""紫服"，是胥吏凭"散试官"位阶获得的服色（详后），也是其军将身份的标识，但他们日常负责的还是基层民政事务。[2] 这类新型胥吏广泛分布于各级官僚机构中，学者称之为"吏化军职"或"使府军职胥吏"，[3] 本文则统称为"军吏"。

在晚唐五代基层治理中，军吏是一个相当活跃的群体。但因身份猥杂、职掌琐细，史书中的正面记叙并不多，又因史料语境有别，指称方式也是五花八门。因此，这里首先从制度发生学层面对基层军吏的面貌做一项更为清晰的勾勒。

（一）"节级""所由"的性质与渊源

学者在考察晚唐五代基层行政时，曾注意到一类被称为"节级""所由"的群体频见于诏书、奏议。[4] 试举几例如下，《册府元龟》卷四九四《邦计部·山泽》：

> 宣宗大中元年闰三月，盐铁奏：……准贞元、元和年敕，如有奸人，损坏壕篱，及放火延烧，收贼不获，本令合当殿罚，皆已有条制。今见施行，但未该地界所繇，及无捉贼期。[5]

《五代会要》卷二〇《县令下》：

> （天福）八年三月十八日敕：……如是一乡收到三十或五十户以上，一村收到三户、五户以上者，其本乡村节级等，与免本户二年诸杂差使科配……如乡村妄创户，及坐家破逃亡者……其本府与乡村所由，各决脊杖八十。[6]

《五代会要》卷一二《杂录》：

① 《全唐文》卷三九四《说文字源序》，中华书局，1983，第 4008 页。
② 参宫崎市定「宋代州県制度の由来とその特色—特に衙前の変遷について—」『宫崎市定全集』第 10 卷、岩波书店、1992、第 216—245 页。
③ 陈志坚：《唐代州郡制度研究》，上海古籍出版社，2005，第 115—124 页；李锦绣：《唐后期的官制：行政模式与行政手段的变革》，黄正建主编《中晚唐社会与政治研究》，第 9194 页。
④ 宫川尚志「唐五代の村落生活」『冈山大学法文学部学术纪要』5、1956；舩越泰次「五代節度使体制下に於ける末端支配の考察—所由·節級考—」『唐代両税法研究』、汲古书院、1996、第 373—398 页。
⑤ 周勋初等校订《册府元龟（校订本）》卷四九四，凤凰出版社，2006，第 5603 页。
⑥ 《五代会要》卷二〇，上海古籍出版社，2006，第 320 页。

州城之内，村落之中，或有多慕邪宗、妄称圣教，或僧尼不辨，或男女混居，合党连群……此后委所在州、府、县、镇及<u>地界所由、巡司节级</u>，严加惩刺，有此色人，便仰收捉勘寻。①

从上引文不难看出，在乡村中负责检括逃户、追捕盗贼等事务的吏职，主要是"所由"与"节级"。关于"节级"，舩越泰次根据《韦君靖碑》题名中"应管诸镇寨节级""当州军府官节级"等表述，指出是对兵马使、押衙等军将职级的泛称，②将其理解为带军职的胥吏当无疑义。

至于"所由"，指涉对象则较为复杂。从原始语义来说，"所由"即"所主者"，犹言"相关部门""负责某事之职能部门"；及至晚唐五代，"所由"又常用来指称负责具体事务的胥吏，对此学者已有专门考证。③但值得注意的是，"所由"一词也带有军事色彩，如有称"将校所由"者，④有称"虞候所由"者。⑤因此，"巡检非违、追捕盗贼"的"所由"也可归入军将行列。这类带有军事色彩的"所由"，应起源于唐前期的行军系统与边疆藩镇。《武经总要·前集》卷二《教步兵》："凡士卒动静皆号信旗，吹角一会，点青旗，兵马使、都虞侯集……点赤旗，十将、副将同集。点皂旗，小所由悉集。"⑥又同书卷五《军行次第》："凡军所过，先报所在……虞候并游奕将与地界所由先二十里。"⑦以上史料反映的都是唐前期的军队组织形态。可以看到，"地界所由""小所由"是对兵马使、虞候以下的低级军将的泛称。另外，近年新疆出土的两件军镇文书，经学者缀合、定名为《唐大历十年（775）四月兵曹典成公晖牒》：

1　兵曹

2　当界诸贼路堡铺等

3　牒奉处分：访闻焉耆贼军未解，吐蕃寄情，虑

4　有曜兵，密来此界劫掠。事须散牒所由，切加提

5　撕，以备不虞。谨以牒陈，谨牒。

---

① 《五代会要》卷一二，第199页。
② 舩越泰次「五代節度使体制下に於ける末端支配の考察—所由・節級考—」『唐代兩税法研究』、第373—398頁。
③ "所由"一词的原始语义及其在晚唐五代的流变，除前揭舩越泰次的研究，还可参看周一良《魏晋南北朝史札记·〈魏书〉札记》"所由"条，辽宁教育出版社，1998，第539—540页；蒋礼鸿主编《敦煌文献语言词典》"所由"条，杭州大学出版社，1994，第306页。
④ 《唐会要》卷六八《刺史上》，中华书局，1955，第1204页。
⑤ 《太平广记》卷一二二"乐生"条引《逸史》，中华书局，1961，第864页。另参《全唐文》卷六三四《与本使李中丞论陆巡官状》，其中称"地界虞候"为"所由"（第6404页）。
⑥ 曾公亮等：《武经总要·前集》卷二，《景印文渊阁四库全书》第726册，台北：台湾商务印书馆，1986，第254页。
⑦ 曾公亮等：《武经总要·前集》卷五《军行次第》，《景印文渊阁四库全书》第726册，第292页。

（后略）①

以上是于阗军兵曹典转发给堡、铺等基层军事单位的文书，反映了边疆藩镇的军事指挥机制，其中屯驻堡、铺的下级军将也被统称为"所由"。总之，以"所由"指称军将是由来已久的，应渊源于唐前期的边军系统。

以军吏负责征纳赋税，同样在边疆藩镇中可见端倪。学者研究表明，安西四镇中的于阗地区出土文书中，有一类常驻乡村、负责赋役征发的吏卒，其职务名目有专征官、征债官、征钱官、行官、知事等，他们统属于于阗镇守军及辖下镇戍系统。② 在很多场合，他们也被泛称为"所由"。中国人民大学藏 GXW0173 号文书《某年十一月一日守捉使帖为催征新税牛料事》：

1　守捉使　帖杰谢押官薛驯
2　今年新税牛料青麦壹佰捌硕
3　右件料，前后八度帖所由催促送纳，
4　至今升合不纳。所由宽慢纵放于
5　今。帖至，仰限十日送纳须足。如违，所
6　由追赴守捉科罚。十一月一日帖。

（后缺）③

这件文书是于阗军（坎城）守捉使下发给杰谢镇的帖文。其中提到，守捉使曾"八度帖所由"，责成其征纳"新税牛料"，但迄今未能送纳，因此改帖杰谢镇押官，令督办其事，并订立程限，称"如违，所由追赴守捉科罚"。由此可见，这类"所由"应该直属守捉（或军镇），被派驻在乡村，负责征发赋税。类似性质的文书，在西北出土文书中不止一件，可见这一做法在西北边军中相当普遍，在安史之乱前可能已开始施行。④

唐中后期，随着藩镇体制在内地的确立，原先的军事管理体制也被移植到地方行政中，以判官、兵马使等为代表的使府文武僚佐系统，在职能上部分取代了州县官僚体制。而在基层环节，将带军职的胥吏称为"所由""节级"，同样置于这一脉络下理解——这是军事化

① 中国人民大学博物馆藏 GXW0171 号、GXW0126 号文书，录文据荣新江《新见唐代于阗地方军镇的官文书》，邓小南主编《祝总斌先生九十华诞颂寿论文集》，中华书局，2020，第 366—378 页。
② 参丁俊《有关和田出土的几件粮帐文书》，《西域研究》2014 年第 1 期；《于阗镇守军征税系统初探》，《西域研究》2016 年第 3 期。
③ 图版、录文见庆昭蓉、荣新江《唐代碛西"税粮"制度钩沉》，《西域研究》2022 年第 2 期。
④ 详参庆昭蓉、荣新江《唐代碛西"税粮"制度钩沉》；梁振涛《唐代安西四镇的军镇体制与社会控制》，《中华文史论丛》，待刊。承蒙作者惠示未刊稿，特此致谢。

管理体制向基层渗透、扩张的表征。

及至五代诸政权，因战事频仍，不难想见，基层治理军事化的倾向只会更显突出。日野开三郎注意到此期的"监征军将"，[①] 他们由藩镇委派，越过州县，直接在乡村征收赋税，正是所由、节级的代表。另外，所由、节级的数量也在不断攀升，如后唐长兴年间，青州节度使王晏球奏："臣所部州县，点检到见役节级、所繇等四千五百余人，今留合充役者二千八百人，余并放归农讫。"[②] 人数之巨，可见一斑。

所由、节级的活动事迹在笔记小说中也有生动呈现，试举一例。《续玄怪录》卷四"木工蔡荣"条：

> 中牟县三异乡木工蔡荣者，自幼信神祇。每食必分置于地，潜祝土地……元和二年春，卧疾六七日，方暮，有武吏走来，谓其母曰："蔡荣衣服器物速藏之，勿使人见……有人来问，必绐之曰出矣……"言讫……有将军乘马，从十余人，执弓矢，直入堂中……将军连呼地界，教藏者出曰："诺。"责曰："蔡荣出行，岂不知处？"对曰："怒而去，不告所由。"将军曰："王后殿倾，须此巧匠，期限向尽，何人堪替？"对曰："梁城乡叶干者，巧于蔡荣，计其年限，正当追役。"……有顷，教藏者亦复来，曰："某地界所由也，以蔡荣每食必相召，故报恩耳。"[③]

这则故事虽然荒诞不经，但其中冥司征发徭役，修筑宫殿的情节，显然是现实社会情境的投射。文中说得很明确，这名"地界所由"的身份是"武吏"，他常驻乡村，监视着民众的日常活动。而那名"从十余人，执弓矢"的将军，在现实世界中，则对应着地界所由的上级军将。在发现民户逃亡后，上级军将诘问本乡地界所由，而他因感念蔡荣平日恩惠（贿赂），助其规避徭役。以上或许便是这则志怪故事的历史本相，类似情形在现实社会应该经常发生。

（二）敦煌石窟题记所见基层军吏的类型与职衔

以上是对晚唐五代基层军吏群体的一项概观。这些军吏有哪些具体类型，又带有哪些职衔呢？对此，晚唐五代敦煌石窟供养人题记提供了一个重要的地域样本。为便讨论，今按石窟编号迻录如下：

莫高窟第 98 窟北壁：

① 日野開三郎「五代の監征軍将について」『日野開三郎東洋史学論集』第 12 卷、第 393—401 頁。
② 《册府元龟（校订本）》卷六八九《牧守部·革弊》，第 7941 页。
③ 李复言：《续玄怪录》卷四，程毅中点校，中华书局，2008，第 191—192 页。

（1）节度押衙知南界平水银青光禄大夫检校国子祭酒兼御史中丞上柱国王寿延供养

（2）节度押衙知沙池乡官银青光禄大夫检校国子祭酒兼御史中丞上柱国王富延供养

（3）节度押衙知慈惠乡官银青光禄大夫检校国子祭酒兼御史中丞上柱国王弘正

（4）节度押衙知六街务银青光禄大夫检校国子祭酒兼御史中丞上柱国索再盛

同窟西壁：

（5）节度押衙知赤心乡官银青光禄大夫检校国子祭酒兼御史中丞上柱国□进供养

（6）节度押衙知四界道水渠银青光禄大夫检校太子宾客兼监察御史阴弘正供养

（7）节度押衙知北界平水银青光禄大夫检校太子宾客兼监察御史目员子供养

莫高窟第 427 窟南壁：

（8）故兄节度押衙知平康 乡 务银青光禄大夫检校太子宾□王……

第 431 窟北壁：

（9）故节度押衙知 街 院□事张□□一心供养①

安西榆林窟第 24 窟东壁：

（10）□子衔前正兵马 使 兼本镇乡官张……

第 26 窟东壁：

（11）……兵马使知□□乡官赵黑子一心供养②

晚唐五代归义军治下的河西，与同期中原地区的治理模式不尽相同，但又有诸多时代共性，比如基层治理中军吏群体的活跃。以上诸人都是带押衙、兵马使等职衔的基层军吏，大体可区分为三类。

---

① 以上分见敦煌研究院编《敦煌莫高窟供养人题记》，文物出版社，1986，第 35、44、45、157、166 页。
② 以上分见谢稚柳《敦煌艺术叙录》，上海古籍出版社，1996，第 483、490 页。

其一，第2、3、5、8、10、11例可归为一类，实际差遣分别为"知沙（洪）池乡官""知慈惠乡官""知赤心乡""知平康乡务""兼本镇乡官"等，其中出现的四个乡名均见于出土文书，可确定为晚唐沙州敦煌县下的区划。我们知道，在唐代县以下政务运作中，乡一级并不常设乡长等吏员，一般由里正负责具体事务。[①] 晚唐五代归义军治下的乡里体制与中原地区不尽相同，但将"节度押衙知某乡官（务）"理解为县以下乡级政务的负责人应无疑义，其职能约当唐前期的乡长、里正等，相应的机构为"乡司"。[②] 在征税文书中，他们也属于"所由"的范畴，[③] 例由节度使府直接选补。[④]

其二，第4、9两例可归为一类，具体职掌为"知六街""知街院"，应该负责城中街衢、里坊的治安，类似唐前期的坊正。但他们也拥有押衙等军职，应该跟乡官类似，都直属使府。这与后述"街判司""厢虞候"的职能是相似的。

其三，第1、6、7例中的"南界平水""北界平水""四界道水渠"，则是负责沟洫灌溉设施管理与维护的吏职，所带军将职级都是节度押衙。"平水"在唐前期敦煌地区是一种色役名目，如P.3018《唐天宝敦煌县差科簿》中有寿昌（乡）平水平怀逸、王弘策二人，身份分别为上骑都尉与飞骑尉。[⑤] 从色役到吏职，从勋官到押衙，反映的是基层治理体系的转型，以及乡村胥吏政治面貌的嬗变。

除了押衙、兵马使等军将职级，上述诸人结衔中还有一点非常引人注目，即1—8例中"银青光禄大夫＋检校京官＋兼宪衔"这种组合。[⑥]《容斋续笔》卷五"银青阶"条：

> 唐自肃、代以后，赏人以官爵，久而浸滥，下至州郡胥吏、军班校伍，一命便带银青光禄大夫阶……予八世从祖师畅，畅子汉卿，卿子赝图，在南唐时，皆得银青阶，至检校尚书、祭酒。然乐平县帖之，全称姓名，其差徭正与里长等。[⑦]

① 参孔祥星《唐代里正——吐鲁番、敦煌出土文书研究》，《中国历史博物馆馆刊》第1期，文物出版社，1979，第48—61页；张国刚《唐代乡村基层组织及其演变》，《北京大学学报》2009年第5期。

② 参陈国灿《唐五代敦煌县乡里制的演变》，《敦煌研究》1989年第3期。按，上引题记中"沙池乡"当为"洪池乡"之误。

③ 例证见国图藏BD11181号《天福七年十一月典张环牒》，录文见郝春文《中国国家图书馆藏未刊敦煌文献研读札记》，《敦煌研究》2004年第4期。此处"所由"的指涉对象，参赤木崇敏「帰義軍時代敦煌オアシスの税草徴発と文書行政」『待兼山論叢・史学篇』41、2007。

④ 冯培红曾引用过一件题为《某甲补充节度押衙兼龙勒乡务上大王谢恩状》的出土文书，可证带军衔的乡官确由使府直接选任。参《归义军官吏的选任与迁转：唐五代藩镇选官制度之个案》，香港大学饶宗颐学术馆，2011，第89—91页。

⑤ 录文及相关考释见王永兴《唐天宝敦煌差科簿研究——兼论唐代色役制和其他问题》，《陈门问学丛稿》，江西人民出版社，1993，第72、74、78、79页。

⑥ 冯培红对归义军僚佐中类似职衔组合也有过排比与分析，参见《归义军官吏的选任与迁转：唐五代藩镇选官制度之个案》，第50—67页。

⑦ 洪迈:《容斋随笔・容斋续笔》卷五，孔凡礼点校，中华书局，2005，第275—276页。

据此可知，"银青光禄大夫＋检校京官"是晚唐五代胥吏、军将常见的职衔，也是其身份的标识，这在中唐以降军将的碑志结衔中也多见其例。前文提到，军职胥吏多衣"青紫""紫服"，正是依靠这套职衔所获得的服色。进言之，笔者认为，这类职衔属于唐后期"散试官"的一种类型。据研究，散试官虽带散官、职事官的虚衔，但充任者多为胥吏、军将，没有相应的职权、俸禄与待遇，社会身份上更与流内品官存在天壤之别。[①] 上举题名诸人实际身份都是带军将职衔的乡村胥吏，正与之相符。

总之，晚唐五代基层治理中的"节级""所由"，是对负责赋税征收与追捕盗贼的各级、各类军吏的泛称。他们直属使府或州府，普遍带有军将职级、散试官衔等，负责的多是基层管理事务，身份上呈现出军将与胥吏的双重属性。随着藩镇体制的终结，及至宋代，这类军吏逐渐蜕变为州县衙前职役，相关职掌也成为一种徭役。[②]

二　镇、厢、界、管：新型治理单位的出现

随着治理机制与人员的军事化，晚唐五代城、乡涌现出一系列新型治理单位。这其中最引人瞩目的，是作为藩镇派驻机构的"镇"，其长官称镇将、镇使、镇遏使等，例以兵马使、押衙等军将充任其职。镇源自唐前期的边疆镇戍，中唐以降的藩镇体制下，演变为派驻辖区内州县的常设机构，负责军事防御、追捕盗贼，同时也兼理诉讼、赋税等民政事务，由此逐渐侵夺了原属州县的职权。及至宋代，镇将的职权受到严格限制，一部分军镇升格为县，其余则逐渐演变为商业性市镇。对上述历程，学界已有较为充分的研究，不拟赘述。[③]

镇的层级约等于县，在其他层级，还有若干新型区划与管理单位。城市管理中，如五代成都华阳县有所谓"街判司"，[④] 负责审案断狱等司法事务，应该属于军事系统。此外，晚唐部分治所城市中还出现了"厢"一级区划，并为后来宋代所继承。据研究，"厢"原为指涉方位的名词，而作为城市区划的厢，则直接起源于北朝、隋唐军队系统的左、右厢等建

---

① 散试官的问题，最早由李锦绣提出（《唐代"散试官"考》，《唐代制度史略论稿》，中国政法大学出版社，1998，第198—208页），此后学界续有探讨，但颇有分歧。这主要集中在"散"与"试"的各自职衔形式为何，相关讨论参陈志坚《唐代州郡制度研究》，第97—104页；陈翔《陈翔唐史研究文存》，花木兰文化出版社，2013，第79—81页，注释22。本文对散试官的理解主要根据陈志坚、陈翔之说，即"散官＋兼／试／检校职事官"。当然，碑志中对散试官结衔的书写，往往有所减省，判定是否为散试官，更应关注其实际政治社会身份。

② 参周藤吉之「五代節度使の支配体制——特に宋代職役との関係に就いて」『宋代州県職役と胥吏の発展』『宋代経済史研究』，第573—816頁；唐刚卯《衙前考论》，《宋史论集》，中州书画社，1983，第124—144页。

③ 日野開三郎「唐代藩鎮の跋扈と鎮将」『日野開三郎東洋史学論集』第1巻、第367—492頁；《五代镇将考》，《日本学者研究中国史论著选译》第5卷，第72—104页；『「続」唐代邸店の研究』、私家自印、1970、第336—388頁。周藤吉之「五代節度使の支配体制——特に宋代職役との関係に就いて」『宋代経済史研究』第573—654頁。

④ 《太平广记》卷一二四"郝溥"条引《儆诫录》，第880页。

制。① 也因此，从诞生之日起，厢的管理体制便带有明显的军事色彩。其管理者一般为厢虞候，② 又作"厢吏"，③ 其下又有"厢子巡"④ 等吏员，他们应统属于使府的都虞候，都属于军吏（节级、所由）的范畴。

与镇、厢密切相关的是"界"。学者一般认为"界"是北宋新出现的基层区划，层级在厢之下。⑤ 其实仔细检视史料，这种区划名号起码可以追溯至五代。《北梦琐言》卷三"陈会螳螂赋"条：

> 蜀之士子莫不酤酒，慕相如涤器之风也。陈会郎中家以当垆为业，为不扫街，官吏殴之。……大和元年及第，李相固言览报状，<u>处分厢、界</u>，收下酒旆，阖其户，家人犹拒之。⑥

以上所记虽是晚唐之事，但考虑到《北梦琐言》成书于五代后期，相关情形应理解为五代的基层制度，其中将"界"与厢并举。又，后周显德元年（954）敕："化理之本，孝弟为先……今后或有不仁义之人……不计官、军人、百姓之家，宜令御史台及本军大使、所在州、县、厢、界弹察。"⑦ 也将"界"与州、县、厢并举。可见，五代时期"界"已经成为一种基层治理单位。在晚唐，作为治理单位的"界"也已见雏形，如有一类基层吏职被称为"界吏"，⑧ 有时也称"地界所由"。据《入唐求法巡礼行记》记载，开成五年（840）二月二日，日僧圆仁进入登州城后，"城南地界所由乔汶来请行由，仍书行历与之如左"。⑨ 这里"地界所由"应即"界吏"，他负责盘查过往行客等事务，应属于城厢系统。

以上是城中的"界"。除此之外，还想附带讨论一种设于城外、与藩镇游弈系统相关的"界"。据咸通二年（861）《王楚中买地券》、咸通四年（863）《塔佛顶尊胜陀罗尼经》，王

---

① 参日野開三郎「城廂制の発展」『日野開三郎東洋史学論集』第20卷、第45—103頁；鲁西奇《唐宋城市的"厢"》，《文史》2013年第3辑。
② 相关例证见《太平广记》卷一二四"樊光"条引《报应录》，第874页；《新唐书》卷二二四下《高骈传》，中华书局，1975，第6393页。
③ 相关例证见《北梦琐言》卷九"柳鹏举诱五弦妓"条，贾二强点校，中华书局，2002，第191页；《太平广记》卷三五二李矩条引《北梦琐言》，第2789页。
④ 《旧唐书》卷一八下《宣宗本纪》"大中二年二月"条，第619页。鲁西奇《唐宋城市的"厢"》一文对厢虞候、子巡做过讨论，请参看。但文中将"子巡"理解为"巡官"则不确，按巡官与判官、推官等皆属于使府文职僚佐，而子巡则是军将，应即前引《五代会要》中提到的"街坊巡司""地界所由巡司节级"等。另外，子巡也不限于城厢中，详见本文第三节。
⑤ 鲁西奇：《买地券所见宋元时期的城乡区划与组织》，《中国社会经济史研究》2013年第1期；来亚文、钟翀：《宋代湖州城的"界"与"坊"》，《杭州师范大学学报》2016年第1期。
⑥ 《北梦琐言》卷三，第62页。按，引文划线处标点有所调整。
⑦ 《册府元龟（校订本）》卷六六《帝王部·发号令》，第705页。
⑧ 相关例证见李复言《续玄怪录》卷三"房杜二相公"条、卷四"梁革"条，第179、194页。
⑨ 小野勝年『入唐求法巡礼行記の研究』卷2、法蔵館、1989、第248頁。

楚中、王嗣先后任"漳州押衙兼南界游弈将";^①中和年间，康通信任河西节度押衙、"凉州西界游弈防采营田都知兵马使";^②乾宁二年（895）《韦君靖碑》题名有"节度先锋兵马使充昌元县界游弈义勇使"。^③游弈将（使）以州县边界地带为辖区，身份都是军将，自然属于节级、所由。这类游弈军将源自唐前期的边军镇戍系统，《通典》卷152《兵·守距法》："游弈，于军中选骁果、谙山川泉井者充，常与烽、铺、土河计会交牌，日夕逻候，于亭障之外，捉生问事。"^④又，《武经总要·前集》："凡军所过，先报所在……虞候并游弈将与地界所由先二十里。"可知在唐前期军队建制中，游弈是一个兵种，负责巡逻、侦查等事务，与衙前系统的虞候职能相近。另外，据学者研究，其上有都游弈使、游弈使、游弈副使、游弈都巡官等，管理机构为游弈所、都游弈所等。^⑤

中唐以降，游弈系统既是一种军事建制，也被引入基层治理。这体现为，藩镇在辖下州县派驻游弈将。除前揭几条例证外，据大历十三年（778）《佛顶尊胜陀罗尼石幢赞》后列兴凤两州都团练使僚佐题名，有都游弈将、河池都游弈将、唐□游弈将、□□游弈将、梁泉游弈将、两当游弈将等。^⑥其中河池、梁泉、两当均为凤州属县，其境内置有游弈将，这与镇将的配置形态如出一辙。另外，诸县游弈将之上又有使府都游弈将，这与厢虞候统属于使府都虞候，应基于同样的组织原理。总之，游弈辖界与厢、镇在组织、分布形态上颇有相似之处。不过，游弈将辖"界"多分布于道、州、县等政区的交界地带，属于国家控御力相对薄弱的隙地，这与设于城市之中的"界"存在明显差异。两种"界"是否存在递承关系？游弈将辖"界"是否为稳定的区划单位？这些都还不易断言。

"管"也是北宋初年正式设置的一种基层区划。据史料记载，开宝七年（974）"废乡分为管，置户长主纳赋，耆长主词讼"。^⑦但包伟民已注意到"管"制在唐五代的萌芽，并举出了润州与河南府寿安县的两条例证。^⑧这里还可以再做一些补充，如唐《卢暇妻郑彬墓志》载志主会昌六年（846）卒于郑州荥阳县"丰邑乡刘贺管";^⑨《李柠妻卢氏墓志》载广明二年

---

① 分见鲁西奇《中国古代买地券研究》，第202页；《闽中金石志》卷二《咸通塔佛顶尊胜陀罗尼经》，《石刻史料新编》，台北新文丰出版公司，1982，第1辑第17册，第12672页。按，王楚中卒于咸通二年，其后不久王嗣继任，疑系子承父职。

② 《康通信邈真赞》，郑炳林：《敦煌碑铭赞辑释》，甘肃教育出版社，1992，第114页。

③ 《金石续编》卷一二《韦君靖建永昌寨记》，《石刻史料新编》，第1辑第5册，第3250页。

④ 《通典》卷一五二，第3901—3902页。

⑤ 冯培红：《晚唐五代宋初归义军武职军将研究》，郑培林主编《敦煌归义军史专题研究》，兰州大学出版社，1997，第162—164页；程喜霖：《烽铺考论》，程喜霖、陈习刚主编《吐鲁番唐代军事文书研究·研究篇》，新疆人民出版社，2013，第299—303页。

⑥ 《金石萃编》卷六六《石刻史料新编》，第1辑第2册，第1126—1127页。□中阙字，系笔者据两《唐书·地理志》凤州条所补。

⑦ 徐松辑《宋会要辑稿·职官四八》引《两朝国史》，刘琳等点校，上海古籍出版社，2014，第4321页。

⑧ 包伟民：《宋代乡村"管"制再释》，《中国史研究》2016年第3期。其中润州的事例，系据大历五年（770）《润州福兴寺碑》题名，因文字残损严重，其中的"西□村管"性质为何还不易确定。从本文所举例证来看，"管"集中出现于晚唐，大历年间的碑刻不太可能出现类似区划名称。

⑨ 《唐故登仕郎守舒州怀宁县主簿卢府君君夫人荥阳郑氏志文》，《全唐文补遗》第8辑，三秦出版社，2005，第176页。

（881）葬于"郑州原武县德政乡长城管"；[①]《崔凝墓志》载志主乾宁三年（896）葬于"河南府偃师县亳邑乡土娄管姜村"；[②]《罗亮墓志》载乾宁四年葬于易州"城南约三里易县界燕城乡东陈管"。[③]从地域来看，"管"在各地州县中均有设置，可见已在相当程度上推广。从层级来看，作为一级区划，"管"大多居于乡之下、村之上，可能由自然村整合、归并而成，如上述偃师县土娄管，文献所见该地原有土娄村，[④]置管后至少应辖土娄、姜二村。

囿于史料，唐代管的具体形态还不甚清晰，但准以镇、厢、界的军事化特征，管也应存在类似情形。这是有迹可循的。宋代作为管内"主词讼、盗贼"的耆长，在五代时期便已设置。灭蜀后不久，宋太祖曾下诏：

> 告谕蜀邑令尉，禁耆长、节级不得因征科及巡警烦扰里民，规求财物；其镇将亦不得以巡察盐麹为名，辄扰民户。[⑤]

诏书将后蜀境内的耆长与节级、镇将并举，指责其以征科、巡察为名，滋扰民户。可见耆长的性质、职权与之类似，都属于军吏。[⑥]据此推测，晚唐的"管"很可能也是一种军事化管理机制。[⑦]

综上所考，晚唐五代的藩镇体制下，普遍以军吏负责追捕盗贼、刑讯诉讼、赋役征发等事务，部分取代了里正、村正、坊正的职能。与之相应，晚唐五代在城乡陆续设置了镇、厢、界、管等基层区划与治理单位。[⑧]相比唐前期规整划一、层级分明的乡里制度，上述治理单位虽都统属于使府，但彼此间并没有清晰的科层关系，具体配置情况可能也存在地域差异，呈现出明显的过渡色彩。然而从国家资源汲取的角度来看，作为管理者的军吏直属于使府，相关指令、信息的上传下达可以绕开县甚至州级政府，因此这一垂直的军事化治理体系又是空前高效的。

[①] 《唐故陇西李公范阳卢氏夫人墓志》，《全唐文补遗》第8辑，第229页。

[②] 《唐故博陵崔府君墓志铭》，周绍良、赵超主编《唐代墓志汇编续集》，上海古籍出版社，2001，第1160页。

[③] 《大唐易州上谷郡故罗府君墓志铭并序》，周绍良、赵超主编《唐代墓志汇编续集》，第1163页。

[④] 《唐孝子故庐州参军李府君墓志》，周绍良、赵超主编《唐代墓志汇编续集》，第959页；《唐故夏州馆驿巡官本郡仓曹渤海李君墓志》，《全唐文补遗》第8辑，第188页。

[⑤] 《续资治通鉴长编》卷七"宋太祖乾德四年十月"条，上海师范大学古籍整理研究所、华东师范大学古籍整理研究所点校，中华书局，2004，第180页。参谭景玉《宋代乡村组织研究》，第83—84页。

[⑥] 按《续资治通鉴长编》卷七"乾德四年四月"条："伪蜀时……又有乡将、都将等，互扰闾里，（权知梓州郭）廷谓至，悉除之。"（第169页）这与同年十月诏书申禁的内容彼此呼应，皆系对后蜀基层弊政的厘革，其中提及的乡将、都将，可能正对应耆长、节级。

[⑦] 除此之外，就买地券等资料所见，宋代保（团）、都、社等基层区划名号，在晚唐五代也已悉数出现，这些建制都与基层治理军事化倾向有关。参鲁西奇《中国古代买地券研究》，第254—259页。

[⑧] 需要指出的是，晚唐五代时期，乡、里编制以及里正、村正、坊正等基层吏职并未停废。他们与直属军府的军吏是怎样的关系，还有待进一步研究。本文第三节提供了一些案例，可供参考。

三 《入唐求法巡礼行记》所见晚唐基层治理形态

基层军吏的活动事迹散见于各类文献，但大多是碎片化的记叙，据此很难窥见基层政务运作的具体样态。日僧圆仁入唐巡礼途中的亲身见闻，则从微观层面提供了晚唐军吏及基层事务运作的珍贵史料。① 现将《入唐求法巡礼行记》（以下简称《行记》）一书所载相关史料按地域条列如下，并试做分析。

（一）扬州

圆仁一行于开成三年（838）七月抵达唐朝境内，登陆后第一站是淮南节度使治下的扬州海陵县。《行记》开成三年七月条：

> 二日……未时，到扬州海陵县白潮镇桑田乡东梁丰村。……留学僧等，到守捉军中季赏宅停宿。（后略）
>
> 三日……午时，仅到海陵县白潮镇管内守捉军中村。（后略）
>
> 九日，巳时，海陵镇大使刘勉来慰问使等……相从官健、亲事八人，其刘勉着紫朝服，当村押官亦同着紫衣。（后略）
>
> 廿日，卯毕，到赤岸村。问土人，答云："从此间行百廿 [里]，有如皋镇。"……申时，镇大使刘勉驾马来泊舫之处。②

据圆仁所记，海陵县境内有白潮、海陵、如皋等镇，它们统属于淮南节度使。所谓"镇大使"，实即镇遏使，又称镇将，已见前述。值得注意的是镇以下村的管理体制。《行记》七月二日条记东梁丰村有"守捉军中季赏宅"，三日条记停驻"白潮镇管内守捉军中村"。按，唐人所谓"守捉"，有狭义、广义之别。《新唐书·兵志》："唐初，兵之戍边者，大曰军，小曰守捉，曰城，曰镇。"此其狭义，属唐前期镇戍建制之一。广义而言，"守捉"即镇守、捕捉之意，并非特定建制。吐鲁番出土军事文书所见有"守捉官""守捉健儿"等称谓，其所属建制非一，安史之乱后，内地又有防御守捉使、团练守捉使等军事使职，其中的"守捉"，都是镇

---

① 黄清连、林枫珏曾先后利用《入唐求法巡礼行记》中的史料讨论过相关问题，参黄清连《圆仁与唐代巡检》，《中央研究院历史语言研究所集刊》第 68 本第 4 分，1997；林枫珏《论圆仁笔下的中唐基层行政组织》，《早期中国史研究》第 3 卷第 1 期，2011。但其中对基层军吏的性质认识似不尽妥当。

② 小野胜年『入唐求法巡礼行記の研究』卷 1、第 107—108、119、121、135 頁。

守、捕捉之意。[①]《行记》此处"守捉"居于镇之下，且与"军中"连用，[②]应取其广义，即"驻守于此的军人"。由此我们看到，军镇对基层社会的控制，是以自然村为单位而展开的。

这些"守捉军中"的长官，应即《行记》九日条提到的"当村押官"，他位列镇将之下。按押官，又称押队官，在唐前期的边防体制下，"凡诸军镇，每五百人置押官一人"；[③]行军编制中，"每军，大将一人……每队五十人，押官一人"，[④]可见押官是一种军职。晚唐镇遏使、镇将下，押官同样是一种常设职务，如据咸通十三年（872）《高壁镇通济桥碑》题名，汾州灵石县境内高壁镇有押官、权押官等多人。[⑤]从《行记》的记载来看，村押官是一种常驻乡村的基层军吏，《续玄怪录》"蔡荣"条中提到的"地界所由"，从层级来看，大约就相当于一个村押官，而"从十余人，执弓矢"的将军，可能便对应着此处的镇将。这类镇将下的村押官、守捉军中，构成了乡村节级、所由的最低层级。

《行记》开成三年十一月条：

> 七日，开元寺僧贞顺私以破釜卖与商人，现有十斤，其商人得铁出去，于寺门里逢巡检人，被勘捉归来。巡检五人来云："近者相公（淮南节度使李德裕）断铁，不令卖买，何辄卖与？"贞顺答云："未知有断，卖与。"即勾当并贞顺具状，请处分，官中免却。[⑥]

以上是圆仁在扬州城内的见闻。其中的"巡检人"，应即《旧唐书》所记同期扬州厢虞候辖下子巡。[⑦]据此条可知，虞候系统的子巡，除负责治安、刑讯等，还负责纠察城内违禁物交易。五代时期有"街坊巡司""巡司节级"等，应是由晚唐厢虞候下的巡检人、子巡发展而来。《行记》中还记录了日本使团滞留扬州期间发生的几次类似事件，[⑧]其中提到的"所由"，也应指厢虞候下的巡检人、子巡。

（二）海州

海州是晚唐泰宁节度使辖下支州。《行记》开成四年四月条：

---

① 参程喜霖《吐鲁番文书所见唐代镇戍守捉》，程喜霖、陈习刚主编《吐鲁番唐代军事文书研究·研究篇》，第250—251页。
② "军中"即军人、兵卒之意，"中"是对同类身份人群的复数称谓。参小野勝年『入唐求法巡礼行記の研究』卷1、116页。
③ 《唐六典》卷五《尚书兵部》"兵部郎中、员外郎"条，陈仲夫点校，中华书局，1992，第159页。
④ 《通典》卷一四八《兵·令制》，第3794页。
⑤ 《山右石刻丛编》卷九《高壁镇通济桥碑》，《石刻史料新编》，第1辑第20册，第15125页。或以为押官即押司录事、勾押官，不确，后两者为负责文书勾检工作的胥吏，性质有别。
⑥ 小野勝年『入唐求法巡礼行記の研究』卷1、第259頁。
⑦ 《旧唐书》卷一八下《宣宗本纪》"大中二年二月"条，第619页。
⑧ 小野勝年『入唐求法巡礼行記の研究』卷1、第406、416、417頁。

五日……申时，到宿城村新罗人宅，暂憩息……爰村老王良书云："……只今此村有州牒，兼押衙使下有三四人在此探候，更恐见和尚禁捉入州云云。"思虑之会，海州四县都游[奕]将下子巡军中张亮、张茂等三人，带弓箭来，问从何处来……爰军中等的然事由，将僧等往村长王良家，任军中请，具录留却之由与押衙……爰子巡军中等更加别状，遣报押衙都游奕所。

七日卯时，子巡军中张亮等二人……将僧等去……行廿里，到心净寺，是即尼寺。押衙在此……押衙官位姓名：海州押衙兼左二将、十将、四县都游奕使、勾当蕃客、朝议郎、试左金吾卫张实。[①]

圆仁一行原拟投宿海州宿城村的新罗人家中，但遭到"子巡军中"张亮、张茂等人的盘查。据村长所言，这三人都是押衙所辖军将，他们常驻村中，负责监视当地居民，盘查过往行客（"探候"）。所谓押衙，据后文即张实，其结衔为"海州押衙兼左二将、十将、四县都游奕使、勾当蕃客、朝议郎、试左金吾卫"，治所为"都游奕所"。这一结衔中，"海州押衙、左二将、十将"是其所带军将职级，而"朝议郎、试左金吾卫"则是散试官衔，实际差遣为"四县都游奕使、勾当蕃客"。"四县都游奕使"相比前文提到的漳州南界游奕将等，管辖地域似乎更广，但军将职级相似。"勾当蕃客"这一差遣，则是因海州境内有不少新罗移民的缘故，属于地方性特殊事务。要之，海州四县都游奕使张实也属于节级、所由，但地位明显高于前述村押官等，应与直属使府的虞候、镇将相近。从姓氏来看，张实与其麾下子巡军中张亮、张茂等人似乎是同族，应属于当地有力人户。

（三）登州

登州是圆仁在唐期间除都城长安外滞留最久的地区，关于登州城中地界所由的情况，前文已有涉及。除此之外，圆仁先后两次寄居在文登县青宁乡新罗人村落中，细致记录了当地基层社会的运作实态。《行记》开成四年六月条：

七日……未申之际，到赤山东边泊船。即文登县清宁乡赤山村。山里有寺，名赤山法花院，本张宝高初所建也。长有庄田，以宛（充）粥饭。其庄田一年得五百石米。……当今新罗通事押衙张咏及林大使、王训等专勾当。[②]

---

① 小野胜年『入唐求法巡礼行記の研究』卷1、第48—485、498—499頁。
② 小野胜年『入唐求法巡礼行記の研究』卷2、第50頁。

据上引文，负责文登县青宁乡赤山村管理的是张咏、林大使、王训等三人。其中林大使，具体职衔不详，但大使一词在《行记》中多用作对镇将的尊称。王训，据后文交代是赤山村村长（"村勾当"）。

值得重点分析的是张咏这一人物。圆仁滞留登州期间屡次得到他的接济与庇护，二人交情匪浅，因此《行记》留下关于此人的不少记载。关于张咏的职衔，《行记》中前后记载不尽相同，据会昌五年八月廿七日条，全称应为"平卢军节度同十将、兼登州诸军事押衙、勾当文登县界新罗人户"。[①] 由此可知，张咏既是节度使府同十将，又兼任居住地登州的军事押衙，而具体差遣则是管理文登县境内新罗侨民。这一职衔与前述海州境内的张实颇有相似之处，不同在于，张咏是节度使府十将，张实则为州府。张咏应该是一位专职负责侨民事务的军吏，这又与张实"勾当蕃客"的职掌类似。其辖下还有一些低级"所由"，负责日常细务，[②] 一如前述海州子巡军中张亮、张茂等人。押衙的办公机构为"勾当新罗所，去县东南七十里，管文登县青宁乡"。[③] 青（清）宁乡是新罗人聚居区，作为押衙的张咏，应该也居住在此附近。

张咏与圆仁的交往事例中，透露出军吏与州、县政府间微妙的关系。这在开成五年圆仁申请赴五台山公验，以及会昌五年申请归国时的文书往来中均有集中体现。前者据陈志坚所考，流程依次为：圆仁—押衙—文登县—登州—文登县—押衙—圆仁。乍看之下，押衙张咏似乎是县级政府的下属，但其实这是因为公验这种正式公文的程式所限，作为军吏的押衙没有"判案"的职能。[④] 而在此后会昌五年处理圆仁归国事宜时，《行记》会昌五年八月廿七日条称："大使（张咏）便作状报州：'得文登县牒称，日本国僧圆仁、惟正等二人……'十日后，得州牒云……"[⑤] 由此可见，在日常事务中，张咏的奏状可以越过县令，直达州府。此外，同年十一月，张咏曾亲赴州衙，拜谒新上任的登州刺史，并趁机为圆仁陈说回国事宜。[⑥] 这些迹象表明，张咏虽然"管文登县青宁乡"，但并非县级政府属吏，其与州府的关系要比与县更为紧密，这自然与使府军将的身份密不可分。

余论　军吏与地方社会

以上主要立足制度层面，对晚唐五代的军吏与基层治理体系做了一些考察。因史料零

---

① 小野勝年『入唐求法巡礼行記の研究』卷4、第230页。
② 小野勝年『入唐求法巡礼行記の研究』卷2、第200、214页。
③ 小野勝年『入唐求法巡礼行記の研究』卷4、第229页。
④ 陈志坚：《唐代州郡制度研究》，第118—119页。
⑤ 小野勝年『入唐求法巡礼行記の研究』卷4、第230—234页。
⑥ 小野勝年『入唐求法巡礼行記の研究』卷4、第244页。

散，行文所涉不免琐碎，但相信已初步钩稽出一些此前研究中不甚清晰的制度面相。最后想讨论这样一个问题，即军吏与地方社会是一种怎样的关系？

首先还是以敦煌地区为例。石窟题记中，这类带军将职衔的乡村胥吏大多应出身敦煌本地大族与富户。这是有迹可循的，如第1—3例中的王寿延、王富延、王弘正，画像题名在同列，应该是亲属，甚至兄弟。他们既是使府军将又身兼乡里吏职，显然属于有力家族。此外如第4、6例中的索氏、阴氏均为见于《敦煌名族志》的当地著姓，晚唐五代他们在地方政治中依然非常活跃，如在张氏之后一度执掌归义军大权的索勋。

因占据了实权性基层吏职，这类土豪往往能为自身家族谋取更大的现实经济利益。对此，题记中出现的平水一职颇具代表性。敦煌出土 P.3764《社司转帖》、P.2032《净土寺诸色入破历算会稿》、P.2040《净土寺诸色入破历算会稿》等文书中多次提到一位"罗平水"（"罗水官"）。[①] 罗氏也是晚唐五代敦煌当地的大族，就出土文书、碑刻所见，其同族成员大多是押衙、兵马使、都头等军将，其中罗盈达一门是归义军政权中的头面人物，娶节度使曹议金之女，官至内外诸司马步军指挥使。[②] 文书中的这位"罗平水"家资颇丰，拥有不少庄园田产，同时又与当地大寺院关系紧密，彼此间有木材等物资的贸易往来。学者指出："平水因掌握河渠水利，控制农业命脉，因而往往可以利用手中权力，占有肥沃的良田，进行多种经营，发展庄园经济。"[③] 由此可见，平水已从一种色役名目，发展为藩镇体制下掌握优势社会资源的吏职，因此得到本地土豪青睐。总之，晚唐五代敦煌地区的军吏家族拥有了更多扩大产业经营、提升家族影响力的途径。

上述情形在张咏与文登县当地社群的关系中也有体现。我们知道，文登县赤山法华院的创建者是新罗人张保皋（宝高），他曾任武宁军节度使下军将，圆仁入唐时，已应新罗国王之邀，回国担任清海镇大使。但作为长久以来的在唐新罗人领袖，他在登州、楚州等侨民聚居区还是非常有影响力，麾下押衙崔晕等人以"大唐卖物使"的名义常驻登州一带，从事海上贸易活动。[④] 在此期间，圆仁亦曾受到他的关照，为此，在离开登州前专门向张保皋、崔晕呈状致谢。至于张咏与张保皋等人的关系，《行记》中没有明确记载，但从生平经历来看，他们不乏相似之处。如，二人都是新罗移民中的有力人户，[⑤] 都是节度使府军将，同时

---

① 唐耕耦、陆宏基编《敦煌社会经济文献真迹释录》第3辑，全国图书馆文献缩微复制中心，1990，第319、402、404、405、479、481、482页。
② 参见《罗盈达墓志铭并序》，郑炳林：《敦煌碑铭赞辑释》，第490—492页。整理者在校释4中列举了散见于文书的罗氏成员任职情况，请参看。
③ 冯培红：《唐五代敦煌的河渠水利与水司管理机构初探》，《敦煌学辑刊》1997年第2期。
④ 参见吴在庆校注《杜牧集系年校注·樊川文集》卷六《张保皋郑年传》，中华书局，2008，第672—673页。另参滨田耕策「新羅王権と海上勢力—特に張保皋の清海鎮と海賊に関連して—」『東アジア史における国家と地域』、刀水書房、1999、第448—467頁。
⑤ 据《行记》大中元年六月十日条，圆仁离开楚州新罗坊时"登州张大使舍弟张从彦及娘皆送路"（『入唐求法巡礼行記の研究』卷4、第298頁），是知张咏有亲属居住在新罗人社区，他们一家应为新罗移民。

张咏也从事海上贸易，并曾亲赴日本交易商品。[①]从这些迹象来看，张咏应该是继张保皋后另一位在唐新罗人领袖，甚至可能是其留在唐朝境内的心腹之一。

通过投身藩府，张咏等人获得军将职衔，以此为依托，又为海上贸易以及经营其他产业提供了极大便利。[②]《行记》对此也有透露，如会昌五年圆仁第二次滞留登州期间，"向大使（张咏）请闲静处过冬，本意拟住赤山院，缘州县准敕毁拆尽，无房舍可居，大使处分于寺庄中一房安置，饭食，大使供也"。[③]可见在会昌法难后，原本应收归州县的赤山法华院庄产，实际上已尽数为张咏所支配。此外，为帮助圆仁回国，张咏"从去年冬造船，至今年二月功毕，专拟载圆仁等"，[④]没有雄厚的财力，这是不可想象的。

张咏虽是新罗移民，青宁乡虽为侨民社区，但其中反映的基层治理模式应具有一定代表性。我们看到，藩镇在选任基层军吏时，往往采取"因地制宜"的策略，将固有地方精英吸纳进入体制，赋予其军将身份，进而以此为媒介，将国家权力有效渗透到基层社会内部。作为国家在基层的代理人，军吏为官府催逼赋税、横行乡里，时人有言："所由入乡村，是为政之大弊，一吏到门，百家纳货。"[⑤]他们扮演的角色无异赋税包租人。

〔本文原载《史林》2022年第4期。作者周鼎，扬州大学社会发展学院副教授〕

---

① 近藤浩一「登州赤山法花院の創建と平盧軍節度使・押衙張詠─張保皋の海上ネットワーク再考─」『京都産業大学論集（人文科学系列）』44、2011年。
② 这类从事海外贸易的军职商人，在晚唐沿海地区绝非个例，参前揭拙稿《晚唐五代的商人、军将与藩镇回图务》。
③ 小野勝年『入唐求法巡礼行記の研究』卷4、第240頁。
④ 小野勝年『入唐求法巡礼行記の研究』卷4、第277頁。
⑤ 《全唐文》卷七一五《驳张平叔粜盐法议》，第7345页。

·宋元明清史·

栏目主持：王善军

南宋中后期的土地清查和地籍攒造

戴建国

摘　要　南宋中后期较大规模的土地清查主要有两次，分别为中期始于嘉定十五年的经界和后期始于景定五年的经界推排。嘉定经界以丈量土地法为主；景定经界推排则因国力孱弱，采取变通措施，改为户主自实法。以常熟县为代表的经界法逐块丈量田亩，登记业主、税赋信息，制成核田簿，绘图编号制成鱼鳞图，复经类姓簿类析，再汇总为物力簿，构成一套完整的土地清查作业程序，具有典型意义。鱼鳞图册功效明显，但受多种因素影响，亦存在局限性。南宋中后期的土地清查是对绍兴经界法的完善和发展，土地簿籍制度更趋成熟，对征调赋税、纾解财政困局发挥了重要作用，并对后世田赋制度产生了深远影响。

关键词　南宋　土地制度　经界法　地籍　鱼鳞图

南宋在与金缔结和议的第二年，即绍兴十二年（1142），便开始大规模实施经界法，清查核实土地占有情况，均定赋税，以解决兵燹之后版籍散失、赋税混乱的问题。经界法历经周折，取得实效，为稳定当时社会政治经济秩序发挥了积极作用。[①] 然而随着南宋社会发展、军事战争侵扰，加之吏治不修，作为经界主要成果的版籍簿书逐渐毁失，田赋问题再度出现。距绍兴经界不到30年，袁采就指出："官中虽有经界图籍，坏烂不存者多矣。"[②] 图籍不存严重影响基于土地财产制定的各项制度的正常实施，差役、身丁税、和籴、和买、支移、折变无一不受阻碍。为此，南宋中后期大力推行土地清查和地籍攒造，强化赋税征收，有效

---

①　李心传《建炎以来朝野杂记》甲集卷五《经界法》载："诸路田税，由此始均。"（《全宋笔记》，大象出版社，2019，第69册，第99页）相关研究参见汪圣铎《两宋财政史》，中华书局，1995，第213—214页；何忠礼、徐吉军《南宋史稿》，杭州大学出版社，1999，第171—172页。

②　袁采：《袁氏世范》卷三《田产界至宜分明》，商务印书馆，2017，第152页。据书首刘镇序，可知该书成于淳熙五年（1178）前。

缓解了财政困难、维系了社会秩序、巩固了国家政权。特别是"端平入洛"后，土地清查的成果在经济上为抵御蒙古铁骑的凌厉攻势提供了有力支撑，使处在风雨飘摇中的南宋朝廷得以继续维系40余年之久。

南宋中后期开展的土地清查和地籍攒造，是绍兴开创经界法及鱼鳞图簿制度以后的完善和发展，进一步促进了地籍体系的优化和成熟，使之更具管理效能。这是唐宋社会转型后，在以土地资产为宗的新赋役体制下，南宋政府改革簿籍制度，调整监管重心，加强土地管理所取得的重要成果，对元明清诸王朝的田赋制度产生了深远影响。不少学者对此做过探讨，[①] 但因宋代国史、会要只修至宁宗朝，宁宗以降的传世文献相当匮乏，至今仍有不少问题尚未达成一致认识。为此，本文试在已有成果基础上，就南宋中后期土地清查和地籍攒造再作探讨，旨在厘清以下几个问题：南宋中后期有无较大规模的土地清查？清查的田亩数字如何获得？土地簿籍怎样攒造？清查举措有何特点和历史作用？

一　南宋中后期的土地清查

南宋中后期的土地清查名称不一，有"经界""经量""推排""自实"等多种说法。土地清查的总体思路是参照绍兴经界法原则，由地方官员组织施行，根据当地实际情况，或对原有经界成果加以修复缀补，或予以改进创造。因相关文献记载残缺不全，以致现有研究成果对该时期土地清查的叙述较为散乱，未能理出清晰脉络。一般认为，南宋经界是区域性的、由地方官员断断续续实施的，朝廷似乎没有统一安排。其实不然。南宋中后期较大规模的土地清查主要有两次，分别为始于嘉定十五年（1222）的经界和始于景定五年（1264）的经界推排。在这两次大规模土地清查之间，还夹杂着数次小规模的清查活动。

（一）始于嘉定十五年的南宋中期经界

嘉定十五年南宋朝廷开始实施的经界，起于两浙东路婺州兰溪。《宋史·食货志上一》载：

> 知婺州赵忿夫行经界于其州，整有伦绪，而忿夫报罢。士民相率请于朝，乃命赵师岩继之。后二年，魏豹文代师岩为守，行之益力……历三年而后上其事于朝。[②]

---

① 主要成果参见梁庚尧《南宋的农村经济》，台北：联经出版事业公司，1984，第267—271页；何炳棣《南宋至今土地数字的考释和评价（上）》，《中国社会科学》1985年第2期；苗书梅等《南宋全史·典章制度卷》，上海古籍出版社，2012，下册，第51—63页；周曲洋《量田计户：宋代二税计征相关文书研究》，博士学位论文，中国人民大学，2017；《"结甲自实"与"打量画图"：南宋经界法推行的两种路径》，《学术研究》2021年第7期。

② 《宋史》卷一七三《食货志上一》，中华书局，1977，第4179页。

此段纪事承上文嘉定八年之后，似说婺州经界始于八年，完成于十年。然何炳棣据明人苏伯衡所撰《核田记》指出，此次经界实际完成于嘉定十七年。①但何时开始仍不甚清楚。《宋会要辑稿》载有嘉定十四年臣僚关于婺州推行经界的奏言，云知州赵忽夫"经界兰溪，颇见端绪"，然遭势家豪右阻挠驱逐，继任者陷于困境，故建议"本州所宜精选一二公明谨厚之吏，置局是邑，日与知县重加审订……则自来年为始，先行之诸邑"。奏言被朝廷采纳。②据此可知，"来年"即指嘉定十五年，是为朝廷诏令婺州正式推行经界之时间。

据万历《金华府志》载，赵忽夫于嘉定十年知婺州，十二年三月由俞应符接替。赵师岩嘉定十四年知婺州，魏豹文十六年继任。也就是说，早在嘉定十年赵忽夫已开始在婺州兰溪自主推行经界，但遇阻受挫。到十五年，朝廷下诏支持婺州经界，复经赵师岩、魏豹文等不懈努力，取得了一定成果。《宋史·食货志上一》所谓"历三年而后上其事于朝"，实际是从嘉定十五年朝廷下诏开始起算，至十七年完成。《金华府志》云："义乌县，宋嘉定十七年经界，官民田土共三千九百八十六顷二十亩一角三十三步。"③所谓义乌县"嘉定十七年经界"，亦可证实之。

不过值得注意的是，"历三年而后上其事于朝"，乃指婺州大部分属县完成经界，而非全部。婺州下属有金华、义乌、浦江、东阳、兰溪、武义和永康7县，由于阻力较大，至嘉定十七年经界尚未完毕，如最早推行经界的兰溪县延迟4年方才完成。④又如东阳县，嘉泰初至开禧元年（1205）曾推行过经界，此番经界延迟至绍定二年（1229）方才完成。⑤此外，受各方面客观条件影响，婺州各县经界的开始时间也有先后，如金华"嘉定十六年诏修复经界"。⑥实际推行的时间晚于朝廷诏令的嘉定十五年。

无论是《宋史·食货志》还是《宋会要辑稿》的记载，反映的都是婺州经界，这容易使人产生误识，以为嘉定经界只在婺州推行。事实上，在诏令婺州经界的同一年，南宋朝廷即下令在更大范围内推行经界。《宋史·宁宗纪四》云嘉定十六年"秋八月辛巳，诏州县经界毋增绍兴税额"。此诏令旨在告诫州县不得借行经界之名妄增税额。细绎其意，不难看出

---

① 何炳棣：《南宋至今土地数字的考释和评价（上）》，《中国社会科学》1985年第2期，第150页。
② 《宋会要辑稿·食货七〇》，上海古籍出版社，2014，第8179—8180页。
③ 万历《金华府志》卷一一《官师·宋知婺州军事》、卷六《田土》，《四库全书存目丛书》，齐鲁书社，1996，史部，第176册，第621、548页。
④ 万历《金华府志》卷六《田土》载："兰溪县，宋绍定初修复经界。"（《四库全书存目丛书》，史部，第176册，第541—542页）
⑤ 孙德之《东阳县推排纪要序》载："嘉泰初，天子以东阳郡赋调不均，民与苦甚，有司修复经界……绍定二年，今京尹大司徒赵与忽莅斯邑，本《周官》族间法校比其民……奸吏猾胥不得一摇手于其间。"（曾枣庄、刘琳主编《全宋文》卷七六九四，上海辞书出版社、安徽教育出版社，2006，第334册，第163页）
⑥ 魏了翁：《鹤山先生大全文集》卷八〇《从义郎胡君墓志铭》，《四部丛刊初编》，上海书店，1989，第206册，第17页a。

经界在嘉定十六年之前已经开始。此诏令并未提及推行区域，推测应是针对所有行经界州县的。咸淳元年（1265），监察御史赵顺孙在回顾经界历程时，远举绍兴经界，近据嘉定为例，言"嘉定以来之经界，时至近也，官有正籍，乡都有副籍"。① 由于未言特定地区，故其所指当非区域性的。

当时距绍兴经界已过 70 余年，原先制定的簿籍不堪为用。虽有零星州县推行过经界，但缺乏统一举措，南宋朝廷若要维护正常赋税征收秩序，则必须再进行一次有统一部署的大范围土地清查。《嘉定赤城志》载："按绍兴十八年李侍郎椿年建行经界……今七十有五载，猾胥豪民相倚仗为蠹，赋役庞乱，遂有举行前说者焉。"赤城即两浙东路台州，此地自绍兴经界以来首次开展土地清查，所见"猾胥豪民相倚仗为蠹，赋役庞乱"颇能说明推行经界的原因。该志又云"往岁宁海、黄岩尝行之矣，临海、仙居则方行而未备也"；并记黄岩县"经界田九十三万九千一百六十三亩一角三十步"、宁海县"经界田三十八万五千三十二亩三角七步"。② 台州有 5 县，宁海、黄岩县当在嘉定十六年实施并完成了经界，其他属县经界则在实施中。

南宋《名公书判清明集》所载范应铃的两份判词，提供了两浙路以外推行经界的实证。其中《章明与袁安互诉田产》曰：

> 准使、州行下，经量田产，明示约束，各以见佃为主，不得以远年干照，辄因经量，妄行争占。王文去年买入袁安户田，虽是见行投印，而袁安上手为业已久。近因经量，章明乃赍出乾道八年契书，欲行占护，且契后即无印梢，莫知投印是何年月。契要不明，已更五十年以上，何可照使？③

其中提到，他根据上级路、州指示，"经量"田产。从契书投印时间推断，应为嘉定十六年事。该判词未提及在哪些地区推行经界，但另一件涉及"经量"的判词却载有明确地点：

> 照对颖秀乡二十三都有周通直、赵少傅两户，官物连年不纳，无可追催……使、州见行经量约束，应有冒耕，许人陈告，从条给佃。④

所见颖秀乡"经量"应发生在嘉定十六年前后。颖秀乡隶属崇仁县，⑤ 范应铃于嘉定十三年

———————————

① 《宋史》卷四〇《宁宗纪四》，第780页；卷一七三《食货志上一》，第4181页。
② 陈耆卿：《嘉定赤城志》卷一三《版籍门》，中国文史出版社，2004，第233—235页。
③ 《名公书判清明集》卷四《章明与袁安互诉田产》，中华书局，1987，第111页。
④ 《名公书判清明集》卷四《胡楠周春互争黄义方起立周通直田产》，第113—114页。
⑤ 《宋史》卷八八《地理志四》，第2190页。

至十六年任崇仁县知县，①史载其"校版籍之欺弊，不数月省簿成"。②据此可知，崇仁县所属之江南西路于嘉定末年亦实行经界法。

除江南西路外，与其毗邻的江南东路信州永丰县，亦于嘉定末推行过经界法。③嘉定十七年，大理评事胡梦昱轮对札子云：

> 以江东、西诸县推之，他处未必皆然。今日之经界，借使无弊，而书手之害未去焉，不数年间其弊又将如故矣……不特经界之已行者不至于弊，经界之未行者亦可许之首正而革其弊矣。④

胡梦昱所论，可佐证嘉定十七年前后江南东、西路诸县皆在推行经界。《宋会要辑稿》《宋史·食货志》所载嘉定经界，只提婺州而不言其他地区，显然存在疏失。

始于嘉定末的经界法，由于各地实际情况不同，开始推行和最终完成时间不一，所以容易使人产生该次经界不连贯、朝廷也未作统一部署的错觉。事实上，推行经界的程序十分复杂，遇到的阻力和困难相当大，对此已有学者做过分析。⑤由于地方既得利益势力的阻挠，部分地区经界进展缓慢，延迟到理宗宝庆、绍定年间者有之，至端平二年（1235）才告完成者亦有之。如潜敷为抚州金溪县所撰《宝庆修复经界记》载："经始于丙戌之仲冬，竣事于戊子之孟秋。"⑥金溪与上文所述已行经界法的崇仁同为抚州属县，隶江南西路，其经界始于丙戌年（宝庆二年，1226），竣于戊子年（绍定元年，1228）。同样完成于绍定年间的，还有由两浙东路处州松阳县知县王圭和丽水县知县林棐主持的经界，⑦以及由江南西路吉州吉

① 弘治《抚州府志》卷一七《名宦》载范应铃"嘉定十三年以宣教郎知崇仁县"（《天一阁藏明代方志选刊续编》，上海书店，1990，第48册，第252页）。谢旻等撰《江西通志》卷一七《学校·崇仁县儒学》载，嘉定十六年崇仁县令为范应铃（《景印文渊阁四库全书》，台北：台湾商务印书馆，1986，第513册，第575页），当是其续任也。

② 《宋史》卷四一〇《范应铃传》，第12345页。

③ 徐元杰在回答宋理宗有关经界法问题时曰："臣居信州，有永丰县亦行之。上曰令为谁？奏云何克忠。"（《梅野集》卷一《进讲日记·四月十二日进讲》，《景印文渊阁四库全书》，第1181册，第610页）清代改永丰县为广丰县。据乾隆《广信府志》卷九《秩官·广丰县》载，嘉定年间任永丰知县者依次为吴鲁卿、折思问、臧元士、何克忠、周兴贤（哈佛大学燕京图书馆藏本，第23页a）。嘉定共有17年，依此排序可推知永丰县经界约在嘉定十五年至十六年。

④ 胡知柔：《象台首末》卷二《嘉定甲申正月二十二日轮对第一札·贴黄》，《景印文渊阁四库全书》，第447册，第24—25页。

⑤ 苗书梅等：《南宋全史·典章制度卷》下册，第56—69页。

⑥ 潜敷：《宝庆修复经界记》，弘治《抚州府志》卷一二《版册·田亩》，《天一阁藏明代方志选刊续编》，第47册，第730页。

⑦ 成化《处州府志》卷三《名宦·丽水县》载："林棐，永嘉人，绍定间知县……举行经界法，搜括隐漏，第其田之高下、肥瘦，立五等则例以起输，遂为不易之制。"（日本国立国会图书馆藏本，第29页b）卷一〇《纪载·松阳县经界记》云："经始于绍定二年冬十月，讫于四年之夏五月。"（第11页a）

水县丞李登主持的经界；^①而完成于端平二年的则有平江府常熟县、嘉兴府华亭县。

杜范所撰《常熟县版籍记》云："绍兴经界逮今未百年，田额仅存，籍之在官者漫不可考。"^②袁甫所撰《华亭县修复经界记》载："盖自绍兴经界，迄今百年，官无版籍，吏缘为奸。"^③两处记载只提绍兴经界，丝毫未提嘉定末推行的经界，因此可将常熟、华亭两县完成于端平二年的经界，连同绍定年间完成的多地经界，一并看作南宋嘉定末统一推行的经界活动。面对支离破碎的文献记载，只有将始于嘉定十五年、终于端平二年的经界连为整体看待，才能厘清南宋中期推行经界的脉络，明了各地陆续实施的经界活动并非各行其是，而是从属于嘉定末开始的统一经界安排。

另值得注意的是，四川利州路的土地清查，因吴曦事件，早在嘉定初期就已经推行。^④荆湖南路在南宋中期动乱不定，"蛮夷叛服不常，深为边患"。^⑤史载"嘉定元年，郴州黑风峒猺人罗世传寇边，飞虎统制边宁战没，江西、湖南惊扰"，^⑥"时盗罗世传、李元砺、李新等相继窃发，桂阳、茶陵、安仁三县皆破，环地千里，莽为盗区"。^⑦其影响一直延续到绍定时期，"时湖南被兵，列城震恐"。^⑧在此局势下，荆湖南路乃至广南东、西路很难推行经界。

南宋政权建立之后，与金冲突不断，有些地区因战事持续，不便推行经界。据史书记载，淮南东路、淮南西路、京西南路、荆湖北路沿边四路地区及贫瘠州，绍兴年间都没有推行经界。^⑨南宋自宁宗嘉定十年颁布伐金之诏后，战事频仍，因此嘉定末经界推行区域不会超过绍兴经界的范围，主要集中在两浙东、西路和江南东、西路。

（二）始于景定五年的南宋末经界推排

南宋朝廷于嘉定末推行的经界对纾解国家财政问题起到一定作用。约30年后，各地又出现版籍不明、税收失调的现象，迫使朝廷不得不再次考虑行经界法。淳祐十一年

---

① 谢旻等《江西通志》卷六七《人物·南昌府二·李登》载："绍定乡荐授末阳主簿……再调吉水丞。经界方行，核田高下以定则等，赋均而民乐办。"（《景印文渊阁四库全书》，第515册，第334—335页）

② 杜范：《清献集》卷一六《常熟县版籍记》，《景印文渊阁四库全书》，第1175册，第735页。"田额"，原作"田旧"，据孙应时纂修、鲍廉增补、卢镇续修《琴川志》卷一二《常熟县端平经界记》改（《宋元方志丛刊》，中华书局，1990，第1268页）。《常熟县端平经界记》即《常熟县版籍记》。

③ 袁甫：《蒙斋集》卷一四《华亭县修复经界记》，《景印文渊阁四库全书》，第1175册，第499页。

④ 李心传：《建炎以来朝野杂记》乙集卷一六《关外经量》，《全宋笔记》，第70册，第251—252页。

⑤ 《宋史》卷四九四《蛮夷传》，第14194页。

⑥ 《宋会要辑稿·蕃夷五》，第9902页。

⑦ 《宋史》卷四一○《曹彦约传》，第12341页。

⑧ 谢旻等：《江西通志》卷六七《人物·南昌府二·李登》，《景印文渊阁四库全书》，第515册，第334页。

⑨ 《文献通考》卷五《田赋考五》，中华书局，2011，第120页。

（1251），宋理宗下诏，令"信、常、饶州，嘉兴府举行经界"。[①]不过此举遭到大臣反对。[②]第二年五月，"罢诸郡经界……初，故相清之奏行经界于六郡，会玉山饥民啸哄，言者归咎焉"。因此，财赋问题未能获得妥善解决。三年后的宝祐二年（1254）十二月，殿中侍御史吴燧言："州县财赋版籍不明，近行经界既已中辍，欲令州县下属县排定保甲，行手实法。"理宗遂下诏："先令两浙，江东、西，湖南州军行之。"[③]所谓"手实法"，即经界手实法。然而，因有人将其与敛财苛政挂钩而抨击之，故很快又被罢止。[④]宋理宗两次下诏经界皆旋行旋罢，反映了南宋朝廷持续面临财政压力和推行经界困难重重。

虽然如此，仍有部分地区陆续落实了土地清查，如宝祐六年两浙西路严州知州谢奕中奏请行经界。《景定严州续志》载："宝祐乙卯行手实，不及境。戊午知州谢奕中奏请修明经界之旧，有旨谕之。"[⑤]此外，两浙西路的常州也推行了经界。《咸淳毗陵志》载宝祐年间，常州"前政知郡赵屯田重行修明经界"。[⑥]景定四年三月，理宗"诏知宁国府赵汝梅推行经界，不扰而办，职事修举，升直华文阁，依旧任"。[⑦]赵汝梅在江南东路宁国府推行经界属于自发式的举措，为缓和当地社会矛盾、增加地方财政收入奠定了基础。

随着宋蒙战争日趋紧张，财政压力持续加重，引发了南宋最后一轮土地清查活动，史称"经界推排"。关于这次经界始于何时，未见宋人明确记载。《宋史·食货志上一》谓咸淳元年监察御史赵顺孙奏言经界法，云"今之所谓推排，非昔之所谓自实也"。[⑧]透露出当时经界已在实施。咸淳三年，司农卿兼户部侍郎季镛奏言行推排法："臣守吴门，已尝见之施行。今闻绍兴亦渐就绪，湖南漕臣亦以一路告成。窃谓东南诸郡皆奉行惟谨。"同样反映出当时多地正在积极推行经界。季镛于咸淳元年十月任平江知府，"三年正月迁司农卿权户部侍郎"，[⑨]他称在任职平江府时看到实行推排法，也就是说在咸淳元年十月前当地已经开始经界。咸淳四年二月右正言刘黻上《论经界自实疏》曰："朝廷有令于郡县，亦既阅三载矣。"[⑩]由此上溯三年，知朝廷经界之令当为景定五年出台。明吕邦耀《续宋宰辅编年录》谓

---

① 《宋史》卷一七三《食货志上一》，第 4180 页。

② 黄淮、杨士奇编《历代名臣奏议》卷三一二《灾祥》，兵部侍郎牟子才上疏条，上海古籍出版社，1989，第 4037 页。

③ 《宋史全文》卷三四《宋理宗四》，中华书局，2016，第 2814 页；卷三五《宋理宗五》，第 2839 页。

④ 《宋史》卷四○九《高斯得传》云："朝廷行自实田，斯得言：'按《史记》，秦始皇三十一年，令民自实田。主上临御适三十一年，而异日书之史册，自实之名正与秦同。'丞相谢方叔大愧，即为之罢。"（第 12326 页）

⑤ 钱可则修，郑瑶、方仁荣纂《景定严州续志》卷二《税赋》，《宋元方志丛刊》，第 4366 页。

⑥ 史能之纂修《咸淳毗陵志》卷二四《财赋·夏租》，《宋元方志丛刊》，第 3168 页。

⑦ 《宋史》卷四五《理宗纪五》，第 884 页。

⑧ 《宋史》卷一七三《食货志上一》，第 4181 页。

⑨ 同治《苏州府志》卷五二《职官》，《中国地方志集成·江苏府县志辑》，江苏古籍出版社，1991，第 8 册，第 494 页。

⑩ 刘黻：《论经界自实疏》，曾枣庄、刘琳主编《全宋文》卷八一五七，第 352 册，第 398 页。

景定五年九月，"贾似道请行经界推排法于诸路，由是江南之地尺寸皆有税"。①《续文献通考》载："景定五年行经界推排法。始行于平江、绍兴及湖南路，遂命诸路漕帅皆施行焉。"②这两则记载亦可佐证之。此次经界推排法于翌年（咸淳元年）次第施行。新发现的徽州富溪程氏《高岭祖茔渊源录》所抄咸淳元年《开化县给付坟仆自承由帖》曰：

> 照对本县准使、府帖，备恭奉朝省指挥，举行推排。③

"朝省指挥"为宋代公文习语，指朝廷命令，这里指景定五年经界推排令。由此可知，隶属两浙西路衢州的开化县于咸淳元年实施此令。

除开化县外，江南西路建昌军南丰县也在咸淳年间实行土地清查，"宋咸淳中，南丰行自实法，凡有田者各书其户之顷亩、租收实数悉上于官，以为版籍"。④所行"自实法"即为经界推排法。此外，江南东路建康府也在推行经界推排，"咸淳元年，上元、江宁两县推排，和买比旧额各有增数"。⑤又元代《丽水县学归田残碑》有"查照本都亡宋咸淳二年推排核实田亩"之文，⑥证明处州丽水县于咸淳二年同样在进行经界推排。明人苏伯衡记述，婺州金华县于"咸淳丙寅"（咸淳二年）有推排核田的举措。⑦上述季镛奏言亦云，咸淳年间绍兴、湖南等地区曾积极实施经界推排法。度宗咸淳六年八月诏曰："郡县行推排法，虚加寡弱户田租，害民为甚，其令各路监司询访，亟除其弊。"⑧考其问题指向，应是全局性的。易言之，咸淳年间推行的经界是大范围的。

景定、咸淳时期实施的经界推排是南宋最后一次大范围土地清查。通过土地清查，朝廷纠正兼并之家和贪吏影占田土、走弄税钱的混乱局面，重新确立了土地管理秩序。徐元杰回答理宗问询"经界可行否"时言："此非一手一足之力，上要朝廷主盟，次要监司郡守推行，下则县令与僚佐身亲履亩，日夜究心，又得乡井士民协力为之，庶几积日可成。"⑨纵观南宋中后期土地清查活动，可知该论切中肯綮。不仅如此，南宋中后期推行的土地

① 吕邦耀：《续宋宰辅编年录》卷一八《理宗》，徐自明撰，王瑞来校补《宋宰辅编年录校补》附录，中华书局，1986，第4册，第1673页。
② 《续文献通考》卷一《田赋考·历代田赋之制》，商务印书馆，1936，第2773页。
③ 程超宗编《（安徽休宁县）富溪程氏祖训家规、封邱渊源合编》，清宣统三年（1911）夏日五知堂录藏，上海图书馆家谱馆藏本，第106—107页。该材料的抄录源于明代弘治、正德年间富溪程氏主仆诉讼案。相关讨论参见冯剑辉《宋代户帖的个案研究》，《安徽史学》2018年第3期；黄忠鑫《寄庄户的成立与长期延续——徽州富溪程氏家族宋元明文书考析》，《中国经济史研究》2021年第6期。
④ 刘埙：《南丰郡志序目》，李修生主编《全元文》卷三四五，江苏古籍出版社，1997，第10册，第312页。
⑤ 马光祖纂修，周应合纂《景定建康志》卷四○《田赋》，《宋元方志丛刊》，第1994页。该志修成于景定二年，然卷四○《田赋》后所附六则咸淳年间记事，事关马光祖判词，疑为马光祖门人、属吏修纂时增入。
⑥ 国家图书馆善本金石组编《辽金元石刻文献全编》，北京图书馆出版社，2003，第2册，第1048页。
⑦ 苏伯衡：《苏平仲文集》卷六《核田记》，《四部丛刊初编》，第251册，第22页b。
⑧ 《宋史》卷四六《度宗纪》，第905页。
⑨ 徐元杰：《梅野集》卷一《进讲日记·四月十二日进讲》，《景印文渊阁四库全书》，第1181册，第610页。

清查活动还对后世产生深远影响，其清查成果成为元代江南地区土地登记和税收征缴的依据。

二　南宋中后期土地清查数字的来源

关于南宋土地清查数字的来源，何炳棣认为，"经界数字并非得自履亩勘丈"，而是"一贯地实行田主自行陈报亩角并自行绘制丘块示意图"。该论断包括南宋中后期经界法，认为端平年间常熟经界乃"一切根据传统的自实原则"完成的。[①] 栾成显对此提出不同看法，认为绍兴经界的土地数字源于实地丈量。[②] 那么，南宋嘉定、景定两次土地清查数字来源究竟为何？

先看嘉定末经界。嘉定十五年臣僚奏请婺州行经界法，云：

> 今日经界当以绍兴为法，申敕守臣行下属县，各令乡里公举老成之人，勉率都保打量，不得妄有需索。所至地段，仰管佃人先立牌号，委是何人产业……所有量到亩步帐数，类申州郡，差官点覆。[③]

朝廷从之。据此奏请，可以判断婺州经界是通过与业主配合，用丈量法清查土地的。孙德之《东阳县推排纪要序》云："嘉泰初……有司修复经界，胥一郡之人执牙步，相土毛，蒲伏阡陌陇亩中，历数年，更两太守，而仅于成。"[④] 所执"牙步"为丈量工具，可见"有司"需参与丈量土地的工作。又，抚州金溪《宝庆修复经界记》载：

> 未几推排令下，乃进耆老而谋焉，咸曰："非经量不可。"亟请命于庙堂，于是稽绍兴之故规，参婺、台之近例，僚友叶心，乡官效力，周行畎浍，亲展尺度，揆量既定，簿正一新。[⑤]

金溪县接到实施推排法命令后，征求当地耆老意见，认为仅实施推排不足以解决问题，而须丈量土地，因此向朝廷请示后推行。"周行畎浍，亲展尺度"，反映了金溪县清查土地乃遵循绍兴经界规制，到田头沟边实地丈量亩步。这与上述婺州所行经界法的情形相同。

---

① 何炳棣：《南宋至今土地数字的考释和评价（上）》，《中国社会科学》1985 年第 2 期，第 138、140、150 页。
② 栾成显：《鱼鳞图册起源考辨》，《中国史研究》2020 年第 2 期，第 91—98 页。
③ 《宋会要辑稿·食货七〇》，第 8180 页。
④ 孙德之：《东阳县推排纪要序》，曾枣庄、刘琳主编《全宋文》卷七六九四，第 334 册，第 163 页。
⑤ 弘治《抚州府志》卷一二，《天一阁藏明代方志选刊续编》，第 47 册，第 730 页。

《常熟县版籍记》云："按绍兴成法，参以朱文公漳州所著条目，随土俗损益之……田若地标氏名、亩步于塍间，验而实者，因而书之，否则量而会之……其履亩而书也。"① 其"履亩"者，谓丈量田亩。对此，徐元杰在淳祐四年与宋理宗讨论经界法时言：

> 近日南剑守臣黄自然陈便宜事状，内一项请修正砧基簿，此却简要易行，省得履亩，无变更走弄。上曰："履亩如何变更？"奏云："谓如每乡都经量后，难得税钱恰恰如数，或多或欠，必须改正，才改正便奸弊，此其所以难成。"②

徐元杰解释称，履亩须经量，复杂难成。常熟县经界与朱熹在漳州行经界的方法类似，朱熹所撰《晓示经界差甲头榜》载："打量纽算，置立土封，桩摽（标）界至，分方造帐，画鱼鳞图、砧基簿及供报官司文字应干式样。"③ 标识田土业主姓名和亩步是经界的必要步骤，可提高勘验效率，与丈量并不矛盾。由于官府所藏簿籍漫漶不可考，故所谓"验而实者"之"验"，唯有实地丈量，别无他途。丈量之法计算麻烦，这是论者怀疑南宋经界数字并非源自丈量的理由。不过，朱熹在漳州经界时创造了一种简便方法："乡在临漳，访问打量算法，得书数种，比此加详。然乡民卒乍不能通晓，反成费力。后得一法，只于田段中间先取正方步数，却计其外尖斜屈曲处，约凑成方，却自省事。"④ 依此法丈量，效率大为提高。常熟经界参照了朱熹之法，又有所改进，若再加以推广，丈量成效势必显著。

经界除丈量土地，还需绘制鱼鳞图，即根据田地形状，画出田形图。鱼鳞图所示土地鳞次栉比，⑤ 如果单取散户田块图，恐怕无法完成，因此绘制鱼鳞图必须掌握整个保的田土情况。朱熹在《经界申诸司状》中谈到鱼鳞图的制作："图帐之法，始于一保。大则山川道路，小则人户田宅，必要东西相连，南北相照，以至顷亩之阔狭、水土之高低，亦须当众共定，各得其实。"⑥ 何炳棣认为，南宋经界先由业主自行陈报画图，都保等参考原有图籍，核对当时丘亩，最后编成鱼鳞图册。殊不知，业主自行陈报之画图乃一户之田图，零散不成片，加之百姓所绘不规范、不准确，很难将其整合成一幅四至方位紧密相连、鳞次栉比的鱼鳞图。唯有按保实地勘察丈量，才能绘成鱼鳞图。总之，嘉定末常熟经界主要是通过丈量土地获得数据来攒造版籍的。

当然，因各地情况不同，土地登记不全采用丈量清查法，也有自行陈报的情况。如

---

① 杜范：《清献集》卷一六《常熟县版籍记》，《景印文渊阁四库全书》，第1175册，第735—736页。
② 徐元杰：《梅野集》卷一《进讲日记·四月十二日进讲》，《景印文渊阁四库全书》，第1181册，第610页。
③ 朱熹：《晦庵先生朱文公文集》卷一〇〇《晓示经界差甲头榜》，《朱子全书》，上海古籍出版社、安徽教育出版社，2002，第25册，第4624页。
④ 朱熹：《晦庵先生朱文公文集》卷五一《答黄子耕》，《朱子全书》，第22册，第2384页。
⑤ 参见汪庆元《明清鱼鳞总图汇考——以徽州鱼鳞图册为中心》，《历史研究》2015年第6期。
⑥ 朱熹：《晦庵先生朱文公文集》卷二一《经界申诸司状》，《朱子全书》，第21册，第959页。

《华亭县修复经界记》载：

> 置围田局，募甲首，给清册，命之曰抄撩。匿者露，虚者实……则以礼属乡官，分任其责，不履亩，不立限，不任吏。每都甲首，乡官择之；每围清册，甲首笔之。田之顷亩，昭然可观。①

华亭县"不履亩"而用募甲首之法清查土地，并给清册，命甲首抄写整理。所谓募用"甲首凡八千八百八十有一"，②即采取民户自陈和甲首核查相结合的方法。此外，如杜正贞所指出的，对于一些亩数较大的山林，因丈量技术有限，"其实是没有经过丈量的估算数字，或者至少这种丈量并不是用弓尺度量的方式完成的"。③然总体而言，南宋中期经界以丈量为主，少数采以业主自实法。

再来讨论景定经界的土地清查方式。南宋末的经界推排与一般意义上的核查财产、升降户等有所不同，是朝廷为解决宋蒙战争造成的财政税赋紧缺问题，而特别下令推行的以土地清查为核心的核田定税法。正如梁庚尧所言，此次推排"为简易的经界法"。④另有学者认为，"'推排'是介于'经界'和'自实'之间的一种折中办法"。⑤《宋史·食货志上一》载有咸淳年间监察御史赵顺孙、司农卿兼户部侍郎季镛对经界的认识，赵顺孙言：

> 经界将以便民……且今之所谓推排，非昔之所谓自实也。推排者，委之乡都，则径捷而易行；自实者，责之于人户，则散漫而难集。嘉定以来之经界，时至近也，官有正籍，乡都有副籍，彪列旷分，莫不具在，为乡都者不过按成牍而更业主之姓名。若夫绍兴之经界，其时则远矣，其籍之存者寡矣。因其鳞差栉比而求焉，由一而至百，由百而至千，由千而至万，稽其亩步，订其主佃，亦莫如乡都之便也。⑥

季镛认为，以往经界、自实不行的原因在于官吏不任事，同时肯定了推排法"委之乡都"的价值："不过以县统都，以都统保，选任才富公平者，订田亩税色，载之图册，使民有定产，产有定税，税有定籍而已。"⑦

据赵、季两人所言，似乎南宋末推排采用的是介于经界与自实之间的乡都核实法。周

---

① 袁甫：《蒙斋集》卷一四《华亭县修复经界记》，《景印文渊阁四库全书》，第 1175 册，第 500 页。
② 杨瑾：《经界始末序略》，嘉庆《松江府志》卷二○《田赋志》，《续修四库全书》，上海古籍出版社，2002，第 687 册，第 478 页。
③ 杜正贞：《明清以前东南山林的定界与确权》，《浙江社会科学》2020 年第 6 期，第 122 页。
④ 梁庚尧：《南宋的农村经济》，第 269 页。
⑤ 参见苗书梅等《南宋全史·典章制度卷》下册，第 62 页。
⑥ 《宋史》卷一七三《食货志上一》，第 4181 页。
⑦ 《宋史》卷一七三《食货志上一》，第 4181—4182 页。

曲洋认为，赵顺孙之所以舍自实法而强调推排法，是因为以保甲为单位，令人户结甲供通、互相纠告，再通过基层联户组织层层上报的效率更高。[①] 实际上，赵顺孙的主张还有另外一项重要内容，即认为嘉定以来的经界簿籍"莫不具在"，"为乡都者不过按成牍而更业主之姓名"。由于自实法被诉为敛财苛政，遭到朝野人士抨击，景定五年遂改用"推排"之名。不过，正如宝祐二年殿中侍御史吴燧所说，当时"州县财赋版籍不明"，[②] 所以赵顺孙的想法实施起来相当困难。他不了解州县所存版籍成牍制定于30多年前，已与民户实际占有田产及承担赋税的状况不相符合，不能用作核实田土情况的依据。因此，赵顺孙和季镛主张的乡都核实，只不过是南宋末期土地清查的辅助程序，各地推行经界法时限于财力，不得不依靠自实法。

宝祐六年，两浙西路严州建德县推行经界，知县潜说友"遂询金谋宾，乡望严选任。曾不期月，而九乡二十一都各以其籍来上"。[③] 开庆元年（1259），福建路汀州知州胡太初奏行经界云："臣谓经界之法未易轻议，自实之令委为可行，欲望朝廷持赐札下令，照两浙体例奏行自实，仍以其式颁下。"[④] 从潜说友所言建德县经界法及胡太初所言"照两浙体例奏行自实"，不难看出当时所谓经界采取的就是自实法。除两浙西路外，其他路分亦不例外。前引刘埙《南丰郡志序目》载："宋咸淳中，南丰行自实法，凡有田者各书其户之顷亩、租收实数悉上于官，以为版籍。"南丰属江南西路建昌军，也推行自实法。咸淳四年右正言刘黻所上《论经界自实疏》曰：

> 申经界之政，以整齐天下，顾何所不可？而归之于推排者，虑经界之行，不可以不察，察则扰；不可以不要之于久，久则玩；于是求其易简而可行者，有推排之法在。实而田产，正而赋税，若秦法令黔首自实田之意，不过仿昔人经界之遗意。籍则自置，赋则自陈，各实其所自有，而不堕于以有为无，以多为少之弊……臣谓宜使郡责之县，县责之乡，原管产若干，精选乡隅官任责稽考，俾户户登载，无隐漏，无诡挟。[⑤]

他认为推行经界法容易产生细察则扰、久则轻慢的问题，而推排法因其简便所以可行，"籍则自置，赋则自陈，各实其所自有"，"乡隅官任责稽考"，故谓"经界自实"。这是对南宋后期经界法的精准定义。

景定经界推排借鉴了绍兴经界时王铁所倡自实法。宝祐二年理宗问大臣："自实之法施

① 周曲洋：《"结甲自实"与"打量画图"：南宋经界法推行的两种路径》，《学术研究》2021年第7期，第150页。
② 《宋史全文》卷三五《宋理宗五》，第2839页。
③ 钱可则修，郑瑶、方仁荣纂《景定严州续志》卷二《物力》，《宋元方志丛刊》，第4367页。
④ 《永乐大典》卷七八九五《汀州府·丛录·汀州志》，中华书局，1986，第4册，第3673页。
⑤ 刘黻：《论经界自实疏》，曾枣庄、刘琳主编《全宋文》卷8157，第352册，第398—399页。

行如何？"谢方叔等奏："自实即经界遗意，惟当检制吏奸，宽其限期，行以不扰而已。"① 王铁的做法是，"既不行打量画图，造纳砧基簿，止令人户结甲供具，委是易于措置，不扰于民"。"结甲供具"即自行供具田产、税赋，实际就是自实法。同时，王铁还辅之以保甲连保，"令逐都保先供保伍帐，排定人户住居去处。如寄庄户，用掌管人，每十户结为一甲。从户部经界所立式，每一甲给式一道，令甲内人递相纠举，各自从实供具本户应干田产亩角数目、土风水色、坐落去处、合纳苗税则例，具帐二本"。② 即不仅要求民户以结甲帐供具田亩、税赋，而且令保甲内人互相纠举。

徽州《富溪程氏祖训家规、封邱渊源合编》抄录的两件文书，对于研究南宋末期经界推排法具有重要价值，兹先迻录《开化县给付坟仆自承由帖》于下：

> 开化县推排专局地字一伯六十七号，照对本县准使、府帖，备恭奉朝省指挥，举行推排，务令着实。如有隐漏、诡挟、飞寄，定照常平条令施行。本县除已行下诸都团结保甲，令据各都申到外，合出给自承由子，付官、民户。仰便照已发式样，立土峰牌由伺候。都保审实，如式书填草由，付人户收执，凭此各置砧基两本，将户内但干产业开具，并行自佃、税色于内。不能书算，听从都保，从大小保甲里辖保明，付之总督，着实点对，保明缴纳于县，印押。乙本留县，乙本参对草由，换给真由，并付业主永远收执。如外州县客产，业主不在本县，即仰佃、干执催，一体施行，却与宽限办集。空无产之人，即称无产，见住何人地屋，或佃何人田土，亦仰从实供具，限五日先次缴申元由，亦须都保保明，从总督类申。不得违滞此（者——引者补）。
>
> 右给自承由子，付第九都五保　户。准此
>
> 指挥，虔恪奉行，毋致自贻罪戾。
>
> 咸淳元年十二月　日给　知县操　县丞洪③

这是一份由官府统一印制的颁给人户的推排告知书，开列了推排程序和注意事项。告知书登记有字号，"地字"当以保为单位编排。开化县设有推排专局，作为组织机构实施推排。推排的流程是：首先，由各都结保甲，颁发给民众"自承由子"；其次，民户根据统一要求，立"土峰牌由"，自供田产、业主信息，不丈量土地；再次，民众书填"草由"，都保审核后还付民众；复次，民众凭"草由"置立两本砧基簿，经本保甲保明付总督；最后，砧基簿核实后缴县钤印，一本留县，一本与自承"草由"参对核实，并将"草由"换成"真由"，作为土地凭证发给民众。总之，开化县推排采取的是自实申报为主，辅以结甲担保纠察的土

---

① 《宋史全文》卷三五《宋理宗五》，第 2841 页。

② 《宋会要辑稿·食货七〇》，第 8174、8173 页。

③ 程超宗编《（安徽休宁县）富溪程氏祖训家规、封邱渊源合编》，第 106—107 页。

地清查模式。

在上引帖文后，还收录由业主程知县坟仆刘四二提交的《坟仆供报屋产状》，详细供报了程知县的田亩信息。这两份资料十分清晰地展示了南宋末期经界推排法的实施内容和操作程序。当时，设推排专局推行推排、发放自承由帖、自实陈报田产，应是衢州甚或两浙西路的统一安排，具有普遍意义。

综上所述，南宋中后期土地清查所采方式分为两种，始于嘉定末的经界以丈量土地法为主，始于景定末的经界推排以自实法为主。丈量法虽然比较彻底，但耗费大量人力物力，执行成本高，在南宋末年国力日衰、财政日益吃紧的状态下难以持久。于是，南宋朝廷因时制宜，在尽量不影响社会生产的前提下，采取简易的自实申报、配以结甲纠举的方式清查土地。

三　土地簿籍的攒造和地籍体系的完善

以往学者较多关注绍兴经界攒造的鱼鳞图和砧基簿，而对南宋中后期的土地簿籍不太重视。其实，这一时期出现了有别于绍兴经界的簿籍，对南宋乃至后世土地管理能力的提升均具有重要意义。

南宋中后期的代表性土地簿籍，当属常熟经界中所造者。杜范《常熟县版籍记》载：

> 五十都，都十保，其履亩而书也，保次其号为核田簿，号模其形为鱼鳞图，而又粹官、民产业于保为类姓簿，类保、都、乡于县为物力簿。①

其中提到4种簿图：核田簿、鱼鳞图、类姓簿、物力簿。以下，对这4种簿图分别作具体探讨。

其一，核田簿。以保为基本单位丈量田亩，登记业主和税赋信息，对田块编字号，是为核田簿。绍兴"经界之法，每都分为十保，保自有字号"。②据栾成显考证，绍兴经界时，打量图帐已有田土流水字号，字号次序取自《千字文》。③《名公书判清明集》所涉买卖契约字号与现存南宋徽州实物地契字号，④都可从《千字文》中找到原文。尚平指出，砧基簿采用分级编定字号的方法标识田地丘块，同时与都保区划相联系，构成四级编号模式，且在

---

① 杜范：《清献集》卷一六《常熟县版籍记》，《景印文渊阁四库全书》，第1175册，第736页。
② 舒璘：《舒文靖集》卷下《再与前人论荒政》，《景印文渊阁四库全书》，第1157册，第545页。
③ 栾成显：《鱼鳞图册起源考辨》，《中国史研究》2020年第2期，第104—106页。
④ 《名公书判清明集》卷四《罗琦诉罗琛盗去契字卖田》《吴肃吴镕吴桧互争田产》，第102、111页；卷五《揩改文字》，第154页；张传玺主编《中国历代契约粹编》，北京大学出版社，2014，上册，第445—446、448—449页。

字号后再附数字序号标识田地丘段。^①不过，砧基簿的字号应该来自先前打量而成的鱼鳞图簿。从常熟经界法看，土地号分为两级。常熟县 9 乡有 50 都，每都 10 保，计 500 保。县以保为单位，参照《千字文》文字顺序，统一分配编制字号，使每保字号在一乡之内具有唯一性。在保字号之后，再配二级数字序号。如景定五年项永和所卖地为"土名下坞食字号四十八号夏（下）山一亩"，^②"食"是保字号，"四十八"是序号。由于字号代表某保，保之上有都，某都保土地不会与其他都保土地相混淆，所以有保字号和数字序号两级编号即可。人户、土地一旦登记在册，便可据号索查，不易遗漏。地块编号是宋人的发明，不仅被用于土地监管，还广泛使用于土地买卖契约，有效保证了土地交易市场的有序运转，并为后世土地清查登记所沿用。

其二，鱼鳞图。在丈量田块的同时，根据田块形状，画出田形图，并依次标上与核田簿相同的保字号和数字序号，制成鱼鳞图。鱼鳞图的特点是所绘田土丘块相连，反映整个保的田土情况，而单一田块图则相对分散，难以与核田簿一一对应。鱼鳞图是编了号的形示图，它与核田簿共同构成以田为母、以人从田的图簿地籍体系。鱼鳞图的绘制与核田簿的攒造应同步进行。

元明时期有"流水簿""流水册"，而宋代文献不载"流水簿（册）"之名，但所谓"流水簿"应该就是鱼鳞图簿中的"簿"，而核田簿"当为流水册在宋代的称呼"。^③陈高华指出，"流水簿和鱼鳞图一样，亦可追溯到宋代"。但为何叫"流水簿（册）"呢？陈高华认为，或许"流水册"是某一地区的自然土地图形。^④梁方仲则解释为"意即近于今日活页之装订"。^⑤可是，装订成活页的簿册远不止核田簿一种，何以单称核田簿为"流水簿"？笔者认为，既然核田簿不是按田产多寡区分等级高下，那便与"以物力高下定为流水通差"的差役法无关。^⑥核田簿以地为母登记信息，著录田块亩步、税赋，与鱼鳞图相呼应，自然以号数为序逐块登记。分册装订时，每册封面上标注自几号始至几号终，依号架阁存档，便于查找核对。所谓"流水"者，盖一、二、三、四数字之流水号也。明人危素谓元代余姚州核田后攒造的核田簿为"画田之形，计其多寡以定其赋，谓之流水不越之簿"，^⑦"流水不越"即指数字有序排列。"流水簿"实际是后人起的比较形象的俗称。正如"鱼鳞图"，在绍兴经界法所绘田图中也不叫这个名称，同样是因其酷似鱼之鳞、梳之齿而得名。

其三，类姓簿。类姓簿以保为统计单位，以核田簿为蓝本，将一保之内各户田土、业

① 尚平：《南宋砧基簿与鱼鳞图册的关系》，《史学月刊》2007 年第 6 期。
② 参见张传玺主编《中国历代契约会编考释》，北京大学出版社，1995，上册，第 538—539 页。
③ 周曲洋：《"结甲自实"与"打量画图"：南宋经界法推行的两种路径》，《学术研究》2021 年第 7 期，第 155 页。
④ 陈高华：《元朝的土地登记和土地籍册》，《历史研究》1998 年第 1 期，第 19 页。
⑤ 梁方仲：《明代鱼鳞图册考》，刘志伟编《梁方仲文集》，中山大学出版社，2004，第 289 页。
⑥ 《宋会要辑稿·食货六六》，第 7875 页。
⑦ 危素：《说学斋稿》卷一《余姚州核田记》，《景印文渊阁四库全书》，第 1226 册，第 656 页。

主、税钱信息抄出，再按姓氏分类制成册簿。其特点是"以姓为别，欲求其人，于姓下稽之即得"。[①] 周曲洋指出绍兴经界时已制类姓簿，这无疑是正确的。

嘉定时，常熟、金溪和婺州三地经界都攒造类姓簿，并非偶然现象，而是沿袭绍兴经界的传统。但他认为，宋代砧基簿是类姓簿的副本，由类姓簿分拆而成，作为田产和赋税的凭据发给个户保存，或可商榷。李椿年于绍兴行经界时云：

> 令官、民户各据画图了当，以本户诸乡管田产数目从实自行置造砧基簿一面，画田形丘段，声说亩步四至、元典卖或系祖产，赴本县投纳点检，印押类聚。限一月数足，缴赴措置经界所，以凭照对画到图子，审实发下，给付人户，永为照应。[②]

砧基簿是一县诸乡田产的总归户簿，先由民众根据鱼鳞图帐"自行置造"，再经官府核定后发给民众；然后在此基础上，备录制成乡、县砧基簿。而绍兴经界是先画鱼鳞图，后造砧基簿，[③] 故不能导出砧基簿是在类姓簿基础上抄录而成的结论。

砧基簿与类姓簿在攒造途径上有所不同。砧基簿由民户自造，经官府核实后成为官民双方共同认可的土地管理凭证，体现了遏制不法官吏暗增税赋、营私舞弊的用意。《常熟县版籍记》所言"民以实产受常赋为砧基簿，印于县而藏之家，有出入则执以诣有司书之。强无幸免，弱无重困，虽茕嫠幼孤，皆知其自有之业与当输之赋，污吏猾胥不得加尺寸升合以扰之"，[④] 即其旨趣所在。前引《开化县给付坟仆自承由帖》亦可佐证砧基簿由百姓自行攒造，经官府核实后颁给。相比而言，类姓簿只有某户在一保内的田产信息，缺乏他乡他保的田产数字，故不构成完整的田产信息，这点与汇载一县诸乡田产的砧基簿不同。

其四，物力簿，即汇集各保之类姓簿于县。这样做的益处是，容易统计散在诸乡保的人户总田产，使得某户财产多寡一目了然，不易遗漏。物力簿的攒造显然吸收了朱熹在漳州行经界法时的经验："每遇辰、戌、丑、未之年，逐县更令诸乡各造一簿，开具本乡所管田数、四至、步亩等第，各注某人管业……又造合县都簿一扇，类聚诸簿，通结逐户田若干亩、产钱若干文。"[⑤] 朱熹主张攒造通结一县逐户完整的田产、税钱统计簿。常熟物力簿正是这样的汇总册，较之类姓簿，信息更为全面。

核田簿和鱼鳞图是以田为母、以人从田的地籍总簿，类姓簿和物力簿是以人为母、以

---

① 刘球：《两溪文集》卷二二《故封翰林编修文林郎孙先生行状》，《景印文渊阁四库全书》，第1243册，第681页。
② 《宋会要辑稿·食货七〇》，第8172页。点校本将"以凭照对画到图子"误标点成"以凭照对。画到图子"，致失原意。
③ 参见汪庆元《明清鱼鳞总图汇考——以徽州鱼鳞图册为中心》，《历史研究》2015年第6期；栾成显《鱼鳞图册起源考辨》，《中国史研究》2020年第2期。
④ 杜范：《清献集》卷一六《常熟县版籍记》，《景印文渊阁四库全书》，第1175册，第736页。
⑤ 朱熹：《晦庵先生朱文公文集》卷一九《条奏经界状》，《朱子全书》，第20册，第878—879页。

田从人的地籍分类帐册。类姓簿是小帐，物力簿为大帐。两者都是归户册，但统计田产、便于监管的地籍属性没有改变。常熟攒造的物力簿是一种新创簿书，不见于绍兴经界相关记载，与先前只载家业钱、不载田亩数的物力簿也不尽相同。如处州青田县主簿陈耆卿在嘉定十五年行经界前上疏，云"税之厚薄，当视其物力；物力之高下，当视其产。今田顷亩初不见于簿，而物力之贯陌，独载之簿，若是则其源既失矣"。① 常熟经界物力簿较之先前，信息更为完备，有田产、税钱数字，为排定差役提供了坚实依据。② 有了物力簿，制定差役簿书便十分容易。元至正十年（1350），婺州路核查田土并撰造土地簿册，"以人之姓相类而著其粮之数于后者，曰类姓；以税粮之数相比而分多寡为后先者，曰鼠尾"。③ 其鼠尾册，便是宋代物力簿的衍生。

绍兴经界攒造砧基簿，将田产税赋监管落实到个户。常熟经界法新创物力簿，且据新定总田产物业簿，重新规划税赋，为修正砧基簿中田产、税赋信息提供了依据。常熟经界法逐块丈量田亩，登记业主、税赋信息制成核田簿，绘图编号制成鱼鳞图，复经类姓簿类析，再汇总为物力簿，构成一套完整的土地清查作业程序。

此外，《宝庆修复经界记》载抚州金溪县经界簿籍有：

> 汀（丁）口、田簿五百三十有三，鱼鳞图四百九十有七，簿一千有六，攒结簿五百有三，摆算簿四百八十，类姓簿四十有九，编并簿五十，科折簿百，税苗簿百，役钱簿七尺（十）七。④

金溪县下设 6 乡，⑤ 共 49 都。"类姓簿四十有九"，即言类姓簿是以都为单位攒造的。"编并簿五十"，是合 49 都之类姓簿为一县总簿，这与常熟县合保、都、乡类姓簿于县为物力簿性质相同。其中，49 份下发给都，1 份留县衙。科折簿和税苗簿是在各都类姓簿和一县编并簿基础上修订而成的税赋、折变科率登记簿。"鱼鳞图四百九十有七"，以保为基本单位。1都有 10 保，49 都总计 490 保。每保 1 图，则有 490 图。外加 6 乡，各乡汇为 1 图，计 6 图。最后全县总为 1 图，合一县总有图共计 497 份。所谓田簿，与常熟核田簿相同。丁口簿与田簿合计有 533 份，说明金溪县也以保为土地统计单位。土地清查与发排差役息息相关，统

---

① 陈耆卿：《陈耆卿集》卷四《奏请正簿书疏》，浙江大学出版社，2010，第 38 页。据光绪《青田县志》卷八《官师名宦》载，陈耆卿嘉定十年"以迪功郎主县簿，在邑三年"（《中国地方志集成·浙江府县志辑》，上海书店，1993，第 65 册，第 707 页），知其上《奏请正簿书疏》当在嘉定十一年前后。
② 《宋会要辑稿·食货六六》载嘉泰四年有臣僚论差役法，谓："以税钱物力高下、烟爨乡都去处稽其版籍，轮流定差。"（第 7877 页）
③ 王祎：《王忠文集》卷九《婺州路均役记》，《景印文渊阁四库全书》，第 1226 册，第 202 页。
④ 潜敷：《宝庆修复经界记》，弘治《抚州府志》卷一二《版册·田亩》，《天一阁藏明代方志选刊续编》，第 47 册，第 730—731 页。
⑤ 弘治《抚州府志》卷一《封域·建置》，《天一阁藏明代方志选刊续编》，第 47 册，第 70—71 页。

计丁口是为征发差役做准备，绍兴经界中也有这项统计内容。丁口簿即丁籍，是完整意义上的户籍。至于剩下的攒结簿和摆算簿，则皆为当时各种钱粮税赋缴纳结算的统计簿。《开庆四明续志》载："沿海制置大使司水军官兵券食等钱及诸府第香火、官亲兵衣料钱，次年攒具总收支细帐申省部，摆算理豁。"① 由此可以类推这些簿籍的内容。

婺州经界簿籍的情况为："凡结甲册、户产簿、丁口簿、鱼鳞图、类姓簿二十三万九千有奇，创库匮以藏之。"② 婺州攒造的簿籍数量惊人，其所耗费的精力可想而知。结甲册乃沿袭绍兴经界法，为辅助土地清查而制作。户产簿不见于前述常熟县、金溪县经界簿籍，故需稍做考述。

婺州攒造巨量簿籍，当与以户为撰造单位有关。所谓 23 万余经界簿籍，如前所述，是嘉定十七年上奏朝廷时的统计数，应该未包括兰溪县和东阳县的簿籍，因为这两个县延迟到绍定时才完成经界。顾名思义，户产簿应指以户为单位制成的独立田产归户簿。户产簿不等同于物力簿，物力簿虽有每户总田产数信息，但未以个户攒造。当时已有田产归户的砧基簿，因此不会在砧基簿之外，再耗费巨大精力另造一个独立体系的田产归户簿。实际上，早在嘉泰二年（1202），李心传就曾指出："今州县坫（砧）基簿半不存。"③ 既然出现如此状况，那么重造砧基簿当是婺州经界应有之举。《名公书判清明集》载翁甫（浩堂）判词有"产簿"之谓，云：

> 江山县詹德兴以土名坑南、牛车头、长町丘等田，卖与毛监丞宅……今据毛监丞宅执出缴捧干照，有淳熙十六年及绍熙五年契两纸，各系詹德兴买来，又有嘉熙四年产簿一扇，具载上件田段，亦作詹德兴置立，不可谓非詹德兴之业矣。④

细研翁甫所言"产簿"，发现其实际所指就是发给人户持有的砧基簿，与官府所持的五等丁产簿无关。江山为衢州属县，毗邻婺州。由此不难推断，翁甫所言"产簿"与婺州经界"户产簿"当为同一种簿书，都是当地对砧基簿的俗称。换言之，户产簿是民户自攒后经官府认定的砧基簿。

鱼鳞图册的攒造为制定其他簿籍提供了基础数据，有益于摊派税赋，纠正簿籍乱象。鱼鳞图标示了田地位置，描绘了地形、亩步大小，与核田簿配合使用（无簿则无以行图，无图则无以行簿），为有效管理土地发挥了重要作用。与其他土地簿籍相比，鱼鳞图册的独特

---

① 吴潜修，梅应发、刘锡纂《开庆四明续志》卷四《经总制司》，《宋元方志丛刊》，第 5964—5965 页。
② 《宋史》卷一七三《食货志上一》，第 4179 页。
③ 李心传：《建炎以来朝野杂记》甲集卷五《经界法》，《全宋笔记》，第 69 册，第 99 页。
④ 《名公书判清明集》卷五《受人隐寄财产自辄出卖》，第 136 页。关于"产簿"之谓，又见同书卷八《出继不肖官勒归宗》、卷一〇《弟妇与伯成奸且弃逐其男女盗卖其田业》（第 276、389 页）。

优点"是超时代的"。^①顾炎武称赞道:"人虽变迁不一,田则一定不移,是之谓以田为母,以人为子,子依乎母,而的的可据,纵欲诡寄埋没,而不可得也。此鱼鳞图之制然也。"^②诚如斯言。通过鱼鳞图,能较为有效地掌握土地流动和人户占有的状况。不过,鱼鳞图的局限性亦不容忽视。历史上每一次攒造的鱼鳞图册都只是某一时间点土地田产状况的静态记录,而实际上田产随着日常土地交易在不断发生变化。^③鱼鳞图册的生命力在于所绘图形、编号与其代表的土地、业主实际信息相一致。但在具体实践中,则受到以下几个方面的限制。

其一,南宋社会分家析户现象十分普遍,^④而分家析户势必导致田产分割。《名公书判清明集》载有一件某户民家析分为三户的案例:

> 缪昭生三子,长曰渐,次曰焕,幼曰洪……今缪渐兄弟俱亡,其子孙析而为七,各有户名……乡司先将缪渐税钱均作三分,除倒元户外,押各人对众摞金,本县约束。^⑤

此缪姓祖业田产从原先登记的一户析而为三,原先的田形图、田产字号、亩步信息、业主姓名、税赋都因为田产变更而名不副实,乡司须根据变更后的新情况,重新绘制、登记田产信息。

其二,南宋土地交易盛行,换手频繁,土地买卖细碎化,原先编号的某一块土地常常被分割成多块进入买卖市场。例如嘉定八年徽州吴拱卖地契云:

> 录白附产户吴拱,祖伸户,有祖坟山一片,在义成都四保,场字号项七仁后坞式拾柒号尚(上)山,在坟后高山,见作熟地一段,内取叁角,今将出卖与朱元兴。^⑥

宋制60步为1角,4角为1亩。吴拱从祖产场字号的地内划出3角卖给朱元兴,出卖后一块地变成两块,原先的"场字"编号、数据无法准确标示被分割出卖的土地,也就无法真实反映土地产权持有人变动后的状况。

---

① 何炳棣:《南宋至今土地数字的考释和评价(上)》,《中国社会科学》1985年第2期,第149页。
② 顾炎武:《天下郡国利病书·常镇备录·武进县志》,《顾炎武全集》,上海古籍出版社,2011,第13册,第721页。
③ 参见汪庆元《清代徽州鱼鳞图册研究——以〈休宁县新编弓口鱼鳞现业的名库册〉为中心》,《历史研究》2006年第4期。
④ 宋代实行诸子均分法,参见窦仪等详订,岳纯之校证《宋刑统校证》卷12《卑幼私用财》,北京大学出版社,2015年,第169页。
⑤ 《名公书判清明集》卷4《缪渐三户诉祖产业》,第105页。
⑥ 张传玺主编《中国历代契约会编考释》,上册,第532页。

其三，宋代土地除绝卖外，出典也十分流行。土地出典在国家赋税征收制度中被视同土地产权转移，业主向他人出典土地后，必须过割赋税，将赋税缴纳义务一并转移给承典者。[①] 等到出典期满，业主赎回土地后，再次回割赋税。土地及税赋对象频繁转移，相关信息往往无法在鱼鳞图簿上及时得到反映。

土地登记信息的变动，致使原有鱼鳞图需要重新绘制。官府赋予相关田块新的登记编号，结果编号数字越来越大。除编号外，土名、亩步、四至、田税等信息也需一同调整。当然，官府可以选择贴签附注、涂改图文等方式进行修改，但贴签、涂改越多，查阅越加不便，即便抽换原纸，也难免紊乱。加之滑吏豪右营私舞弊、走弄税钱、人为作梗，原先制定的土地簿籍信息逐渐滞后于实际状况，其功效慢慢丧失，最终因无法使用而散落亡佚。这在宋代有很多案例。如庆元元年（1195）有臣僚奏言："伏自经界之久，打量图帐一皆散漫，递年税籍又复走弄，所以州县日益匮乏，莫知所措，虽欲稽考，猝难搜索。"[②] 造成绍兴经界以后图帐散漫混乱的原因是多方面的，而上述鱼鳞图册自身的局限性无疑不能忽视。各级官府每隔一段时期便不得不重新核田、绘图，整修土地簿籍。对此，朱熹敏锐地指出一次性经界所制定的簿籍不具持久性，不能一劳永逸地解决问题，提出"三十年一番经界方好"的设想，[③] 这一设想被后来的经界实践证明是远见卓识。也就是说，每一次攒造的鱼鳞图册，其使用寿命也就 30 年左右。

南宋中后期土地清查所攒造的鱼鳞图、核田簿、类姓簿、物力簿、砧基簿、由子等系列簿籍，完善了绍兴经界开创的地籍体系，强化了赋税征收，纾解了财政困局，对维系政权起到重要作用。如把视野往后延展，不难发现南宋经界法和所造系列簿籍深刻影响了元明清土地簿籍制度。

已有不少学者指出，元代江南的土地登记承袭了南宋末的自实法，所攒造的土地簿册大多可在宋代找到蓝本。[④] 元至正十年婺州经界应与南宋嘉定年间婺州经界"存在一定渊源"。[⑤] 此外，前述开化县所颁土地凭证"由子"亦为元代所借鉴。史载至正二年余姚州核田，"田一区，印署盈尺之纸以给田主，为之乌由，凡四十六万余枚。田后易主，有质剂无乌由，不信也"。[⑥] 至正十八年上虞县核田，"每号署图一纸，具四至、业佃姓名，俾执为券，曰'乌由'"。[⑦] 元代余姚、上虞等县清查田产后颁给业主之"乌由"，应与宋代"由子"是同一性质的土地凭证，只不过"由子"登记的是业主所有土地，而"乌由"只登记部分土

---

① 参见戴建国《宋代的民田典卖与"一田两主制"》，《历史研究》2011 年第 6 期。
② 《宋会要辑稿·食货六九》，第 8064 页。
③ 黎靖德编《朱子语类》卷一一一《朱子八·论民》，《朱子全书》，第 18 册，第 3559 页。
④ 参见陈高华《元朝的土地登记和土地籍册》，《历史研究》1998 年第 1 期。
⑤ 周曲洋：《"结甲自实"与"打量画图"：南宋经界法推行的两种路径》，《学术研究》2021 年第 7 期，第 153 页。
⑥ 危素：《说学斋稿》卷一《余姚州核田记》，《景印文渊阁四库全书》，第 1226 册，第 655 页。
⑦ 朱右：《白云稿》卷四《韩侯核田事实序》，《景印文渊阁四库全书》，第 1228 册，第 52 页。

地。明洪武二十年（1387）前后，明太祖派人往各地核田，"每区设粮长四人，使集里甲、耆民，躬履田亩以量度之。图其田之方圆，次其字号，悉书主名及田之丈尺、四至，编类为册，其法甚备，以图所绘，状若鱼鳞然，故号鱼鳞图册"。^①明核田造鱼鳞图册的方法与南宋常熟经界法极为相似。可见自绍兴经界至明代的清查土地、制作土地簿籍，其基本方法一脉相承，且这一传统一直延续至清代。

结　语

"自古国家未有不以田土为重者"。^②南宋中后期较大规模的土地清查主要有两次，分别为中期始于嘉定十五年的经界法和后期始于景定五年的经界推排法。南宋中期各地土地清查大多以丈量为主，后期则因国力孱弱，财政紧张，而改为户主自实法，同时配以结甲纠举。经界所攒造的一系列簿籍，为官府调整赋税提供了依据。鱼鳞图册优势明显，但也存在局限性。宋代势家豪右隐瞒田产、诡名子户、降低户等、逃避税役现象十分严重，而平民百姓往往无田却承担繁重税役，甚者不得不流徙他乡，加剧了社会矛盾。实施经界后，上述违法行径多有纠正，赋税收入增加。如"剑外诸州之田，自绍兴以来，久为诸大将吴、郭、田、杨及势家豪民所擅，赋入甚薄，议者欲正之而不得其柄。吴氏既破，安观文为宣抚副使，乃尽经量之……经量之数，大抵增多，而亦微有所损"。^③又如婺州嘉定经界后，"向之上户析为贫下之户，实田隐为逃绝之田者，粲然可考"。^④推行经界，确定土地占有状况，稽查隐田逃税，调整不合理税役，缓解了因税役不公而积累的社会矛盾，为维系社会秩序和巩固政权提供了重要支撑。

从社会政治层面而言，土地清查是一个综合性的社会活动。综观南宋各地经界，曲折复杂，充满艰辛。其实质是要重新确立"土业归主，无产去税存之弊；户版从实，无代输抑纳之忧。物力宽裕则科折易供，贫富有等则差役无竞"的秩序。^⑤这一秩序的确立过程，不外乎是国家与地方既得利益势力博弈的过程，自然会遭到势家豪右的阻挠抵制。如淳祐十年，兵部侍郎牟子才上疏抨击经界"诛求惨毒，租税重敷"，^⑥产生较大影响。各地经界推行中，主政官员的作用十分重要，既要勇于担当，又须掌握策略，举措得当，减少阻力。利益各方往往经过反复角逐，最后达成一个为各方认可的平衡方案，使经界得以推行。如常熟经

① 《明太祖实录》卷一八〇，洪武二十年二月戊子，《明实录》，中华书局，2016，第4册，第2726页。
② 万历《金华府志》卷六《田土》，《四库全书存目丛书》，史部，第176册，第538页。
③ 李心传：《建炎以来朝野杂记》乙集卷一六《关外经量》，《全宋笔记》，第70册，第251—252页。
④ 《宋史》卷一七三《食货志上一》，第4179页。
⑤ 《宋会要辑稿·食货七〇》，第8180页。
⑥ 黄淮、杨士奇编《历代名臣奏议》卷三一二《灾祥》，第4037页。

界，官府对"昔之逋赋、匿契与诡挟之弊，释勿问，而申禁其不悛者"，[①] 给予必要让步，以瓦解反对势力。各地经界的成功实施是各利益方之间博弈、妥协的结果。

唐宋社会转型后，土地流通加剧，政府管理愈加注重土地、财产，北宋以来合户口和田产登记为一体的户籍——五等丁产簿，因其简约粗放而无法有效监管田产的频繁流动，逐渐不能适应管理要求，于是完整的独立地籍应运而生，与户籍、税籍鼎足而立，并行不悖。从鱼鳞图、核田簿、类姓簿、物力簿、砧基簿、由子的攒造，可以发现自绍兴经界以来，经南宋中后期土地清查活动的不断创新，土地簿籍分类更趋优化完善，体系日臻成熟，更具管理实效，反映了唐以降国家控制从以户为中心向户、地并重发展的态势。

土地清查是国家对土地行使管理职责的重要体现，旨在强化赋税征收。南宋政府在经界基础上，因时制宜，对赋税征收方式做了进一步调整，积极推行"以亩起敷"之制。嘉定十四年有臣僚就婺州经界奏请曰："仍斟酌递岁的实上供及支用之数而均敷之，此外一毫不过取焉……如嘉定十年检详葛洪尝请以亩起敷，前后论者与夫婺之邦人，咸谓洪深识事体，其说极便……如以亩起敷之说，委是均一，无害于下户，则自来年为始，先行之诸邑。"[②] 奏言为朝廷采纳。"以亩起敷"指的是"上供及支用之数"，包含各种税赋摊入田亩科征，即按人户实际占有的土地数额均摊科赋。这较之先前和买制用"亩头上物力"起敷更进了一步，[③] 扩大了均摊的税赋范围。科征程序简约化，减轻了贫下户的负担，起到了抑制势家滑吏偷漏税赋的作用。"以亩起敷"反映了自唐两税法以来赋税征收由繁入简的发展趋势。其后明代"一条鞭法"的实施正是这一趋势发展的结果。南宋经界法所创立的制度，给后世留下了宝贵遗产，历经时代变迁，持续发挥着积极的历史作用，深刻影响了元明清田赋制度。

〔本文原载《历史研究》2022 年第 1 期。作者戴建国，首都师范大学特聘教授〕

---

① 杜范：《清献集》卷一六《常熟县版籍记》，《景印文渊阁四库全书》，第 1175 册，第 735—736 页。
② 《宋会要辑稿·食货七〇》，第 8179—8180 页。
③ 梁太济：《两宋阶级关系的若干问题》，河北大学出版社，1998，第 20—21 页。

《金史》"篡改开国史"辨

程尼娜

摘 要 《金史》记载的金朝开国史是信史。"都勃极烈"不是金建国后女真国主的称号，而是生女真进入高级酋邦阶段后大酋长的称号。阿骨打建国初期只求民族自立，并没有灭辽的宏图，宋人文献称阿骨打是接受了杨朴"图霸天下，谋为万乘之国"的建议，才称帝建国的说法，既不符合金建国前后女真人的政治生态，也不符合杨朴的身份，当是宋人的演绎。在金向辽请求册封过程中杨朴的事迹是真实的，《金史》对此并未隐匿。宋晁公迈《历代纪年》成书早于《太祖实录》，明确记载金初存在"收国"年号。《太祖实录》没有虚构和编造金朝建国时间、国号、年号，据此撰写的《金史》没有篡改开国史。

关键词 《金史》 开国史 都勃极烈 杨朴 "收国"

关于金朝开国史，史学界存在不同看法。产生不同看法的主要原因，一是相关史料极少，记载简略、含糊，而且金、辽、宋史籍的记载存在差异；二是学者们解读史料的角度、立场和方法有所不同，得出的看法也各不相同。本文在辽、金、宋并存的大环境下，从女真社会发展的实态出发，围绕都勃极烈的身份、女真建国目的与"收国"年号、渤海人杨朴与金建国关系等几个学界争论的主要症结问题，对《金史》是否篡改开国史进行深入探讨。笔者在探讨上述问题时对学界已有的观点进行讨论，希望更有针对性和更有效地对金朝开国史进行深入研究。

一 关于金朝建国问题的讨论

关于金朝建国的时间，金、辽、宋三方史籍的记载存在差异。

金朝文献方面，《金史·太祖纪》记载："收国元年正月壬申朔，群臣奉上尊号。是日，即皇帝位。……国号大金，改元收国。"① 收国元年岁在乙未，即1115年。《大金集礼》记载："收国元年春正月壬申朔，诸路官民耆老毕会，议创新仪，奉上皇帝位。阿离合懑、宗干乃陈耕具九，祝以辟土养民之意。复以良马九队，队九匹，别为色，并介胄、弓矢、矛剑奉上。上命国号大金，建元收国。"② 元好问《续夷坚志》卷二"历年之谶"条云："武元以宋政和五年、辽天庆五年巳（乙）未为收国元年，至哀宗天庆（兴）二年蔡州陷，适两甲子周矣。"③ 武元即太祖阿骨打。《金史·太祖纪》的史源为金熙宗皇统八年（1148）修成的《太祖实录》。④ 金朝无论是官修还是私纂的书籍都记载金朝建国时间为1115年，国号大金，建元收国。

辽朝文献方面，《辽史·天祚帝纪》记载：天庆七年（1117），"是岁，女直阿骨打用铁州杨朴策，即皇帝位，建元天辅，国号金。杨朴又言，自古英雄开国或受禅，必先求大国封册。遂遣使议和，以求封册"。⑤《辽史·属国表》亦记载：天庆七年"是岁，女直国主即皇帝位，建元天辅，国号金"。⑥ 据苗润博考证，《辽史·天祚帝纪》是元朝史官以辽《皇朝实录》的本纪部分为骨架，增入《亡辽录》所记的具体细节而撰成。⑦《辽史·属国表》中提到1117年完颜阿骨打是以"女真国主"的身份登基为金国皇帝。辽朝史籍记载金朝建国时间为1117年，国号金，建元天辅。

南宋文献方面，关于金朝建国时间的记载多样，最普遍的说法是金朝建于宋徽宗政和八年（十一月改元"重和"），即1118年。王称《东都事略》卷一二五《金国一》记载："辽东人有杨朴者，劝阿骨打称皇帝，以其国产金，号大金国，建元为天辅。是岁，政和八年也。"⑧ 李心传《建炎以来朝野杂记》、陈均《九朝编年备要》、李埴《皇宋十朝纲要》、佚名《中兴御侮录》、佚名《宋史全文》等大多数宋朝史籍皆持此系年。被认为是元人托宋人所作的《契丹国志》和《大金国志》亦同。1118年建国这一说法中几乎无一例外都提到完颜阿骨打是在渤海人杨朴的建议下称皇帝，建立金国。苗润博认为上述诸书的最初源头，皆出自史愿的《亡辽录》。⑨ 据《三朝北盟会编》记载："史愿字仲参，燕人，先归朝而来也。"⑩ 辽末金初，辽燕人史愿逃亡宋朝，绍兴十五年（金熙宗皇统五年，1145）三月，宋人将"史愿

① 《金史》卷一《太祖纪》，中华书局，2020，第28页。
② 佚名：《大金集礼》卷一《帝号上·太祖皇帝即位仪》，清光绪二十一年广雅书局刊，第1页a。
③ 元好问：《续夷坚志》卷二，"历年之谶"条，常振国点校，中华书局，2006，第31页。
④ 《金史》卷六六《完颜勖传》，第1659—1660页。
⑤ 《辽史》卷二八《天祚皇帝纪二》，中华书局，2016，第376页。
⑥ 《辽史》卷七〇《属国表》，第1301页。
⑦ 苗润博：《〈辽史〉探源》，中华书局，2020，第88—91页。
⑧ 王称：《东都事略》卷一二五《金国一》，孙言诚、崔国光点校，《二十五别史》，刘晓东等点校，齐鲁书社，2000，第1086页。
⑨ 苗润博：《〈辽史〉探源》，第90页注释1。
⑩ 徐梦莘：《三朝北盟会编》卷二〇八，绍兴十二年二月，上海古籍出版社，1987，第1499页。

送还金国"。①《亡辽录》为史愿在南宋期间所撰写。

此外，宋人文献中关于金朝建国时间还有三种不同的说法。一是 1114 年说：苗耀《神麓记》记载："太祖，契丹咸雍四年岁在戊申生，自辽国天庆三年甲午岁，年四十七，于宁江府拜天册立，改元，称帝号。侍中韩企先训名曰旻。改收国三年为天辅元年，共在位九年。"② 这其中有两处明显的错误，其一，岁在甲午为 1114 年，时为辽天庆四年，此记三年；其二，韩企先是辽柳城（今辽宁朝阳）人，金太祖天辅五年（1121）金军攻打辽中京时归附金朝，③ 并非在收国年间归附女真。二是 1115 年说：晁公迈《历代纪年》云："太祖大圣武元皇帝，姓完颜，名旻，初名阿骨打。国名女真，灭契丹，僭称皇帝，以其国产金，改国号大金，建元收国（原注：本朝徽宗政和五年乙未、大辽天祚天庆四年），又改天辅（原注：徽宗政和七年丁酉，又云重和元年戊戌，天祚天庆七年）。在位六年（原注：宣和四年壬寅死）。"④ 岁在乙未，为宋政和五年（1115），辽天庆五年，此记四年误。金灭契丹在金太宗天会三年（1125），此处当为"反契丹"。徐梦莘《三朝北盟会编》卷三虽未明言哪年建国，但云"国号大金……改元收国"，⑤ 同时记录了渤海人杨朴给阿骨打上疏劝其建国的内容。三是 1122 年说：吕颐浩《忠穆集》曰："政和年间，内侍童贯奉使大辽，得赵良嗣于芦沟河，听其狂计，遣使由海道至女真国通好（原注：女真于宣和四年方建国号大金）。"⑥ 宋初次遣使与金国通好是在宋徽宗宣和元年（1119）春，吕颐浩称之为"女真国"，宣和四年（即辽保大二年、金天辅六年，1122）改国号"大金"。宋人文献记载金朝建国时间有 1114 年、1115 年、1118 年、1122 年四种说法，国号有大金、女真两种说法，建元有收国、天辅两种说法。宋人文献皆为私人著述，每条记载几乎都可以找出或多或少的讹误和混乱。

《金史》主要源自当朝官修史书。《辽史》末年纪事是合集了官、私著述。宋人文献皆为私撰，且讹误和混乱显而易见。以往史家对《金史》评价很高，对《辽史》颇有微词，赵翼《廿二史札记》赞《金史》"最得史法"，"初臣辽而事之，继而叛辽而灭之，一切以诈力从事，皆直书不讳"。同时赵翼认为《辽史》"最简略"，"（金）收国两年俱抹煞矣，此《辽史》之疏漏也"。⑦ 故历来史家皆以《金史》记载的金朝建国时间、国名和始建年号为信史。

刘浦江撰文对《金史》记载的金朝建国时间提出质疑，他从宋人文献入手展开研究，认为完颜阿骨打采纳渤海人杨朴的建议称帝建国、请求辽朝加以册封的开国史，这在金人看来有失国体，故对开国的历史讳莫如深，由《太祖实录》所撰造而为《金史》所承袭的

---

① 徐梦莘：《三朝北盟会编》卷二一四，绍兴十五年三月，第 1499、1537 页。
② 徐梦莘：《三朝北盟会编》卷一八引《神麓记》，第 127 页。辽朝无宁江府，当为宁江州之误。
③ 《金史》卷七八《韩企先传》，第 1889 页。
④ 晁公迈：《历代纪年》卷一〇《夷狄·大金》，《续修四库全书》，上海古籍出版社，2002，第 826 册，第 209 页。
⑤ 徐梦莘：《三朝北盟会编》卷三，第 22 页。
⑥ 吕颐浩：《忠穆集》卷二《奏议·上边事善后十策》，文渊阁《四库全书》，台北：台湾商务印书馆，1986，第 1131 册，第 268 页。
⑦ 赵翼著，王树民校证《廿二史札记校证》卷二七《金史》，中华书局，1984，第 586、597、602 页。

金朝开国史肯定是不真实的。他初步认为完颜阿骨打于1114年起兵以后，可能在1117年或1118年建立了国家，国号为"女真"，年号为天辅，1122年改国号为"大金"。①刘文发表后引起学界对这一问题的关注和争论，现仅就学者撰文讨论的主要观点介绍如下。

董四礼、乌拉熙春对刘文皆持反对意见，董四礼认为当时女真社会发展到了部落联盟组织向国家过渡的阶段，阿骨打起兵前做了大量的准备工作，不能谓之贸然。辽统治者面对昔日属国的叛离，杀其使者，断然否认金国自立的合法性，这应该是辽史官不记金初"收国"年间事的原因所在。董四礼指出杨朴史事为《大金国志》所记颇多，但可信度极差，以之为据，恐难成立。②乌拉熙春同样持反对意见，她考证了契丹小字《越国王乌里衍墓志铭》中"天辅六年正月十六日"的纪年，据董四礼指出这一年即辽天祚帝保大二年（1122），上推天辅元年即天祚帝天庆七年（1117），否定了1118年是天辅元年之说。乌拉熙春又从语言学再次审定了皇统二年（1142）的契丹小字《习撚镇国墓志铭》（金代博州防御使墓志）中出现的国号，③认为刘浦江所依据的刘凤翥等人过去释为"女真国"的看法是错误的，此二字是频见于《辽史》的"女古"，即契丹语的"金"，墓志中的国号为"金国"，从而否定了刘文初步认定阿骨打初建的国号为"女真"的推测。④

李秀莲对刘文观点基本持赞同意见，又进一步提出新的看法，认为阿骨打起兵反辽，是为摆脱辽朝的压迫，集结民族力量，实现民族独立。1115年阿骨打建号称都勃极烈，是历史的必然。1117年阿骨打采纳杨朴的建议称帝，金朝建国，年号天辅。她认为1115年以前，女真社会没有"都勃极烈"称号，"收国"不是年号，是金朝史官追记历史的时间坐标，时人未曾使用过。《金史》将阿骨打称都勃极烈说成是称皇帝，并对开国史进行了系统的篡改。⑤

叶帅提出与上述观点既相同又有区别的看法，他认为金朝立国之初存在着一个建国在先称帝在后的特殊历史阶段，他赞成李文关于1115年阿骨打称都勃极烈未称帝的看法，但认为此时女真已正式建国，国号为"金"，是酋邦制国家。1117年阿骨打称帝是杨朴劝进的结果，标志着中央集权的皇权帝国正式开始形成。他认为从金朝开国的历史进程观察，1115年女真人正式建立国家，是内外动因结合的历史性需求，也与诸史料和考古材料一一契合。但由于对"开国"理解的差异，导致《金史》形成了"1115年说"，《辽史》形成了"1117

① 刘浦江：《关于金朝开国史的真实性质疑》，《历史研究》1998年第6期。
② 董四礼：《也谈金初建国及国号年号》，《史学集刊》2008年第6期。
③ 此前，吴英喆提出《博州防御使墓志》中读音为"女古"的契丹字可能是"大金国"的"金"。参见吴英喆《关于契丹小字中的"大金国"的"金"》，《中央民族大学学报》2004年第6期。
④ 爱新觉罗·乌拉熙春：《金朝开国史当容窜改——石刻铭文证实"收国"年号的存在》，《爱新觉罗·乌拉熙春女真契丹学研究》，京都：松香堂书店，2009，第13—26页。
⑤ 李秀莲：《阿骨打称都勃极烈与金朝开国史之真伪研究》，《史学月刊》2008年第6期；李秀莲：《杨朴在〈金史〉中的隐遁与金初政治》，《黑龙江民族丛刊》2010年第4期。

年说"。宋金官方真正往来始于 1118 年 8 月，导致了宋方"1118 年说"的形成。①

自刘文发表之后，学界基于对金朝开国史的讨论和进一步研究，取得了两点基本共识：一是确定了金太祖天辅元年是 1117 年，除上面提到的出土墓志的研究外，在金宋之间的国书中亦有确切的证据，如宋宣和五年（1123）四月金国使人杨璞（朴）持誓书来，书曰："维天辅七年岁次癸卯，四月甲申朔八日辛卯，大金皇帝致书于大宋皇帝阙下，惟信与义取天下之大器也。"② 宋宣和五年（1123）为金天辅七年，上推天辅元年为 1117 年。二是目前所出土的文字资料并不支持在大金国号之前曾有女真国号的观点。这就否定了刘文通过梳理宋朝文献得出的部分看法，即女真人或于 1118 年建立了国家，国号是"女真"，1122 年改国号为"大金"。

目前学界关于金朝开国史的讨论集中在：金朝是 1115 年建国，年号为收国，还是 1117 年建国，年号为天辅；金朝建国后，完颜阿骨打称帝，还是称都勃极烈；渤海人杨朴向完颜阿骨打建言"称帝建国"是真实的，还是杜撰的。上述问题直接关系《金史》是否篡改了开国史，不可不辨。

二　金建国后完颜阿骨打称"都勃极烈"，还是称帝？

"都勃极烈"是 1115 年以前生女真酋邦的最高酋长，关于这一点以往中外学界基本没有异议。近年讨论金朝开国史以来，李秀莲、叶帅又提出都勃极烈是 1115—1116 年女真建号或建国时期完颜阿骨打的称号。③ 李文认为都勃极烈的出现是金朝开国史上的重大事件，《金史》关于都勃极烈的记载都是后人的追记，不是信史，可视为《金史》伪造和篡改开国史的结果。④ 查阅《金史》只有三条关于"都勃极烈"的简略记载：

> 康宗即世，太祖袭位为都勃极烈。⑤
>
> 康宗没，太祖称都勃极烈。⑥
>
> 金自景祖始建官属，统诸部以专征伐，巍然自为一国。其官长，皆称曰勃极烈，故太祖以都勃极烈嗣位。⑦

---

① 叶帅：《关于金朝开国史相关材料的再思考与新认识》，《学习与探索》2018 年第 5 期。
② 徐梦莘：《三朝北盟会编》卷一五，宣和五年四月十一日，第 108 页。
③ 李秀莲：《阿骨打称都勃极烈与金朝开国史之真伪研究》，《史学月刊》2008 年第 6 期；叶帅：《关于金朝开国史相关材料的再思考与新认识》，《学习与探索》2018 年第 5 期。
④ 李秀莲：《阿骨打称都勃极烈与金朝开国史之真伪研究》，《史学月刊》2008 年第 6 期。
⑤ 《金史》卷二《太祖纪》，第 24 页。
⑥ 《金史》卷七〇《撒改传》，第 1714 页。
⑦ 《金史》卷五五《百官志》，第 1297 页。

　　中外学界关于这三条史料的解读存在差异。日本学者三上次男认为第一、三条说明阿骨打袭位以前已有都勃极烈，但《百官志》关于勃极烈的记载不能无批判地相信；第二条说明阿骨打袭位时创制了都勃极烈。[①] 张博泉据第三条史料认为都勃极烈出现于景祖乌古乃时期。[②] 此外，李文认为这三条史料都是后人追记不可信。[③] 目前，学界关于都勃极烈出现的时间大致有五说：景祖乌古乃时期、世祖劾里钵时期、穆宗盈哥时期、阿骨打袭位之时（1113）、阿骨打袭位两年后（1115）。由此引发的关于"都勃极烈"名称的含义、存在的时间及其身份的讨论，从 20 世纪初到现在已有百余年时间。

　　关于此问题，最早展开研究的是日本学界，鸟山喜一指出都勃极烈的"都"，是女真语的音译。据《金史语解》："都，索伦语高为都。"《满洲源流考》："达，满洲语达为首之称，旧作都，今改正。"都，即是 da，应具有本、始、头目之义。《金史·世纪》曰："辽人呼节度使为太师，金人称'都太师'。"太师是都勃极烈的汉风称呼。他认为都勃极烈是建国前金室（生女真部）支配者的称号。[④]

　　池内宏同样认为都勃极烈是生女真部最高君长的称号，虽然在女真语言里勃极烈不过是勃堇的变形，但是作为称号二者是完全不同的，前者远高于后者。他认为都勃极烈的"都"，与汉官的都元帅、都总管、都指挥使的"都"是相同的意思，具有统领之义。都勃极烈是汉语的"都"与女真语的"勃极烈"复合而成的。金建国前生女真的君长称号不仅仅有都勃极烈，在他之下低一级的勃极烈是国论勃极烈，国相是它的汉译名，建国前以"国相"之名而存在。因此，至少在世祖时期完颜氏的君主就已称为都勃极烈。[⑤]

　　三上次男赞同池内宏关于都勃极烈名称的构成和含义的看法，他认为既然都勃极烈有"统领"之义，其下就应设有数名勃极烈。从完颜部势力的发展轨迹看，穆宗、康宗时期是完颜部显著发展时期，伴随着军事成功，酋长对内外诸女真氏族的支配力日益强化，有必要产生中央政务担当者的特别官称，于是创造了和"孛堇"同词根的"勃极烈"官称。他推测设置都勃极烈（以及政务机关的诸勃极烈）的时间可能在穆宗时期，至少不会晚于穆宗末期。[⑥]

　　张博泉据《金史·百官志》记载，认为勃极烈是官长之称，勃堇是部长之称，这种区

① 三上次男「金代政治制度の研究」『金史研究』二、東京：中央公論美術出版、1970、第 81、85 頁。
② 张博泉等：《金史论稿》第 1 卷，吉林文史出版社，1986，第 98 页。
③ 李秀莲：《阿骨打称都勃极烈与金朝开国史之真伪研究》，《史学月刊》2008 年第 6 期。
④ 鸟山喜一「金史に見えたる土語の官稱の四五に就いて」『史学雜誌』二九編九号、1918 年 9 月。转引自池内宏「金の建国以前に於ける完顏氏の君長の稱号について——『金史世紀研究』補證一」『滿鮮史研究』中世第一冊、東京：吉川弘文館、1979、第 511—512 頁。此段文字包括引文皆为鸟山文的原文翻译。
⑤ 池内宏「金の建国以前に於ける完顏氏の君長の稱号について——『金史世紀研究』補證一」『滿鮮史研究』中世第一冊、第 512—515 頁。
⑥ 三上次男「金代政治制度の研究」『金史研究』二、第 83—87 頁。

分应始于景祖。辽以景祖为生女真部族节度使，辽人呼节度使为太师，金人称都太师，都太师即都勃极烈。军事部落联盟中的诸官称为勃极烈，但建国前其他诸勃极烈不见记载。①

王世莲赞同张博泉的看法，进一步论述认为景祖为节度使始建官属，"俨然自为一国"，其国主乌古乃便是都太师、都勃极烈，是女真诸部的最高冢宰。都勃极烈是对勃极烈而言，没有其他勃极烈，都字也无从谈起，不可能称为都勃极烈。在都勃极烈的官属中，有国相、都统、副都统、详稳等长官，《金史·世纪》中提到的"僚佐"、"官属"和参加"官属会议"的人也就是被女真称为"大官人"的勃极烈，这是金朝建立前的勃极烈制。②

学界已有的研究对探讨这个问题奠定了很好的基础。关于勃极烈的名称，早年日本学者和我国女真文字学的学者都认为勃极烈与孛堇是同一女真语词根，孛堇本义为酋长，勃极烈这一称呼晚出于孛堇，是孛堇一词的变形，这一点已得到中外学界的认同。从已有研究看，上述中外学者都注意分清勃极烈与孛堇，以及都勃极烈与都勃堇、诸部长、都部长的区别：勃堇是部落长，勃极烈是官员称号。都勃堇、诸部长、都部长是区域性部落小酋邦的酋长称号，③ 都勃极烈是完颜氏大酋邦最高首领的称号。从金人的记载看无论金朝建国前还是建国后，在女真社会中勃极烈的称呼与孛堇的称呼从未出现过混用的现象。④

"都勃极烈"的含义，笔者认为应根据当时女真人的相应称呼来考察。建国前女真人使用的称呼中"都"主要有两种用法：一是都勃堇的"都"，在《金史》记载中女真酋长统领数部者称都勃堇，又作都部长、众部长，"都"具有"统领"之义；二是都太师的"都"，辽道宗时授乌古乃为生女真部族节度使，《金史·世纪》曰："辽人呼节度使为太师，金人称'都太师'者自此始。"⑤ 有辽一代在生女真地区仅设置一个节度使司，在生女真部族节度使之下并没有再设次一级节度使，显然这里的"都"不能用"统领"来解释。日本学者池内宏通过对辽、金、宋、高丽的史籍考证，认为《金史》记载有误，指出并不是女真人称节度使为都太师，而是乾统三年（1103）盈歌奉辽命斩获辽叛将萧海里，赴春捺钵朝见天祚帝时，"大被嘉赏，授以使相，锡予加等"。盈歌所被授予的"使相"即是"太师"官号，女真人称节度使为都太师，应自盈歌始。⑥ 这里的"都"，正如鸟山喜一的考证应是"高"的意思。

---

① 张博泉等：《金史论稿》第 1 卷，第 98 页。

② 王世莲：《孛堇、勃极烈考释》，《吉林大学社会科学学报》1987 年第 4 期。

③ 金建国前，除按出虎水完颜部酋长外，称为都勃堇（诸部长）有姓名记载的还有七水地区的完颜白答、星显水纥石烈阿疏；建国后，金初有耶懒路都勃堇完颜石土门、曷苏馆都勃堇完颜钩室。无论文献还是碑刻都不见这几人被称为"都勃极烈"的记载。

④ 宋人文献中则存在勃极烈与勃堇混用的现象，徐梦莘《三朝北盟会编》卷 3 载："其职曰忒母（原注：万户）、萌报（原注：千户）、毛可（原注：百人长）、蒲里偄（原注：牌子头）。勃极列者统官也，犹中国言总管云。自五十户勃极列推而上之，至万户勃极列皆自统兵，缓则射猎，急则出战。"（第 18—19 页）这里所使用的女真语"勃极烈"与"勃堇"意思相同，其含义已不是建国前的部落长，而是"官长"的意思。所谓的五十户勃极烈到万户勃极烈，是宋人对金朝建国后女真猛安谋克官员与万户官的解读。

⑤ 《金史》卷一《世纪》，第 5 页。

⑥ 池内宏「金の建国以前に於ける完顔氏の君長の稱号について——『金史世紀研究』補證一」『滿鮮史研究』中世第一冊、第 488 頁。

清乾隆年间编纂的《钦定金史语解》云："达贝勒，达，头目也。贝勒，管理众人之称。卷二作都勃极烈。"①都太师的"都"应是"头目"之义。笔者认为后者符合都勃极烈的身份。"都勃极烈"不是汉语和女真语的复合词，而是单纯的女真语，即是最高酋长之意，与其下是否设置诸勃极烈无关。若分析上面各位学者的观点，可发现一个悖论。大家都认为"都勃极烈"是生女真部最高君长的称号，但多将"都勃极烈"定位为统领诸勃极烈的最高官，或曰"官的头目"，即"都勃极烈，总治官名，犹汉云冢宰"。②仅从阿骨打任都勃极烈以后的事迹分析，便可知都勃极烈不是官名之称，或者说不是臣，而是女真人对自己最高首领的称呼，是完颜部大酋长的固定专属称呼。

都勃极烈出现于何时？中外各家观点，有景祖说、世祖说、穆宗说，还有阿骨打说。据史籍记载，景祖乌古乃时，"众推景祖为诸部长，白山、耶悔、统门、耶懒、土骨论、五国皆从服"。③此时，女真部民称景祖为"诸部长"。世祖劾里钵时，在与盉乃对战之际，"肃宗下马，名呼世祖，复自呼其名而言曰：'若天助我当为众部长，则今日之事神祇监之。'语毕再拜"。④女真部民称世祖为"众部长"。诸部长、众部长是同一称呼，相同含义的称呼在当时还有都部长、都勃堇等。这表明在辽朝任命完颜部酋长为生女真部族节度使之后，女真部民仍然继续使用对完颜部酋长的传统称呼。这或可说明"都勃极烈"作为完颜部大酋长固定专属的称呼，在景祖、世祖时期还没有出现。

笔者赞成三上次男关于完颜部势力发展轨迹的考察及其所得出的认识，他认为穆宗时期伴随着军事成功，完颜部对内外诸女真氏族的支配力日益强化，都勃极烈的称号可能出现在穆宗时期。三上次男认为都勃极烈是"统领"之义，如同汉人的都元帅、都指挥使等官职。都勃极烈之下只有设置了数名勃极烈之后，才可能设有"都勃极烈"，盈歌末期开始与高丽交涉，一定设置了勃极烈。⑤这里他比较谨慎地提到"设置了勃极烈"却回避了"设置了都勃极烈"的表述形式，估计他的言外之意是设置了勃极烈就有可能设置了都勃极烈。笔者认为都勃极烈是最高酋长的尊称，是生女真高级酋邦的君长。翻检史籍没有发现金建国前有关于"都勃极烈"以外曾设置诸勃极烈的任何记载，显然将"都勃极烈"释为"统领诸勃极烈的人"是没有史实依据的。然而，"都勃极烈"这一称号的出现当有一个契机，穆宗末年抚定统门、浑蠢、耶悔、星显四路及岭东诸部之后，用阿骨打的建议，"自今勿复称都部长"，⑥"令诸部不得擅置信牌驰驿讯事，号令自此始一"，⑦"民听不疑矣。自景祖以来，两

---

① 《钦定金史语解》卷六，道光四年刻本，第 1 页 b。
② 《金史》后附《金国语解》，第 3049 页。
③ 《金史》卷六七《石显传》，第 1673 页。
④ 《金史》卷一《世纪》，第 12 页。
⑤ 三上次男「金代政治制度の研究」『金史研究』二、第 83—87 頁。
⑥ 《金史》卷一《世纪》，第 14 页。
⑦ 《金史》卷二《太祖纪》，第 24 页。

世四主，志业相因，卒定离析，一切治以本部法令"，史称"金盖盛于此"。①穆宗在统一女真诸部号令，取消生女真各部"都勃堇"称号的同时，将部民对自己的称呼"众部长"（都勃堇）改为"都勃极烈"，以彰显其为生女真部最高酋长的地位。

但是，《金史》记述康宗袭位时并未提到都勃极烈，仅云："乾统三年癸未，袭节度使。"②作为辽朝的属部，这时女真人更重视的是生女真部族节度使（都太师）一职。然阿骨打袭位时则提到都勃极烈，癸巳（1113）十月，康宗去世时，《金史》载"（是月）太祖袭位为都勃极烈"。如考察阿骨打袭位的细节，便可明了这一记载是事出有因。阿骨打刚刚袭位，尚未遣使向辽朝报丧，碰巧此时辽使阿息保到达完颜部，指责阿骨打"何以不告丧"，"他日，阿息保复来，径骑至康宗殡所，阅赠马，欲取之。太祖怒，将杀之，宗雄谏而止"。这些事情皆发生在甲午年（1114）五月以前。六月，辽天祚帝才遣使至生女真属部，"来致袭节度之命"。③故《金史》记述阿骨打与辽使冲突之事，表明此时阿骨打刚刚袭任都勃极烈，这当是史籍中"都勃极烈"称呼见于阿骨打袭位之时的原因。

李文断言《金史》关于"都勃极烈"的一切记载都是后人的追记不可信，但没有说明依据什么史料，只是说王钟翰主编的《中国民族史》认为"康宗即世，太祖袭位为都勃极烈"，实"不足以为证"。④但是，查该书原文，作者是在叙述金收国元年七月建立最高权力机构勃极烈制度时出了一个注释云："有人据史载癸巳岁'康宗即世，太祖袭位为都勃极烈'，认为勃极烈制在金国建立前已存在，不足以为证。"可见李文误解了《中国民族史》作者的看法，该作者否定的是金建国前存在勃极烈制度，不是否定康宗时已经有"都勃极烈"的称号。而且，在该书正文中尚有"1115 年元月，阿骨打建国称帝"，"都勃极烈改称皇帝后不复再用"之语。⑤说明作者认为《金史》的记载是真实的，阿骨打在 1115 年建国前称为都勃极烈。显然李文印证的依据不成立。李文在全面否定了《金史》关于"都勃极烈"的记载后，不知何故却认为"都勃极烈"这一称号是真实的，并在没有任何依据的情况下设想阿骨打是在袭任完颜氏酋邦大酋长的两年后，建号"都勃极烈"。李文这个看法本身存在矛盾，是一个不完善的假想。

"都勃极烈"称号何时被废止？中外学界一般认为金朝建国完颜阿骨打称帝之时"都勃极烈"称号随之废止。叶文提出在金建国之初收国年间（1115—1116）阿骨打继续称都勃极烈，他认为 1113 年十月阿骨打袭任都勃极烈，与吴乞买、辞不失、斜也、阿离合懑等诸勃极烈共事，与撒改共治疆土和居民。1115 年正月建国，距彼时仅过了一年有余，女真社会尚处于酋邦形态，阿骨打与诸勃极烈的政治力量对比没有发生本质上的变化，没有条件称

---

① 《金史》卷一《世纪》，第 16 页。
② 《金史》卷一《世纪》，第 16 页。
③ 《金史》卷二《太祖纪》，第 24 页。
④ 李秀莲：《阿骨打称都勃极烈与金朝开国史之真伪研究》，《史学月刊》2008 年第 6 期。
⑤ 王钟翰主编《中国民族史》，中国社会科学出版社，1994，第 477 页。

帝，故到 1117 年阿骨打才称帝。[1] 然而，查《金史》，吴乞买、辞不失、斜也、阿离合懑与撒改被任命为勃极烈的时间在收国元年（1115）七月到九月，并不是在 1113 年阿骨打袭任都勃极烈之初。[2] 而且，勃极烈制度直到金熙宗完颜亶天会十三年（1135）才被废止。如从叶文所设想的阿骨打称"都勃极烈"的原因看，既然 1117 年及以后十几年诸勃极烈依然存在，国家的政治制度在太祖朝没有发生重大改变，阿骨打也没有理由废止"都勃极烈"的称号。显然，叶文的推论很难成立。

笔者认为"都勃极烈"作为完颜氏酋邦大酋长的专属称号，可能出现于穆宗末年全面整顿女真部族之时。经康宗乌雅束，1113 年"太祖袭位为都勃极烈"，直到 1115 年，金建国之时，完颜阿骨打"即皇帝位"，废止"都勃极烈"称号而称皇帝。《金史》一系列的记载是真实的，不存在编造和篡改的问题。李文和叶文将"都勃极烈"纳入 1115 年金朝开国史的讨论，是因为他们注意到 1115 年前后女真社会发生明显的变化，1115 年在女真建国史上是一个重要的节点。李文设想这年阿骨打建号"都勃极烈"，叶文设想金建国初期阿骨打称"都勃极烈"，他们都认为金初不是国家而是酋邦社会。[3] 这种看法失之偏颇，他们放大了女真社会某些旧俗而忽视了金朝建立之时已经具备国家基本要素的事实，应该看到，金初国家政治制度具有浓厚的女真族特点，与中原王朝礼制有明显的不同，但与酋邦形态有质的区别。对此笔者已撰文讨论，这里不再赘述。[4] 然李文和叶文关于 1115 年阿骨打建号和金朝建国的论述，则有助于金朝建国问题的讨论。

三 金何时建国与"收国"年号的真伪

金朝何时建国？这是涉及《金史》是否篡改开国史的核心问题。学界现有研究已经排除了宋人文献记载金建国于 1114 年、1118 年、1122 年的说法，目前讨论的焦点在于金建国时间是《金史》与宋人文献记载的 1115 年，还是《辽史》记载的 1117 年。笔者认为将女真的建国条件、建国目的、金朝收国年间国家制度的建设作为一个整体来研究，是探清金朝建国时间的一个有效途径。

生女真地区在完颜部酋长石鲁（昭祖）时期已呈现出由氏族部落向简单酋邦发展的趋势，到景祖乌古乃时期，完颜部"稍役属诸部，自白山、耶悔、统门、耶懒、土骨论之属，以至五国之长，皆听命"，完颜氏生女真酋邦初步建立。辽道宗出于经营鹰路的需要，在生

---

[1] 叶帅：《关于金朝开国史相关材料的再思考与新认识》，《学习与探索》2018 年第 5 期。

[2] 前面提到王钟翰主编的《中国民族史》所否认的观点，恰恰是叶文的看法。

[3] 李秀莲关于金初是酋邦形态的观点，参见李秀莲、刘智博《金朝酋邦社会形态下的勃极烈官制》，辽宁省博物馆、辽宁省辽金契丹女真史研究会编《辽金历史与考古》第 10 辑，文物出版社，2019，第 240—253 页。

[4] 程尼娜：《是酋邦，还是国家——以金朝初年女真社会政治为中心》，《陕西师范大学学报》2020 年第 4 期。

女真地区设立了生女真部族节度使司，将其纳入辽朝属国属部体系。乌古乃任生女真部族节度使时，始"有官属，纪纲渐立矣"。[①]世祖劾里钵、肃宗颇刺淑时期，平定了完颜部内部的分裂活动并成功击败了其他女真部族的攻击，完颜氏生女真酋邦得到稳固。三上次男认为此时完颜部将东到牡丹江流域，北到江北的呼兰河一带的女真部族皆置于自己势力范围之下，但只是对按出虎水地区的诸女真部族实现了强有力的统辖，对新服属的诸女真部族仅是缔结了纳贡关系。[②]穆宗盈歌继任生女真部族节度使后，"履藉父兄趾业，锄除强梗不服己者"，[③]抚定统门、浑蠢、耶悔、星显四路及岭东（老爷岭以东）诸部，其势力范围向东南扩展到乙离骨岭（今朝鲜咸镜北道吉州平原南境的摩天岭山脉）。[④]穆宗盈哥末期完成了对大部分生女真部族的统一，其势力范围还渗透到邻近的系辽籍女真部族地区。穆宗为加强对生女真酋邦下诸部的管理，"令诸部不得擅置信牌驰驿讯事，号令自此始一"，[⑤]命各部族"自今勿复称都部长"，[⑥]自称"都勃极烈"，以强化酋邦大酋长的尊崇地位。康宗乌雅束时期，用兵北琴海（今兴凯湖），并统合了今朝鲜咸镜南道一带的女真部族，完成了生女真诸部的统一，自穆宗末年女真社会进入了高级复杂的酋邦阶段。

康宗时对生女真诸部的管理日益强化。史载："康宗七年，岁不登，民多流莩，强者转而为盗。欢都等欲重其法，为盗者皆杀之。太祖曰：'以财杀人，不可。财者，人所致也。'遂减盗贼征偿法为征三倍。民间多逋负，卖妻子不能偿。康宗与官属会议，太祖在外庭以帛系杖端，麾其众，令曰：'今贫者不能自活，卖妻子以偿债。骨肉之爱，人心所同。自今三年勿征，过三年徐图之。'众皆听令，闻者感泣，自是远近归心焉。"[⑦]欢都、阿骨打曾被辽授予详稳官称，他们是生女真部族节度使司官属近僚集团的成员。[⑧]从这次生女真内部的政务处理看，节度使司之下生女真各部有统一的"盗贼征偿法"，军政事务皆听令于官属的决议。

阿骨打袭任都勃极烈的第二年（1114）起兵反辽时，征调女真诸路部族兵会于来流水，命诸将传梃而誓曰："汝等同心尽力，有功者，奴婢部曲为良，庶人官之，先有官者叙进，轻重视功。苟违誓言，身死梃下，家属无赦。"[⑨]这里透露了一个重要信息，女真社会的分层有奴婢部曲、平民、官员，而且官员中有高中低之分。都勃极烈与官属成员已经具有国家君主与官僚的雏形。尤其值得注意的是，该年阿骨打"初命诸路以三百户为谋克，十谋克为猛

---

① 《金史》卷一《世纪》，第5、6页。

② 三上次男「金代政治制度の研究」『金史研究』二、第85页。

③ 《金史》卷七〇《撒改传》，第1713页。

④ 津田左右吉『滿鮮歷史地理研究一——朝鮮歷史地理』、東京：岩波書店、1964、第317页。

⑤ 《金史》卷二《太祖纪》，第24页。

⑥ 《金史》卷一《世纪》，第14页。

⑦ 《金史》卷二《太祖纪》，第24页。

⑧ 程尼娜：《辽代生女真属部官属考论》，《兰州大学学报》2020年第5期。

⑨ 《金史》卷二《太祖纪》，第26页。

安"。① 将女真人血缘部族组织改革为以户为单位的地缘组织，向国家形态迈出了至关重要的一步。可以说在阿骨打任都勃极烈及生女真部族节度使期间，女真社会已经具备建立国家的条件，只是等待合适的时机建国。

女真建国的目的是什么？为什么会选择在 1115 年建国？各种史籍关于女真建国的记载都凸显了一个目标：争取女真独立，摆脱辽朝的侵侮。尽管学界关于金朝开国史的观点不同，但对金建国的这一目标的认识是相同的。1114 年九月，阿骨打起兵之时，申告于天地曰："世事辽国，恪修职贡，定乌春、窝谋罕之乱，破萧海里之众，有功不省，而侵侮是加。罪人阿疏，屡请不遣。今将问罪于辽，天地其鉴佑之。"② 这不仅是生女真诸部的反辽檄文，同时对相邻部族也具有强大的号召力。到 1114 年年底，女真相继攻取辽宁江州、出河店，战宾州、祥州，克咸州，女真兵力大增，"始满万云"。③ 阿骨打同时使人诏谕系辽籍女真人、渤海人，邻近的铁骊部、鼻古德（鳖古）部、兀惹部相继归附，其中达鲁古部实里馆来告曰："闻举兵伐辽，我部谁从？"④ 在这种形势下，阿离合懑、昱（蒲家奴）、宗翰等曰："今大功已集，若不以时建号，无以系天下心。"⑤ 女真人建国已是势在必行。李文认为 1115 年"建号"是大势所趋；⑥ 叶文认为 1115 年女真人正式建立国家，是内外动因结合、主客观条件齐备的历史性需求。⑦ 这些认识基本符合当时实际情况。

金建国后，金太祖马上开始与辽和谈，收国元年正月，"阿骨打遣赛剌复书，若归叛人阿疏，迁黄龙府于别地，然后议之"。九月，金占据辽镇守东北的重镇黄龙府，解除了辽朝的直接威胁后，金太祖就有罢兵之意，遣赛剌以书来报："若归我叛人阿疏等，即当班师。"⑧ 这表明金朝当时并没有灭辽的实力和野心。得知辽天祚帝下诏亲征，阿骨打聚众臣，以刀劙面仰天哭曰："始与汝辈起兵，共苦契丹残扰，而欲自立国尔，今吾为若卑哀请降，庶几免祸，顾乃尽欲薙除，非人人效死战，莫能当也。不若杀我一族，汝等迎降，可以转祸为福。"诸酋皆罗拜于帐前，曰："事已至此，惟命是从。"⑨ 用阿骨打的话说起兵反辽是"欲自立国尔"。从女真自身的形势看，此时开国规模与唐代靺鞨人建立的渤海国大体相当，如果能得到辽天祚帝的允许，女真最初的建国目的便已经达到了。此时，阿骨打并没有萌生灭辽取而代之的想法，而是按照女真国俗全力经营自己的国家。从收国元年七月至二年（1116）五月，历时十个月，建立健全了中央国论勃极烈制度。收国元年年末，开始在新占领的辽州县

① 《金史》卷二《太祖纪》，第 27 页。
② 《金史》卷二《太祖纪》，第 26 页。
③ 《金史》卷二《太祖纪》，第 28 页。
④ 《金史》卷二《太祖纪》，第 26 页。
⑤ 《金史》卷七三《阿离合懑传》，第 1775—1776 页。
⑥ 李秀莲：《阿骨打称都勃极烈与金朝开国史之真伪研究》，《史学月刊》2008 年第 6 期。
⑦ 叶帅：《关于金朝开国史相关材料的再思考与新认识》，《学习与探索》2018 年第 5 期。
⑧ 《辽史》卷二八《天祚帝纪》，第 371、372 页。
⑨ 徐梦莘：《三朝北盟会编》卷三，第 21 页。

地区建立路制，二年五月，在东京州县地区对新归附的各族人口，"置猛安谋克一如本朝之制"，①建立起从中央勃极烈制度到地方路制、基层猛安谋克的政治统辖机制。太祖天辅年间将此政治统辖机制继续推行到新占领地区，按部就班地运转。通过梳理文献资料我们看到，具有女真国家政治特点的统辖体制建立于收国年间，实行于天辅年间（1117—1123）。若按1117 年建国说，金朝国家制度建立于建国前，建国后没有改动地继续推行之。这既不符合逻辑，也不符合国家建立的一般规律。天辅元年（1117）前后，尽管金辽战争仍在继续，但已看不到 1115 年前夕那种女真人迫切需要建国的政治形势，而且自收国元年正月金人已经以独立的身份与辽朝进行谈判。这一切说明，金朝已经于 1115 年建立，《辽史》关于 1117 年金朝建国的记载应当有误，其原因后文再讨论。

关于 1115 年金朝建元的"收国"年号，李文认为收国年号与其后的天辅、天会、天眷是不连贯的，天辅年号表现出女真人有崇敬"天"的思想，希望得到上天的护佑，收国年号不具备这样的寓意。②那么，"收国"年号的女真文含义是什么？吉林省海龙县发现的《海龙女真国书摩崖》记有"收国"年号，金启孮等注释其中女真文"guru — un baxaxai"的前两字义为"国"，后两字义为"取得"，合译"收国"。③"baxaxai"，女真文本义是取得、获得、收获。"收国"应是取得、收获、建立国家之意，表达了女真人要脱离辽朝统治，建立独立自主的国家的意愿，这符合当时女真人的愿望。

在《金史》之外，金、宋史籍和碑刻中也见有"收国"年号的记载，对此刘文列举了《三朝北盟会编》《神麓记》《大定治绩》，以及朝鲜史书《高丽史》，认为这些史籍、碑刻写成的时间都晚于《太祖实录》，所载"收国"年号都是取材于篡改了金朝开国史的《太祖实录》。④据《金史·熙宗纪》记载，皇统八年（1148），"八月戊戌，宗弼进《太祖实录》，上焚香立受之"。⑤然而，成书于 1148 年以前的宋人文献也有"收国"年号的记载，如前文所举的晁公迈《历代纪年》，"其自为序当绍兴七年（1137）"，⑥成书早于《太祖实录》十余年。据《鸿庆居士集》记载，北宋末，晁公迈曾任开封府尹曹掾。⑦从他的经历看，对金朝开国史应有一定了解，其曰："太祖大圣武元皇帝，姓完颜，名旻，初名阿骨打。国名女真，灭契丹，僭称皇帝，以其国产金，改国号大金，建元收国（原注：本朝徽宗政和五年乙未、大辽天祚天庆四年），又改天辅（原注：徽宗政和七年丁酉，又云重和元年戊戌，天祚天庆七

---

① 《金史》卷二《太祖纪》，第 32 页。
② 参见李秀莲《阿骨打称都勃极烈与金朝开国史之真伪研究》，《史学月刊》2008 年第 6 期。
③ 金光平、金启孮：《女真语言文字研究》，文物出版社，1980，第 329 页。
④ 参见刘浦江《关于金朝开国史的真实性质疑》，《历史研究》1998 年第 6 期。
⑤ 《金史》卷四《熙宗纪》，第 92 页。
⑥ 《直斋书录解题》卷四记载："《历代纪年》十卷，济北晁公迈伯咎撰，咏之之子也，尝为提举常平使者，其自为序当绍兴七年。"参见陈振孙撰《直斋书录解题》卷四，《景印文渊阁四库全书》，台北：台湾商务印书馆，1986，第 674 册，第 601 页。
⑦ 孙觌：《鸿庆居士集》卷二五《外制》，《景印文渊阁四库全书》，台北：台湾商务印书馆，1986，第 1135 册，第 255—256 页。

年），在位六年（原注：宣和四年壬寅死）。"①从所注宋、辽纪年看，除"天庆四年"应为"五年"以外，前后皆无误，此处"四年"应是晁公迈对辽代的纪年并不十分熟悉所致。值得注意的是，这里记载金太祖在位六年，死于宣和四年壬寅（1122），与《太祖实录》记载太祖卒于天辅七年（1123）八月不同。查阅该书"夷狄·大金"条，最后部分是对熙宗朝的记载，现将全文抄录于下：

> 废主东昏王名亶，初名纳喝啰，阿骨打之孙，吴乞买立为皇太子，吴乞买死袭位，改元天眷（原注：绍兴七年丁巳，又云绍兴八年戊午），又改皇统（原注：绍兴十一年辛酉，止二十年庚午），在位十五年，伪秦王（晟长子之子）废而杀之。②

《历代纪年》成书于金熙宗即位第三年（1137），这部分内容应是后人所补，所补内容的下限到熙宗被弑。据《金史·熙宗纪》记载皇统九年（1149）十二月，完颜亮杀熙宗即位，"降帝为东昏王"，③并于当月改年号为"天德"。此处原注云：秦王（完颜亮）是晟（金太宗）长子之子。④据《金史·海陵纪》完颜亮是太祖庶长子"辽王宗干第二子也"。⑤出现这种张冠李戴的错误，说明补写者可能只是耳闻金朝发生政变，对新即位的金朝皇帝知之不多，补写这部分内容的时间可能在海陵初年，此时距皇统八年八月成书的《太祖实录》时间较短，在此期间新修成的《太祖实录》尚未在宋朝境内广泛传播。另外，《历代纪年》重在记述历代帝王的纪年，金太祖卒年也是换代之年，太宗即位之年，是该书尤为重视的部分。晁公迈记述金太祖"在位六年"，"宣和四年壬寅死"，补写者对这一明显错误没有进行修改，说明补写者同样没有见过《太祖实录》。先于《太祖实录》成书的《历代纪年》记载徽宗政和五年乙未（1115），阿骨打建国，国号"大金"，建元"收国"，与《金史》记载的开国史相吻合，不仅印证了《金史》记载的真实性，也提示宋人文献记载的"收国"年号并非都取材于《太祖实录》。

此外，《金史·太祖纪》载："上曰：'辽以宾铁为号，取其坚也。宾铁虽坚，终亦变坏，惟金不变不坏。金之色白，完颜部色尚白。'于是国号大金。"⑥刘文认为阿骨打这段话是编造的，是要让人们相信，阿骨打起兵伊始即称帝建国，并以取代辽朝为目的。⑦《金史》关于国号的记载还见于《金史·地理志》："国言'金'曰'按出虎'，以按出虎水源于此，故

① 晁公迈：《历代纪年》卷一〇《夷狄·大金》，《续修四库全书》，第826册，第209页。
② 晁公迈：《历代纪年》卷一〇《夷狄·大金》，《续修四库全书》，第826册，第209页。
③ 《金史》卷四《熙宗纪》，第95页。
④ 晁公迈：《历代纪年》卷一〇《夷狄·大金》，《续修四库全书》，第826册，第209页。
⑤ 《金史》卷五《海陵纪》，第103页。
⑥ 《金史》卷二《太祖纪》，第28页。
⑦ 参见刘浦江《关于金朝开国史的真实性质疑》，《历史研究》1998年第6期。

名金源，建国之号盖取诸此。"① 陈学霖认为国号名"金"，最确切的解释是沿袭辽以水立国名之例，这在宋金所传的史料中都说得十分清楚，既有地缘的体认，亦有本族固有文化的特征。② 这一观点为学界普遍认同。《金史·太祖纪》所曰"惟金不变不坏"云云，从字面上看还可以有其他解释，可以理解为阿骨打从国祚长远的角度进一步阐释"金"作为国号的寓意，"金"作为一种贵金属较之"宾铁"具有不变不坏的属性，这是常识，阿骨打完全有可能是以"金"的属性来比喻"金国"将会比"辽国"更加国祚长久，这也是建国者最常见的心愿。后世学者从金迅速灭辽的事迹出发来解读阿骨打这句话，本身带有主观性。因此将这段记载作为《金史》篡改金朝开国史的证据还是有些牵强。

综上，金朝建国前女真社会已经具备建立国家的条件，1114 年阿骨打起兵反辽后，在首战告捷，战果不断扩大的形势下，亟须建立国家"以系天下心"，吸纳系辽籍女真人、渤海人、鼻古德人、兀惹人等北方民族的反辽势力，壮大自己的实力。1115 年金朝建国正当其时，"收国"年号的含义与女真建国的目的相符，为金、宋文献所证实它是真实存在的。金建国之初的开国规模与唐代靺鞨人建立的渤海国大体相当，只要辽朝承认金国独立地位，女真人摆脱了被侵侮的处境，女真人便达到了建国的目的，这也是阿骨打称帝的当月就开始与辽议和的原因。收国年间，金朝建立起从中央勃极烈制度到基层猛安谋克制度——具有女真政治特点的一套国家政治制度，并成为金太祖、太宗时期国家的主体制度。可以说收国元年之前与之后，女真社会发生了质的变化，由原始酋邦形态进入国家形态。《金史》关于开国史方方面面的记载，彼此之间具有内在的联系，将其作为一个整体来考察，可以清楚地看到编撰者在开国时间（1115）、开国目的（女真独立）、开国年号（收国）以及国号（金）的含义（国祚绵长）等方面的记载是真实的，并没有进行系统的篡改。

四　金朝开国史中杨朴事迹的真与假

最后重点讨论一下宋、辽史籍中记载杨朴劝阿骨打即皇帝位，同时建议阿骨打请求辽朝封册这则史料的真与假。这条史料包含了两件事：一是杨朴劝阿骨打即皇帝位；二是建议阿骨打请求辽朝封册。两件事是发生在同一年，还是不同年份？二者都是真实的史事，还是有真有假？这直接关系到《金史》是否篡改开国史的问题。

有关杨朴与金建国的事迹，在宋、辽文献中记载的文字多少不一，内容大同小异。《三朝北盟会编》卷三的记载较为完整，兹录于下：

① 《金史》卷二四《地理志上》，第 590 页。
② 陈学霖：《金国号之起源及其释义》，陈述主编《辽金史论集》第 3 辑，书目文献出版社，1987，第 286 页。

有杨朴者，铁州人，少第进士，累官至秘书郎。说阿骨打曰："匠者与人规矩，不能使人必巧，师者人之模范，不能使人必行，大王创兴师旅，当变家为国，图霸天下，谋万乘之国，非千乘所能比也。诸部兵众皆归大王，今力可拔山填海，而不能革故鼎新，愿大王册帝号，封诸番，传檄响应，千里而定，东接海隅，南连大宋，西通西夏，北安远国之民，建万世之磁基，兴帝王之社稷，行之有疑，祸如发矢。大王如何。"阿骨打大悦，吴乞买等皆推尊杨朴之言，上阿骨打尊号为皇帝，国号大金。……又称说："自古英雄开国，或受禅，或求大国封册，遣人使大辽以求封册，其事有十：乞徽号大圣大明者一也。国号大金者二也。玉辂者三也。衮冕者四也。玉刻印御前之宝者五也。以弟兄通问者六也。生辰正旦遣使者七也。岁输银绢十五万两、匹者八也。割辽东、长春两路者九也。送还女真阿鹘产、赵三大王者十也。"①

杨朴是辽东京（今辽宁辽阳）的渤海人，时任秘书郎（一说校书郎），为下级文官。②金太祖收国二年五月，金军占领东京，大约此时杨朴归降金朝。宋人文献将杨朴上述事迹系于1118年，《辽史》系于1117年，皆曰此年为金开国元年，即天辅元年，前面已经提及文献与出土资料都证明金天辅元年是1117年。③持天辅元年金朝建国说的学者皆认为杨朴到女真内地的时间是1116年，并据他劝阿骨打建国之事，认为他是阿骨打身边的重要谋臣。然而，若从当时的政治形势出发，设身处地地从杨朴的角度考虑，恐怕这个推测很难成立。此时女真军队正在分路攻打辽州县，一般人躲避战乱还唯恐不及，杨朴虽是渤海人，但世代居住在辽东地区，估计对刚刚兴起的女真人知之不多，他为何要冒着生命危险从辽东到千里之外完全陌生的生女真地区去？是为了谋得一官半职？他既不是统兵的武将，也不是有名望的高官、名儒，女真人似乎没有什么理由会重用他。那么是为了帮助女真反抗辽朝？这时女真人需要的是武将和兵丁，不是毫无武功的下级文官，杨朴应该有这个起码的判断能力。前文已经论及阿骨打建国是为了女真独立，建国后便确立了具有女真族特点的政治制度治理国家，并没有主动采用辽制的愿望。杨朴这种身份的人即便到达了女真内地，他依靠什么又通过什么途径可以得到阿骨打的重用？找不到合理的解释。再进一步看看杨朴劝阿骨打建国的理由是什么，从上面的引文看，杨朴劝阿骨打"变家为国，图霸天下，谋万乘之国"，"愿大王册帝号，封诸番，传檄响应，千里而定，东接海隅，南连大宋，西通西夏，北安远国之民，建万世之磁基，兴帝王之社稷"。杨朴为阿骨打描绘的国家蓝图是一个"南连大

---

① 徐梦莘：《三朝北盟会编》卷三，第22页。
② 《辽史》卷四七《百官志三》："秘书监。有秘书郎。"（第880页）没有记载官品。《金史》卷五六《百官志二》：秘书监"秘书郎二员，正七品"（第1355页）。
③ 叶帅认为宋金官方真正往来始于1118年8月，导致了宋方1118年金建国说的形成，可备一说。参见叶帅《关于金朝开国史相关史料的再思考与新认识》，《学习与探索》2018年第5期。

宋，西通西夏"的国家，言辞中灭辽并取而代之的意图显而易见。然而，1116 年女真人的状况，如刘文所说"此时女真人的力量还不够强大，他们还不敢奢望能够动摇契丹人的庞大帝国"，"在很长一段时间之内，阿骨打是以争取女真的民族独立并获得辽朝的承认为其奋斗目标的"。显然，杨朴劝阿骨打的理由不合时宜，刘文也注意到"从杨朴劝说阿骨打称帝的那些话来看，不像是阿骨打刚刚起兵不久的事情"。[①] 杨朴这段话如果放在天辅四年（1120）金太祖攻下辽上京时的形势下才比较合适。[②] 假设 1116 年杨朴已是阿骨打的重要谋臣，对当时女真人的状况应比较了解，不大可能有如此建议。"阿骨打大悦，吴乞买等皆推尊杨朴之言"更无从谈起。相比之下，女真贵族阿离合懑、蒲家奴、宗翰等劝阿骨打建国的理由："若不以时建号，无以系天下心"，更符合女真建国前的政治形势。宋、辽文献记载杨朴劝阿骨打建国之事，很可能是宋人的演绎。[③] 据这条史料认为金建国前杨朴已是阿骨打的主要谋臣，显然是不符合女真社会政治生态的假想。

杨朴参与辽金和谈的事迹见于金、宋、辽三方文献。那么杨朴到达金内地的时间在哪一年？因何可以在阿骨打身边工作？这与金辽和谈时期他参与撰写金人国书密切相关。收国元年九月，金辽和谈破裂后，搁置了两年多时间，天辅二年（1118）二月双方才再启和谈。翻检《辽史·天祚帝纪》可以看到天庆八年（金天辅二年，1118）金辽和谈互遣使者十分频繁。二月，金太祖书曰："能以兄事朕，岁贡方物，归我上、中京、兴中府三路州县，以亲王、公主、驸马、大臣子孙为质，还我行人及元给信符，并宋、夏、高丽往复书诏、表牒，则可以如约。"之后，辽朝于三月、五月、六月数次遣奴哥使金，商议和谈条件。七月，"金复遣胡突衮来，免取质子及上京、兴中府所属州郡，裁减岁币之数。'如能以兄事朕，册用汉仪，可以如约'"。[④] 辽金双方商议的条件仍然主要是二月金太祖书中的内容，新增内容为"以兄事朕，册用汉仪"。大约金太祖感到撰写国书的文臣不太得力，于九月下诏曰："国书诏令，宜选善属文者为之。其令所在访求博学雄才之士，敦遣赴阙。"[⑤] 笔者认为杨朴是东京女真官员奉诏所访求的文人，从东京到达女真皇帝御寨的时间大约是天辅二年闰九月。据许亢宗《宣和乙巳奉使金国行程录》记载，从第二十七程沈州（今沈阳）到第三十九程金内地接待宋使的驿馆，需 13 天。[⑥] 金东京辽阳府（今辽阳）到沈州 200 余里，为两三天的路程。杨朴从东京到女真内地需要半个月左右的时间。

---

① 参见刘浦江《关于金朝开国史的真实性质疑》，《历史研究》1998 年第 6 期。

② 这恐怕也是刘浦江推测金朝建于 1122 年的原因之一。

③ 苗润博认为宋、辽文献这条记载的史源皆出自辽人史愿的《金人亡辽录》（又称《亡辽录》《辽国遗事》《北辽遗事》）。参见苗润博《〈辽史〉探源》，第 90 页注释 1、第 75—76 页。《金人亡辽录》是史愿归宋期间所撰，"（史）愿尝著《金人亡辽录》，行于世"。参见李心传《建炎以来系年要录》卷四三，绍兴元年四月庚辰，中华书局，2013，第 928 页。

④ 《辽史》卷二八《天祚帝纪》，第 377 页。

⑤ 《金史》卷二《太祖纪》，第 34 页。

⑥ 许亢宗：《宣和乙巳奉使金国行程录》，确庵、耐庵编，崔文印笺证《靖康稗史笺证》，中华书局，1988，第 25—36 页。

八月、闰九月辽复遣奴哥两次使金，双方对辽朝的册礼始终未能议定。直到杨朴到达金京师，提出求辽册封十事（见前举引文），金太祖才最后确定对辽朝的具体要求。《辽史》记载，这年"冬十月，奴哥、突迭再持金书来。……十二月甲申，议定册礼"。[①]天庆九年（金天辅三年，1119）春正月，金遣乌林答赞谟持书来迎册。三月，辽"遣知右夷离毕事萧习泥烈、大理寺提点杨勉等册金主为东怀国皇帝"。[②]金朝文献对此事的记述见于《金史·耨盌温敦思忠传》，"天辅三年六月，辽大册使太傅习泥烈以册玺至上京一舍，先取册文副录阅视，文不称兄，不称大金，称东怀国。太祖不受，使宗翰、宗雄、宗干、希尹商定册文义指，杨朴润色，胡十答、阿撒、高庆裔译契丹字，使赞谟与习泥烈偕行。赞谟至辽，见辽人再撰册文，复不尽如本国旨意"。渤海人高庆裔可能是与杨朴同时到达女真内地。"辽人前后十三遣使，和议终不可成"。[③]对照《辽史》和《金史》的记载大致可还原这一史实的全过程，[④]杨朴在金辽和谈中向金太祖建议请求辽朝册封具体事项的时间，当在金太祖天辅二年到三年（辽天祚帝天庆八年到九年）之间。这一点也为宋朝文献所证实，《三朝北盟会编》卷四载，宣和元年（辽天庆九年、金天辅三年，1119）三月，宋遣赵有开、王瑰随李善庆渡海出使金国，"未行，有开死，会河北奏得谍者言契丹已割辽东地，封女真为东怀国主"。[⑤]

在金辽和谈过程中，杨朴、高庆裔的能力得到了金太祖的欣赏，之后在金宋海上之盟的一系列谈判中仍令他们参与其中。赵良嗣的《燕云奉使录》记载，北宋宣和二年（金太祖天辅四年，1120），赵良嗣使金，议夹攻契丹、求燕云地、岁币等事，金宋双方关于营、滦、平三州是否属燕京地分产生争议，杨朴至赵良嗣处谕云："郎君们意思不肯将平州画断作燕京地分，此高庆裔所见如此，须着个方便。"[⑥]三年后宋人文献才再见杨朴的事迹，赵良嗣的《燕云奉使录》和马扩的《茆斋自叙》记述宣和五年（金太祖天辅七年，1123）正月到四月间，在金人军前，杨朴（又作杨璞）随同女真大贵族完颜希尹（兀室）与赵良嗣、马扩等人关于归还燕云之地等事宜进行谈判。在议事时皆是希尹与宋人商讨，未见杨朴发表意见。在计议事已定之后，四月十一日，金"复差杨璞为聘使报许四月十四日交割燕山及山后，幸踏地里，交割南归"。[⑦]从赵良嗣《燕云奉使录》、马扩《茆斋自叙》、张汇《金虏节要》等书

---

① 参见《辽史》卷二八《天祚帝纪》，第378页。

② 参见《辽史》卷七〇《属国表》，第1303—1304页。

③ 《金史》卷八四《耨盌温敦思忠传》，第2001页。

④ 对照《金史》与《辽史》关于金辽议和事迹的记载，《金史》简，《辽史》略详，《金史·太祖纪》关于议和内容，不论是否涉及册封基本都没有详细记载。《金史·耨盌温敦思忠传》中在记录金与辽议和时，对其他议和内容几乎没有提及，唯独对这次"求"册封之事，记载略详细，大约认为这次议和内容比较重要，从史料的内容看，应出自金人之手。《金史·太祖纪》没有涉及册封内容，与元朝史官的撰写体例有关，《金史》对请求辽册封之事没有刻意隐晦。

⑤ 徐梦莘：《三朝北盟会编》卷四，宣和元年三月十八日甲子，第24页。

⑥ 徐梦莘：《三朝北盟会编》卷四引《燕云奉使录》，第26页。

⑦ 徐梦莘：《三朝北盟会编》卷一四引《茆斋自叙》、卷一五引《燕云奉使录》《茆斋自叙》，第96、100、106、107、109页。

记载杨朴在金宋谈判过程中的角色看，他主要是女真大贵族的助手和翻译，并出任向宋人转达金朝意见的使者，①与所谓的"完颜阿骨打的主要谋臣"的地位相差甚远。

此外，有学者认为《金史》有意隐匿了杨朴劝阿骨打称帝建国和建议辽朝册封之事，金朝实录和国史抹去杨朴事迹，对当初那段开国的历史讳莫如深，同时篡改了国史。②《金史》中关于杨朴的记载只有上面提及的一条，对他在金宋交往中的事迹只字未提。《金史》是否存在刻意隐匿杨朴事迹的现象？仔细阅读《金史》便可知这与史臣记述金朝初年史事的重点有关。金初仅用十几年的时间先后灭辽亡北宋，史臣记述人物事迹以女真宗室军将为主，他族官员尤其是从事政务的官员记述较少，即便是女真大臣的事迹，也是重军事轻政务。③从宋人文献记载看，金宋关于归还燕云之地谈判的金朝代表主要是完颜希尹，杨朴一直作为希尹的助手参与其中。查阅《金史》可发现全书关于完颜希尹这方面的事迹只字未提，史臣对女真人军功大贵族事迹的记载尚且如此，不载作为助手和翻译的杨朴的事迹也是理所当然了。

关于金遣人使辽以求辽朝封册之事，如了解一下中国王朝的边疆史，便可知这完全符合历史上边地政权与王朝中央之间建立政治关系的一般规则，如汉唐的高句丽政权、唐代渤海政权等，都是建立政权后请求中原王朝册封，④正如杨朴所说"自古英雄开国，或受禅，或求大国封册"。金太祖本人与宋使呼延庆也当面提及此事："大辽前日遣使人来，欲册吾为东怀国者，盖本朝未受尔家礼之前，常遣使人入大辽，令册吾为帝，取其卤簿。"⑤金朝史官并不隐晦女真曾为辽的臣属，阿骨打起兵时直言："世事辽国，恪修职贡。"建国后，辽金间前后十三次遣使，在《金史》中记载最为详细的即是请求辽朝册封之事。金世宗时宋人范成大出使金朝时见到一种小本历，"小本历通具百二十岁，相属某年生，而四十八岁以前，房无年号，乃撰造以足之：重熙四年，清宁、咸雍、太康、大安各十年，盛（寿）昌六年，乾通（统）十年，大（天）庆四年，收国二年，以接于天辅。"⑥范成大认为天辅以前的年号是编造的，岳珂则指出："按此年号皆辽故名，女真世奉辽正朔，又灭辽而代之，以其纪年为

① 上引赵良嗣《燕云奉使录》记载中提到的高庆裔，据张汇《金虏节要》记载，"领燕京枢密院事刘彦宗以病死……粘罕以通事高庆裔知云中府"（徐梦莘：《三朝北盟会编》卷一三二引《金虏节要》，第 960 页）。《建炎以来系年要录》卷二八，建炎三年九月，也载："及是彦宗以病卒，宗维乃判枢密院于西京……（宗维）以通事高庆裔为大同尹"（中华书局，2013，第 654 页），宗维即粘罕、宗翰。刘彦宗卒于金太宗天会六年（1128），此时高庆裔官职仍然是个通事。金太祖与高庆裔同时参与金宋和谈的杨朴的身份，同样是一个通事。

② 刘浦江：《关于金朝开国史的真实性质疑》，《历史研究》1998 年第 6 期；李秀莲：《杨朴在〈金史〉中的隐遁与金初政治》，《黑龙江民族丛刊》2010 年第 4 期；李秀莲：《阿骨打称都勃极烈与金朝开国史之真伪研究》，《史学月刊》2008 年第 6 期。

③ 程妮娜：《从自称"中国"到纳入"正统"：中国正史中的〈金史〉》，《南国学术》2019 年第 4 期。

④ 程妮娜：《东北民族朝贡制度史》，中华书局，2016，第 76—78、277—278 页。

⑤ 徐梦莘：《三朝北盟会编》卷四，宣和元年十二月二十五日，第 24 页。

⑥ 徐梦莘：《三朝北盟会编》卷二四五引《揽辔录》，第 1761 页。

历，固其所也。岂范本之见耶。"①岳珂说明了金朝民间流行的小本历用辽朝纪年为历的原因是"女真世奉辽正朔"。从朝廷的史书到民间的小本历都显示了金朝人并不忌讳女真曾是辽朝的属部，在金人看来太祖建国后期请求辽朝册封是遵循历史惯例，丝毫不会有损于金朝的声誉。

《辽史·天祚帝纪》记载杨朴劝阿骨打请求册封一事，前后出现重复记述的现象：

> （天庆七年，1117）是岁，女直阿骨打用铁州杨朴策，即皇帝位，建元天辅，国号金。杨朴又言，自古英雄开国或受禅，必先求大国封册，遂遣使议和，以求封册。
>
> （天庆八年，1118）十二月甲申，议定册礼，遣奴哥使金。
>
> （天庆九年，1119）春正月，金遣乌林答赞谟持书来迎册。……三月丁未朔，遣知右夷离毕事萧习泥烈等册金主为东怀国皇帝。己酉，乌林答赞谟、奴哥等先以书报。……金复遣乌林答赞谟来，责册文无"兄事"之语，不言"大金"而云"东怀"，乃"小邦怀其德"之义；及册文有"渠材"二字，语涉轻侮；若"遥芬"、"多戬"等语，皆非善意，殊乖体式。如依前书所定，然后可从。②

对照前文所举《三朝北盟会编》卷三关于杨朴建议阿骨打请求辽朝册封及册封内容的记载，《辽史·天祚帝纪》将杨朴建议阿骨打请求辽朝册封的事情分记在天庆七年和八年末到九年初，天庆七年（1117）记杨朴建议阿骨打请求辽朝册封；八年末九年初（1118—1119）记杨朴等人拟定请求辽朝册封的内容，及不为辽朝采用，"册文无'兄事'之语，不言'大金'而云'东怀'"的事情。据前文论述杨朴建议阿骨打请求辽朝册封之事在1118—1119年，《辽史·天祚帝纪》将此事系于天庆八年末九年初无误。从《辽史》中"是岁，女直阿骨打用铁州杨朴策，即皇帝位，建元天辅，国号金"这句不是放在天庆七年正月之下，而是放在天庆七年年末来看，这条记载可能不是辽史官的记载，而是元史官所为。天庆八九年辽金议和的史事《辽史》多于《金史》，则可能是辽朝史书的记录。元朝是辽金宋三史同时修纂，元史官编纂《辽史·天祚帝纪》采纳《亡辽录》的材料时，③史官清楚宋政和八年即辽天庆八年、金天辅二年，金朝无论如何不可能在天辅二年建国，杨朴也不可能在天辅元年劝阿骨打建国，并按一般惯例认为金建国之初请求辽册封。于是元史官将《亡辽录》的材料附在天庆七年年末，没有注意到与后面的内容重复、矛盾，这属于元史官采用材料不当的错误。

---

① 岳珂：《愧郯录》卷九《金年号》，《景印文渊阁四库全书》，台北：台湾商务印书馆，1986，第865册，第156页。刘文引这两条史料来说明金天辅元年应是1122年，然实际这两条史料的价值在于岳珂的看法。但要指出的是"收国"非辽故名，而是金国的年号。

② 《辽史》卷二八《天祚帝纪》，第376、378页。

③ 苗润博认为《辽史·天祚帝纪》关于杨朴事迹的记述是源于《亡辽录》。参见苗润博《〈辽史〉探源》，第90页。

《辽史》中记载金朝于天辅元年（1117）建国还见于《辽史·属国表》：天庆七年，"是岁，女直国主即皇帝位，建元天辅，国号金"。前面已论证据宋人晁公迈《历代纪年》记载阿骨打于乙未年（1115）建国，建元"收国"是真实的。推测《辽史·属国表》的记载有两种可能，一是元史官将篡修《天祚帝纪》的内容填入《属国表》；二是元史官抄录辽史书的内容。那么辽朝为什么无视金收国年间的历史？我们注意到这里称天辅元年之前的阿骨打为"女直国主"，翻检《辽史》，称北方某族群为"某国"现象很常见，但称为"国主"的却只见三种场合：一是契丹皇帝，二是西夏国主，三是女真国主（完颜阿骨打）。这透露出在"天辅元年"以前，阿骨打已是一国之主的信息。在本文开篇处介绍了学界研究已经否定了阿骨打建国初期曾称为"女真国"的推测，那么在"天辅元年"以前女真人建立国家的国名不是"女真"而是"大金"。对于辽史官不记金初建元"收国"事的原因，笔者赞成董四礼的看法，面对昔日属国的叛离，辽朝统治者拒绝承认其独立建国，但在出兵一再失利的形势下，辽不得不承认日渐强大的金国，便将金太祖改元天辅之年追记为金建国之年。[①] 这不是赵翼所说的"《辽史》之疏漏也"，可能是辽史官的有意为之。如果这个推测成立的话，辽史官记录的不是金朝建国的时间，而是辽朝承认金国的时间。

结　语

通过讨论，笔者对"《金史》篡改开国史"的看法持否定观点。完颜阿骨打起兵反辽时，女真社会已处于高级复杂的酋邦阶段，具备建立国家的条件。都勃极烈是生女真进入高级酋邦时期大酋长的称号，始自穆宗盈歌晚期到1115年阿骨打建国称帝为止，它不是金建国后女真帝王的称号。宋辽文献中所称"渤海人杨朴劝阿骨打称帝建国"之说并不真实，应是宋人的一个假想。《历代纪年》的作者晁公迈和后补者没有见过《太祖实录》，这直接否定了学界关于《太祖实录》编造"收国"年号的推论。同时通过对女真的建国条件、建国目的、金朝收国年间国家制度建设的整体考察，我们可得出《金史》中关于金朝建国时间、国号、年号的记载无误，金朝史官并没有篡改开国史的认识。

反观宋、辽史料关于金朝开国史的记载则有诸多讹误，如南宋绍兴七年（1137），吕颐浩写给高宗的《上边事善后十策》认为女真于宣和四年（1122）建国号大金。尽管吕颐浩是南宋位高望重的政治家，宣和七年（1125）金军攻陷燕京时，吕颐浩曾被郭药师劫持降金，在金军中滞留达三四个月。但后来学者们的研究最先否定的便是这篇奏议所载的内容。[②] 这

① 董四礼：《也谈金初建国及国号年号》，《史学集刊》2008年第6期。
② 参见前引董四礼、爱新觉罗·乌拉熙春、李秀莲、叶帅等人的文章。

说明当事人记录当时事也未必是真实可靠的记录，尤其在辽宋金混乱的战争年代，对于不同民族之间记述的史事，更要慎重对待。

探讨北族王朝建国史应充分注意到我国古代王朝时期边疆民族政治史的基本特点，如边地民族政治势力和政权请求中央王朝或邻近大国册封，是当时边疆各民族中通行的一般规则，即便该民族建立的政权日后灭亡了宗主国，也是不需要刻意隐晦的事情。[①]若将此作为《金朝》"篡改开国史"的主要论据，是很难立足的。至于《金史·世纪》记载金始祖以来前五代先祖的世系可能有虚构的成分，将此作为金朝统治者伪造本族历史的佐证，也是不恰当的。如董四礼所说，女真初无文字，史事流传多靠口传。如将利用口碑史料试图重新构筑本民族先世历史视为伪造历史，任何民族其先世无文字时期的历史都是不须写，也是不能写的。[②]史学界尤其是民族史学界一般不会将一个民族记录下有文字以前的先世传说和旧闻视为伪造本族历史，而是发掘其中有用的信息，考证其先世的社会历史，徐旭生《中国古史的传说时代》便是这一领域的名著。金朝开国史的真伪问题还要继续讨论下去，希望能更多地从女真和金朝历史的实际出发，还原金朝开国史的真实面目。

〔本文原载《史学集刊》2022年第1期。作者程尼娜，吉林大学文学院中国史系教授〕

---

① 中国历史上蒙古、明女真建国前皆受宗主国册封或授官，建国后灭宗主国取而代之，元、清史书对此并不讳言。如《元朝秘史》卷四记载：金"与太祖札兀忽里的名分，脱斡邻王的名分"（中华书局，2012，第124页）。《元史·太祖纪》："初，帝贡岁币于金。"（中华书局，1976，第15页）又如，《清太祖实录》卷二记载：辛卯，春正月，"明归我丧，遗我敕书马匹，寻又授我左都督敕书，已而又赍龙虎将军大敕"（《清太祖实录》卷二，中华书局，1986，第1册，第37页）。《满洲实录》《清实录》中关于明朝授建州女真敕书、授努尔哈赤官职的记载较多，为史学界所熟知。

② 董四礼：《也谈金初建国及国号年号》，《史学集刊》2008年第6期。

武仙与金末蒙初华北形势

余 蔚

摘 要 金末名将武仙，其行迹几乎与金蒙战争相始终，并参与了金亡之前十年华北多数重要战事，可以视为当时金军的核心人物之一，与战争之成败及形势之走向有直接关系。本文拟以武仙为切入点，借以审视金亡前十年（1224—1234）金蒙宋诸方的战略实施、军事形势。在这期间，各政权在华北的发展前景，曾出现难以预测的波动，这更是本文欲揭示的重点内容。

关键词 武仙 河朔 地方武装 金蒙战争 战场联动

在金、蒙交替之际，武仙可以算是一位核心人物。他参与了金末大部分重要军事行动，在他身上汇集了多种角色：乱世中由河北民间崛起的地方武装；始终注重保存实力，借区区一县（井陉）之地崛起的大军阀；但同时，又对金朝相当忠诚，且极具军事天赋，故而也是最为金哀宗所称许的大将。他一生的主要活动，是与蒙古军的无数次作战，其间，又曾与宋朝有过纠葛，在金—蒙—宋三边关系的视角下，也是一位令人瞩目的人物。不过，他与当时金国一方的其他政治人物一样，在后世所受关注较少。这其实也意味着，对于覆亡前夕的金国，研究者相对来说是比较忽视的。而本文重视武仙，实际上着意观察的也正是他所在的时代，他背后那场长期、酷烈而面目模糊的战争。

这场生死之战夹在宋金对峙与宋蒙战争之间，其光芒被前后两个时期所掩盖，于后世史家，竟成冷寂之领域。对其进程之研究就很有限，战略演变、争城夺地，诸种重要情节多有缺失，或较显平面而少曲折。而在笔者看来，这场残毁最彻底、破坏力极大的战争，却是连接前后朝的关键时期。若将中国政治史看作是时间上连续的、制度与社会发展有着前后承接关系的整体，则金、元之间的政制接续在战争阶段如何发生，游牧者的政权受到中原的何等影响以至于向一种新的混合体制转变，自然要从金蒙冲突开始观察。从蒙古帝国中萌生出使其演进为"元朝"的诸要素，大部分的基本特征，是以这场战争作为其塑造过程的重要阶段。而本文试图解决这个大议题之中最基本的一部分，即战争进程的某一段。具体说来，是金蒙战争后期进程之一段——约金正大年间（1224—1232）的战事。中心战场是河东与河北（下文因行文之便利，或称"两河""河朔"），但作为全面战争的一部分，两河的变局又必然牵动其他战场——河南、陕西、山东——的形势。厘清这种复杂的联动，就是本文研究这场战争的最基本目的，它是有意识的战略策划与出人意料的突发事件相互激荡的产物。检视战略变化的背景及其功效，是本文更进一步的目的。

若向战争以外，再作空间上的展开，便可注意到相关各政权的积极介入。卷入其中的不仅是金蒙双方，与中心战场尚有一定距离的宋方，也间接地介入了冲突。考虑到长期以来宋金之间不和睦的状态，以及蒙古灭金之后，下一个目标必然是宋，宋的介入过程便提供了一个侧面，便于我们观察宋的立场转移以及它在宋蒙战争开始之后的战略态势。

而若就两河的形势理一条时间上纵向的线索，那么最显而易见的莫过于所谓汉人"世侯"的出现与成长。世侯们无一例外是在蒙古灭金的过程中，归附到蒙方、成为代理人的。他们从蒙古侵金早期秩序荡然的华北社会崛起，成为地方武装之间激烈的生存竞争的胜出者。但长期同类相争（其对手以金兴定四年［1220］所封的"封建九公"为代表）或与金的散兵游勇作战，其战斗能力的提升不尽如人意。金主力早已撤至大河以南，而木华黎麾下的蒙军则始终能在最适当的时候予其代理人以坚决支持，后者尽力利用这种有利态势，终于勉强将大河以北的拥金力量逐渐压制，或令败亡退却，或令归款顺服，推进之势甚顺。不过，盛况并不稳固，元光二年（1223）木华黎卒，危机隐现。次年（正大元年）金主力部队在河东的反攻，以及再次年金降将武仙在河北叛蒙，以其旧部发动突袭，使蒙军的代理人陷入了混乱与恐慌。二者合流，构成了战争爆发后金方挽回不利形势的最主要的一次努力，它大约持续七年。其间宋方力量短暂而强势的介入，更增进了局势的严重性。在蒙方将其主力投放到两河战场之前，其在中原的代理人经受了极其严峻的考验。这七年，可以说是世侯成长的最关键时期。待此次混乱廓清之后，他们便脱胎换骨，实力、经验、地位、地盘，都得到提升或巩固，在之后的宋蒙战争中，便能较自如地发挥其力量了。金亡前后的华北形势及汉人世侯的成长史，不能回避1220年代的剧烈冲突。当未来的世侯渡过正大末年的危机之后，他们与蒙廷的关系也大体稳定下来，直至元中统三年（1262）李璮叛蒙，才于忽必烈手中做了重大调整。

众多人物——包括几乎所有的"世侯"——被牵扯进来，不由自主地随时代浮沉。但中心还是武仙。自他在真定府叛蒙搅起风雨，两河形势一度逆转，诸方豪雄被迫应战，为求生存而全力搏杀。金方前所未有地抽调主力济河北上，也只有在策动武仙重新回归之后，河东攻势才能维持七年之久，从黄河北岸一直挺进到太原以北。无论强攻或巧取，武仙都是主要的谋划和执行者之一——《金史》关于这些活动的记载极简略，基本掩盖了他在正大年间的作用，但《元史》却零散而较忠实地记录了武仙的行迹，这可能是因为，他曾经是几乎所有世侯的最大威胁，金元文人（如元好问等）为诸世侯所作的碑记，也无不将传主与武仙的争战，视作传主所经受的主要考验、所获得的重大功绩，这些记述，后来为《元史》所袭用。相关各方投入总兵力以十万计，而武仙一度作为主要参与者之一，推动着局势向前发展。

关于武仙，历来研究也非空白。环绕武仙个人的研究，代表性的作品是唐长孺先生关于"封建九公"之研究。该研究对于河北地方武装的产生、发展、生存情况，"九公"的产生、活动地域及结局，论述极精到。其中对于武仙的活动，阐述最详。关于正大年间他在真定的反蒙起事、再夺真定、突袭太原、转战潞州，文中皆有论证。[①] 近年亦有以武仙为主题之专门研究，于其主要活动，大体皆有关注，然考述则较略。[②] 此外，关于金末华北地方武装的其他研究，也有少量涉及武仙的内容。[③] 本文凡于战事之情节可见于已有研究者，则略之，而重在分析这些战事与其他地区、其他力量的关系，考察金的反攻战略如何通过武仙之活动得以实现。通过一个特殊的个人，体现金蒙战争的最后阶段，一种新的战争形势和国际局势是如何被塑造出来。此外，亦旁及华北的主要战事结束之后，武仙的后续活动，因为这些活动是正大中的战略反攻失败以后，金为图存所做的最后努力的一部分。

一　贞祐南渡背景下的武仙之败、降

1. 贞祐二年至兴定四年，从威州刺史到恒山公

武仙，金末河北威州（治今河北井陉北）人，《金史》本传称，"或曰尝为道士"，故时人以"仙"呼之，而未提供关于其出身、社会地位的其他信息，不过可以肯定的是，武仙应属当地豪强无疑。当威州与华北其他地区一样，因蒙军入侵而致社会秩序崩溃之后，武仙"率乡兵保威州西山，附者日众"，事在贞祐二年（1214）。[④] 这是其在当地社会威望与实力的体现。但是还需要一些别的素质，方可避免在残酷的生存斗争中被淘汰。

威州是金初天会七年（1129）新置，本非重镇名埠，但其前身井陉县，其名早著于史，为历代兵家要地，连接河北、河东的主要通道所在。自韩信击灭陈馀始，燕赵一带若有争

---

① 唐长孺：《贞祐南迁后的河北砦寨与九公分封》，收入《山居存稿》，武汉大学出版社，2013，第441—467页。该论文见刊于此文集1989年初版之时。

② 张哲：《金末汉人地主武装人物武仙研究》，硕士学位论文，吉林大学，2008。论文于第34—43页，述及武仙降蒙—复叛蒙投金—远走山西—下太原—复爵恒山公—退保卫州—旋徙金州—三峰山之役—北上勤王溃于京水等主要事迹。

③ 如到何之《关于金末元初的汉人地主武装问题》，《内蒙古大学学报》1978年第1期，第11—31页。此文逐路详考金蒙战争中汉人地方武装的主要活动，对于武仙降蒙复叛、转战河东之事，略有所及。又如金宝丽《蒙古灭金史事研究》，博士学位论文，中央民族大学，2011。论文以时间为序，梳理了金蒙战争之过程，其中提及正大六年潞州之役、七年卫州之役，皆与武仙相关，见论文第90—91页。

④ 《金史》卷一一八《武仙传》，中华书局，1975，第2577页。

战，井陉必成关键战场。而井陉历来所上隶之真定府，即汉唐之恒州或常山郡、成德军节度，更是河北雄镇。它是河北西部的地区中心，又是燕京至太原的跳板。辽宋金直至蒙元之初，在塞外进入汉地的孔道中，太原和燕京的锁钥作用从未被忽视，其中燕京的地位更是节节上升，由大地区中心（如辽之南部疆域中心）而至全国的政治中心（金海陵王立为首都），真定之沟通两条孔道、连接两大中心城市的功能，更形突出。若称之为"河朔枢机"，亦不为过。

蒙古侵金之初，金军陷入全面的恐慌与混乱之中。从大安三年（1211）至贞祐元年，各地纷纷不守，贞祐元年蒙军的侵袭尤其成功，"河北郡县尽陷，唯中都、通、顺、真定、清、沃、大名、东平、德、邳、海州十一城不下"。[①] 被蒙军所下的诸州，也包括威州在内。州城失陷，豪强团集乡兵据险自固，且徙平民于其中，这在受侵之初，即成为各州兵民自发形成的生存模式，且在遍地烽火的情境下，迅速普及为全境通用的做法。而"真定……城不下"，则属侥幸，因为蒙军初时对中原的战略，以侵袭掠夺为目的，不在于得地固守，故而对少数地区中心，只是浅尝辄止。贞祐二年秋，蒙军又大举南下，攻围燕京，顺势遣军扫荡周边郡县，兵锋亦及真定府，然仍无必克的意愿。当时真定府官吏惊走，人心溃散，但城池居然没有陷落。[②] 这自然说明蒙军对此城的进攻力度并不大。

蒙军对于金境城池的态度与战略的转变，与金军的适应同步。大约从贞祐三年开始，蒙军利用降附的汉人，对燕京—大同一线以南的城池，开始有计划的攻略。而金也对"乡兵"一类的民间武装给予鼓励和支持，以大小民间武装构成守御的主力。武仙与威州、真定府的关系，颇能反映金对黄河以北地区的守御策略。

贞祐二年威州遭蒙军洗劫，武仙率众据守西山，金政权适时任命他为"权威州刺史"。既无外来的正任刺史，"权"刺史理所当然地成为官方认可的地方首领，他和他的队伍由此被纳入"正轨"。此举被证明是很成功的，乡兵出身的武装，在获得了官方身份之后，号召力大增，战斗力也日强。次年他受命主管真定城防，竟然打退了史天倪统率的附蒙汉军。这支汉军南下之时，周边"部邑无不款附"，甚至另一重镇大名府也在强攻之下沦陷，真定却固守不下。[③] 此战首次显示了武仙的佼佼不群，也是他首次与真定防务发生直接的联系。但这次考验之后，他仍然率军回到威州。

武仙再次入据真定府，与真定的战略地位直接相关。贞祐三年他返回威州不久，真定府为石海所据。石海身份不明，但无论他是当地驻军之偏裨，抑或是民间武装之首脑，皆属正常，与当时两河的其他地方武装并无不同。石海不接受朝廷指令而自行其是，这在当时华

---

① 《元史》卷一《太祖纪》，太祖八年秋，中华书局，1976，第17页。

② 据《遗山先生文集》卷二四《苏彦远墓铭》（四部丛刊初编本，叶249a）：真定酒使司监苏车"贞祐二年八月朔当满替，明日，府官吏以兵至，弃城。而彦远守职如故。事定，以羡余进四阶，城守三阶，循资一阶，授归德下邑主簿"。城守成功，苏车遂得额外进三阶。

③ 《元史》卷一四七《史天倪传》，第3479页。

北地方武装中也不少见，金廷难以控制或不愿尽全力去控制他们，也正是这些武装之间爆发激烈冲突的重要缘由。然而，石海所处的时间与地理环境很特殊。时当中都失陷两年之后，金廷正图谋集结相关地方武装，尽全力收复中都。负有主要使命的是当时的"中都路经略使"苗道润，其所据，在中山府（今河北定州市）一带，距中都最近。但这一重大使命，凭道润的实力远不足以独力完成。因此，金宣宗计划竭山东、河北、河东之力从事此役，而石海所据有的真定府，却可能成为动员和调集过程中的阻障。^①兴定元年，宣宗动员真定周边所有力量——潞州（今山西长治市）节度使粘割贞、辽州（今山西左权县）从宜郭文振，与武仙共击石海。兴定元年三月，武仙占到先机，攻灭石海而降其众，旋即被授予"权知真定府事"之职，代石海据有真定，但同时仍然兼任威州刺史。^②

在当时据有真定，是一个极好的发展机遇。中都附近，一直是战争最为激烈之处，太原也频繁遭受攻击，而两者之间的真定府，相对算是安全。至于参与收复中都的大计，因兴定元年苗道润陷入与其他地方武装的争地之战，一时无法自拔而搁置，次年道润被攻杀，该计划只能束之高阁。而理应参与会攻中都的真定军，遂得以保存且扩展实力。大约武仙是当时接近苗道润旧有领地的最稳定的力量，因此金廷尚书右丞侯挚建议，将原属道润的保（今河北保定市）、蠡（今河北蠡县）、完（今河北顺平县）三州划归武仙，^③然未果。尽管如此，武仙仍有所得。可以推知他的领地，除真定府与威州之外，至少已将中山府收入囊中，只有获得了中山府，方有可能与保、蠡、完三州相接，也才可能有侯挚之议。

兴定元年至四年，武仙的事业走向巅峰。《金史》本传记录了他的升迁过程，由"权知真定府事"，至"同知真定府事"，直至兴定四年"知真定府事"，并兼经略使、遥领中京留守、权元帅右都监。前一个兼职表明他对周边武装的统辖之权，后两个兼职则表明他以地方的军事首领的身份，同时具备了中央高层的虚衔。更重要的是，他的势力蒸蒸日上。无论是"权知"，还是"同知"或"知"，击灭石海后，他对真定府的实际控制从未改变。而在兴定元年之后，他的领地继续向东、西两翼发展，至兴定四年，除真定、中山两府及威州之外，又据有东南面的冀州（今河北衡水市冀州区）、南面的沃州（今河北赵县）与西面的平定州（今山西平定县）。论其地之广，则愈河北两路三之一。更何况真定一带所受兵燹，远不及东、西邻之烈，其人员物资之积聚，亦非邻境可以比肩。兴定四年，金廷大举分封河朔前线

---

① 《金史》卷一五《宣宗纪中》（第328页）："（兴定元年三月）乙未，先征山东兵接应苗道润共复中都，而石海据真定叛，虑为所梗"云云。卷一一八《苗道润传》（第2572页）也称"兴定元年，诏道润恢复中都，以山东兵益之"。自贞祐中，山东东部已全面爆发红巾之乱，无力调出人手，故所谓"山东兵"，应是完颜弼、蒙古纲所统的东平军。当时大名、沧州一线恰处于金、蒙两方的激烈争夺之中，从更西面的濮、开、滑州一带渡河，沿河北西部北进，再经真定府东北趋中都，不失为一种较为稳妥的进军路线。但是可能更重要的是，此次行动应当也用上了"河东"兵，据《金史》卷一一八《郭文振传》（第2584页），当时文振也受诏"接应苗道润，恢复中都"，真定府是河东兵进军中都的必经之地，故更显重要。

② 《金史》卷一五《宣宗纪中》，兴定元年三月乙未，第328页；卷一一八《武仙传》，第2577页。

③ 《金史》卷一一八《苗道润传》，第2573页。

奋战的将领，以河北两路与中都路分封五人，河东中、南部分封三人，又以山东西部地分封一人，共计九人，称"封建九公"。其中武仙受封"恒山公"，"同时九府，财富兵强，恒山最盛"。[①] 也就是说，武仙成为当时河朔最有实力的人物。

2. 宣宗的守河之策、羁縻之术及两河的困境

但是，巅峰意味着下行的开始。下行不是以缓步或者滑行的速度，而是如下坠一般。"封建"是在兴定四年二月，到了九月，武仙便举其全境降蒙。似乎"封建"倒是促成了河朔拥金力量的崩解，若非置之于金、蒙双方在兴定中的战略与军事行动中来考察，这一变故不太容易理解。回到兴定元年至四年的情境，我们便可发现，"封建"之后的武仙，其困境正寓于其高速发展的时期。

贞祐以后华北地方社会的重建，至为艰难。总体来说，呈现一个"山寨化"的过程，多数城池不止一次被袭破。每次城破，民众轻则生计荡然，重则遭受屠戮。由是，州民转向险僻之地生聚，各地纷纷立"寨"守险，且耕且战。在这个过程中，豪强的号召力与组织能力日渐显著，而官方统治机构往往因破城之厄而遭到毁灭性打击。即使得以幸免，当日常行政的重心向僻远处转移之时，惯于以城池为依恃的官方，便显得束手无策。应对这一现象，较合适的方式便是合豪强与官府二者为一。故而在贞祐以后，两河各州便有两个新现象：治所多徙于山水寨，而州、县官长则少有流官，多为朝廷就便任命当地豪强为之。例如，武仙受封"恒山公"之时，其所属冀州，即由其部将"权元帅右都监柴茂"立于水寨。[②]

这些小区域内形成的武装团体，对于当地社会的自我管理，起了至为重要的作用。但在强大的外来压力之下，很自然地陷入两难境地：一州一县之地、残破之余，无力应付蒙军直接支持下的附蒙汉人武装；若欲加强自身实力，那么"自强"行动必然会演化为兼并战争，受损的还是本方的力量。这时，朝廷的号令便是关键的调节器，它主要以"行省"为其化身。如贞祐三年八月至兴定三年，侯挚先后行省河北、东平，对于河朔诸州之间互相周济、实际调动河北河东山东诸军协力收复中都、镇压红巾军、协调诸支武装之间关系等各方面，多有作为。[③]《金史》称："贞祐之时，仆散安贞定山东，仆散端镇陕西，胥鼎控制河东，侯挚经营赵、魏，其措注施设有可观者。"[④] 故各方武装，往往有值得一书的成功。

不过，通过派遣得力大臣主持一方来支持两河的抗蒙事业，这一举措在兴定年间越来越难以维持。每次重大的军事行动，需要纠集多支武装参加，因此，行省之置，辖地极广。

---

① 兴定元年至四年，武仙之履历皆见《金史》卷一一八《武仙传》，第2577页。关于恒山公的辖地，本《传》载曰："兴定四年……封恒山公，以中山、真定府，沃、冀、威、镇宁、平定州，抱犊寨，栾城、南宫县隶焉。"按镇宁州是兴定三年由真定府获鹿县升置。栾城县、抱犊寨隶真定府，南宫县隶冀州，而又于真定府、冀州之外另出，可能是由于这些州、县、寨有隶属于武仙的较重要的地方武装存在，故诏书特别强调其归属。
② 《金史》卷一一八《张甫传》，第2582页。
③ 《金史》卷一〇八《侯挚传》，第2386—2389页。
④ 《金史》卷一〇二"赞"，第2262页。

如侯挚之任行省，毋论以"东平"或以"河北"为名，其所辖，皆及于河北两路、大名路、山东西路、中都路的拥金力量。其间地域差别之大、各支力量之间关系之复杂，令侯挚焦头烂额。左右撑拒近四年，反金的山东红巾军衰而复盛、河北陷蒙之区日广，局势日见糜烂。而最难着力的，是协调各支武装的利益。兴定元年，苗道润先与保州李琛失和相攻，侯挚数谕道润，令与琛通和，不为所从。又谕李琛，指斥他"聚之城寨，遂相并吞。百姓不安，皆由官长无所忌惮使之然也"。① 但劝告、斥责并未显示充分的权威，与李琛的事尚未了断，苗道润又与邻境贾瑀相攻，次年为瑀诱杀。枢密院"乞治瑀等专杀之罪，余州郡各以正职授头目，使分治一方"，尚书左丞高汝砺本着"强干弱枝"的原则，反对"分治"，劝宣宗对河朔的势力分割不做表态："朝廷以时方多故，姑牢笼用之，庶使遗民少得安息。彼互相攻劫则势浸弱，势力既弱则朝廷易制。今若分地而与之……久之，弱者皆并于强，强者之地不可复夺，是朝廷愈难制也。……不若姑令行省羁縻和辑，多方牵制，使之不得逞。"② 概言之，是建议朝廷以模糊姿态作假意安抚，使河朔保持混乱状态。宣宗听信此话，对道润遇害之事及冲突各方的处置，故意拖延不决："道润之众亟收集之，瑀等是非未明，姑置勿问。诸头目各制一方，利害至重，更审处之。"③ 从而放弃了对苗—贾之争的裁断权。这一决策引发了无法恢复的恶果，直接导致苗道润部众分崩离析，分别归属张柔、靖安民等人，而其原属之地，则又在李瘸驴（原据涿州）、靖安民与张甫（原据雄、莫一带）、张进（原据霸州一带）之间分割流转。至于张柔，旋即败降蒙军。

苗道润死后，河北失去最强力量，各种势力获得了更大的重新整合的空间，丛林法则更为通行，张甫与雄州贾全相攻，棣州张聚与沧州王福相攻，朝廷与行省皆无法阻止。这是因为，当时在河朔没有实力寸步难行，而最乏实力的恐怕就是朝廷。民间武装在河朔称雄，便是因为金在这一带并未留下精兵。早在贞祐二年弃中都而迁汴京之际，金宣宗定下的战略便是收缩防线至黄河沿岸——主力布置在黄河以南，但尽量争取控制与汴京隔河相对的怀、卫等州，两河猛安谋克"军户徙居河南者几百万口"，经检括之后，剔除伪冒军户，尚余"四十四万八千余口"。④ 于是河北河东之金军精锐一空。而在物资方面，也尽量向南收敛。自贞祐三年，宣宗罔顾潞州、太原帅府及平阳行省缺兵少财之窘况，竟不予支持，其限河自守之战略已显现无遗。⑤ 兴定三年，奉命收复太原的岚州行元帅府请兵请

① 《金史》卷一一八《苗道润传》，第 2572 页。
② 《金史》卷一〇七《高汝砺传》，第 2359 页。
③ 《金史》卷一五《宣宗纪中》，兴定二年六月甲辰，第 227 页。
④ 《金史》卷四七《食货志二》，第 1053 页。
⑤ 《金史》卷一〇二《必兰阿鲁带传》（第 2261—2262 页）："（贞祐）三年……改昭义军节度使、充宣抚副使。……既而诏择义军为三等，阿鲁带奏：'自去岁初置帅府，已按阅本军，去其冗食。……义军率皆农民，已散归田亩，趋时力作，征集旬日，农事废而岁计失矣……'"是知阿鲁带恃以守潞州之策，不过是精择义军。又云："是岁……陈河北利害，略曰：'今忻、代撤戍，太原帅府众才数千，平阳行省兵亦不多，河东、河北之势，全恃潞州……'"则知太原、平阳守军更为寡弱，潞州之义军，竟成太原帅府、平阳行省之后盾。

粮，宣宗令陕西、河东行省分予些许粮食以敷衍之，至于增兵之事，则断然拒绝，是河东战事，竟未从河南获得分毫援助。① 至兴定四年，上党公张开遣人请粮二万石，朝廷仅致二千石，张开故作欣慰："朝廷待某特厚"，"祈二万而得二千，是吾君相不以武仙辈待我也"。② 是武仙请粮，朝廷竟予峻拒。此种态度，确实是坚定履行了高汝砺"多方牵制"以弱其势的策略，直以河朔为羁縻之地。而得不到朝廷支持的地方武装，成为"金朝与蒙古争夺河北以及河东、山东的重要力量，甚至主要力量"。③ 河朔局势便是建立在这样的基础之上。

宣宗也不尽囿于守势，他将兵力向南调过黄河之后，几乎立即置之于战场，只不过是金宋之战场。自兴定元年始，宣宗连续五年遣军南伐，消耗大量精锐部队及战争物资，最后没有任何收益，倒是使河北河东无法得到必要的兵、财支持。另有一个恶果，即代表朝廷在黄河以北进行统筹的能臣，也深受南伐的影响而退出政治舞台。如原山东宣抚仆散安贞于兴定二年奉命伐宋，五年，被诬通敌处死。原河东南路宣抚胥鼎，因屡次抗章谏沮伐宋，被迫于兴定四年致仕。侯挚亦于兴定三年调回中央，旋致仕。④ 手中无兵的行省、宣抚，虽则屡遭抗命，但其久镇北境，威望素著，毕竟能起一定的组织协调作用。这些重臣的缺失，令两河完全成了其他势力"竞自由"的天地——其中得益最大的，当然是蒙军及其附庸。⑤

3. 周边沦陷与武仙降蒙

张柔降蒙之后，北面无后顾之忧，遂得以向南尽情发展。兴定二年，他攻杀贾瑀，据有苗道润旧有的雄、易、安、保等州，成为武仙的东邻。对武仙来说，河北的势力地图更破碎，更有发展余地，故而向东发展是最好的选择，而张柔挡了他东进之路；张柔现在身属敌国，攻击他有功无过。兴定二、三年间，河北的战争热点便在于这两股势力的争战。但号称"九府"中"最盛"的恒山公，只是表面光鲜，其地多次遭敌军攻袭，在两方之间反复易手，如史天倪在兴定元年南下时，威、沃州及中山府曾被攻破，故除真定府外，大多敝败，很难为武仙的实力增加多少分量。自武仙主动攻击张柔所在的满城（属保州），之后一年有余，武仙无战不败，不仅未攻下张柔据有的任何城池，且原先所有的祁、完、中山等州，为张柔所拔，甚至有一月连败十七战的记录。⑥ 此说容有夸张。但兴定二年之后，武仙的扩张遇到了严重阻碍，则应属事实。此外，蒙将董俊进驻

---

① 《金史》卷一一一《古里甲石伦传》，第2441页。
② 《金史》卷一一八《张开传》，第2590页。
③ 《贞佑南迁后的河北砦寨与九公分封》，收入《山居存稿》，第442页。
④ 《金史》卷一〇二《仆散安贞传》，第2246—2247页；卷一〇八《胥鼎传》，第2382页；卷一〇八《侯挚传》，第2389页。
⑤ 贞佑以后河朔、山东地方武装各自发展、缠斗离合、附金降蒙，情形可略见到之《关于金末元初的汉人地主武装问题》，《内蒙古大学学报》1978年第1期，第19—25页。
⑥ 《元史》卷一四七《张柔传》，第3472页。

定州曲阳，王义深入冀、沃、深州。^①武仙反复遣军争夺，仍不能驱走这些步步进逼的猎食者。

但最大的威胁并非来自张柔等人。武仙与张柔出身相近、实力亦非悬殊，二人之争，尚有僵持的可能。而当蒙军全面介入之后，乡兵出身的武仙军便无法对抗了。兴定元年，铁木真将汉地之事全权委托与木华黎，自此，蒙古政权对汉地的政策，方能称得上"经略"，有了长久占据的规划与行动。兴定二年，木华黎纠集史天倪等汉军，大举犯河东，由太原直贯平阳，几乎打通了草原地带直至黄河的通道。次年，又沿着同样的方向，在西面开辟一条路径，直至据有黄河边的绛州。河东中、北部的城池，大多由蒙古委派的汉军首领所据。自蒙军入侵华北以来，自此方始得到贯彻长期占领和稳步扩展的策略。太行山以西，太原府及忻、代等州已失，蒙古势力自西北面向真定压来，与武仙隔山相倚的晋阳公郭文振、上党公张开力穷势蹙，又奉朝命全力收复太原，不可能向武仙提供力援。至兴定四年，木华黎兵锋转向河北，由中都发兵，沿着张柔打开的易、保州通道，倏忽来到保州满城，^②随即向真定府北面进发。武仙率主力迎战于真定府阜平县以东的王柳口铺，大败而归。^③西、南两面尚倚武仙为屏障，无力调兵赴援，而东、北两面，皆是敌壤，木华黎以蒙古、汉军、黑军精锐数万压境，武仙处于绝对劣势，无力回天。他接受蒙军大将史天祥的劝降，^④实是唯一的出路。

贞祐三年之前，蒙军暂无完整的占领华北的计划，金在河北、河东及山东北部的守御，尚可有所作为。然每况愈下，至兴定、元光中，几乎尽失两河之地，这可说是金方战略的缺陷所致。金宣宗将黄河以北精锐军队尽行南迁，将两河的防御交与地方武装，几视之为化外之地，且吝惜兵粮，极少施以援手。其对待地方武装的态度，既无诚意，又乏策略，以羁縻、制衡甚至削弱为驱使之道，当贞祐末两河地方武装蜂起之时，不肯推行划境之策。兴定四年之封建，是在形势逐步恶化，几至无法维持的情况下，不得已而推出的。此时蒙军在华北培植的附庸，羽翼粗成，与金之"九公"相比，实力毫不逊色。而木华黎经过三年左右的战略调整，终于决定倾全力占据两河，投入蒙军精锐，先后打开数条南下通道。此时的局势，已绝非相互龃龉、实力破碎的金方地方武装可以应对。武仙之败降是积渐所致，是周边形势步步恶化之下难以避免的结果，实寓于贞祐南渡之后金朝的退缩政策之中。

① 《元史》卷一四八《董俊传》，第 3491 页；卷一五一《王义传》，第 3566 页。
② 《元史》卷一一九《木华黎传》，第 2932 页。
③ 《元史》卷一五一《邸顺传》，第 3570 页。
④ 《元史》卷一四七《史天祥传》，第 3487 页。

二 武仙叛蒙及河北之乱

1. 木华黎经略陕西的失败与两河的僵持状态

真定府既降，其南面的邢州、磁州、相州相继而下，其东面的河间府与蠡、献等州，西面的泽、潞、怀州，亦于次年为蒙军所克。[①] 加之兴定四年严实附蒙，大名府也因此间接为蒙军所控制，蒙军在南面的实际占领线，已在数处接近黄河。真定府陷落之后，蒙军打通东西线，将太行山两面的占领区连接起来。

但兴定四年之后，蒙军的进展出现明显的转折。此前连续用兵、打开各条通道的一往无前的气势，在颇长时间内竟然不再得睹，而是在实力投入与军事进展上，呈现地域上的此轻彼重的现象。

相对来说，在河北的行动，较为疲沓。因武仙之降造成的良好态势，在此后似乎未能有惯性的发展，南面的进展停滞，滑、卫等沿河诸州始终不能攻下。尽管在中都路南境及河北东路，附蒙势力逐渐挤压高阳公张甫、河间公移剌众家奴之生存空间，使二人迫处信安县一隅（今河北霸州市东北）。然也仅停留在此类在己方已有绝对优势的地区的"肃清"行动。至于山东西部、北部的地方武装张林、石珪于兴定五年由附宋转为附蒙，主要是为李全所迫，与蒙方的攻势没有太大关系。

蒙军在河东的进展则大得多，至元光二年，已于河东取得两项成果：正南方，对平阳府、潞州的争夺几至于大功告成，又占据了绛、辽州，金平阳公胡天作战败被杀，上党公张开无立锥之地，率残兵渡河南奔。而太原以北，皋、石、葭、隩、宁化、岚、兴、保德、管州等原属晋阳公郭文振的辖地，也尽于元光二年陷落。蒙军不仅使大同一带的基地与较新拓展的河东北路连为一体，且将兴定二年之后打开的通道巩固下来。较之河北，其于河东的成就更大一些。

但再放眼向西看，蒙军的行动及其战略动向更值得注意，它与东面的态势有直接而紧密的联系。兴定五年之后，木华黎大军的主要活动是在陕西。陕西与两河不同，金之限河自守，所守之地是包括陕西在内的，因此陕西屯驻了不少精锐金军。蒙方大约以为两河已不足虑，故进一步的打算是攻陷潼关以西，以削去金残余之地的一半实力。而木华黎亲率大军强攻太原北面葭、隩等州，其意正在于将陕西与河东两个战场合而为一，使陕西的征战有多个

[①] 《元史》卷一四七《史天祥传》（第3488页），因兴定四年武仙之降，此后蒙军得以夺取攻陷真定府所遮蔽的邢、磁、相（彰德府）三州。卷一四七《史天倪传》（第3480页）："辛巳，金怀州元帅王荣、潞州元帅裴守谦、泽州太守王珍皆以城降。"《金史》卷一一八《移剌众家奴传》（第2576页），兴定五年，众家奴"所部州县皆不可守"。按众家奴兴定四年受封河间公，其辖地为河间府与蠡、献、安、深州。

进攻通道、可集聚起更多的战争资源。更往西，甚至可与征夏之军事行动联为一体。然而陕西的征战，出乎意料地困难。自兴定五年起，木华黎先后围攻延安、京兆、凤翔，皆铩羽而归，且于元光二年卒于自凤翔退归河东途中，将金、夏战场联为一体的尝试宣告失败。

综合各个战场的情况来看，蒙军向西倾斜的战略，并未获得成功，金军在陕西并未显现明显的劣势，此外，其在两河也守住了黄河沿岸的最南防线：怀州失而复得，卫州始终坚守不失。蒙军在推进到沿河防线时，终于前所未有地遇到了强大阻力。在双方任由其所附属军队自主搏杀的两河战场，失去蒙军主力部队支持的附庸，也显得力不从心。其推行挤压与肃清之策，效率并不高。而一旦遭遇金方精锐军队，其实力之不足，更难以遮掩。元光元年史天倪与严实的联军惨败于卫州，[①]便是明证。木华黎将所属主力投入到西线战场，反使两军暂时进入僵持状态，而金军的形势较之兴定末要好得多，甚至存在由黄河北岸诸州做出反击的可能。

2. 武仙发难及当时两河的局势

蒙军在两河战场的无力感，可能部分来自武仙的力量未被有效使用。在降蒙之前，武仙几乎与所有在河朔有军事活动的汉人附蒙武装，都有过激烈冲突，俟其力屈而降，那些旧敌都向木华黎力陈武仙之叵测难信。[②]与其他主动或被动降附蒙古的汉人将领不同，武仙并不受信任，木华黎以史天倪为"河北西路兵马都元帅、行（真定）府事，仙副之"，其旧地也成为史天倪的领地。[③]木华黎以远为可靠的汉将据此要地，以利于在两河之间更自由地选择出击方向。在降附之后的五年之中，武仙作为真定府和河北西路的副长官，在史天倪出征时负责辖区防务，这是他本人未被遣去与金军作战的原因，但未必是真实原因。木华黎习惯性地部分保留了真定附近的旧有统辖关系，武仙的旧将起先仍在原地任职，或在河北西路内部调动。不过主帅对这些不受信任的降人做一些特殊的处置，以加强控制，也在所难免，武仙的警惧也由此被激发。"仙与史天倪俱治真定且六年，积不相能，惧天倪图己。"[④]长期无所作为，且权力渐受侵削，这种状态驱使武仙另作他图。

与此同时，金国也未放弃促使武仙回归的努力。宣宗尝"诏枢密院牒招之"，事在宣宗之末年——元光二年五月。当时武仙降蒙近三年，已深感处境之困顿，有南归之意，"得牒大喜"。[⑤]该年末哀宗即位之后，这种联系必未断绝。而哀宗的作风，较其父远为令人振奋。武仙的意向逐渐明确。

正大二年初，史天倪自大名用兵归来，"闻武仙之党据西山腰水、铁壁二寨以叛，天倪

---

① 《元史》卷一四七《史天倪传》，第3480页。
② 《元史》卷一四八《董俊传》，第3491页；卷一五一《王善传》，第3573页；卷一五三《王守道传》，第3613页。
③ 《元史》卷一四七《史天倪传》，第3480页。
④ 《金史》卷一一八《武仙传》，第2577页。
⑤ 《金史》卷一一八《武仙传》，第2577页。同书卷一六《宣宗纪下》（第366页）：元光二年五月丙午，"遣人持檄招前恒山公武仙"，应即指此事。

直捣其巢穴，尽掩杀之"。①未与武仙协商即施辣手加以屠灭，用这种暴烈的手段对付他的部下，其背后的用意甚为险恶。且由于西山历来是真定府附近的形胜之处，也是武仙发迹之地，以突袭方式强加控制，足令武仙不寒而栗：或者，他的命运将比投闲置散更为不堪。二月，武仙设宴，伏杀史天倪。②随即将河北西部的所有力量卷入了恶斗之中。

在此时发难，武仙可以说是选择了最好的时机。如上所述，史天倪已加快对其力量的清理，令他感到时机极紧迫，不得不发。而各方形势，确实也对他全面有利。蒙军的主力西移，且前所未有地在多次进攻中受挫，而木华黎死后，其子孛鲁统御乏才，蒙军的反击也必然因此迟滞。而在哀宗的敦促下，金军在河东南部重新活跃，复使蒙军无法从西线迅速调动。而从东南方，又出现一个有利的新动向，可资其利用，此即宋方力量的介入。

金于贞祐南迁之后，其华北疆域最早失去控制的是山东。山东汉人，反金之态度最为坚决。当蒙军侵金之兵锋扫到山东，汉人乘势而起，反金的红袄军遍起于山东全境。贞祐中金军全力扑击，扫灭无数，然仍无法阻遏其余部不断生发。自兴定伐宋，山东东、西部的红袄余部相继南下，成为宋的"忠义军"，以宋境楚州为基地，招诱山东平民，势强则复入山东，势弱则退归楚州休养。兴定中金推行限河而守之策，山东金军精锐亦随之内缩，虽尝置东平行省以兼顾山东、河北，然以其所掌的极有限的实力，根本无力兼顾两面，且随着两河局势的恶化，行省的重心向河北倾斜。随着兴定三年严实所统的地方武装叛金，山东金军困顿愈甚，仅余的精锐，退保东平府。兴定五年，严实在蒙军支持下围攻东平，金东平行省因粮尽退处邳州，山东西北及大名路，遂为严实所据。

但严实是在一个很不利的时机占据东平。忠义军在宋境数年间，其实力剧增的同时，内争也随之而起。胶东杨安儿余部在李全统率下，整合了忠义军大部，在占据山东中、东部之同时，在楚州也反客为主，成为跨越两国之境的霸主。鲁西刘二祖余部、忠心事宋的彭义斌，决意与李全分道扬镳，另觅生存空间，遂率部北进。

义斌军既要避开东面的李全，又无实力与金军决胜于河南，因此，出鲁西以图河北，为唯一选择。东平府恰当彭义斌北上孔道，激战势不可免。金正大元年夏，彭义斌突然绕过东平，越过黄河直抵大名，附蒙的大名守将苏椿即刻举城降附。③义斌据有大名，在河朔强势楔入，随即四处扩张，严实领地遭到侵夺，与友军的联系被阻断，乃以全力与义斌争逐。而南路受胁的史天倪，亦举众阻击。义斌之势，暂时为所阻遏，退保大名。山东、河北的蒙方力量被义斌所牵制，史天倪的注意力也被引往南面，他急切地清除武仙的力量，或是出于集聚实力对抗彭义斌的目的。对于武仙起事，彭义斌的北上提供了极重要的契机，并且，起事之后，义斌也可能是极重要的外援。

---

① 《元史》卷一四七《史天倪传》，第 3480 页。
② 《元史》卷一四七《史天倪传》，第 3481 页。
③ 《宋史》卷四〇《宁宗纪四》，嘉定十七年六月壬辰，中华书局，1977，第 781 页。

3. 武仙与彭义斌之协作与失利

在彭义斌转战山东河北的过程中，所经州、府，守将的反应颇值玩味。如蒙将苏椿几乎未做抵抗，即以大名降于彭义斌。而严实部下的"冠氏元帅李全"，也欣然投拜。义斌北上直至大名，未遇到激烈抵抗，主动迎降的恐不在少数。后来义斌战死，蒙军复攻掠河朔，苏椿等却引入金军，不欲复属蒙古，直至城陷，遂南奔汴京。像苏椿这样的心态，在当时河朔，不乏其人，他们本是金朝官员，无奈降蒙，但有机会即愿支持金室，甚至降宋都成为优先于附蒙的选择。除严实、史天倪等，因失去巨幅领地的前景而愿坚决反击者尚众，彭义斌寻找盟友，并不困难。而从降蒙之背景及降后之处境来看，武仙与苏椿等相当接近。甚至金国的态度，也是耐人寻味。当彭义斌进入河北的消息传来，枢密院经历官白华上奏："北兵有事河西，故我得少宽。今彭义斌招降河朔郡县，骎骎及于真定。宜及此大举，以除后患。"[①]"后患"是指史氏等割据政权，还是指彭义斌，《金史》以其一贯的作风，含糊其辞。但不谈合作而谈除患，其对彭义斌不会有善意，大抵是乘乱争胜，收复河朔之意。然而皇帝与枢密院并不以为然，"事竟不行"。或者金之中枢并不认为彭义斌有致命的威胁，若他扰乱河朔对金有利，那么当时他的价值还远未完全发挥。而出于这一考虑，不仅暂时静观其变、坐收渔利是合理的，甚至，有必要的话，还可以与他合作。

而身处旋涡中心的武仙，更能感受到合作的需要。尽管未有证据显示，武仙在起事之前与彭义斌曾有往还，但种种迹象表明，事后两人则应有秘密的接触，[②]因此大名在尽力协调行动的步伐，以跟上真定的节奏。

二月武仙杀史天倪，即刻发动旧部。河北西路各州同时皆反："并山郡县反为金。"[③]而彭义斌则乘河北自顾不暇之机，挥军向南，围攻严实于东平。至四月，逼降严实，既解后顾之忧，又使己方实力大振，北向之声势，更胜从前。不过，自河北之西北至东南，毕竟路途遥远，声气不接。而双方又同时遭遇了意料之外的冲击，合作的进程遂受到影响。

史天倪在真定经营数年，部属众多，仓促之间，武仙无力清理其势力，以致史氏"部曲散走，多在近郊"。[④]其弟史天泽时在燕京，闻天倪被袭杀，即刻西行收其余部，又向张

---

① 《金史》卷一一四《白华传》，第 2503 页。
② 《元史》卷一《太祖纪》（第 23 页）：太祖二十年"夏六月，彭义斌以兵应仙，（史）天泽御于赞皇，擒斩之"；王恽《秋涧先生大全文集》卷四八《开府仪同三司中书左丞相忠武史公家传》（四部丛刊初编本，该卷第 12a 页）："宋将彭义斌阴与仙合，又图窃取。"皆以为义斌进兵，是与武仙的联合行动。《宋史》卷四七六《叛臣传中·李全上》（第 13830 页）："义斌纳全降兵，兵势大振，进攻真定，降金将武仙。"是将二人之合作，视作武仙降于义斌。此说未必准确，但武仙在弱势之下，不惜在名义上推尊义斌以成就联手之势，则可能近实。唐长孺先生指出："义斌取大名后，兵锋曾至真定南。武仙正是在这样的形势下乘机起事。上引《史天倪传》说他在恩州战后还师，立即对武仙部下在西山的砦寨采取行动，必然由于听到或者估计到这些砦寨的活动与雄踞大名的彭义斌有联系，而且必然也会猜疑到武仙，所以武仙立即发动事变。"（《贞佑南迁后的河北砦寨与九公分封》，《山居存稿》，第 459 页）。是以为武仙之起事，出于彭义斌北伐一事的推动，且可能事先两方势力即有联系。
③ 《遗山先生文集》卷二九《千户乔公（惟忠）神道碑铭》，叶 294a。
④ 《元史》卷一五五《史天泽传》，第 3657 页。

柔借精骑千余，[①]向孛鲁借得蒙军三千，以及山西威宁的附蒙汉军刘黑马部，由肖乃台统率，合兵而来。[②]而叛蒙的"并山诸郡"各自为守，武仙只是暂时控制了面积广大的区域，部众却因此分据各处，面对敌方优势兵力，守御力量极为单薄。外围中山府、赵州迅即为蒙军攻下。[③]三月蒙军克真定，武仙走保西山。正全力鏖战于东平的彭义斌，根本不及应援。

四月，义斌整军于东平，挟新胜之威，返身北上，但其进军计划为"故人"李全所扰。李全势力已北抵滨、棣，以益都府为中心，稳据山东大部，意图找一个最佳突破口，继续稳步扩张。而彭义斌由严实手中夺得之地，新获未久，根基未固，想来较易得手。且东平、大名介乎河北、山东、河南之间，据而有之，选择进击方式，便有极大的自由度。五月，李全先袭东平，不克。复攻恩州，义斌迎头痛击，数战皆胜，降俘甚众。李全求得宋淮西制置使徐晞稷劝和之书，方得摆脱义斌追袭。"义斌纳全降兵，兵势大振，进攻真定"。[④]然而，此时已是六月，距武仙被逐出真定，已有三个月时间。

河朔大乱，原有的布局显得不堪一击：依靠历年降附的汉军在华北与金的势力对抗，固然减少了蒙古军的压力与损失，但这些汉军并不具备相对金方力量的明显优势，他们对蒙古的认同感参差不齐，互不统辖，使河北形势变得非常复杂。一旦遇到武仙这样具有高超的组织能力和号召力的对手，再有其他势力如金、宋介入其中，表面上的平衡会在顷刻之间被打破。河朔的突变促使蒙方迅速下了决心，将精锐军队由山西、河东向河北调动，使之成为诸多汉军的凝聚核。当武仙初叛之时，张柔、董俊等固然都遣兵助史天泽反攻，然若无肖乃台所率的蒙古精锐，武仙不可能被轻易驱走。而当武仙加紧策划与彭义斌联动之时，蒙军已增派孛里海的探马赤军东进，与史天泽合军。

在彭义斌向真定府行军途中，[⑤]蒙军继续向南推进以抢占先机，将已降附彭义斌的邢、洺等州夺回，扼于洺州西部的赞皇县五马山，使武仙势力与彭义斌军隔绝。六月，蒙军迎击彭义斌军于五马山。蒙方倾其所有，投入此战。[⑥]在决定河北未来数年命运的战役中，严实临阵倒戈，致彭义斌军溃败，义斌本人被擒杀。贯通黄河南北直至太行山的努力，化为泡

① 《元史》卷一四七《张柔传》，第3473页。
② 《秋涧先生大全文集》卷四八《开府仪同三司中书左丞相忠武史公家传》，该卷叶12a；《元史》卷一四九《刘伯林传附刘黑马》，第3517页。
③ 《秋涧先生大全文集》卷四八《开府仪同三司中书左丞相忠武史公家传》（该卷叶12a）："军威大振，遂下中山，略无极，拔赵州，进驻野头。仙惧，奔西山之抱犊砦。其年夏六月，复真定。"
④ 《宋史》卷四七六《叛臣传中·李全上》，第13830页。
⑤ 关于彭义斌出大名之后的行程与成果，诸史皆未有准确翔实的记载。据《遗山先生文集》卷二六《东平行台严公神道碑》（叶259a）："其七月，义斌下真定，道西山，与孛里海等军相望。"但义斌军占领真定之说，与其他记载不合。若已得真定，则与武仙固已合势，孛里海、史天泽等又怎能阻止两军会合？蒙军又怎能在真定与大名之间的赞皇县阻击义斌军？应如前引《宋史·李全传》所言，彭义斌只是有"进攻真定"之势，而于进军途中战败。
⑥ 据《遗山先生文集》卷二六《东平行台严公神道碑》（叶259a）记载，孛里海的探马赤军是此战的主力，严实事先与之秘密接洽，阵前倒戈以应之。肖乃台一军也投入此战，见《元史》卷一二○《肖乃台传》，第2966页。河朔汉人武装，除严实、史天泽之外，尚有与严实分据东平、兖州、济州一带的石天禄军。大体从山东西部直至河北北部的力量，皆被统合用于此战。

影，武仙随之失去了恢复河北的希望。蒙军迅速将彭义斌所取之地收入囊中，而武仙则将力量收缩在他长期经营的真定府西部的太行山诸寨，拼死据守。

山寨防御极为成功，以至于在彭义斌败亡后，武仙又独立支撑至次年。或者是蒙军的注意力过于集中于大名府—东平府一带，以"收复"后的真定府为不足虑，但武仙居然有实力反攻，并一举重取真定府。此次战事，"巧取"的因素居多。正大三年，武仙先以部下死士混入城中，潜伏于大历寺，夜半，凭内应斩关而入。天泽无法抵御，蓬首跣足，随从无几，逃奔藁城向董俊求援。① 甚至同守真定的蒙古军，亦于巷战中被击溃，仅七十余人随肖乃台仓皇遁出。② 武仙声势复振，又急遽向外膨胀，与天泽部耶律天祐军战于真定、沃州之间的栾城、元氏、高邑、柏乡县，且攻沃州。沃州之战，复用真定故智，暗结蒙军"监军张林"，斩关而入，天祐"仓皇巷战……斩关出"。同年，在重新得到肖乃台精锐军及董俊的援军之后，才强势再夺真定。而沃州，则由武仙部守至正大四年弃去。③ 武仙再占真定虽是偷袭，但竟致史天泽"潜师出藁城"，狼狈而窜，肖乃台逾城逃窜，而耶律天祐等家属尽陷。又将战线扩展至真定府以外，并坚守沃州，可知其仍保持有相当的实力。而蒙方相关战将的传记中，所谓正大二年武仙初次被逐出真定后，"自是不敢复入真定，其部曲多来降"，④ 属于当时蒙方武人碑传中很常见的夸张之辞。

但正大三年的真定之战，已是武仙集中其实力，在河北所做的最后努力。若与此后他

---

① 姚燧《牧庵集》卷一九《侍卫亲军都指挥使李公（伯佑）神道碑》（四部丛刊初编，该卷叶 15a）："仙复夜袭真定，取之。太尉惟从公遵城走东北。公告太尉：'吾先自投，汝随而下，幸我藉汝，使汝不伤，吾死无害也。'已果两全。涉埏，公又为前，水及其颈，太尉惟及胸。泥夺靴袜，既岸，跣走藁。"

② 《元史》卷一五五《史天泽传》（第 3658 页）："击（武）仙，败之。仙奔双门，遂复真定。未几，宋大名总管彭义斌阴与仙合。……（天泽）缚义斌，斩之。……未几，仙复令谍者结死士于城中大历寺为内应，夜斩关而入，据其城。"两个"未几"之后，却不知到了何时。而《秋涧先生大全文集》卷四八《开府仪同三司中书左丞相忠武史公家传》（该卷叶 12a）则载："仙惧，奔西山之抱犊砦。其年夏六月，复真定。无几，宋将彭义斌阴与仙合，又图窃取。……后数月，仙潜纳谍者匿大历寺，夜斩关为内应，遂反其城。""无几"与"未几"无所区别，而"后数月"亦无以准确推断究竟在何月。又《元史》卷一二〇《肖乃台传》（第 2965 页）："未几，仙潜结水军为内应，夜开南门纳仙，复据其城。肖乃台仓卒以步兵七十逾城奔藁城。"其情节可与《史天泽传》互补，同样以"未几"应付。《金史·武仙传》（第 2577 页）亦载此事极简，且有误，谓正大二年武仙叛后被逐出真定，"阅月，乘夜复入真定，笑乃觯复击之，仙乃奔汴京"。《元史》卷一四八《董俊传》（第 3492 页）则谓：武仙杀史天倪之后，攻董俊期年，"久之，俊复夜入真定，仙走死，乃纳史天倪弟天泽为帅"。同样没有时间概念，且将正大二年史天泽第一次逐武仙、入真定、代兄领军之事，与正大三年复入真定之事相混淆。而据《元史》卷一九三《忠义一·耶律忒末传附子天祐》（第 4383 页）称，仙复夺真定乃在其叛蒙之次年，即正大三年："乙酉，金降将武仙据真定以叛，杀守将史天倪。……明年，仙复犯真定，天泽潜师出藁城，忒末与其妻石抹氏及家孥在真定者，皆陷焉。"然亦未载明此事在正大三年何月何日。这也在一定程度上体现了《元史》据以作《传》的元初世侯碑传之不可靠，究其原因，应该是这些大小世侯初时根本缺乏据其经历留下相关记录的习惯，多年以后回忆留下家传，则其中多有误植年份之处，而无法确切回忆具体事件发生的月、日，则更为常见。

③ 《元史》卷一九三《忠义一·耶律忒末传附子天祐》（第 4383 页）："天祐乃趋还赵壁，率众殊死战。仙怒，尽杀忒末家一十八人。战于栾城、元氏、高邑、柏乡，仙兵屡挫。监军张林密构仙党，启关纳贼。天祐仓皇巷战，手杀数十人，身被十余疮，斩关出，复收散卒围城。丁亥，贼弃城走，追至藁城，会天泽兵夹击，杀林。"《秋涧先生大全文集》卷四八《开府仪同三司中书左丞相忠武史公家传》（该卷叶 12a）："仙潜纳谍者匿大历寺，夜斩关为内应，遂反其城。公跳走藁，守帅董俊以全军授公，复与笑乃觯破走仙。"

④ 《元史》卷一五一《王善传》，第 3573 页。

的活动联系起来看，那便可谓是"强弩之末"。他始终拥有强大的号召力，能在他突然起事、突然反攻时，纠合起一定规模、战斗力不弱的武装力量，甚至在敌方的阵营中，找到许多坚决的支持者。然而，其初叛之时轻易陷入恐慌之中的河朔附蒙诸将，经受一年的残酷磨砺之后，战力终于得到提升，也习惯了通力合作，且在蒙军的居中控御之下，进退盘旋，更有章法，以武仙的孤军僻垒，毕竟无法与其匹敌。

正大三年再次退出真定以后，武仙的影响仍未绝迹于河北。如真定府周边，便有据山寨而撑持数年者，直至正大八年蒙将杜丰受命"抚定平阳、太原、真定及辽、沁未降山寨，皆平之"，[①]武仙部积极参与其中的河北地方武装成规模的抗蒙活动，才算告一段落。与之相呼应，彭义斌余部也仍然在邢州西部的太行山区活动，直至正大七年，仍伺机扰动河朔局势，此为彭义斌、武仙联手抗蒙的余声，不过也同样无力回天。[②]自正大四年起，在河北无法得志的武仙，已跨过太行山，将其主要力量转至河东，寻找新的战机。

三 反攻及其失败——武仙在河东的活动

据《金史·武仙传》：

> 正大二年，仙贼杀史天倪，复以真定来降。大元大将笑乃觧讨仙，仙走。阅月，乘夜复入真定。笑乃觧复击之，仙乃奔汴京。五年，召见，哀宗使枢密判官白华导其礼仪，复封为恒山公，置府卫州。七年，仙围上党，已而大兵至，仙遁归。未几，卫州被围，内外不通。诏平章政事合达、枢密副使蒲阿救之。[③]

如上文所见，武仙在正大二年至三年之间的活动，极为曲折动荡，但在《金史》中，寥寥几句话，便将这片诡谲的风云遮掩过去。考虑到所有与武仙有过冲突的蒙方重要人物，几乎都留有冲突的相关记录，且多少有心有余悸的感觉，那么《金史》做这样的简化处理，就不是史料欠缺这样的理由可以解释的，而是有意为之。类似处理手法，当然不仅限于武仙重新与蒙古军作战的这一年间，此后五年的活动，也同样轻轻带过。而这"失落"的五年，正是他军事生涯的巅峰时期，并且其间发生了金蒙战争中最重要的一次异动，他在其中起了关键作用。

---

① 《元史》卷一五一《杜丰传》，第3575页。
② 《元史》卷一四七《史天倪传附佺枢》（第3483页）：正大七年，"宋聚兵邢之西山，声言为仙援"。检宋之有关史料，未见当时宋之力量北进至太行山之侧。此宋兵者，应是彭义斌之余部之聚于河北山寨者，也有可能是其他声称附宋的地方武力。
③ 《金史》卷一一八《武仙传》，第2577页。

1. 正大元年金军的初步反攻

金宣宗所行限河自守之策倒也没有走到极端，仍给自己留了一丝余地。元光二年（1223）哀宗继位之时，金在黄河北岸，尚存河中府及解、孟、怀、卫、浚、滑、濮、曹、滕、邳州，大致可连接为一条防线。此防线虽因缺乏缓冲而显得薄弱，但尚称完整。哀宗有志于"中兴"，决然抛弃宣宗的纯粹防御政策，此时，这条防线便为他提供了多个可能的突破方向。在他即位次年（正大元年），金军精锐在枢密判官移剌蒲阿统率下，选择河东东南邻近河北的怀州、孟州一线，前所未有地发起主动进攻，一举攻占了泽、潞二州。

金哀宗选择的进击时机相当有利。受委托全权处置对金战事的木华黎，已于元光二年病亡，正大元年，铁木真正在西征返回的途中，"且止且行"，次年春方"归国，自出师凡七年，是夏避暑，秋，复总兵征西夏"，①关心之处，全然不在中原。较之金宣宗朝，哀宗于正大初年直接面对的蒙方力量，实有失序的表现。正大二年，武仙、彭义斌在河北搅动的大乱，无疑也起了重大的牵制作用。而一旦彭义斌战死，武仙势力被迫收缩于河北西部一隅，蒙方觉得他不再是河朔的心腹之患。正大三年，河北、河东的蒙军主力向东面集结，谋求将山东收入囊中。

2. 蒙军进攻山东导致两翼扩展过甚

李全自兴定二年投宋，出入宋境淮东楚州与金境山东之间，无往而不利。仅仅八年，他不仅将山东流入楚州的诸多"忠义军"整合到自己麾下，并且将原先割据益都府一带的张林逐走，据有山东东路之大部（济南府除外）。直至袭击彭义斌不成，他的扩张之势方为之一敛。但华北战场的联动效应，在此时体现出来。武仙被压制在真定府西隅，彭义斌败死，李全顿时成为金蒙之外华北的最大势力。正大三年，在夺得大名之后，河朔大致稳固，蒙方势力与李全领地亦不再有阻隔，蒙军即刻举军进击。李全困于益都城中，受围近年，粮尽援绝，次年四月，终不支而降。②

或者从战略上看进击李全有其合理性。逼降李全之后，自河东至山东，较大的势力，都不再对蒙方形成直接威胁。自潼关至宋金东界，金已被蒙军牢牢压制于沿河防线以南。但短期之内，为此付出的代价未免太大。参加益都围城的不止于张柔、严实等附蒙汉军，蒙军在华北的主力，也由此大量集中于东部。蒙军攻击武仙、彭义斌、李全，是一个前后连续、步步东进的过程，其间越来越多的兵力由山西、河东一带被调赴东线。重夺真定，则以肖乃台一部数千蒙军参战，会战彭义斌，复益以孛里海的探马赤军，攻益都，则又以带孙所率精锐任主力，半年不克，孛鲁遂自率大军东来，为平服李全势力，华北蒙军几尽其全力。正大四年四月战胜李全之后，复于盛夏南下，再克金之滕州。而后，"俾先锋元帅萧乃台统蒙古

① 《元圣武亲征录》，甲申、乙酉年，清乾隆间潜研堂钱氏抄本。
② 《宋史》卷四七七《叛臣传下·李全下》，第13836页。

军屯濮、兖，课课不花以兵三千屯濮、沂、莒，以备宋。千户按札统大军驻河北，备金"。而孛鲁本人，则自燕返山西，旋闻铁木真卒，遂"趋赴北庭，哀毁遘疾，戊子夏五月薨"。①

自正大三年用兵山东，蒙军的主力迅速呈现出两翼展开的形势。铁木真的大军在西夏境内全力作战，而原先聚于云中附近的木华黎部，则大幅东进至山东、河北，正大三至五年，河东明显成了柔软的腹部。移剌蒲阿并未错过这个捣虚的机会。正大三年，他出兵夺回绛州，②使得金在河东的突出部横向扩展，而这只是为下一年更大规模的行动做铺垫。

3. 金军在战线中部突然强化攻势

正大四年四月，金军反攻以来声势最为浩大的战役，在平阳府洪洞县爆发。金将移剌蒲阿、纥石烈牙吾塔以重兵主动攻击蒙军，击败蒙古"平阳行营招讨使、权国王按察儿"，同时击溃了平阳府来援的蒙军，顺势进克平阳。③平阳府是河东蒙军南下的前沿基地，金军由此获利颇丰：除了局部战况发生了有利于金方的突变，金军尚由平阳获马数千匹，④证明其所赢得的，是一场颇有规模的战役，这也是金军首次在大规模的会战中击败蒙军主力。由于华北蒙军大部随孛鲁东出不归，按察儿（即按扎儿、按札）已是河东一带仅余的蒙军主力，这支军队受重挫，金军在河东南部便一时占了上风。

4. 武仙克太原

比起平阳之捷更出人意料的，是一个月之后发生于太原的战事。

> 丁亥五月，奸人夜献太原东门于武仙，仙引兵入。哈剌拔都鏖战。仙兵大至，诸将自城外呼曰："攸哈剌拔都，汝当出。"哈剌拔都曰："真定史天倪、平阳李守忠、隰州田雄皆失守矣，我又弃太原，将何面目见主上及国王乎？……"遂殁于阵。⑤

在河北似乎已无容身之地的武仙，竟突然出现在河东，遂使河东蒙军措手不及。其出人意料之处首先在于，武仙军经过蒙方两年的全力围攻，仍保存了相当大的实力。尽管攻太原之役还是使用了他惯用的奇袭之策，在战术上占了先机，但周密的布置并非他获胜的全部原因。

---

① 《元史》卷一一九《木华黎传附子孛鲁》，第2937页。
② 《元史》卷一五〇《刘亨安传》（第3559页）："丙戌岁，金将移剌副枢攻绛州，城陷，死之。"据《金史》卷一七《哀宗纪上》（第378页），金复绛州在正大三年八月，"移剌蒲阿复曲沃及晋安"。"晋安"府是金兴定二年升绛州所置，在蒙则仍为绛州，曲沃为其属县。
③ 《元史》卷一九三《忠义一·李伯温传附子守忠》（第4378页）："丁亥夏四月，金纥石烈真袭击平阳行营招讨使权国王按察儿于洪洞，守忠出援之，会于高梁，师溃入城。平阳副帅夹谷常德潜献东门以纳金兵，城遂陷。"《金史》卷一七《哀宗纪上》（第378页）则系其事于该年（即正大四年）二月。按《哀宗纪上》及《金史》卷一一一《纥石烈牙吾塔传》（第2459页），率军取平阳者，是纥石烈牙吾塔。据其本传，牙吾塔"一名志"，《元史》所谓"纥石烈真"应即纥石烈牙吾塔、纥石烈志，"真"或是牙吾塔之另一名，更有可能是"志"之误。
④ 《金史》卷一七《哀宗纪上》（第378页）则载：正大四年"二月，蒲阿、牙吾塔复平阳，执知府李七斤，获马八千"。卷一一一《纥石烈牙吾塔传》（第2459页）："（正大）四年，牙吾塔复取平阳，获马三千。"无论取哪一个数字，都无从否认平阳之战是金军难得的一次大捷。
⑤ 《元史》卷一九三《忠义一·攸哈剌拔都传》，第4381页。

通过巷战制服悍将攽哈剌拔都所部、夺得蒙方在华北的重镇，虽较野战为易，但若无较大兵力及严整的部伍，仍是难以达到的。宣宗朝屡命晋阳公郭文振、上党公张开设法收复太原，皆未能得志，可见收复之难度极大，而在正大四年，收复太原之事，终能毕其功于一役，正可见当时武仙军力之强大。其次，未至穷途末路，而断然放弃太行山以东的旧地，转进河东，这恐怕也不是敌方能够想象到的。也唯有如此，才能一举成就大功，达到震慑敌方的目的。

策划与布置奇袭重镇太原的战事，自然不会简单。可以肯定，平阳和太原的行动事先经过周详的联系与商讨，是有完整计划的合作，由此才会使河东南、北路于两月之间发生重大战事，且令两路中心先后易手，正是选择最好的时机、进行最顺畅的配合，方能取得的最好的结果。

武仙即将攻克太原时，攽哈剌拔都负气不走，历数"平阳李守忠、隰州田雄"失守之事，可见河东军务已非常紧张，激起他的忧患意识，乃至绝望地决定舍身以殉。如此突然、猛烈的攻势，确实大挫蒙军的锐气，也使局势陡然大变，似乎一个重要的转折点出现了。然而，转捩的契机一闪之后，僵局再次形成。

5. 双方的僵持

乘着河东空虚，移剌蒲阿与武仙等得以连克两大重镇。对于这一时机，武仙尽力加以利用，以太原为中心，他的势力向周边继续蔓延。同年（正大四年）攻克忻州。[1] 至正大六年，又已收太原以东以北"平定、盂、五台、阜平"等州、县，[2] 控制区稳步扩展。而武仙本人也受到哀宗的礼遇，"（正大）五年，召见，哀宗使枢密判官白华导其礼仪，复封为恒山公，置府卫州"，[3] 遣去经营河东的北部，而在南部给他留了退路。

与武仙在河东北路的顺境相反，河东南路的形势，却出乎意料地不容乐观。金军甫收平阳府，旋又失之。[4] 隰州、绛州也同样没有在金军手中保留多久，甚至早在正大元年的攻势中获取的泽、潞，竟也失守于正大四年。[5] 正大元年以来移剌蒲阿等以主力大军略取之成果，又迅速消散了。这与此前蒲阿等击败按扎儿大军的气势，相当地不协调。在字鲁等部并未回军河东的情况下，金方再次显出不支之态，着实令人费解。

---

① 《遗山先生文集》卷三四《樊侯（天胜）寿冢记》（叶357a）："丙戌之春，吾侯方从征淮海，常山军取太原及吾州。"元遗山为忻州秀容人，故"吾州"应即忻州。但忻州既与太原先后入武仙之手，其为武仙所取，当在正大四年，而非三年（丙戌）。

② 《遗山先生文集》卷三四《樊侯（天胜）寿冢记》，叶357a。

③ 《金史》卷一一八《武仙传》，第2577页。

④ 《金史》卷一七《哀宗纪上》（第378页）："（正大四年）二月，蒲阿、牙吾塔复平阳。……三月……大元兵复下平阳。"其所载收复之月份，固不如《元史·李守忠传》可信，据上引《元史·攽哈剌拔都传》，该年五月蒙军应尚未收复平阳。但《哀宗纪》提到的金军取平阳之后不久复失之，则应属实。其后亦不见金军据平阳之记载，《元史》卷一二二《按扎儿传》（第3006页）则载，正大七年之前，"平阳重地，令按扎儿居守"。

⑤ 隰、绛等州在正大四年之后，再未见金军据守之记载，而泽、潞二州，正大六年既有金军再次攻取之记载，则失于此前，自无可疑。其间最有可能的，应是在正大四年蒙军复取平阳之稍后。

只是在了解西线蒙军的动向之后，河东南部的怪异状态才变得可以理解。

与金军攻陷平阳府几乎同时，铁木真亲征西夏，已近尾声，在围攻西夏都城中兴府之外，蒙军偏师横扫金境陕西西部，正大四年二月，破临洮府，三月，破洮州、河州，[①] 又下兰州、会州、[②] 积石州，[③] 金临洮路之境顿失大半。而后继续东进，于四月攻克德顺、镇戎州。[④] 虽非以全力进击，然进攻者为蒙军精锐，陕西一般州郡兵力空虚，不足以力敌。[⑤] 会府重镇，也仅能收缩兵力，力求自保，却无力援助属郡。[⑥] 整个陕西，并无一支强大的机动力量，可与西北袭来的蒙军主力相抗衡。如此一来，蒙军在陕西的进展便势不可遏，半年之间，便侵据了半个陕西。至正大四年七月，更发军越过凤翔府，直扑京兆府，虽未得手，却使"关中大震"。[⑦] 当时的大体形势，是以庆阳—凤翔一线为界，陕西西部极为危急，蒙军若有久据的意图，金军几乎无法守御。东部形势虽不致如此恶劣，但也无力避免蒙军的突袭。因铁木真于正大四年七月身亡，蒙军迅速退出陕西西部。但此次攻势无疑令金方感到极度不安，并且蒙古这部战争机器也并未停下来，次年，更发大军围攻庆阳。[⑧] 这种紧张态势，促使金廷不得不抽调其他地区的军队，增援陕西。而河东战局，便直接受到拖累。

早在正大元年，金哀宗艰难拼凑出一支实力不凡的机动兵团，用于主要战场。这一兵团，正是在移剌蒲阿统率下攻占泽、潞的大军。随着蒙军在多条战线摆出全面进攻的态势，战局愈来愈危急，哀宗被迫以举国之力，不断增强这一兵团的实力。各个战场左支右绌，机动兵团便不得不东奔西走。正大三年在河东战场的进击，仍是由其出场。然而，自该年铁木真再攻西夏、陕西告急之后，一度用来收复河东的机动兵团，便转而被挪用到陕西。哀宗朝最受重用、屡屡领重兵在北方征战的将领，在正大三年之后，便主要为陕西军务奔忙。如正

---

① 《元史》卷一《太祖纪》，太祖二十二年，第24页。按《金史》卷一七《哀宗纪上》（第378页），蒙军克临洮府在该年五月。

② 《元史》卷一二一《速不台传》（第2977页）："丙戌，攻下撒里畏吾、特勤、赤闵等部，及德顺、镇戎、兰、会、洮、河诸州。"据同书卷一《太祖纪》（第24页），蒙军克德顺、洮、河等州在正大四年。兰州、会州之陷落，亦应在同年即丁亥年，而非丙戌年。

③ 《元史》卷一二一《按竺迩传》（第2982页）："丁亥，从征积石州，先登，拔其城。"

④ 按《金史》卷一七《哀宗纪上》（第378页），蒙军克德顺州在正大四年三月（《金纪》作"德顺府"，误）。《元史》卷一《太祖纪》（第24页）则系于同年（太祖二十二年，即金正大四年）四月。另据《金史》卷一一一《纥石烈牙吾塔传》（第2459页）、卷一二三《忠义三·爱申传》（第2691页），《元史》卷一二一《按竺迩传》（第2982页），皆载于正大四年。《元史》卷一二一《速不台传》（第2977页）谓丙戌年（即金正大三年）蒙军下德顺州。当误。蒙军克镇戎州，据《元史》卷一二一《速不台传》（第2977页）："丙戌，攻下撒里畏吾、特勤、赤闵等部，及德顺、镇戎、兰、会、洮、河诸州。"然多处记载证明，蒙军克德顺在正大四年。镇戎与德顺同陷，亦应在此年。

⑤ 若德顺州，守城精锐金军极少，"城中惟有义兵乡军八九千人"。见《金史》卷一二三《忠义三·爱申传》，第2691页。

⑥ 据上引《金史》卷一二三《忠义三·爱申传》（第2691页），蒙军将攻德顺，德顺州节度使"爱申识凤翔马肩龙舜卿者可与谋事，乃遗书招之，肩龙得书欲行，凤翔总管禾速嘉国鉴以大兵方进，吾城可恃，德顺决不可守，劝勿往"。是会府凤翔尚有守御之希望，然无力分军往援本路属郡。

⑦ 《金史》卷一七《哀宗纪上》，正大四年七月，第379页。同书卷一一一《撒合辇传》（第2448页）、《纥石烈牙吾塔传》（第2459页）亦载蒙军"自凤翔入京兆"。

⑧ 《金史》卷一一一《纥石烈牙吾塔传》，第2459页。

大元年在河东首先发起攻势的移剌蒲阿，正大四年活动于虢州朱阳、卢氏、陕州灵宝及商州之间，六年二月，以枢密副使统兵屯陕西邠州；纥石烈牙吾塔在正大三年之后，一直任职灵宝总帅，即使在他收复平阳之时，也是如此。他们不是专任于河东，相反，在河东作战只是偶一为之，其职务的重心是在陕西。①

河东兵力并不丰裕，但金仍将机动兵团调回陕西，或者说金廷之初衷，便只是偶尔借用陕西的兵力在河东进行一些军事活动。这种现象，或是出于两大地区在金的防御政策上地位之差别。金宣宗以来的"守河"政策，河以南的必守之区包括陕西在内，而河东却较早被放弃。金哀宗尽管渴望控制区能够扩大，但也不敢放弃限河而守、强固核心区域的旧有设想。正因如此，陕西比河东更为重要，尤其是联系河南、陕西的潼关，更需重兵把守。这样，就不难理解正大三年之后他的爱将纥石烈牙吾塔何以被任命为灵宝总帅，而至金朝末年，潼关一带的守军数量竟达到十五万之数。

这种兵力布置，使得移剌蒲阿、纥石烈牙吾塔的大量精锐金军，不能长驻河东以固守新复之地，这就导致蒙方能够乘虚重夺这些地方。甫得平阳，随即失陷，甚至三年前获得的泽、潞也一同失守，正因大军并未久驻河东。甚至，在必要的用兵之时，这支军队也无法离开潼关太远。因此不难理解，移剌蒲阿等何以不时在河东南路有重大行动，但却未在河东北路出现。因此，正大四年曾经出现的两路同时出兵的巧妙配合，不具持续性，更多的时候，武仙是在孤军奋战。正大四年以后他在太原附近的稳步发展，也就显得不合时宜：若非以大军于会战中损耗对方实力，一城一地的收获，只是暂时的；多年的巩固和扩张成果，会因对方的猛烈打击而转瞬化为乌有。

正大四年至六年，在河东南路形势恶化的同时，金方在河东北路的形势，却在武仙的经营下有所进展。不过总体上没有发生根本转换，可以说，整个河东，呈现出一种僵持的状态。但如上所述的金军兵力配置以及蒙军攻势的发展方向，终导致形势的剧变。

6. 金军失去河东的战果

正大五年至六年，陕西的危机尽管未能纾解，但也不至于明显恶化。铁木真死后，汗位迟迟不定，战略无法明确，必然对战局有很大影响。哀宗乘此间隙，抽调屯驻于陕西东部的大军，试图再度取得在河东的优势。

① 《金史》缺载移剌蒲阿在正大元年至五年的多数活动，仅可梳理出其正大三年以后动向如下：正大三年八月，"移剌蒲阿复曲沃及晋安"。正大四年二月，"蒲阿、牙吾塔复平阳"；十二月，"河朔军突入商州，残朱阳、卢氏。蒲阿逆战至灵宝东"。六年二月，蒲阿率军驻邠州。八月丙申，蒲阿再复潞州。十二月，蒲阿与牙吾塔救庆阳。七年正月，蒲阿、牙吾塔战北兵于大昌原，解庆阳之围，率军还京兆。旋授权参知政事，与完颜合达行省于阌乡。纥石烈牙吾塔于正大四年，以灵宝总帅之职率军复取平阳。六年十二月，仍以原职与蒲阿将兵救庆阳。七年正月战于大昌原，乃以牙吾塔为左副元帅，屯京兆。以上记载皆见《金史》卷一七《哀宗纪上》（第378、381、382页）、卷一一一《纥石烈牙吾塔传》（第2459页）、卷一一二《移剌蒲阿传》（第2470—2471页）。二人在正大三至四年之间曾在河东发起过一次重要的攻势，六年八月"再复潞州"，其他活动主要在陕西。

正大六年八月，金军的新攻势在潞州展开。[①] 潞州是离太原最近的河东南路重镇，又处于金在黄河以北的重要基地卫州北面不远处，重取此州从而打通太原与河南的交通线，是进一步反击的必然选择。与正大四年一样，武仙部与移剌蒲阿、纥石烈牙吾塔所部金军精锐再一次进行合作，不同的是，此次战事是由两军合攻一城。

潞州之役，未能一鼓而胜，金军的攻围战颇费时日，以致蒙军终能遣大军来解围。九月，孛鲁之子塔斯引军自云中至潞州城外，武仙"退保潞东十余里原上"。塔思决定次日进击，但在当夜五鼓，移剌蒲阿、纥石烈牙吾塔先引军袭其后，塔思溃退沁南。[②] 潞州随即被攻破，守将任存战死。[③]

此战的结局很像两年前蒲阿与牙吾塔在平阳城外击败按扎儿。在这两次会战中击败蒙军主力，完全可以证明蒲阿等人的军事能力和金军这支机动兵团的精锐程度。但战役获胜之后不久，发生的转变也同样是如此相似。潞州被金军攻克之后仅仅一个月，又失之于蒙军——一如正大四年平阳府之得、失。

正大六年十月蒙军再克潞州，据《元史》所载，直接原因是塔思获得了万户因只吉台的支援。[④] 但有一个不容忽视的迹象，可能是局势再次扭转的主要原因：在克复潞州之后，蒲阿与牙吾塔的军队不复出现于潞州，由此导致武仙孤军作战，遭逢他叛蒙之后实力最为悬殊的战局，不得不弃去潞州，退返开府之地卫州。[⑤] 而在他退返卫州之后，其于河东北路布置的力量抵挡不住塔思的全力进攻，旋即失去苦心经营的太原一带。[⑥]

是什么原因导致蒲阿与牙吾塔在河东消失呢？与正大四年一样，他们的兵团再一次被

---

① 据《金史》卷一一二《移剌蒲阿传》（第2471页），正大六年八月，蒲阿再复潞州。然据《元史》卷一一九《木华黎传附塔思》（第2938页），该年九月，塔思引军救潞，军败，潞州失于金。此战大体发生于八、九月之间，或是八月金军始攻城而九月陷之。

② 据《元史》卷一一九《木华黎附塔思传》（第2938页），"是夜五鼓，金将移剌蒲瓦来袭，我师与战不利，退守沁南"。同书卷一二二《按扎儿传》（第3006页），"金将武仙恐，退保潞东十余里原上，孛鲁驰至沁南，未立鼓，（乞）[纥]石烈引兵袭其后，孛鲁战失利，辎重人口皆陷没"。其间有三处需要辨明：其一，合塔思、按扎儿二传而言，指挥金军发动袭击的，是蒲阿、牙吾塔二人，这一点《元史》所载较为糊涂，《金史》亦未明确记载牙吾塔的作用。其二，孛鲁卒于正大五年，此次战事蒙方的统帅，显然是塔斯，而《元史·按扎儿传》一概载为孛鲁，大谬。其三，当时并无"沁南"州或"沁南"县，仅有怀州为"沁南军节度"，然黄河北岸的怀州远在潞州之南，当时由金方所据，至天兴元年（1233）方为蒙军所克，塔思不应退至此地。故"沁南"者，应理解为沁州之南。按魏初《青崖集》卷五《故征行都元帅五路万户梁公神道碑铭》（文渊阁四库全书，第1198册，叶770b），梁瑛"以（平遥）县行汾州事……戊子四月，武仙陷平阳、太原，州介于其间，卒莫敢犯"，是知汾州未落入武仙之手，遂得成为塔思之退屯之地。此战次序，应如《塔思传》所载，塔思一军先至潞州城外，被袭，乃退至沁南，而《按扎儿传》所谓塔思先至沁南而后败，则误。

③ 《元史》卷一九三《忠义一·任志传附任存》，第4382页。

④ 《元史》卷一一九《木华黎附塔思传》（第2938页）："冬十月，帝（按指窝阔台）亲征，遣万户因只吉台与塔思复取潞州，（武）仙夜遁。"

⑤ 《金史》卷一一八《武仙传》（第2577页）："（正大）七年，仙围上党，已而大兵至，仙遁归。未几，卫州被围。"

⑥ 据《牧庵集》卷二八《河东检察李公墓志铭》（该卷叶13a）："武仙将兵袭下太原，杀（太原守收）兴，傍县皆附，假王从公驰救，皆复之，坑其旅拒王师及为仙用者。"按"假王者"，正大五年孛鲁死后袭爵之塔思也。潞州告急，塔思自云中驰援，或无从容收拾太原之余暇。因此，蒙军再陷太原，应在其再得潞州、迫武仙退处卫州之后。

调到西线。只是，此次不再是驻守潼关，而是远赴陕西中部。自正大五年蒙军围攻庆阳府，至此围城已年余，形势日危。[1]六年七、八月间，哀宗决意在庆阳与蒙军一战，[2]担当庆阳之战重任的蒲阿、牙吾塔等能在此时会合武仙先取潞州，已是竭其全力，此后再无法拖延西行之日程。攻克潞州不久，约在十月初离去，而未及阻挡塔思、因只吉台再次攻取潞州。[3]十二月，正式受命齐赴庆阳，七年正月，金军于庆阳城外大昌原击破蒙军，解围城之危局，随后便屯驻京兆，以控制陕西形势。[4]

自河东被无奈弃守，黄河以北的形势迅速恶化。正大七年八月，蒙方纠合史天泽等多支军队，合攻武仙于卫州。蒲阿等再次受命解围。一如此前历次与武仙之合作，蒲阿再度获胜，得保卫州。[5]战毕，蒲阿复引军行省于阌乡，以备潼关。[6]

7. 蒙军的全力进攻与华北形势的全面恶化

至卫州之役结束，金军在河东的控制区，恢复到宣宗末年的情形。此间七年（正大元年至七年），穿插着移剌蒲阿、纥石烈牙吾塔所率的金军最为精锐的军队在陕西、潼关一带与河东南部之间不停地往复移动：正大元年复泽、潞，乃还屯陕、虢；三、四年之间，东上收复绛州、平阳府，旋即返回陕、虢、商州一带；六年八月再至河东，收复潞州，战事甫罢，又匆匆赶往陕西，激战于庆阳；七年率军屯京兆，八月间又往卫州，而后复返京兆及潼关守备。就蒲阿、纥石烈所经手的战事来看，他们在这七年间，可谓战无不胜，在宣宗朝几乎无可抵御的蒙古大军，屡次败于其手，这足以令人怀疑历来对金军战斗能力的贬斥。然而，仅此仍无以挽救金之危局。正大间华北的重大战事，但凡有金军主力参与者，几乎都由此二人所率的军队担负。如此疲于奔命，既难同时解两面之危机，也难以持久保持强大战力。

尤其是正大六年八月再复潞州以后，其疲于奔命之状更甚。正是在同一月，窝阔台汗

---

[1] 据《金史》卷一一一《纥石烈牙吾塔传》（第2459页）："（正大）五年，（蒙军）围庆阳。六年十月，上命陕省以羊酒及币赴庆阳犒北帅，为缓师计。……十二月，诏以牙吾塔与副枢蒲阿、权签枢密院事内族讹可将兵救庆阳。"

[2] 据《金史》卷一一四《白华传》（第2506页），正大六年七月，哀宗令白华往邠州申量蒙军形势，白华还，力劝哀宗"一战催之"，哀宗"以为然"，遂定议决战。

[3] 《金史》卷一一二《移剌蒲阿传》（第2471页）：正大六年"八月丙申，蒲阿再复潞州。十月乙未朔，蒲阿东还。十二月乙未，诏蒲阿与总帅牙吾塔、权签枢密院事讹可救庆阳"。机动兵团在"复潞州"之后，很可能在十月初随蒲阿离开。蒲阿是"东还"至行在开封，而兵团则是西行。《金史》卷一一一《纥石烈牙吾塔传》（第2459页）称，正大"六年十月，上命陕省以羊酒及币赴庆阳犒北帅，为缓师计"，可知此前哀宗当已决意大举援救庆阳，"缓师"是为机动兵团西行争取时间。故而，该兵团可能在撤出潞州后，便赶赴陕西，很可能便驻扎在灵宝、阌乡一带，如此方可解释其何以未出现在十月金方再度失去潞州的战事中。俟十二月，兵团与统帅蒲阿、牙吾塔、讹可等人会合，奔赴庆阳。

[4] 《金史》卷一一一《纥石烈牙吾塔传》，第2459页；卷一一二《移剌蒲阿传》，第2471页。

[5] 《金史》卷一七《哀宗纪上》（第382页），正大七年八月，"大元兵围武仙于旧卫州。冬十月，平章合达、副枢蒲阿引兵救卫州。卫州围解"。据《金史》一二三《忠义三·完颜陈和尚传》（第2682页），以及《遗山先生文集》卷二七《赠镇南军节度使（完颜）良佐碑》（第276页上），此战金军获得大胜。

[6] 《金史》卷一七《哀宗纪上》（第382—383页），正大七年"冬十月，平章合达、副枢蒲阿引兵救卫州。卫州围解……移剌蒲阿权参政事，同合达行省事于阌乡，以备潼关"。

位已定，指挥权归一，新攻略亦旋即出台。与此前不同的是，蒙军在其他方向的军事行动缓和下来，开始全力经营灭金之事。尽管正大六、七年之间蒙军在会战上的成绩较之铁木真时代明显下降，但实力既未受到根本损伤，其日趋猛烈的攻势，便无从消解。七年正月大昌原之战金军之战胜，于金是暂时阻止了陕西的沦陷，未必有获得战略转机的迹象；于蒙古，则是刺激窝阔台将全部注意力集中于金境。经过一年左右的调整，窝阔台于七年秋亲率大军南征，由应州直冲陕西南部，围攻凤翔。决定金国存亡的最后大战自此爆发。

8. 正大八年以后武仙的活动

移剌蒲阿等虽曾多次抵御蒙军部分主力，但在陕西与窝阔台的大军数次交锋之后，便知无力对抗其倾国之师，且战且退。至八年二月，蒙军克凤翔，下河中，蒲阿等弃守京兆，退保潼关，犹能力战蒙军，成功扼守陕西—河南之通道。[①] 蒙军迅即放弃由陕西破潼关而入的计划，分由三路进击河南，斡陈那颜一路由济南西进，窝阔台亲率一军由河阳府白坡渡河南来，而拖雷则率部绕道宋境。次年春，拖雷由宋之钧州入金境唐、邓两州，闻讯赶来的完颜合达、移剌蒲阿军自邓州与蒙军一路缠斗，直至正大九年正月决战于钧州三峰山，蒲阿所部十五万大军尽墨，"金之精锐尽于此矣"。[②] 至此，金国图存的最后希望破灭。

武仙于正大七年卫州之役后，被调赴陕西商州，"屯胡岭关，扼金州路"[③]，在危机重重的两河奋战十余年之后，终于得以在局势相对缓和的陕南休养生息，所部仍余万人。喘息未定，拖雷绕出宋境，合达与蒲阿的潼关大军南下邓州，近在咫尺的武仙部也卷入其中，与大军会合后，参与了三峰山之战。[④] 在战役过程中，其所部再次表现了惯有的悍勇，[⑤] 然以所部区区之数，其本人又非大军直接指挥者，他在此战中未能发挥关键作用。三峰山军溃之时，武仙凭借其多年机动作战、短兵相接所得经验，率数十骑突出重围，先奔密县，又辗转至邓州南阳县留山，收拢溃兵十万，兵势稍振。[⑥]

同年三月，蒙军合围汴京，哀宗召武仙入援。因受同行的邓州行省完颜思烈之牵制，八月，勤王军于郑州东面京水岸遇敌自溃，武仙复归留山收溃卒。十一月，勤王之诏再至，此次武仙却不为所动，而是"请缓三月，生死入援"。但汴京事势危急，等不到三个月，哀宗即已弃汴而奔归德，临行，复遣使召武仙入援。天兴二年（1233）七月，哀宗困居蔡州，再遣使"责其赴难，诏曰：'朕平日未尝负卿，国家危难至此，忍拥兵自恃，坐待灭亡邪？'"

① 《金史》卷一一二《移剌蒲阿传》，第2471页；《元史》卷二《太宗纪》，第31页。
② 《元史》卷一一五《睿宗传》，第2887页。按三峰山之战，详见《金史》卷一一二《移剌蒲阿传》（第2471—2474页）、卷一一二《完颜合达传》（第2469页），及《元史》卷一一五《睿宗传》（第2887页）。
③ 《金史》卷一一八《武仙传》，第2577页。
④ 《金史》卷一一二《完颜合达传》（第2468页）："恒山公仙万人元驻胡陵关，至是亦由荆子口、顺阳来会。"
⑤ 《金史》卷一一二《完颜合达传》（第2469页）：两军缠斗至阳翟，"恒山一军为突骑三千所冲，军殊死斗，北骑退走"。
⑥ 《金史》卷一一八《武仙传》，第2577—2578页。

但皆为所拒。^① 次年正月，蔡州沦陷，金亡。

《金史》一再强调武仙拥兵自重、置国家危亡于不顾。但事实或非如此简单。三峰山大溃之后，他所收集的散卒很快达到十万，看似兵势复振，然而溃卒与素有训练、久经战阵的精兵诚不可同日而语，强行将他们推上战场，亦不可用，是故，乃有京水之役的一触即溃。溃卒旋即再聚于留山，又达十万，但其战力更形下降，军心更为散乱。且其中颇多散卒之妻小及附近来归之土人，^② 其不堪一战，不言而喻。武仙深明其中道理，因此，若无完颜思烈这样地位相当的同僚裹挟他勤王，他本人绝不愿平白无故将毫无取胜希望的部伍送入虎口。哀宗固然在汴京、在逃亡途中苦等他的援助，但只能表现忠心而无法改变结局的事，他是不愿做的。在使者的反复催请下，他勃然发作："今日宣差来起军，明日宣差来起军，因此军卒战亡殆尽矣。自今选甚人来亦不听，且教儿郎辈山中休息。"^③ 此语应是其本意。

居留邓州期间，武仙绝非无所作为，始欲袭取蒙军所占的裕州，中计败还。此后又"与武天锡及邓守移剌瑗相犄角，为金尽力，欲迎守绪入蜀，犯光化"。^④ 据武仙本传载，武仙在邓州顺阳痛击来袭的宋将孟珙，而后整军欲取宋境金州，路遇山洪，军溃而返。反之，《宋史》则历述了孟珙逐步击溃武仙军、一一袭破其所据山寨的过程。^⑤ 相较而言，将诸多细节坦陈出来的《宋史》应该更可信。孙克宽先生也认为，武仙"大败孟珙之兵，这是不可靠的，金史执笔多出北人，常喜轻视南宋，语多偏袒"。^⑥ 此说应近于实。以当时武仙所部乌合之众，至多是初时曾击退孟珙的攻击，而后便遭受对方优势战力的步步进逼，以至于失去容身之处。

但在武仙与宋京西军队的接触过程中，却还夹杂着宋方对他的招揽。据说，不仅京湖制置使史嵩之曾积极与他联络，^⑦ 且四川制置使赵彦呐亦曾倡议接纳他。^⑧ 但武仙并不像一般意图割据者那么首鼠两端，未给自己留下余地。招揽未能成功，宋遂起兵攻之。

天兴三年，在孟珙的持续打击下，武仙部众离散，再无法在宋蒙两方的夹缝中安身。

---

① 《金史》卷一一八《武仙传》，第 2580 页。

② 是后谋取宋之金州，途中"老幼溺亡者不可胜数"。见《金史》卷一一八《武仙传》，第 2581 页。

③ 《金史》卷一一八《武仙传》，第 2578—2579 页。

④ 《宋史》卷四一二《孟珙传》，第 12370 页。

⑤ 《宋史》卷四一二《孟珙传》，第 12370—12372 页。

⑥ 孙克宽：《蒙古初期之军略与金之崩溃》，台北：中央文物供应社，1955，第 64 页。

⑦ 《金史》卷一一八《武仙传》（第 2579—2580 页）：武仙乏粮，"遣讲议官朱概、刘琢往襄阳，借粮于宋制置使史嵩之。琢、概持两端，畏留……曰：'名为借粮，实欲纳款，待将军一诺耳。'嵩之以为实然，遣田俊持书报仙。四月，仙遣大理少卿张伯直取粮于襄阳，屯军小江口以待之。嵩之闻张伯直至，大喜，谓仙送款矣。发书，乃谢状也，大怒"。袁甫《蒙斋集》卷六《陈时事疏》（文渊阁四库全书，第 1175 册，叶 398b）："武仙、田八，敌之深仇，襄州轻于接纳，已为失策。"按"襄州"者，京湖制置使驻地也。吴泳《鹤林集》卷一八《论恢复和战事宜札子》（文渊阁四库全书，第 1176 册，叶 173a）："恐非结田八、武仙，以帛书蜡弹所能制其（按指蒙军）命也。"

⑧ 《宋史》卷四〇八《吴昌裔传》（第 12301—12302 页）："兴元帅赵彦呐议东纳武仙，西结秦巩，人莫敢言。……未几，武仙败。"

但直至此时，武仙仍图谋集结他在太行山两麓残存的力量，重开局面。① 五月，武仙携数人千里北行，渡河入泽州，为天井关守卒所杀。② 由其末年之经历来看，武仙对金政权的忠诚，不能轻易地否定。他诚然不是毫无私欲，不能算是无条件地忠君死节的"纯臣"，然而，他数次拒绝入援，多是出于理智。他无数次起起落落，败而复战，从未气馁，直至战死，可谓无愧于金朝。

余论——正大中宋金蒙三方形势的分析

自贞祐二年至天兴三年，首尾二十年间，武仙数度大起大落，但始终是影响华北局势的重要人物。尤其是后十年，他在两河战场上举足轻重，金哀宗对他极为赏识和倚重，寄予收复华北的希望。当哀宗尚有余力之时，始终竭力遣军配合他的攻势，或拔之于危难之中，未尝令他孤军作战。末岁令其勤王，责之云："朕平日未尝负卿！"诚然。天兴元年冬，哀宗离开汴京，欲渡河由卫州北上，做最后的努力。群臣谏止，哀宗说："我若得完颜仲德、恒山公武仙付之兵事，何劳我出。"③ 尽管遣使要求入援遭到武仙拒绝，哀宗还是对其军事能力给予极高评价。武仙在金末极度危难中奋身自效，愈挫愈勇，这段难得的君臣相得之情，应当有相当大的激励作用。

哀宗的明敏果敢，使得武仙常在关键时刻能够建功，但每次重要行动的结果总是得而复失，终究不能赢得一个逆转的机会。这是因为，到他即位之时，逆转的时机，本来就已消失，两河已基本走出了混战的格局，形势正待明朗。若非彭义斌奇兵突出，武仙掀起的风潮，尚不至于令河朔如此扰攘。即便因这一偶然事件而使华北的乱事延长了十年，但若借之回天，却是远远不够。

时机消失于宣宗朝十年之中。如前文所述，贞祐中两河迅速崛起的民间武装，多借朝廷名义自守，但宣宗对他们抱有蔑视甚至敌视，故而他采纳的，是分而弱之、任由生死的羁縻策略。在百年前的长江以北，也曾出现类似的情形，宋高宗曾借予各地武装以"镇抚使"之名义，各令自力抗金，当时也同样存有任其自生自灭之心。但是关键的不同，是当时南宋

---

① 郝经著，张进德、田同旭编年校笺《郝经集编年校笺》卷三五《故中书令江淮京湖南北等路宣抚大使杨公（惟中）神道碑铭》（人民文学出版社，2018，第946页）："金亡，恒山公武仙溃于邓州，其余党散入太原、真定间，据大明川，用金国开兴年号，众至数万，出没劫掠数千里。诏会诸道兵讨之，不克。公仗节开谕，降其渠帅，其党悉平。"是正大四年武仙由真定奔赴太原，仍有余部留于真定附近，而正大六年由太原袭潞州、奔卫州，亦有余部在太原附近据守山寨。

② 《金史》卷一一八《武仙传》（第2581页）：天兴三年"五月，趋泽州，为泽之戍兵所杀"。又据乾隆《凤台县志》卷一二《冢墓》（凤台县政府翻印乾隆四十八年刻本，1983，卷一二，叶17a）："威州刺史武仙墓，在天井关。"凤台县，即金之泽州晋城县。

③ 《金史》卷一一四《石抹世绩传》，第2518页。

的几支劲旅愈战愈强，终能收复并巩固江北之地。高宗本心，未尝以为镇抚使之力可恃，仅欲借镇抚使所据之地以为缓冲空间，在镇抚使生灭之间赢取朝廷自身力量的喘息之机，这个目的，最终是达到了。相反，金宣宗的所谓"强干弱枝"之策，却是没有下文的："弱枝"之后，两河之地将如何保存或收复？似乎全未虑及。朝廷大军在黄河北岸布置了防线，而后整体南缩，并未做任何收复之尝试。兴定四年"封建九公"，也不过是羁縻之策的延续，对于这些地方武装的抗蒙事业，并无显效。至其末年，九公或死或走或降，领地无一幸存。①

反观蒙古的策略，可窥知其何以取两河如拾芥。对于附蒙的汉地武装，木华黎起初不过视之为地方的镇守者，借以与反蒙武装周旋，作战之时，并不依仗其为主要力量。此举逐步消磨反蒙武装的实力，又不至于由这些乌合之众来决定胜负。但凡附蒙者，危急之时总能获蒙军之助，无论是耶律留哥因众叛亲离而失势，还是史氏受到武仙突袭而遭遇危机，或是严实被彭义斌迫降，都因蒙军的坚决支援而摆脱困境。相比金宣宗之无威可畏、无德可服，木华黎之策略手段，效果极佳。②

木华黎与金宣宗卒于同岁，是时两河大致由蒙方所据，但作为其中主要守备力量的附蒙汉人武装，战力仍然难以倚赖，是以武仙叛蒙之后，河北不可遏制地陷入混乱状态。金方有彭义斌的力量可以利用，蒙方则缺乏木华黎这样的干才居中控御，举措不尽合宜，这也使金方几乎在河北获得逆转的机会。但是，金方毕竟未能调遣精锐大军参与河北战局，在蒙军主力的步步介入下，攻势终被遏止并摧毁。哀宗虽然敏锐地觉察到机会的到来，但其投入的实力，却不足以把握此次机会。

无论是宣宗朝还是哀宗朝，金与蒙古在河北所实施的政策的根本不同点，是金方以地方武装作为抗蒙的基干力量，而蒙方则始终以游牧民构成的骑军作为主力，震慑并维护附属的地方武装。王夫之曾就两宋之交的北方形势评价道："义兵者，尤其不足恃者也。"③此说在金末的华北，同样适用。地方武装构成的"义兵"之类，仅能收牵制与扰乱之功。若论大举杀伤敌方、一战而定乾坤，则非其所长。即便以武仙之才具魄力，屡屡袭城得手，但遭遇蒙方主力，却也难得一胜。金蒙战争前后二十年，蒙方最终稳稳控制了两河，便是这一根本不同点所体现的效果。而如此漫长的对抗过程，也终使附蒙的地方武装，完成了由乌合之众到精锐之师的转变，在其后的侵宋战争中发挥主力的效用。其间，正大二年武仙叛蒙所引发的

---

① 都兴智指出了"九公封建"之策引发的乱象，但又认为此次"封建"有积极意义。包括武仙在内的诸"公"，在抗蒙事业上做出了积极贡献，解决了朝廷兵力不足的矛盾。见《论金宣宗"封建九公"》，《北方文物》2009年第1期，第70—74页。然这些地方武装在封建之前由盛趋衰、封建之后迅速沦没，并未见其因封建而振作。故而笔者以为，对于金国抗蒙有积极意义的，是这些地方武装本身，而非金廷的封建之举。

② 金、蒙双方对于河朔地方武装的不同态度，其部分表现可见于到何之先生的论述：在金军主力退出河朔后，金国"遂一味以官赏来取得堡砦头目的效用"；而蒙古对地方武装的控制较紧，要求其"纳质""助军""献户口""入觐""设驿"，但"只要这些条件和要求获得满足，汉人地主武装头目于降附之际，却能从蒙古统治者那里取得相当于唐之藩镇、汉之邦国的种种特权"。见《关于金末元初的汉人地主武装问题》，《内蒙古大学学报》1978年第1期，第17—18页。

③ 王夫之：《宋论》卷一〇《高宗十三》，中华书局，1964，第194页。

乱局，实是他们成长的洗礼，是他们由虚弱的割据者走向实力雄厚的世侯的转折点。

以地方武装为主力经营河朔，在宣宗朝是作为一个错误的选择而出现的，而到哀宗朝，则属无奈之举。蒙军侵金之后，纠军溃散，部族离去，金蒙边境的契丹人不再为金所用，女真猛安谋克军成为仅余的主力。金世宗大定二十三年（1183），猛安谋克正口不过四百八十余万（其中包括部分契丹人），三十年后遭蒙古侵袭之时，不过五百万有余，女真战兵多不过百余万。战事初起，金蒙多次会战中，金军大有损折。宣宗弃守中都，东北与华北隔绝，复使近半数猛安谋克成为完全无用的力量。[①] 尽管收取"河朔战兵三十万"至河南，[②] 但兴定元年之后，六年间与宋之战事不断，将士物故极多。[③] 陕西又遭西夏反复侵扰，"及贞祐之初，小有侵掠，以至构难，十年不解，一胜一负，精锐皆尽，而两国俱弊"。[④] 金政权的庞大军力，经宣宗之手，零落大半。

因此，哀宗即位之时，可用之战兵极为有限。虽未见确切之数目，然可以肯定，其猛安谋克军必不能逾五十万。除去散在各处的守御军，能够调遣用于会战的，不会超过二十万——他来回调动的移剌蒲阿和纥石烈牙吾塔的大军，就是其中的大部分。在正大四年至六年河东的战事中，他几乎是用全部的金军机动力量与蒙军主力之小部分相争，获得暂时的优势，但对方终能逐步增兵，直至最终将他压垮。

总之，在二十年的战争中，金方对于各种潜在的支持力量的运用，远逊于蒙方。加之其作为守御的一方，机动能力亦远远不及进攻方，导致其力量的消耗较蒙方更为迅速。除非蒙方发生政权内部的剧烈动荡，金政权的沦亡之势，实难由哀宗的诸多努力所扭转。

当然，正大以后的华北战局中，主要参与者不限于金蒙两方，因此，也不是没有可以利用的外部因素。甚至，一度可看到回天的迹象。当彭义斌进军河朔之时，武仙做了最明智的选择，以屈己事人的姿态，获得实际上的支持。只要打通南北，让己方与东南方向进击的彭义斌势力相合，他在河北号召力有余而战力不足的问题，会获得部分解决，彭义斌发挥会战方面的长处，河朔形势的逆转并非不可期待。

但是，多支力量之间进行合作，难度太大，成功的机会不大。严实临阵倒戈的偶然事件，似乎是合作失败的直接原因。然而即便无此偶然，河朔的形势发展，是否会朝向有利于武仙的方向？短期之内，当然会有正面的答案，但置之于更长的时段，则未必。首先是因为，五马山战役牵入的蒙军主力，仅仅是华北蒙军中不大的一部分，即便彭义斌获胜，也无

---

① 按《元史》卷一四九《耶律留哥传》（第3512页），崇庆元年（1212）耶律留哥于辽西起事，金"遣胡沙帅军六十万，号百万，来攻留哥"；贞祐二年，复以蒲鲜万奴率众四十万伐留哥。是可见东北女真军数量之众。自贞祐三年燕京陷落，这些军队遂留滞于东北。

② 《金史》卷四四《兵志》"兵制"条，第999页。

③ 刘祁《归潜志》卷七（中华书局，1983，第71页）："南渡后，屡兴师伐宋……连年征伐，亦未尝大有功，虽能破蕲、黄，杀虏良多，较论其士马物故，且屡为水陷溺，亦相当也。"

④ 《金史》卷一三四《西夏传》，第2876页。

从对蒙军造成致命打击。随着彭义斌进一步深入河朔，他与宋境的联系将更为困难，他的阻力会愈来愈大，其后蒙军的反攻，也将带给他更大的压力。其次则是，彭义斌从未站在金国的立场上，他自然会有自己的打算。获胜之后，最大的利益花落谁家，以及嗣后又会在两方之间发生什么，确实是很难事先猜度的。但义斌败亡前，在河北的三方势力中金是最弱的一方，无法想象最大的利益会被它获取。

即便彭义斌于五马山一时战胜，此后也未必能有所进展。彭义斌乘山东西部、大名路一带各种地方势力普遍虚弱且立场不太明朗之际，以其蓄锐已久的部伍，奏凯无虚日。但孤军深入千里，环顾皆为敌壤，欲与蒙军相抗，势须宋方予以持续的资助，甚至直接遣军相援，方有一线希望。

如此反应，势必使宋直接与蒙方对抗，在当时是不存在这种可能的。彭义斌一军，在宋的培植下养成势力，在忠于宋的名义下发动北伐，其行为也得到宋的默许，故指其为"宋方"的力量则可，然而于当时在宋朝掌政的史弥远而言，至多是乐观其成。若彭义斌能稳定占据河朔一隅，则不仅足以压制李全，且将为金亡之后宋对蒙古的相对地位，获取较有利的地位。但若取败，则宋方不愿也没有能力将主力部队投入河朔——正如实际上发生的那样。老成持重的史弥远，无法想象多年局处淮河以南的宋军，至此竟能纵横河朔。更何况李全叛宋割据之意图已显，这是宋军北上需要直接面对的又一个敌对力量。早在宣宗贞祐年间，宋方对于金蒙战争形势的判断以及宋方应有的应对策略，早有讨论，也完全理解唇亡齿寒的道理。[①] 但过早地与蒙军直接对抗，全力参与中原的角逐，却是不可能被采纳的做法。因此，它对金蒙战局的介入，始终是非常克制的。正如拖雷要求借宋境绕道攻河南，没有得到宋的同意，宋的主力部队不会主动进入河朔，挑起宋蒙大战，也是同样道理。这就注定了"忠义军"组成的北伐之师，不可能像河北的附蒙武装那样，获得其背后大势力源源不断的兵力支持。即使它有决心全力介入，其能力也不足以支持它成功。中统三年李璮叛蒙附宋之后，宋军在淮河沿线发起攻击，并遣夏贵率淮西军北上应之，又以水师由沧、滨、棣赴援，均遭大败。[②] 这次行动置于三十年前，应当不会有相反的结果。

正大初年，蒙方的一丝纷乱，使其对河朔的控制露出破绽，武仙趁势而起，由此引发

---

① 关于蒙古侵金之后宋方对金蒙战事的看法，以及对宋与金蒙双方关系的讨论，可参见黄宽重《晚宋朝臣对国是的争议——理宗时代的和战、边防与流民》，台湾大学文学院，1978，第14—29页。另可参见郑丞良《谋国？忧国？试论真德秀在嘉定年间岁币争议的立场及其转变》，《成大历史学报》第43期（2012年12月），第177—210页。

② 《元史》卷五《世祖纪二》（第83—86页）载李璮叛蒙之后宋方的军事行动，按时间具列如下：中统三年三月"乙亥，宋将夏贵攻符离。……乙酉，宋夏贵攻蕲县。……（四月）丙申，宋华路分、汤太尉攻徐、邳二州。……癸卯，宋兵攻亳州。……五月戊午，蕲县陷，权万户李义、千户张好古死之。……癸亥，史权妄奏徐、邳总管李杲哥完复邳州城，诏由杲哥以下并原其罪。时将夏贵攻邳州，杲哥出降。贵既去，杲哥自陈能保全州城，史权以闻，故有是命。甲子，宋兵攻利津县。……六月乙酉朔，宋兵攻沧州。……戊子，滨棣安抚使韩世安败宋兵于滨州丁河口。己丑，遣塔察儿帅兵击宋军，仍安谕濒海军民。……九月戊午，亳州万户张弘略破宋兵于蕲县，复宿、蕲二城"。

河朔乱局。金哀宗也乘机振作，金方多次在局部战场获得暂时的优势。但短期之内的混乱，实不足以令局势发生彻底改观，金方每一次军事行动，都受限于总体实力的严重不足，终告失败。而宋方介入其中取利，也非常困难。彭义斌的北伐，成就终归是有限的，无论是对宋的北疆经略，还是对金朝所期望的从乱局中寻找机会，都没有决定性的影响。诸方积极活动，主要结果是河朔的反蒙势力被肃清，附蒙的世侯在蒙军主力的支持下控制了局面。金哀宗历次的努力归于无效，其根源在于金宣宗在位的十年中所实施的退缩政策，致使国力、军力耗竭，回天乏力。

〔本文原载《中华文史论丛》2021年第3期。作者余蔚，复旦大学历史学系教授〕

明末女真卫所衰落与建州女真的崛起

——以穆昆塔坦档所载敕书为中心

赵令志

摘　要　太祖朝《满文老档》第 79—81 册题名为 mukūn tatan be ejehe dangse 的档册，可直译为"记穆昆塔坦之档"。该档册被内藤湖南译为"族籍表"后，汉译本多译作"族籍档"或"族档"。然考证满文 mukūn、tatan 之其他含义，结合满文档案中所见 mukūn、tatan 之译文，可知此 3 册档案，并非记载族籍之内容，而是万历三十八年（1610）努尔哈齐分配兼并哈达时所得 363 道和 1 道买得之开原南关敕书之记载。分配敕书的目的是以此 364 道敕书为凭证，组成 3 个朝贡贸易团队分批前往开原广顺关取赏和贸易，因而，mukūn tatan be ejehe dangse 译作与朝贡贸易商团相关的"团伙档"或"帮伙档"才更准确。另从这批敕书来历及女真卫所变迁、敕书袭替政策等方面，可以反映出明末女真地区敕书之争及明朝女真羁縻卫所敕书制度之演变状况，并窥得明末女真羁縻卫所的敕书，仅具备作为入边朝贡贸易凭证之功用，档案内 mukūn、tatan 的成员，分别在各 mukūn、tatan 内，凭藉所分得各道敕书之多寡，取得贸易份额，因而该档册是记载前往开原朝贡贸易的"团伙档"或"帮伙档"。

关键词　满文老档　敕书　穆昆　塔坦

太祖朝《满文老档》第79—81册题名为mukūn tatan be ejehe dangse，①汉译本译作《族籍档》或《族档》，在标题内虽写有"aniya biya ejehekūbi"（未记年月），但在79册之首，记有"【原档残缺】genere wan lii i gūsin jakūci aniyai dangse"，②即"去【残缺】万历三十八年之档案"，无疑该档册应该形成于万历三十八年（1610）或其后。虽名之《族籍档》或《族档》，但研究满洲各部来源者，并没有人利用此档案，另外，其中所记卫所人名亦在《八旗满洲氏族通谱》等文献中难以查找。究其原因，乃因此部分档案命名及些微内容翻译不准确，从汉文译文中难以看出这部分档案的实际内容所致。考诸满文原档及各种译本，得见此3册档案，并非记载族籍之内容，而是万历三十八年努尔哈齐分配兼并哈达时所得363道开原南关敕书之记载。有关此档册，在日本学者鸳渊一、安部健夫、三田村泰助、增井宽也及我国大陆学者丛佩远、薛虹、白新良、刘小萌、韩世明等先生的论著中，已有利用，③但并未引起学界注意，概因中外学者多将其从"族籍"角度研究女真制度史，而对此档册的性质和所录敕书研究较少，故迄今对这批敕书尚无专题研究。兹从该档册之题名、此次所分敕书之来源及其反映出的明末女真羁縻卫所敕书制之变化三方面，探讨该档册之性质、明末女真卫所贡敕制度的演变及对女真地区卫所职能衰落、敕书管理及作用等问题。

一 档册之题名刍议

较早研究《满文老档》之日本学者内藤湖南先生，将《满文老档》太祖朝第79—81册

---

① 《旧满洲档》《满文原档》无此题名，此题名应为乾隆年间整理抄录此部档册时所拟，故在无圈点档、有圈点档内出现此题名。《满文老档》内各卷题名，均为乾隆年间所拟，此亦与《旧满洲档》《满文原档》差别之一。详见台北"故宫博物院"影印出版之《旧满洲档》《满文原档》的《洪字档》，该档册分别在《旧满洲档》（台北："故宫博物院"，1969），第5册，第2199—2279页；《满文原档》（台北：沉香亭，2006），第五册，第161—241页。但两影印本档册均排序有误，将第三mukūn错简于前，是按第三、第一、第二mukūn的顺序排列。如此排列，并非台北"故宫博物院"之误，乃因按《千字文》编排《洪字档》时，既已出现如此排序，原《洪字档》首页即有黄签注明"此一本签字倒贴了"。另外，关于该档案的整理和出版情况，可见吴元丰《〈满文老档〉刍议》，收于《满文档案与历史探究》，辽宁民族出版社，2015，第183—198页。

② 《满文原档》残缺部分为"…yembe"，详见《满文原档》，第5册，第191页。增井宽也等认为残缺部分为"ke"，此句应为keyembe genere wan lii i gūsin jakūci aniyai dangse，应译为"去开原万历三十八年之档"。增井宽也：《满洲国四旗制初建年代考》，《立命馆东洋史学》第32号，2009，第3页。根据档册内容，笔者认可此推断。

③ 详见鸳渊一《清初八旗制度考》（博士学位论文，京都大学，1947）；安部健夫《清代史研究》（东京：创文社，1971，第309—326页）；三田村泰助《清朝前史研究》（日本东洋史研究会，1972，第181—216页）；增井宽也《明末海西女真与贡敕制》（《立命馆文学》第579期，2003，第817—854页）；丛佩远《明代女真的敕书之争》（《文史》第26辑，1986，第191—213页）；李洵、薛虹《清代全史》第1卷（辽宁人民出版社，1995，第77—83页。按：相关研究为薛虹先生执笔）；白新良《满洲政权早期前四旗考》（收于《清史考辨》，人民出版社，2006，第6—11页）；刘小萌《满族从部落到国家的发展》（辽宁民族出版社，2001，第141—145页），韩世明《明代女真家庭形态研究》（中国社会科学出版社，2006，第95—145页）等。

之 mukūn tatan be ejehe dangse 译作"族籍表"，^①虽东洋文库《满文老档》译本（下略称"东洋文库本"）对该题名略之未译，文内仅将 mukūn 译作"族"，tatan 未译，但将其作为"族籍表"，档册之 mukūn 译为"族"意，被日本多数学者沿袭，唯增井宽也在《满洲国四旗制初建年代考》中，认为该档册所记，乃万历三十八年努尔哈齐组建的三个朝贡组织，mukūn 和 tatan，有"组"和"班"的性质。^②中国大陆的《满文老档》译本，对其翻译亦未统一，辽宁大学译本（下简称"辽大本"）译作"穆昆达旦的档子"，为音译，且 tatan 译作达旦，译音不准，现多被音译为"塔坦"。中华书局本（下简称"中华本"）译作"族档"，乃仅译了 mukūn，未译 tatan。辽宁民族出版社出版之内阁藏本（下简称"内阁本"）沿用日本学者译法，译作"族籍档"，将该档册列入族籍系统，与档册所记载明朝所颁敕书之相关内容不符。

mukūn 多指宗族之"族"，另一词义系指为经济目的等而结成的帮伙、团伙、行伙等一个群体之人，如 jeku i mukūn（粮帮）、mukūn i jahūdai（帮船）等。《御制清文鉴》释 mukūn 之意有二，其一为 emu halai ahūn deo be mukūn sembi，即"同姓之兄弟称作 mukūn"，其二为 geli emu feniyen be inu mukūn seme gisurembi，即"又将一群亦称作一 mukūn"。《御制增订清文鉴》将此 mukūn 释作"行伙"^③目前，上述各种译本均将该处 mukūn 译作"族"，即如 uju mukūn 为第一族、jai mukūn 为第二族、ilaci mukūn 第三族，但从三 mukūn 的首领来看，第一 mukūn 为汗家，即努尔哈齐，第二 mukūn 为 argatu tumen（阿尔哈图图门），即努尔哈齐长子褚英，第三 mukūn 为 darhan baturu（达尔汉巴图鲁），即努尔哈齐同母弟舒尔哈齐。三者之间为父子、兄弟关系，绝非不同宗族。且同一 mukūn 内，姓氏庞杂，如第一 mukūn 内，有额亦都（钮祜禄氏）、何和里（董鄂氏）、费英东（瓜尔佳氏）、扈尔汉（佟佳氏）、安费扬古（觉尔察氏）等，伊等与努尔哈齐本非同姓，更不同宗。第二 mukūn 成员系褚英所属和哈达部归附之人，亦与宗族无关，因而将此处之 mukūn 理解为宗族之"族"是错误的。另外，档册内并无 susu（籍）之含义，无疑译作"族籍表""族籍档"更与满文标题和内容不符。

此处之 mukūn 无疑应该译作《御制清文鉴》的第二种含义，应指"某一群人"，即《御

---

① 三田村泰助:《清朝前史研究》，第 276 页。虽然三田村氏认为译作"穆昆塔坦表"更为准确，但其著作中仍沿用"族籍表"之称，并专节作"族籍表解说"，成为其探讨"穆昆塔坦制"之基础。但目前所见满文档案中，仅见 mukūn tatan be ejehe dangse 内，将 mukūn 和 tatan 并列一起，而成为研究"穆昆塔坦制"的主要依据。但此处之 mukūn tatan 不能译作"族籍表"或"族籍档"，应译作与朝贡贸易相关"团伙档"或"帮伙档"，则"穆昆塔坦制"之说便失去最主要依据。

② 见增井宽也《满洲国四旗制初建年代考》，《立命馆东洋史学》第 32 号，2009，第 19 页。

③ 《御制清文鉴》卷五《人伦类》（康熙四十七年武英殿刊本）第一函第六册，第 12 页。另《御制增订清文鉴》卷一〇《人伦类》将 mukūn 释作"族"，释文为 emu hala be mukūn sembi，即"将一姓称作族"；卷二五《多寡类》将 mukūn 释作"行伙"，释文为 emu feniyen be emu mukūn sembi，即"一群称作一行伙"，乃将两个含义分门别类，释文亦稍有变化。详见《御制增订清文鉴》（乾隆三十六年武英殿刊本）第三函第五册，第 17 页；第六函第四册，第 32 页。

制增订清文鉴》所解释的"行伍"，有临时结成的"团""帮""队"等之意。mukūn 指某个群体之人，在《满文老档》里有许多处，如天命六年（1621）十一月，将萨尔浒人户迁至辽东时，"omšon biyai ice inenggi ci ujui mukūn isinjiha jorgon biyai juwan de dube lakcaha"，①即"自十一月初一起首队至，迄十二月初十末尾方断"，此处指 mukūn 无疑是指迁移过来的首批到达人群。另在天命八年六月复州地方明朝奸细颇多，审讯抓获之奸细时，伊等言称"emu mukūn i giyansi dehi susai, juwe mukūn i giyansi tanggū bi, tere gemu liyoodung be duletele genehebi kai"，②即"一队之奸细有四五十人，二队之奸细有百人，皆过辽东而去矣"。汉译本将此条之 mukūn 译作"族"，不妥。明朝所派奸细，并非按族选派，此处之 mukūn 翻译为"队""帮"才符合原意。另在太宗朝《满文老档》内，亦有将 mukūn 译作"队"者，如天聪十年二月，图尔格依前往锦州、松山之间哨探时，"dobori ginjeo ci sung šan de takūrara juwe mukūn i orin niyalma be bahafi waha, juwan ninggun morin baha"，③即"夜遇自锦州遣往松山之（兵）二队，擒斩二十人，获马十六"。可知在《满文老档》内之 mukūn，并非仅为"族"意，还有许多是泛指"某一群体之人"的意思。

入关后在满文档案里 mukūn 为某个群体之意者较多，譬如"elhe taifin i juwan duici aniya jorgon biyai ice duin de gu taigiyan dergi hese be ulame booi amban karu hailasun wasimbuhangge te sargan juse sonjoro de sakda meme eniye ajige meme eniye mukūn i emu halai sargan juse be gaijara be naka sehe"，④即"康熙十四年十二月初四日，顾太监转谕内务府大臣噶禄、海拉逊，今验选秀女，著停选老嬷嬷、小嬷嬷等一姓中之秀女。钦此"。此谕内之 mukūn，乃指嬷嬷群体之人，而非"族"意。

tatan 在《御制清文鉴》中被列入 monggo boo maikan i haci 中，即"毡房账房类"，释文为 bigan de yabure niyalmai iliha ebuhe babe tatan sembi，即"在野外行走之人歇息处

---

① 《内阁藏本满文老档》，太祖朝第四函，第3册，辽宁民族出版社，2009，第1273页。目前出版的汉译本、日译本等均将此句之 mukūn 译作"族"，研究者因之都认为此次迁移，是按族进行的，颇为牵强，与原文含义不符。

② 《内阁藏本满文老档》，太祖朝第七函，第5册，第2461页。

③ 《内阁藏本满文老档》，太宗朝第十一函，第13册，第6680—6681页。

④ 《辉发萨克达氏家谱》，吕萍主编《佛满洲家谱精选·吉林卷》，人民出版社，2017，第372—371页。该《族谱》将此上谕译为："康熙十四年十一月（应译作"十二月"）初四日，顾太监奉上谕，传内务府大臣噶禄、海拉孙，今验选女子，萨克达嬷嬷一姓中女子等止选。钦此。"如此翻译有误。此处之 mukūn，不能译作"族"，而是指 sakda meme、ajige meme 之"群体"，且此处之 sakda，亦并非姓氏，而是指"年老"者。如此翻译，乃将此上谕视作为萨克达家族颁发，恩准停止在该家族选秀女之特谕，而实际上是对在内务府应差之老嬷嬷、小嬷嬷们的家族颁发的。当时隶属于内务府的嬷嬷等，已在内府当差，故上谕内务府大臣不再于嬷嬷家选秀女。清代内务府选秀女，与八旗选秀女不同。八旗选秀女每三年进行一次，经费出自户部，所选秀女，乃备后宫储位，或为皇子拴婚、王公大臣子弟指婚。而内务府选秀女，每年一次，经费出自内务府帑项。所选秀女入宫，供后宫役使，至二十五岁方可出宫婚嫁，乃于宫中当差也，故内务府之选秀女，实为选宫女（详见赵令志《论清代之选秀女制度》，中国第一历史档案馆编《明清档案与历史研究论文集》，新华出版社，2008，第590—593页）。为避免一家内嬷嬷、宫女重复当差，故清代有内务府在世嬷嬷家停选秀女（乃宫女）之定例。内务府萨克达家族先祖母朴氏，乃顺治皇帝乳母。伊于康熙二十年去世，得康熙皇帝诰封，极嬷嬷群体之荣耀。康熙十四年颁此上谕，著于嬷嬷家停选秀女，无疑包括该氏，但并非独为该氏所颁。

称作 tatan"。《御制增订清文鉴》分类和满文释文与此相同，注释汉文为"下处"，①乃"在野外之临时休憩处所"的意思。所住临时房屋有窝棚、账房、撮罗等形式，多以草木、皮张搭建，为女真人外出行围、渔猎、采参、出征、远游、朝贡、贸易等途中的临时休憩之处，后衍生为出行时临时组成的"伙"。1601 年，努尔哈齐改进 niru 组织，每 niru 下设四 tatan，成为行军、渔猎、采集、贸易等生产、生活的基层单位。将 niru 下之 tatan，译作"下处"等肯定不对，故学界多将其如牛录一样音译作"塔坦"，若非要译作汉文，其对应"伙"字较为贴切。从 niru 内之 tatan 很快不见记载来看，tatan 很快被稳固性组织所取代，可以说初设 niru 时下设的 tatan，亦有临时性的"伙"之意，即牛录下分为四伙。但此"伙"的含义与 hoki（党、伙）含义有别，hoki 是固定性的"伙"，而 tatan 则是临时性的。

从已出版的《熬茶档》《军机处准噶尔满文档案译编》《新疆满文档案汇编》等满文档案可以看到，清代将行军、出猎中沿途的临时驻地，均称作 tatan，如乾隆八年、十三年护送准噶尔贸易熬茶使团时，凉州将军乌赫图、理藩院侍郎玉保所率满洲、绿营兵往返沿途护送，他们在东科尔、各卡伦及前藏、后藏的临时宿营地，满文均为 tatan。②《闲窗录梦》内记惇亲王绵恺往易县西陵祭祖，当日不能往返，中途憩于 tatan，③及清末大臣等所记上朝前多集于 tatan，太监值宿之处亦称为 tatan 等记载，可知满语 tatan 之临时休憩、住宿处所之意未变。安部健夫将"族籍档"中的 tatan 译作"寓"，④乃出自此意，但如此翻译，与该档册内容相差太大。

贸易商队成员的组成多有临时性，故满文多以 hūdai meyen（商队）、hūdai tatan（商伙）称之。笔者在翻译乾隆初年准噶尔贸易团队的满文档案中，发现几处团队下分为数个 tatan 的记载，如乾隆八年为赴藏熬茶，先行于东科尔贸易团队成员中，"meni jihe sunja tatan i niyalmai dorgi, emu juwe tanggū morin temen gajiha niyalma bi, juwan orin morin temen gajiha niyalma inu bi"，⑤即"我等前来五个商伙人内，有带一二百马、驼之人，亦有带有一二十马、驼之人"。各 tatan 之人携带马驼数目不一，无疑与所携商品多寡有关。另在乾隆九年准噶尔赴肃州贸易商队进入哈密后，有部分马匹商品被盗，商队呈文安西提督报

① 《御制清文鉴》卷一五《毡房账房类》，第三函第二册，第 42 页。《御制增订清文鉴》卷二四，第六函第三册，第 52 页。
② 《凉州将军乌赫图等奏报准噶尔熬茶使臣等在藏熬茶并请拨给口粮未准折》，乾隆八年十二月十一日；《侍郎玉保等奏报前藏有人出痘带准噶尔使臣等先行前往后藏熬茶折》，乾隆十三年三月初二日。见第一历史档案馆编《清代军机处满文熬茶档》（上海古籍出版社，2010）第 595—616 页、第 1663—1694 页。
③ 松筠 [穆齐贤] 记，赵令志、关康译《闲窗录梦译编》上册，中央民族大学出版社，2011，第 21 页。
④ 安部健夫：《清代史研究》，东京：创文社，1971，第 314—315 页。
⑤ 《凉州将军乌赫图等奏为带领准噶尔熬茶使臣自哈单和硕起赴西藏等事折》，乾隆八年九月初三日，《清代新疆满文档案汇编》第六册，广西师范大学出版社，2012，第 324 页。

告丢失物品，其中有"juwe tatan i juwe niyalmai ulin hūlhabuhangge"，①即"二塔坦之两人财物被盗"之句，可知该商队内亦分为几个 tatan。此 tatan 的含义，应与 mukūn tatan be ejehe dangse 之 tatan 含义相同，乃商队下面之"伙"。

内阁藏本《族籍档》内，如 ilaci mukūn i ningguci tatan 等中的 tatan，均译作"支"，似有不妥，因 tatan 并无 gargan（分支）、uksura（宗支之支）之意，但将编牛录时，ilan tanggū haha be duin janggin ubu sindame tendefi tatan banjifi，译作"将三百丁按四章京编队"，②此处将 tatan 译为"队"，较近原意。另外，清代将鹰手人分为塔坦，头目称"他坦达"（tatan i da），③乃渔猎时所分 tatan 形式之遗留，表明在入关后之行猎，鹰手人随差时，仍有临时组成塔坦随围之性质。而在万历三十八年记录此档册时，tatan 之意尚未如此衍生，乃为临时性组合之"伙"也。

mukūn tatan be ejehe dangse 的内容，系万历三十八年努尔哈齐分配敕书之记载，分配敕书的原因，乃为分三支商队持敕书前往开原南关贸易。万历二十七年建州兼并哈达部后，得到哈达部猛骨孛罗（或写作"蒙格布禄"等）所属之 363 道南关的诰命敕书。但因没有得到明朝的认可，努尔哈齐并没能以自己的名义直接利用此 363 道敕书进行朝贡和贸易。至万历三十六年，努尔哈齐设法修复南关之贡，经过与辽东主管官员的谈判，在明朝应负责车价和朝贡贸易人数方面做出妥协，于三十八年得到辽东巡抚李炳认可后，努尔哈齐便得到了重新利用这批敕书的机会，可以利用这批敕书前往开原南部之广顺关贸易、取赏，故将此 363 道敕书，按着当时建州赴开原、抚顺贸易所分成的商贸团队进行了分配。根据此档册之记录，当时建州赴开原的朝贡贸易 mukūn（团）有三个，每个 mukūn 内又分十二三个 tatan（伙），乃为贸易团队下之小队，或为往返同行止宿，便于筹备、守护货物而设。因此 mukūn tatan be ejehe dangse，实与"族籍"无关，而是记录给三个贸易团队分配兼并哈达所

---

① 《提督永常进呈准噶尔商人之文》，乾隆九年六月二十一日，赵令志、郭美兰主编《军机处满文准噶尔使者档译编》中册，中央民族大学出版社，2009，满书见第 1149 页，汉文译文见第 1817 页；《准噶尔商队为准噶尔商人物品被盗事呈文》，乾隆九年，《清代新疆满文档案汇编》第七册，第 68 页。

② 《内阁藏本满文老档》，太祖朝第一函，第 1 册，第 157—158 页；第 19 册《汉文译文》，第 12 页。

③ 定宜庄、胡鸿保：《鹰手三旗的后裔》，载《民族研究》2005 年第四期，第 23—31 页。另《御制增订清文鉴》卷一〇《人类》，第三函第五册，第 8 页内 tatan i da 汉文释为"伙长"，满文解释为 bigarame yabure de emu tatan i baita be silifi icihayarame niyalma be tatan i da sembi，即"在野外行走时，选为照料一个塔坦事务之人，称为塔坦达"，亦可侧面作为 tatan 可译作"伙"之证据。另外，《满文原档》内将明嘉靖时期开始南迁的蒙古内喀尔喀之巴林、乌济业特、巴约特、翁吉剌特、扎鲁特五部（蒙古文称作五 otoγ），称作 sunja tatan i kalka（太祖朝 18 处、太宗朝 2 处）或 kalka i sunja tatan（太祖朝 8 处）。为何在天聪元年（1627）七月之前，与其他蒙古各部有别，唯独以 tatan 称内喀尔喀五部，此问题一直困扰学界，尚无合理解释。此五部与后金政权接触较早，交往较多，后金政权应该熟知五部的情况。之所以用 tatan 称之，抑或与此五部被称为五鄂托克（otoγ）有关，当时是以 tatan 对译 otoγ。盖后金认为此五部为南迁之蒙古，尚无被公认的游牧地，仍在与福余、泰宁卫及周边蒙古各部争夺游牧地，各 otoγ 具有"野外行营"之性质，故称为 sunja tatan。在喀尔喀五部败北于后金后，天聪元年林丹汗乘机出兵攻掠，使喀尔喀五大营崩溃，乌济业特、巴约特、翁吉剌特三部随之被其兼并，巴林、扎鲁特大部分人逃亡嫩科尔沁。翌年，巴林、扎鲁特部等陆续归附后金，并被设置札萨克旗，有了公认的封地，故此后便不再以 tatan 称之。庶几近之。

得 363 道南关敕书和 1 道汗家买取的敕书之档案，^①结合 mukūn、tatan 之其他含义，将此档册题名译作与朝贡、贸易相关的"团伙档"或"帮伙档"，更为准确。

囿于将此 3 册档案作为"族籍"或与"族"有关之思路，目前对此档册研究的成果，多侧重于明末女真族群或制度的研究，诸如鸳渊一、户田茂喜对之研究后提出的"三头政治"，安部健夫提出的"族制下的封建国家社会"，三田村泰助据此进行的"穆昆塔坦制度"等说。但尚未出现依据此档案对明末敕书袭替管理、敕书所反映出的明末女真羁縻卫所的职官变化及敕书职能、努尔哈齐在建立金国（aisin gurun）前建州女真的朝贡贸易等问题的研究。以下从建州女真朝贡贸易的"团伙档"或"帮伙档"的视角，探讨该档册所分敕书及对译作"族籍"所导致的舛误问题。

明代末期，女真地区经过多年的敕书之争，海西女真的敕书多集中于扈伦四部。敕书的性质亦随之发生变化，敕书作为官凭的功能消失殆尽，但作为入边朝贡贸易和领取额赏的职能，却愈加突出，因而掌握敕书多寡，关乎能否可以到指定的关権贸易。从此角度来看，敕书成为明末女真人相互掠夺的主要财富，此乃明末持续"敕书之争"之诱因。努尔哈齐分配这批南关敕书，旨在分配凭借这批敕书赴开原广顺关贸易和取赏之份额。mukūn tatan be ejehe dangse 译作朝贡贸易的"团伙档"或"帮伙档"，可从朝贡取赏和赴开原广顺关贸易的角度分析太祖朝《满文老档》之第 79—81 册档案，解释如此分配 364 道敕书之诸多疑问。

敕书之分发，系按贸易 mukūn（团）配给，3 个 mukūn 分配敕书的具体情况如下：

第一 mukūn 以"汗家"，即努尔哈齐为首，下分 12 个 tatan（队、伙），前 4 个 tatan 由努尔哈齐属人组成，分得敕书 40 道，余下分别属于额亦都（8 道）、何和里（7 道）、费英东（7 道）、扈尔汉（7 道）、安费扬古（5.5 道）等与努尔哈齐关系紧密之人。其余人员分得敕书人员，多为一人分得数道、专有 1 道或两、三位共有 1 道者。第一 mukūn 除汗家外，有 53 人（其中第十二 tatan 内有 1 人名字残缺）得以配给敕书，共分得敕书 117 道。

第二 mukūn 以努尔哈齐长子褚英（档案记为 argatu tumen，阿尔哈图图门）为首，下分 13 个 tatan，其中第一、二、五、六 tantan 由褚英领有，其本人分得敕书 39 道。其余 tatan 之人，多为哈达旧部，其中猛骨孛罗之子武尔古岱（明朝实录写作"吾儿忽答"）领有第三、七、八 tatan，分得敕书 31 道。另第四 tatan 头领苏巴海（3 道）、第九 tatan 头领雅虎（3 道）、第十 tatan 头领毛巴里（4 道），三人系哈达部原酋长速黑忒之后裔，故得以分配多道敕书。

---

① 统计《满文老档》内 mukūn tatan be ejehe dangse 所记载之敕书，共为 362 道，另外，第二 mukūn 第十 tatan 内"兀者左卫都指挥金事希勒赫之子戴珠虎"之敕书，系 han i booi udame gaiha ejehe（汗家买取之敕书），此道敕书既然特别标注为"汗家买取"，当不在自哈达所获 363 道敕书之列，如此便缺少 2 道敕书。在《内阁藏本满文老档》的【原档残缺】部分，难以发现失载之处。核对《满文原档》第五册之第 189、226 页，在第三 mukūn 第十二 tatan 阿尔图善所分敕书记载中，有错行和缺行；第二 mukūn 第一 tatan 的档案中，缺少两行，应该为所缺少的 2 道敕书的记载。因而，从《满文原档》内可以发现，此次总计分配了 364 道敕书，即系从哈达所得之 363 道和汗家买取之 1 道。

其余分得敕书者，多为一人分得数道、专有 1 道或两、三位共有 1 道者。该 mukūn 有 64 人（其中第十三 tatan 内有 2 人名字残缺）得以配给敕书，共分得敕书共 126 道。

第三 mukūn 以努尔哈齐同母弟舒尔哈齐（档案记为 darhan baturu，达尔汉巴图鲁）为首，下分 12 个 tatan，其中第一、二、八 tatan 由舒尔哈齐领有，其本人分得 25 道敕书。舒尔哈齐之子扎萨克图为该 mukūn 第五 tatan 头领，分得 10 道敕书。值得注意的是，努尔哈齐次子代善（档案记为 guyeng baturu，古英巴图鲁）在第三 mukūn 中，为第三、四、六、七 tatan 头领，分得敕书 40 道，超过舒尔哈齐父子之和。据前注三田村泰助、增井宽也先生等考证，此乃舒尔哈齐欲自立失败后，努尔哈齐打压其弟的措施之一，可反映当时舒尔哈齐势力被削弱等问题，所论得当。其余分得敕书人员，多为一人分得数道、专有 1 道或两、三位共有 1 道者。第三 mukūn 得以配与敕书者计 60 名，共分得敕书 121 道。

考察上述 mukūn、tatan 内所记载约 180 人之谱系，首领、头领及普通分得敕书者之间，基本不存在宗族关系，此乃将 mukūn 视为"族"而进行研究者难以解决的疑惑问题。而将 mukūn 译作朝贡贸易使团，便无须考证各 mukūn 内的隶属关系。分配从哈达获取的 363 道敕书，目的是利用这批敕书到开原南关（广顺关）取赏和贸易，分作 3 个使团，或因万历三十八年努尔哈齐与辽东主管官员谈判修贡，妥协废除车价，减少贸易人数后，不得不将每次前往南关的人数，控制在百名左右之结果，因而 3 个 mukūn 之划分，并不囿于宗族之隶属关系，而注重于使各贸易使团之人数均衡，故这 3 个 mukūn 所分敕书数大体相同，其中对都督同知、都督佥事、都指挥使、都指挥同知、都指挥佥事各级别敕书的分配，各 mukūn 都基本均衡，此概为各朝贡贸易团队可均衡取赏。如此按 mukūn（团伙）分配，乃出于便于往返朝贡贸易之需要。从贸易的角度看，其仅为按明朝所制定的女真卫所凭敕书赴开原、抚顺朝贡贸易之规定，分配建州所得哈达的南关敕书，拟组商团前往开原南关贸易之档册而已。而将 mukūn 视为"族"者，对如此分配敕书作了过度解读，甚至仅仅依据此档册，断定万历三十八年女真社会存在穆昆塔坦制度。

宗族制度是古代各民族都存在的，且基本均附属于各种社会政治体制之中。明代女真社会无疑存在宗族（mukūn）制，其并存续于卫所制度之内，卫所之官员基本为各宗族之首领。万历二十九年（1601），努尔哈齐创立牛录制，将 niru 这一女真社会传统的临时性生产、生活组织，改变为集行政、经济、军事为一体的固定性社会基层组织。数年后，设置固山（旗），将牛录分属黄、蓝、白、红四旗，四旗分由努尔哈齐、舒尔哈齐、褚英、代善主管，这种由女真传统社会组织演变而来的牛录固山，成为统治当时建州女真社会的主要机构。在牛录固山制内，融合有宗族组织的成分，每个牛录中，一直设有族长（mukūn i da），乃宗族制度在牛录固山制度中之遗留，但其并非主流，即在当时的建州女真社会，牛录固山制度是主体，mukūn 宗族之制并存于 niru 组织之内。根据 tatan 之含义，侧重于临时性质，即使女真社会存在家族性质的穆昆制，亦不会存在"穆昆塔坦制"。所谓的"穆昆塔坦制"，乃将 mukūn tatan be ejehe dangse 译作"族籍表"、"族档"或"族籍档"后，据此而出现的研究成果。若如此翻译有误，据此档册进行的相关"族籍"或"族"以及"穆昆塔坦制"等方面的研究则失去根基，需要商榷。即当时之女真社会存在穆昆制，但并非是穆昆塔坦制。

从三个 mukūn 划分来看，第一 mukūn 主要由努尔哈齐及其来投附属之"五大臣"等组成，"五大臣"除何和里在白旗外，其他四位都在努尔哈齐的黄旗之内。第二 mukūn 主要由褚英所属白旗与哈达旧部成员组成，哈达旧部当时是否已经划归旗分，尚难稽考，从天命八年（1623）八旗旗分发生变化前所记该 tatan 部分人的旗分看，雅虎、满达尔汉均属于正白旗。于《八旗满洲氏族通谱》稽得，武尔古岱之后裔为镶黄旗、苏巴海后裔为正黄旗，因皇太极继位后黄、白旗色互换，所以可以推断在努尔哈齐时期，两人的旗分为白旗。但拜音达里、毛巴里、托博辉等属于正红旗，可知哈达之人在编旗时，基本在白旗、红旗内。第三 mukūn 主要由舒尔哈齐及其子扎萨克图和代善等组成，即分属蓝旗和红旗。万历三十七年的乙酉之变，舒尔哈齐在与努尔哈齐的斗争中失利，所以分配敕书较少，将其与努尔哈齐次子代善合为一个 mukūn，亦反映出当时权力斗争后四旗的势力保有情况。[①]因而，三个 mukūn 组成，或与旗分有一定关系。白新良先生认为此次分配敕书与旗分有关，并将此三个 mukūn，视作万历三十八年左右，建州女真人实乃分作三个固山（旗）的证据之一，可为一说，但需进一步考证。如前所述，该档册之 mukūn 并不是按宗族划分的，只是按赴开原朝贡贸易之便组成的贸易团队。其是否有临时组建或更换 tatan 成员问题，尚待探讨。但似不能根据此次分配敕书之记载，就得出其为固定朝贡贸易团队的结论。因为分配这批南关敕书时，前往开原南关的贸易团队尚未进行朝贡和贸易，此只是分配作为入边凭证敕书而已。具体的团队组成情况，应当以考察建州赴抚顺之贸易团队的组成，或许更为准确。

从档案所录分得敕书多寡者方面看，可分为几类。

（A）1 人分得几十道者，如努尔哈齐（40）、代善（40）、褚英（39）、舒尔哈齐（25）及武尔古岱（31），其中武尔古岱系哈达部酋长猛骨孛罗之子，在万历二十九年后，建州女真人曾以其名义使用这批哈达敕书，后受叶赫攻击，其彻底投靠努尔哈齐，此次多得敕书，概由于此。5 位在当时建州和归附的哈达女真人中，均为翘楚，多分得敕书，势在必然，并且所分敕书中仅有的 10 道都督级敕书，基本被努尔哈齐兄弟和儿子瓜分，如努尔哈齐分得都督同知敕书 1 道、都督佥事敕书 2 道，舒尔哈齐都督同知敕书 1 道、都督佥事敕书 1 道，褚英都督佥事敕书 2 道，代善都督佥事敕书 2 道。两道级别最高的都督同知级敕书，分别为努尔哈齐、舒尔哈齐分得。武尔古岱没有分得都督级敕书，而是将 1 道都督佥事敕书分与哈达部之乌喇氏苏巴海，或因其系创建开原南关的王忠之曾孙所致。另外，在乌巴海的 tatan 内，其长子莽古分得 1 道半（有一道与雅苏共有）敕书、次子汤古得两道敕书，其父子实际

---

① 关于当时四旗的势力保有情况，可参考前引增井宽也《满洲国四旗制初建年代考》，兹不赘述。

分得 6 道半敕书，亦可体现对王忠后裔之重视。

（B）1 人得 5 道以上者，如额亦都分得 8 道、何和里、费英东、扈尔汉各 7 道、安费扬古（档案记作 šongkoro baturu，硕翁科罗巴图鲁）得 5.5 道（其中 1 道与锦塔希共有），此 5 位系较早率部来归并军功显赫之人，在天命元年（1616）被任命为五大臣。

（C）1 人得 1.5—4 道者，此类共 9 位，除前述苏巴海、汤古、莽古外，有毛巴里（4 道）、雅虎（3 道）、孙塔（3 道）、奇徘（2.5 道，其中 1 道与郎色共有）、卓里克图（2 道）、谭泰柱（2 道）、夸奇（2 道），及雅希禅（1.5 道）、萨哈廉（1.5 道）等，多在第二 mukūn 内，系哈达旧部领主。

（D）每人 1 道者，此类人数较多，有的名字后注敕书，有的注明某某 gulhun（专有）。此类人在档案中记载多为牛录额真以上职官。此外，第一 mukūn 第五 tatan 之纳木河卫都指挥佥事敕书持有者乌达哈（udaha）、第十 tatan 之亦玛忽山卫都指挥佥事敕书持有者达柱虎（dajuhū），第二 mukūn 第十 tatan 之木兰山卫都指挥佥事持有者毛巴里（moobari）、阿伦卫都指挥佥事敕书持有者颜泰（yantai），与配与者名字相同，其抑或重名，抑或于哈达部归附努尔哈齐时有功，在分配敕书时，得以仍持有原来属于自己的敕书。

（E）2 人以上共有者，此类在 3 个 mukūn 后面的几个 tatan 内占一定比率，有 2 人共有者，有 3 人共分者。2 人共有者，有的仅写 2 人名字，后注敕书。有的注明某某、某某 acan（共有）。3 人共分者仅列名字，不注 acan。特殊者唯第三 mukūn 之第九 tatan 内，所分万历十一年十一月十七日袭替之多尔齐山卫古鲁古之敕书，记为 tottamu ilan ubu，yangguri emu ubu，即托特塔穆三分、杨古利一分，1 道敕书两人合计占 4 成，其余 6 成归属未记。如此分成，在此次分配中属于特例。

上述分得敕书之不同类型者，在 3 个 mukūn 内也基本均衡，尤其是 D、E 两类，分别分入三个 mukūn 的后几个 tatan 中。如此分配敕书，抑或具有分配财富的意味。① 敕书在明末作为朝贡贸易的凭证，一可凭此进入到抚顺、开原进行贸易，而对于渔猎采集经济为主的女真社会，贸易在其社会经济生活中举足轻重，因此争夺敕书实际上是在争夺入边贸易权。另外，凭借敕书可以每年领取的例赏，各级别的敕书，领取的赏赐有差。对明末之女真人而言，敕书的功用主要在于作为朝贡取赏和贸易凭证，所以争夺、分配敕书，便皆出于此目的。

---

① 从第二 mukūn 第十 tatan 萨哈廉所分 "兀者左卫都指挥佥事希勒赫之子戴珠虎" 之敕书，系 han i booi udame gaiha ejehe（汗家买取之敕书）来看，当时朝贡贸易所获财富，或并非均为私属。若以敕书获得的财物属于配与者，既为汗家买取的敕书，应属汗家财产，便理应列在第一 mukūn 前四个汗家所属的 tatan 内。另外武尔古岱乃猛骨孛罗之子，但 "海西塔山前卫都指挥同知王台之子猛骨孛罗" 之敕书，并没有分给武尔古岱，而是分给第二 mukūn 之二 tatan 的褚英，显然，在此次分配敕书中，并不存在财产继承问题，据此，笔者认为分配这批敕书，均衡人数，组团前往开原朝贡贸易的目的，抑或更为突出。但从分配敕书的情况看，所得贸易财物，个人占有的成分较小，而由集团所有的性质更大。此外，分给巴彦、巴音岱、希拉布、满达尔汉等 14 人的敕书，于名下特注明 gulhun，乃此敕书由其专有，或其可独获该敕书之赏。

万历三十六年（1608），努尔哈齐兄弟分别持建州的 500 道敕书赴北京朝贡，"颁给建州等卫女直夷人奴儿哈赤、兀勒等三百五十七名贡赏如例"、[①] "颁给建州右等卫女直夷人速儿哈赤等一百四十名贡赏如例"，[②] 可知当时努尔哈齐等掌控敕书 357 道左右、舒尔哈齐掌控 140 道。从明朝赏赐时间不同，分别记载筵宴、贡赏可知，当时努尔哈齐和舒尔哈齐是分作两个朝贡贸易使团，分持建州卫、建州右卫敕书前往北京的。按贡赏份额，每年"奴酋五百两，速酋三百两之赏"，[③] 此乃为年例正赏之数，从中可以窥见明末仍可凭敕得取贡赏之一端。mukūn tatan be ejehe dangse 中所记分配敕书多寡不一，的确有按功绩等分配作为贸易性财产的敕书的成分，但敕书变为财富，必须遵从明朝凭一道敕书，可验放一人一马入边之规定，按期到北京或指定的关権朝贡贸易方可实现，即此 363 道敕书，必须到开原南关朝贡贸易才能兑现其财富价值。获取赏赐和贸易之利后，抑或按所分敕书多寡分配所得，这或是保存分配敕书额数记录之缘由。总之，能够利用这批敕书，组团前往开原朝贡贸易和取赏，是分配此 363 道敕书之目的，从此视角来看，将 mukūn tatan be ejehe dangse 译作与凭敕书进行朝贡贸易相关的"团伙档"或"帮伙档"，庶可更为符合档案所载内容。

二 所载敕书之来历

mukūn tatan be ejehe dangse 内，出现 ejehe（敕书）一词仅 5 处，即第一 mukūn 第一、二、三、四 tatan 所标"han i booi ejehe"及第二 mukūn 第十 tatan 内"han i booi udame gaiha ejehe"。其他 mukūn、tatan 内并未有 ejehe 字样，但学界认为此乃努尔哈齐分配所获哈达猛骨孛罗所属 363 道敕书，已成定论。为能准确考辨 mukūn tatan be ejehe dangse 之性质，需先了解明代颁给女真羁縻卫所之敕书制度及此 363 道敕书来历。

明朝所颁敕书种类较多，主要用于诰封官员、规范职权、褒奖功绩、叱责违碍等，其中颁发给女真地区的敕书，主要有两类，一为诰封女真羁縻卫所官员的诰命敕书，一为下发至女真地区官员的各种谕令敕书。mukūn tatan be ejehe dangse 所载均为诰命敕书，故本文不将谕令敕书作为研究对象。

明朝初年，即开始对前来归附的女真各部首领，均赐以官职，分授指挥使、千户、百户、镇抚等职，且设立羁縻卫所进行统治。立卫命官时必赐"诰、印、冠、带、袭衣、钞币

---

① 《明神宗实录》卷四五三,万历三十六年十二月乙卯条,台北：中研院历史语言研究所，1964—1966,据国立北平图书馆红格钞本微卷影印本，第 1 页。
② 《明神宗实录》卷四五三,万历三十六年十二月甲戌条，第 5 页。
③ 熊廷弼：《东夷归疆起贡疏》，程开祜：《筹辽硕画》卷一，上海商务印书馆，1937，国立北平图书馆善本丛书影印本，第 32 页。

有差"，^① 其中"诰"即"诰命"，乃授官之文书。按明代官职，一至五品为诰命，六品以下为敕命，因委任女真官员品级较高，故多为诰命敕书，在明代文献里，此类敕书又有"官职敕书""授职敕书""受官名敕""授官玺书"等称呼，乃明代职官之官凭，颁于朝廷所委任之各类官员，包括土司、土官及蒙古、女真羁縻卫所之各级官员，敕书内容主要包括所受官职及其职权范围等。明朝对这类敕书有一套颁行、更替、勘合、澌除、处分等规制。

诰命敕书为授官凭证，其用途颇广，凡入边贸易、赴京进贡、具奏事务，必出示敕书，经边官验放，方准入朝。明初，对女真入贡者，不限人数，来者听从其便。至明朝中期，始限制朝贡人数。规定凡有入贡者，必须携带敕书、印信，到关验放，从而规范了女真人的朝贡制度。海西、建州女真，分别由开原、抚顺进入，到达辽东都司所在地辽阳，入馆接受审验，然后方准许入贡京师。凡是验放其中可朝贡京师者，皆需验看敕书，即所谓验贡以敕为准，故敕书如同身份证明，对欲朝贡、贸易者意义非凡。对准许入京朝贡者，于都司衙门另立一簿，开列护送通事职名、女真官名，咨送兵部存档，以备查核。

受瓦剌东进的影响，女真地区诰命敕书多有遗失，朝贡贸易乱象丛生。景泰年间以后，女真来朝者人数不断增加，因之给明朝带来巨大压力的情况下，明朝为了维护朝贡制度，解决入边人数冒滥，保障女真人朝贡和贸易利益，着手限制其朝贡人数，规范其入边规则。英宗复位后，规定"建州卫、建州左卫、建州右卫、毛怜卫，每卫岁许一百人，建州寄住毛怜达子，岁十二人，其余海西各卫并站、所、地面，每处岁不过五人。其都督来朝，许另带有进贡达子十五人"，^② 但如此限制人数，并未解决女真朝贡冒滥等弊端，如成化三年（1467），建州三卫多冒毛怜卫敕书入贡，待毛怜卫人入贡至关时，守关者以入边者数额已足，不许其进入，致使毛怜卫人生怨。^③ 成化五年（1469），海西女真自正月至十二月，进贡人数多达1832名，且称未到者尚多。^④ 可知如此整顿女真朝贡问题之收效不大，故于嘉靖中叶，再次确定女真各部之朝贡定额，开始实施每道敕书每年只准一人入边之政策，改进了敕书作为入边凭证的功能，从原来以卫所为单位入边的凭证变为个人入边的凭证。据王在晋《三朝辽事实录》所载，初额定每年海西诸卫可作为入边的敕书999道、建州三卫者500道。凭额定敕书，每道敕书每年只准一人一马入边，如此，便将女真每年朝贡贸易人数控制在1500名以内，基本与明朝在女真地区发放的敕书和任命的官员数相符，并达到控制人数，防止冒滥的效果。按每年固定名额入贡之政策，海西女真人可自开原、建州女真人自抚顺入边，进而进京朝贡或与开原广顺关、镇北关和抚顺贸易。这种按海西、建州分配入边名额的制度，改变

---

① 《明太宗实录》卷二五，永乐元年十一月辛丑条，第6页；卷二六，永乐元年十二月辛巳条，第3页；卷二八，永乐二年二月丙戌条，第3页；等等。
② （万历）《大明会典》卷一〇七，《礼部六十五·朝贡三·东北夷》，《明会典》，中华书局，1989，第579页。
③ 《明宪宗实录》卷三八，成化三年正月辛未条，第1页。
④ 《明宪宗实录》卷七四，成化五年十二月戊辰条，第4页。

了以往按卫所朝贡、贸易的体系，[①] 使得女真地区的羁縻卫所敕书的职能随之发生改变，作为入边贸易凭证的职能更加突出。临近开原、抚顺的卫所，凭借地理优势把控入边贸易路线，通过抢夺、购买之敕书，即可入边贸易。哈达、叶赫等部借此把持贡道，控制开原南关、北关贸易，势力得到迅速发展。此政策之实行，于明末很快掀起所谓敕书之争。谁掌有敕书，谁就掌握了贸易权，该部亦可愈加强盛。争夺敕书的方式，基本为抢夺、购买和迫使其他卫所官员归附等。一时间争夺敕书，成为女真各部矛盾之焦点，亦因之加剧了女真各部的兼并。多数边远卫所，为了能够通关朝贡和贸易，不得不依附于势力强大的部族，因而，明末的敕书之争的过程，实际成为女真各部族兼并统一之过程。

海西女真之敕书之争，较早以控制贡道之塔山前卫、塔鲁木卫为烈。嘉靖中叶以后，海西女真999道敕书，已被塔鲁木卫祝孔革掌控700道，而与该卫势力相当的塔山前卫，誓与之争。塔山前卫左都督速黑忒死后，其子王忠南迁形成哈达部，势力渐盛，与祝孔革并列称雄，最终祝孔革为王忠杀戮，海西等卫之999道敕书，皆为哈达部王忠所有。王忠因此一时不但称雄海西，亦约束建州。王忠侄王台继之后，"能得众，兵益强，居开原东北，建州王杲、王兀堂、鹅头、忙子胜、李奴才，毛怜卫李碗刀及祝孔革子（应为"孙"）逞加奴、仰加奴诸酋，尽服从台"，[②] 在明朝干预下，王台虽曾分300道敕书予叶赫部的塔鲁木卫都督台出，但塔山前卫仍掌控大多数敕书，贸易等方面亦因之处优势地位。

万历初年，王台年老势衰，而叶赫部势力渐强。万历十年（1582）七月，王台死，叶赫部逞加奴、仰加奴兄弟乘机向南关哈达部索取北关故敕700道，开始与王台之子虎儿罕仇杀，战火日炽，逞加奴、仰加奴掠寨焚庄，哈达部力不可支之时，万历皇帝令右都御使周咏、抚臣李松争悉心计划，便宜处理，制止兵衅。翌年，李松与总兵李成梁，以加给敕书为名，诱杀了逞加奴、仰加奴。[③] 争敕书之战暂得平息，但逞加奴、仰加奴之子卜寨、纳林布禄，日夜图报父仇，继续夺敕，侵掠虎儿罕子歹商所部。万历十六年（1588）蓟辽总督张国彦，辽东巡抚顾养谦折中调和，奏请将海西999道敕书，南北平分，北关少其一。[④] 自此，入开原广顺关（南关）敕书500道、镇北关（北关）敕书499道，通广顺关之敕书，被称作

---

① 此次敕书改革，改变了原来将女真笼统分为海西、建州之分法，而是根据划分敕书及其朝贡的规定，分作海西、建州、野人女真三部分。据修纂于嘉靖三十年，续补竣于万历十五年之《大明会典》卷一〇七所载，"盖女直三种，居海西等处者为海西女直，居建州、毛怜等处者为建州女直。各卫所外，又有地面，有站，有寨，建官赐敕，一如三卫（指兀良哈三卫）之制。其极东为野人女直。野人女直去中国远甚，朝贡不常。海西、建州，岁一遣人朝贡"，即将所谓极东、远甚，不在海西999、建州500道敕书需每年入贡之列的女真，定为野人女真。野人女真一词，亦由原来对女真人之蔑称，变为泛指黑龙江下游等地女真人之专属词汇。检索明代各朝实录可见，世宗以前各朝实录作为蔑称的"野人女直"或"女直野人"，在在皆是，但其后之各朝实录，却罕见此称，而多以"女直夷人"呼之，盖因野人女真已成固定称谓所致。详见拙文《明代"野人女真"称谓刍论》，《民族研究》2019年第4期，第95—103页。

② 彭孙贻：《山中闻见录》卷一〇，潘喆、李鸿彬、孙方明编《清入关前史料选辑》第3辑，中国人民大学出版社，1991，第143页。

③ 《明神宗实录》卷一四四，万历十一年十二月乙亥条，第8页。

④ 《明神宗实录》卷二〇三，万历十六年九月戊寅条，第7页。

"南关"敕书，通镇北关之敕书被称作"北关"敕书，并且南关敕书逐渐由哈达部掌控，北关敕书由叶赫部掌控。因哈达部王台死后，诸子争业，当时分别由康古陆、猛骨孛罗和歹商分管，故可入广顺关之500道敕书又被三分，其中王台之子康古陆181道、猛骨孛罗182道，长子虎儿罕之子歹商137道。万历十九年（1591），叶赫人诱杀歹商，掠其部落牲畜，收其所有137道敕书，致使开原镇北关之敕书达636道，而广顺关之敕书仅为363道。时过不久，康古陆死，其敕书并归猛骨孛罗，故哈达部363道敕书便归于猛骨孛罗。至万历二十七年（1599），建州兼并哈达部，该部之363道敕书亦皆为努尔哈齐所有。兼并哈达所获363道敕书，即 mukūn tatan be ejehe dangse 所载敕书之来源。该档册记载的敕书即努尔哈齐按 mukūn tatan 分配所得之363道敕书。此外，建州女真所持有的500道敕书，须自抚顺入边朝贡和贸易，故与此363道自开原入边之敕书无关。

　　明代任命的女真卫所官员，并无俸禄之制，而是以朝贡赏赐和允许贸易等方式笼络之。入边朝贡、贸易，皆以敕书为凭。至明后期，不能赴京朝贡者，多在辽东按敕领取赏银、绸缎等，因而，敕书变相成为女真社会之财产。努尔哈齐兼并哈达，得到此363道敕书后，先仍以猛骨孛罗之名义使用，万历二十八年，努尔哈齐杀猛骨孛罗，予妻于其子武古尔岱，在明朝干预下仍令武古尔岱主哈达部之事，并续以武尔古岱的名义利用这批敕书朝贡和贸易。[①]三十一年，叶赫之"那酋与白羊骨又纠庄南抢杀吾酋，吾酋穷，因投奴寨。自后吾酋不还，而南关之敕书、屯塞、地土、人畜，遂尽为奴酋有矣"，[②]知此363道敕书，自此名义上亦不再为武尔古岱所属。然此战之后，明朝因之停建州之贡，故史料中不见万历三十一至三十五年建州朝贡之记载。至三十六年，李成梁等因"弃地啖虏"事件被参劾，辽东官员变化较大，局势随之发生改变，海西、建州女真乘机修贡，努尔哈齐兄弟分别到北京朝贡的同时，遣人到开原南关朝贡贸易，此即努尔哈赤以此363道敕书"混南关敕顶赏"事件，[③]部议绝其代贡之谋，虽未成功，但此为以建州名义利用此363余道敕书到广顺关封贡之记载。此后努尔哈齐与明朝商谈朝贡事宜，提出愿去车价、减人数、退还地界等条件，得到辽东巡抚李枘认可。三十八年，辽东官员在"本夷俯服，车价已听裁革，夷众十减其八"的条件下，题请恢复建州之朝贡，建议"仍许贡以示羁縻"，[④]部议具题获准。努尔哈齐等不但恢复了与明朝的朝贡关系，且得以补贡补赏，更重要的是明朝侧面默许了其持南关敕书到广顺关贸易的资格。值此，努尔哈齐等方可名正言顺地利用此363道敕书，故其为了按明朝减少贸易人数的要求，将赴开原贸易团队分为三个，并将此363道敕书平均分给三个 mukūn，且将

---

①　《清太祖武皇帝实录》卷二，《清入关前史料选辑》第1辑，第321页；《满洲实录》卷三，见中国第一历史档案馆、中国人民大学国学院编《清太祖满文实录大全》第7册，辽宁民族出版社，2016，第463—469页。

②　《明神宗实录》卷五二八，万历四十三年正月乙亥条，第12页。

③　茗上愚公（茅瑞征）:《东夷考略》之《女直》，见潘喆、李鸿彬、孙方明编《清入关前史料选辑》第1辑，第51页。

④　《明神宗实录》卷四八四，万历三十九年六月丁酉条，第9页。

具体分配情况载入档册。数年后，明朝大臣评议此事，认为"南关三百六十三道敕书，锡予出自天朝，奴酋夺而有之。我不但不问南关之所以去，而并不问敕书之所以来，公然以南关之赏赏之，是诲盗也，是赏叛也"。[①]从侧面可以窥得努尔哈齐借此363道敕书在南关取赏、贸易之史实。

万历三十八年修贡后，虽战争不断，但朝贡、贸易仍得以进行，敕书之利用、袭替并未中断。至四十七年正月出征叶赫之际，努尔哈齐在与明朝官员商谈从叶赫罢兵条件时，其中有"至我旧赏抚顺敕书五百道，开原敕书一千道，尚仍令给我兵士"，[②]乃将其所掌握女真地区所有敕书，分给兵士作为贸易凭证之佐证。这些敕书，是分给兵士作为入边贸易之凭证，而非官凭。同年，叶赫部灭亡，努尔哈齐统一女真各部，也控制了女真地区全部诰命敕书，但此时已与明朝开战，不能复凭借敕书取赏，并且金国势力早已进入抚顺、开原，敕书之作为通关、朝贡凭证的作用尽失。崇德四年（1639）六月，皇太极谕令对所得明朝之敕书进行处理，"先是，满洲接近之哈达、叶赫、乌喇、辉发、蒙古诸国，俱受明国敕书。至是，上以诸国归附，教令统一，明国敕书，不得存留。令大学士希福、范文程、刚林，学士罗硕、胡球、额色黑等悉收之，焚于笃恭殿前"，[③]乃将明代所颁女真敕书尽行焚毁，自此，明代之敕书在东北地区绝迹。

以上对明代诰命敕书的颁发、袭替、洗改、抢夺诸端之论述，旨在探讨明代女真人对敕书之重视和明末敕书功能的变化情况，以及努尔哈齐得到哈达部猛骨孛罗所属363道南关敕书之经过，以探析努尔哈齐分配这批敕书之来历和女真羁縻卫所敕书之最终消失问题。

三 敕书制演变管窥

关于明代女真羁縻卫所、职官及敕贡问题，学界研究较多，成果丰硕。mukūn tatan be ejehe dangse 内，收录明末女真卫所诰命敕书362道，其中所载敕书，分列卫所、职官、原持有者、袭替时间、承袭关系、配与者及其所属 mukūn、tatan 等项信息，庶可反映明末女真地区卫所衰落、官职变化、敕书袭替等方面的演变问题。

1. 卫所之衰落

洪武后期，朱元璋曾有经营东北北部的考虑，遣使四出，以招抚黑龙江下游女真等部落来投。未久，又令侯史家奴和刘显率军出辽河，于松花江下游斡朵里和图们江南之铁岭，拟建三万卫和铁岭卫，因粮饷难继等因未果。永乐初年，随着北元分裂，明朝北方军事压力

---

① 《明神宗实录》卷五一九，万历四十二年四月丁酉条，第7页。
② 《内阁藏本满文老档》第19册《汉文译文》，第25页。
③ 《清太宗实录》卷四七，崇德四年六月辛亥条，《清实录》第二册，中华书局，1985，第630页。

减轻，成祖再度积极遣使招谕女真，长白山地区、松花江流域女真重要首领皆来臣服。

永乐元年（1403）十一月，女真头目阿哈出等来朝，遂于其地设建州卫军民指挥使司，以阿哈出为指挥使，余为千户、百户、所镇抚等，乃明朝设置女真羁縻卫所之滥觞。十二月，忽剌温等处女真头目西阳哈来朝贡马，设置兀者卫，以西阳哈为指挥使、锁失哈为指挥同知、吉里纳等六人为指挥佥事，余为卫镇抚、千户所和百户所镇抚等。阿哈出和西阳哈，分别是长白山地区和松花江流域影响力较大的部落首领，二人率先归附，使明朝开始在女真地区得以顺利地建立起羁縻统治秩序。

受松花江流域和长白山地区女真首领归附之影响，其以东、以北的女真、蒙古诸酋长亦悉境来附。明朝依设建州卫和兀者卫之制，"选其酋及族目，授以指挥，千、百户，镇抚等职，俾仍旧俗，各统其属，以时朝贡"，[①]确立了因俗而治的羁縻卫所统治秩序。到永乐七年（1409），明朝在辽东边外设立了一百七十四个卫，分布远及黑龙江入海口并滨海地区，北抵外兴安岭以南，西至黑龙江上源之鄂嫩河一带。延至万历朝，于女真地区共设卫三百八十四、千户所二十四、地面七、站七、寨一。上述卫所内，"以开原东北至松花江海西一带，今之野人女真，分为二百七十余卫所，皆锡印置官。官虽多寡不一，皆选其酋长及族目授以指挥，千、百户，间亦以野人向正者为都指挥、都督统之，为我藩屏"，[②]可知在成化年间，属于海西女真的卫所有 270 余个，与 mukūn tatan be ejehe dangse 所录卫所数基本相同。且各卫所内，按对明朝之忠诚与否、实力情况，已分别授予都督、都指挥、指挥、千户、百户等职官。

mukūn tatan be ejehe dangse 内记载清晰的 362 道敕书，涉及 267 卫、2 所、1 地面，另有 13 处记载卫所的档案残缺，估计涉及的卫所要在 270 个以上。因敕书级别不同，故有许多敕书出自同一个卫，其中有一卫 3 道或 2 道者，如海西石河卫 3 道，其中有都指挥使、都指挥同知、都指挥佥事敕书各 1 道；海西吉滩卫 3 道，其中都指挥使敕书 2 道、都指挥佥事敕书 1 道；海西式木卫有都指挥佥事敕书 3 道。九塔卫、克默尔河卫、古城卫有都督佥事、都指挥使敕书各 1 道；海西哈里卫有都督佥事、都指挥佥事敕书各 1 道；纳木卫、河伯卫、可令卫、安河卫、呕罕河卫、苏家卫有都指挥使、都指挥佥事敕书各 1 道；木束河卫、莫和里河卫、忽鲁山卫、兀里河卫、曹河卫、朵儿必卫有都指挥同知、都指挥佥事敕书各 1 道；塔山卫有都指挥同知敕书 2 道。海西、塔斯哈益石卫、可令河卫、沙岭卫、石河卫、纳木河卫、硕陵河卫、兀里溪山卫、兀者托温千户所有都指挥佥事敕书 2 道。从明末海西卫所

① 严从简：《殊域周咨录》卷二四《女直》，《清入关前史料选辑》第 1 辑，第 108 页。
② 马文升：《抚安东夷记》，《清入关前史料选辑》第 1 辑，第 2 页。马文升曾于成化十二年至十四年，以兵部右侍郎身份奉旨前往辽东，整饬辽东边备。其将于辽东所施之政，汇编成册，乃成此书，故所记海西女真卫所数，颇为可信。至于其中"野人女真"之称，非嘉靖中叶按朝贡情况所定之"野人女真"，而是在当时的文献内，在"女真"字前多冠以蔑称"野人"二字。此在明中叶之前的明朝、朝鲜的汉文史料内，比比皆是。故不可将明代中前期史料中冠以"野人女真"的卫所，均作为明中后期野人女真之卫所。

数和敕书数分析来看，海西有 270 多个卫所，999 道敕书，平均每个卫所应在 3 道左右，各卫所均有一、两位都督或都指挥级的官员。另外叶赫当时所掌控的敕书数为 636 道，远远超过哈达的 363 道，因而上述同一卫所的敕书，或有的被哈达控制，有的被叶赫掌控。如万历三十五年，奏准予"兀者前卫都督佥事歹统孙伏哈换给敕书，古城卫都督佥事小厮哈补给敕书各一道"，[①]档册中仅见古城卫的都督佥事敕书，[②]而兀者前卫只有一道都指挥佥事敕书，不见伏哈的都督佥事敕书，该敕书当掌握在叶赫人手中。

将 mukūn tatan be ejehe dangse 所记卫所，与王锺翰先生撰《明代女真人分布》中所制《明代女真卫所简表》核对，[③]其中多数名称相同，有的因译音之别，有所差距，但王锺翰先生之卫所名称，多稽自《明实录》《辽东志》《全辽志》等，均早于满文记载，故翻译满文的这类卫所名称时，可供参考。另外，王锺翰先生所绘表内及《中国历史地图集释文汇编·东北卷》所释明代卫所可以得知，mukūn tatan be ejehe dangse 所录卫所，其中许多历史悠久，如阿速江卫、安河卫、卜颜卫、朵儿必卫、甫河卫、古城卫、哈兰城卫、忽儿海卫、忽里山卫、可令河卫、苏温卫、随满河卫、塔山卫、塔河卫、兀者卫、兀里溪山卫、脱木河卫、屯河卫、薛列河卫、牙鲁卫、亦麻里卫、亦儿古里卫、亦速卫里、益实卫、兀者托温千户所、兀者揆野木千户所等，均设立于永乐七年之前，但这些卫所到明末已经名存实亡，官员之诰命敕书及其贡赏和贸易之利，在万历初年的敕书之争中，归于哈达部。从努尔哈齐兼并哈达后，既得到这批敕书来分析，这些卫所官员即使依附于猛骨孛罗，居住在哈达附近，但其所持有的卫所敕书，可能已经不在自己的手中，而是集中于猛骨孛罗处。作为官凭的卫所敕书已然为他人所有，这些卫所官员对本卫所的管理权力亦随之基本丧失，据此可以窥得明末绝大多数卫所官员职能丧失殆尽，卫所衰微至名存实亡。

笔者猜测，内藤湖南先生将此 3 册档册译作"族籍表"，或许出于从敕书持有者之卫所方面考虑，其中可以反映持有者之卫"籍"。然原档既题名为 mukūn tatan be ejehe dangse，便应当以档案题名名之。况且，在《明实录》《满文老档》《内国史院档》《八旗满洲氏族通谱》等文献内，难以查找出这些敕书持有者之名。因此，这些明朝任命的都督、都指挥等三品以上卫所官员，是否跟随猛骨孛罗、武尔古岱一起归附努尔哈齐，尚属疑问。即便有的敕书的所有者跟随而来，但 mukūn tatan be ejehe dangse 所记内容，是为建州女真人等前往开原贸易的每个 mukūn、tatan 分配敕书，而非分这些敕书的所有者，故其中所记敕书的配与者，远远重要于持有者。从此视角分析，mukūn tatan be ejehe dangse 内敕书所反映的敕书

① 《明神宗实录》卷四三二，万历三十五年四月乙未条，第 4 页。
② 《内阁藏本满文老档》第 7 册，第 3686 页所录，jai mukūn i duici tatan, subahai, gu ceng wei i dudu ciyanši šusiha, wan lii i gūsin sunjaci aniya anagan i ninggun biyai juwan juwe de baha（第二穆昆之第四塔坦，苏巴海，古城卫之都督佥事舒希哈，万历三十五年闰六月十二日得），乃此道敕书。据前注《明神宗实录》可知，此道敕书系补给者，故未记承传关系。另此道敕书奏准补给时间为四月，而所给敕书的时间为闰六月，期间或为办理时间。
③ 王锺翰：《清史新考》，辽宁大学出版社，1990，第 21—38 页。

持有者的内容并不重要，而应关注敕书的分配及为利用这批敕书所分的三个贸易团队的组成等问题。

2. 官职之变化

明朝在招抚女真人，设立女真羁縻卫所的同时，对该卫内的女真首领等授予官职。关于女真人获授官职情况，《明史》记载："洪武、永乐间边外归附者，官其长，为都督、都指挥、指挥、千百户、镇抚等官"，[①] 按明代官制，都督级有都督（正一品）、都督同知（从一品）、都督佥事（正二品）；都指挥使有都指挥使（正二品）、都指挥同知（从二品）、都指挥佥事（正三品）；指挥使有指挥使（正三品）、指挥同知（从三品）、指挥佥事（正四品）之分，千户亦分正、副，分别为正五品和从五品，百户正六品，镇抚从六品。且每一卫所内，除设一名最高级别者掌印统领本卫所外，同时设多名下属官员。而各卫最高职官级别，决定该卫之等级。

永乐初年于女真卫所设官，多不过指挥使之职，如前述阿哈出、西阳哈、锁失哈等，均为指挥使级。时过数年，所授卫官职务渐高，如永乐七年（1409），设奴儿干都指挥使司，既以康旺、王肇舟为都指挥同知、都指挥佥事，概其职乃与"都指挥使司"衙门级别一致，亦成女真羁縻卫授都指挥级别官员之始。翌年，建州卫指挥使阿哈出之子释家奴，以从征阿鲁台立功，赐名为李显忠，授为都指挥佥事，乃以军功擢升之例。而永乐十年（1412），兀者卫指挥使锁失哈率部来朝，永乐皇帝嘉悦之，命升锁失哈为"都指挥同知"，并按此例执行，故永乐年间，卫官晋升至都指挥一级，稍成定制。

自宣德元年（1426），建州左卫猛哥帖木儿和毛怜卫猛哥不花，被晋升为都督佥事开始，女真卫官始有都督之级。此后，猛哥帖木儿升为右都督，其子董山升为左都督，但于正统以前，女真都督级高官，皆为建州卫、建州左卫和毛怜卫担任。正统以后突破此局限，不仅毛怜卫、建州卫、建州左卫、建州右卫相继出现右都督撒满答失里、都督李满住、右都督董山、右都督纳郎哈等高级卫官，且海西之呕罕河卫、肥河卫、兀者卫、弗提卫亦相继出现都督佥事乃胯、右都督你哈答、左都督别里格、右都督刺令哈、加哈察、右都督刺塔、左都督察安察、右都督察阿奴、帖思古、答吉禄等记载，即海西女真诸卫中，都督级官员更多，甚至出现"一卫多督"的现象。[②] 自明中叶以后，明朝在女真各卫中，普遍任命都督、都指挥以上高级官员，女真各卫之级别随之上升。

明中叶对女真诸卫职官升授，系以升袭年限为准。天顺四年（1460）定，袭十八年者，准升一级，而成化十五年（1479）后，规定除特殊情况外，皆以二十五年为率，但在执行过程中，多注重特殊情况，诸凡有招徕边民、逝于边事、送还被虏、斩杀来犯、无冒敕书者，

① 《明史》卷九〇《志第六十六·兵二·羁縻卫所》第 8 册，中华书局，1974，第 2222 页。
② 河内良弘：《明代女真史研究》，赵令志、史可非译，辽宁民族出版社，2015，第 682—684 页。

均可酌情升级，乃以对明朝之忠诚，勤勉边事为考绩也。[①]另女真地区卫所官员，并无俸饷，故升授女真官员，并未给其增加经济压力，反而可笼络女真上层，尽心向化，忠诚效力。而于女真贵族而言，职位提升虽无关俸饷，却可得到更加丰厚的赏赐，提升在该地的社会地位，对扬威本部势力、把持贡道、独占贸易之利等方面均有重要影响。

至明中后期，对女真地区的授官发生巨大变化，提高卫所官员级别现象较为普遍，并且许多被升任为都督、都指挥级别的官员的家系，与原来初任官员之家系亦有不同。统计《明实录》所载，自正德末年开始，与建州三卫首领家系关系不明确或自称三卫都督之人，入贡明朝，而在来朝时被升任都督者较多，其中建州卫在嘉靖初年至隆庆末年的50余年里，曾出现阿都赤、察哈、兀乞纳、卜剌答、张成、也隆哥、撒哈答、纳速、木力哈、纳木章10位都督。其中，察哈、兀乞纳、卜剌答三人出现在嘉靖九年，也隆哥、撒哈答、纳速三人出现在嘉靖十七、十八年间。而建州左卫在这50余年间，曾出现方巾、章成、撒哈、松巾、干黑纳、古鲁哥、伏答失、柳尚、胜革力、王忽、安台失、来留住等12位都督。其中，五人出现在隆庆年间。建州右卫在这50余年间，曾出现牙令哈、阿剌哈、察哈答、真哥4位都督，其中牙令哈与阿剌哈为未经卫所首领保奏，皆系以招抚夷人有功而得到升赏之人。[②]据此可以窥得，明朝此时授予都督级卫官，亦较随意且名额较多。

明中后期都督级别官员增多之原因，乃为明朝在弘治六年（1493）五月议准兵部关于更改女真人授官规程所致。其议始于大通事王英在提到都督授官规程时之奏言，即"比来各官不能约束，以致边方多警。今后各卫掌印都督，若历任无过，所部未尝犯边者，仍许袭原职。否则只令袭指挥使，别选众信服者升任都督"。如按王英所奏，以各卫是否犯边为考绩，掌印都督，便打破世袭之制。旋兵部对此议覆具奏："此后海西、建州三卫女直，成化以后陈乞升者，指挥以下仍旧承袭，其都指挥以上至都督有故者，必审其部下无人犯边，子孙能继志者，许其承袭，否则革去求升之职。自左右都督以下至都指挥佥事，各递减一级。但曾求升一次者，更不许陈乞。间有能严辑部落，还我卤掠，擒捕犯边夷人，并归我汉人之逋逃者，具奏升赏。从之。"[③]所奏获得准许。即明朝根据兵部覆奏，对升任都督、都指挥者之条件做出具体规定：其一，部下是否有犯边者。其二，子孙有堪可继承者，否则罢免，并对请求提升之职递减一级。此与王英所言并无差别，乃更为详细可操作之规章。同时，明朝又提出对能够有效治理部族、送还被掳人员与物品、逮捕犯边夷人、送还逃亡汉人等有功于明朝之人进行升赏，这也为那些对明朝建立功绩的低级官员开放升职之道，其甚至可以成为掌印官员，其中原任都指挥之人，亦可升任都督级别官员创造了条件。此授职、升职条件之变化，对明中后期女真地区的政治、经济影响巨大，导致明末女真卫所职官级别，均在都指挥

① 《明世宗实录》卷一四八，嘉靖十二年三月壬子条，第2页。
② 《明代女真史研究》，第679—682页。
③ 《明孝宗实录》卷七五，弘治六年五月乙亥条，第11页。

级别以上，且升职亦打破世袭，开始注重对明朝忠诚与否等因素。

现残存之明代《女真馆来文》，收录女真卫所官员之女真文奏书 79 份，其中 49 份为奏请讨升职事者，19 份为奏请袭替或更换敕书者，其余为请赏或奏报事情者。[①] 奏请升职之来文内，另有以同份奏书，多人讨升官职者。据此可以窥得，女真卫所官员所奏请之事，多与请求升职有关。奏书内容基本如"海西五屯河卫指挥使答笼哈谨奏：奴婢父祖在时，出力气有来。天顺七年十二月十二日得的职事，至今叩头进贡马匹、貂鼠皮不曾有违。是怜见奴婢讨升都指挥佥事。奏得圣皇帝知道"；"海西女真都指挥甲忽赤谨奏：奴婢比祖父时在边外出力多年了，今来进贡大马五十匹、人参一百斤。可怜见奴婢讨升都督佥事。奏得圣皇帝知道"；"肥河卫指挥佥事羊哈谨奏：奴婢赴升官，自奴婢替了三十多年，时常进贡。今来进贡人参等物。可怜见讨升一级职事。奏得圣皇帝知道"。[②] 可知奏请升职原因，基本为祖上效力有功、本卫朝贡如常、任职长久、未生扰边等违碍事端，故借该次朝贡之机，敬献重礼，祈请升职。而明朝对确实符合上述条件者，亦多允准。从中可以发现明中后期女真卫所官员的升任情况，够升职年限且忠于朝廷者，基本都要求升职，而明朝之羁縻怀柔之策，将升任职事作为笼络女真卫所官员之手段，故至明末，女真羁縻卫所官职变化较大。

mukūn tatan be ejehe dangse 内所见 362 道敕书的卫所职官，计有都督同知 2 员、都督佥事 8 员、都指挥使 67 员（其中 3 员写作都指挥，当时此写法系都指挥使之略称）、都指挥同知 91 员、都指挥佥事 181 员，另因原档残缺难以辨别者 13 员，根据排列顺序，此 13 员当为都指挥使、都指挥同知、都指挥佥事等都指挥级。值得注意的是，明前期所、地面等所设职官，基本为千户、百户或镇抚等五、六品级官员。而该档册内记载的"兀者托温千户所"（三 mukūn 第四 tatan）、[③]"海西兀者托温千户所"（三 mukūn 第九 tatan）的官员级别为都指挥使和都指挥佥事，"兀者揆野木千户所"（三 mukūn 第一 tatan）、[④]"海西甬干地面"（第二 mukūn 十一 tatan）为都指挥佥事，可知当时的所、地面之职官，业已达到了都指挥使、都指挥佥事的级别。从中可以窥见，到明末，女真羁縻卫所最高职官，已罕有指挥使以下级别，均达到正三品都指挥佥事以上。但是，从明后期敕书之争的结果来看，卫所官员级别虽得升高，其控制本卫所的职权却被剥夺了。海西卫所敕书之争的结果，使得卫所官员逐渐依

---

① 详见道尔吉、和希格《女真译语研究·女真馆来文研究》，《内蒙古大学学报》1983 年增刊，第 354—426 页。

② 道尔吉、和希格：《女真译语研究·女真馆来文研究》，第 385、399、407 页。

③ uje dogon i ša ho šo，中华本、东洋文库本均译作"兀者托温千户所"，辽大本译作"兀者托温千户"，内阁藏本译作"兀者渡沙河所"。其与三 mukūn 九 tatan 中的"海西兀者托温千户所"（hai si uje dogon i ša ho šo）的满文相同，实为一所。

④ ujekuye sacikū šo，中译本均作"兀者揆野人千户所"，东洋文库本作"兀者揆野入千户所"。按：永乐三年八月丙子，"兀者卫别里哥秃等来朝，命设兀者揆野木千户所，以别里哥秃等九人为千、百户。赐诰、印、冠、带、袭衣、钞币有差"（《明太宗实录》卷四五，永乐三年八月丙子条，第 2 页），可知该所名为"兀者揆野木"。或因《辽东志》误作"兀者揆野人"（见《辽东志》卷九《外志》，《辽海丛书》第 1 册，第 470 页），而被翻译者沿用。当以实录所载为准。另 sacikū 满语非"人"意，乃砍、剁之类的工具，如镢头、錾子、剁子等，女真语何以与"木"相应，难以稽考。

附于控制北关的叶赫部和控制南关的哈达部，即使拥有都督级别敕书之人的敕书，也被迫依附于叶赫、哈达部之都指挥级别者。可知当时敕书之级别，仅成为入边贸易或按级别领取年赏的凭证而已。

　　3.敕书之承袭

　　自嘉靖中叶实施控制女真官员入边朝贡、贸易人次以后，随即掀起敕书之争，海西女真的敕书逐渐掌控于哈达、叶赫两部，敕书之官凭功能逐渐丧失，仅作为入边和领取年赏的凭证。尽管如此，明末女真人奏请更替敕书之事，并未终结，仍按期有序实行。

　　mukūn tatan be ejehe dangse 内所载 362 道敕书，均以"……aniya……biyai……de baha"的格式，[①]记载了袭替时间。所录 362 道敕书的袭替时间均在嘉靖、隆庆、万历三朝，其中嘉靖年间 104 道、隆庆年间 50 道、万历年间 202 道，另有 6 道年号残缺，可知明末女真卫所诰命敕书之袭替并未中断。尤其值得注意的是，万历二十七年努尔哈齐兼并哈达部，获取此 363 道敕书后，敕书之袭替仍在照常进行，上述万历朝袭替之 202 道敕书内，万历二十七年袭替者 41 道、三十一年 1 道、三十五年 2 道、三十七年 13 道。即这部分敕书归努尔哈齐所有后，袭替之事仍旧，有明确记载的袭替敕书达 57 道，最晚的袭替时间是在分配这批敕书的前一年。

　　敕书之袭替，系指原卫所官员去世后，由子孙等奏请承袭该官职而换取敕书的过程。女真羁縻卫所敕书袭替由兵部武选司负责，明中前期一般于赴京朝贡时奏请，后期因限定女真人赴京，将一般职务的袭替职责多委诸辽东巡抚等审核办理，[②]但直至万历年间仍有赴京奏请袭替者，如"建州右卫都督同知台恭孙野里掹、建州左卫都督金事撒哈答男蟒子各奏袭祖父职，换给敕书，管束部落。许之"；[③]"海西可令河等卫都指挥金事等官脱脱等男孙掷手等十五名，求袭替换敕。兵部覆请，许之"；[④]"海西哈察等卫都指挥同知卜剌答等求袭替换敕。许之"。[⑤]较晚者如前引"兀者前卫都督金事歹统孙伏哈换给敕书，古城卫都督金事小厮哈补给敕书各一道"等记载，[⑥]均可证之。从嘉、隆、万间实录所载赴京袭替的史料来看，奏请袭替者多为都督以上级别者，此或于嘉靖十二年规定防止洗改敕书，严格袭替制度时，规定"都督系重职，其子孙袭替，仍照旧例查勘奏请"，[⑦]须至京城奏请袭替有关。而都指挥使以下的敕书袭替，偶有于朝贡之际奏请袭替者，多数都在辽东都司处办理。

　　按明朝之规定，无论是在北京还是在辽东袭替，均需核查卫所选簿，自原来官员的子

　　① 此处之 baha，东洋文库本、辽大本译作"得""得的"；中华本和内阁藏本均译作"生"，当非 banjiha 之误，其或系敕书生成之意，但与前面的人名连接使用，容易造成该时间为某人的"生日"之嫌，故译作"得"较为准确。
　　② 《明世宗实录》卷一四八，嘉靖十二年三月壬子条，第 2 页。
　　③ 《明神宗实录》卷三九，万历三年六月辛未条，第 1 页。
　　④ 《明神宗实录》卷一一二，万历九年五月丙寅条，第 1 页。
　　⑤ 《明神宗实录》卷一一三，万历九年六月丙申条，第 1 页。
　　⑥ 《明神宗实录》卷四三二，万历三十五年四月乙未条，第 4 页。
　　⑦ 《明世宗实录》卷一四八，嘉靖十二年三月壬子条，第 2 页。

孙内选取袭替者。mukūn tatan be ejehe dangse 内 362 道敕书，多数记载了袭替者的的亲缘关系，其中由子继承者 188 道、孙 154 道，另未记袭替关系者 12 道，原档残缺不能辨别者 8 道。据此可以窥得，明末之敕书袭替，基本由原来官员之子孙继承。海西卫所的诰命敕书，在明末敕书的掌控权被叶赫、哈达夺取后，明朝对敕书袭替者仍为其子孙的规则没有改变。但在辽东袭替，是否系其子孙亲往申办，抑或由他人凭原有敕书代办，已难考证。但从此 363 道敕书内，一次就有十几道甚至几十道同时袭替的情况看，其可能是由哈达部人一起申办的。从 mukūn tatan be ejehe dangse 所录敕书的袭替时间许多较为集中，如万历二十一年九月二十三日一天即办理袭替 19 道、二十五年五月一日一天办理袭替 25 道、二十七年二月初九日一天即办理袭替 40 道、三十七年十一月二十五日一天办理 14 道敕书袭替，从办理袭替时间来看，估计系猛骨孛罗、努尔哈齐遣人统一在辽东都司处办理的。如此袭替，便出现了敕书袭替者徒有其名，不能实际控制自己所属敕书进行朝贡和贸易的局面，在此局面下，这些名义上袭替敕书的官员，与哈达、叶赫等豪强势力，抑或形成了政治、经济方面的依附关系。抑或许多持有者之名，在替换时被随意更换，冒名顶替，并非原来敕书持有者之子孙，此乃《明实录》等其他史料中难寻其名之原因所在。

明后期在敕书归属权发生变化，上述敕书直至明末一直奏请袭替的原因，已经不在于卫所之官员职位，而在于敕书所具有的经济价值。其主要体现凭借敕书可以领取年赏和入边贸易两个方面。

明朝对女真贡敕之赏，有例赏、回赏、加赏、特赏等名目，对未有俸禄的女真卫所各级官员而言，为重要经济待遇之一。明初规定女真入京进贡者，例赏规格为："都督每人赏彩段四表里，折钞绢二匹；都指挥每人彩段二表里、绢四匹，折钞绢一匹。各织金纻丝衣一套；指挥每人彩段一表里、绢四匹，折钞绢一匹，素纻丝衣一套。以上靴袜各一双。千、百户、镇抚、舍人、头目，每人折衣彩段一表里、绢四匹，折钞绢一匹。奏事来者，每人纻丝衣二件、彩段一表里，折钞绢一匹，靴袜各一双。"[1] 明中叶限制女真赴京朝贡人数，对其例赏多移于辽东都司。至嘉靖四十三年（1564）题准，"女直正赏彩段绢匹，俱准折给银两"，[2] 故明末敕贡之赏，多为银两，而按敕书发放的例赏仍如上记规格，此乃所谓"外夷赏赐，朝廷已有定制"，[3] 不能更改，为历朝一直沿用执行。

正赏之外，对所献贡品，实行"厚往薄来"式的回赏。回赏标准为"进过马，每匹彩段二表里，折钞绢一匹。貂鼠皮，每四个生绢一匹"；[4]"辽东野人女直进贡珍珠至京，每人赏彩段一表里、绢五匹，珍珠每二颗赏绢一匹"。[5] 嘉靖十三年后均折银回赏。如此回赏，

---

[1]（万历）《大明会典》卷一一一《礼部六十九·给赐二·外夷上》，《明会典》，第 594 页。
[2]（万历）《大明会典》卷一一一《礼部六十九·给赐二·外夷上》，《明会典》，第 594 页。
[3]《明英宗实录》卷一三七，正统十一年正月癸巳条，第 7 页。
[4]（万历）《大明会典》卷一一一《礼部六十九·给赐二·外夷上》，《明会典》，第 594 页。
[5]《明英宗实录》卷二五，正统元年十二月癸未条，第 7 页。

无疑除招徕远人，嘉赏顺夷之意外，亦有贸易性质。而加赏、特赏多为奖励初次来朝或有功人员，非属常例。

朝贡之赏，成为女真各部前往北京朝贡的重要动力。直至海西敕书基本为哈达、叶赫占取后，海西诸卫赴京朝贡之记载，仍频出于实录之记载中，如万历初年，"海西古城等卫女直都指挥同知兀答等二百名，并忽兰山等卫女直都督同知阿卜等一百一十名，各赴京进贡，俱赐宴赏赍如例"；[①] "海西哈儿等卫女直夷人都指挥等官你龙哈等二百八十二员贡马，赏赍如例，仍给本色马价"等记载，[②] 可知当时敕书已归属哈达部的古城卫、忽兰山卫，敕书归属于叶赫部的哈儿卫等，仍然赴京朝贡，每次人数依然在二三百名左右。明朝之例赏、回赏、筵宴等项均如例进行。根据验敕入边朝贡的规则，所载各卫朝贡之人，必须持本人敕书方可过关入贡，据此可以推测，这些朝贡者多为持敕书者本人。女真之朝贡者中，每年到京城者有限，绝大多数是凭敕书到开原、抚顺领赏，前引努尔哈齐、舒尔哈齐每年至抚顺分别取赏 500 两、300 两，即为此例赏，从"遣人朝贡，执五百道敕书，领年例赏物"的记载来看，[③] 此乃建州在抚顺所取 500 道敕书之赏。取赏之凭据，乃为敕书。此类取赏，并非敕书执有者亲往，抑或所得贡赏为夺得敕书者占有。在女真方面，敕书所有权发生变化，凭敕书所得贡赏会随之改变，如猛骨孛罗所占 363 道敕书，即可得 363 道敕书之赏。努尔哈齐兼并哈达之初，仍以猛骨孛罗、武尔古岱的名义前往开原持敕取赏，但如前所述，万历三十一年后，这批敕书完全掌控于建州，随之敕贡之赏也无法领取，对努尔哈齐而言亦可谓经济损失，故于三十六年出现赴开原"混敕顶赏"之举。

女真敕书之袭替的另一诱因，乃敕书为女真人进入开原、抚顺马市贸易之凭证。以此凭证进行贸易所产生的经济价值，甚至远远超过贡赏，明中后期出现的洗改、争夺敕书之事，多为凭所持敕书前往马市贸易。明代女真社会经济，以渔猎、采集为主，农业发展水平较为滞后，各部发展状况参差不齐，对外经济依赖比较强，能否将马匹和渔猎产品作为主要商品对外交换，成为女真各部得以存续或发展的前提，因而明朝和朝鲜均以掌控对女真人的互市贸易，来拉拢和控制女真各部。而明朝掌控女真互市贸易的主要方式即控制贸易人数的验敕入边政策。

辽东的互市贸易是明朝女真人在开原、抚顺等处进行的定期贸易，乃女真与明朝贸易之大宗。明朝开关互市之目的，如宣德帝所言，"朝廷非无马牛，而与之为市，盖以其服用之物皆赖中国。若绝之，彼必有怨心。皇祖许其互市，亦是怀远之仁"，[④] 即其怀柔远人，羁縻卫所头目之政治目的，远远超过经济目的，因而，互市贸易亦成为控制女真各部，扶弱抑

① 《明神宗实录》卷二六，万历二年六月乙卯条，第 3 页。
② 《明神宗实录》卷四六，万历四年正月癸丑条，第 9 页。
③ 《清太祖武皇帝实录》卷一，戊子年四月条，《清入关前史料选辑》第 1 辑，第 312 页。
④ 《明宣宗实录》卷四八，宣德六年十一月乙亥条，第 10 页。

强的手段，在女真首领有犯边、掠夺等反叛行为时，即不允许该部入边互市，直至其悔过请罪，才恢复其互市贸易资格。基于互市的政治性突出，导致女真人的互市贸易与时局密切相关，受政治局势影响，互市时松时紧，时开时停。在明朝方面的互市不能满足女真人的需求时，女真便向朝鲜或蒙古地区寻找贸易机会。

明朝设于开原、抚顺等处的互市，因以购买女真人马匹等为主，故亦被称为马市。实则明朝从女真输入之商品，除马匹外尚有牛、羊及貂、豹、虎、熊、鹿、狐、狍、水獭等皮张和人参、黄蜡、木耳、榛子、松子等女真地区土特产品。而女真人可从马市购置缎、绢、布、衣服、农具、铁锅、食盐、谷物等生活所需。马市贸易以物易物为主，明后期折合银两交换。① 马市有官市、私市之别，所谓官市，即女真人边到市，先由官员挑选马匹、土产，按价为国家购买。私市为将官市选剩马匹、土产等，允许女真人于市上自由与官民买卖。一般私市贸易额，要大于官市，故女真人对私市依赖较大。女真人通过马市贸易，可以换取农具、牛只、铁锅、粮食、食盐、衣料等生产生活必需品，并通过贸易积累财富，可以增强各部的经济实力。可以说，明中后期的女真人之所以臣服明朝，目的在于谋求朝贡、互市之利。②

努尔哈齐起兵后，在统一女真各部的过程中，仍非常注重与明朝的各类贸易。为了贸易，努尔哈齐仍设法与明朝保持朝贡关系，万历十六年（1588），"抚顺、清河、宽奠、瑷阳四处关口，互市交易，照例取赏，因此满洲民殷国富"，③ 足证贸易对建州发展之重要。朝贡取赏和贸易获利，才是努尔哈齐重视这批敕书的根本原因。万历二十七年，努尔哈齐兼并哈达后所获 363 道敕书，均为南关敕书，建州无权使用，故而仍以猛骨孛罗、武尔古岱之名利用其前往开原贸易。三十一年因叶赫战事一度停用。三十八年，在明朝官员认可此 363 道敕书已属于努尔哈齐，并经过谈判，允许建州人等凭此 363 道敕书可往开原朝贡贸易后，努尔哈齐便按明朝减少贸易人数的要求，迅速将其分为 3 部分，以之分作 3 个朝贡贸易团队前往开原各凭敕书取赏贸易，以便实现这批敕书之经济价值。由此可见，努尔哈齐为了取赏和贸易之利，非常注重这批从哈达获取的敕书，以此便可以释解努尔哈齐获取这批敕书后，于万历二十七至三十七年，仍照常向明朝袭替了其中 57 道敕书之原因。

综上所述，mukūn tatan be ejehe dangse 系努尔哈齐经过谈判，在得到辽东官员许可其使用从哈达所得 363 道敕书后，将敕书分给 3 个贸易团队，以便前往开原南关贸易、取赏。mukūn tatan be ejehe dangse 系为朝贡贸易团队分配敕书之记载，mukūn 和 tatan 与"族"无关，而是记载当时所分的贸易"团队"和"帮伙"，因而将该档册译作记录与贸易相关的

---

① 辽宁省档案馆、辽宁社会科学院历史所编《明代辽东档案汇编》之《马市》，辽沈书社，1985，第 715—847 页。
② 关于明代女真朝贡和贸易等问题，详见程妮娜《古代东北民族朝贡制度史》之第六章第一、二节，中华书局，2016，第 423—488 页，兹不赘述，仅以之简略论证努尔哈齐为朝贡取赏和获取贸易之利，而将哈达所获敕书仍旧袭替，以便组团赴开原朝贡并贸易之史实。
③ 《清太祖武皇帝实录》卷一，戊子年四月条，《清入关前史料选辑》第 1 辑，第 312 页。

"团伙档""帮伙档",更为贴切。另外,需要说明的是,本文旨在探讨 mukūn tatan be ejehe dangse 之翻译问题,并依据档册内所记录的 362 道海西女真敕书之讯息,对研究明末女真卫所之衰微、官职之变化、敕书之承袭所反映的明末女真羁縻卫所敕书制之变化、女真社会发展等问题略作分析,藉以明确明末女真羁縻卫所之敕书,仅具作为入边朝贡贸易之功用,努尔哈齐分配哈达所获敕书之目的,乃为组建贸易团队赴开原贸易并取赏,因而档册题名应为"团伙档"或"帮伙档"。至于与之相关的明末羁縻卫所朝贡体系瓦解情况,女真卫所朝贡人身份变化,哈达、叶赫部及努尔哈齐掌控海西女真敕书后与敕书持有者的关系等问题,因篇幅所限,本文仅略做交代,并未一一考证,需另撰文探讨。

〔本文原载《历史研究》2022 年第 2 期。作者赵令志,中央民族大学历史文化学院教授〕

从理事到抚民：清代归绥地区厅制变迁新探

胡　恒

摘　要　清代在郡县与藩部之间的圈层过渡地带常常通过设置"厅"的方式进行治理，山西与内蒙古交界的归绥地区是其中的典型代表。清朝对这一蒙汉杂处地带的治理经历了漫长而复杂的探索过程，厅制亦因应形势而变迁，可分为理事、分辖、统合、兼辖、抚民、建省等六个阶段，生动展现了郡县制是如何逐步向边疆拓展的。这一过程并非直线式的，它受到国家整体行政制度的约束，也受到区域社会历史进程的影响。厅制应被放在具体时空环境中理解其不同时期的样态。

关键词　归绥地区　理事厅　抚民厅　郡县制

中国疆域向以广袤著称，由于自然环境、耕作方式、族群结构的差异，一个王朝往往无法采用单一治理模式而必须进行复合治理，从而在政治地理空间上构成了显著的差异。周振鹤将中国历史上的两种基本政治地理格局概括地称为"九州制"和"五服制"，前者为分块式，后者为圈层式。[1] 郭声波细化了圈层结构的概念，将传统府郡州县等经制区域作为直接行政区，诸侯国、羁縻府州、土司、藩属国等作为间接行政区或统治区范畴。[2]

以有清一代为例，内地十八省与藩部显然构成两个差异明显的圈层。清朝采用了因俗而治的治理策略，在不同区域采用了多样的治理结构，汪晖曾以"跨体系社会"对其进行概括，即在儒家文明居于主体和核心地位的同时，为其他文化形式与族群预留灵活的生存空间。但他也注意到"跨体系社会"不是静态结构，而是动态过程，需要从历史的变动、权力

---

[1]　周振鹤：《中国历史上两种基本政治地理格局的分析》，《历史地理》第 20 辑，上海人民出版社，2004。
[2]　郭声波：《中国历史政区的圈层结构问题》，《江汉论坛》2014 年第 1 期。

关系和人的活动来理解区域、中国等历史范畴。[1] 如果观察清朝府州县与藩部两大圈层的过渡地带，可以发现清代特有的政区形式——厅恰好就广泛分布在这一区域，厅的设置与变动也就具有了圈层结构动态演变的指标性意义。[2]

清代厅制被广泛应用于旗民、蒙民分治的区域，由嘉庆《大清会典》所列，以东北与漠南蒙古、西南临近青海西藏及土司地区最为典型，其中沿长城一线的漠南蒙古南缘与山西交界的归绥地区尤其值得关注。长城一线在明代为北部边界，入清以后，蒙古内属并设置盟旗，在清朝或紧或松的"封禁"政策下，不少汉人来此耕种，逐渐产生了管理汉民与处理蒙汉纠纷的需求，雍正元年于此设立了归化城理事同知。及至汉人移民逐渐增多，归绥地区开始不断增置理事厅，由一而为五、为七、为十二，并在光绪年间又尽数改为抚民厅。由理事而抚民，清代归绥地区的行政建制鲜明地体现出府州县与藩部两大圈层过渡地带管理模式的巨大转变。学术界一般将其视作"二元管理体制"，张永江曾提出"内地化与一体化"来概括清代藩部地区政治发展的一般趋势，极富启发意义。[3] "内地化与一体化"并非是一条直线前进的历史进程，相反却是在政策不断的试错和调整中动态演变的。清代为何要在此创设理事厅而非州县的行政架构？厅的行政建制与司法实践如何适应蒙人与汉民两类迥异的族群，特别是在军事系统的绥远城将军、郡县系统的山西与盟旗系统的土默特旗之间如何协调？在清末"移民垦边"的背景下，理事厅纷纷改为抚民厅的政策考量为何？这一系列问题，都需要在精心辨析史料的基础上，以厅这一特殊行政制度的演变为核心予以深入分析。

以往关于清代厅制的研究不少，具体到归绥地区的厅制研究成果更多，[4] 但仍有诸多待讨论之处。特别是厅制在清代开始创置，其灵活性与多样性带来的复杂性使厅制本身的定型程度较州县为差，在不同区域展现出形态各异的制度面向，以往对厅制的复杂性认识不足，在对材料的理解与阐释上，仍存在较多疏误之处。

第一是一手史料的使用上，应对史料本身的年代属性进行更深入的辨析，严格限定档案、实录、方志等不同文种的证据效力。厅制是在清代前期逐渐形成的，在草创之初，并不

---

① 汪晖：《中国：跨体系的社会》，《中华读书报》2010 年 4 月 14 日，第 13 版。

② 关于清代厅的制度变迁，可参吴正心《清代厅制研究》，硕士学位论文，台湾中正大学，1995；真水康树《清代"直隶厅"与"散厅"的"定制"化及其明代起源》，《北京大学学报》1996 年第 3 期；傅林祥《清代抚民厅制度形成过程初探》，《中国历史地理论丛》2007 年第 1 辑；陆韧《清代直隶厅解构》，《中国历史地理论丛》2010 年第 3 辑；傅林祥《清代地方行政制度专题研究》第二章"厅制的形成与推广"，博士学位论文，复旦大学，2010；席会东《清代厅制初探》，《中国历史学会史学集刊》总第 43 期，2011；胡恒《厅制起源及其在清代的演变》，《文史》2013 年第 2 辑。

③ 张永江：《论清代漠南蒙古地区的二元管理体制》，《清史研究》1998 年第 2 期；《内地化与一体化：略论清代藩部地区政治发展的一般趋势》，《明清论丛》第 6 辑，紫禁城出版社，2005。

④ 乌云格日勒：《略论清代内蒙古的厅》，《清史研究》1999 年第 3 期；乌云格日勒：《口外诸厅的变迁与清代蒙古社会》，《山西大学学报》2007 年第 2 期；张弓：《论清代绥远地区的厅》，硕士学位论文，内蒙古大学，2008；傅林祥：《清代地方行政制度专题研究》第二章第四节"内蒙古地区的理事厅"，博士学位论文，复旦大学，2010；阿如汗：《内蒙古中西部诸厅之研究——以口外十二厅为中心》，硕士学位论文，内蒙古大学，2011；康其：《清代归化城土默特地区政区地理研究》，硕士学位论文，贵州师范大学，2019。

存在明确的作为政区的厅的概念。乾隆以后厅制逐渐形成，其后的文献记载存在以定型之后的厅的概念去回溯以前的问题，由此导致现有成果中对归绥地区早期所谓的"厅"的设置有所误解，如"雍正元年设立归化城厅"这一事件被普遍记载于各类志书和清代政区沿革工具书之中，其实是不准确的。本文将谨慎按照不同性质、年份产生的史料进行精确断代，注重对厅设立之初的原始档案多加利用，以对不同阶段归绥诸厅的性质与职能加以准确判断。

第二是立足于清代厅制演变的全景去观察归绥诸厅行政体制的运行特征。以往对归绥地区厅制的研究，一般注重其沿革变化及土默特地区汉民流入、族群关系、土地产权、政治结构等与厅有关的"外围"问题，但对厅制本身的关注不够，包括厅的长官设置及其制度渊源、厅在司法实践中的角色变化、道厅之间的行政关系、理事厅与抚民厅的区分等问题，尚缺少细致深入的探讨。再如对光绪十年归绥诸厅由理事厅改为抚民厅这一重要制度转变之后厅的性质判定问题，需要在重新理解《大清会典》所谓道之所辖为散厅这一制度条文的基础上，疏通地方志书和地理总志关于归绥诸厅到底是直隶厅还是散厅的记载歧异，有助于加深对清代厅制特殊性的理解。

本文即以清代归绥地区的厅制为研究对象，发掘利用原始档案，在对史料进行更加细致辨析的基础上，重新探讨归绥地区厅制变迁及其相关问题。

一 理事：归化城同知溯源

万历年间，蒙古族首领俺答汗于土默特川之丰州滩建城并被明朝赐名为"归化城"，为明朝与蒙古互市贸易的重要场所。皇太极天聪年间灭林丹汗，土默特部率众投诚。为安置蒙古诸部，清廷开始划分牧地，分设旗佐。

土默川平原因耕种条件良好，早在明末已有汉人在此耕种。随着清初政治形势的稳定，汉人逐渐增多。他们或开垦荒地，或租用蒙人土地，与蒙古人之间的纠纷也越来越多，单靠旗佐显然无法处理汉民及蒙汉交涉问题。在归绥地区建立怎样的行政体制才能适应这一郡县藩部过渡、农耕游牧交错、蒙民汉民杂处的特殊需求，清廷也在探索。

清廷最早试图以设置理事同知的方式应对。雍正元年，经归化城都统丹晋奏请，"添设归化城理事同知一员"。① 所谓理事同知或理事通判，是因应旗民分治政策而产生的专门处理旗民交涉事件的官员。《明史·职官志》关于同知职掌的记载是"同知、通判分掌清军、巡捕、管粮、治农、水利、屯田、牧马等事。无常职，各府所掌不同，如延安、延绥同知又

---

① 《清太宗实录》卷一〇，雍正元年八月癸亥。

兼牧民，余不尽载。无定员。边府同知有增至六、七员者"①。没有"理事"性质的同知，可见这是清代的首创。理事同知或通判一职最早是为应对八旗驻防而设，于顺治年间始设于江宁驻防，此后又在康熙二十四年、二十五年前后在完善八旗驻防体制之际，在将军一级的驻防地甚至更低一级设置。②

应该说，理事同知并非是归绥地区行政建制的唯一选项。据乾隆元年永泰的奏档回忆，早在康熙年间，归化城都统丹晋就曾奏请于土默川设置州县，并开垦升科，但并未得到允准。③州县是行政区划最为成熟的建制，它相当于一步到位，既使得该地土地、人民全部归属于王朝直接控制之下，也势必要与盟旗划疆分界，甚至要将盟旗划归于州县直接治理之下，在康雍年间显然是不现实的。纵观清朝一朝在边区甚至内地新开发地区的行政建制进程，直接设置州县都是相当罕见的。以情形类似的吉林为例，雍正四年时曾设置过永吉州及泰宁、长宁县，但至乾隆十二年三个州县已全部被裁撤，直至光绪年间才在吉林地区再设州县，这充分说明在开发条件尚不成熟的边疆地区直接设置州县并能够稳定延续是非常困难的。④理事同知应当是归绥地区奏设州县被否决以后的第二方案，也是最可行的方案。

关于该理事同知的职能，《清实录》所载仅有上述寥寥一句，极为粗略。但雍正二年清廷于直隶张家口外仿照归化城同知设理刑满洲同知，奏疏上明言其职责是"汉人之事令同知料理完结，如蒙古、汉人参错之事，会同该总管审事可也。如有所关人命，汉人之事，解与直隶巡抚完结。其同知关防照依归化城土默特同知关防，著该部铸给"。⑤据此可知，归化城理事同知职责当与张家口同知类似，主要管理刑名案件，汉人之事由该理事同知料理，而蒙汉交涉事件，则由该理事同知与土默特左右翼两旗会审。雍正十二年一份满文议覆档曾追记了雍正元年理藩院会同史部议覆丹晋奏设理事同知的意见：

> 以归化城应设理事同知一员办理蒙民案件；既然民人案件，原俱送山西巡抚，故该同知应隶山西巡抚兼管；凡归化城所居民人之命盗大案，仍送该巡抚审理外，其争讼斗殴等小案，即交同知完结；凡蒙民交涉之案件，由都统派出属员，会同同知审理，报都统后结案；凡蒙古之命案，仍报送该部。⑥

---

① 《明史》卷七五《志五十一·职官四》，中华书局，1974，第1849页。
② 定宜庄：《清代理事同知考略》，载《庆祝王钟翰先生八十寿辰学术论文集》，辽宁大学出版社，1993，第263—274页。又可参程云鹏《清代理事同知制度初探》，硕士学位论文，中央民族大学，2011；牟翔《清代理事同知研究》，硕士学位论文，中国政法大学，2015。
③ 《稽查归化城军需工科掌印给事永泰奏》（乾隆元年四月初一日），《宫中朱批奏折》，档案号：04-01-01-0012-016。以下引自中国第一历史档案馆所藏奏折，不再另行注明收藏地点。
④ 《清高宗实录》卷二八四，乾隆十二年二月壬戌。
⑤ 乾隆《口北三厅志》卷一《地舆》。
⑥ 《大学士鄂尔泰等议奏归化城添设理事同知办理蒙民案件等情折》（雍正十二年九月十五日），《军机处议覆档》，档案号：784-0001，译文见清史编委会数字图书馆。

由雍正十三年的一份满文奏折可看出，该理事同知最初所能审理的仅是"杖、笞、枷号"等轻微案件，如系"命案、盗案及充军、发遣、徒罪等案"，要送到内地的朔平府，由右玉县知县审问拟罪。① 也正因为理事同知特殊性质，故被定为满缺，从满洲或蒙古人中拣选，即使是汉军旗人亦无缘担任，"归化城、张家口同知员缺，令各部、理藩院将满洲、蒙古员外郎、主事内通晓汉文者，各拣选一员，送部引见补授，陆续添设各边口同知，俱照此例办理"②。其拣选办法与一般内地府的同知截然不同。在雍正二年冬季《文陞阁缙绅全书》大同府下记载有归化城理事同知，"洪通，满洲正红旗人，监生。二年五月题"。③ 虽然同知一职是内地知府的佐贰官，但清朝对其进行了创造性改革，一方面将更多同知分防到府城之外，以其非正式性的灵活特点增加清朝对地方的管理层次，特别是用在由于卫所归并及改土归流所得到的疆土上，避免了新增州县的困扰；④ 另一方面将其分为抚民官与理事官，前者仍为传统内地知府的佐贰，部分开始具有独立辖境，而后者被定为满缺，专管边疆地区包括各省驻防等旗民杂处地带。

以往学界对山西北部设置的这一理事同知的制度渊源基本没有关注，或可将其追溯至康熙四十七年清廷于宁夏所设置的两员理事官上。该理事官办理"蒙古内地民人"，"凡沿边地方蒙古事件，均令会同该札萨克完结，不能完结者报院"，管辖范围是"瑚坦和硕至中卫沿边鄂尔多斯六旗"。⑤ 康熙六十一年又将两员理事官分驻于宁夏和神木，其中宁夏理事官管理鄂托克、阿拉善二旗蒙古民人事务，神木理事官管理鄂尔多斯六旗蒙古民人事务。⑥ 但需要注意的是，驻扎于宁夏与神木的理事官从属于理藩院，而归化城理事同知是从属于山西省的知府佐贰官，两者有着本质上的不同，虽职能有相近之处，但并无渊源关系。

一直被学界忽略的是山西省内理事同知的设置并不始于归化城，在此之前，大同右卫还曾设置过。

> 康熙三十二年右卫初设驻防满洲兵丁，因无知府、知县办理事务，故设立理事同知。遇有满洲、汉人互相争讼之事，将军衙门派出旗员，与同知会审。⑦

---

① 《山西巡抚石麟奏覆归化城审理狱讼命盗等事情形折》（雍正五年十月二十日），收入中国第一历史档案馆编《雍正朝汉文朱批奏折汇编》第10册，江苏古籍出版社，1991，第839—841页；《兵部右侍郎希德慎奏陈归化城民案审拟程序更张折》（雍正十三年十月十五日），收入中国第一历史档案馆译编《雍正朝满文朱批奏折全译》第3册，黄山书社，1998，第2421页。

② 《清高宗实录》卷一二四，乾隆五年八月丙午。

③ 雍正二年冬季《文陞阁缙绅全书》山西省部分，日本东京大学东洋文化研究所藏，第34页。

④ 胡恒：《厅制起源及其在清代的演变》，《文史》2013年第2辑。

⑤ 光绪《大清会典事例》卷九七六《理藩院一四·设官》，中华书局，1991，第1100页。

⑥ 可参包满达《理藩院驻神木理事司员、神木同知与巡边制度》，《内蒙古民族大学学报》2015年第5期；王伏牛《清代神木理事司员研究》，硕士学位论文，中央民族大学，2012。

⑦ 《吏部尚书查弼纳山西大同左右卫已分别改为左云县朔平府请裁汰右卫理事同知》，收入《清代吏治史料》第2册，线装书局，2004，第652—653页。又见于雍正《朔平府志》卷一二《艺文奏议》收录的雍正四年八月将军申慕德《朔平府粮饷同知兼管理事同知奏议》。

大同右卫系延续明制而设，顺治年间裁玉林卫并入，改称右卫或右玉卫。康熙三十二年为布防蒙古进犯，抽调八旗兵丁移驻右卫。如此一来，便产生了新的问题，驻防满洲兵丁与汉人的司法案件并无合适机构可以受理，康熙《山西通志》曾记载大同诸卫所：“顺治十一年裁路将印屯等官，卫并西路府统属城守事务俱属把总。”① 把总等俱属武职，“带兵巡防，例不干与民事”。② 康熙三十二年大同右卫理事同知之设是山西设置理事官的开始，它的性质和功能与雍正元年所设的归化城理事同知相当接近，由此也提醒我们追溯归绥地区行政体制的由来时，需要考虑山西本省的制度渊源。

如果不考虑入清以后同知中新增的“理事”一类，亦可将山西用同知来理民、理事的行政实践追溯至更早的时期。明代于北部边疆设立九边以作防御，明人尝言：“凡边郡之所最难治，两不可缓者……通判司钱谷，同知治戎旅，斯兵、食二者关有国大计，而边郡为尤急，所以足之之道，诚不可一日不谨。”③ 边郡以同知、通判等文官来协理卫所的军事与钱粮事宜。这一新的制度变化在山西北部与蒙古临近一带也同样存在。明代卢象昇于崇祯十年二月二十五日所呈《请改厅官职衔疏》对认识同知、通判与边区卫所管理之间的关系提供了一份极其珍贵的材料，“宣大山西等镇临边一带，设有同知、通判等官，专管路厅之事，分理各路兵马钱粮，盖与协路将官相颉颃，而守备以下则有相临之体矣。同与判俱系厅官，而同知五品，通判六品”。④ 清代初期山西北部长城沿线一带的卫所在改制为大同府、朔平府及州县的过渡时期，“同知”这一职官曾一度发挥了极其关键的作用，并对口外蒙地的管理以新的启示，即可以沿用同知、通判之类的佐贰官来进行沿边地区的行政管理。这也提醒我们，雍正元年归绥地区设立理事同知的做法，既来自江宁等地驻防的理事同知这一新制度创造，也与康熙三十二年大同右卫理事同知的设置直接相关，更与明末以来沿边卫所以同知、通判分管行政事务的制度实践存在一定程度的渊源关系。

归化城理事同知设立之初，因离大同府较近，故一切文移由大同府申转，迨至朔平府设立之后，雍正七年改由朔平府申转。⑤ 以往对这一事件的描述是“雍正元年置归化城厅，属大同府。雍正七年改归朔平府管理”。无论是清代中后期关于归绥地区的沿革叙述或是今人所编的著述，大体均是如此，以牛平汉《清代政区沿革综表》为例，在记载口外诸厅沿革时写道，“雍正元年八月癸亥置归化城同知厅来属……七年三月乙丑析归化城同知厅往属于

---

① 康熙《山西通志》卷三《建置沿革》。
② 《清高宗实录》卷四三四，乾隆十八年三月丁卯。
③ 赵时春：《送平凉通判孔君道源擢延安同知序》，收入《浚谷先生集》卷四，《四库全书存目丛书》集部第87册，齐鲁书社，1996，第281页。
④ 卢象昇：《宣云奏议》，《明大司马卢公奏议》卷六，收入《四库未收书辑刊》第2辑第25册，北京出版社，2000，第137页。
⑤ 《兼管吏部尚书事张廷玉请准归化城理事同知归属山西朔平府管辖一切文移由该府申转》，收入《清代吏治史料》第3册，第1470—1471页。

朔平府"。① 这便是将归化城理事同知的设置与归化城厅直接等同起来了。

历史研究中，必须格外警惕"历史书写"问题，一套简化的历史叙述简洁明快，但也存在"倒放电影"的风险。厅是清代创造并逐渐推广的一套新的行政制度，其形成可分为三个阶段：由明代同知、通判的分防而有厅之雏形，由分防同知、通判具有专管之地而具厅之实质，由援例添设而形成厅之制度。就全国来看，清代在卫所消失、改土归流和边疆拓展的时代背景下，采用了厅这一政区形式作为管理新疆土的选择之一，并对其加以制度革新，最终在乾隆初年形成相对稳定的政治操作规范，"府厅州县"一词开始习惯性连用，在乾隆三十年前后得到普遍认同，并最终在嘉庆朝的《大清会典》中被首次写入。② 可以说，厅从一种临时性的职官安排到形成正式行政制度经历了漫长过程，历史文献的记载显然受到不同时代关于"厅"的认识的影响。

在雍正元年设置归化城理事同知之初，还只是将其视作一次简单的职官变动，当时及其后一段时间的文献中未见有"归化城厅"的称呼。以《清代吏治史料》中所收录的雍正朝吏科题本而言，在提及该项职官设置时，均只是称呼其为"归化城理事同知"而不是"归化城厅"。雍正十年编纂的《朔平府志》沿革部分，将该事件表述为"朔平新设郡治，所属一州四县及边外归化城"，"雍正三年准晋抚诺岷条议，升右玉林卫为朔平府，设右玉县附郭，改左云川卫为左云县，改平鲁卫为平鲁县，割朔州马邑来属，共一州四县，俱隶朔平府，复于直北口外归化城土默川地设理事同知、协理理事同知各一员，亦归朔平府统辖"，③ 丝毫未提及"归化城厅"的存在。《雍正朝汉文朱批奏折汇编》中所收录的相关奏疏中，提及本次事件，均只是将其称作"归化城理事同知"，当时人并未将雍正元年设置理事同知视作一次设立了"厅"这一行政区划的行为。以《清实录》的记载来看，直到乾隆二十六年八月才第一次出现"归化城厅"的记载，"善岱巡检改归归化城厅管辖，移驻色尔登，并建衙署"。④ 因此，雍正元年在归化城设立理事同知，就当时而言，这只是一次简单的职官调整，并非新置了一个新的"厅"的区划，以往关于"雍正元年设归化城厅"的叙述明显受到了乾隆中期厅制定型以后的志书等历史文献记述的影响，并不合乎历史实际。

二 分辖：归绥诸协理通判的设置

雍正年间，山西口外仅设归化城理事同知一缺，随着口外移民的迅速增加，已很难处

---

① 牛平汉：《清代政区沿革综表》，中国地图出版社，1990，第44页。

② 胡恒：《厅制起源及其在清代的演变》，《文史》2013年第2辑。

③ 雍正《朔平府志》卷三《方舆志·沿革》。

④ 《清高宗实录》卷六四三，乾隆二十六年八月乙酉。

理繁剧的行政事务，加之所管地域又如此广袤，迫切需要增设职官，分土而治。为此，清廷进行了诸多制度上的实验，但又多反复与曲折。

雍正年间仍有在此设立州县的设想。《雍正朝汉文朱批奏折汇编》收录了山西按察使蒋洞一篇不著日期的奏折，因归化城理事同知"管理蒙古与民之事，而命盗等案必报明巡抚解至省城，巡抚方委员审理"，故建议于归化城设知州一员，事涉蒙古者仍归理事同知管理，但涉及商民一切事务均归知州专管，隶属朔平府管辖。^①蒋洞任山西按察使始于雍正三年正月，^②卸任在雍正六年三月，^③故此奏当系于雍正三年至六年间。这一奏疏考虑到归化城刑名专权的统一问题，试图设立正印官知州来兼理，但知州与理事同知之间无法兼容，一个为州的建制，一个为府的佐贰官，加之知州来自府州县这一系统，势必无法有效处理蒙汉交涉事务，故这一奏疏并未获得允准。但由此看出，设立归化城理事同知虽临时性、局部解决了蒙汉管理的需求，但还面临着理事同知并非正印官，无法独立具有命盗等司法完整权限的难题，故不得不频繁往返于归化城与邻近的山西大同府或朔平府，由此带来的不便与效率低下，使得归绥地区这一新的行政体制无法稳定下来，势必仍然要继续调整。

雍正十二年归化城都统丹晋奏请在归化城理事同知之外再新设同知一员，清廷本来已经同意，但丹晋又担心两个同知之间级别接近，容易相互推诿，于是改变方案，奏请在归化城南的和林格尔、东面的坤都仑（或作昆都仑）、西面的托克托和西北的萨尔齐（或作萨拉齐）各设笔帖式驻扎，协助归化城理事同知办理事务，并得到允准。^④

这些笔帖式仿照直隶张家口之例，以原衔兼管同知及协理事，^⑤只是各中央部院低级文官，职掌翻译满、汉章奏文字，作为旗人出仕宦途之阶，"非职官且无关防印记"，从事行政事务多有不便，故又将其全部改为协理通判，若遇有缺出，仍然由"部院笔帖式拣选引见补放"。^⑥但即便如此，"协理通判"也非清代职官体系中的正式一员，遍寻清代文献，也只在雍正末、乾隆初年的山西口外出现过，这也充分说明这一时期关于口外的管理多是权宜之计，尚未经过系统性的谋划。这一体制安排早在乾隆元年时就受到稽查归化城工科掌印给事永泰的质疑，认为协理通判应当裁汰，因"其紧要案件仍解归化城同知会审，申详朔平府完结，殊多往返，甚为无益"，^⑦但口外事务繁多，仅靠归化城理事同知一员经理显然并不现实。永泰建议裁撤协理通判的奏请未得到允准，相反清廷很快又于清水河、善岱等处添设协

① 《山西按察使蒋洞奏请于晋省边外归化城地方设立州治隶于朔平府折》，中国第一历史档案馆编《雍正朝汉文朱批奏折汇编》第33册，第477—478页。
② 《清世宗实录》卷二八，雍正三年正月丙寅。
③ 《清世宗实录》卷六七，雍正六年三月丙子。
④ 《领侍卫内大臣丰盛额等议奏于归化城和林格尔等处增设笔帖式折》（雍正十二年十二月初四日），《军机处满文议覆档》，档案号：784-0001；《清世宗实录》卷一五○，雍正十二年十二月乙巳。
⑤ 《光禄寺卿办理军需王棠为归化城理事同知铨补事》（雍正十三年五月八日），《内阁大库档案》，台北中研院藏，登录号：011509。
⑥ 《山西巡抚鄂弼奏》（乾隆二十五年八月初七日），《宫中朱批奏折》，档案号：04-01-01-0238-005。
⑦ 《稽查归化城军需工科掌印给事永泰奏》（乾隆元年四月初一日），《宫中朱批奏折》，档案号：04-01-01-0012-016。

办同知事务笔帖式各一员，管理"开垦田亩，办理地方事务"。[①] 又于次年新设归化城笔帖式，[②] 加上之前设置的四处，共有七处，形成归化城理事同知下辖七处协理通判的管理体制。

乾隆初年对于口外来说发生一件大事，原驻守于大同右卫的扬威将军移驻于临近归化城的绥远城，归化、绥远的战略地位迅速提升，同时大量八旗兵丁入驻，口外事务日益繁杂。为筹集粮饷的需要，乾隆二年又在归绥地区设立了理事粮饷同知一员，[③] 主要职司粮饷，但也兼管绥远城内外的少量刑名事务。乾隆八年山西巡抚刘于义曾称赞首任绥远城理事粮饷同知福廉"经理粮饷，采买米豆，办事实心；审断词讼，旗民相安"。[④] 乾隆十八年一份选任绥远城同知的奏疏中称该职"管理支放驻防旗员粮饷，兼理蒙古旗民一切命盗案件"。[⑤]《绥远志》记载，"理事粮饷同知，是职专司粮饷，兼管本城旗民交涉、词讼及城外浑津、黑河二里十三户庄头等事"。[⑥] 户科题本中有大量户部核销绥远城粮饷同知征收浑津等庄头米石的记录。[⑦] 可见，绥远城理事粮饷同知主要职能是服务于绥远城驻防，除了要经理驻防城的粮饷支放和若干庄头钱粮，也有司法权，只是局限于绥远城内。

经过这样一番调整，归绥地区的行政体制形成了两同知共治模式：一是归化城理事同知，一是绥远城理事粮饷同知，一管民事，一管粮饷，其下辖有七处协理通判，"归化、绥远城一带孤悬口外，向系土默特游牧之地，逐渐商民居住、贸易、耕种，人殷地广，更且满洲、蒙古官兵与民人错杂相处，情伪百出，政务殷繁。因该处系蒙古地面，与内地情形不同，是以未设立府州县，初设绥远城同知专司粮饷，兼督征地亩钱粮，复设蒙古民事同知，专办刑名事件，又陆续添设七协理通判"，[⑧] 归化城与绥远城两员同知共同承担归绥地区的刑名与粮饷，通常我们形容一个地方主官所具有的两大职能"刑名钱粮"被两位同知分割，这也是归绥地区行政体制的特殊性。

就这一时期的档案文献来看，七处协理通判承担了相当重要的行政职能。乾隆六年以后，各处协理通判征收钱粮，由绥远城理饷同知督催，要求每年查核造册，由同知申布政司核转，照内地钱粮考成。[⑨] 口外灾害事件赖其奏报，[⑩] 且协理通判也承担了刑名案件的审理权，如善岱协理通判所属民人卢美名因地租纠纷殴伤杨宣身死一案，开始便是该协理通判"单骑

---

① 《清高宗实录》卷二三，乾隆元年七月庚申。
② 《清高宗实录》卷三六，乾隆二年二月庚申。
③ 《清高宗实录》卷四一，乾隆二年四月己卯。
④ 《山西巡抚刘于义奏》（乾隆八年九月二十七日），《宫中朱批奏折》，档案号：04-01-12-0036-049。
⑤ 《署理山西巡抚胡宝瑔奏》（乾隆十八年六月初四日），《录副奏折》，档案号：03-0086-045。
⑥ 《绥远志》卷四《职官表》。
⑦ 《署理绥远城将军弘晌、归化城副都统善题为遵查绥远城同知宝书额征乾隆四十三年份浑津黑河庄头本色米石全完请销事》（乾隆四十五年二月二十日），《户科题本》，档案号：02-01-04-17132-006。
⑧ 《山西巡抚鄂弼奏》（乾隆二十七年正月十八日），《宫中朱批奏折》，档案号：04-01-01-0252-001。该奏折中称先有绥远城同知，而后有归化城同知，设置顺序颠倒，误。
⑨ 《清高宗实录》卷一三八，乾隆六年三月癸酉；《山西巡抚阿里衮题》（乾隆十年十二月初二日），《户科题本》，档案号：02-01-04-13824-006。
⑩ 《山西巡抚喀尔吉善奏》（乾隆五年九月二十六日），《宫中朱批奏折》，档案号：04-01-22-0008-033。

减从，带领吏件，亲诣尸所"，且当场验讯并将结果报知归化城同知。[①] 可见，协理通判虽非国家经制内的官员名称，但其在行政实践中具备了刑名和钱粮两项关键职责，"专司招垦，兼理刑名"，[②] 作为行政区划的实质已呼之欲出，只是还未有"合法身份"而已，这就为之后的归绥地区行政体制改革预示了方向：将非正式的行政体制制度化。

三 统合：归绥道与归绥诸厅体制的确立

归绥地区虽有分辖之态，分地治理，但行政体制并不合理。首先是管理民事的最高官员仅仅是同知而已，级别太低，责任过重；其次是虽有各协理通判，但毕竟不是国家经制官员，其选任与升迁均无章程可循，如司法案件，其程序就存在诸多困难。先是乾隆五年规定凡归化城、土默特等处蒙古盗案事件，由绥远城将军一并管理。蒙古民人交涉命盗案件，由山西巡抚主稿，并关会都统、将军。[③] 但问题在于这些司法案件一并由归化城理事同知直接交给绥远城将军和山西巡抚，体制上并不妥当，因同知和将军、巡抚级别相差太多。随着归绥地区移民的增多，蒙汉交涉事件剧增，设置一个新式的、较高级别的官员来统合，并成为上级的将军、巡抚与下级的同知、协理通判之间的枢纽变得十分紧迫，于是便有了归绥道的设置。乾隆六年山西巡抚与绥远城将军共同奏请：

> 以归化城地处塞外，庶务殷繁而地方政务，文武各有专责，不能相代为理，以刑名而论，则有夷汉交涉之人命奸拐等事，以钱谷而论，则又有丈量开垦积贮等事。前因绥远城未垦地亩前后查报不一，积年弊窦多端，必须地方文职大员协同稽察，业经具折奏请，委令雁平道商酌办理。但若遇公务，请委内地大员出口同办，不过权宜一时，究非常策，请于归化城添设巡道一员，将各同知、通判归其考核，口外一应刑名、钱谷政务俱督察办。[④]

道本来是省的派出机构，在明代时已广泛设置，但形态各异，既有分管数府的专辖道，也有专管某项具体事务的专业道。经过清初尤其是康熙六年的调整，道形成了以介于省与府之间的一级承转机构为主，以专业道为辅的基本结构，但通常不将其视作正式行政区划，对

---

① 《山西巡抚恒文题》（乾隆二十年十一月二十九日），《刑科题本》，档案号：02-01-07-05362-014。
② 《署理绥远城将军甘国璧奏》（乾隆五年二月二十八日），《录副奏折》，档案号：03-0737-005。
③ 《清高宗实录》卷一六四，乾隆七年三月丙戌。
④ 《绥远城建威将军补熙奏》（乾隆六年九月十九日），《宫中朱批奏折》，档案号：04-01-01-0062-024。

此，学界已有较多研究。① 但归绥道的性质显然与内地一般的道不同，其下属机构是同知和通判，一定程度上接近于"府"的功能但比"府"的级别又高，它又不简单属于省的派出机构，在归绥地区又具有准实体政区的性质，因此，归绥道属于道制在边疆地区的特殊形态。它的设置初衷就是要统合归绥地区诸多基层官员，将分散的、临时性的同知、协理通判全部归其考核，并负责刑名钱谷等政务的督办。

归绥道设置之后，面临的任务是复杂而艰巨的。一方面，作为山西省的派出机构，要协调绥远城将军、都统系统，也要统合同知、通判等山西省的文官体系，也要顾及蒙旗体系，其间又涉及汉民、蒙民不同的司法体系，调整的过程甚为复杂。

设置归绥道后，在当年年终山西巡抚喀尔吉善密陈口外归绥二城文武官员的奏疏中，对新体制显然较为满意，"归化、绥远二城设在口外，分驻重兵驻防，都统等官并设，建威将军统辖弹压，又设立蒙古民事同知一员，添设协理通判七员，复于绥远城设粮饷理事同知一员，又将巡察一员移驻绥远城内。本年复添设归绥道一员，所在文武大小员弁，星罗棋布，措置已极周密"。但也坦承所存在的问题依然非常突出，尤其是归绥道文员与都统、将军之间的矛盾，"至新设归绥道六格，初莅外任，因系监司大员，立意整顿，未免稍露棱角，而将军、都统皆指为奇异，交相指摘，其丞倅各员狃于习尚，又多仰承意指，是以嫌隙从此而生，外议乘机而入，无怪乎荆棘丛生，事件难办也"。② 这看起来是时任归绥道道员的六格个人与将军、都统之间的矛盾，实质上反映的是口外难以理顺的体制性冲突，特别是蒙汉两种体制之间的矛盾，就连乾隆皇帝都有耳闻，"朕闻绥远城、归化城两处将军大臣等，凡办理旗民交涉事件，每与文官拘执地界，互相猜疑，以致掣肘，案悬经年未结"。③

为继续完善口外体制，乾隆六年以后继续对口外的道厅体制进行了一系列调整，尤其是在司法审判及流程方面，可以看出清朝在边疆地区的行政建制最终奠定，是一个"摸着石头过河"的探索过程，起初并无"顶层设计"。以往对此研究虽较多，但因对档案利用不足，对道厅的职能转变关注不够，对若干环节的梳理尚有缺环。④

乾隆七年，正式确定归绥道的职权与行政流程。口外刑名案件，由协理通判—同知—

① 林涓：《清代"道"的准政区职能分析——以道的辖区与驻所的变迁为中心》，《历史地理》第19辑，上海人民出版社，2003；傅林祥：《清康熙六年后守巡道性质探析》，《社会科学》2010年第8期；周勇军：《清代地方道制研究》，博士学位论文，南开大学，2010；卢祥亮：《清代道的制度变革与地理要素研究》，博士学位论文，中国人民大学，2013。

② 《乾隆六年十二月十三日山西巡抚喀尔吉善奏》，《宫中朱批奏折》，档案号：04-01-13-0007-016。

③ 《清高宗实录》卷一五七，乾隆六年十二月辛亥。

④ 王澎《乾隆朝归绥地区蒙汉案件的司法审判程序初探》以刑科题本中的相关案件为线索，间接推断清朝在归绥地区涉及蒙汉案件的审理程序，未注意到乾隆时期直接规定归绥地区司法程序的奏折，《内蒙古民族大学学报》2017年第3期。梁潇文《清代归化城土默特地区二元司法审理模式的形成与变迁》较为系统地梳理了清初至乾隆二十八年归化城土默特地区从以蒙古都统为首的一元管理体制演变成乾隆二十八年"将军——巡抚"二元管理体制的演变过程。只是文章对乾隆二十八年以后的变迁并未涉及，同时对于之前二元司法审理模式形成过程中的某些环节有所缺失，见《中国边疆史地研究》2020年第3期。关于归绥道机构的变动，李治国《清代归绥道政府机构的变化发展》一文梳理较详细，《昆明学院学报》2014年第5期。

道员逐级审理，仿照各省州县府司体系，这里协理通判对应内地州县，同知则类似府的功能，而道员则接近于按察使司。"口外一应刑名、钱谷俱令督察办理，凡通判申报同知之事，同知转报该道覆勘明白，应归将军办理者，具报将军；应由抚司完结者，该道移会两司核转，应由都统报部者，该道会同都统联衔呈报。"①归绥道起到了起承转合的关键枢纽作用，向下统合协理通判与同知，向上依据行政事务的族属性质，分别转呈将军、都统、山西布政使司与按察使司。

但道员以上的命盗案件审转流程则出现了分歧。设置归绥道之前的乾隆五年刑部定：蒙古民人交涉命盗案件，由山西巡抚主稿，并关会都统、将军，三处核拟，显然效率不高。改设归绥道之后，山西巡抚表示他对于口外情况并不了解，且由口外再转至山西省城，鞭长莫及，故请求归绥道嗣后就近全归将军或竟归都统就近咨题完结案件。绥远城将军则不同意，他提出所谓盗案归将军管理，只是就蒙古盗案而言，至于"夷汉交涉盗案"则不在其中，而巡抚有统理封疆重任，按察使司有刑名专责，不宜交给将军管理，不唯与原例不符，且可能因为武职不谙律例而导致贻误。②这也充分体现出无论是绥远城将军还是山西巡抚，并不想接手口外的蒙古民人刑名案件审转并试图相互推诿，同时也体现了由于族群杂处，军政有别，体制复杂给归绥地区行政体系的运作带来的莫大困难。这一争议经大学士鄂尔泰等议覆，最终的结果依然是维持了先前的状态，蒙汉交涉案件仍统归山西巡抚审转具题，"口外归化、绥远二城，应照内地之例，凡巡道、同知、协理等官，承办案件，有应查取职名者，均归巡抚，以一体制。毋庸将军查处。应如所请。从之"。③乾隆十年时又定命盗案件，如犯人为蒙古或蒙古民人同为凶盗，"俱令同知招解归绥道，由都统审定，移臬司详抚具题"，而不与民人相关的命盗案件，则"由同知解道，会同都统覆审报部"，不再经山西方面。④为防止文武之间的对立，乾隆十一年经山西巡抚阿里衮奏请，将归绥道加兵备衔并稽查靖远营，⑤其官衔也变为"总理旗民蒙古事务分巡归绥兵备道"。⑥

至于归绥道之下的行政体制要更为混乱。七处协理通判在审理案件时，本来就因审理对象不同而程序有别，"七处协厅系自雍正元年以后陆续增添经管事务，实与州县相同，只因地连蒙古，所以遇有蒙古、民人交涉命盗事件，例报将军、都统派委旗员会同该协厅审拟招解，归化城同知审转，由归绥道核明移咨、按察司具详、巡抚核题。至于民人命盗等案，并无蒙古干涉者，令该协厅勘验通报之后，解犯进口，由朔平府派委所属州县，另行□限审

---

① 《山西巡抚喀尔吉善、绥远城建威将军补熙奏》（乾隆六年），《宫中朱批奏折》，档案号：04-01-12-0022-017。
② 《山西巡抚喀尔吉善奏》（乾隆七年三月十二日），《宫中朱批奏折》，档案号：04-01-01-014-1376。
③ 《清高宗实录》卷一六三，乾隆七年三月丙戌。
④ 《清高宗实录》卷二三七，乾隆十年三月戊戌。
⑤ 《山西巡抚阿里衮奏》（乾隆十一年七月），《录副奏折》，档案号：03-0083-060。
⑥ 《山西巡抚爱必达题报归绥道加衔兵备请准换给敕印》（乾隆十二年二月七日），《内阁大库档案》，登录号：028816-001。

解府司核详"。如是蒙古、民人相关案件，则土默特旗员会介入并由归化城同知审转。但如是纯粹的民人事件，则由临近的山西省朔平府委派州县官员审解。乾隆十六年因这种审理程序"验报者一官而承审者又一官，不特与通行经制未符，且与添设归绥道原议亦未尽合"，奏请"嗣后七协厅民人命盗等一切问拟案件俱照直隶热河、八沟例责成各该协承审，就近招解归化城同知审转，由归绥道覆审，移解按察司审详巡抚，分别题咨，毋庸解送朔平府委员承审，则与通行之成法划一"。① 此时，归绥道—归化城、绥远城同知—七协理通判的体制才最终形成。直到这时，山西朔平府才彻底从口外的管理体制中退出，归绥道完成了对归绥地区司法权限的整合。

由于理顺了行政关系，七处协理通判逐渐开始具备类似内地州县官的功能，一个标志性事件是乾隆十三年协理通判被纳入官员大计考核之列。在此之前协理通判"按照在京笔帖式办理"，可在京缺中流转，但无法题补道府州县官，这就意味着协理通判仍属于在京官员的临时外放，而不属于地方官的序列，直到乾隆十三年"据各协理通判呈称：伊等现办地方事务，与内地州县相等，请照州县之例一体考核"。② 至此，协理通判已无限接近于州县的功能，次年又规定七处协厅的笔帖式见都统的礼仪遵照州县见督抚礼执行。③

乾隆二十五年时，"名不正言不顺"的各协理通判最终被改为理事通判或同知，这被称作"更定口外归化协厅官制职守"事件。

> 从前陆续增设协理通判时，亦止就时论事，未经通盘筹计，经管地方之广狭，地亩钱粮之多寡，俱未衡量均调，如清水河一协厅，岁征钱粮至一万有奇，萨拉齐一协厅并无丝毫钱粮，至协理笔帖式虽改为协理通判，既非实在职衔，无升转之路，又例不入计典举劾，虽庸劣败检之员，自可随时参劾；而激劝之方未备，中才皆不知奋勉。且由部院笔帖式补放，内中固有通晓清文、蒙古，明白干练之人，其平庸者往往于钱粮、刑名事务茫然不解，且有但谙清文而于汉文不甚通晓者，该衙门所理民人命盗重案全系汉文，尤多未谙。④

乾隆二十五年前归绥地区的体制主要存在两大弊端：一是"协理通判"属于临时性建制，既然清廷打算在归绥地区实行稳固长久的治理，那就必须将其改变为"经制"内的官员，既便于选拔升迁，也便于考核；二是语言始终是归绥地区行政体制设计的重要考量因素，因其事关汉民之间及蒙汉之间交涉，故蒙古文及汉文均需熟悉。乾隆二十五年，清廷对

---

① 《护理山西巡抚朱一蜚奏》（乾隆十六年二月二十九日），《宫中朱批奏折》，档案号：04-01-01-0206-004。
② 《山西巡抚准泰奏》（乾隆十三年闰七月二十六日），《宫中朱批奏折》，档案号：04-01-12-0060-007。
③ 《礼部尚书海望题本》（乾隆十四年十二月十六日），《内阁大库档案》，登录号：051246-001。
④ 《山西巡抚鄂弼奏》（乾隆二十五年八月初七日），《宫中朱批奏折》，档案号：04-01-01-0238-005。

归绥地区的治理做出重大调整，原有七处协理通判，一律改为通判，颁给关防，其员缺补放由部院拣选，请旨补放，这样从来源上提高了归绥地区基层官员的素质。同时，将善岱协理通判、昆都仑协理通判裁撤，最终确定为归化城厅、和林格尔厅、萨拉齐厅、清水河厅、托克托厅五通判，统于归化城同知，而最终统于归绥道。从这时起，山西口外诸厅长官名称被确定为理事通判，权限上兼有刑名钱粮，具备了"厅"的所有条件，且具有了以厅的主官的身份正常升迁的途径，这时口外各理事通判所辖之地才可以被确认为是政区性质的"厅"，而就在此后一年的《清实录》中，第一次出现了"归化城厅"的称呼。以往众多著作或论文中所称的所谓雍正元年置归化城厅或乾隆六年置归化城厅等观点，均非对清代制度的正确解读。

这次仍未调整到位的重点在于归化城通判与归化城同知的职能重叠，且由通判而同知再到道，中间层级的削减也是下一步要调整的。乾隆二十九年即考虑到"多此同知一层核传而事务未免不能与别属一体迅速也……窃思同知与通判官阶同属厅员，原无表率之责，而该同知又别无专办之事，止不过遇事核转而已"，故裁归化城通判而以归化城同知治。① 如细致考辨的话，可知乾隆二十五年至二十九年，"归化城厅"实际指的是归化城理事通判厅，此时归化城理事同知是介于五处通判厅与归绥道之间的承转机构，直到乾隆二十九年以后，"归化城厅"才可以名正言顺地指归化城理事同知厅。

乾隆二十五年对于命盗审理程序也有了新的重大变化，札萨克会审制度取消，② 具体变化详细如表1。

表1

案件对象	乾隆二十五年前	乾隆二十五年后
民人之间	协理通判—同知—归绥道—山西省按察使司—山西巡抚—刑部	通判—同知—归绥道—山西省按察使司—山西巡抚—刑部
蒙古之间	外藩札萨克派员，会同协理通判审理—同知—都统、归绥道会审—刑部	通判验讯—由都统就近派委土默特佐领与同知会审—都统、归绥道会审—刑部
蒙古民人之间	通判行文外藩札萨克—都统各委员至同知处会审—同知转解归绥道、都统会审—山西按察使司—山西巡抚、将军、都统—刑部	通判验讯—都统委派佐领与同知会审—同知转解归绥道、都统会审—山西按察使司—山西巡抚、将军、都统—刑部

乾隆三十年时再次简化蒙古民人交涉案件的程序，同知转解归绥道与将军勘审后，直接由道移臬详抚具题，不用再咨都统。③ 以乾隆三十年萨拉齐厅蒙古公格因争租伤毙汉民郭

① 《山西布政使文绶奏》（乾隆二十九年七月二十五日），《录副奏折》，档案号：03-0052-053。
② 《清高宗实录》卷六一四，乾隆二十五年六月癸未。
③ 《清高宗实录》卷七四二，乾隆三十年八月乙巳。

玉尧案的刑科题本为例，该案的审理流程是：萨拉齐厅属包头村甲长魏敏报案至萨拉齐厅通判，随后萨拉齐厅通判福庆带领吏员仵作前去验尸并审讯相关人等，"申请将军委员定期会审"，之后将军委派骁骑校温独尔户前来会审，因殴伤事件发生于蒙古地方，"例应依蒙古律问拟"，拟"绞监候"，此后该案"由道司核转"（即归绥道、山西按察使司），到山西巡抚彰宝处，彰宝又题请三法司核覆施行。①

至此，归绥诸厅体制大体确立并延续至光绪时期，唯一重大变化在于同治四年萨拉齐厅因政务纷纭，由理事通判厅改为理事同知厅。②由此归绥地区形成了旗民分治又合治的局面。蒙民归旗，汉民归厅，遇到蒙汉交涉，旗厅会审，归绥道在其间发挥了关键性的弥合作用。

这里有一个问题在于绥远城理事理饷同知的性质，以往有著作将其视作"绥远城厅"，作为带有政区性质的行政实体，是不准确的。该同知主要承担粮饷任务，有学者将其视作"将军属下一个颇为重要的粮银出纳会计机关。其性质很象近代部队里面的军需处"。③嘉庆《大清会典》中明晰了什么是厅："凡抚民同知、通判，理事同知、通判，有专管地方者为厅。其无专管地方之同知、通判，是为府佐贰，不列于厅焉。"绥远城理事理饷同知显然不具备上述标准，《绥远通志稿》说得非常明白："绥远城内专管粮饷之理事同知。但称粮饷厅，不在十二抚民之数。"④且绥远城粮饷同知所管的乃是"归化城等五厅每年征解土默特厂地租银"，相当于归绥道之下的钱粮总汇之地。但绥远城也不是完全不涉及司法案件，"绥城命盗各案付粮饷同知承审谳具，由军府覆审，其重案分别奏闻。至旗汉交涉事件或旗汉相戕，统由归化厅官讯鞫"，⑤也就是说该同知的司法职能只限于绥远城驻防城内的命盗案件，类似于江宁城等驻防理事同知的功能，但显然并非政区性质。清代文献、⑥今人著作包括《中国历史地图集》将其当作带有政区性质的"绥远城厅"，是不准确的。

四 兼辖：归绥三厅与准噶尔草地的"辖而不管"

归绥诸厅与土默特旗的辖境是基本重叠的，属于双头管理，依据族属不同而实行不同的行政体制，相当于旗厅并治。《中国历史地图集》在山西和内蒙古图中对这一地区采用了

① 《大学士管理刑部事务刘统勋、刑部尚书舒赫德题为会审山西萨拉齐蒙古公格因被争租阻耕起衅伤毙郭玉尧案依律拟绞监候请旨事》（乾隆三十年十二月十三日），《刑科题本》，档案号：02-01-07-06058-006。
② 《护理山西巡抚王榕吉奏》（同治五年正月二十五日），《宫中朱批奏折》，档案号：03-4620-126。
③ 荣祥、荣赓麟：《土默特沿革》（征求意见稿），内蒙古土默特左旗印，1981，第46页。
④ 绥远通志馆编纂《绥远通志稿》第1册，远方出版社，2008，第66页。
⑤ 《绥远志》卷五上《经政略·五司所职总记》。
⑥ 如《嘉庆重修一统志》卷五《沿革》："绥远厅，朔平府西北三百七十里，驻杀虎口外。"乾隆元年置理事同知一员，库大使一员，隶归绥道。

"两见"的办法同时绘出其建置与辖境，是合理的。

可是，在与光绪《山西通志》配套的《山西疆域沿革图谱》所附山西地图中，我们见到几张稍令人感到诧异的地图，分别是《萨拉齐分管地》《托克托分管地》《清水河分管地》《偏关县分管地》《河曲县分管地》。后二者与归绥诸厅无关，暂不讨论，此处只谈前三幅。

这些"分管地"均不在《中国历史地图集》所绘归绥诸厅的辖境范围之内，而是属于鄂尔多斯左翼两旗的地界。无独有偶，在台北"故宫博物院"所收藏的《山西省舆地图说》中也收录了三幅类似的地图，图名分别是《托克托城兼辖准噶尔地界图说》《萨拉齐厅兼辖达拉特地界图说》《清水河厅兼辖准噶尔地界图说》。

三厅虽兼管准噶尔地界，但保存至今的山西清代地图基本都没有将其绘入山西省的范围，可见只是"兼辖"而不将其视作山西省的地界。这三处为何进入三厅的管辖范围？其性质又是什么，因相关史料不多，前人多未寓目。

道光《河曲县志》中有一段记述，阐明了这一特殊管理形式的由来：

> 蒙古草地案件，向系陕西办理。因近河，蒙民交涉之案，每就近赴河东呈报山西厅县代为讯办，以后陕省遂相推诿。乾隆四十八年经各宪详定界限，自河岸以西五十里至十里长滩，归河曲管理。遇有呈报蒙民交涉案件，先详请神木部院，饬准噶尔贝子委蒙员押解蒙人来河曲，会同审办，遂为定例。[①]

道光《神木县志》更加清晰地记载了陕西北部沿长城一线准噶尔草地的蒙民交涉案件的地界划分，"内有民人交涉者，则归理事同知或地方官会办，若命盗重案，则专归知县验讯，会同蒙员理事同知复审，详解该管巡道、理事司员会勘，报部完结。……准噶尔……北归山西托克托城、偏关、河曲分管……杭锦一旗、打拉忒一旗均归山西萨拉齐厅分管"。[②]

上述文献中，"神木部院"指的是驻扎在神木的理事司员。该司员设于康熙六十一年，与康熙四十一年设立的宁夏司员一起管理鄂尔多斯六旗蒙古民人事务，其后又设立宁夏、神木、安边等理事同知作为辅助，大体都由陕西办理。只是鄂尔多斯辖境广阔，最东边的区域与山西接壤，故而道光《河曲县志》中有"每就近赴河东呈报山西厅县代为讯办"的说法。

山西三厅两县所管准噶尔地界，虽有协助审理民人案件的功能，但其性质与厅县本辖地域自有不同，《清水河厅》曾专门辨析称："河西一带系准噶尔游牧草地，清厅辖而不管。"[③]"辖而不管"是这一区域三厅的真实管理状态，而这些兼管地界并不应直接绘入清代山西的区域范围内，至少应当明确其"兼辖"性质，而与厅县本辖区域区别开来，《山西近

---

① 道光《河曲县志》卷四《河曲兼营蒙古地界》。
② 道光《神木县志》卷二《舆地下》。
③ 光绪《清水河厅志》卷二《疆域》。

现代史地图集》将其绘入归绥诸厅地界，恐当调整。

从这一权宜之计不难看出对整个长城沿线蒙汉交界地带，清朝始终采用的是因地制宜的模式，且这一治理模式更多是被动因应，而非主动求变，故山西、直隶北部与蒙古交界地带采用了厅这一固定体制，而陕西北部与蒙古交界地带则仅以沿边厅州县进行有限的兼辖治理，无论是行政建制还是管理权限均带有极强的临时性。

到了清中期以后，除了这些"辖而不管"的分辖地，归绥诸厅司法管辖范围早就超过了土默特和察哈尔右翼的范围，而囊括了临近其他内蒙古盟旗，这点尚未引起足够注意，这也代表着汉人移民的范围已扩展到了更广阔的蒙古地界，但还未到要专门设置行政治所来管辖的地步，故将其权且交给临近的归绥诸厅来兼管，实属"权宜之计"。咸丰年间时任归绥道员的钟秀在《查复各厅地方情形禀》中提到，清水河、托克托城两厅"分管准噶尔一旗"，归化城厅"兼管四子部落、茂明安、达尔汉三部"；萨拉齐厅"兼管乌拉特东西中三公、达拉特、贝子、杭锦、郡王等五部"，"各厅辖境数百里之外，兼管外藩，遇有命盗等案，亦归勘验"。①

五　抚民：光绪十年归绥诸厅改制后的性质

对于晚清归绥地区而言，重要变化是归绥五厅体系被打破，光绪十年丰镇厅、宁远厅由大同府改隶归绥道，变为七厅。更重要的变化在于原本归绥诸厅长官皆为理事同知或通判，至光绪十年全部改为抚民同知、通判兼理事衔。光绪二十九年以后，又陆续增设了兴和厅、陶林厅、武川厅、五原厅、东胜厅，变为十二厅。这一变化背后所体现的族群关系、土地结构的深层次变化，前人讨论已较多，②此处只从厅的性质入手来讨论。

由理事厅变为抚民厅，在厅制上的重大变化在于厅的长官同知、通判选任的区别。就清朝制度而言，理事同知于雍正七年定为从各部"中书、小京官、笔帖式"中拣选，③自乾隆五年定为在"各部院满洲蒙古主事、小京官、笔帖式"中，"拣选通晓汉文，熟习蒙古字话"的贤能之员，④且理事同知只能升为京职，无法在地方迁转，基本属于与京职之间的封闭流动。由于选择面过窄，多无地方行政经验，而理事同知、通判所辖又往往是地方形势极其复杂的地域，其行政素养难以满足治理需求。咸丰年间时任归绥道员钟秀就提到，"边外之难治，值近日之情形，自非精明谙练、通权达变之员，鲜克有济，而各厅多由京外笔帖式简补，与各

①　咸丰《古丰识略》卷三三《人部·艺文上》。
②　如乌云格日勒《口外诸厅的变迁与清代蒙古社会》，《山西大学学报》2007年第2期等。
③　《清世宗实录》卷八五，雍正七年八月丁未。
④　《清高宗实录》卷一二四，乾隆五年八月丙午。

省抚民、抚彝同知曾任州县者有别……口外治理未能日见起色者，殆由于此"。① 在光绪八年张之洞奏请归绥改制的奏疏中提到，"丰镇、归化、萨拉齐三同知缺向例于理事同知、通判中升调"，宁远、清水河、和林格尔、托克托等四理事通判缺于"俸满笔帖式"中请补，但"大率此项人员在各部院中原非上等出色之选，其才具固非绝无可造而不能通晓政体者居多"，② 改为抚民同知或通判后，则可参考直隶口北三厅例，"满汉统用"，"新改七厅抚民同知缺出，应先尽实缺同知、直隶州及实缺州县中保以同知、直隶州在任候补者请调请补……遇有新改七厅抚民通判缺出，先尽实缺通判及知县中保有升阶者请调请补"，"但须人地相宜，不拘满汉"，着重强调了人才选拔范围的扩大及主政一方特别是有任职实缺知县的经验。③

其次，张之洞奏请改理事为抚民，还怀有另一为计深远的意图。所谓"理事"，其实重心在于强调少数族群的分布及其优势地位，清朝全国几乎所有的理事同知或通判都与旗汉问题有关，而"抚民"一词强调的是以"民"为主，相当于承认了汉人的主体性。这在张之洞归绥地区厅制改革的奏疏中被列为重要一条，"户籍宜编立"。光绪十年前来归绥生活的汉民是寄籍的"客"，而蒙古人为土著，"租户俱自远来，岁收偶遇歉薄，辄卷席逃遁，无籍贯可考，无家属亲族可追，与土著居民编立户口，由近及远，都累都，甲累甲者迥别"。④ 此次改革要将汉民正式编立户籍，相当于承认其定居的合法性。这当然就引起了蒙古方面的强烈不满，绥远城将军丰绅、归化城副都统奎英上疏反对，为此光绪十年时张之洞专门反驳，直指蒙古方面的反对，"非惧客民占其地，实惧蒙官失其权耳"，进而直率地提出"土默特蒙古自命外藩，欲私分土"。⑤ 最终朝堂争论的结果，以张之洞的意见被接受告终，而寄民落籍与理事厅改抚民厅一样，对归绥地区的历史进程产生了深刻的影响。⑥ 表面上看来，厅的建制与辖境未发生变化，但从理事到抚民，实际上已蕴含了要逐渐改变旗民分治的可能方向。

清代的厅分为直隶厅和散厅，前者属于府级单位，直属于省，而后者属于县级单位，属于府。对于全国内地大部分地区而言，厅属于直隶厅或是散厅都是明确的，可是比较特殊的地方在于山西、直隶与内蒙古交界的归绥道、口北道所辖诸厅。由于该地未曾设置过府县，而是直接由道来管辖厅，它的性质就与内地一般的或属于省或属于府的厅不太相同。

在光绪十年以前，归绥诸厅属于归绥道——五厅的体制。按照嘉庆《大清会典》的记载，直属于道的厅为散厅，实际上是将道视作一个大府。⑦ 在嘉庆《大清会典》中逐一列出

---

① 咸丰《古丰识略》卷三三《人部·艺文上》。
② 张之洞：《请变通边情折》（光绪八年七月二十九日），收入《张文襄公奏议》卷五《奏议五》，《续修四库全书》第510册，上海古籍出版社，2002，第197页。
③ 张之洞：《筹议七厅改制事宜折》（光绪九年九月二十九日），收入《张文襄公奏议》卷六《奏议六》，第213页。
④ 咸丰《古丰识略》卷一九《地部·田赋》。
⑤ 《山西巡抚张之洞奏》（光绪十年三月二十六日），《宫中朱批奏折》，档案号：04-01-30-0213-006。
⑥ 关于寄民落籍的争论及其影响，可参晓克主编《土默特史（修订版）》，内蒙古大学出版社，2018，第218—220页。
⑦ 傅林祥曾提到归绥道员与归化城理事同知、绥远城理事同知共同组成一个行政机构（政府），归绥道成为兼具道、府双重功能的特殊政区，见《清代地方行政制度专题研究》，博士学位论文，复旦大学，2010，第112页。

了这些厅的名称。

> 理事、抚民有专管地方之厅，或属于府，或属于道，或属于将军。……直隶口北道属张家口厅、独石口厅、多伦诺尔厅三人；吉林将军所属吉林厅、伯都讷厅二人；山西归绥道归化城厅、大同府属丰镇厅；伊犁将军所属理事厅三人，均为理事厅同知。……吉林将军所属长春厅四人；山西归绥道属和林格尔厅、托克托厅、清水河厅、萨拉齐厅，朔平府属宁远厅五人，均为理事厅通判。①

到了光绪《大清会典》，其记载类似，在散厅部分写道，"厅同知通判，或属将军，或属道府"。在《中国历史地图集》标注年代为嘉庆二十五年的山西图中，归绥道所属的五厅均是按照散厅也就是县级单位来处理的，这是正确的。相反，赵泉澄《清代地理沿革表》中将归化城直隶厅的设置系于乾隆六年，将萨拉齐、清水河、和林格尔、托克托城均视作直隶厅且系于乾隆二十五年，是将道所辖的厅视作直隶厅，且归化城直隶厅的设置也以归绥道的成立为标准。②牛平汉《清代政区沿革综表》的结论与赵泉澄相同，显然也认为厅直属于道就是"直隶厅"。③以上认识与《大清会典》所载制度相违。

光绪十年，归绥诸厅由理事厅变为抚民厅。如前所述，其实质意义在于厅的长官由理事同知或通判改为了抚民同知或通判，而归化城厅、萨拉齐厅、清水河厅、托克托厅、和林格尔厅行政隶属关系仍然是归绥道，行政流程亦未发生变化。只有丰镇厅、宁远厅因是从大同府、朔平府所属而改，原为散厅，故有的著作将其视作一次升散厅为直隶厅之举，当然，这一说法如果被认可的话，它的前提是归绥道所属的一定是直隶厅。

史籍的记载就此出现了差异。部分文献将理事厅改为抚民厅看作一次职官的变动，而厅的性质未变，仍为散厅，如光绪《山西通志》记述："光绪十年，以大同府分防丰镇厅之理事同知、朔平府分防宁远厅之理事通判来隶，自绥远城设理事同知仍故制外，并改为抚民厅兼理事。于是归绥道领抚民同知厅三、抚民通判厅四：归化城同知厅、萨拉齐同知厅、丰镇同知厅、清水河通判厅、托克托通判厅、宁远通判厅、和林格尔通判厅。"④有的文献将此时的归绥诸厅视作直隶厅，一份是张之洞的奏折，光绪九年九月二十九日《筹议七厅改制事宜折》中明确提到，"归化、萨拉齐二缺均应定为冲繁疲难直隶厅抚民同知兼理事衔边外最要缺；丰镇厅东界张家口，错处察哈尔，大同门户，牧厂环列，流民屯聚，亦多洋务教堂交涉，应定为繁疲难直隶厅抚民同知兼理事衔边外要缺"，但宁远厅、托克托厅、和林格尔厅、

① 嘉庆《大清会典》卷四《吏部》。
② 赵泉澄：《清代地理沿革表》，中华书局，1955，第53—55页。
③ 牛平汉：《清代政区沿革综表》，第46—48页。
④ 光绪《山西通志》卷三〇《府州厅县考八·归绥道》。

清水河厅则未称"直隶厅"；[①]一份是《清国史·地理志》，《清史稿·地理志》将归绥十二厅均定为直隶厅，这一说法也为很多研究清代行政区划变迁的学者所继承。

可是，上述材料也有可疑之处，一是张之洞奏折中，对口外七厅进行了区分，只有归化城厅、萨拉齐厅、丰镇厅明确写了是直隶厅抚民同知，而托克托、和林格尔、清水河、宁远厅则只简单称为抚民通判而已。而七厅均属于归绥道下辖的平行单位，不可能存在层级上的差异；二是《清史稿·地理志》定本中的确将口外诸厅处理为直隶厅，并成为今人著作中将光绪十年改制后的归绥诸厅定为直隶厅的主要史料来源，可是在台北故宫博物院所藏的《清史稿·地理志》初修稿本中，归绥诸厅均为散厅，且该部分是由山西人田应璜所作；[②]三是与归绥地区相关的纂修于清末民国初年的志书中如《绥远志》《绥乘》等，也包括清末各年《缙绅录》，迄今未见明确称其为直隶厅者。[③]

遇到这样史料记载有冲突之处，以往的思考路径似乎陷入一个非此即彼的死胡同，即一定要在直隶厅和散厅之间决定何者是正确的，何者是错误的。笔者从归绥地区实际行政运行的角度来看，直隶厅与散厅之间截然的划分在内地省份才存在，而在归绥这样的边疆地区，此二者之间的区分是无足轻重的。

所谓直隶厅或是散厅，其长官的品级是相同的，并不因是直隶厅而略高一级，也不因是散厅便低人一等，唯一的差别在于行政流程上，即直隶厅对接的是省级单位，而散厅对接的是府级单位。对于归绥地区而言，上述对接并没有太大意义，因为无论是改制之前的理事厅或是光绪十年以后的抚民厅，其上级机关始终是归绥道，口外诸厅始终是归绥道下的一级行政单位，这一点没有发生任何变化。从这一角度而言，无论是称其为直隶厅或是散厅，对于归绥地区的行政体制而言，没有任何不同，也许这正是清代文献记载比较随意的原因，以往我们非此即彼的硬性择取而未去疏通史料反而离开了历史的真实状态。

与归绥道类似的道直辖的厅的情况还有直隶口北道下辖的张家口厅、独石口厅、多伦诺尔厅，在《清史稿·地理志》中被记录为直隶厅，但在嘉庆和光绪《大清会典》中均被记录为散厅，与归绥诸厅的记述方法完全一致。

六 建省：蒙汉合治的新尝试

归绥地区旗厅并制的局面，《绥远通志稿》称其"颇与隋唐胡州郡县间立之形势相类

---

① 《张文襄公奏议》卷六《奏议六》，第212页。
② 台北"故宫博物院"藏民国清史馆文献稿本，收藏号：205000684。
③ 可参杨帆《清代归绥诸厅性质刍议——以相关方志、政书为中心》，《理论界》2010年第7期。

焉。"① 二元体制也导致了蒙汉之间的摩擦不断，给归绥地区的管理带来了不少难题，诚如清末姚锡克在《筹蒙刍议》中所言："同立于一土地之上，而区别两种人民，受治于两种官吏，非特五洲万国，无论本国属地，无此办法，且畛域区分，势必猜疑互起，讼狱繁兴，迭起愤恨。……我朝龙兴，建为藩卫，设理事丞倅，以绥蒙汉。嗣以汉民出关佃种者多，乃分立州县，以理讼狱。然有治侨寓汉民之权，而无治各旗蒙古之权，亦无辖蒙古土地之权。"更糟糕的是，归绥十二厅"隶于归绥道，而内辖于山西巡抚，外辖于归化城将军"，② 东四厅丰镇、宁远、陶林、兴和又受辖于察哈尔都统，一直到民国初年厅改为县以后仍然如此，"行政权之管辖，却分寄于二省，此固不能不谓之畸形病态也"。③

在包括归绥在内的蒙古区域建省，在清末已有了较多议论。④ 这次建省，无疑是近代面临西方列强压力下，试图以郡县取代被称为"分封"的藩部体制的又一实验，新疆的建省无疑提供了一个样本，其后关于青海、蒙古建省的议论又层出不穷。如果说以往边疆地区的改制可以被视作由于民族融合而逐渐实现的政区形式自然转换的话，清末边疆设省的实践受到边疆危机这一外来因素的影响更大，故与之前被动缓慢地推进行政体制改革不同，此时向边疆推动建省或郡县化改革的进程要急迫得多，也要动荡得多。

对于俄国人对蒙古地区的觊觎，国人早有注意，到了晚清则更甚。光绪二十七年贻谷奏请晋边蒙地开垦，一方面是为开拓利源以弥补清政府财政负担，⑤ 另一方面也是为巩固边疆起见。光绪二十九年《大陆报》刊文指出"即蒙古亦且视如囊中物，中政府虽欲为剜肉医疮之计，其可得也耶"，⑥ 倍感忧心。此时渐有在蒙古改省的呼声。光绪三十二年一位黑龙江知县上万言书，建议将内蒙古分为两省，东四盟以承德府为省会，置东蒙省；西二盟以绥远城为省会，置西蒙省；外蒙古则分为三省。⑦ 当年底即传出"政府议划辽河以西东部蒙古合为北直隶省，归袁世凯兼辖；又议分满洲为二省，以徐世昌为总督"的传闻。⑧ 光绪三十三年又释放出政府"将蒙古改设行省，并将内地旗民移植口外兼营屯垦，以固变圉而杜觊觎"。⑨

在中央一级，对蒙古是否建省也一直犹豫不决，光绪三十三年时政务处大臣左绍佐、岑春煊所上统筹西北全局折中，筹划西北设省，从热河、察哈尔及绥远三处入手。到了宣统二年政务处会议上，蒙古建省之议暂停。据当时报道，主张速改行省者占多数，但理藩

---

① 《绥远通志稿》第1册，第69页。

② 姚锡克：《筹蒙刍议》，远方出版社，2008，第39、41页。

③ 《绥远通志稿》第1册，第70—71页。

④ 有关建省的议论，可参乌云格日勒《清末内蒙古的地方建置与筹划建省》，《中国边疆史地研究》1998年第1期。

⑤ 张世明：《清末贻谷参案研究》，《中国人民大学学报》2014年第4期。

⑥ 《中国纪事：俄人之经营东三省及蒙古》，《大陆报》1903年第8期。

⑦ 《蒙古：改省之区划》，《广益丛报》1906年第123期。

⑧ 《电报一》，《时报》1906年11月1日。

⑨ 《蒙古改省续闻》，《广益丛报》1907年第151期。

院尚书寿耆建议暂停并得到载沣的认同，其理由是蒙古"突改行省则更张纷纭，必酿乱机。且改行省之后办事人员非通蒙古之文言习尚，则无从入手，故又须培植蒙古学问，人材足资应用后，再建行省，则办事自能井然有条，不至有纷扰之弊"，时人感慨："以蒙治蒙即可，何急急学蒙人也。此老误事矣！"[①]宣统三年理藩院尚书善耆视事后，蒙古改省之议重新进入视野，[②]同年又传政务处议订蒙地改编行省草案，以内蒙古六盟为一省，外蒙古则分为两省。[③]

不过建省的意义不仅在于高层政区从藩部转化为行省，抛却名称的差异，绥远城将军一定程度上所起到的正是与"总督巡抚"类似的功能，这是最容易通过官员任免加以实现的，真正困难的地方也是最重要的在于基层政区，也就是厅和旗这一层次上如何统合。当时的绥远城将军贻谷已在密奏中提及了郡县与蒙旗二元体制的深刻弊病：

> 今第就绥远情形论，以言管辖，蒙旗为将军之属部而非将军之领土。……交涉两难之时，土客之势相倾，是非之真莫辨，劣蒙莠汉勾串为奸，往往厅署不能自主。其应理之事旗署不能自制，其受治之人责无所专，词有可诿，无怪讼案无结时，盗案无获期，命案无信谳。

> 建省之议，已无可疑，且建制之所关，固不仅在此数端已也。自来行法在得人，然莫患于事权之不一，筹边无善策，然莫要于远近之相维。[④]

贻谷显然看到了归绥二元体制内在的困境，而希冀通过建省达到"蒙汉合治"，而合治的方式不是以"封建"替代"郡县"，而是要推进完全的郡县化。姚锡克在《筹蒙刍议》中直接提出了建省的方向就是"易为完全无缺郡县制度，非收回各札萨克土地人民之权不可"，且"不论蒙民汉民，同受治于地方官"，在此基础上，"如新疆开设行省成法，将热河、口北两道所辖二府三厅六州县益以迤北境地，画至外蒙古南界止，西循三厅边境，顺山河天然形势，亦北指外蒙古为西线，别设直隶山北行省以资控制"。[⑤]显然，要以厅县体制彻底取代蒙旗体制。

但终清一代未能完成蒙古建省的使命，直到民国三年，绥远、察哈尔、热河才被设置为特别区，至1928年建绥远省、察哈尔省、热河省，只是该三省亦未存在太久。

---

① 《蒙古暂停建省》，《丽泽随笔》1910年第1卷第10期。
② 《蒙古改省之议复活》，《新闻报》1911年10月7日，第6版。
③ 《蒙古将改为北三省》，《广东劝业报》1911年合订本，第109期，第73页。
④ 《绥远城将军贻谷奏》（光绪三十三年八月初六日）《宫中朱批奏折》，档案号：04-01-01-1085-056。
⑤ 姚锡克：《筹蒙刍议》，第33页。

余 论

中国历史上，国家的建设与发展伴随着郡县制的扩张，郡县制既有内部发展，也即新设县治，谭其骧先生以地区开发之说来解释新县的生成早已为人所熟知；[①]也有外部发展，也即是朝向边疆地区逐步扩大郡县建制，但往往并非一步到位，而是渐进式的。如果翻看历代行政区划中那些同级政区中的特殊设置，往往有一些政区形式具有"边疆性"和"过渡性"的双重特征，如秦汉的道，唐宋的羁縻府州，明清以来土司政区等。以特殊建制的政区类型作为郡县设立前的过渡阶段，既是在经济和社会结构迥异的区域不得不以"一国多制"的形式以满足现实治理的需求，但同时也具有"过渡性"特征，其终极指向是郡县化。

清代山西北部归绥地区的制度演进正提供了一个极好的边疆地区郡县化的案例。在清代行政区划所称的"府厅州县"中，"厅"在边疆区域正充当了郡县化的过渡性工具，光绪末年的岑春煊对蒙部变通官制的阐释证明了这一点："蒙旗及土司等应办垦矿林渔地方及向有司员、粮员，可设民官者，拟照国初九边及山西、甘肃边厅办法，多设道厅，俟地辟民聚后，再改州县，一以重边吏之事权等威，一以免蒙部之疑沮。"[②]清廷通过稳健的政策来推进蒙古地区郡县化进程，这一过程是渐进式的，有效避免了激进改制带来的与蒙部冲突的可能。

只是"郡县化"虽是终极走向，但过程并非是直线式的，它同样受到区域社会历史进程的制约，甚至"郡县化"未必是朝廷的有意设计，而只是随着时势发展所带来的自然结果。以归绥地区来看，郡县化的起始条件是汉人移民的进入，原有的蒙旗无力管理，虽清廷施行"封禁"政策，但无力阻止这一历史进程，故产生了设官管理的需求，雍正元年于此设立归化城理事同知，以之管理蒙汉交涉事件，与其说这是蒙古"封禁"政策的一环，毋宁说以一种隐晦的方式默认了汉人移民的现实，并由此造就了旗厅并立的基本格局。

不过旗厅二元管理体制虽适应了蒙汉杂处的现实，但也带来了不可克服的管理难题，于是清廷继续通过行政体制的整合并逐渐朝向一体化方向发展，乾隆六年"归绥道"的设置是一个标志性事件。无论旗或是厅的蒙汉交涉，均于此汇合，并对接之上的盟旗、将军与督抚体制，道厅在较大程度上掌握了行政的主动权，由于其建制上从属于山西督抚方面，从而使得整个归绥地区行政体制逐渐向内地郡县化方向发展，特别是光绪十年归绥诸厅由理事改为抚民，正是在基层政区层次上推进内地化与一体化的关键性事件。

---

① 谭其骧：《浙江省历代行政区域——兼论浙江各地区的开发过程》，《长水集》上册，人民出版社，2009，第422页。
② 《云贵总督岑春煊奏》（光绪三十三年四月二十八日），《录副奏片》，档案号：03-7438-001。

　　这样一套体制难称是稳定的和可持续的，郡县化越向前推进，蒙汉之间的矛盾越加剧，反"郡县化"的力量也在增强，必须要通过政治上强有力与彻底的整合才能最终实现一体化，清末出现的"建省"呼吁与尝试，正是"郡县化"推进到接近终点的标志。清末边疆建省无疑受到了近代民族国家建设与外敌觊觎的影响，但如从郡县化本身的历史发展长河来看，这又的确是一种趋势，即使没有俄国因素，它依然会朝这一方向发展，只是近代这些新的因素的出现大大加速了郡县化的步伐。毫无疑问，归绥地区的郡县化进程损害了蒙古王公贵族的权益，引起了他们的强烈不满，甚至滋长了内蒙古独立的情绪与倾向。①

　　民国初年，绥远地区成立了特别区并于 1928 年成立了绥远省，而归绥诸厅也都去掉了厅的称呼而改制为县，并新置了若干新县和设治局，更进一步推进了郡县化的程度。如果单纯从政区名称上来看，省县的架构已与内地无异，只是旗的设置仍在，故虽建省，但因民国中央政府缺少强力推进更深层次融合的力量，"旗县并治"的局面并未消失。只是此时一个历史时期从未有过的新的重大理论被引入并极大改变了这一区域的历史进程，这就是民族区域自治理论，它于 20 世纪前期逐渐在中国酝酿，20 世纪 20 年代中国共产党在苏俄影响下接受了这一理论。②

　　正是在民族区域自治理论的指引下，内蒙古最终于 1947 年建立了中国第一个民族自治区，新中国成立后的 1954 年又废绥远省并入内蒙古自治区，清代的归绥诸厅、民国时期的归绥诸县又部分改回了旗或与原存在的旗合并，重新以盟旗制为主建立了内蒙古的政区体系，归绥县、萨拉齐县、陶林县等建制被取消，并被分别并入土默特旗、察哈尔右翼中旗。③ 至此，归绥地区的地方行政建制也步入到一个新的历史阶段。

　　〔本文原载《清史研究》2022 年第 2 期。作者胡恒，中国人民大学清史研究所副教授〕

---

①　纪蔼士：《察哈尔与绥远》，文化建设月刊社，1937，第 96 页。
②　王希恩：《也谈在我国民族问题上的"反思"和"实事求是"——与马戎教授的几点商榷》，《西南民族大学学报》2009 年第 1 期。
③　庆格勒图：《绥远地区解决"旗县并存、蒙汉分治"问题初探》，《内蒙古师大学报》1996 年第 1 期。

咸同之际新疆地区的协饷运作与财政困局

廖文辉

摘　要　咸丰初年以后，新疆地区遭遇协饷欠解所致的财政困局。清廷中枢、陕甘总督与新疆各城官员尝试在开源、节流方面进行变通，但各项权宜之计所获有限，无法填补巨额支出缺口。新疆地区固然存在财政基础薄弱、开源潜力有限、邻近区域财政拮据等客观问题，但造成财政困境的深层原因是，清廷在新疆地区实行军府制下的多元管理模式，已无法应对近代中国面临的挑战。囿于"守中治边"的传统治边观念与以关内制衡关外的管控旧制，清廷与各省对解决新疆协饷欠解问题态度敷衍，最终酿成了严重的边疆危机。

关键词　晚清财政　新疆　协饷　边疆治理

乾隆二十四年（1759），清政府平定天山南北，[①]逐步建立系统有效的治理体系。在财政层面，考虑到该地区货币税收无多，清廷将其纳入全国协饷体系，由内地财政盈余省份提供巨额协饷，以供应军事、行政等支出。乾隆中叶至道光季年，这一协饷供应模式大致运行平稳，为清廷治理新疆提供了有力支撑。咸同以降，在数千年未有之变局的冲击下，包括协饷制度在内的军事、财政等制度越发难以发挥作用。关于晚清新疆地区的协饷运作，学界主要关注左宗棠西征前后的军饷筹措等问题，[②]对于咸同之际的协饷问题则着墨不

[①]　为行文方便，下文统称"新疆"或"新疆地区"。

[②]　参见王宏志《左宗棠平西北回乱粮饷之筹划与转运研究》，台北：正中书局，1973；吴昌稳《晚清协饷制度研究》，社会科学文献出版社，2018；上出德太郎「清末西北動乱の鎮圧過程における協饷」『東洋学報』第 98 卷第 2 号、2016；刘增合《左宗棠西征筹饷与清廷战时财政调控》，《近代史研究》2017 年第 2 期；《晚清保疆的军费运筹》，《中国社会科学》2019 年第 3 期。

多。① 事实上，咸同之际是新疆地区由"军府制"向"行省制"转变的分水岭，故而有关这一时期的新疆协饷运作与边疆治理研究，实有进一步拓展的空间。本文拟考察咸同之际新疆协饷供应危机以及各方应对策略和成效，揭示清朝多元疆域治理体系之下，财政供应能力对于边疆治理的支撑与制约效应。

一　协饷危机与清政府的临时应对

清代财政经费的分配与调度，主要基于形成于顺治、康熙时期，在雍正时期逐步完善的"解协"制度。依靠这一制度，清政府得以对全国财政进行掌控，通过统筹各省财力，解决区域间财政收支不平衡问题。在支出一端，兵饷支出居于首位。揆诸清代前中期的常年兵饷指拨机制，系以省际划分，内有少数省份收入不敷兵饷支出，户部居间调度，从其他有余省份指拨银款进行协济，谓之常年协济兵饷。②

乾隆中叶，清朝平定新疆地区，除甘肃省满汉俸饷等项外，新疆各城的俸饷、经费亦被纳入甘肃协饷（以下简称"甘饷"）之内。③ 嘉道时期，甘饷的主要来源为山西、河南、山东、安徽等省之地丁银以及两淮、河东、长芦、山东四处之盐课银。降至道咸之际，甘肃与新疆地区岁需俸饷、经费等项银 400 余万两，甘肃本省可供抵充兵饷的岁入甚少，不敷的部分"全赖外省协济"。④ 道光三十年（1850）十二月，太平军在广西起事，咸丰初年相继攻入湖南、湖北、江西、安徽、江苏等省。作为赋税重要来源并长期承担协饷供给任务的东南各省迭遭兵燹，对于户部指拨的京协饷需，不断奏请改拨，协饷制度的运作受到严重冲击。

---

① 学界对清代新疆协饷运作问题的研究集中于乾隆、道光与光绪时期。有关咸同时期的研究相对较少，代表性研究有魏建华、薛晖《清代协饷制度概论》，吴福环、魏长洪主编《新疆近现代经济研究文集》，新疆大学出版社，2002；Kwangmin Kim, *Borderland Capitalism: Turkestan Produce, Qing Silver, and the Birth of an Eastern Market*, Stanford: Stanford University Press，2016；齐清顺《清代新疆的协饷供应和财政危机》，《新疆社会科学》1987 年第 3 期；刘锦增《咸丰年间边疆财政的危机与应对——以新疆军费为例》，《中国经济史研究》2020 年第 1 期。

② 咸丰朝以前，常年兵饷涵盖十八省以及新疆地区，京师、东三省、西藏、蒙古等地基本由户部银库或邻近省份藩库另行拨给。参见罗尔纲《绿营兵志》，中华书局，1984，第 368—372 页；彭雨新《清代田赋起运存留制度的演进——读梁方仲先生〈田赋史上起运存留的划分与道路远近的关系〉一文书后》，《中国经济史研究》1992 年第 4 期；陈锋《清代军费研究》，武汉大学出版社，1992，第 166—169 页；吴昌稳《晚清协饷制度研究》，第 42—63 页。

③ 由于新疆地区距离内地较远，相关协饷实际均由甘肃藩库提前拨给，外省协饷运抵甘肃后扣还归款。此外，由于地缘关系密切，陕甘总督在新疆事务，尤其是军事、财政问题上拥有相当程度的发言权与影响力。

④ 《代办陕甘总督事易棠折》，咸丰三年三月二十九日，台北"故宫博物院"藏（本文所引宫中档奏折均藏于该机构，以下简称"宫中档"），档号：406003710。

表1 咸丰时期各省常年协济兵饷、甘肃协饷起解情形

银数单位：万两

年份	指拨各省协饷银数	指拨甘肃协饷银数	各省欠解协饷银数	各省欠解比例（%）	甘饷欠解银数	甘饷欠解比例（%）
咸丰元年	559.5667	401.4787	266.8787	47.69	205.8787	51.28
咸丰二年	559.8210	381.0374	339.6210	60.67	210.0374	55.12
咸丰三年	425.0005	324.0005	323.0005	76.00	190	58.64
咸丰六年	376.2540	230	346.0840	91.98	199.83	86.88
咸丰七年	410.0222	254	373.0222	90.98	217	85.43
咸丰八年	396.5920	243	352.5920	88.91	205	84.36
咸丰九年	408.7542	228	367.7884	89.98	199.6	87.54
咸丰十年	469.3221	244	455.3221	97.02	230	94.26

资料来源：内阁户科题本，中国第一历史档案馆藏。

说明：咸丰四年（1854）、五年、十一年的相关题本缺失。咸丰元年、二年、三年、八年、九年、十年之常年协饷起解银数，内中包括部分改拨、抵拨银两，并非实解银数。表内起解银数仅统计按时实际起解的部分。至于逾限补解、续解的部分，此类档案不予统计。

由表1可知，咸丰初年以后，各省常年兵饷的协济部分，欠解、迟误情况十分严重。其中，例应协济甘肃、新疆的内地各有余省关，如河南、山东、安徽、江苏、两淮等，"或因军务纷纷，或因防堵紧急，均自顾不暇"，[1] 甘饷随即陷入咨催、改拨与欠解循环相继的困厄之局。陕甘总督的奏报显示，甘肃自咸丰二年开始即面临存银外拨和各省应协甘饷欠解逐渐加剧的双重困境，财政危机迫在眉睫。[2]

咸丰三年，随着太平军攻占南京，东南财赋之区大半陷入战乱，财政支绌与协饷欠解愈加严重。除忙于筹集东南各省军饷与京饷外，户部亦着手商酌新疆经费事宜，尤措意于节省该地区兵饷支出。[3] 新疆军制系乾隆中叶创定，彼时清廷陆续向伊犁、乌鲁木齐一带移驻八旗、绿营兵丁，令其携带家眷，永久驻防，谓之"眷兵"。塔尔巴哈台与天山南路回疆地区，主要采用换防制度，从陕甘抽调一定数量的绿营兵，辅以少量自伊犁、乌鲁木齐派出之八旗兵，轮番戍守，定期更换，称为"防兵"。[4] 咸丰三年四月，户部正式奏请变通回疆换防兵制，停止由陕甘二省派出回疆八城防兵1万余名，改为就近从伊犁、乌鲁木齐绿营内抽

---

① 《贵州巡抚蒋霨远折》，咸丰七年七月十二日，军机处录副奏折，档号：03-4287-018，中国第一历史档案馆藏（本文所引军机处录副奏折均藏于该机构，以下简称"录副奏折"）。

② 《代办陕甘总督事易棠折》，咸丰三年三月二十九日，"宫中档"，档号：406003710。

③ 王庆云：《荆花馆日记》，中国社会科学院近代史研究所《近代史资料》编译室点校，商务印书馆，2015，第435、441、453—455、458、464、487—490页。

④ 关于清代新疆地区的兵制问题，参见翟玉树《清代新疆驻防兵制的研究》，台北：嘉新水泥公司文化基金会，1976。

拨，换防期限一律定为五年一换。户部认为，经上述调整，"既可节省经费数十万两"，亦能保障陕甘的存营兵力。① 除变通换防兵制外，户部酌拟了全疆预筹经费十项条款，② 重点在于动支库存资源——酌提封储银两，抵用实存银两、钱文、粮石，变卖物料，催报应完款项，以期移缓就急；至于采铜、铸钱、捐输、开垦等，意在稍事接济。③

咸丰帝随即谕令将此问题寄发甘肃、新疆方面议覆。根据惯例，最终覆奏需由陕甘总督、伊犁将军、乌鲁木齐都统与总理回疆事务参赞大臣联衔具折。由于事关重大，各处距离较远，往返函商，费时甚久。至咸丰三年十二月，署理陕甘总督易棠始将各处意见汇齐覆奏，对户部原奏诸条做出回应。

关于换防兵制一条，易棠等认为，新疆地处极边，伊犁、乌鲁木齐驻扎满汉官兵虽然为数不少，但旨在镇抚边陲，平日各有差务，遇事则不敷调遣，仅能添派绿营兵1200名、八旗兵500名前往回疆换防。至于南路回疆地区，喀喇沙尔、英吉沙尔、和阗、库车四城防兵为数无多，毋庸减撤；叶尔羌、喀什噶尔、乌什、阿克苏四处防兵可减撤1062名，每年节省经费2万余两。然而，比较回疆地区西部四城应设防兵之数，尚不敷4900余名，仍须由甘肃派拨。至于防兵换防年限，除喀什噶尔外，回疆其余各城统一改为五年更换。关于各城经费事宜，相关官员均表示按照户部建议酌量施行。④

易棠等人的奏折呈递朝廷后，咸丰帝谕令军机大臣奕訢等会同户部核议具奏。关于防兵调整，奕訢等大体接受了易棠等人建议，但要求乌鲁木齐与回疆方面就"如何再行添派及如何统改年限之处"核实查办。至于新疆各城如何预筹经费，抵充后续支出，军机大臣、户部对易棠等人的覆奏表示不满，认为后者迁就含糊，要求查照户部原议筹办，"以便确核数目，减调经费"。⑤

关于防兵换防年限，易棠等人同意一律改为五年。此外，吐鲁番所设陕甘防兵300名改由乌鲁木齐派往。伊犁、乌鲁木齐应行添派换防八旗兵500名，两处官员建议暂缓派往。总体而言，新疆地区仅减撤陕甘换防兵丁1360余名，与户部原本期望的1万余名的规模差距甚大。至于户部原议十项条款，覆奏诸条之中实际运作成效最为显著的是封储、实存银两二项（152.2776万两），捐输银钱、支用实存钱文亦能稍事补苴，其余各条，或属杯水车薪，或属一时难以办理生效。⑥

由上可知，在协饷危机初起之际，中央与地方（新疆、陕甘）主要采用临时应对策略。

---

① 《大学士祁寯藻等折》，咸丰三年四月十九日，"录副奏折"，档号：03-4187-018；王庆云：《荆花馆日记》，第487、489、490、494页。
② 《大学士祁寯藻等片》，咸丰三年四月十九日，"录副奏折"，档号：03-4187-019。
③ 中国第一历史档案馆编《咸丰同治两朝上谕档》第4册，广西师范大学出版社，2008，第26页。
④ 《署陕甘总督易棠等折单》，咸丰三年十二月初七日，"录副奏折"，档号：03-4187-022、023、024、025。
⑤ 中国第一历史档案馆编《咸丰同治两朝上谕档》第4册，第25、27页。
⑥ 《陕甘总督易棠等折》，咸丰五年三月十七日，"宫中档"，档号：406005706。

自新疆各城采取的实际举措观察，主要通过借资封储、实存银两暂渡难关，于开源、节流方面并无实际建树。换言之，新疆方面尚无主动寻求变通的动力，仍寄望于通过权宜之法补苴一时，以期内地战事平定后恢复协饷运作旧制。

由于内地军务迟迟未能告竣，各省欠解甘饷愈积愈多。咸丰四年，新疆各城的实存及捐输等项均已拨抵兵饷，甘肃财政较此前更显短绌。[①]面对协饷难以为继的困局，清廷不得不另觅途径。

咸丰四年四月，户部奏请妥筹新疆经费事宜，尤其重视将业已在京师、内地各省试行的搭放票钞之法，推行至新疆一带。这一建议的实质，是将部分原本以现银、铜钱支放的新疆各城官兵俸饷、经费，改由户部临时发行的纸质货币——官票银、宝钞支付，以期缓解财政危机。[②]五月，户部复以度支匮乏为由，要求新疆地区就地设法筹办，并暗示应自"边防定制"下手，将兵制问题的讨论范围从防兵扩大到包括眷兵在内的全体驻军。[③]陕甘总督易棠建议新疆地区一面开垦、拓展财源，一面将伊犁、乌鲁木齐驻防绿营兵丁酌量成数，出缺不补，回疆防兵则悉数改为眷兵，以期节流。[④]咸丰帝同意户部意见，并将易棠奏折一并寄发新疆各处，要求各城官员就相关事宜详细妥议具奏。[⑤]

审视上述户部与陕甘总督的奏折内容，比咸丰三年户部提出的临时应急之策已经更进一步。相关建议主要集中在三个方面：搭放票钞、变通兵制、开垦荒地。其中，搭放票钞一项，清廷意在广求接济，至于后二者，实为中枢寄望所在："垦田以足食，裁兵以节饷，开源、节流之道实不外此，而在新疆尤为当务之急。"[⑥]面对严峻的财政形势与紧急的朝廷谕旨，各城高级官员被迫做出更进一步的回应。

开源、变通一端，重点在于搭放票钞和开垦荒地。就搭放钞票，伊犁、回疆地区官员均认为，当地民众"不识汉字，不通汉话"，并无使用钱票的传统，加之收入有限，缺乏票本，万难通行；至于乌鲁木齐地区，随着财政情形恶化和官兵反对，票钞一法亦无法施行。就开垦荒地，与议官员表示，各处情形类似，可垦之地基本已经报垦，"现实无地可开"。至于裁撤屯兵，改招民、回承种之议，不能立时收效，反而增加支出，暂可毋庸置疑。

节流一端，重在裁兵。新疆官员承认，"口外支用，惟兵饷为最巨"，故而"欲筹节饷之道，惟有裁兵之法"。其中，作为新疆驻军的主体部分，伊犁、乌鲁木齐地区驻扎兵丁数量

① 《陕甘总督易棠折》，咸丰四年七月二十九日，"录副奏折"，档号：03-4264-057。
② 中国第一历史档案馆编《咸丰同治两朝上谕档》第4册，第194页。
③ 《大学士祁寯藻等折》，咸丰四年五月二十六日，"录副奏折"，档号：03-4242-011。
④ 《陕甘总督易棠折》，咸丰四年七月二十九日，朱批奏折，档号：04-01-22-0060-011，中国第一历史档案馆藏（本文所引朱批奏折均藏于该机构）。
⑤ 中国第一历史档案馆编《咸丰同治两朝上谕档》第4册，第199页。
⑥ 中国第一历史档案馆编《咸丰同治两朝上谕档》第4册，第194、353页。

分别为 17600、19300 余名，[①]饷银一项为数最多。显然，能否削减新疆地区的兵饷支出，伊犁、乌鲁木齐地区乃关键所在。然而，伊犁将军奕山、乌鲁木齐都统赓福表示，两地满汉驻军均系早年携眷迁徙而来，安居已久，繁衍数代，若贸然减裁，不仅安置成本高昂，且容易激发变乱。至于朝野广为倡议的裁减缺额，实则见效甚迟。因此，无论是直接裁兵，还是渐裁缺额，各有难行之处。回疆地区各城防兵迭经裁减，除建议将叶尔羌八旗官兵 255 名全行裁撤外，总理回疆事务参赞大臣常清认为不宜再减；至于改防兵为眷兵之议，该地区系换防兵制，无法裁减。

面对票钞未行、兵额难裁、无地可开的困局，各城不得不别筹他法。作为财政支出最多的两大军政区，伊犁、乌鲁木齐先后建议通过减成支领俸饷等项银两，替代户部原议搭放票钞与变通兵制之议，以收节省之效。其中，伊犁方面奏请自咸丰五年开始，各营官员、满营兵丁改为支领五成现银，绿营兵丁支领七成现银，每年可节省饷银 30 万两。乌鲁木齐方面随后也奏准自咸丰五年开始，将八旗官兵俸饷按原额支给五成现银，辅以杂项节省，每年可削减支出 26 万—27 万两。[②]

回疆地区情形有所不同。常清认为防兵在防所仅支领盐菜银，又奉命留驻一班，加上诸物昂贵，业已十分拮据，如果减数发给，势必影响其生计与操防。[③]八城应对财政危机之举措，除动用存储外，主要采用搭放钱文、粮食之法，每年可抵应支盐菜银 7.21 万两，辅以裁撤防兵节省银 1.89 万两，二者共计削减年例银两支出约 9.1 万两。[④]因此，回疆地区所需协济数额由道光后期的 23 万—24 万余两压缩至 14.5 万余两。[⑤]塔尔巴哈台地区也遵照清廷谕令，筹议节省事宜，共计裁撤满、汉、蒙官兵 700 余名，每年节省 0.96 万两。[⑥]

此后，由于情况恶化，新疆各处不得不进一步压缩支出。咸丰五年，伊犁将军扎拉芬泰建议，自该年七月，各营各项官兵俸饷改为三成支发，年需银数从承平时期的 70 余万两减至 22 余万两。[⑦]乌鲁木齐方面亦做出类似决定，奏请该处八旗俸饷"分别减至三成、四成，

---

① 朱学勤：《结一庐遗文》卷上，光绪三十四年（1908）刻本，第 33 页 b—41 页 a，中国历史研究院图书档案馆藏。本文所言乌鲁木齐地区，包括巴里坤、古城、吐鲁番等处在内。

② 参见《伊犁将军奕山等折》，咸丰四年六月二十七日，朱批奏折，档号：04-01-35-1369-057；《伊犁将军奕山等折》，咸丰四年闰七月十四日，"录副奏折"，档号：03-4242-021；《伊犁将军奕山等折》，咸丰四年十月十二日，朱批奏折，档号：04-01-0060-015；《乌鲁木齐都统赓福折》，咸丰四年闰七月二十八日，"录副奏折"，档号：03-4242-024、03-4446-080；《乌鲁木齐都统赓福折》，咸丰四年十二月二十八日，朱批奏折，档号：04-01-01-0852-030、04-01-01-0853-033；《叶尔羌参赞大臣常清折》，咸丰五年六月十三日，"宫中档"，档号：406006205。

③ 《叶尔羌参赞大臣常清折》，咸丰四年十一月二十三日，"录副奏折"，档号：03-4242-042；《叶尔羌参赞大臣常清折》，咸丰五年六月十三日，"宫中档"，档号：406006205。

④ 《陕甘总督易棠等片》，咸丰五年四月十六日，"录副奏折"，档号：03-4448-018。

⑤ 《伊犁将军常清清单》，同治三年（1864）九月二十五日，军机处档折件，档号：100640，台北"故宫博物院"藏（本文所引军机处档折件均藏于该机构，以下简称"军机处档"）；《军机大臣奕訢等折》，光绪四年十二月十五日，"录副奏折"，档号：03-6072-021。

⑥ 《塔尔巴哈台参赞大臣英秀等折》，咸丰四年十月初八日，"录副奏折"，档号：03-4242-032。

⑦ 《伊犁将军扎拉芬泰等折》，咸丰五年五月十八日，"宫中档"，档号：406006061；《伊犁将军扎拉芬泰等折》，咸丰六年六月初六日，"录副奏折"，档号：03-4276-007。

并搭以大钱散放"，^①绿营官兵俸饷则减至两成支放。^②塔尔巴哈台地区奏准将防兵盐菜银两减半发放，辅以此前裁撤兵丁节省之数，每年所需经费银由 5.5 万两减至 2 万两左右。^③

综上可知，咸丰三年至六年，新疆各城通过减成支放俸饷、削减换防兵丁、搭放粮食与钱文等方法大幅压缩现银支出，以省减协济银数。甘肃也通过压缩支出、变通支出方式等方法取得成效。甘肃、新疆每岁支出"较之向年所减将及一半"，"实再无可减省"。即便如此，新疆和甘肃每年仍需 210 余万两现银（新疆 80 余万两、甘肃 130 余万两）。^④

通览咸丰初年至中期清政府应对新疆财政危机的过程可以发现，相关讨论均由中央发起，并以奏折、寄谕往返的文书流转方式展开。此种筹议模式的信息来源、沟通渠道相对单一，并且与议各方还存在经验和信息不对称问题。一方面，发起讨论的军机处和户部官员基本未曾亲历新疆，所发议论往往不合实际；^⑤另一方面，清廷认为"口外情形尤非亲历其地者不能周知利弊，动合机宜"，^⑥在决策新疆事务方面，给予陕甘总督以及新疆各城高级官员较大的话语权。因此，清廷虽然希望削减新疆协饷支出，但在各城长官表示难以执行并提出变通提议后，也只能照准执行。

二 财政危机加剧与治理危机爆发

1. 开源乏力与财政危机加剧

如前所述，新疆各城在压缩支出方面取得相当成效。然而，由于内地战事频仍，往年长期协拨甘饷的留协诸省可以挹注甘饷者亦属有限。虽然甘肃方面"奏咨频催，积牍如鳞"，但收效甚微。至咸丰六年五月，各处拖欠甘肃、新疆协饷银数已经高达 990 余万两，山东、两淮、河南、山西四处拖欠最多。咸丰三年至六年，各省每年实际起解甘肃协饷银数不过100 余万两，不足例行拨解实数的三成，即便新疆、甘肃每年支出已减至 210 余万两，但各省实际起解银数亦难敷半数。甘肃方面称，藩库"水尽山穷"，已经无法应对本省之需；至

---

① 《乌鲁木齐都统法福礼折》，咸丰十年五月二十六日，"录副奏折"，档号：03-4316-044。
② 《乌鲁木齐都统平瑞折》，同治元年七月二十七日，"录副奏折"，档号：03-4789-046。
③ 《塔尔巴哈台参赞大臣明谊等折》，咸丰六年六月十七日，"录副奏折"，档号：03-4276-067。
④ 《护理陕甘总督常绩片》，咸丰六年十二月十七日，"录副奏折"，档号：03-4450-005。
⑤ 户部认为，新疆"就其本地之所出，亦几足以自赡"，又认为北路驻防官兵足敷增派南路换防之需。这两点都与新疆实际情形相去甚远（《大学士祁寯藻等折》，咸丰三年四月十九日，"录副奏折"，档号：03-4187-018）。吴劳丽指出，在乾隆中后期，大量的中枢官员拥有新疆地区任职的经历，此后则明显减少，参见《羁縻：18 世纪至19 世纪初清朝西北边疆政策制定的动态性》，汤芸译，《法国汉学》丛书编辑委员会编《边臣与疆吏》，中华书局，2007，第 190—207 页。
⑥ 《军机大臣祁寯藻等折》，咸丰元年九月十九日，"录副奏折"，档号：03-4187-009。

于新疆则"一时万难分拨"，请求户部"从长筹计，指催拨解"。①

值得注意的是，此时无论是清廷中枢还是承担协济任务的各省大员，均未将甘饷置于优先位置。面对财政困局，清廷优先保障京饷供应，协饷方面则聚焦于镇压太平军前线各军营的军饷。②至于原本被甘、新地区倚为协饷来源的山西、陕西、河南、山东等省，起解迟缓且数额有限。以甘饷最稳定来源的山西省为例，③面对各处求饷"公牍私函，日必数至"的情况，④山西巡抚王庆云认为"京饷为先"，"必须凑解足额"，本省必要支出亦须保障。至于户部咨催的伊犁饷需，"比之各路军营犹为稍缓"，而河东道亦打算裁减原本"专解甘饷"的河东盐课数目，以济各路军饷。⑤

大致自咸丰七年以后，"各省欠解甘饷为数愈多，而拨解递年减少"。⑥咸丰八年、九年，甘饷解到银数均不过60余万两，较之此前数年间年均兑收100余万两之数明显减少。面对岁收协饷数量减少的困境，在如何兼顾甘肃地区与新疆地区支用的问题上，甘肃方面偏重自身的倾向渐趋明显。相关档案表明，咸丰后期，甘肃转解新疆各城的协饷逐年减少：咸丰八年至十一年，转解银数分别为28.5万两、18.8万两、16.2万两、4.7万两。其中，咸丰十一年的情况尤应引起注意，该年山西省先后自盐课、地丁银内提出37万两供给甘肃，然而甘肃仅转运新疆各城4.7万两。⑦道光中后期，甘肃每年兑收甘饷400余万两，甘肃与新疆"常例分半提用"。⑧与之相较，咸丰后期新疆协饷实解银数已经逐渐跌至前者的2.5%左右，其在甘饷内之分配占比也从接近一半骤降到10%左右。⑨在此情况下，新疆各城官员认识到必须加强本地开源。清廷亦同意口外各城"本地设法筹补"，"以裕经费"。⑩

咸丰后期天山南北各城的开源举措，主要是开征新税和扩征旧有税课，并延续此前的

---

① 《陕甘总督易棠折》，咸丰五年四月二十一日，"宫中档"，档号：406005916；《陕甘总督易棠折》，咸丰五年十月二十八日，"宫中档"，档号：406007005；《陕甘总督易棠折》，咸丰六年五月二十八日，"录副奏折"，档号：03-4449-036。

② 如王庆云调任山西巡抚，咸丰帝谕令："当务之急，京师及各军营饷项最关紧要。若能源源接济，庶不负朕之委任也。"（《新调山西巡抚王庆云折》，咸丰四年十二月十五日，"录副奏折"，档号：03-4105-079；《户部片》，咸丰五年五月十四日，"录副奏折"，档号：03-4269-012）对于来自甘肃、新疆方面有关协饷欠解的奏报，清廷的一般处理方式是寄谕饬催或自积欠甘饷内提拨。不仅户部少有奏参欠解省份督抚、布政使，清廷反而从积欠甘饷内提拨解充京饷。

③ 《护理陕甘总督常绩片》，咸丰六年十二月十七日，"录副奏折"，档号：03-4450-005；张集馨：《道咸宦海见闻录》，中华书局，1981，第211页。

④ 《山西巡抚王庆云折》，咸丰六年十月二十六日，"宫中档"，档号：406009091。

⑤ 王庆云：《荆花馆日记》，第771、824、830、831页。

⑥ 《陕甘总督乐斌折》，咸丰八年十二月十二日，"宫中档"，档号：406009803。

⑦ 《陕甘总督乐斌折》，咸丰八年十二月十二日，"宫中档"，档号：406009803；《护理陕甘总督林扬祖折》，咸丰十年闰三月初二日，"录副奏折"，档号：03-4314-033；《陕甘总督乐斌片》，咸丰十一年三月初一日，"录副奏折"，档号：03-4443-025；《陕甘总督乐斌片》，咸丰十一年十二月二十一日，"录副奏折"，档号：03-4328-080；《山西巡抚英桂片》，咸丰十一年七月二十三日，"宫中档"，档号：406014695；《山西巡抚英桂片》，咸丰十一年十一月二十八日，朱批奏折，档号：04-01-35-0968-051。

⑧ 《钦差大臣刘锦棠折》，光绪十年四月二十八日，朱批奏折，档号：04-01-30-0214-017。

⑨ 咸丰帝认为甘肃在转解新疆饷需方面，执行不力，紊乱无序（张集馨：《道咸宦海见闻录》，第186页）。

⑩ 中国第一历史档案馆编《咸丰同治两朝上谕档》，第8册，第317页；第9册，第481页。

劝谕捐输之法。[1]咸丰六年，伊犁方面奏请征收茶税，后因塔尔巴哈台焚毁俄国商人贸易圈，咸丰帝同意伊犁将军扎拉芬泰的建议，于伊犁、塔尔巴哈台、阿克苏三处征收茶税。哈密亦于咸丰六年奏准向过往货物征收税课。乌鲁木齐于咸丰十一年停止铸造大钱，开征各项税课。回疆地区阿克苏、叶尔羌、英吉沙尔、和阗等城在咸丰七年之后陆续征收或加征茶叶、布匹、牲畜、杂货等项税钱。咸丰末年，各城又纷纷征收土烟、洋药税课。[2]不过，无论是所征税课还是劝获捐输银钱，与庞大的协饷缺口相比，"究属杯水车薪，难资利赖"。[3]仅阿克苏、和阗与哈密三处能够支撑本地支出，"其余各城实无可筹之法"。[4]

2. 由财经危机到治理危机

协饷欠解问题在新疆地区引发了严重的财经危机和治理危机。[5]清代财政运作以白银为收支主体，形成银铜并行的货币体系。新疆地区原本"白金稀少"，[6]乾隆中后期，随着八旗、绿营官兵移驻与新疆治理体系的建立，巨额白银犹如新鲜血液一般持续注入。但是，由于新疆地区物产有限，绸布、茶叶等全赖内地商民贩运，官兵"即以所关俸饷购买"，因此大部分饷银又通过商贸流通转回内地，"并不能积存口外"。[7]协饷的输入，使得新疆地区形成类似内地的银钱并行格局。在内地、新疆、中亚地区之间长途商贸迅速发展的背景下，这一格局重塑了新疆地区的经济流通。因此，协饷并非仅仅关乎财政运作，更牵涉商贸流通、货币供应而与市场、社会相连接。换言之，官方军政体系的运作，民众税赋负担的控制，社会、经济秩序的维系，均有赖"饷银得资周转"。[8]就此而言，协饷无疑成为清朝新疆治理的"白银生命线"。

清代白银财政与银铜货币体系虽长期运行，然而一旦白银储备和供应锐减，其内在缺陷即暴露无遗。[9]鉴于协饷供应对于新疆地区经济流通起到支撑作用，协饷长期供应不足，必将在军政、经济、社会等方面引发连锁反应。咸同之际，新疆地区因协饷欠解、铸造大钱，加

---

[1] 《清穆宗实录》卷三三，同治元年七月辛卯，《清实录》第 45 册，中华书局，1987，第 904 页。

[2] 《伊犁将军扎拉芬泰折》，咸丰六年十一月十二日，朱批奏折，档号：04-01-35-0559-048；《哈密办事大臣存诚等片》，咸丰六年八月二十二日，"宫中档"，档号：406008696；《乌鲁木齐都统平瑞片》，同治元年闰八月二十六日，"录副奏折"，档号：03-4888-053；《阿克苏办事大臣海朴折》，咸丰八年十一月初五日，"录副奏折"，档号：03-4397-042；《叶尔羌参赞大臣裕瑞折》，咸丰九年十二月二十六日，"宫中档"，档号：406011656。

[3] 《喀什噶尔办事大臣裕瑞等折》，咸丰八年十月二十六日，"录副奏折"，档号：03-4397-041。

[4] 清代军机处上谕档，同治元年七月初十第七条，中国第一历史档案馆藏；《哈密办事大臣多慧等折》，咸丰九年正月二十八日，"录副奏折"，档号：03-4454-011。

[5] 本文聚焦于清朝政府官方治理层面，尤其是军事、财政以及与之关联的经济流通各层。至于新疆地区民变与社会动荡等问题，原因复杂，不在本文探讨范围之内。

[6] 《陕甘总督杨应琚折》，乾隆二十五年四月二十日，朱批奏折，档号：04-01-35-1258-024。

[7] 《伊犁将军奕山等折》，咸丰元年八月初五日，"宫中档"，档号：406000987。

[8] 《伊犁将军扎拉芬泰折》，咸丰七年正月十八日，"录副奏折"，档号：03-4282-042；《乌鲁木齐都统平瑞折》，同治二年正月初八日，"录副奏折"，档号：03-4955-091。

[9] 参见周育民《晚清财政与社会变迁》，上海人民出版社，2000，第 53—63 页；林满红《银线：19 世纪的世界与中国》，詹庆华等译，江苏人民出版社，2011，第 56—60 页；和文凯《市场经济与资本主义：大分流视野下的中国明清经济史研究》，《清史研究》2020 年第 6 期。

之内地陷入战乱，"货财不能周转"，导致银价腾涨、钱价低贱、商贸萧索、物价昂贵。[①] 由于收入减少与物价上涨，兵丁生计维艰，以致"公私交困，诸务竭蹶"。[②] 伊犁、乌鲁木齐驻军号称劲旅，然因协饷欠解困苦已久，"一切章程日渐废弛"，"操防已属有名无实"。回疆地区防兵则因陕甘二省官兵大量征调而久未更换，致使各城驻军疲弱不堪。[③] 财经危机除对戍防官兵的生计、战力造成巨大冲击外，也在很大程度上加重了当地各族民众的经济负担。根据定制，各城尤其是回疆地区民众，应缴货币税赋的绝大部分系折交铜钱，因而银钱比价的变动造成其实际纳税负担明显增加。另一方面，物价上涨也加大了生存压力。[④]

咸丰后期，随着协饷欠解加剧和铸造大钱的成效转弱，新疆地区的财政危机进一步加深。面对困局，各城官员一面强化此前的补苴之计，一面暗自打破朝廷禁令，借以转移财政压力。捐输一事，本系临时的急公之举，但各处因为经费不继，早已视为常例。咸丰季年，因度支愈趋支绌，各城不得不更加依赖捐输，变本加厉，"以补每月经费之不足"。清政府虽担心新疆地区不断奏报的捐输款项并非伯克、商民等自愿报效，而是官员抑勒所获，但面对度支窘困的局面，亦不得不默许。[⑤] 捐输之外，迭次加征之各种正杂税课，打击了商人的积极性，使得本已萧条的商贸活动愈益萎缩。[⑥] 此外，各城官员不断"借端需索"，增派劳役、摊敛银钱，屡屡引发民众反抗。如咸丰七年库车、喀什噶尔民众起事，即为典型案例。[⑦]

综上可知，在咸丰初年协饷欠解不继、商贸规模萎缩之后，不仅新疆驻军生计、战力，以及行政体系运转受到影响，原有的财经循环系统也渐趋阻滞，治理体系随之"渐难周转"，引发官民俱受其困的局面。[⑧]

3. 新疆治理体系的暂时性崩解

同治初年，不仅新疆内部社会矛盾渐趋尖锐，外部环境也急剧恶化。作为新疆援兵来源与饷需输送通道的甘肃、陕西爆发回民起义。军兴之后，甘肃财政异常支绌，至同治三年，甘饷欠解数量骤增至2000余万两。[⑨] 甘肃自顾不暇，应解新疆经费"竟有分毫不解

---

① 《乌鲁木齐都统倭什珲布折》，咸丰七年九月二十五日，"录副奏折"，档号：03-4396-057；《哈密办事大臣穆辂等折》，咸丰十一年十一月二十四日，"录副奏折"，档号：03-4328-096。南疆地区铸造大钱、操纵银钱兑换比价，使得内地与中亚商人不愿进入当地经商，国际贸易濒临崩溃（Kwangmin Kim, *Borderland Capitalism*, p.159）。

② 《伊犁将军扎拉芬泰等折》，咸丰九年八月初八日，"录副奏折"，档号：03-4309-031。

③ 《陕甘总督乐斌折》，咸丰十年九月初六日，"录副奏折"，档号：03-4254-067；《原叶尔羌参赞大臣裕瑞等折》，咸丰十年九月二十六日，"录副奏折"，档号：03-4399-076。

④ 参见戴建兵、习永凯《全球视角下嘉道银贵钱贱问题研究》，《近代史研究》2012年第6期。

⑤ 中国第一历史档案馆编《咸丰同治两朝上谕档》第13册，第243页。

⑥ 《库车办事大臣特克慎清单》，咸丰八年十一月二十四日，"录副奏折"，档号：03-4397-046；《喀什噶尔参赞大臣奎英等折》，咸丰十一年七月二十五日，"录副奏折"，档号：03-4326-032。

⑦ 《清穆宗实录》卷一六，同治元年正月丁酉，《清实录》第45册，第441页；卷二五，同治元年四月辛未，《清实录》第45册，第686页；《庆（英）、固（庆）折》，咸丰八年四月十五日，《庆固奏稿》第2册，中国国家图书馆藏；《伊犁将军扎拉芬泰等折》，咸丰八年八月十八日，"录副奏折"，档号：03-4133-098。

⑧ 《乌鲁木齐都统平瑞折》，同治二年正月初八日，"录副奏折"，档号：03-4955-091。

⑨ 《陕甘总督恩麟等折》，同治三年四月二十四日，"军机处档"，档号：096115。

者"。① 同时，因战乱蔓延，内地与新疆之间的主要商贸路线被切断，乌鲁木齐、塔尔巴哈台、哈密等处征收税课较此前数年大相悬殊。② 此外，陕甘回民起义还对新疆地区的社会秩序与民众心态产生影响，天山南北各城谣言蔓延，人心惶惶。③ 同治三年四月，库车发生事变，此后乌鲁木齐等处也民变四起。"兵单饷绌，变起仓猝"之下，南路各城大半失守，北路也情形危急。同治四年，张格尔之子布素鲁克乘新疆局势混乱引狼入室，浩罕国将领阿古柏率军入侵南疆，很快夺取了喀什噶尔的控制权。不久，阿古柏逐步侵占南疆各城，并北上占领乌鲁木齐。④

考虑到新疆各城兵力有限，清廷本拟自关内调兵前往作战。然而，甘肃面对本省之回民起义已觉兵力不敷，"万难分兵兼顾回疆"。⑤ 在经费方面，鉴于甘肃陷入战乱，"兼顾为难"，清廷决定将新疆年例饷需改定为40万两，"另案专拨"。自同治二年十二月至同治四年六月，户部先后筹拨新疆各项协饷银155万两，但仅有山西、山东、直隶咨报起解26万两。此外，由于陕甘道路不通，各省起解新疆饷银不得不改自"北路草地行走"，经绥远城、乌里雅苏台之线路运抵科布多，再由新疆各城前往提用，转输时间更加漫长。⑥ 在粮饷缺乏、援兵不至的情况下，各城不断失守。⑦ 同治五年，伊犁惠远城陷落，清廷丧失了新疆大部分地区的控制权。

面对危局，清廷试图自宁夏、湖北、湖南、四川等处抽调军队前往新疆。不过，虽然此时太平天国运动已基本失败，但东南各省急需善后，滇黔二省仍处战乱，黄淮流域捻军纵横，陕甘"且有沦胥之势"。曾国藩、骆秉章等疆吏认为，内地军务未竣，兵力、饷力均有不逮，"宜并力先清甘肃，再及关外"。清廷同意采用"先清腹地、再顾边陲"的用兵策略，将收复新疆一事暂时搁置。⑧

三 新疆财政危机爆发的原因

咸同之际新疆地区财政危机爆发的直接原因是太平天国起义引发的腹地财政支绌。但

---

① 《大学士倭仁等折》，同治二年十二月初二日，"军机处档"，档号：092980。
② 《哈密办事大臣兴泰等折》，同治元年九月二十二日，"录副奏折"，档号：03-4888-057。
③ 毛拉木萨·赛拉米：《伊米德史》，艾力·吾甫尔译注，苗普生主编《清代察合台文文献译注》，新疆人民出版社，2013，第393、394页。
④ 参见包罗杰《阿古柏伯克传》，商务印书馆翻译组译，商务印书馆，1976，第71—111页。
⑤ 《清穆宗实录》卷一〇七，同治三年六月壬辰；卷一一一，同治三年八月辛未，《清实录》第47册，中华书局，1987，第346、455页。
⑥ 《大学士倭仁等折》，同治二年十二月初二日，"军机处档"，档号：092980；《大学士倭仁等折》，同治三年八月初八日，"军机处档"，档号：098366；《大学士倭仁等折》，同治四年七月十五日，"录副奏折"，档号：03-4800-053。
⑦ 奕䜣等编纂《钦定平定陕甘新疆回匪方略》卷一〇八，张羽新、赵曙青主编《清朝治理新疆方略汇编》，学苑出版社，2006，第12册，第224页。
⑧ 《清穆宗实录》卷一二六，同治四年正月壬寅；卷一三一，同治四年二月壬辰；卷一三四，同治四年三月己未；卷一五三，同治四年九月乙丑，《清实录》第48册，中华书局，1987，第9、105、158、579页。

是，清朝疆域幅员辽阔，除新疆之外，长期依赖外部财政支持的地区还有东三省、四川、云南、贵州、西藏、喀尔喀蒙古等地，那么为何唯独新疆地区的财政危机如此深重？特别是在清廷中枢和新疆地方均采取一定应对措施的情况下，为何仍然持续恶化？对此，笔者拟通过对比东三省等地区的协饷危机及其应对办法，展开分析。

咸丰初年，随着战事蔓延，各省与京师相继陷入严重的财政危机。从全国层面观察，驻军庞大、本地收入不敷兵饷支出的甘肃、新疆、东三省、云南、贵州、四川等地区遭受严重冲击。在承平时期，以上地区每年需由各省以及户部银库等处拨银 500 万—700 余万两，对于外部财政援助的依赖程度很高。此处以户部指拨道光十七年兵饷为例，分别观察各地区相关情况。

表 2　道光十七年四川等省人口、兵数及军饷等情况统计

银数单位：万两

区域	人口（万）	驻军人数（名）	岁需兵饷数	留抵兵饷数	留抵比例（%）	协济兵饷数	协济比例（%）
四川	3648.5	35753	92.9997	72.9997	78.49	20	21.51
云南	687.1	39762	72.2715	52.2715	72.33	20	27.67
贵州	539.9	36477	79.8546	0.4127	0.52	79.4419	99.48
甘肃	1539.5	94526	435.6604	23.1115	5.30	412.5489	94.70
东三省	250.7	44552	130	20	15.38	110	84.62

资料来源：《大学士潘世恩等题本》，道光十六年十二月十六日，内阁户科题本，档号：02-01-04-20836-002；《盛京将军奕经等折》，道光十六年八月十四日，朱批奏折，档号：04-01-01-0775-064；朱学勤：《结一庐遗文》卷上，第 33 页 b—41 页 a；《兵部呈军机处全国各省绿营兵数目单》，咸丰元年正月初六日，《清朝文件·咸丰 1》，中国历史研究院图书档案馆藏；全汉昇、王业键：《清代的人口变动》，《中央研究院历史语言研究所集刊》第 32 本，1961 年 7 月，第 170 页。

说明：表内东三省人口数量仅包括奉天、吉林，未见黑龙江人口数量。驻军人数一项，笔者未能找到道光十七年各省数据，此处只能以道光二十九年兵部奏折与咸丰元年兵部所呈兵数清单替代，以备参考。其中，甘肃驻军人数包括新疆地区在内。新疆各城驻军数量，若将陕甘二省换防绿营计入，共计 49245 名，超过甘肃省内实际驻军规模。兵饷银一项，各地区驻军内部各类兵丁所领岁饷银数不同，且驻军构成比例及兵丁支领银粮比例并未统一，故各处驻军人数与年需兵饷银数之比存在差异。

从表 2 可以看出，四川、云南二省可供留抵兵饷的本地收入相对较多，年需协济的规模相对不大。贵州、甘肃（包括新疆）与东三省地区所需外部财政援助规模较大，对外依赖程度非常高。咸丰初年以后，内地持续的战事使得协饷解运数量大为减少，受协各处不得不致力于开源节流，支撑困局。

四川原有赋额系清初制定，该省"田赋之轻，甲于天下"。[①] 此后由于人口、地亩大增，经济实力大为增强。咸丰初年以后，经过挖掘财源，四川迅速由长期接受协饷的省份转变

---

① 《四川总督宝兴折》，道光十九年五月十一日，"宫中档"，档号：405002846。

为承协大省。[①] 截至咸丰十年初，该省前后奉拨京外饷银830余万两。[②] 自咸丰四年至同治十二年，四川先后开拓按粮津贴、官民绅商捐输、绅民捐助军饷、盐货厘金、洋药厘金等财源，20年间累计收银5436.4431万两，[③] 平均每年进款271.8222万两，接近原有地丁赋额的4倍。

云南省在咸同时期也面临着各省积欠协饷的问题。不过，该省原有年例收入相对较多，主要有额征钱粮、盐课溢解、米折等银80余万两。[④] 回民起义爆发后，云南岁入虽因战乱减少，但通过办理捐输、征收厘金等方式，新增收入亦不少。[⑤] 仅捐输一项，截至同治十三年，前后所收共合银1074.9923万两。[⑥] 因此，云南方面自称军兴10余年，"兵勇饷糈多系借资民力"，所获外省解银大约不过400余万两，对协饷的依赖程度不高。[⑦]

咸丰年间，外省应解贵州协饷欠解严重。受之影响，苗民起义爆发后，贵州战事迁延甚久，直至依靠毗邻的四川、湖南的军事、财政援助，才在战乱持续近20年后恢复和平。[⑧] 战后呈报的报销册籍显示，咸丰四年至同治三年六月，扣除欠饷806.0141万两不计，共计收入军需库平银1012.1096万两。其中，外省协饷仅245.6671万两，其余俱系本省进款，以借用官绅商民银（446.9844万两）、厘金（79.5214万两）、捐输（70.3907万两）、仓谷变价（46.5569万两）等项为主。同治三年七月至十二年六月，贵州收入军需银1126.0817万两，主要包括外省协饷227.6658万两、外省捐输银373.8709万两、本省各项捐输银302.7419万两、本省征收厘金122.1725万两。[⑨] 由此可见，同治中后期，外省协黔兵饷、捐输银数虽然增加，军需进款仍以本省捐输、厘金收入为主。总体而言，在镇压省内苗民起义期间，尽管外省协饷欠解较多，但贵州在开拓本省财源方面收效显著。

上述直省之外，各边疆地区也长期接受来自内地各省或京师户部银库的财政援助。其中，东三省地区的情况与新疆最为接近：二者均属地接边外、战略位置重要、幅员辽阔、各族民众共处的驻扎重兵之地，俸饷支出规模巨大且长期依赖内地的财政支持。承平时期，东三省每年需由户部拨给100万—150余万两。[⑩] 咸丰初年以后，由于俸饷积欠较多，各处不

---

① 参见何汉威《晚清四川财政状况的转变》，《新亚学报》第14卷，1984年。
② 《署理四川总督曾望颜折》，咸丰十年正月二十五日，"宫中档"，档号：406011756。
③ 《四川总督吴棠折》，光绪元年九月二十四日，"录副奏折"，档号：03-6593-067。
④ 《云贵总督张亮基等片》，咸丰十年十月初二日，"录副奏折"，档号：03-4318-012。
⑤ 《兼署云贵总督岑毓英清单》，同治十三年十一月初五日，"军机处档"，档号：118086。
⑥ 《兼署云贵总督岑毓英折》，同治十三年十二月十八日，"录副奏折"，档号：03-6524-009。
⑦ 《云南巡抚岑毓英折》，同治十二年十一月二十五日，"军机处档"，档号：113240。
⑧ 参见吴昌稳《晚清协饷制度研究》，第151—167页；倪玉平《清朝同光时期贵州隔省捐输研究》，《近代史研究》2021年第4期。
⑨ 《委办贵州报销总局造报军需开单案存案报销案内收支各款总数清单》《委办贵州报销总局造报军需开单核销报销案内收支四柱总数清单》，光绪二年四月，总办贵州报销总局：《总办贵州报销总局收支各款清册》第3、4册，中国社会科学院经济研究所图书馆藏。
⑩ 关于清代东三省俸饷的演变，参见刘文华《从京饷到协饷——清代东三省俸饷初探》，《中国边疆史地研究》2018年第4期；何永智《清代盛京户部经费来源研究》，《中国经济史研究》2019年第2期。

得不竭力变通。除将官兵俸饷改为八成支给外，又将当地额征银钱尽数抵充俸饷，并通过办理捐输，征收粮货厘捐、铺户日捐，扩征其他税课等方式扩充收入。① 经过多年变通与调整，该地区岁需俸饷有所减少，收入大为增加。以同治五年为例，扣除本地额征各款 36.5 万两，年需银数已经降至 94.3734 万两，加之新征、扩征之各类收入 64.89 万两冲抵，仅需户部拨银 29.4834 万两。② 因此，东三省暂时实现了一定程度的财政自给。此外，清廷视东三省为"龙兴之地"，备加重视，并且当地社会矛盾不甚严重，邻近各省未遭大规模战乱冲击，因而始终能够获得一定数量的协饷，并未因俸饷欠解引发严重的治理危机。

喀尔喀蒙古、西藏地区此前同样长期依赖邻近省份协济。不过，清廷对于这两个藩部边疆地区的治理，更多依靠当地上层势力以及土著兵丁和商人力量，无须长年驻扎八旗、绿营重兵，所以财政层面的治理成本远不及新疆和东三省地区。③ 咸同之际，长期协济喀尔喀蒙古的山西省因收支紧张，于咸丰五年奏请将此前三年一次性协拨银 20 万两的旧例改为分三年均匀拨解。至同治中叶，山西省基本能够完解三年匀拨 20 万两之数。④ 嘉道时期，西藏地区协饷（又称"西藏台费""藏饷"）年需协济银数约 10 万两，多由外省协拨四川，再行转解西藏。咸丰初年以后，由于外省无法持续协拨，改为自川省按粮津贴等项拨解，咸丰年间并未产生明显的欠解问题。同治时期，因四川军务支出增加，西藏协饷一度积欠达 30 余万两。同治后期，西藏协饷改定为每年 6 万两，至光绪七年，未有续行欠解。⑤

由上可见，咸同之际新疆地区财政危机持续恶化的主要原因有以下三点。其一，新疆地区人口较少，经济基础薄弱，挖掘税收的能力与潜力较差。⑥ 因此，新疆地区"粮饷之入，较之各省甚属有限"。⑦ 道光后期，清廷在新疆各城驻军总数接近 5 万名，仅次于京师、广东、福建，兵民比例远高于内地各省。自乾隆后期开始，除饷银外，清廷另行支给携眷兵丁总数高达 56 万余两的粮折银，各城换防兵丁亦发放盐菜银，养兵成本显著超过各省与其他边疆地区。与之形成鲜明对比的是，四川、贵州以及东三省地区采取征收厘金、办理商民捐输、借款等开源方式，有效弥补了协饷缺口。

其二，新疆邻近的甘肃、西藏等地，均为较贫瘠之地，无法提供有力的外部保障。与

① 《盛京户部侍郎富呢雅杭阿折》，咸丰七年六月二十二日，朱批奏折，档号：04-01-35-0821-031；《盛京户部侍郎瑞联折》，同治十一年七月二十六日，朱批奏折，档号：04-01-35-0974-022。
② 《大学士倭仁等折》，同治四年十一月十一日，"录副奏折"，档号：03-4802-026。
③ 参见赖惠敏《满大人的荷包：清代喀尔喀蒙古的衙门与商号》，中华书局，2020；陈小强《清代对西藏的军事管理与支出》，《中国藏学》2003 年第 4 期。
④ 《山西巡抚赵长龄片》，同治五年六月二十二日，"录副奏折"，档号：03-4940-073。
⑤ 《大学士瑞麟等折》，咸丰十年二月二十六日，"宫中档"，档号：406011944；《驻藏大臣恩麟等折》，同治十年九月初四日，"军机处档"，档号：110016；《四川总督丁宝桢片》，光绪七年十一月初五日，"军机处档"，档号：119961。
⑥ 嘉道之际新疆地区的人口规模为 100 万—110 万，参见曹树基《中国人口史》第 5 卷，复旦大学出版社，2001 年，第 433—447 页；姜涛《中国近代人口史》，浙江人民出版社，1993，第 139 页。
⑦ 《掌山西道监察御史张廷瑞折》，道光三十年二月二十七日，"录副奏折"，档号：03-2855-009。

之相比，喀尔喀蒙古、西藏地区主要依靠邻近的山西、四川之协济，而这两个省的经济情况相对良好，且受战乱影响较小。

其三，更为重要的是，清廷对新疆地区的战略定位以及治理政策，是造成其财政危机的深层原因。乾隆帝在密寄伊犁将军的寄谕中强调，伊犁等地"乃万万年之地，虽需项甚多，亦无可惜之处"。[①] 换言之，清廷在新疆地区的治理，其出发点并非攫取经济利益，而是以该地区作为保护内地的战略屏障。[②] 因此，一方面，清廷在新疆地区因俗施治，采用扎萨克制、伯克制、州县制等多元管理制度，[③] 虽然保证了社会秩序的稳定，但弱化了地方财政的自给能力。如棉花税课一项，嘉道时期屡有新疆官员奏请征收，但先后遭到嘉庆、道光皇帝的驳斥。嘉庆帝认为，此举"迹涉与民争利"，且为数无多，"于经费亦属无济"，朱笔指示"率由旧章，不必妄作"；道光帝则强调，棉花征税，"竟同加赋，无此政体"，"断不可行"。[④] 另一方面，军府体制之下，各城八旗将军、大臣之仕宦迁转范围相对有限，与承协各省督抚缺乏深厚的人脉交谊，[⑤] 在中央协调能力下降的情况下，难以凭借官员的人脉资源获得外省援助。而且军府管理机制事权分散，伊犁将军对于整个新疆地区的实际管控力度有限，[⑥] 面对危机时，各城大多各自为政，甚至互相掣肘，[⑦] 如新疆各处铸造大钱，形制、分重不一，导致流通不畅，乌鲁木齐、哈密等处竟多次截留本应解往伊犁的过境协饷。

此外，咸同之际的清朝已处于封建王朝末期，朝野风气陈腐怠惰，君主臣僚不思进取，国家行政依循守旧。[⑧] 这些问题在清廷应对新疆协饷危机的过程中有深刻体现。中央层面，皇帝、军机处、户部等或是逡巡不前、仰赖旧制，或是提出的政策不切实际、难以实行；地方层面，新疆各城与甘肃的高级官员大多能力平庸，心态保守，因循畏难。[⑨] 面对突如其来的危机，他们既缺乏心理准备，也没有纾解困局的识见与魄力，[⑩] 更有贪腐颟顸之官员，每

---

① 中国第一历史档案馆编《乾隆朝满文寄信档译编》第 17 册，岳麓书社，2011，第 543 页。

② 《伊犁将军长龄折》，嘉庆二十一年闰六月初一日，朱批奏折，档号：04-01-14-0051-026。

③ 参见余太山主编《西域通史》，中州古籍出版社，2003，第 436—441 页。

④ 中国第一历史档案馆编《嘉庆道光两朝上谕档》第 6 册，广西师范大学出版社，2000，第 79 页；第 20 册，第 138 页；第 26 册，第 227 页；《乌鲁木齐都统高杞折》，嘉庆二十年五月十四日，"宫中档"，档号：404018654。

⑤ 参见刘增合《咸丰朝中后期联省合筹军饷研究》，《近代史研究》2014 年第 4 期。

⑥ 参见管守新《清代新疆军府制度研究》，新疆大学出版社，2002，第 123—128、174、175 页。

⑦ 参见《库车办事大臣特克慎清单》，咸丰八年十一月二十四日，"录副奏折"，档号：03-4397-046；《乌鲁木齐都统法福礼片》，咸丰十年十一月二十六日，"录副奏折"，档号03-4564-102；《哈密办事大臣存诚等片》，咸丰七年七月二十七日，朱批奏折，档号 04-01-01-0862-033。

⑧ 马世嘉、马子木注意到清朝对边疆地区情报缺乏整合，以致影响边务决策。参见 Matthew W. Mosca, *From Frontier Policy to Foreign Policy: The Question of India and the Transformation of Geopolitics in Qing China*, Stanford: Stanford University Press, 2013, pp.309, 310; 马子木《经略西北：巴达克山与乾隆中期的中亚外交》，上海古籍出版社，2019，第 120、155、156 页。

⑨ 参见中国第一历史档案馆编《咸丰同治两朝上谕档》第 9 册，第 437—440 页；《清穆宗实录》卷一〇七，同治三年六月壬辰，《清实录》第 47 册，第 346 页。

⑩ 如陕甘总督易棠，军机大臣文庆认为其公事"几于躺倒"，张集馨也表示易棠对"钱谷、兵制一概茫然"。又如陕甘总督乐斌，咸丰帝坦陈"诸事恐其不懂"，张集馨则判定乐斌"公事全不了了"。参见张集馨《道咸宦海见闻录》，第 184、192、201、208 页。

每激化社会矛盾。① 因此，在内地战乱基本平定、清廷中枢恢复对全国资源的统筹协调能力以及引入新的治理模式或制度之前，新疆的财政危机和治理危机很难得以有效缓解。

结　语

从中国统一多民族国家历史发展进程来看，咸同之际的清王朝正处于由古代向近代转换的历史阶段。清朝在继承历代王朝遗产的基础上，经过两百余年的经营发展，形成了中央统筹之下，直省向藩部提供军事和财政保障，藩部拱卫内地战略安全的疆域统合模式。中国古代统一多民族国家得以进一步巩固和发展。当然，如果我们以发展的眼光来看，清朝的疆域整合模式，特别是其边疆治理模式，仍有不足。就新疆地区而言，在平定之初，实施多元管理模式有助于维持秩序稳定，然而长此以往，治理方式、行政设置的差异加之山川地理的阻隔，导致直省与藩部、边疆地区的民族、社会、政治、经济等各方面联系难以充分发展。由此必然产生两个问题：一方面，朝廷中枢必须在边疆治理投入大量成本，特别是战略位置重要且经济基础薄弱的新疆地区，一旦内地陷入战乱，中央调控减弱，容易引发边疆危机。另一方面，边疆地区多元管理制度长期并行，不利于地方资源整合开发与经济发展，同样是接受协饷的四川、云南、贵州等地，能够通过开源方式缓解协饷欠解带来的一系列问题，除经济基础、自然环境的优势之外，与清廷在这些省份的"改土归流"亦不无深切联系。

1840 年鸦片战争爆发，中国开始逐步沦为半殖民地半封建社会。随着阶级矛盾和民族矛盾日趋尖锐、激化，内外危机不断酿生。1851 年太平天国运动爆发，沉重打击了清王朝的统治基础。1856 年第二次鸦片战争爆发，中国半殖民地半封建程度进一步加深；与此同时，英国、沙俄在中亚地区的扩张活动对中国西北边疆特别是新疆地区造成严重威胁，沙俄通过《瑷珲条约》《北京条约》侵占中国东北和西北大片领土。这一全新的时代挑战，不仅使得直省与藩部边疆地区相互依存的疆域统合模式难以为继，而且使得清廷边疆治理的固有缺陷越发凸显，隐患不断发酵，最终引发严重的边疆财政和治理危机。新疆地区协饷欠解问题的加剧，以及清廷和新疆地方应对危机的失败，正是上述问题的集中体现。最终，外来势力乘虚而入，新疆几近全部沦丧。

同光之交，内地军务告竣，经过激烈争论，清政府决定收复新疆。1878 年，清廷收复除伊犁地区之外的南北各城；1881 年经过艰难谈判，沙俄归还伊犁。然而，此时的新疆内

---

① 咸同之交担任伊犁将军的常清即为典型。作为新疆最高军政长官，彼时公私文献均指出常清贪腐颟顸，以致"声名狼藉""军民愤恨"，民间谓之"常口袋""常钱串子"。参见《叶尔羌帮办大臣武隆额折》，同治二年十一月二十一日，"军机处档"，档号：095321；Hodong Kim, *Holy War in China: The Muslim Rebellion and State in Chinese Central Asia, 1864-1877*, Stanford: Stanford University Press, 2004, p.53.

部百废待举，外部英俄环伺，迫使清政府必须改革新疆治理制度，应对新的时代形势。左宗棠等人提出改设行省之议，纾解国困、增强边防、改善吏治、统一事权、移风易俗，以期"与腹省腴地齐观"，"为新疆画久安长治之策"。[①]1884年，新疆正式建省，标志着清廷舍弃了在新疆地区沿用百余年的军府体制，其行政制度与内地各省趋归划一，不仅推动了新疆地区经济和社会发展，也巩固并加快了与内地的一体化进程，中国统一多民族国家的历史发展趋势在曲折中继续前进。

〔本文原载《历史研究》2022年第3期。作者廖文辉，四川大学古籍整理研究所助理研究员〕

---

① 《钦差大臣左宗棠折》，光绪三年六月十六日，"宫中档"，档号：408006095；《钦差大臣左宗棠折》，光绪四年十月二十二日，"宫中档"，档号：408006192；《两江总督左宗棠折》，光绪八年九月初七日，"录副奏折"，档号：03-5751-080；洪晨娜：《左宗棠佚札六通考释》，《文献》2018年第3期。

民国初年的边疆治理思想与机构演变（1912—1919 年）

孙宏年

摘　要　中华民国成立之初，中央政府治理边疆的思想既继承了中国历代边疆治理的优良传统，特别是"大一统"的治边思想，又出现"五族共和""民族平等"等新理念。在此基础上，边疆治理的机构也发生相应变化。因此，阐述 1912—1919 年中国边疆治理的主要思想和机构、分析其特点与得失，具有重要意义。

关键词　民国初年　边疆治理思想　边疆治理机构

清王朝覆灭后，帝国主义列强乘机侵略中国边疆地区，各界爱国人士普遍关注边疆治理问题，"大一统""五族共和""民族平等"成为边疆治理的主导思想，历届中央政府也设立了相关机构，致力于稳定边疆形势。学术界对于民国初年中国边疆治理思想、机构的研究已有一定成果，[①] 但仍有深化研究的空间。本文拟在借鉴前人成果的基础上，阐述 1912—1919 年我国边疆治理的主要思想、机构，分析其继承又有创新的特点，不当之处，恳请方家指正。

一

民国初年，中国国内政局经历多次重大变动。1912 年南京临时政府成立，1913 年二次

[①] 相关成果研究涉及多个领域：其一，近代国家观念、边疆治理理念方面，如方素梅、刘世哲、扎洛主编《辛亥革命与近代民族国家建构》（民族出版社，2012），暨爱民著《民族国家的构建——20 世纪上半期中国民族主义思潮研究》（社会科学文献出版社，2013），沈松侨的《振大汉之先声——民族英雄系谱与晚清的国族想象》（《中研院近代史研究所集刊》第 33 期，2000 年 6 月），孙宏年的《辛亥革命前后治边理念及其演变》（《民族研究》2011 年第 5 期），等等；其二，治边机构、机制方面，如赵云田著《中国治边机构史》（中国藏学出版社，2002），张羽新的《蒙藏事务局及其对藏政的管理》（《中国藏学》2003 年第 1、3 期），邱熠华的《民国政府任命的西藏办事长官——以陆兴祺研究为中心》（《中国藏学》2011 年第 3 期），等等。

革命爆发，1915—1917 年相继发生"洪宪帝制"、护国运动、张勋复辟、护法运动。在中国政权更替之际，列强加紧侵略我国蒙古、西藏、新疆等边疆地区，特别是沙俄策动外蒙古反动王公搞"独立"，建立"大蒙古国"；英国干涉中国内政，利用西姆拉会议、1917 年前后川边与西藏的战争，企图侵占中国领土、把西藏从中国分裂出去。

　　面对严峻的边疆形势，1912 年 1 月 1 日中华民国临时大总统孙中山发表《宣言书》，郑重宣告"国家之本，在于人民，合汉、满、蒙、回、藏诸地为一国，即合汉、满、蒙、回、藏诸族为一人，是曰民族之统一"；武昌起义后各行省的"独立"，"对于清廷为脱离，对于各省为联合，蒙古、西藏意亦如此。行动既一，决无歧趋，枢机成于中央，斯经纬周于四至，是曰领土之统一"。[1] 这表明，中华民国是统一多民族的共和国，"汉、满、蒙、回、藏诸地"是中国领土不可分割的一部分，"汉、满、蒙、回、藏诸族"是多民族大家庭的重要成员。3 月，孙中山颁布具有宪法性质的《中华民国临时约法》，第三条明确规定中华民国的领土"为二十二行省、内外蒙古、西藏、青海"；第五条规定中华民国人民"一律平等，无种族、阶级、宗教之区别"；第十八条则规定参议院的参议员"每行省、内蒙古、外蒙古、西藏各选派五人，青海选派一人"，其选派方法"由各地方自定之"。[2] 这就强调"二十二行省"与"内外蒙古、西藏、青海"等边疆民族地区都是中国领土，从法律上明确了"内外蒙古、西藏"等边疆地区的法律地位，而且强调人民无论"种族、阶级、宗教"都"一律平等"，使"五族共和""民族平等"的思想首次载入中国的根本大法。孙中山的《宣言书》和《中华民国临时约法》在边疆治理思想上既继承了"大一统"的传统治边思想，[3] 又凝结了资产阶级民主革命运动中"民主""共和""平等"等思想，明确地提出"五族共和""民族平等"的主张。

　　南京临时政府成立后，各界人士积极参与新生国家的建设，各地出现组织社团、剪辫易服、从军助饷、妇女解放、革新礼俗的社会新风。[4] 正是在这种背景下，1912 年 4 月，临时政府迁都北京，袁世凯就任临时大总统，4 月 22 日发布命令时仍重申孙中山所宣布的原则，强调"现在五族共和，凡蒙、藏、回疆等各地方，同为我中华民国领土"，蒙、藏、回等少数民族"同为我中华民国国民"，不能"如帝政时代，再有藩属名称"；对于"蒙、藏、回疆"地区，中央政府将"通筹规画，以谋内政之统一，而冀民族之大同"。[5] 这一命令重申"五族共和"的思想理念，提出"民族大同"思想，强调"蒙、藏、回疆等各地方"都是中华民国领土，重申西藏、蒙古等边疆地区的法律地位。

　　1913 年二次革命爆发，以孙中山为代表的革命力量遭到镇压，袁世凯在国内的政治地

---

①　《孙总统宣言书》，《东方杂志》第 8 卷第 10 号，1912 年 4 月。

②　《中华民国临时约法》，《东方杂志》第 8 卷第 10 号，1912 年 4 月。

③　中国传统治边思想，参见马大正主编《中国边疆经略史》，中州古籍出版社，2000，第 436—455 页。

④　胡绳武、金冲及：《辛亥革命史稿》（四），上海人民出版社，1991，第 1—136 页。

⑤　《中国大事记》，《东方杂志》第 8 卷第 12 号，1912 年 6 月。

位更加巩固，1914年5月1日公布《中华民国约法》，其中第三条规定"中华民国之领土，依从前帝国所有之疆域"；第四条规定中华民国人民"无种族、阶级、宗教之区别，法律上均为平等"；第六十五条规定1912年2月12日"所宣布之大清皇帝辞位后优待条件，清皇帝待遇条件，满蒙回藏各族待遇条件，永不变更其效力"。①该《约法》与1912年《临时约法》相比，一方面对中国疆土的规定显然不如1912年《临时约法》明确，不再专门强调"内外蒙古、西藏、青海"等是中国领土一部分，只是以从前"帝国所有之疆域"含糊其辞地表达中华民国继承了清朝"所有之疆域"。这是以袁世凯为首的统治集团希望得到英、俄等国的承认、支持，与英、俄交涉蒙藏问题之后有所妥协、退步的表现，但他们又怕遭到国内人民的反对，在外交上留有余地。另一方面，该《约法》仍然强调各"种族、阶级、宗教"的人民平等，和清逊帝优待条件、"满蒙回藏各族待遇条件"永不变更，既表明中国是多民族统一国家，又有安抚边疆民族上层、前清贵族的用意，其目的是稳定边疆形势。

1913年后，尽管人们逐步看清"无量头颅无量血，可怜购得假共和"的事实，但是值得重视的有两点：一是民国初年的中央政府以法令明确规定蒙古、西藏等边疆地区的法律地位，1912年4月22日袁世凯重申"凡蒙、藏、回疆等各地方，同为我中华民国领土"，都强调"满蒙回藏各族"是中国多民族大家庭的重要成员，而且注意到"蒙、藏、回疆等各地方"与内地的差异性，反映出中国古代因俗、因地、因时治边思想的继承。

这些法令有利于增强人们对"蒙、藏、回疆等各地方"都是"我中华民国领土"的认同感，强化各族人民的"五族共和"意识。面对列强对中国蒙古、西藏等边疆地区的侵略，全国人民奋起反抗，这些法令是凝聚各族人民的"思想武器"。1913—1914年，国内各界就非常关注西姆拉会议的进展，1914年4月27日中国中央政府代表陈贻范在英印政府外务大臣麦克马洪诱逼下在"英、中、藏条约草案"画行草签，此消息传到国内后，中国政府多次严正声明，坚决不承认陈贻范所签草约。②肃政史夏寿康、江绍杰还联名弹劾陈贻范，他们呈文中央政府，强调《中华民国约法》第三条规定"中华民国之领土，依从前帝国所有之疆域"，只要是中国国民，就要以"保全领土为第一要义"，但西姆拉会议议约专员陈贻范"不考疆界，不遵权限，一味媚外，将英人开出条款，未经政府训示，遽行私自认可画行"，对于这种"误国擅专，签押变更领土"的行径，应参照清末严惩崇厚、有泰的事例，将陈贻范"按律治罪"。③这表明《中华民国约法》等法令宣示的国家领土观念和"五族共和"理念，不仅成为反抗列强侵略、保卫中国领土的法律依据，而且发挥着凝聚各族人民、团结固边的积极作用。

---

① 西藏社会科学院等编《西藏地方是中国不可分割的一部分（史料选辑）》，西藏人民出版社，1986，第453页。
② 卢秀璋：《论"西姆拉会议"——兼析民国时期西藏的法律地位（修订版）》，中国藏学出版社，2014，第190—280页。
③ 《夏寿康等为请严惩议约专员陈贻范擅自签押事致袁世凯呈》（1914年7月11日），中国藏学研究中心等编《元以来西藏地方与中央政府关系档案史料汇编》，中国藏学出版社，1994，第2426—2427页。

二是"五族共和""民族平等"思想逐渐深入人心，逐步成为国家治理、边疆治理的主导性思想观念。正因为如此，1915年袁世凯的"洪宪迷梦"、1917年张勋复辟帝制均遭到全国声讨，在全国人民抵制和护国运动的枪炮声中破产。而且，当外国企图侵占中国边疆领土、干涉中国内政时，中国各族人民奋起抗争，共同抵御外侮，维护"五族共和"、国家统一。1917年"川藏纠纷"前后中国人民的反应就是典型例证。1917年9月，西藏地方军队与川边镇守使所辖"边军"发生冲突，这场"川藏纠纷"是当时"帝国主义利用军阀势力互争中国霸权的混战"之一。在英国支持下，西藏地方军队击败川边驻军，到1918年8月共占领了原属川军驻防的昌都、同普、江卡、德格、瞻化、武成等12个县，英国副领事台克满乘机跳出来"调停"，并"主持"由边军分统刘赞廷、西藏噶伦降巴邓打参加的三方谈判，拟定《停战合同十三款》。[1]

"边藏战争"爆发时，第一世界大战即将结束，英国再次提出召开所谓的"中、英、藏三方会议"。1919年5月，朱尔典再次催促中国政府召开三方会议，解决西藏问题。北京民国政府考虑到边藏战争一年的停战即将到期，若再拒绝，"藏军"就有可能在英国挑唆下发动战争，再次引发纠纷，就一方面表示同意谈判，另一方面在9月5日由外交部通电全国，把1914年以来中英藏事交涉，特别是1919年前后的情况通告全国。一时间，全国舆论哗然，各地各界纷纷谴责英帝国主义的侵华野心。四川省议会、四川督军熊克武、川边镇守使陈遐龄、云南督军唐继尧、甘边宁海镇守使马麒纷纷致电中央，反对向英帝国主义妥协，坚决要求民国政府维护国家领土主权。其中，马麒表示："西藏本中国属土"，边藏纠纷本是"兄弟阋墙，自应由兄弟解决，万不能任他人从旁干涉"，而且表示我国"苟有一息生气，所有划界会议，应从根本否认，此约一签，终古难复，大好江山，一笔断送，凡属五族，谁不解体"。[2]面对国内的爱国反帝呼声，民国政府决定不顾英国的威胁，对英交涉的态度渐趋强硬，拒绝英国"调停"、重开所谓的"三方谈判"的要求。

二

中国边疆治理机构作为国家政权的组成部分，萌芽于商周时期的宾、小行人等机构，历经秦朝至明清的发展，逐步完善。在清朝中早期，理藩院主管内外蒙古、青海、西藏、新疆及四川等边疆地区蒙、藏、回等民族的事务。在边疆地区设置了不同的机构，盛京将军、吉林将军、黑龙江将军、绥远城将军、察哈尔都统、热河都统、乌里雅苏台将军、科布多参

---

[1] 喜饶尼玛：《近代藏事研究》，西藏人民出版社、上海书店出版社，2000，第149—162页。
[2] 《甘肃督军张广建转报马麒反对与英使会商议定西藏划界电》（1919年10月28日），中国藏学研究中心等编《元以来西藏地方与中央政府关系档案史料汇编》，第2451—2452页。

赞大臣、库伦办事大臣、驻藏大臣等将军、都统、大臣管理东北边疆、北部边疆和西部边疆事务；在东南边疆则设置巡台御史、台湾府和琼州府；在西南边疆地区沿袭元明以来的土司制度，又推行"改土归流"政策。根据居民的差异在各地设置不同的地方机构，汉族居民较多的地区设立府、厅、州、县，维吾尔族居住区实行伯克制，厄鲁特蒙古各部实行札萨克（旗长）制度。鸦片战争以后，随着边疆危机日益加深，清朝中央政府调整边疆治理机构，1884年新疆正式设省，1888年台湾建省的工作完成，1906年理藩院改为理藩部，1907年盛京、吉林、黑龙江三个将军辖区改设行省。[①]

民国初年，中央政府设置了一系列的边疆治理机构，这些机构既继承了以前中国治边机构的职能，又在"五族共和""民族平等"思想指引下有其时代特点：不仅设置热河都统、察哈尔都统、绥远都统、西藏办事长官、阿尔泰办事长官等管理边疆地方事务，而且设立蒙藏事务局、蒙藏院、翊卫处等中央主管部门，还通过历届国会的边疆地区议员让边疆各族人民参与国家事务管理。限于篇幅，下面仅就中央机构加以介绍。

（一）蒙藏事务局、蒙藏院

中华民国临时政府在1912年4月迁都北京，接收前清时期各衙门，组建新的中央机构，管理边疆事务被提上日程。1912年春，内务部设立蒙藏事务处，接管蒙藏事务，因蒙、藏事务繁重，内务部要求增加一名次长，但在参议院未能通过，经过反复讨论，决定设立蒙藏事务局。该年7月，蒙藏事务局成立，直接隶属于国务总理，作为中央主管机构，负责管理蒙古、西藏地区事务。1914年5月，蒙藏事务局改为蒙藏院，直属于大总统，直至1928年一直掌管蒙藏事务。蒙藏事务局、蒙藏院前后承接，接管清代理藩院、理藩部职能，同时又有变化。

第一，蒙藏事务局、蒙藏院管理边疆地区的宗教事务，包括办理喇嘛的度牒札付、升迁调补，安排年班、经班和晒经，批准寺庙的兴建及名称，在雍和宫掣签确定部分活佛的转世灵童等，这是对清代理藩院职责的延续和发展，蒙藏院时期的喇嘛印务处是专门的主办机构。在办理蒙回藏王公的封爵、俸禄、年班等事务时，结合新情况制定新的法令规章。

蒙藏事务局主管蒙回藏事务后，理藩院（部）时期的部分事务、职能因时代变化被取消，如满蒙联姻事宜已不需再办；而有些职能仍在延续，如办理蒙回藏王公的封爵、年班、朝觐，代他们向大总统呈递贡品，安排他们在京及往返的车马、廪饩，呈请任免蒙回藏官员，以及办理已故王公的祭祀和某些遭难王公、官员的抚恤等。1914年5月后，蒙藏院办理的事务数量庞大，尤其是封爵和官员任免、印信三项。封爵事宜主要是按照惯例晋封爵位和预保年幼的贵族加封爵位等，封爵、官员任命有时又紧密相连，主要是由于蒙回各部王公

---

① 赵云田：《中国治边机构史》，第1—407页。

往往就是本部族的直接统治者，一些王公加封爵位后就成为本部的管理者。如1914年6月，新疆兼巡按使杨增新呈报，旧土尔扈特南部落右翼札萨克镇国公因身患疾病，"豫保长子阿拉什班吉为四等台吉，先行署理印务"，并呈送清册、宗图，经查核相符。民国政府予以批准，并"交蒙藏院查照，并转行知照"，将"清册暨宗图粘钞存"入档。他在授予四等台吉后就署理镇国公，接印并代管旧土尔扈特南部落右翼事务。[①]1916年至1918年的三年间，根据蒙藏院公布的数据，"所有蒙回各部晋封及追封人员"总计39员，包括亲王3人、郡王8人、贝勒2人、贝子3人，镇国公、辅国公各5人，头等台吉共10员，头等塔布囊、二等台吉、三等台吉各1员；由"中央任命或报院有案者"共61名，包括盟长1名，副盟长2名，帮办盟务2名，扎萨克7名，备兵扎萨克2名，吉农1名，协理台吉18名，总管1名，副章京3名，管旗章京1名，参领5名，佐领5名，骁骑校9名，防御、笔帖式各1名，委官2名。[②]

在办理封爵、年班、朝觐、任命官员等事务时，蒙藏院采取沿袭旧制与因时创新的方式，一方面因民国伊始"法制未备"，大理院也曾批准"《理藩部则例》中除与国体抵触者外，其余一概准其继续援用"，即依据前清《理藩院则例》和相关惯例；[③]另一方面，又根据时代的变化、需要，陆续制定新的法令规章。这些法规在蒙藏事务局时期就出台了一些，蒙藏院设立后继续主持制定相关法规，或者是与其他部门联合制定有关法规，在呈报民国政府后以大总统令的名义颁布。1914年5月以后，蒙藏院主持、参与制定的新法规、制度中，比较重要的有蒙古冠服制度、《蒙人服官内地办法》。蒙古冠服制度是1915年由政事堂礼制馆与蒙藏院共同拟定、经民国政府批准公布的，先由蒙藏院"拟拟图式"，又经礼制馆"详与讨论逐一厘定"，在蒙古族的传统服装基础上略加变通，特别是对蒙古王公的服饰做了明确规定。[④]

《蒙人服官内地办法》是1915年由陆军部、内务部与蒙藏院联合拟定的，在呈报大总统后于5月6日批准实行，之后又出台了配套的《蒙人甄试章程》。这一办法是针对一份《蒙人准服官内地说贴》（以下简称《说贴》）出台的，内称"前清别异汉蒙，故蒙人无为汉官之例"，而现在"内蒙如哲里木等盟识汉字之人已不为少，亦有曾经战阵足备驱策者"，建议以后"蒙人如有明晰汉文、堪用文职及有武官资格者，准该旗呈送各特别区域都统、办事长官"及各省巡按使考核，推荐到中央录用。针对这份《说贴》，1915年5月陆军部、内务部与蒙藏院拟定了《蒙人服官内地办法》，认为清代"蒙古名人甚多，惟以满汉分途之故，蒙人罕为汉官。当今五族一家，已无畛域，凡有贤俊宜与同升"，该《说贴》的建议既有利于

---

① 《大总统批令》，《政府公报》第765号，1914年6月23日。
② 蒙藏院总务厅统计科编《蒙藏院行政概要（民国五年至七年）》，蒙藏院总务厅统计科1920年印，第75—78页。
③ 马福祥：《蒙藏概况》，蒙藏委员会1931年印行，第64、72—73页。
④ 《政事堂礼制馆呈遵令拟订蒙古冠服制绘具图说呈请鉴核文并批令》，《政府公报》第1086号，1915年5月17日。

"沟通情谊"，又有利于"征求人才"，决定采取如下办法予以实施，即各盟、旗从本旗挑选"通晓汉文、汉语，年在二十以上之蒙古人"一名，宁缺毋滥，而后"出具保结"送到各都统、办事长官及各省巡按使处，经考核"毫无劣迹方予给咨送京"；到京后，其"原有武职资格者"由陆军部甄试，非"武职资格者"由内务部、蒙藏院甄试，不合格者"饬令回旗"，合格者则"呈请核定"，分别留京试用，"俾其练习职事"，两三年后"或派往各省办事，或仍留京办事"。①

1915年11月，以《蒙人服官内地办法》的思想为指导，陆军部、内务部与蒙藏院又联合制定了《蒙人甄试章程》（以下简称《章程》），是年11月26日获得大总统批准。作为实施《蒙人服官内地办法》的配套规章，该《章程》首先强调其适用范围，即凡是依照1915年5月4日"内务部、陆军部、蒙藏院会同呈准《蒙人服官内地办法》，由各巡按使、都统、办事长官考核给咨送京之蒙人，均照本章程甄试"；接着申明其"原有武职资格者"由陆军部甄试，"非武职资格者由内务部、蒙藏院会同甄试"。对于甄试程序、内容，这一《章程》规定，甄试共有论文、面试两方面，论文包括"法制大意""行政概要"、蒙古历史和"军事大要"四项；面试包括"蒙古民情风俗习惯"、应试者的"经验学业"两项提问，"有军人资格者"现场考察"其所有技能"。最后，该《章程》还强调甄试时"由部、院长官亲自校阅"，经甄试合格者由"部、院会同呈请大总统录用"，不合格者"给咨回旗"，以强调其公正性。②

第二，在新的历史条件下推进边疆治理的近代化。该项工作主要体现在四个方面：1.组织边疆事务调查，蒙藏事务局成立后就派人到内蒙古、甘肃、新疆、青海、云南、西藏等边疆地区调查；2.发展蒙藏地区经济和社会事业，包括开垦荒地、交通发展、台站管理及赈灾等；3.组织、推进边疆文化教育事业，蒙藏事务局建立不久就着手出版蒙藏回文的《白话报》，蒙藏院时期设立了蒙藏专门学校；4.遵照大总统命令，嘉奖边疆地区爱国上层人士，任命边疆民族地区的官员，办理少数民族领袖的爵位晋升、承袭、封授等事务。③

边疆地区爱国上层人士对于维护国家统一和边陲稳定具有重要影响。因此，民国政府多次予以嘉奖。如1915年3月6日，根据哲里木盟科尔沁和硕图什业图亲王业喜海顺呈报，该旗绰尔济呼图克图广楚克吹木丕勒"率领徒众倾向民国"等语，经蒙藏院呈请，民国政府下令"着赏坐黄围车"，以表彰他的"率众输诚"、深明大义。④而且，嘉奖爱国人士与惩罚

---

① 《大总统批令》，《政府公报》第1076号，1915年5月7日；《陆军部、内务部、蒙藏院呈会拟蒙人服官内地办法请训示文并批令》，《政府公报》第1078号，1915年5月9日。

② 《大总统批令》，《政府公报》第1227号，1915年11月27日；《陆军部、内务部、蒙藏院呈会拟蒙人甄试章程缮单乞鉴文并批令（附单）》，《政府公报》第1279号，1915年11月9日。

③ 孙宏年：《蒙藏事务局与民国初年的边疆治理论析》，《中国边疆史地研究》2004年第1期；孙宏年：《蒙藏院与民国时期的西藏治理述论（1914—1928）》，《中国边疆史地研究》2008年第4期。

④ 《大总统策令》，《政府公报》第1015号，1915年3月6日。

不法人员相结合，对于一些曾经有过背叛行为的边疆上层人士，一旦悔罪投诚，民国政府也既往不咎，一般是恢复原来封爵予以肯定，以鼓励同类情况的边疆上层人士幡然悔悟，迷途知返。比如，民国建立之初，镇国公拉什敏珠尔参与反叛活动，被革去镇国公爵位，1915年"悔罪投诚赴京请觐"，民国政府表示他在"国体初更，地处边陲，不谙时局，致成嫌衅，其情尚有可原"，现在既然已经悔罪，"实属倾心内向"，10月13日下令"先行开复镇国公原爵，以资观感"。①

当时，嘉奖边疆上层人士的方式很多，既包括传令嘉奖、加封名号、开复爵位、晋封爵衔、给喇嘛"赏用黄围车"，还包括颁发匾额和勋章等。颁发奖章是其中重要的一项，《蒙藏院行政概要（民国五年至七年）》称："蒙回藏各部风气究未大开，戴翎枝狃于习惯非一时所能变易，故拟具变通办法，所有蒙回藏王公及章京等在蒙地出力，由本院酌量资劳、按其爵职请奖各等勋章，在旗准其戴用翎顶。"根据蒙藏院的统计，仅仅1916—1918年的三年间，经蒙藏院呈请，民国政府就给"蒙回藏王公及章京等"颁发嘉禾章105人次，包括一等12员、二等大绶8员、二等18员、三等24员、四等21员、五等2员、六等10员、七等6员、八等4员；二等宝光嘉禾章9人次；文虎章11人次，包括一等6员、二等2员、六等1员、七等2员。②无论对蒙回藏各地王公、官员还是喇嘛的嘉奖，无论什么形式的表彰、嘉奖，都激励了边疆地区上层爱国人士，加强了中央政府与他们的联系，有利于安定边疆地区的人心和维护国家统一。

（二）翊卫处

翊卫处是北京民国政府为安置、管理前清的御前行走而新设的边疆治理机构。早在1912年12月23日，民国政府发布命令，决定"所有蒙回王公充前清御前行走年久者应改授都翊卫使，御前行走年分较浅者应改授翊卫使，充乾清门行走差使者应改授翊卫副使，充乾清门侍卫及大门侍卫者应改授翊卫官，即由国务院查明衔名分别拟请改授"。③1913年，民国政府曾将达尔汗亲王那木济勒色楞等人分别授予翊卫使、翊卫副使、翊卫官，但人数较少、范围较小，尚未形成制度。1915年制定了专门翊卫处管理办法，陆续任命一大批翊卫使、翊卫副使、翊卫官，1919年又根据情况变化进行了必要的修订。

1915年2月2日，蒙藏院呈报大总统"拟设立翊卫处，酌定员额，并量给夫马费，统由公府开支，以来优异"，经批准后颁布《设立翊卫处办法》。该办法共七条，内容包括：1.公府设翊卫处，其经费由公府支给；2.驻京王公中应派都翊卫使一员，翊卫使四员，翊卫副使六员，翊卫官人员，均由蒙藏院按照资、俸开单请简；3.都翊卫使给车马费200元，翊

---

① 《大总统策令》，《政府公报》第1233号，1915年10月14日。
② 蒙藏院总务厅统计科编《蒙藏院行政概要（民国五年至七年）》，第80—81页。
③ 《公文》，《政府公报》第292号，1913年2月28日。

卫使给车马费 100 元，翊卫副使给车马费 80 元，翊卫官给车马费 50 元；4. 都翊卫使、翊卫使、翊卫副使应充庆贺各侍班、祀天祀孔陪祀、唪经典礼派往行礼等差，翊卫官应充坛庙站班及蒙回藏王公觐见、筵宴时招待等差，临时均由都翊卫使呈请大总统派充；5. 年班来京之王公等得由蒙藏院酌其勋、劳、资、俸呈请赏给翊卫使、翊卫副使、翊卫官等差；6. 年班来京得有翊卫使、翊卫副使、翊卫官者，其在京期内应随同当差，酌给夫马费以在京日为限；7. 都翊卫使、翊卫使、翊卫副使当差时均着蒙古王公制服，翊卫官着所定制服。[1]

1915 年 2 月民国政府任命了一批翊卫处官员。1 日，任命阿穆尔灵圭为都翊卫使，苏珠克图巴图尔、扎噶尔、熙凌阿为翊卫使，达赉、阿拉坦巴图尔、海永澂、鄂多台为翊卫副使，鄂伯噶台、鄂索尔图、车林端多布为翊卫官；14 日，又任命业喜海顺、沙木胡索特为翊卫使，任命达克丹彭苏克、吹库尔僧格、丹巴达尔齐为翊卫副使。[2]2 月 16 日，根据《设立翊卫处办法》第五条的规定，即"年班来京之王公等得由蒙藏院酌其勋、劳、资、俸呈请赏给翊卫使、翊卫副使、翊卫官等差"，"年班来京得有翊卫使、翊卫副使、翊卫官者，其在京期内应随同当差，酌给夫马费以在京日为限"，蒙藏院又开列清单，呈请将年班来京蒙古王公、台吉等照章请授翊卫使、副使、翊卫官，得到大总统的批准。[3]接着，这些新任命的官员陆续觐见大总统，如 3 月 15 日觐见的有都翊卫使科尔沁亲王阿穆尔灵圭，翊卫使奈曼亲王苏珠克图巴图尔、喀喇沁郡王熙凌阿、科尔沁郡王那逊阿尔毕吉呼、阿拉善亲王塔旺布鲁克扎勒，翊卫副使科尔沁亲王色旺端鲁布、科尔沁贝子达赉、科尔沁贝子阿拉坦巴图尔、喀喇沁辅国公海永澂、喀尔喀辅国公鄂多台、科尔沁辅国公阳仓扎布、科尔沁郡王丹巴达尔齐，翊卫官敖汗辅国公阿拉玛斯图呼、土默特台吉特古斯巴雅尔、喀喇沁塔布囊鄂齐尔巴图、喀尔喀台吉鄂伯噶台和喀尔喀台吉车林端多布、车林诺尔布等 18 名之多。[4]5 月 31 日，觐见的是三名翊卫官，包括巴林亲王扎噶尔、喀尔喀台吉鄂尔海、辅国公衔台吉湍多布。[5]此后，又有一些王公陆续被任命，如 8 月 19 日任命色旺端鲁布为翊卫使、祺诚武为翊卫副使。9 月 6 日由翊卫处带领他们觐见大总统。[6]

无论是都翊卫使、翊卫使，还是翊卫副使、翊卫官，都是礼仪类型的官职，其职务仅仅是"充庆贺各侍班、祀天祀孔陪祀、唪经典礼派往行礼"，或者是"坛庙站班及蒙回藏王公觐见、筵宴时招待"，但又因为只有驻京王公中"资、俸"和年班来京王公中"勋、劳、

① 《大总统批令》，《政府公报》第 984 号，1915 年 2 月 3 日；《蒙藏院呈请设翊卫处谨拟办法缮单请示文并批令（附单）》，《政府公报》第 986 号，1915 年 2 月 5 日。
② 《大总统策令》，《政府公报》第 983 号，1915 年 2 月 2 日；《大总统策令》，《政府公报》第 996 号，1915 年 2 月 16 日。
③ 《蒙藏院呈年班来京蒙古王公台吉等照章请授翊卫使、副使、翊卫官等差缮单呈请明令施行文并批令》，《政府公报》第 999 号，1915 年 2 月 19 日。
④ 《三月十五日受勋及觐见大总统人员衔名单》，《政府公报》第 1024 号，1915 年 3 月 16 日。
⑤ 《五月三十一日觐见大总统人员衔名单》，《政府公报》第 1101 号，1915 年 6 月 1 日。
⑥ 《政府公报》第 1180 号，1915 年 8 月 20 日；《九月六日觐见大总统人员衔名单》，《政府公报》第 1198 号，1915 年 9 月 7 日。

资、俸"达到一定规定时才授予，并给予一定的"夫马费"，且翊卫处又设在总统府（即"公府"）之内，有保卫总统之意，故在该处得到任命又成为蒙回藏王公们的荣誉。因此，翊卫处制度承接清代的御前行走制度，实际上是管理蒙、回、藏王公的重要方式，目的有两个：一是通过翊卫处管理那些与中央关系较为疏远的王公，特别是控制那些可能有离心倾向的王公，抑制离心倾向；二是通过这种荣誉性的官职，笼络蒙回藏爱国王公，形成对中央政府的向心力，维护国家统一。

已有史料表明，民国政府设立翊卫处的两个目的基本实现：一是通过翊卫处加强了对边疆地区王公贵族的管理，一些被授予翊卫使、翊卫副使、翊卫官的王公们遇事都向中央请假，有的因事开去驻京差使，还有的因病辞职，少数未经批准擅自离职的王公受到惩处。如1915年3月，哲里木盟科尔沁扎萨克亲王衔多罗宾图郡王丹巴达尔齐被任命为翊卫副使后留京当差，因本旗事务未了，请蒙藏院"代呈给假一月，俾便回旗整理"，蒙藏院认为"该郡王所称各节尚系实情，应否给假一个俾得回旗宽筹治理"，随即被批准给假一个月。① 此后不久，翊卫使、昭乌达盟巴林亲王扎噶尔因"料理旗务请假回旗"，"假期届满"仍未了事，又经蒙藏院代为呈请续假一个月；翊卫官、绰罗斯二等台吉讷钦布因病请假一个月，接着因病未痊经批准辞去翊卫官之职。② 同年8月，翊卫使苏珠克图巴图尔被任命为昭乌达盟盟长，蒙藏院为此呈文民国政府，认为他"现在既简任昭盟盟长，职务重要，自应令其回旗任事"，至于翊卫使一职，经批准"照年班王公例，仍留差使名目开去专缺无庸常川在京供差，以专职守"。③ 类似的情况还有很多，比如翊卫副使阳仓扎布经批准"请假两月回旗料理藉以省亲"，假期已满后因病"未痊续假两月"；④ 又如翊卫副使色旺端鲁布"因福晋病故请假一月"，⑤ 翊卫官特古斯巴雅尔"侍亲回籍请假两月"，假期届满因病"未痊"又经批准续假两月等。⑥ 对于那些不守规章、擅离职守的王公，民国政府加以惩处以儆效尤，比如翊卫使、巴林亲王扎噶尔曾"并未请假，擅离职守"，都翊卫使阿穆尔灵圭呈请予以惩处，1915年8月经批准"罚俸一月以示薄惩"。⑦ 通过这些请假、续假、准假、惩处，民国政府

---

① 《大总统批令》，《政府公报》第1031号，1915年3月23日；《蒙藏院呈翊卫副使丹巴达尔齐请假回旗代呈请示文并批令》，《政府公报》第1033号，1915年3月25日。

② 《蒙藏院呈翊卫使扎噶尔请续假一个月转呈请核示文并批令》《蒙藏院呈翊卫官讷钦布因病请假一月转陈请示文并批令》，《政府公报》第1025号，1915年3月17日；《大总统策令》，《政府公报》第1054号，1915年4月15日。

③ 《蒙藏院呈苏珠克图巴图尔授任盟长拟令回旗任事所有翊卫使一职拟照年班王公例仍留差使名目开去专缺无庸在京供差并批令》，《政府公报》第1176号，1915年8月16日。

④ 《大总统批令》，《政府公报》第1087号，1915年5月18日；《大总统批令》，《政府公报》第1231号，1915年10月12日；《都翊卫使阿穆尔灵圭副使阳仓扎布请假两月回旗料理借以省亲据情转呈文并批令》，《政府公报》第1089号，1915年5月20日。

⑤ 《大总统批令》，《政府公报》第1104号，1915年6月4日。

⑥ 《大总统批令》，《政府公报》第1153号，1915年7月24日；《大总统批令》，《政府公报》第1218号，1915年9月28日；《都翊卫使阿穆尔灵圭呈翊卫官特古斯巴雅尔假期届满病仍未痊恳请续假两月乞示文并批令》，《政府公报》第1222号，1915年10月2日。

⑦ 《大总统批令》，《政府公报》第1170号，1915年8月10日。

强化了对蒙回藏王公的控制，也进一步加强了蒙回藏地区与中央政府的联系。

二是蒙回藏王公被授予都翊卫使、翊卫使等官职后，不断呈文谢恩，拥护中央，比如阿穆尔灵圭被授予都翊卫使后"敬陈谢悃"，熙凌阿新授翊卫使后即通过蒙藏院"代呈谢悃"，哈密亲王沙木胡索特被任命为翊卫使后又通过蒙藏院"代申谢悃"，吹库尔僧格被授翊卫副使、图什业图亲王业喜海顺被授翊卫使后由蒙藏院"转呈谢悃"，奈曼亲王苏珠克图巴图尔因"蒙给勋章并授翊卫使"也通过蒙藏院"代呈谢悃"。[①]一时间，被授予翊卫使、翊卫副使、翊卫官的王公纷纷呈文谢恩，形成了拥护民国政府、维护统一的良好政治氛围。需要指出的是，蒙藏院既是这一制度的制定者，又是翊卫使、翊卫官们与民国政府联系的主要中央机构，尽管翊卫处名义设在"公府"之内，但他们的许多呈请都是通过蒙藏院转达的。因此，在翊卫处发挥管理边疆地区王公、维护国家统一作用的过程中，蒙藏院发挥了极为重要的作用。

在《设立翊卫处办法》执行三年之后，由于该办法"条文内未将应授都翊卫使等职各项资格明白规定，而旧有之御前行走等差使现时已日就减少，不足以资标准"，蒙藏院认为应"酌加修改"，并"缮具清单"呈报大总统呈请修订。1919年12月，经总统府秘书厅"略为增改，呈奉大总统，议交蒙藏院查照办理"，出台了《改订翊卫处办法》，共八条，内容如下。1.公府内设翊卫处，其经费及各员夫马费均由公府核定支给。2.驻京王公中应派都翊卫使一员，翊卫使六员，翊卫副使八员，翊卫官十员。3.都翊卫使一职应请大总统于翊卫使中暨驻京之蒙古亲王资望较深者任用，其翊卫副使、翊卫官遇有缺出，均由蒙藏院会同都翊卫使开单请简。4.翊卫使缺出以驻京之亲王、郡王及现任翊卫副使充补，翊卫副使缺出以驻京之贝勒、贝子及现任翊卫官充补，翊卫官缺出以驻京之镇国公、辅国公及台吉、塔布囊等充补，其都翊卫使一职应由翊卫使中资望较深者开单请简。5.都翊卫使、翊卫使、翊卫副使应充觐贺各侍班、祀天祀孔陪祀、唪经典礼及致祭蒙古王公派往行礼等差，翊卫官应充坛庙站班及蒙藏回王公觐见筵宴时招待等差，临时都由都翊卫使呈请大总统派充，其余应行职务仍照翊卫处呈准章程办理。6.年班来京之王公等得由蒙藏院酌其爵秩资劳呈请简授翊卫使、翊卫副使、翊卫官等差。7.年班来京得有翊卫使、翊卫副使、翊卫官者，其在京期内应随同当差，酌给夫马费，以在京之日为限。8.都翊卫使等当差时均着军礼服。[②]

（三）1914—1919年历届国会的边疆地区议员

1912年8月10日，民国政府正式公布《中华民国国会组织法》《参议院议员选举法》

---

① 《大总统批令》，《政府公报》第989号，1915年2月8日；《大总统批令》，《政府公报》第996号，1915年2月16日；《大总统批令》，《政府公报》第1012号，1915年3月4日；《大总统批令》，《政府公报》第1020号，1915年3月12日；《大总统批令》，《政府公报》第1021号，1915年3月13日；《大总统批令》，《政府公报》第1030号，1915年3月22日。

② 蒙藏院总务厅统计科编《蒙藏院行政概要（民国五年至七年）》，第78—80页。

《众议院议员选举法》和《筹备国会事务局官制》。根据国会组织法的规定，中华民国议会由参议院、众议院构成，参议院议员的名额为各省 10 名，蒙古 27 名、西藏 10 名、青海 3 名，中央学会 8 名、华侨 6 名；众议院议员的名额为吉林、贵州各省按人口比例从 10 名至 46 名不等，蒙古 27 名、西藏 10 名、青海 3 名。前述两项选举法又都对内地各省、蒙藏青海分别作了规定。比如西藏地方的参议员、众议员都分前、后藏两个选区，各有 5 名。"西藏选举会"负责参议员的选举，由达赖、班禅会同驻藏办事长官"遴选相当人员分别于拉萨及扎什伦布组织之"，选举监督由驻藏办事长官担任，也可"委托相当之官吏代理"，选举时间及场所由选举监督确定。至于众议员的选举，也由西藏的行政长官即驻藏办事长官担任选举监督。①1913 年选举了第一届国会，其中蒙藏事务局总裁即为西藏地区的国会议员选举监督，共选举参议院、众议院正式议员和候补议员各 20 名，共计 40 名。1914 年至 1919 年间，随着国内政局的变化，国会成为各派政治势力斗争的工具，几次解散，又几次恢复，而历届国会中都有边疆地区的议员参加。②

如上所述，中华民国成立之初，在国内政局多变、列强入侵边疆的背景下，中国人民反抗列强侵略、维护国家统一，"五族共和""民族平等""民族大同"等思想逐渐深入人心，成为国家治理、边疆治理的主导性思想，逐步成为维护统一的"精神凝聚力"。

在"五族共和""民族平等""民族大同"等思想引领下，民国初年的边疆治理具有两个特点。一是在全国人民推动下，历届中央政府以法令——特别是《中华民国临时约法》——明确规定中华民国领土由"二十二行省、内外蒙古、西藏、青海"构成，强调汉、满、蒙、回、藏各民族都是中国多民族大家庭的重要成员。这既继承中国历史上治边的优良传统，特别是"大一统"的思想，又吸收近代以来"共和""平等"等资产阶级民主观念，有利于增强边疆民族地区各族人民的"中华民族共同体"意识，有利于凝聚全国各族人民团结御侮、维护统一的决心和意志。这些促使北京民国政府在有关外蒙古、西藏、新疆的交涉、斗争中不敢妥协、让步，1914 年严正声明不承认陈贻范草签的"西姆拉条约"，1918 年派军队进驻库伦（今乌兰巴托）、恢复对外蒙古的主权，1919 年在阿尔泰地区驱逐沙俄侵略军、设立阿山道，有力地维护了领土主权、国家统一。

二是历届中央政府设置、完善边疆治理机构，既继承 1912 年以前历代边疆机构的职能，又有所创新和变革，其中蒙藏事务局、蒙藏院、翊卫处等边疆治理机构发挥了凝聚边疆民心、拥护"五族共和"的作用，历届国会中西藏、蒙古、新疆等边疆地区议员参与国家政治生活，充分表明"蒙、藏、回疆等各地方"是中国神圣领土不可分割的一部分。

---

① 《临时大总统令》《中华民国国会组织法》《参议院议员选举法》《众议院议员选举法》《筹备国会事务局官制》，《政府公报》第 103 号，1912 年 8 月 11 日。

② 刘寿林编《辛亥以后十七年职官年表》，中华书局，1966，第 492—526 页；喜饶尼玛：《近代藏事研究》，第 377—378 页。

当然，1912—1919 年的边疆治理思想、治理机构仍有其时代局限性。比如蒙藏院是中华民国主管边疆事务的中央机构，袁世凯推动"洪宪帝制"时也参与其中，1915 年 12 月蒙藏院呈报内蒙归化城"黄教僧众赞成君宪，虔诚推戴并讽经三日"，章嘉呼图克图在北京"率前派代表各员暨内蒙古僧俗人等奏请早登大位，巩固邦基"。袁世凯为此下令表彰章嘉呼图克图等人"倾诚爱国，深堪嘉尚"。[①] 这表明，蒙藏院力图借报告京内外喇嘛教"拥戴"为袁氏称帝造势，一些"黄教僧众"则深受封建思想影响支持复辟帝制，甚至把支持复辟与否等同于是否"倾诚爱国"，而袁氏恰恰利用这一点让章嘉活佛等为其称帝助威，又通过他们影响边疆的僧俗民众，进而形成"推戴"的"民意"，实现复辟帝制的迷梦。

〔本文原载《史学理论研究》2021 年第 5 期。作者孙宏年，中国社会科学院大学教授、中国边疆研究所研究员〕

---

① 《大总统批令》，《政府公报》第 1285 号，1915 年 12 月 5 日；《大总统批令》，《政府公报》第 1297 号，1915 年 12 月 17 日。

镜子里的影子：瞿秋白和他的世界

黄道炫

摘　要　作为中共早期革命领袖，瞿秋白身上背负着多种思想的包袱。中国传统儒学精神是他的思想底色，佛家、道家思想也是重要的思想资源，与此同时，外来西方文化不断形成冲击。走向马克思主义者的过程中，瞿秋白深感自身未能完全脱出旧思想的窠臼，身上挥之不去的绅士气，尤其让他惶惑不安。瞿秋白的处境，其实是五四一代知识人在新旧转换中面对的共同问题，所谓肩着黑暗的闸门，放别人一条生路，是他们的生动写照。这样的背景，加之现实政治与生活的机缘巧合，使得瞿秋白在爱的选择、寻找光明的冲动、锚定现实的艰难中，都宁愿以弃绝自我面对，这样的弃绝，最终酿就了瞿秋白的命运。

关键词　瞿秋白　新文化　多余的话　佛教

年轻时的瞿秋白曾经发问："在镜子里看影子，虽然不是真实的……可是真实的在那里？"[①]这是一个有着典型瞿秋白风格的问题。作为一个革命者，瞿秋白多少有些特殊，很多时候，他都处于各种力量的纠葛之中。1924年1月11日，瞿秋白致信爱人王剑虹说："我心里确实是矛盾，我从小便觉得我的心灵有两个世界，我有两重人格……梦可阿，你的音容时时化作种种印象安慰着我，——虽然我仍旧不动声色的和旁人谈话做事，（旁人丝毫不能觉察我的心事），然而，我总是自己欣慰着：我现在另有我的'自己'。"[②]瞿秋白写这些，旨在表白内心中的思念。不过，其中传达的两个世界、两重人格，却也吐露了瞿秋白性格中的一些特征。

[①]　瞿秋白：《饿乡纪程》，《瞿秋白文集·文学编》第1卷，人民文学出版社，1986，第13页。

[②]　瞿秋白致王剑虹（1924年1月11日），瞿独伊、李晓云编注《秋之白华——杨之华珍藏的瞿秋白》，人民文学出版社，2018，第101页。本文所引两人通信中的省略号均属原文。

事实上，在更早的文本中，瞿秋白已经谈到自己"二元的人生观"，1920年的《饿乡纪程》中，瞿秋白写道：

> 渐渐的心灵现象起了变化。因研究国故感受兴趣，而有就今文学再生而为整理国故的志向；因研究佛学试解人生问题，而有就菩萨行而为佛教人间化的愿心。这虽是大言不惭的空愿，然而却足以说明我当时孤独生活中的"二元的人生观"。一部分的生活经营我"世间的"责任，为自立生计的预备；一部分的生活努力于"出世间"的功德，做以文化救中国的功夫。我的进俄文专修馆，而同时为哲学研究不辍，一天工作十一小时以上的刻苦生涯就是这种人生观的表现。当时一切社会生活都在我心灵之外。①

在这里，"二元的人生观"指的是他的生活和精神世界中，社会生活和心灵世界可以相互隔绝，各自独立运行。无论两重世界还是二元人生观，都意指可以构建外在和内心两个相互隔离的世界，前者展示于人，后者则属于瞿秋白自身。

写《多余的话》时，瞿秋白再一次谈到自己的二元人格，也正是这一次的谈起，让二元人格的说法成为观察他的性格的铁证。《多余的话》中谈到的二元人格仍然具有双重意义。一是马克思主义和非马克思主义的同在："我二十一二岁，正当所谓人生观形成的时期，理智方面是从托而斯泰式的无政府主义很快就转到了马克思主义。人生观或是主义，这是一种思想方法——所谓思路；既然走上了这条道路，却不是轻易就能改换的。而马克思主义是什么？是无产阶级的宇宙观和人生观。这同我潜伏的绅士意识、中国式的士大夫意识、以及后来蜕变出来的小资产阶级或者市侩式的意识，完全处于敌对的地位。"二是日常生活中的显性和隐性的自己同在："我每次开会或者做文章的时候，都觉得很麻烦，总在急急于结束，好'回到自己那里去'休息。我每每幻想着：我愿意到随便一个小市镇上去当一个教员，并不是为着发展什么教育，只不过求得一口饱饭罢了。"瞿秋白自承："这种二元化的人格，我自己早已发觉——到去年更是完完全全了解了，已经不能够丝毫自欺的了；但是八七会议之后我没有公开的说出来，四中全会之后也没有说出来，在去年我还是决断不下，一至延迟下来，隐忍着。甚至对之华（我的爱人）也只偶然露一点口风，往往还要加一番弥缝的话。没有这样的勇气。"②

二元性格的瞿秋白，向世界追逐，又与世界疏离。这些当然无碍于其作为坚定的革命

---

① 瞿秋白：《饿乡纪程》，《瞿秋白文集·文学编》第1卷，第25页。

② 瞿秋白：《多余的话》，《瞿秋白文集·政治理论编》第7卷，人民出版社，2013，第700—701页。应该如何认知瞿秋白《多余的话》，从1979年陈铁健先生发表《重评〈多余的话〉》以来，即为一个聚讼不已的话题。如果把认知时间拉长，不局限于《多余的话》本身，或可对此可有更全面的理解。《多余的话》呈现的自我怀疑、自我否定等悲观情绪，事实上在他早年的作品《饿乡纪程》《赤都心史》中已有很明显的体现，后来也不时出现。丁玲

者的认知，却为进一步深入了解瞿秋白提供了一个有益的视角。其实，多数时候多数人，大概都有无法判然分明的复杂世界。这里面，有现实生存的世界，有企求中的理想世界，有自己甚至都不完全明了的潜意识世界，还有和众人一起不断构造着的世界。

一　爱的自我埋葬

1980年，丁玲刚刚复出，写下《我所认识的瞿秋白同志》，追怀1935年在福建长汀就义的老师及友人瞿秋白。由于和瞿秋白第一任夫人王剑虹的特殊关系，丁玲用了大量篇幅描写她和王剑虹的友情，瞿、王结合的经过。王剑虹和丁玲都是中国共产党主导的上海大学的学生，瞿秋白常常来宿舍教她们俄语，逐渐地，丁玲感觉到瞿秋白和王剑虹都有些变化，不明所以的她偶然发现了王剑虹的秘密，王的垫被底下放满了写给瞿秋白的情书，丁玲知道好友爱上了瞿秋白，她决定去找瞿秋白：

> 我无声地、轻轻地把剑虹的诗慎重地交给了他。他退到一边去读诗，读了许久，才又走过来，用颤抖的声音问道："这是剑虹写的？"我答道："自然是剑虹。你要知道，剑虹是世界上最珍贵的人。你走吧，到我们宿舍去，她在那里。我将留在你这里，过两个钟头再回去。秋白！剑虹是我最好的朋友，我不忍心她回老家，她是没有母亲的，你不也是没有母亲的吗？"秋白曾经详细地同我们讲过他的家庭，特别是他母亲吞火柴头自尽的事，我们听时都很难过。"你们将是一对最好的爱人，我愿意你们幸福。"
>
> 他握了一下我的手，说道："我谢谢你。"①

长期以来，丁玲关于这一过程的叙述成为瞿、王结合的经典叙述。然而，2017年，丁玲之子蒋祖林撰写的《丁玲传》，将这一叙述推上了被质疑的位置。蒋祖林记叙，1977年，他去探望还在等待复出的丁玲，丁玲跟他谈到瞿秋白，说了这样的判断："其实，那时瞿秋白是更钟情于我，我只要表示我对他是在乎的，他就不会接受剑虹。"蒋祖林记叙的丁玲回

透露，1924年，瞿秋白给她写的信中，透露了类似《多余的话》中的情绪："在那些信里他也倾吐过这种矛盾的心情，自然比这篇文章要轻微得多，也婉转得多。因为那时他工作经历还不多，那时的感触也只是他矛盾的开始，他无非是心有所感而无处倾吐，就暂时把我这个无害于他的天真的、据他说是拥有赤子之心的年幼朋友，作为一个可以听听他的感慨的对象而忘情地剖析自己，尽管是迂回婉转，还是说了不少的过头话，但还不像后来的《多余的话》那样无情地剖析自己，那样大胆地急切地向人民、向后代毫无保留地谴责自己。"（丁玲：《我所认识的瞿秋白同志》，《丁玲全集》第6卷，河北人民出版社，2001，第54页）从《饿乡纪程》开始，到丁玲所说的那些信，再到《多余的话》，有一个瞿秋白思想和性格连续展现的过程。《多余的话》并不是横空出世，而是一以贯之的性格积累在特殊状况下的总爆发。当然，正因为瞿秋白一直以来的自我贬抑态度，他的自述，无论早期还是后期，又都不可全信，可信其气质，不可全信其讲述。

① 丁玲：《我所认识的瞿秋白同志》，《丁玲全集》第6卷，第39页。

忆是，她拿了王剑虹表达对瞿秋白爱慕的诗稿去找瞿秋白：

> 瞿秋白问："这是谁写的？"我说："这还看不出来吗？自然是剑虹。"他无言走开去，并且躺在床上，半天没说出一句话来。他问我："你说，我该怎样？"我说："我年纪还小，还无意爱情与婚姻的事。剑虹很好。你要知道，剑虹是我最好的朋友，我不忍心她回老家去。你该走，到我们宿舍去……你们将是一对最好的爱人。"我更向他表示："我愿意将你让给她，实在是下了很大的决心的呵！"他沉默了许久，最后站起来，握了一下我的手，说道："我听你的。"①

"谢谢你"和"听你的"，两个不一样的表达，一下子把丁玲从旁观者变成了当事人。丁玲卷入瞿秋白和王剑虹的情感纠葛，在丁玲母亲的回忆录中也可约略见出，丁母记录瞿秋白与王剑虹结婚后，丁玲从上海返乡的情景："不日女回，吾心甚慰，惟伊悒悒不乐，非复往日之态度。吾不胜忧虑，对伊百般体贴，任其所欲，曲尽慈母之职，殷勤如抚幼孩，常把伊拥抱怀中，或其他郊外闲逛……忽海上来电云：乃女之契友某某病故。女悲痛之至，即刻要走。我见伊对友如是之情深，亦为之痛。"②

丁母的回忆显示当时的丁玲确实可能陷进感情风波当中，但是否如蒋祖林转述，当年瞿秋白实际爱上的是丁玲，丁玲和瞿秋白共同选择了放弃自己真正的最爱，成全了王剑虹，还需要进一步的证据。1924年结婚前后，瞿秋白和王剑虹的情书或许能解开一些谜底。

1924年1月，正在广州参加国民党一大的瞿秋白给王剑虹写去许多情书，其中多次提到丁玲，即文中的冰之：

> 冰之是安琪儿，她握着我你的生命。她……我怎样才好呢？我怎样才好呢？……
>
> 你要死，千万也当［等］着我死，——假使你还爱我，假使你那时还爱我。
>
> 冰之这样的知己，宇宙间独一无二的。难道不能原谅人……③
>
> 我想，你还可怜我，冰之也还可怜我，给我以一线希望！——我回来之后不能再离别了。置我于死地么？我也体贴得到，冰之心里是个什么味儿。可是你并不曾不爱她，是不是？难道不能分一些儿？你现在做些什么？好好的，不要尽着闲愁闲。④

看得出来，三个人中间发生了些什么，但到底是什么，仅从信中难以索解。此时，王

---

① 蒋祖林：《丁玲传》，人民文学出版社，2016，第57页。
② 《丁母回忆录》，《丁玲全集》第1卷，第325—326页。
③ 瞿秋白致王剑虹（1924年1月7日），瞿独伊、李晓云编注《秋之白华——杨之华珍藏的瞿秋白》，第90—91页。
④ 瞿秋白致王剑虹（1924年1月8日），瞿独伊、李晓云编注《秋之白华——杨之华珍藏的瞿秋白》，第93页。

剑虹写给瞿秋白的信中，也不无灰暗的痕迹："关于我俩的一切，我现在也没半个字可以说的，我们的别意离情，只是最微细的一点爱曲中的哀调罢了！ 过了这些日子自然再有美妙的欢音出现。"[①] "昨宵，可怕的风雨之夜……我曾经做得有几首诗……可是烧了！……好！我没法同你说了。恕我！"[②]这样的表达，不像热恋中的情人的言语。虽然，有论者会将之理解为王剑虹对自己身体的担忧，但下面一段话无法完全用身体状况解释：

> 我的魂儿么？我已是做了她的□人。 我新发现我对伊一切不能干涉：——一切的都在她面前失力，我在她身上已经无权力了！！……她决意春间要回湖南去，我……不说了吧。
>
> ……………
>
> 我自死不满意我自己，虽然一时期曾□过人类的"爱"的期间。
>
> 我十分疑惑我自己，直到我临近"地狱的门"的那一天。
>
> 我这些话你一定不明白。你一定不以为然或许以为我随便说说——我是费了无限思索——从心底里流出来的实在话呵！我是一个"鬼"，一个□□的鬼，我暂时为你的挚"爱"不诅咒我自己。等到……我便……[③]

这里的爱都打了引号，尤其是写到瞿秋白的挚爱也打了引号，这出现在情人间的书信中，毕竟不同寻常。

王剑虹说到的丁玲要回老家的事，瞿秋白信中也有提及：

> 你的魂儿竟如此决意的要回去吗。我心说不出的难受。你能安心的听她回去吗？也许你心上难受，故意不写出来。我明白你的心事。你疑惑你自己。我呢，摆布不得我自己。冰之是天上的神仙，千万要劝她把握定自己的倾向，勉力做得世间人；她和你都能大有益于世间呢。[④]
>
> 你切勿为我牺牲你的魂儿，你爱她得厉害……。冰之呵，你何苦这样猜疑，我万不敢……你说，假使冰之的走，是我的罪魁，我是什么味儿。我万不如冰之的真挚。[⑤]

这期间，还有一个插曲，瞿秋白的弟弟瞿昀白爱上了丁玲，但丁玲无法接受昀白的爱。

① 王剑虹致瞿秋白（1924年1月7日），瞿独伊、李晓云编注《秋之白华——杨之华珍藏的瞿秋白》，第145页。
② 王剑虹致瞿秋白（1924年1月19日），瞿独伊、李晓云编注《秋之白华——杨之华珍藏的瞿秋白》，第150页。
③ 王剑虹致瞿秋白（1924年1月20日），瞿独伊、李晓云编注《秋之白华——杨之华珍藏的瞿秋白》，第152—153页。
④ 瞿秋白致王剑虹（1924年1月26日），瞿独伊、李晓云编注《秋之白华——杨之华珍藏的瞿秋白》，第131页。
⑤ 瞿秋白致王剑虹（1924年1月26日），瞿独伊、李晓云编注《秋之白华——杨之华珍藏的瞿秋白》，第134页。

王剑虹告诉了瞿秋白这一消息，对此，瞿秋白的反应是：

> 冰之和昀白的事我早就料到的，——昀白是个傻子，哪里禁得起。然而我看冰之也的确不爱他，冰之的确也不能给他所求的，那有什么法想！何以断定她不爱他呢？我也不知道。昀白呢？他也不是真爱，——真爱的又何必这样勉强。他不知道，既然表示之后已经得了一个否定的答复，——假使他真正爱她，真正的信她是理想中的人格，——他就应当体谅她那‘被爱而不爱’的苦，不再纠缠着。既是爱得她如此真挚，应当愿意她有幸福，而他的苦笑眼泪无一不是置她于无可奈何之地，那又是什么爱呢？[①]

仔细读瞿秋白这段话，结合蒋祖林说到的瞿秋白和丁玲的"让"，或许别有一番滋味。如果蒋祖林所说的"让"真的成立，瞿秋白写给王剑虹的信中说到的如何面对不爱你的人时，就不无夫子自道的意味："既然表示之后已经得了一个否定的答复，——假使他真正爱她，真正的信她是理想中的人格，——他就应当体谅她那‘被爱而不爱’的苦，不再纠缠着。"这是瞿秋白心目中理想的爱。无论是爱的追求，还是社会改造的追求，瞿秋白心中都悬着一个理想："应当没有无限的轻信，没有极端的感情，不受无意识暗示，而有积极的怀疑心，有沉静的研究心，有强固坚决的毅力。"[②]为了自己的爱人，可以埋葬自己的爱。

不过，当瞿秋白这样做的时候，未必了解丁玲的真正心理，丁玲的让并不一定是不爱，而可能是少女面对骤然到来的爱的迷茫，她怕过早陷入爱情，也怕影响和挚友王剑虹的关系。瞿秋白的让，或许并不是丁玲内心真正希望有的结果，他们只是共同用自己的退让营造了一个高尚的牺牲。问题在于，对瞿秋白和丁玲的"让"，后来王剑虹也知道了，如丁玲所说："我想，她或许不知道。但婚后，我想，她定会知道。"[③]丁玲的判断和王剑虹信里流露的情绪结合起来看，应该属实。那这样的"让"，对王剑虹来说，毋宁又是一种难以面对的残忍。爱应该是纯净的，瞿秋白和丁玲认为他们可以用自己的牺牲诠释这种纯净，然而有时候埋葬自我可能并不是维护纯净好的方式。临终前，瞿秋白回忆自己一生：

> 差不多完全没有自信力，每一个见解都是动摇的，站不稳的。总希望有一个依靠。记得布哈林初次和我谈话的时侯，说过这么一句俏皮话："你怎么同三层楼的小姐［一样］，总那么客气，说起话来，不是‘或是’，就是‘也许’、‘也难说’……等"。其实，

---

① 瞿秋白致王剑虹（1924 年 1 月 17 日），瞿独伊、李晓云编注《秋之白华——杨之华珍藏的瞿秋白》，第 115—116 页。
② 瞿秋白：《社会运动的牺牲者》，《瞿秋白文集·政治理论编》第 1 卷，第 53 页。
③ 蒋祖林：《丁玲传》，第 58 页。

这倒是真心话。可惜的是人家往往把我的坦白当作"客气"或者"狡猾"。①

两百多年老旧的大家族，养成了瞿秋白的绅士气，也斫伤了瞿秋白生命的本能。新文化运动中，重新认知性、婚姻、家庭、社会的后面，其实是被压抑的生命本能的释放。瞿秋白对这些当然不是没有感知，他也在尽力和时代靠拢，但是他的精神世界和这种不断折磨自己情感的要求实在相距过远。他被捕后写信给郭沫若说："时代的电流是最强烈的力量，像我这样脆弱的人物也终于经不起了。"②确实是切肤之叹。瞿秋白"最理想的世界是大家不要争论，'和和气气的过日子'"，③然而五四之后的中国，争论和抉择成为潮流，何况他后来还卷入政治的第一线，又成为强调斗争性的共产主义运动中的一员。他的精神世界和这个时代的睽违，一开始就已注定，尽管这个时代又恰恰是他努力为之鼓与呼的。④这也就是他说的：

> 十几年我一直觉得自己一直在扮演一定的角色。扮着大学教授，扮着政治家，也会真正忘记自己而完全成为"剧中人"。虽然，这对于我很苦，得每天盼望着散会，盼望同我谈政治的朋友走开，让我卸下戏装，还我本来面目——躺在床上去极疲乏的念着"回'家'去罢，回'家'去罢"，这的确是很苦的。然而在舞台上的时候，大致总还扮得不差，像煞有介事的。⑤

作为中共早期的政治领袖，瞿秋白当然不是政治的门外汉，他的政治天分，当和政治运动——五四运动——初次相遇时就有体现。据一起参与五四运动的郑振铎记述，运动开始后，两人分别成为学校的代表，"俄专""汇文"和"铁路管理"几个学校代表平常见面多，比较熟悉，"开会、活动时也就常常在一起了。秋白在我们之中成为主要的'谋主'，在学生会方面也以他的出众的辩才，起了很大的作用，使我们的活动，正确而富有灵活性，显出他

---

① 瞿秋白：《多余的话》，《瞿秋白文集·政治理论编》第 7 卷，第 711—712 页。

② 瞿秋白：《致郭沫若》（1935 年 5 月 28 日），《瞿秋白文集·文学编》第 2 卷，第 418 页。

③ 瞿秋白：《多余的话》，《瞿秋白文集·政治理论编》第 7 卷，第 712 页；或有人会质疑，瞿秋白并不是不争论，中共五大和彭述之的争论，可以说就是瞿秋白主动发起的，对此，瞿秋白自己也有解释："虽然人家看见我参加过几次大的辩论，有时候仿佛很激烈，其实我是最怕争论的。我向来觉得对方说的话'也对'，'也有几分理由'，'站在对方的观点上他当然是对的'。我似乎很懂得孔夫子忠恕之道。所以我毕竟做了'调和派'的领袖。假使我激烈的辩论，那么，不是认为'既然站在布尔塞维克的队伍里就不应当调和'，因此勉强着自己，就是没有抛开'体面'立刻承认错误的勇气，或者是对方的话太幼稚了，使我'箭在弦上不得不发'。"尽管可以怀疑瞿秋白的这些讲述有刻意贬抑自己的成分，但中共五大上瞿秋白的发难如他自己所说，更多是履行一个负责任的领导者的职责，并不一定会影响关于他性格的讨论。

④ 为自己并不一定适应的时代欢呼，本身也是瞿秋白的精神特征，他明白时代的趋向，竭力向时代靠拢，甚至自己也在撑起时代，却又始终难以摆脱和时代的隔膜。事实上，这也是五四一代知识人普遍的困惑，如鲁迅所谓肩起黑暗的闸门。

⑤ 瞿秋白：《多余的话》，《瞿秋白文集·政治理论编》第 7 卷，第 713 页。

的领导的天才"。① 无论是社会还是学校，能够成为一场社会政治运动的领袖，哪怕是一个小群体的领袖，通常都要有强烈的进取精神和驾驭人心的能力，非自命清高或甘于退隐者所可为，瞿秋白能够成为几个学校学生领袖中的领袖，郑振铎的回忆应属可信。

然而，瞿秋白自己对五四中的角色却另有一番解读。按照他自己的讲述，五四时期他参与运动，就是"历史的误会"的起点："五四运动一开始，我就当了俄文专修馆的总代表之一。当时的一些同学里，谁也不愿意干，结果，我得做这一学校的'政治领袖'，我得组织同学群众去参加当时的政治运动。"② 不止于此，无论早期还是后期，他的自述中很难看到他努力奋斗的那一面。钱穆幼时与瞿秋白同校，他笔下的学生时代的瞿秋白是这样的："时全校皆寄宿生，家在城中者，周末得离校。一日，舍监室又出示，周末须告假，乃得离校。时低余两级有一同学名瞿双，因其发顶有两结故名。后易名霜，遂字秋白。其人矮小文弱，而以聪慧得群誉。周末晚餐后，瞿双独自一人直入舍监室，室内壁上有一木板，悬家在城中诸生之名牌。瞿双一人肩之出室，大声言，'今晚全体告假'。户外数十人呼哗为助。士辛师（陈士辛，舍监）一人在室，竟无奈何。遂大群出至门房，放下此木板，扬长离校。"③ 这里的瞿秋白自幼敢于反抗压迫，正是后来在中共革命者的自述、回忆及传记中反复出现的形象，大多数革命者也乐于以这样的形象示人，但在瞿秋白本人的叙述中，无论早期还是后期，这样的事件都完全隐去，这样的隐没当非偶然。

有意忽略自身性格中强悍的一面，和在爱的冲突中选择抽身一样，都和瞿秋白内心中浓厚的绅士气相关。如他自己所说，他一辈子都没有走出自己的绅士气，其实，与其说没有走出，不如说他自己有意无意选择停留，他厌恶绅士气，却又嗜痂成癖，这就是瞿秋白的纠结。爱的退让中，既有他的善意，未始也没有他自己说到的演的成分，悲剧于他而言，是痛苦，也未尝不是享受。瞿秋白的演，与其说是演，不如说是携着旧戏装上到新舞台后命定的人生进程。

二　光明和死亡

1920 年 3 月，瞿秋白在《心的声音》中写道：

> 心呢？……真如香象渡河，毫无迹象可寻；他空空洞洞，也不是春鸟，也不是夏雷，也不是冬风，更何处来的声音？……听见的声音果真有没有差误，我不知道，单

---

① 郑振铎：《记瞿秋白同志的二三事》，史习坤编《瞿秋白研究资料》（上），中央民族学院科研处，1982，第 315—316 页。
② 瞿秋白：《多余的话》，《瞿秋白文集·政治理论编》第 7 卷，第 694—695 页。
③ 钱穆：《八十忆双亲 师友杂忆》，九州出版社，2010，第 62 页。

要让他去响者自响，让我来听者自听，我已经是不能做到，这静悄悄地听着，我安安静静地等着；响！心里响呢，心外响呢？心里响的——不是！心里没有响。心外响的——不是！要是心外响的，又怎样能听见他呢？我心上想着，我的心响着。①

如"香象渡河"这个佛教色彩浓厚的典故所显示的，《心的声音》尽管可以看到西方思想的影子，② 究其实，还是禅宗六祖慧能"幡动还是心动"的翻版。众多研究者都注意到瞿秋白和佛学的关系，瞿秋白自称："因研究佛学试解人生问题，而有就菩萨行而为佛教人间化的愿心。"事实上，当瞿秋白说去苏俄是辟一条光明的路时，这里所说的"光明"，更可能和瞿秋白如下的表白有关："菩萨行的人生观，无常的社会观渐渐指导我一光明的路。"③ 所谓菩萨行，就是要有慈、悲、喜、舍的无量心，度己度人，进于般若也就是光明之境。

清末民初，佛教文化一度有重振之势，唯识宗复兴，人间佛学展开。唯识宗复兴的代表人物欧阳竟无特别拈出"悲"字予以阐发："今人不明大悲为学佛要事，实属误解佛法之尤，不可不抉择发挥。且概括数言示其要略，曰：诸佛菩萨由观苦而起悲（诸佛以苦谛为师，明了观苦乃无系缚；见他即自，又自然牵动而生大悲，此非逃苦、厌苦、怖苦、舍苦所可比也），由大悲而利他，由利他而起苦（一切苦悉入生死苦中，不舍生死即是不舍一切苦，此盖触真实苦以苦为大乐乃能如是），由起苦而不住涅槃。"④ 近代中国的凄风苦雨，让悲苦成为社会的底色，欧阳竟无的由观苦而起悲，由大悲而利他，由利他而起苦，由起苦而不住涅槃的修行观，暗合着佛教对这样一种社会现实的回应。这是一种置之死地而后生的抉择，也是我不入地狱谁入地狱的大悲和大愿心。⑤ 正因此，欧阳竟无重振唯识学的举措，激起社会的回响，唯识学成为民初佛教的潮流，⑥ 瞿秋白接触佛学也是从阅读《成唯识论》开始的。

以悲苦之心直面社会，从悲苦中求振拔，是民初佛教提供给国人的思想资源，五四时代普遍的悲苦、烦闷叙述乃至将之推向极端的做法不能说都源自佛教，却和民初佛教的思路

---

① 瞿秋白：《心的声音》，《瞿秋白文集·文学编》第2卷，第5—6页。
② 张历君的《瞿秋白与跨文化现代性》（香港：香港中文大学出版社，2020）详细讨论了该文与詹姆士、柏格森的关系，颇具洞见。详见该书第94—97页。
③ 瞿秋白：《饿乡纪程》，《瞿秋白文集·文学编》第1卷，第25页。
④ 欧阳渐：《唯识抉择谈》，《欧阳渐大德文汇》，华夏出版社，2012，第73页。
⑤ 1915年，年轻的吴宓谈及他接触佛理的经过，颇可见出佛教于这一时代振拔人心的效果："昨春以境事触逆，心情颓丧，阅《传灯录》至五祖教六祖出家一段，谓众生苦恼，均缘心意惑蔽而起。世善恶果报，虽似极端舛错，然为善行德，终有永久宏大之报酬。悟而心安，如病之得药也。今读《无量寿经》，则佛氏大同救世之义，陈说更为精警。其导人行善绝恶，曲己为人，益不容有一毫疑惧迟回态度。余感于事变，方深愤郁之情，读此如冷水浇背。此后誓愿本佛理以行事，虽眚弗恤。诚能牺牲一己，以利群众，则毅然直前，无复顾虑。"（《吴宓日记》第1册，1915年1月24日，三联书店，1998，第392页）
⑥ 吴虞日记载，梁漱溟即告诉他："佛经最好是《成唯识论》，但止看《成唯识论》不够，必看辅助之书。如，《成唯识论述记》、《唯识别钞》、《唯识料简》、《唯识了义灯》。"（《吴虞日记》上册，1921年11月11日，四川人民出版社，1984，第653页）

同源。瞿秋白的性格、经历和阅读让他和这样的悲苦叙述有特别的共鸣。[1] 无论是早年带有自述色彩的《饿乡纪程》《赤都心史》，还是临终前的《多余的话》，都能看到一以贯之的悲苦叙述，却很难看到一个探索者和革命者果决、勇敢、奋斗的一面，瞿秋白笔下的自己，总是充满着忧伤、犹豫、退却、隐忍。他定位自己为"文人"，就是"无所用之的人物。这并不是现代意义的文学家、作家或是文艺评论家，这是吟风弄月的'名士'，或者是……说简单些，读书的高等游民。他什么都懂得一点，可是一点没有真实的智识"。[2] 瞿秋白以文人为无用，激烈批评着这样的形象，却又自居文人，这种自毁自弃式的批评，和上述的悲苦叙述异曲同工。不过，佛教大悲导向的是起苦而不住涅槃，前提则是智不住三有，即超脱三界才能所缘众生，而瞿秋白的性格却让他很难自居为引路人，他解释赴俄的动机时说：

> 全宇宙不过只这一"求安而动"的过程，安与不安的感觉，又只在前"五识"及第七识上显现，以为行为最后的动机。第六识（意识）的动机是粗象而且虚伪谬误的。而社会的意识（社会的第六识）尤其常常陷于伪造幻象错觉。动的过程只在直觉直感于"实际"时显其我执（第七末那识）的功能。我旅俄的意义，实是我直感的反射动作。第六识的分别，计较成败所影响于行为的极少。[3]

根据唯识宗所讲的眼、耳、鼻、舌、身、意、意根（又名末那）、如来藏（又名阿赖耶、真如等）八识，瞿秋白认为自己基本还是在第六识（意识）的层面，是直感的反射动作，所以他会本能地自我否定："我冒险而旅俄，并非是什么'意志坚强'，也不是计较利害有所为——为社会——而行；仅只是本于为我的好奇心而起适应生活，适应实际精神生活的冲动。生活不安的程度愈高，反应冲动的力量亦愈大。既无益于抽象的中国社会文化，又无味于具体的枯燥生活。"[4] 然而，时代毕竟给了他"为大家辟一条光明的路"的承担，巨大的责任和严格的自我审视之间的落差，让瞿秋白深感无力，他的自我否定或可看作是对这样一种责任所造成的紧张的释放。

瞿秋白的自我否定推向极端就是"死亡"叙述。《饿乡纪程》中，瞿秋白数次谈到"死"："纯哥当初竭力反对我到俄国去，以为自趋绝地，我却不是为生乃是为死而走，论点

---

[1] 1920年，王若飞在自画像中说："社会是罪恶，人生是悲苦，这两句话他很相信。但他不因此而入厌世一流。以为我们当战胜罪恶，战胜悲苦，创造一个理想世界。"（王若飞：《一个特别的学生》，《王若飞文集》，贵州人民出版社，1996，第10页）这里的他，就是王若飞自己。从王若飞的表述中，可以看出悲苦叙述已经成为那个时代的流行话语，个体的选择只是接受或不接受。

[2] 瞿秋白：《多余的话》，《瞿秋白文集·政治理论编》第7卷，第710页。

[3] 瞿秋白：《饿乡纪程》，《瞿秋白文集·文学编》第1卷，第58页。

[4] 瞿秋白：《饿乡纪程》，《瞿秋白文集·文学编》第1卷，第17页。

根本不同，也就不肯屈从。"瞿秋白的意思是，瞿纯白以去俄国有风险反对瞿秋白去俄国，而自己却恰恰是"为死而走"，这一点，他在后面还有更详细的解释："心理上突然呈一种猛进的状态。'宁死亦当一行'。——如其还有'社会''文化'观念，求为人而劳动，那只是第七识的我执所驱策。"①

现代作家王统照的回忆中也谈到瞿秋白的为死而走：

> 我还记得在那年秋末的时候，在西城我们的寓所中，C君去同我与S君谈起这回事，C君说：
>
> "他这一走是决定了！……他为什么走？他居心要往这条路上走！他的心意的罗盘针，与他的境遇的四围雾雾，使他要定了决心走这条路！……他这一走，是抱了满腹人生的苦痛走的，是从刻苦与烦闷的人生中，找得出一条死路，也可以说是一条生路……"②

看得出来，这里的为死而走，其实恰在于生，也就是佛教和后来海德格尔都讲过的"向死而生"。死是埋葬旧我，死又是新生，既求得自己的新生，也为社会寻一条生路。这和瞿秋白前述爱情上的自我埋葬，有精神上的相通之处，埋葬自己的爱，是为了放爱的人可以自由地爱；埋葬无力承担的自我，恰恰是为众人寻一个自我。

驻留哈尔滨时，他和俞颂华聊天，再次说到死："那时听说莫斯科食粮缺乏，燃料不足，又常常说笑话：'颂华，我们去了，不但冻饿，还有别种危险，兴兴然而去看"新奇"，也许不幸奄然而就死。'颂华道：'你为什么说这种不祥的话，扫兴得很！'"③

瞿秋白谈到死，一点也不避讳甚至刻意谈论，对于多少有些出行前的忌讳的俞颂华来说，很容易惹起不快。应该说，瞿秋白成为访问俄国最早的一批中国记者，机缘难得。1920年11月，上海《时事新报》、北京《晨报》刊出启事，内称："吾国报纸，向无特派专员在外，探取各国真情者，是以关于欧美新闻殊多简略之处。国人对于世界大势，亦每因研究困难，愈趋隔阂淡漠，此诚我报界之一大缺点也。吾两报有鉴于此，用特合筹经费遴派专员，分赴欧美各国，担任调查通讯事宜，冀稍尽吾侪之天职，以开新闻界之一新纪元焉。"④ 两报共向美、英、法、德、俄派出8位新闻特派员，美、法、德各一，英国两位，俄国独占三位。俄国三位，当时公布的名字是瞿秋白、俞澹庐、李续忠，亦即后来更通用的名字：瞿秋

① 瞿秋白：《饿乡纪程》，《瞿秋白文集·文学编》第1卷，第58—59页。
② 王统照：《新俄国游记》，《王统照文集》第6卷，山东人民出版社，1982，第385页。
③ 瞿秋白：《饿乡纪程》，《瞿秋白文集·文学编》第1卷，第59页。
④ 《上海时事新报、北京晨报共同启事》，北京《晨报》1920年11月27日，第2版。

白和俞颂华、李仲武。①

探访革命后的新生苏维埃国家，是一个堪称艰巨的任务，当时，报社开出非常高的报酬，瞿秋白自述："年领晨报馆薪金洋二千元。"② 对于一个刚刚 20 岁出头，生活又相当窘迫的年轻人，这样的薪水不能不说有很大的诱惑力，和当时普遍收入比，更是非常突出。和瞿秋白一起去俄国的俞颂华、李仲武，社会关系都不一般。俞颂华是日本留学生，梁启超进步系控制的上海《时事新报》副刊《学灯》的编辑，父亲俞棣云曾任上海电报局学堂监督和上海电报局总办，在政商两界都有深厚的人脉。李仲武是梁启超第一任妻子李蕙仙的侄子，梁启超的内侄，瞿秋白俄文专修馆同学。彭述之后来和李仲武多有交集，他的回忆中有一段关于李仲武及瞿秋白赴俄成因的记述，颇足参考：李仲武"姑父所主持的一系列报纸中，最有声望的左派报纸之一北京《晨报》的编辑，希望有一位常驻莫斯科的通讯记者。李仲武满怀希望地要去承担这项任务，但他有自知之明，如果他只身前往，深知无能力承接，理由有二，其一是缺乏新闻工作的经验，其二他的写作方式一般是不够令人满意的。他便想出一个主意，要同能力比他强得多的朋友和同学瞿秋白合作，以便能够实现两人并肩到俄罗斯首都去工作的愿望"。李仲武的这个想法，得到姑父梁启超的支持，"瞿秋白曾经给梁启超留下了极其良好的印象，他不仅俄语能力很强，而且对于中国古典文学也是颇有修养的"。③ 瞿秋白赴俄，毋宁说是天赐机缘。

正因此，俞颂华或许很难理解瞿秋白的死亡讲述，会将之看成"为赋新词强说愁"的矫情。但是，对于瞿秋白而言，这一切却是很难忍住的讲述。不佳的身体状况，让瞿秋白时时要面对自己心中的终极恐惧，这是他死亡讲述的身体原因。不过，身体状况只是原因之一，精神上的自我否定更是主因。瞿秋白对于伤痛乃至死亡奇特的亲近是一贯的，同一时期，他在另一篇文章中更是直抒胸臆：

> 自杀！自杀！赶快自杀！你真正有自杀的决心，你要真正做到自己杀自己的地步，
> 不要叫社会杀你，不要叫你杀了社会，不要叫社会自杀。你不能不自杀，你应该自杀，
> 你应该天天自杀，时时刻刻自杀。你要在旧宗教，旧制度，旧思想的旧社会里杀出一

---

① 李仲武（1899—1938），贵州省贵筑县（今贵阳市）人，原名李续忠，又名李宗武，出身于贵州世宦之家，祖父李朝仪为清朝道光年间进士、同治年间任顺天府尹。伯父李端棻是光绪年间进士、官至礼部尚书。因父母早亡，由姑姑李蕙仙和姑父梁启超抚养长大。1917 年入北京俄文专修馆，与瞿秋白同学。1920 年 10 月受聘为北京《晨报》和上海《时事新报》特派记者前往苏俄，1921 年 9 月兼任莫斯科东方劳动者共产主义大学中国班翻译。1922 年 12 月加入中国共产党，1924 年夏回国，在广州国民革命政府任苏联顾问团翻译。1927 年大革命失败后脱党，1931 年任国立北平大学教授。1937 年全面抗战爆发后，随苏联航空专家在兰州空军总站任高级翻译，1938 年 3 月因飞机失事遇难。

② 《李克长访问记》，《国闻周报》第 12 卷第 26 期，1935 年 7 月 6 日。年薪 2000 元，当时几乎相当于一个普通的大学教授，吴虞 1921 年被聘为北京大学教授时，月薪为 260 元。他在学校吃包伙食，每月仅需 7 元（《吴虞日记》上册，四川人民出版社，1984，第 643 页）。

③ 彭述之：《彭述之回忆录》上册，香港：天地图书有限公司，2016，第 267—268 页。

条血路，在这暮气沉沉的旧世界里放出万丈光焰，你这一念"自杀"，只是一线曙光，还待你渐渐的，好好的去发扬他。①

这里的自杀，既有肉体的毁灭，更多则是精神上的自戕，也即埋葬旧我。瞿秋白很清楚自己身上旧时代的残余，他曾这样剖析自己身上的绅士气：

> 我家的田地房屋虽然在几十年前就已经完全卖尽，而我小的时候，却靠着叔祖伯父的官俸过了好几年十足的少爷生活。绅士的体面"必须"继续维持。我母亲宁可自杀而求得我们兄弟继续读书的可能；而且我母亲因为穷而自杀的时候，家里往往没有米煮饭的时候，我们还用着一个仆妇（积欠了她几个月的工资到现在还没有还清）。我们从没有亲手洗过衣服，烧过一次饭。
>
> 直到那样的时候，为着要穿长衫，在母亲死后，还剩下四十多元的裁缝债，要用残余的木器去抵账。我的绅士意识——就算是深深潜伏着表面不容易察觉罢——其实是始终没脱掉的。②

当瞿秋白为自己的绅士气苦恼时，背后隐藏的是他和自己无法摆脱的内心阴影的对抗，他想要摆脱这个世界及其附着于他身上的影子，可是这样的影子却时时缠绕着他。他没有轻易选择和解，无论精神还是政治上，最终都宁愿选择自我放逐乃至自我埋葬。《赤都心史》中，他谈到中西文化的冲突："然而'我'，是欧华文化冲突的牺牲"；谈到情性和理智的落差："现实与浪漫相敌，于是'社会的无助'更斫丧'我'的元气，我竟成'多余的人'呵！"最后的结论是："然而，宁可我溅血以偿'社会'，毋使'社会'杀吾'感觉'。"③既然自身已成多余，那么溅血以死，也就是另一种圆满了。

三 醉感与罪感

王统照回忆好友耿济之时，将他与共同的好友瞿秋白对照，得出结论，瞿秋白"个性极强，天才高亢……善辩，健谈，尤长于分析，评论。烟酒都颇有'量'，令人一见便知不是一个规行矩步，或一生只能钻书本子的学究。更非平淡循资，对付时日之流"。④瞿秋白

---

① 瞿秋白：《自杀》，《瞿秋白文集·文学编》第2卷，第3页。
② 瞿秋白：《多余的话》，《瞿秋白文集·政治理论编》第7卷，第699—700页。
③ 瞿秋白：《赤都心史》，《瞿秋白文集·文学编》第1卷，第219—220页。
④ 王统照：《追怀济之》（1947），《王统照文集》第6卷，山东人民出版社，1984，第115页。

的好友中，不止一个人提到瞿秋白善饮，少年好友羊牧之回忆："他还会喝酒，平常不见他常喝，可是在汉口时，他却和郭沫若一次喝了白兰地三斤呢！"[①]羊牧之提到的这个细节，出处应该就是瞿秋白本人，他在临终前给郭沫若的信中写道："还记得在武汉我们两个人一夜喝了三瓶白兰地吗？当年的豪兴，现在想来不免哑然失笑，留得做温暖的记忆罢。愿你勇猛精进！"[②]叶圣陶回忆与瞿秋白的交集时，也提到喝酒："认识秋白先生大约在民国十一二年间，常在振铎兄的寓所里碰见。谈锋很健，方面很广，常有精辟的见解。我默默地坐在旁边听，领受新知异闻着实不少。他的身子不怎么好，瘦瘦的胳膊，细细的腰身，一望而知是肺病的型式。可是他似乎不甚措意这个。曾经到他顺泰里的寓所去过，看见桌上'拍勒托'跟白兰地的瓶子并排摆着，谈得有劲就斟一杯白兰地。"[③]当瞿秋白准备去俄国时，亲戚给他送别，"他们知道我有远行，开瓶白兰地酒痛饮半宵"。[④]

　　人类文明史上，酒一直是引人注目的话题。古希腊以神话人物狄奥尼索斯为酒神，同时又是艺术之神、悲剧之神。酒神的冲动代表着放纵和忘我，尼采写道，在酒神的召唤中，"人轻歌曼舞，俨然是一更高共同体的成员，他陶然忘步忘言，飘飘然乘风飞。他的神态表明他着了魔。就像此刻野兽开口说话、大地流出牛奶和蜂蜜一样，超自然的奇迹也在人身上出现：此刻他觉得自己就是神，他如此欣喜若狂、居高临下地变幻，正如他梦见的众神的变幻一样"。[⑤]尼采呈现的实际是一种醉态，在美酒带来的迷醉中忘我、放浪，这里面有喜剧，更本质的则是无力面对生命意义的悲剧性陶醉。中国酒文化的代表刘伶、嵇康所呈现的景象和尼采所写大致相同，名士风范、狂放不羁，有意思的是，他们接续的老庄的思想传统，实际也具有强烈的悲剧色彩。

　　如果拿中西文明对酒的共同理解——狂放、悲喜剧、集体无意识——看瞿秋白和酒的关系，或许可以打开认知瞿秋白的一个视角。瞿秋白善饮且善谈，这是酒文化的理想境界，当王统照强调瞿秋白"不是一个规行矩步，或一生只能钻书本子的学究"时，举出的例证即"烟酒都颇有'量'"，这是关于酒和个人性格关系的习有解读。而瞿秋白性格中自我放逐的悲剧色彩，与他青少年时代以老庄为思想阅读的起点[⑥]结合看，或许不仅仅是巧合。酒可以带来冲动和迷醉，但酒的世界终究是超现实的世界，善酒者都不得不习惯于两个世界的

① 羊牧之：《我所知道的瞿秋白》，中共上海市党委史研究室编《上海党史资料汇编》第5编，上海书店出版社，2018，第34页。
② 瞿秋白：《致郭沫若》（1935年5月28日），《瞿秋白文集·文学编》第2卷，第418页。
③ 叶圣陶：《回忆瞿秋白先生》，《中国二十世纪散文精品·叶圣陶卷》，太白文艺出版社，1996，第222页。
④ 瞿秋白：《饿乡纪程》，《瞿秋白文集·文学编》第1卷，第19页。
⑤ 弗里德里希·威廉·尼采：《悲剧的诞生》，周国平译，上海人民出版社，2009，第92页。
⑥ 瞿秋白自己说："十六七岁时开始读了些老庄之类的子书，随后是宋儒语录，随后是佛经、《大乘起信论》——直到胡适之的《哲学史大纲》、梁漱溟的《印度哲学》，还有当时出版的一些科学理论、文艺评论。"（瞿秋白：《多余的话》，《瞿秋白文集·政治理论编》第7卷，第702页）郑振铎说瞿秋白："他的中国书念得很好，并大量的刻苦的读着哲学书。对于'老''庄'特殊有研究。"（郑振铎：《记瞿秋白同志的二三事》，史习坤编《瞿秋白研究资料》[上]，第314页）

转换。瞿秋白曾自我剖析道："我生来就是一浪漫派，时时想超越范围，突进猛击……然而我自幼倾向于现实派的内力，亦坚固得很，'总应当'脚踏实地，好好的去实练明察，必须看看现实的生活，做一件事是一件……两派潮流的交汇，湍洄相激，成此旋涡——多余的人。"[1] 浪漫派和现实派间的张力，大概在酒的世界中最能充分体现却也最易于调适。

不过，酒的世界终究是虚幻的，回到现实时，瞿秋白还是不得不面对两个世界的冲突：

> 无谓的浪漫，抽象的现实，陷我于深渊；当寻流动的浪漫，现实的现实。不要存心智相异的"不正见"，我本来不但如今病；六七年来，不过现实的生活了，心灵的病久已深入，现在精神的休养中，似乎觉得：流动者都现实，现实者都流动。疗养院静沉的深夜，一切一切过去渐渐由此回复我心灵的旧怀里；江南环溪的风月，北京南湾子头的丝柳。咦！现实生活在此。我要"心"！我要感觉！我要哭，要恸哭，一畅……亦就是一次痛痛快快的亲切感受我的现实生活。[2]

病床上的瞿秋白，在回忆中反而触摸到现实的世界，这当然不一定是瞿秋白实在的经历。瞿秋白说的不接触现实的六七年，是他经历诸多人生变故的时期，母亲自杀、到学校教书、去武昌寻亲、上俄文学校、参加五四运动、接触新思潮、以记者身份访俄，这些都可以说是人生的大变动，到瞿秋白这里，居然如此波澜不兴，甚至都没有成为现实的资格。瞿秋白笔下的现实却又是"江南环溪的风月，北京南湾子头的丝柳"，这与其说是常人眼中的现实，不如说是瞿秋白心中的感觉，是他可以用心触摸到的流动的情感，或者说是醉感的现实。所以，当瞿秋白批评自己不在现实中时，他说的或许只是他感知到的那个现实，而他感知到的那个现实对于他者而言，恰恰可能是不现实的。

瞿秋白常常营造着自己的世界，但是，他又绝不是一个遁世者。五四时期，瞿秋白在一篇文章中说到对参与群众运动及社会运动的理解，更能代表他当时当地对自己的期许：

> 社会运动的牺牲者……因怀疑而觉悟，研究的结果就能创造新的信仰、人生观；毅力的坚决就能打破旧的习惯、制度。他因此能不受旧社会力的暗示，觉着不得不打破旧的习惯和制度，因而牺牲"旧习惯所生出来"的快乐，牺牲"旧制度所生出来"的利益；觉着不得不创造新的信仰和人生观，因而牺牲精神去研究，牺牲旧社会的虚荣去实行他，甚至于牺牲性命。

---

① 瞿秋白：《赤都心史》，《瞿秋白文集·文学编》第1卷，第219页。
② 瞿秋白：《赤都心史》，《瞿秋白文集·文学编》第1卷，第220页。

改造社会就要有牺牲的决心，牺牲旧社会的虚荣，牺牲自己的性命，正是这样的认知和精神，让瞿秋白后来和革命有了更多的契合。在这里，自我并没有导致对世界的排斥，相反，恰恰由对自身的改造引导到对社会的改造，这是五四一代的共同思想路径。社会改造首先针对的是自身从旧习惯获得的快乐，旧制度获得的利益，乃至旧社会滋生的虚荣，革命是革心，为了这样的革心，自我埋葬，牺牲自己的生命在所不惜。所以，瞿秋白说：

> "我将成什么？"盼望"我"成一人类新文化的胚胎。新文化的基础，本当联合历史上相对待的而现今时代之初又相补助的两种文化：东方与西方。现时两种文化，代表过去时代的，都有危害的病状，一病资产阶级的市侩主义，一病"东方式"的死寂。
>
> "我"不是旧时代之孝子顺孙，而是"新时代"的活泼稚儿。①

这个新时代的活泼稚儿需要创造，但瞿秋白更多想到的常常是牺牲和不牺牲：

> 愿意牺牲的人必定有他的绝对不肯牺牲的东西，或者他的绝对不能牺牲的东西——群众运动的牺牲者绝对不能牺牲他的狂热的感情，社会运动的牺牲者绝对不能牺牲他的积极的怀疑心，他们绝对不牺牲他们的人格——才能去牺牲。假使没有一件不能牺牲的，又何必要求"解放"和"改造"呢？只看他所不肯牺牲，不能牺牲的是什么，是否可以拿来供改革社会——创造新的信仰，人生观，改革旧的制度，习惯——之用，是否对于改革社会有较大较好的效用，还是狂热的感情呢，还是积极的怀疑心呢？就可以知道他的牺牲对于改革社会有何等样的价值。②

不能牺牲的——感情、怀疑心、人格，这里面可以看出瞿秋白珍视的都是什么。固然在之后的岁月里，特别在成为马克思主义者之后，瞿秋白的思想世界会发生很多变化，但这些被珍视的一直跟随着瞿秋白。正是这些，造就了瞿秋白身上的多重气质，使得作为革命者的瞿秋白不是那种充满道义上的优越感、行侠仗义的侠客，而是常常体现"弱者的道德"的旁观者：

> 我有许多标本的"弱者的道德"——忍耐，躲避，讲和气，希望大家安静些仁慈些等等。固然从少年时候起，我就憎恶贪污、卑鄙……以致一切恶浊的社会现象，但是

---

① 瞿秋白：《赤都心史》，《瞿秋白文集·文学编》第 1 卷，第 213 页。
② 瞿秋白：《社会运动的牺牲者》，《瞿秋白文集·政治理论编》第 1 卷，第 53 页。

我从来没有想做侠客。我只愿意自己不做那些罪恶，有可能呢，去劝劝他们不要再那样做；没有可能呢，让他们去罢，他们也有他们的不得已的苦衷罢？①

这样的不彻底，这种对醉感的现实的留恋，常常让瞿秋白觉得自己"多余"，甚至产生"绅士""文人"的罪感。如果瞿秋白生活在传统时代，或者哪怕在新文化运动后，没有进入中共的革命阵营，他的这些气质应该不会构成如此之大的困惑乃至紧张。然而，个人和时代的因缘际会，让瞿秋白走到了聚光灯下，他一度成为中国共产党站在最前面的领袖，甚至成为激进的"左"倾错误的代表。在这样狂飙突进的过程中，他需要磨砺自己以和社会接轨，可是内心里又总有一股力量拉扯着他，在革命者和旁观者、粗粝的大众和精致的绅士、融入的现实和珍爱的生活之间，他非常清楚自己应该站在哪一边，但让他苦恼的是，站在队里的他，内心中总有一股异己的力量，在心底冲撞、徘徊。更吊诡的是，当他下决心站到现实一边时，有时又会发现，弄清现实也是一个极大的难题。瞿秋白曾经按照马克思主义的观点解释"现实"：

> "现实"用历史的必然性替无产阶级开辟最终胜利的道路。无产阶级需要认识现实，为着要去改变现实。无产阶级不需要矫揉做作的麻醉的浪漫谛克来鼓舞，他需要切实的了解现实，而在行动斗争之中去团结自己，武装自己；他有现实的将来的灯塔领导着最热烈最英勇的情绪，去为着光明而斗争。②

这里面的现实，承担着为无产阶级开辟胜利道路的重任，而认识现实的目的，又在于改造现实。革命语境下的现实，常常变动不居，把握綦难，1927年后瞿秋白被认为的"左"右摇摆，与此就不无关联。1931年写下上面这段话时，他已离开中共高层，心绪灰暗，这段话里的高调或许正是折射他现实中的迷茫。他在几年后承认：

> 完全破产的绅士往往变成城市的波希美亚——高等游民，颓废的，脆弱的，浪漫的，甚至狂妄的人物。说得实在些，是废物。我想，这两种意识在我内心里不断地斗争，也就侵蚀了我极大部分的精力。我得时时刻刻压制自己绅士和游民式的情感，极勉强地用我所学到的马克思主义的理智来创造新的情感、新的感觉方法。可是无产阶级意识在我的内心是始终没有得到真正的胜利的。③

---

① 瞿秋白：《多余的话》，《瞿秋白文集·政治理论编》第7卷，第712—713页。
② 瞿秋白：《普洛大众文艺的现实问题》，《瞿秋白文集·文学编》第1卷，第479—480页。
③ 瞿秋白：《多余的话》，《瞿秋白文集·政治理论编》第7卷，第700页。

瞿秋白有极强的个性，这样的个性让他能够切身感知到个人和环境的冲突，对个人面对环境巨大的笼罩力量时有可能的遭遇，他早就有详尽的分析："个性问题有渊深的内性：有人既发展自我的个性，又能排除一切妨碍他的、主观的困难环境而进取，屈伸自如，从容自在；或者呢，有人要发展自己的个性，狂暴忿怒面红耳赤的与障碍相斗，以致于失全力于防御斗争中，至于进取的创造力，则反等于零；或者呢，有人不知发展他的个性，整个儿的为"社会"所吞没，绝无表示个性的才能。——这是三种范畴。"①然而，这个分析似乎不能把他本人囊括其中，他肯定不是完全的吞没者，却也不是从容自如的应对者，之所以不能从容自如，并不完全缘于能力不够，更多的在于他的人生态度及深刻的自我怀疑，而这样的态度和怀疑又和社会巨变带来的不确定性相关。葛兰西说："当环境狂热到极度紧张，当巨大的集体力量被煽动，压迫个人直至消逝，以便获得创造意志冲动的最大效率，那么，在一定历史时刻和一定环境中，形势就变成悲剧性的。对于具有非常敏感和追求完美的气质的人来说，形势成为灾难性的。而对于社会落后成员，例如农民，则是必要的，不可或缺的，他们的强健神经可以大范围伸展而不受伤害。"②瞿秋白正是葛兰西说的这样的人，也遇到了葛兰西说的这样的时代。

瞿秋白精神世界里对自我的弃绝，在《多余的话》中推到了顶点：

> 我的脱离队伍，不简单的因为我要结束我的生命，结束这一出滑稽剧，也不简单的因为我的痼疾和衰惫，而是因为我始终不能够克服自己绅士意识，我究竟不能成为无产阶级的战士。
>
> 永别了，亲爱的朋友们！七八年来，我早已感觉到万分的厌倦。这种疲乏的感觉，有时候例如一九三〇年初或是一九三四年八九月间，简直厉害到无可形容，无可忍受的地步。我当时觉着，不管全宇宙的毁灭不毁灭，不管革命还是反革命等等，我只要休息，休息，休息！！好了，现在已经有了"永久休息"的机会。③

《多余的话》真正要表达的，其实是"多余的我"，而这样的讲述，当瞿秋白刚刚能够公开言说时，就已经开始了，《赤都心史》中的"多余人"，未尝就没有他自己的影子。产生于不同时代、不同背景下的作品，基调的高度一致，可以说明用自我贬抑的方式叙述自己，是瞿秋白习惯的做法，《多余的话》中的自我贬抑只是这种习惯的延续，而不是出于政治目的有意为之。最初的讲述是在对抗，就如讲述死亡是在对抗死亡一样，他讲述"多余"正是为了摆脱"多余"。然而，肩上那些不知名的背负，让他的解脱本身也变得多余。《多余的

---

① 瞿秋白：《赤都心史》，《瞿秋白文集·文学编》第 1 卷，第 212 页。
② 葛兰西：《狱中书简》，田时纲译，人民出版社，2008，第 405 页。
③ 瞿秋白：《多余的话》，《瞿秋白文集·政治理论编》第 7 卷，第 717—718 页。

话》终段，他以这样的序列最后向这个世界告别：

> 俄国高尔基的《四十年》、《克里摩·萨摩京的生活》，屠格涅夫的《鲁定》，托尔斯泰的《安娜·卡里宁娜》，中国鲁迅的《阿Q正传》，茅盾的《动摇》，曹雪芹的《红楼梦》，都很可以再读一读。

> 这是他喜欢的书。

> 中国的豆腐也是很好吃的东西，世界第一。

> 这是他喜欢的食。

> 永别了！①

结　语

清末民初，中国再造，历史在这里断裂。在新旧转换之间的知识人，既是断裂的推手，又自觉不自觉地充当着新旧之间的桥梁。他们肩着黑暗的闸门，想要放进光明，又时时担心着自己的身影也成为黑暗的帮手。瞿秋白担着寻找光明的责任，却有着不能踏进现实的担忧，旧时代的"文人气""绅士气"成为他挥之不去的噩梦。瞿秋白曾经和鲁迅成为相知，都有着共同的难以摆脱的关于黑暗的记忆，成为中国共产党领袖的瞿秋白，内心中的自我挣扎或许还超过鲁迅。鲁迅是"绝望之为虚妄，正与希望相同"的大绝望，而瞿秋白是看到希望的光芒，却摆脱不了内心黑暗的痛苦。镜子里的影子，勾勒出的是无尽的虚无。瞿秋白总是批判自己和现实相隔太远，然而他的这种批判正是建基于他对现实的高度关注之上，他曾经谈道："不是有了集权主义'四个中国字'才有集权制度的！' 抽象名词爱'的青年当再进一步看看现实，那时才知道实际生活，社会生活中每每是'非集权非分权'，' 非彻底非妥协'，'亦总解决，亦零解决'……现实是活的，一切一切主义都是生活中流出的，不是先立一理想的'主义'，像中国写方块字似的一笔一笔描在白纸上去的。"② 瞿秋白很清楚应该有

---

① 瞿秋白：《多余的话》，《瞿秋白文集·政治理论编》第 7 卷，第 720 页。关于《多余的话》最后几段话的含义，论者多有解读。单世联说："瞿秋白在无意识中以豆腐来象征自我，豆腐的纯净值得赞美，豆腐的软弱不妨碍它是世界第一。"（单世联：《枉抛心力作英雄———重温瞿秋白〈多余的话〉》，《同舟共进》2000 年第 6 期）本文认为，或许瞿秋白这几段话并没有那么多隐喻，他只是在以好书、美食这样的顺序，向这个世界最难舍弃的东西告别。
② 瞿秋白：《赤都心史》，《瞿秋白文集·文学编》第 1 卷，第 247 页。

什么样的现实，他也为之努力奋斗，却似乎和现实总有一段距离，这里面有他自己的责任，有时却并不一定就应由他负责。近代中国，寻找现实是一个十分艰巨的课题，很长时间里，"现实"并不总在现实之中。

瞿秋白以一个"文人"的身份，在激烈变动的社会政治大潮下，一度引领时代，成为社会政治的中心人物，这和五四新文化树立起的思想革命这个社会主题不能说没有关系。像瞿秋白这样并不属于他所说的"政治动物"的知识人，能够成为那个时代的风云人物，他自己说是"历史的误会"，其实更可能是时代的误会，中国历史上，这样的时代即便不是绝无仅有，也十分罕见。实际上，随着现实政治的狂飙突进，权势转移很快就会发生，瞿秋白的退出政治前台，如果从这一角度理解，或许只是时间问题。

瞿秋白的话题总是不无沉重，瞿秋白、鲁迅所谓绝望之为虚妄的痛苦，是一个时代活得认真的知识人的痛苦。瞿秋白肩负着追求光明的重任，却常常在想象和实在的现实间陷于迷茫，这样的困惑绝非他所独有。他用个人的自省、自责乃至自罪试图从迷茫中卸脱，不管是否成功，却可以看到后来中共思想改造路径逐渐生成的最初影子，而他的个人际遇，也让他成为中共革命中不惮于通过自省毁灭旧我的独特的"这一个"。瞿秋白离开政治高层之后，一度从事文艺大众化的努力，不知道这里是不是寄托着他对大众更多的期望，这一临去前的回响，如果联系他在现实面前常常有的把握不定的困惑，似乎又在以特殊的方式，预示着一个新的时代的到来。

附识：本文写作和修改过程中，得到诸多师友帮助，李志毓、刘文楠贡献尤大，特此致谢！

〔本文原载《清华大学学报》2022年第4期。作者黄道炫，北京大学历史学系教授〕

中国近代史学术话语体系建设的若干思考

——以"近代""近世"等概念为论述中心

马 敏

　　中国近代史作为一门独立学科，自 20 世纪 30 年代建立迄今已有 90 余年的历史。历经几代史家的建设，中国近代史学科体系已趋于成熟，既有别于 1840 年以前的古代史，也有别于 1949 年以后的当代史。但无可否认的是，因本门学科毕竟诞生于 20 世纪 "西学东渐"的大潮之中，因此，无论是在理论范式、问题意识、研究方法乃至话语体系方面，均深受西方史学的影响，至今尚未完全实现本土化转型。

　　对长期以来中国近代史研究模式中所带有的 "西方"特征，部分西方学者也有所反思。典型有如美国史学家柯文的名著《在中国发现历史——中国中心观在美国的兴起》。在他看来，20 世纪 70 年代以前，西方的中国近代史研究基本上以 "西方中心"论占据主导，可概括为三种模式："冲击—回应模式""传统近代模式""帝国主义模式"。为此，他提出应建立基于 "中国中心观"的研究模式，即从 "中国内部"而不是从 "西方"着手来研究中国历史。该书中译者林同奇认为，"中国中心观对美国的中国史研究，起了真正的解放作用，其批判锋芒是相当尖锐的"。① 但是，针对柯文的新思考，也有中国学者质疑："《在中国发现历史》一书出版后，曾唤起国内读者对'中国中心'说的误读与追捧，冷静想想，用西方概念与知识体系叙述的'中国'真的是'中国中心化'的中国吗？"②

　　正是基于以上问题意识，为了从根源上建立近代中国本土化 "知识体系"，最近 20 年来，中国史学界在词汇史、概念史、观念史、知识转型史等领域进行了广泛、深入的学术探讨，并取得了有目共睹的学术成就。如冯天瑜、沈国威等对来自日本的近代汉字术语、词汇

---

① 柯文:《在中国发现历史——中国中心观在美国的兴起》，林同奇译，"译者代序"，中华书局，1989，第 6 页。
② 孙江:《概念、概念史研究与中国语境》，《史学月刊》2012 年第 9 期。

进行的文化探源研究；方维规、李宏图、孙江、黄兴涛等的概念史研究；金观涛、刘青峰通过关键词梳理进行的观念史研究；桑兵、章清、杨念群等的近代知识转型研究。[①] 这些研究通过对近代中国众多名词、术语、概念、观念、知识范畴的系统梳理和文化探源，透视其背后所蕴含的思维方式和价值观念变革，揭示与之相关联的历史变迁，极大地丰富了人们对中国近代史的认知。[②]

目前面临的问题是，如何在前期概念史研究的基础上更进一步，利用在概念史"知识考古"中获得的大量素材和成果，有意识地去建构具有本土特色的中国近代史学术话语体系。大致包括三个方面的意涵：一是以中国为本位，对近代史上的名词术语、概念观念进行分类梳理，鉴别其内在属性；二是以历史发展大势为观照，判定哪些词语、概念和观念在推动历史实践和历史变迁上起到了更为关键的作用；三是在"话语"分析基础上对众多概念、观念进行整合，以形成既包罗宏富，又具有明确指向和内在逻辑关联的话语体系。这样做的前提是，需要为相关概念、观念的"历史化""社会化""系统化"提供更为宏观的理论思维框架，确立概念整合的相关标准和原则，并找到相应整合方法。在上述方面，研究者们都已有所探讨，但似乎还有可以进一步深化的空间。个人认为，就中国近代史学术话语体系构建而言，沿着本土化、中国化方向，大量具体的词语、概念和观念可尝试纳入以下几对更为核心的概念框架中进行整合和讨论（当然又并不局限于这几对核心概念）。

一　时间维度上的"近世"与"近代"

根据学者们的研究，"近世"与"近代"都是中国古已有之的概念，用于指称较近的王朝或时代。清末民初，随着西方史学传入中国，尤其受日本的影响，古典的"近世""近代"概念获得了现代意义上历史分期的新意。"近世"通常指宋元明清（或仅明清）以来的中国历史，"近代"则多指 1840 年鸦片战争以后的中国历史。当然也有二者混用的情况。[③] 笔者趋向于明清近世说，但却无意介入"近世"与"近代"的含义之争，而更关注同二者紧密相关的"近世化"和"近代化"趋势如何影响、制导了中国近代话语体系的形成。

如所周知，中国"近代化"通常指鸦片战争后中国在西方影响下所发生的一系列经济、政治、社会和思想的变迁过程，这是一种"天崩地裂"般的时代之剧变，或称"数千年未有之变局"。但是，人们通常忽略了在此"变局"发生之前两三百年间（大约从明代晚期开

---

① 参见李里峰《概念史研究在中国：回顾与展望》，《福建论坛》2012 年第 5 期。
② 参见黄兴涛《近代中国新名词的思想史意义发微——兼谈对于"一般思想史"之认识》，《开放时代》2003 年第 4 期。
③ 参见方秋梅《"近代"、"近世"，历史分期与史学观念》，《史学史研究》2004 年第 3 期；赵庆云《何为"近代"——中国近代史时限问题讨论述评》，《兰州学刊》2015 年第 11 期。

始），中国传统农业社会中已经酝酿着重大的社会变动：与工商业空前繁荣相伴随的是商业化、城市化、平民化、世俗化的经济社会变化趋势，以及由经世实学和"新民本"思想等所体现的启蒙思潮的兴起。这一系列暗潮汹涌的社会变迁可名为"近世化"趋势——中国正以自己的方式步出中世纪而迈向近代。① 如果说，中国"近代化"过程更多体现的是由西方入侵所引发的社会"突变"，那么"近世"则更多体现的是出自中国社会内部的"渐变"，一种在传统中的"自身之变"。中国近代历史的走向，应是近代突变与近世渐变双重因素作用的结果，而越是近代早期，内在渐变的影响和制导作用则愈加明显。②

因此，追寻中国近代历史，建构近代史话语体系，必须仔细重建鸦片战争之后"近代化"与明清以来"近世化"之间的内在关联。既要关注"近代之变"的巨大作用，也不能忽略更长时段的"近世之变"的持续影响。换言之，西方影响并非导致中国近代变局的唯一因素，许多从西方或日本引入的词语和概念，如果脱离了明清以来"近世化"渐变过程的制导，我们便很难理解其起源及真实的内涵。譬如，"经济""实业""实学""实务""商务""通商""重商""富强""利权""财务""财富""资本""民主""民生""自治""权利""格致""科学""物质""博物""制造"等概念，其内涵和外延均深受明清经世实学思想的影响，是士大夫经世事业在近代的延伸与扩展。清末民初的知识分子在选择和创制这些词语、概念时，并不是任意的，而是受制于其内在的儒学价值观，其源头又可上溯到明末清初顾炎武、黄宗羲等人的启蒙思想。

二 空间维度上的"天下"、"万国"与"世界"

"近世""近代"一旦与"化"相挂钩，便摆脱了单纯"朝"和"代"的时间局限，于历史时间之外同时具备了历史空间意涵。1901 年，梁启超曾借用西方史学分期方法，将中国历史划分为三个大的时期："第一上世史，自黄帝以迄秦之一统。是为中国之中国"；"第二中世史，自秦一统后至清代乾隆之末年。是为亚洲之中国"；"第三近世史，自乾隆末年以至于今日。是为世界之中国"。③ 此说最重要的意义便在于打破了王朝更迭的传统史观，从中国与世界的关系重新界定中国历史。

考虑到梁启超当时所言的"近世"，实为"近代"，因此，他所指出的这种时空结合意义上的历史"中国"的区分，揭示的乃是古代中国与近代中国"天下"观念的差异。在古代

---

① 有关"近世化"的提法，参见伊藤正彦《"传统社会"形成论＝"近世化"论与"唐宋变革"》，姜锡东主编《宋史研究论丛》第 14 辑，河北大学出版社，2013，第 201—225 页。但其内涵则尚需进一步讨论。

② 有关刘广京、余英时等对近世"渐变"的论述，参见马敏《"放宽中国近代史的视野"——评介〈近世中国之传统与蜕变〉》，《历史研究》1999 年第 5 期。

③ 梁启超:《中国史叙论》，汤志钧、汤仁泽编《梁启超全集》第 2 集，中国人民大学出版社，2018，第 319—320 页。

中国（包括近世），一般人心目中只有"天下"的观念，而没有"世界"的概念。茫茫宇内，中国既是大地的中心，又是"天下"的共主。中国不仅通过"华夷之辨""用夏变夷"确立了华夏与周边少数民族的关系，而且通过"朝贡贸易"体系确立了与亚洲周边国家的关系。即便是在已进入"近世"的明代中期至乾隆朝，虽已有少数西洋人（如葡萄牙人）东来，但就整体而言，中国人的"天下"视野仍局限于"中国"自身及周边的亚洲属国，只有到了鸦片战争以后，中国才被迫纳入一个更大的世界秩序之中，开始了从"天下"到"万国"乃至"世界"的转变，成为"世界之中国"。

正如许多论者业已指出的那样，晚清从"天下"观到"万国"观的转变，首先体现在世界空间意识的改变。通过传教士输入的西学及林则徐、魏源、徐继畬等人编写的地理图书，人们才逐渐具有了"地球"的概念，知道中国并非大地的中心，而只是无数国家之中的一国，"盖今之天下，乃地球合一之天下"。[①] 其次，"国际秩序"的概念逐渐取代了"华夷秩序"概念。正是在派遣驻外使节，出洋经商、留学，以及参与世界博览会（时称"万国赛会"）的过程中，中国方逐步明晰由主权国家构成的近代"国际秩序"，以及中外交涉（邦交）的基本规则。中国不仅只是国际大家庭中的一员，而且在弱肉强食的"殖民—帝国"体系中，还是处于弱势的一方，那种自诩为"华夏中心"的陈腐"天下"观不攻自破。20世纪初，具有更加多元、竞争和流变意义的"世界"观念，又进一步取代"万国"观，成为近代中国更为规范和流行的国际观，中国历史被进一步整合进"世界"历史。

在概念史意义上，从"天下"到"万国"和"世界"的衍变启发我们，众多同国际交涉相关的词语和概念，诸如"夷务""夷情""泰西""西洋""东洋""地球""万国""邦交""洋人""洋务""中外""中西""交涉""赛会""竞争""商战""公法""公会"等，只有纳入从古代、近世到近代的历史转折过程之中，方能确切界定其实际内涵，并观察到其中流转衍变的规律和趋势。中国进入"近代"的重要特征之一，便是大量涉外新词语、新概念井喷式的涌现。从19世纪中期到20世纪初，短短几十年间，涉外概念的语义便从讥讽性的"夷"，一变而为羡慕性的"洋"，再变而为平等性的"西"与"外"，相关的组合词和话语也随之大量产生，内中的嬗变因由颇堪玩味。[②]

三　社会维度上的"国家"与"社会"

社会学意义上，广义的"社会"概念泛指人类社会组织的总称，既包括国家，也包括

---

① 王韬：《弢园尺牍续钞》，中国史学会主编《洋务运动》（一），上海人民出版社，1961，第514页。
② 参见方维规《"夷""洋""西""外"及其相关概念——论19世纪汉语涉外词汇和概念的演变》，《北京师范大学学报》2013年第4期。

区别于国家和家庭的其他社会组织；狭义的"社会"则是有别于国家的由群体和社团构成的社会组织。近代西方的 society 概念，除上述两层含义外，还有政治层面上的联结国家与民间社会的"公共领域"与"市民社会"。

与西方不同，传统中国社会中，"溥天之下，莫非王土；率土之滨，莫非王臣"。自秦代一统天下以来，君权至上，国家至上，民间社会的空间被严重挤压，基本上不存在西方意义的"公共领域"。总的讲，是"国家强于社会"，"社会"则被抽象化和空洞化，处于暂时"缺位"的状况。而在明清"近世化"过程中，随着市民阶层的兴起，国家财政状况的恶化，以及以黄宗羲、顾炎武、唐甄等为代表的"新民本思想"对专制皇权的批判，国家对社会的控制有所松动，以绅士为中心的民间社会逐步形成。进入近代以来，尤其在甲午战后，受西方自治思想的影响，各种民间社团获得空前发展，与之相关联的"公共领域"也开始成熟起来。

中国现代性政治话语体系的形成，正是在上述从"近世"向"近代"转型背景下，围绕国家、社会及其互动关系这一主轴展开的。如"政治""政府""维新""变法""新政""立宪""宪政""共和""革命""民主""民权""民族"等关键词，大体反映了从传统封建"王朝"向现代"民族国家"的转型过程；"群""会""社会""社团""结社""集会""演讲""绅士""绅董""绅商""议员""公益""公论""公理""公利""自治""民主""治""权利""秩序"等关键词，则大致反映了19世纪至20世纪初，中国民间社会从"绅士公共空间"[①]向"绅商公共领域"，继而向"市民社会"转型的历程。同时也反映了国家与社会之间在近代大过渡、大转折过程中的互渗、互动及其博弈：从民间社会一度空前活跃，最终又恢复到"国家强于社会"的传统。

中国近代史学术话语体系的构建，除寻找以上核心概念和话语框架进行相应整合，探索其中生成、衍变的规律外，还须着力探讨近代话语体系形成过程中的其他基本特性，比如中西二元结构特性、演化过程的阶段性特征等。

就近代话语体系的中西二元结构特性而言，罗志田曾借用王国维的话概括为"道出于二"，或中西新旧之间的缠绕互竞；金观涛、刘青峰则称为"中西二分二元意识形态"。这些见解都极具启发性。中国近代史话语体系的构建，固然要坚守中国中心立场，以中国化、本土化为根本取向，但丝毫不意味着可以脱离西方，无视西方思想和话语的巨大影响。在近代，西力入侵和西学东渐虽带有侵略性和强制性，但相较于传统中华农业文明而言，彼时之西学毕竟是近代工业文明的产物，体现着人类文明发展的方向，因此，向西方学习，大规模引进西方的名词、概念、思想和话语，在很长一段时间是不可避免的，且已成为朝野的共识。如梁启超所言："盖大地今日只有两文明：一泰西文明，欧美是也；二泰东文明，中华

---

① 参见金观涛、刘青峰《观念史研究：中国现代重要政治术语的形成》，法律出版社，2009，第74页。

是也。二十世纪，则两文明结婚之时代也。"[①] 但是，学习和借鉴西方，又并非意味着全盘西化，因为，首先当西方冲击中国之时，中国不仅已有几千年不曾中断的文化传统，而且传统本身也在变化之中，中国人毕竟还是中国人，中国社会毕竟还是中国社会；其次，中国接受西方什么，不接受什么，以及取舍选择的标准，均受到既有文化观念和价值标准的制约。因此，中国近代话语体系的形成，既要"鉴诸国"，也要"法后王"，系以中国文化为基盘，选择性接受并消化西学及其表达方式，其结果，只能是"不中不西即中即西"之"新学"。[②]会通中西、融通古今遂成为建构中国近代学术话语体系的基本原则之一。

其次，不容忽视的是近代话语体系构建过程中的阶段性特征。金观涛、刘青峰曾从观念史意义上将中国社会现代转型区分为三个阶段：儒学式公共空间形成之前的阶段（明末清初至 1895 年）、建立民族国家阶段（1895—1915）、学习西方失败后的社会重构阶段（1915年至今）。与之对应的是社会思想演变亦分成近代、现代和当代三个时期。[③] 尽管如此划分是否恰当还可以再讨论，但这对探讨如何结合中国近代社会转型来建构相应的学术话语体系却颇具启发性。

简言之，建构中国近代史学术话语体系，必须放宽历史的视野，突破 110 年（1840—1949）的界限，在一个更大的框架和更长的时段中来观察和思考。至少要向上延伸到明清之际，尤其要重视明清之际社会与文化的内在变迁；同时也要向下延伸到 1949 年之后，因为还存在一个从旧中国转变为新中国的历史过渡期。为此，结合中国史与世界史的内在关联及中国近代社会转型，中国近代学术话语体系构建过程大致可划分为：明清以来本土话语自我变迁为主的"近世"时期（16 世纪至 19 世纪中期）；1895—1919 年学习西方思想和话语的高潮时期；1919—1949 年在学习西方基础上本土话语全面重构时期；1949—1950 年新旧话语转换过渡期。其间，从话语叙事转换的视角，又大致包括自明清以来的"近世"话语叙事（以经世思想为代表）、自 1840 年以来的"近代"话语叙事、自 1919 年以来的"现代"话语叙事，以及 1949 年以来的"当代"话语叙事。而众多研究范式，如较普遍的"革命史"范式、"现代化史"范式、"民族复兴史"范式、"社会主义史"范式等，则是贯穿于其中的阶段性主流话语范式。所有同近代中国相关词语、概念、观念的整合，皆可融入这个更大的话语体系框架中来考虑和建构。

总之，就中国近代史学科建设而言，学科体系、学术体系和话语体系"三大体系"的建设，是一个不可分割的整体。其中，学科体系建设是基础，学术体系建设是核心，话语体系建设是前提。之所以认为话语体系建设是前提，乃是因为学科体系的宏伟大厦和自成一格的学术体系，都必须建立在能够自洽的话语体系基础之上，必须通过相应的话语体系来表达

① 梁启超：《论中国学术思想变迁之大势》，上海古籍出版社，2001，第 8 页。
② 参见冯天瑜、黄长义《晚清经世实学》，上海社会科学院出版社，2002，第 590 页。
③ 参见金观涛、刘青峰《观念史研究：中国现代重要政治术语的形成》，第 97 页。

和传播。如恩格斯所言："一门科学提出的每一种新见解都包含着这门科学的术语的革命。"[1] 术语革命是实现学术理论革命的前提，但术语革命本身并不仅仅是新术语、新概念的发明和移植，更重要的是，必须借助于相应的理论框架构建起一整套由术语、概念和范畴所构成的完整学术话语体系。正因为如此，话语体系建设既是目前"三大体系"建设中相对滞后的"短板"，同时又成为建设中国特色、中国风格、中国气派历史学科的突破口。

〔本文原载《近代史研究》2022年第4期。作者马敏，华中师范大学中国近代史研究所教授〕

---

[1] 恩格斯:《英文版序言》,《马克思恩格斯全集》第44卷，人民出版社，2001，第32页。

论点摘编

中华史学文化圈的形成与意涵诠释

宗　亮

中华史学文化圈是以中华史学为核心，涵括中国及相邻政权史学的"文化板块"，根源于中华史学文化的悠久传统和长久影响力。历经孕育、形成、繁盛、转型的中华史学文化圈，既有史学观念、史书修撰及制度建设上的同频共振，又有融合族群特色的传承与创新，呈现出"同中有异，异中有同"的史学文化风貌。区域内史学文化的长期交流，形成了中华史学文化圈成熟稳固的体系。顺应时代和形势发展的需求，中华史学文化圈在密切区域关系、化解异质文化矛盾、增进史学文化板块相互间的吸引方面，必将彰显更大的价值。

一　中华史学文化圈的内涵解析

史学是中华文化的重要构成部分。因起源较早、积淀丰富、底蕴深厚，中华史学文化对亚洲东端区域近邻朝鲜、日本、越南的史学形成与发展产生了长久而深远的影响。在充分总结相关情境、因素、特征与脉络的基础上，对于中国史学及所根植区域的史学，笔者认为可采用"中华史学文化圈"之概念。

"中华史学"与"希腊罗马史学""阿拉伯史学""印度史学"等一样，是各自所在区域的标志性史学文化。中华史学文化作为一种原生文化，刺激了周边区域史学文化的产生；同时，周边的史学文化通过各种途径与"核心"史学文化进行交流、互动，共同助推"史学文化圈"蜕变与转型。

中华史学文化圈中的史学文化，是指各区域以史籍书写、编纂、交流与传承为基础而形成的技术、观念与行为的总和，涵盖了物质、制度和精神等层面。物质文化主要指与史书修撰和史籍整理、传抄、刻印、保藏等相关并以物化形态表现出来的文化类象；制度文化则多指以法律典则为保障，国家确定修史基调，以开设史馆、设置史官等形式呈现的文化类象；精神文化包含的内容相对多元，如历史观念、史学思想、修史仪式、史学教育、史学传承等，凡属与史学意识有关的类象均可归于此类。以上三个层面既自成体系，又相互交集，共同构筑了与中华史学关联的文化形态整体。

作为世界史学文化的一部分，中华史学文化既有世界史学的共通特征，如强调记实与求真意识、秉持怀疑与批判精神、倡导阐扬与发展史学理论；又有其独特性，如官方修史制度的延亘完善、史学著作的连绵不断等，而且中华史学文化圈内各国均有官方修史制度，据此形成了有别于其他史学文化板块的显著标志。

具体而言，中华史学文化圈是指亚洲东端范围内，以中华史学文化为核心，以不同体裁的官修及私人典籍为载体，以存史、继统、资治、教化为宗旨，以史馆为工作机构，以史官为书写人员，以颁赐、购买、赠送、学习等为交流方式，处于"中心"或"边缘"的不同族群或政权之间交流互鉴，所形成的具有共通性或共享性的集合体。

二 中华史学文化圈的形成与演进

从时间上看，中华史学文化圈发源较早，延续时间长，下限可扩展至20世纪乃至当代。从空间上看，中华史学文化圈涵盖了亚洲东端的史学文化区域，包括中国全境、朝鲜半岛及日本、越南等地区。与其他文化圈一样，历史时期的中华史学文化圈也处于动态的发展过程中，所涵盖的区域范围并非一成不变。中华史学文化圈的形成与史学文化的发端、进步、传播及不同族群的交流互动有着密切关系。具体过程大致如下。

首先，商周至公元6世纪：中华史学文化圈孕育时期。这一时期的特征是中华史学文化的产生和中华史学文化圈的初步酝酿。其次，公元7世纪至14世纪：中华史学文化圈形成时期。这一时期以"边缘"区域学习"核心"区域的史学文化、确立本族群或政权的史学文化特色，最终共同构筑起稳定的中华史学文化圈为特征。再次，15世纪至19世纪前期：中华史学文化圈繁盛时期。中华史学文化圈内各区域的史学文化成就在此时期都达到了一定的高度。中华史学文化对区域内的各政权形成强大辐射效应，"崇慕"与"实践"、"移植"与"在地化"成为主调。最后，19世纪后半期到20世纪：中华史学文化圈的转型时期。中华史学文化圈中的传统史学成分仍然继续发展，但在外部世界的冲击下，传统史学被动向近现代史学转换。各政权的文化交流不再以辐射状聚焦于"核心"区域，"核心"区域无力继续维持主导地位。

由于地理环境、政治情势、生产力水平、风俗习惯等因素影响，不同区域对中华史学文化的接受时间、接受程度存在一定差异，但大体上形成了共生、共有、共享的史学传统，成为区域社会发展的重要文化基础。

三 中华史学文化圈演进的历史经验及其影响

中华史学文化之所以能够长期居于核心主导地位，并经过不断交流整合，逐渐构筑为相对成熟的体系，得益于求真务实的一贯理念、和谐会通的精神品质、宁邦固本的价值追求等根植的深厚文化底蕴。

中华史学文化圈的"学格"大致包含以下层面。第一，保存史料，书写历史。这种史学共相，不仅有助于保存区域内族群的历史，而且对于当代各个国家民族共同体意识的塑造也有积极意义。第二，记实求真，惩恶扬善。中华史学文化历来追求"信史"，讲求"实录"，后人据之可以还原历史的场景。中华史学惩恶扬善的传统，锻造了史学文化的神圣性。第三，经世致用，彰往示来。中华史学文化历来注重对当代历史的观察与思考，以经世致用为旨趣。史学书写详今略古、注重当代史的记录；史家强调学术的致用，重视典制源流的梳理，以有鉴于现实制度、法规、措施的设立，从而达到致用的要求。

中华史学文化圈的构建，与亚洲东端区域诸政权的兴衰息息相关，既有政治实体助力史学发展的一面，又有史学文化为政权巩固与国家治理提供帮助的义涵。第一，巩固的政治环境、稳定的秩序传统、先进的制度文化，为史学文化的兴盛奠定了良好的基础，政治实体的建立成为史学发展的强大推手。第二，政权的巩固、秩序的稳定、区域的安宁，离不开对政治秩序、伦理秩序和文化秩序的塑造。史学在其间发挥重大影响，契合政治规范和国家治理的需求。史学文化通过其体例、叙事、议论等，阐扬尊君意识和维护君主权威的主题。通过经筵中的史学进讲及历史教育，向皇帝及皇室成员灌输治国理念，力图塑造理想的政治责任人。对正统观念加以发挥，使之成为维系政权合法性、保障政治秩序稳定的思想武器。

中华史学文化具有深厚的内涵，其"和平""会通"等价值取向对区域乃至世界范围内的史学交流、文化互鉴有着深远影响。中华文化中既有的"和平"因子，经由史家的阐扬，将之塑造为区域共有的史学传统。"和平"思想又体现于史学文化传播过程中的和谐与平衡。和平思想能够使不同地域的史学文化实现多样性的和谐，会通思想则有利于促进主体性与多元性、民族性与开放性的融合。中华史学文化强调权威，通过历史书写手段，在传统宗法社会起到了稳定与协调社会秩序的作用。除文化互鉴以外，中华史学文化中的基本观念又融入更多元素，形成了具有世界意义的制度和民俗。

中华史学文化圈演进的历史经验的普遍意义在于以下几点。其一，中华史学文化具有求真求实的学术力量，以之为媒介，可以建构社会文化，形塑社会秩序，锻造民族国家的精神品格。史学文化与其他文化力量共同成为中华文明的基石，中华文化直接引领了区域文明的构造，对世界文明的演进提供了独特的助力；其二，中华史学文化具有和平主义和包容主义的性格，和合汇通思想的内外作用，共同铸成了前近代区域精神的主流，使区域内不同族群之间求同存异，在交流互学中相得益彰、共同提升，形成地区性文明共同体，其和平开放的特性，对于全球范围内不同文明的交流互鉴有着重要的推动作用。

〔本文摘自《湖北大学学报》2022年第3期。作者宗亮，湖北大学历史文化学院讲师〕

多重视角下的中国古代史学史研究

汪高鑫

中国史学史的学科概念最早是由梁启超于 20 世纪 20 年代末提出来的。1986 年白寿彝先生出版《中国史学史》第一册，对中国史学史的研究任务做了进一步的论述。新时期的中国史学史研究，应该在前人认识的基础上，进一步解放思想，开阔视野，不断展拓新领域，推进学科新发展。本文拟从政治史、四部学、多民族和中西比较等多重视角，对中国古代史学史的研究对象展开讨论。

一　政治史视角：史学与王朝政治的联动

中国古代史学发展与王朝政治兴衰的联动关系，主要表现在四个方面：一是王朝更替与以史为鉴。王朝更替是中国古代政治史上最重要的事件，也是对中国古代史学最具影响的事件。纵观中国古代王朝更替对于史学发展的影响，突出表现为以史为鉴；而中国古代史学高度重视从王朝更替中汲取历史教训者，又以周初"殷鉴"思潮、汉初"过秦"思潮和唐初"隋鉴"思潮为代表。二是王朝建立与神意史观。中国古代史学对于王朝的建立，普遍重视进行神意性解说。司马迁宣扬"圣人感生"与"圣王同祖"说，班彪、班固父子宣扬"汉为尧后"说，荀悦《汉纪》以"汉为尧后"说开篇，魏晋南北朝隋唐史学盛行五德相生说和符命说，直到宋代以后符命说才受到冷落，甚至批判，五德终始说也逐渐流为一种历史记述的程式。三是政治危机与以史资政。王朝政治危机往往激发出史家的历史忧患意识，从而高度重视以史资政。杜佑《通典》以"征诸人事，将施有政"为撰述旨趣；司马光作《资治通鉴》直接以"资治"冠名，以"鉴前世之兴衰，考当今之得失"为撰述目的；顾炎武《天下郡国利病书》的撰述动机是"感四方之多虞"，以史资政是传统史学一贯到底的思想。四是国家统一与大一统史观。先秦时期人们就已经有了对于大一统政治的向往。秦汉大一统政权的建立，促使史学普遍重视颂扬大一统，大一统思想得到系统阐发。隋唐大一统政权对史学的影响既来自史家对于大一统功业的颂扬，也表现在大一统国家对于史权的重视与掌控上。元明清史学不但重视颂扬王朝的文治武功，而且通过编纂各类大型志书、丛书、类书、典制等以彰显大一统王朝文化盛况。当然，国家分裂时期，人们同样具有对于大一统的追求。

二 四部学视角：经子集与史的密切关系

"四部"学是中国古代学术与文化的基本形态。之所以要以四部学的视角来关照中国古代史学史的研究，至少有三方面因素：一是古代典籍虽然在目录学上存在着经史子集的四部学术分类，然而四部学之间却是具有相互包含性的；二是在古代史学的发展过程中，经子集都对史学的发展产生过重要影响，反之亦然；三是古代史家往往一身多任，既是史学家，又是经学家、思想家、文学家等，他们的史学思想也蕴含在其他类别的学术著作当中。从四部学相互关系的具体表现来看，首先是经学与史学的关系。主要表现为三个方面：一是以经解史与以史证经为相互影响方式；二是经学撰述促进了史书体裁的创立与发展；三是《春秋》笔法对史学求真的重要影响。其次是子学与史学的关系。先秦诸子百家阐发政治主张，重视借助于史事。汉代究天人之际、通古今之变和大一统思潮，深深影响了史学与史学思想的发展。魏晋南北朝隋唐玄学哲学的兴起，促使史学重视人物品评与宣扬名教；而释道哲学的融通，则促成佛道史籍编纂迅速增多和史学对于佛道鬼神的批判。宋明理学哲学思潮的兴起与发展，使得史学呈现出义理化倾向。清初实学思潮促成了经世致用史学思潮的兴起，而乾嘉考据学的兴盛则使得为考据而考据成为时代风尚。再次是文学与史学的关系。主要表现在两个方面：一是历史著作中的语言表述，古代史家的历史叙事，往往都会采用文学中的一些叙述手法，将此作为历史叙事的具体义例来加以运用，使得历史叙事更为生动、更具有感染力；二是文学作品中的史学要素，大概有两种情况：历史史实成为古代文学作品创作的依据、文学作品具有史料价值与历史思想。

三 多民族视角：构建"完整"的中国史学史

从史学史的视角来看，中国多民族国家的历史，是由传统史学的多民族国家历史记录构建的。从历史记述主体而言，既有汉族史家，也有少数民族史家的参与；从历史记述对象而言，既有以汉族为主体包含少数民族史在内的多民族史撰述，也有少数民族专史的撰述；

从历史记述的形态而言，既有汉文文字撰写的包含少数民族史在内的多民族史，也有少数民族语言文字撰写的少数民族史。三者之间又存在着一定的交叉和重合关系。从中国史学史的研究现状来看，已经出版的各类中国史学史教材或专著，存在着一个非常重要的现象，那就是普遍缺乏关于少数民族史学的记述。从严格意义上说，目前撰写成的中国史学史，主要还是汉族的史学史。近几十年来，关于少数民族史学史的研究逐渐引起了学人们的重视，发表了一批高质量的学术成果。但从总体来看，学术界关于单一少数民族史学史的研究还只是处于起步阶段，关于中国各少数民族史学史的综合性研究则更少。已有的少数民族史学史的研究成果，还并没有被吸纳到中国史学史的撰写当中，少数民族史学史基本上还没有成为中国史学史的重要组成部分。20 世纪 80 年代白寿彝先生期望的"把中国史学史写成一部多民族的中国史学史"，使中国史学史成为"完整"的史学史，应该说今天依然没有实现。既然中国的历史是多民族的历史，中国的史学是多民族的史学，我们没有理由不去努力建构起多民族的史学史，尽管像白先生所说的，可能"需要一个长期的过程"，但却是我们努力的方向。

四　中西比较视角：揭示中国古代史学史的民族特点

从世界古代史学史来看，对中国古代史学史的研究最具有参照价值的，当属西方古代史学史。通过进行中西古代史学史的比较研究，有助于揭示出中国古代史学史发展的民族特点。纵观中西史学的不同，主要有以下表现。一是史学学术地位不同。中国古代史学很早就以"王官之学"的面貌出现，唐代正式确立宰相监修国史的史馆修史制度；官、私修史持续兴盛，留存史籍浩如烟海；史学在学术分类上仅次于作为官方统治意识形态的经学，一直处于显学地位。西方古代史学基本上属于私学，史学研究在 19 世纪中期以前都属于业余探讨领域，始终是作为修辞学的一个分支，附属于文学，史学的地位远远在哲学、文学之下。二是历史编纂传统不同。中国古代史学的历史编纂有两个显著特点，（1）体裁的丰富性，（2）记述的连续性。相比较而言，西方古代史学的历史编纂比较单薄，现代西方史家经常以"编年史"来称他们的传统史学。三是历史记述的范围不同。包括时间维度不同，中国古代史学具有浓厚的通史家风与贯通意识，而断代史家也普遍具有贯通意识；古代西方史学只是关注于近现代史的撰述，空间维度不同。中国古代历史记述重视"究天人之际"，古代西方史学缺乏天人、社会的广阔视野。政治境界不同，中国自古以来就是统一多民族的国家，古代史学普遍重视追求大一统；而古代西方史学缺乏和平主义思想，历史记述的最大兴趣是叙述战争。四是史学求真理念不同。中西古代史学虽然都主张求真，然而中国古代史学追求应当发生之真实（即道义之真，如董狐书法），或者已经发生之真实（史实之真）；而西方古代史学追求可能发生之真实，甚至必然发生之真实。五是史学功用认识不同。中国古代史家自觉以经世致用作为历史研究的目的，在这个过程中产生了以史为鉴、以史为法、以史资政和见盛观衰等非常丰富的经世致用史学思想；古代西方的史学不具有官学性质，得不到统治者的重视，得不到社会的普遍关注，通常不强调以致用为目的。

〔本文摘自《史学理论研究》2022年第 3 期。作者汪高鑫，北京师范大学历史学院教授、史学理论与史学史研究中心教授〕

传统史学与中国马克思主义史学范式的构建

陈 峰

从本质上说，中国马克思主义史学与中国传统史学属于新旧两种不同的范式。尽管马克思主义史学颠覆解构了作为一种体系的传统史学，但传统史学资源中某些部分仍可以被回收利用，经过批判改造纳入马克思主义史学之中。本文试图探讨 1949 年以前中国马克思主义史家是如何批判、重估和接续传统史学，使之转化为构建马克思主义史学范式的有效资源。

一　批判清算传统历史观

中国马克思主义史学范式构建的核心是历史观。它与中国传统史学的最大差异即在于历史观。不可否认，二者在历史观上是根本冲突的。在旧史观主导下撰著的史书以阐扬儒家伦理观念为指归。中国旧史学被称为"伦理学的史学"。一则传统历史学成为对儒家伦理观念的注解，而非对实际历史的呈现；二则这种儒家式家族伦理与马克思主义的阶级伦理格格不入。

传统历史观中贯穿着帝王本位思想。曾参与范文澜主持的《中国通史简编》撰写的金灿然指出，"注重个人，尤其是帝王的丰功伟业、言论行为，忽视广大群众的活动"是"封建的历史学"的缺点之一。这种批判承袭了晚清"新史学"斥君史、倡民史的主张而有进一步的发挥，对民众中的杰出分子予以特殊注意。中国古代史家中也有少数人能够超越时代的局限而接近于科学的历史观。司马迁、刘知幾和王夫之被视为其中的代表。不过，这种不囿于陈腐观念的传统史家毕竟属于凤毛麟角。

总体说来，马克思主义学者基本上是站在唯物史观的立场上，以辩证的眼光审视和评判中国传统的历史观。在唯物史观的标准之下，传统史观基本上是落后的、不科学的甚至是错误的，是中国传统史学体系中合理成分最少、最乏善可陈的部分。因此，在中国马克思主义史学范式构建中，对传统历史观只能采取除旧布新、取而代之的态度。

二　重估传统史学方法

马克思主义史家在将唯物史观和辩证法作为基本方法外，也认识到中国传统史学方法的价值，力图加以吸收利用。

在中国传统史学方法中，历史编纂方法是一项主要内容。作为旧史主干的正史编纂普遍采用纪传体。翦伯赞认为，纪传体是以人为主体的历史记述方法，从这许多个别历史人物的事迹中，显出某一历史时代的社会内容。翦伯赞还断定纪传体的生命力至今犹存，即使历史学已经进入科学阶段，纪传体的历史仍不失为一种保存史料最好的方法。

考证方法是中国传统史学处理史料、辨别史实的基本方法。一方面，马克思主义史家毫不忽视考据学在传统史学中的地位和作用。对于当前的历史研究工作，侯外庐主张"谨守"传统考据学的"一套法宝"，"遵守前人考据学方面的成果，并进一步订正其假说"。在中国古代史研究上至少要"守其家法"。侯外庐对考据学的尊重，表明中国马克思主义史学范式构建仍然要以考据学为基本工具。

另一方面，马克思主义学者也批评清代考据学未竟全功。翦伯赞认为清代学者的考据学完全拘束在文献材料之中，以文献考证文献。马克思主义学者还批评考据学自称为实学，"实际乃是一种支离破碎之学"，"它缺了活的神经，以致成了一种跛行学问"。乾嘉学派的考证方法只是史学方法进化中的一个阶段。因此，华岗主张对旧考据学加以充实和改造，"注入活的神经组织"，"注入科学历史观的新生命"，成为建设信史的一支生力军。

20世纪40年代的马克思主义史家表现出对史料学的关注，对改造提升传统的史料考证之法作了有价值的探索。搜集、整理、考订史料的方法本是实证派的长技，此时的马克思主义学者却敢于班门弄斧，试图借助新理论后来居上。马克思主义学者对史料学和考证方法的探究，既接续了中国古代史学的传统，又吸收了实证派的新知，显示出马克思主义史学一统天下的抱负和雄心，以及马克思主义史学范式力图集以往各种范式之所长的理想。

三　传统文献史料的再发现

抖落传统史学的社会政治意义而仅以史料视之成为马克思主义学者的一种通行做法。

传统史学被转化为史料而成为建立新史学的一种有用的资源。翦伯赞区分了各类文献的史料价值高低等差，即正史不如正史以外之诸史，正史以外之诸史，又不如史部以外之群书。范文澜也说："甲骨钟鼎，经传诸子，史书地志，小说笔记，哲学宗教，诗文考证，歌谣戏曲，凡此种种，无不属于历史的研究范围之内。……要了解中国历史比较近真的情况，却又必需向这广泛纷乱的大堆史料中去寻找。"范文澜撰写《中国通史简编》时贯彻了这一认识，"对于史料，除了正史之外，以至文集笔记，都尝博观约取"。

马克思主义学者对史料的认识基本接受了胡适、梁启超等的新观念而有进一步的扩充和引申。但马克思主义学者自有其高明之处，不仅在于对史料的范围、种类和价值的认识，而在于能够从完整意义上的史学的观点来看待史料，对史料在史学研究中的功用和地位有更允当的理解。另一方面，马克思主义学者对传统文献的发掘利用与实证派学者呈现出明显差异，记载、反映社会经济和下层民众的史料文献居于中心地位，与马克思主义史学的理论取向高度吻合。

四　传统史学精神的提炼升华

中国马克思主义史学范式的构建，除对传统史学的历史观、史学方法和史料的批判总结之外，对传统史学精神的提炼和升华也是一项重要工作。这主要包括两点：一是对传统史家的批判精神的发掘解读，二是对古代史学经世致用精神的接续和转化。

马克思主义史学具有强烈的批判性。尽管马克思主义的批判是一种阶级批判，是站在被统治阶级的立场上批判统治阶级，是传统史学无法与之相提并论的，但马克思主义学者对富于批判精神的传统史家还是产生了巨大的认同感。翦伯赞称刘知幾为"一个客观主义的历史家"。在翦伯赞眼中，刘知幾的怀疑精神和客观精神即是批判精神，与唯物思想是联为一体的。这也反映出，马克思主义学者所认可的科学的历史学是属于或接近于唯物主义谱系的。

中国古代史学形成了经世致用的传统，注重发挥史学的训诫和资治功能。马克思主义学者强调史学与现实的关联，从而接续了传统的经世致用思想。不过，古代史家的致用多与维护既存的道德伦理和政治秩序相关联，由其历史观所决定，从而导致了史学的保守性、落后性甚至反动性，这一点为马克思主义学者所不取、所挞伐。

马克思主义史家的致用具有新的历史意识和时代内涵。较之传统史学，马克思主义史学致用的宗旨、立场和内容已发生了深刻变化，从服务于上层统治集团转向服务于整个民族、国家和社会，特别是积极融入当前的革命实践之中，追求革命性与科学性的统一。因此，马克思主义史学的致用论是对古代史学精神的一种更高层次上的接续和回归。

余 论

中国马克思主义史学创立初期，以革命姿态致力于批判终结以往一切旧思想、旧学术，建立一种全新的历史学，对于在被打倒之列的传统史学、"封建史学"尚无暇认真理会。随着 20 世纪 30 年代末"学术中国化"运动的兴起，马克思主义学者将传统史学作为实现"中国化"的一种不可或缺的学术资源。马克思主义学者对传统史学的选择性认同，流露出的几许"温情与敬意"，使得他们与其他民国学术流派产生了更大的交集，从而扩张了在学术界的影响力。

但同时，传统史学资源在此时中国马克思主义史学范式构建中毕竟处于从属、被动的地位。前者有无价值关键在于能否效力于后者、为后者所用。马克思主义学者关注重视传统史学，旨在将其整合熔铸为马克思主义史学的一部分，以服务于当时的革命实践。因此不可避免地带有学术革命化色彩和非历史主义倾向。到 20 世纪 40 年代中后期，作为一种范式的中国马克思主义史学已初步构建起来，但全面系统地对中国传统史学遗产进行清理和总结尚俟诸来日。

〔本文摘自《天津社会科学》2022 年第 1 期。作者陈峰，山东大学儒学高等研究院教授、中国历史研究院左玉河工作室成员〕

论新时代中国史学主体性的构建

黄仁国

中国史学的主体性是指中国史学中的基于社会条件、文化传统和史学实践而形成的主要部分的样态和内涵，也包括与域外史学交流时的能动性。中国史学主体性构建问题，讨论的是中国史学过去、现在与未来的主要样态及其基本内核的发展演进，以及中国史学在不同历史时期如何处理与域外史学的关系问题等。

一 中国史学主体性的历史演进

中国古代史学主体性鲜明。近代以来，以梁启超为代表的"新史学"的兴起，推动了西方史学的传入和中国史学的变革。十月革命后，一部分史家开始由西方资产阶级史学转向了马克思主义史学。在中华人民共和国成立前，西方史学虽然对中国史学的近现代转型产生了较大学术影响，但并没有在中国史学主体性建构中长期占据主导性优势。

新中国成立后，中国史学开始由民国以来的多元格局向一体格局转型，并逐步奠定马克思主义史学的主体地位。新中国成立后的30年，通过历史学学科建设、学术争论和人才培养，中国传统史学获得了新的发展，史料整理取得巨大成就；史学样态发生变化，历史理论研究取得许多重大突破；治史理念发生变化，近代史研究和基层史研究受到重视；史学研究队伍壮大，涌现出一批马克思主义史学新锐。中国古代史学最终由马克思主义史学来完成现代转型，无疑是历史的选择、学者的选择。新中国有序推进针对不同类型国家的史学交流。早期与苏联东欧史学的交流合作，对于奠定中国马克思主义史学一体形态具有重要意义。30年中，中国史学界一方面激烈批判西方资产阶级史学中反共反华的言论，一方面也翻译引进西方史学。新中国还与众多周边国家和发展中国家进行了史学交流。这些活动，丰富了中国史学"一体多样"的形态。

改革开放初期，史学研究的新变化大多是在坚持以马克思主义为指导的基础上进行的，是马克思主义史学发展创新的表现，也是构建中国史学"一体多样"形态的有益补充。但同时也有"无问西东"的倾向。苏东剧变后，伴随着后现代主义史学的勃兴，微观史学在中国成为时尚。中国经济体制的转型和社会生活的变化，客观上给西方史学在中国的流行创造了条件。从21世纪以来中国史学的发展情况看，随着以西方经济体制和学术话语为主导的全球化的深入发展，中国史学对西方史学的借鉴明显增加，而唯物史观则相对遇冷。这种状况已经引起不少史家的担忧。但是，21世纪初出现的比较明显的主体性缺位的时期并不长，以马克思主义为指导构建中国史学主体性，符合中国史学发展的历史逻辑、理论逻辑和实践逻辑，也是"排除西方史学的不良影响"的必然要求。

二 中国史学主体性的表征与内涵

中国史学主体性构建中秉承学习、实践、开放、包容的文化传统。古代中国史学已形成"一体多样"的形态。《史记》开通史先例，《汉书》之后各断代史相续，三国、南北朝、五代、宋辽金等政权均有正史相传，职业史官修史一直占据古代史学中的显赫地位。正史之外，《史通》《通典》《资治通鉴》《通志》《明儒学案》《宋元学案》《文史通义》等巨著，各种地方史、风俗史、文献史、野史、演义等通俗史学读物，以及各朝档案文书，共同构建中国古代史学的主体性、多样性等相统一的相对完备的独特体系。该体系是中国特有的政府主导、多方参与的史学撰述组织模式的必然结果，也是中国史学发展繁荣的重要保障。

中国古代史学主体性的内涵表现为通史精神、和合式创新、崇德求同等。中国古代史学讲究传承与创新。孔子修《春秋》，强调历史的连续性与阶段性，主张从连续性与阶段性的辩证关系中总结历史经验。这种连续性体现的是一种主体性回归。比孔子稍晚的修昔底德则强调"人性总是人性"，主张从不变的人性中总结历史经验，而且没有中国大一统的主体性观念。在对历史、现实与未来的联系的认识上，中西史学表现出不同的风格。中华文明绵延不绝的一个重要原因是中国的地缘具有内循环的优势，同时大多数时候也不排斥或多或少的外循环。因此，中国文化强调"以我为主"的和合式创新。欧洲虽然也有过统一，但长期保持着一种与其地缘相适应的多强并立态势。因此，欧洲文化强调在竞争中创新。中国史学偏好因袭，主体性贯穿在历时性与共时性之中；而西方史学偏好否定，分散性贯穿在纵横主线中。从价值关怀看，古代中国向来讲道统。欧洲在公元纪年后宗教盛行，宗教具有内部公共性和外部排他性。欧洲中世纪史学宗教化，这是后来兰克史学兴盛的重要历史原因。但是，兰克史学的勃兴及之后西方史学的发展，没有改变西方内部公共性和外部排他性的基本价值取向。中西史学的本质区别，即中国史学强调指导思想的"一体"，而西方史学强调指导思想的"多样"。

三 新时代构建中国史学主体性的任务

近几年来，世界百年未有之大变局加速演进。世界格局发生了质变。西方势力的颓势已现，而非西方势力的发展却成为一道亮丽的风景线。新旧力量的竞争显性化，全球化与地方化共同发展。人工智能等新兴技术的发展进一步推动了人类的整体性发展，世界各国的相互依存性增强，而发展的不确定性也同时增加。显然，在微观史学发展的基础上推动宏大叙事的发展，既是史学发展的学术必然，也是探寻世界整体性发展规律的现实需要；同时，它符合中国历史文化传统，也与发展马克思主义史学相契合。

站在推动全球史学发展的高度上，以马克思主义为指导，全面系统地回顾既往中国史学的研究，从中提炼具有中国精气神的术语，通过平等对话与交流，将这些术语转化为世界能够听得懂的话语，为全球史学研究的发展增添新内容，应该是今后构建中国史学主体性的重要任务。要完成这一艰巨的任务，还需要依托大数据、人工智能等新兴技术和手段，需要有大量不同学术背景的史家积极参与，需要史家秉持对整个人类社会发展的价值关怀。

四 新时代构建中国史学主体性的方法

构建中国史学主体性，不要把古今、中外视为非此即彼、二元对决的两个方面。中国文化传统的最大特色是融通，即通过具有主体性的交融而达到通达的境界。融通是中国历史演进的主流，是中国区别于其他国家的文化品格。

按照融通古今中外优秀资源的方法论构建新时代中国史学的主体性，首先，要打破历史学内部各学科之间自设的壁垒，通过中国史、世界史、考古学等不同学科和研究方向之间的横向协作，丰富各学科的内涵，赋予各学科具体内容的定位以更多的参照物。其次，要引入历史学学科之外的理论和方法，包括有助于推进史学研究的自然科学的最新成果，加强以历史学为主的跨学科研究。最后，要改变各学科内部古代、近代、现代等不同时段"隔行如隔山"的状态，大力培育通史性的人才。从共时性与历时性中考察，要辨析史学研究中的缺门、冷门等薄弱环节，查漏补缺，加强对历史整体性的研究，加强对历史理论的研究。

融通古今中外史学资源，还要特别注意中国史学的公共性问题。西方史学无疑具有较强的对外公共性，但如何剔除其历史性和区域性而摘取其代表历史前进方向的公共性需要具体分析。复兴中国传统史学，同样需要辨识中国史学由传统转向现代的过程中的变化与新创，同时关注全球史学发展的理论逻辑与实践逻辑。要深入中西史学各自发展进程中，发现那些被遮蔽或者扭曲的具有公共性的内容；要超越中西史学，发现中西史学之外的公共性，特别是那些新兴力量中的具备潜在公共性的或长期被忽视而又具有生命力的史学形态与内质，或说，需对更多国家的史学研究进行分析并由此辨识和提炼各种新的公共性。即在超越古今中外之争的基础上，进行全面的反思、补缺和新创，构建中国史学主体性。

〔本文摘自《南京社会科学》2021年第9期。作者黄仁国，曲阜师范大学历史文化学院教授〕

中华文明的理论探索

冯　时

文化的自信只能建立在对己身文明正确认识的基础之上。而作为其文化核心问题之核心，当然就是对中国传统文明理论的阐释与重建。

一　文明与德郁

中国传统的文明理论以道德体系、知识体系和礼仪制度所体现的形上思考为核心内涵，其中道德为立人之本、知识为立身之本、礼仪为立世之本，形成了独具己身文明特色的文明理论。

"文明"一词于先秦典籍即已出现，《尚书·舜典》赞帝舜其人云："浚哲文明，温恭允塞，玄德升闻，乃命以位。""文明"在这里是指帝舜所修养的个人品德。"文"实际构成了"文明"观念的核心。商周金文的"文"字作"✦"，像人正立而明见其心。

人与禽兽的本质区别究竟在哪里？人只有以道德修养自己的内心，才能从本质上将自己与禽兽加以分别，这种思考通过"文"字对人心的刻画准确地传达了出来。人心的善恶体现着道德的高下，这不仅是人兽之分的界限，更是文明与野蛮的畛域。

何以为人？"人"字是在借其读音表达怀仁德者为人的思想，这体现了中国传统文明观的显著特点。事实上，中国道德体系的核心内涵就是诚信，而仁之所以具有亲爱的意义，其实就是对信实不欺本义的发展，不欺才可能信任，信任才可能建立起彼此融洽的人际关系，进而生出亲爱之心。因此这种由信实发展出的爱并不是爱自己，而是爱他人，是超越血缘的大爱。

内心修文不懈，于德至纯至厚，必然彰著于外而显威仪，这种至纯的德养就是馘。

"文"是心斋，修德纯厚而缄，其德自可彰显，这便是"文章"。这种彰著于外的威仪乃为德容。内心修德至纯，必由内而外尽显威仪，这种德容，古人称为"颂"，或谓之"皃"。"颂"是容貌之"容"的本字，而"皃"同于"颂"，其本义都在强调礼容威仪。

修文必须恒久而专，才能由小雅而大雅，终至美盛德之形容的颂，达到缄缄乎文的境界。修文以成人，无德自为禽兽，人与禽兽的这种对比不仅是古人习惯采用的方式，更体现着中国文化所独有的对文明与野蛮的认识。道德的内核是诚信，而信的观念来源于古人长期不懈的观象授时工作。时间作为人类社会得以建立的基础，其所体现的诚信思想理所当然地成为维系社会秩序的道德标准，于是人们以信修心，形成了最朴素的道德体系。

中国传统的文明观认为，个体的文明体现着成人之道。在先哲看来，为人的唯一标准就是修文养德，这意味着中华文明以道德作为立人之本。

二 知识与礼仪的文明意义

知识体系辅以道德事实上是推动人类社会发展不可或缺的条件，而礼仪制度规范群聚与群分，更是建立正常社会秩序的根本保证。所以知识体系与礼仪制度作为古代文明的重要内容，与成人之德共同构成了中国传统文明理论之三要三本。

（一）知识体系的形成

天文作为中国传统文化之源，不仅促进了传统道德体系的形成，同时也直接导致了传统知识体系的创立。中国传统的认识论，一言以蔽之，就是"格物致知"。"格物"体现的是一种知识体系形成的认识方式。准确地说，中国先民创造的所有知识都来源于他们对客观世界的观察分析，这种认识世界的方式是唯物主义，这意味着中华文明实际是探求真理的文明，这充分体现了中国文化的优秀本质。

知识作为智慧之本，体现了传统知识体系的两个重要来源。智反映了古人创造文字的活动，而慧则源于先民对自然规律的观察了解。"智"就是"知"，二字同源。人若为知为智，其量化标准就是识字的多少。"识"与"知"既有联系，也有区别。"识"义同"知"，说明"识"的本义也是认字。所识之字久存于心即为"识"。久存于心必熟记之，成为常识，这便是"识"训常的道理。人有知有识才能觉悟，如梦初醒，所以"知""觉"互训。《玉篇·矢部》："知，识也，觉也。"识字使人觉悟，觉悟则自生智。因此从"知"与"识"本为识字的角度讲，觉悟的基础也是认字。

文字本服务于人神沟通的需要，因此文字的创造实为原始宗教的产物。文字对于神明而言就必须是不教而识的，这意味着与神明沟通的文字，其创造方法只能有一种，这就是象形。对象形文字的识读，眼睛的作用显然有着首要的意义。古以男教为知，这一观念显然也是由男子识字的制度发展而来。"慧"与"知"不同，其并不限定于狭义的文本知识，而重在强调先民认知自然的活动。"慧"的本义显然是指人通过对天、地、人以及自然万物的观察分析所获得的知识，当然，这种独特的认识方式仍然是格物。

传统文明观对于知识的态度唯以合天人为念。中国传统的知识论不仅由其认识论所决定，同时还体现着天人合一的宇宙观与伦理价值。智只有合用合度才可能成就高明的见识。智虽可贵，但必须将其限制在一个合理的范畴之内，这样才能实现以人类的智慧服务于人类的目的。中国传统知识体系的形成是由其独特的认识论所决定，这种认识客观世界的方式造就了中华文明探求真理的本质特征，影响着人类的生存与发展，这意味着中华文明以知识作为立身之本。

（二）礼仪制度的形成

人作为社会的分子，其个体的文明及之于社会，就是礼仪制度和典章制度的具体表现。从这个意义上说，作为文德彰显的"文章"又有了礼法典章的意义。古人制礼的意义就是要通过防闲建立正常的社会秩序，这是人类社会区别于动物世界最显著的标志。礼节于人而和于乐，先圣为防止人欲横流而酿成大乱，故制礼作乐，人为地加以节制约束。商周古文字"礼"本作"豊"，从"壴"而上绘双玉，其中的"壴"为鼓的象形文，而双玉则像三层玉佩。玉不仅具有礼制的意义，同时还有着区分类属等级的意义，而这正体现着礼的特点。古之行礼，必以鼓乐明其节，这便是古人创造以玉鼓会意以表现礼的基本思考。玉作为最早形成的礼器，因其见德，且配鼓主节，又见礼以节人之旨，这是古人表现礼的最朴素的形式。

中国传统的文明观以道德树人，目的在于成就君子；以知识立身，追求人类可持续的健康发展；以礼乐治世，建立和谐融洽的社会秩序。此三要三本构成了己身文明的理论内涵。

三 重建八千年文明史

近百年来，中国考古学的发展提供了大量上古时代的重要遗存，使我们得以通过对古代制度的研究寻流溯源，揭示中华民族真实的文明历史。

中国新石器时代是传统道德体系、知识体系与礼仪制度形成的关键时期，当然也是中华文明形成的关键时期。以己身文明之三要为原则上溯文明社会的历史，距今6500年前的河南濮阳西水坡原始宗教遗存的发现则具有划时代的意义。事实上，以天文学与中算学为基础所建构的知识体系，在比西水坡稍后一千年的公元前四千纪更趋完整。传统知识体系的基础是时空体系的建立，西水坡时代的时空知识已相当完备，这意味着古人对于时空的认识应更早于这个时期。

八千年以降的新石器时代文化普遍表现出先民对知识的积累和礼乐的创制。作为文明核心的知识体系与礼仪制度在公元前六千纪就已颇具系统。天文学的产生是为农业生产提供准确的时间服务的，因此成为一切知识体系的基础。天文学作为中国传统文化之源，这一事实意味着天文学的起源与文明的起源大致处于同一时期。

综上所述可知，建立在道德体系、知识体系和礼仪制度基础上的文明社会，其形成时间可以上溯到距今八千年甚至更早。事实很清楚，中华文明已有至少八千年未曾中断的历史，这意味着中华文明一定有着其不可比拟的优秀内涵，归纳其核心，就是格物致知的认识论、天人合一的宇宙观和中和守一的哲学观。

结　语

如果说德、知、礼为传统文明之三要，那么中国文化独特的认识论、宇宙观和哲学观就是传统文明之三体。这些思想不仅使一种古老文明传续不绝，而且对于人类文明未来的发展也具有积极的现实意义。

〔本文摘自《郑州大学学报》2021年第6期。作者冯时，中国社会科学院考古研究所研究员，郑州大学特聘教授〕

西周金文族徽的地域分布与商周族群的政治认同

雒有仓

西周时期的金文族徽大多为青铜器铭文记载的殷遗族氏标记。在商、周政权更替和分封制实施过程中，伴随着殷遗族氏被分散迁移和重新安置，金文族徽的地域分布出现了明显变化。这是商周两大族群重新整合、构建地缘政治的反映，也是商周文化全面接触与融合的重要标志。

一 商末周初的族群结构与金文族徽传播

西周建立前，东、西部地区的族群结构存在着较明显的差异。据文献记载，西部周人族群内部早有姜姓、子姓等成员，形成了以姬姓为主的多元化结构。而考古发掘资料也表明，先周文化来源具有多样性。周人多元化族群结构的形成，与周人长期实行族外婚制、商末周初征伐会盟扩张周人势力、招抚殷商贵族壮大周族力量有关。随着归附族氏的增多，周人族群呈现出规模扩大化、成员复杂化、血缘多样化的发展趋势，客观上需要超血缘的政治管理组织出现。因此，自武王灭商和周公平叛后，周初统治者先后通过监国制和宗法分封制，逐步将殷遗民纳入了周人宗法统治秩序，从而为商、周族群的政治融合奠定了基础。

东部地区的商人族群据殷墟卜辞记载，分为王族、子族、不称子族的同姓家族、姻亲及被征服的异姓家族，彼此依据血亲关系相联结。商人族群以血缘家族为单位，内部盛行族内婚制，虽有异姓族氏成员，但都不以"姓"为称，而是以"氏"为称，并以氏名作为族徽，常铸刻于青铜器，形成了数以千计的金文族徽，更多呈现出同一血缘下的分族联合结构。

西周建立之前，金文族徽在地域分布上存在明显差异，常见于关东的河南、山东等地，陕西地区较少见。当时东、西部地区金文族徽数量差别显著。但也说明，金文族徽早在商末已经从东部河南、山西等地，向西部秦陇地区开始传播了。

从西部陕甘地区族徽铜器的出土地点看，商末周初金文族徽有两个传播区。一个为陕北地区，一个为关中周原及附近地区。前者地域传播呈点状分布，后者呈线式分布，说明这两个地区的传播途径与方式有所不同。

二 西周早期金文族徽的传播途径与地域分布

周武王灭商后，金文族徽的传播途径发生了较大变化。首先，由于灭商战争胜利，大量殷商铜器作为战利品被带到西土之地。金文族徽随着众多殷商铜器被分赏给有功将士而得以在西部地区广泛传播。其次，在周人怀柔政策安抚下，许多殷商贵族臣服于周，从而使金文族徽得以继续传播。再次，由于周公东征后为了稳固周王朝统治，在成周、宗周等地安置了大批殷遗民，许多族徽铜器随之被带入这些地区，促进了金文族徽的广泛传播。此外，西周早期的殷遗民与周人通婚增多，商周族群融合增强，也是当时金文族徽传播的一种途径。

西周早期的金文族徽主要分布在陕西和河南地区的王畿之地。前者主要见于西土之地的宝鸡、凤翔、陇县至灵台、长武一带，丰镐地区的长安、西安至泾阳一带，周原地区的岐山、扶风至武功一带。后者主要见于成周洛邑附近。其明显变化是：(1)由原来以安阳殷墟为中心的四周辐射式传播，转为自东而西向洛邑、丰镐、周原递进式传播，最终形成了以成周、宗周、岐周为中心的分布格局；(2)西周金文族徽的分布重心由商末河南地区转移至陕西地区，陕西出土的西周早期族徽铜器数量超过了河南省；(3)西周金文族徽的分布地域扩大至四川、云南、江苏、内蒙古等地。

西周的西土之地共出土西周早期族徽铜器114件，多见于今陕西宝鸡、凤翔、千阳、陇县至甘肃崇信一带，在宗周西北部的秦陇地区甘肃庆阳至宁夏彭阳一带也有零星出土，说明西周早期的西北边地也有殷遗民分布。

西周的东土之地共出土西周早期族徽铜器93件，多见于今山东地区的鲁西南滕州、邹城、兖州至梁山、新泰、泰安一带，鲁北济阳、高青至鲁中的淄博青州、临朐、潍坊一带，山东半岛附近的黄县、烟台、招远一带。总体特点是分布较分散，多见生活在本地区土著族氏的族徽铜器。

西周北土之地共出土西周早期族徽铜54件，多见于今北京市的房山琉璃河至昌平、顺义一带，今辽宁喀左北洞、平房子、山湾子、山嘴子等地。说明西周北土之地的殷遗民活动区域主要在今北京市经河北承德、凌源到辽宁喀左一带。

西周的南土之地共出土西周早期族徽铜器52件，多见于今湖北随州至武汉、蕲春一带，在湖北江陵、湖南湘潭青山桥和望城高砂也有零星发现。这是西周早期族徽铜器分布的最南端，借此可了解殷遗民在南方地区的活动地域。

西周早期的金文族徽地域分布虽然存在较大差异，但也有一些共同特征：第一，族徽铜器无论在西周王畿或四土之地，都在出土铜器中占有一定比例；第二，西周早期遗存包含的殷遗民族徽铜器，在商文化区和周文化区都有分布；第三，在周人新开辟的势力范围或边疆封地，多见出土殷遗民族徽铜器。这种情况应当与西周推行分封制时大量分散迁移殷遗民有关。

三　分封、宗盟制与商周族群政治认同

分封制是西周政权建立及巩固的重要措施，核心内容是"授土授民"，重点在于分散迁移殷遗民到各诸侯国以及周边地区，以削弱其反抗势力，充实周人控制地方力量，构建西周王权统治体系。具体办法有四：(1)将殷遗中的强族分割成几部分，使之成为周贵族的从属部族，迁移至新的封土或安置在王畿之地，为周人贵族服务；(2)将商王畿的殷遗族群分为四类，分别采用不同办法加以掌控；(3)将商王畿以外非子姓的殷遗族氏，作为受封贵族的私属，由周人统治者就地治理。上述一系列措施的实施，将大批殷遗民纳入了西周贵统治体系，使周人、殷遗民、土著居民在封土内实现了不同程度的杂居，减小了因血缘关系施加影响的地域范围，促进了各族氏之间的经济、文化交流以及心理上的融合认同。

西周大分封将殷遗族氏纳入周人宗族的主要途径是构建宗盟。宗盟即同宗之盟，指受封诸侯等贵族在接受册命之后，与其所属宗氏、分族盟誓，目的是为了同姓与异姓建立宗法从属关系。由于宗盟包括异姓，其组织原则和处理内部关系的准则都是"异姓为后"，说明宗盟不是严格的血缘组织，而是在宗法制基础上充分吸收异姓族氏的宗族组织。宗盟的实质是姬姓宗法制组织原则的扩大，分为天子分封盟誓和诸侯分宗盟誓两个层次，各有大宗、小宗之分。由于周人贵亲，先叙同姓、次列异姓以笃于宗族，所以臣服于诸侯等贵族的异姓族群自然都要遵从宗法准则和周礼等级。这为周文化传播和不同族群融合奠定了基础。金文记载表明，西周宗盟不仅在国家政治生活中起着重要作用，还深入影响到日常生活层面，主要表现为宗族内部结构改变，出现了对宗主具有较强依附关系的异姓家臣。

西周宗盟的推行不仅把同姓、异姓贵族纳入了天下一体的宗法等级秩序，扩大了西周王权的统治基础；同时也改变了西周社会结构，促进了商周族群的融合发展。由于大量的殷遗民在宗盟制下被接纳成为隶属于姬姓宗族的成员，受姬姓周人不用族徽的影响，他们逐渐放弃了原来的族徽。这样，西周中期的金文族徽出现了两个明显变化：一是地域分布范围较前大大缩减，二是族徽数量直线下降。西周晚期，金文族徽地域分布进一步缩小，数量急剧

减少。这种情况说明，金文族徽已经趋于消亡。究其深层原因，一是西周大分封过程中对于殷遗族氏的怀柔安抚、迁移安置，改变了殷商以血缘家族为基本单位的社会政治结构，造成了在封建政治下以同姓、异姓共存于同一宗族、同一地域为特征的新型组织，使代表家族名称、殷遗身份的金文族徽失去了其存在的政治基础，并逐渐被殷遗民弃用；二是宗盟制的推行，使异姓的殷遗族氏与周人统治者之间建立了以从属关系为实质内容的假血缘关系，从而打破了血缘壁垒，促进了商周族群的融合认同，加速了代表单一血缘的族徽的衰落过程。

〔本文摘自《中国历史地理论丛》2022年第1辑。作者雒有仓，淮北师范大学历史文化旅游学院教授〕

西周世官制度新论

王进锋

"世官"即指一个家族不同代的成员，在不同的历史时期都担任官职的现象。有的家族前后代担任的是同一官职，有的家族担任的则是不同官职。所谓"世官家族"，即指那些连续三代或三代以上成员担任官职的家族。

近来，有些学者开始注意到西周世官制度里也有"选贤"的功能，如李峰、杜勇。然而，由于他们的相关论点没有充分展开论述，因而没有引起学界的足够重视。在本文中，笔者将从如何实现"选贤"的角度，来重新探讨西周时期的世官制度。

一 世官在西周所有职官中的占比并不高

西周时期的职官分别位于周王国、诸侯国和贵族家族（既包括位于周王国的，又包括位于诸侯国的）内部。

周王朝的官员中有世官现象，如师嫠的祖、父和他本人（师嫠簋、辅师嫠簋）、师虎的祖、父和他本人（师虎簋、虎簋盖）。诸侯国职官也有世官现象，如齐国贵族引的祖和他本人（引簋）。同时，贵族家族职官也存在世官现象，如𩁹家族（𩁹鼎）。

然而，世官并不是西周官员全部的、唯一的来源，或者说，并不是西周时期所有职官都是世官。如李峰指出的、非常现实的一种情况是，一个拥有让后代继承职务权利的贵族没有后代或者后代早夭，他的官职必然会由别人担任；还有一种情况是，贵族后代都是品行恶劣、能力低下之徒，如果还让他们继承职务，必然会损害西周国家的利益，此时职务的担任者就需要从其他贵族或者非贵族人员中选拔。从金文来看，确实有些人的任命是源于自身的能力，而不是来自依靠祖、父的荫庇，如畯祖、父（畯簋）的被任命官职，依靠的是自身的功勋，而不是祖先的荫庇。

那么，世官在西周官职中所占的份额是多少？李峰曾对2006年12月之前刊布的金文资料中的官职任命做过统计，其中世官（即"作为祖、父继承者的任命"）只占到38.1%。可见，那么西周时期的职官中有很多不是世职。西周时期的非世官职务主要是通过"选贤"来选取担任者的，"选贤"就必然会促进社会流动。

二　灵活地确定世官的继承源和担任者

从金文来看，西周世官制度在执行过程中有很大的灵活性，这主要表现在继承源和担任者确定的灵活性。

首先继承源的确定是灵活的。在世官制度里，继承人的职务绝大多数继承于自己的"祖"和"考"。但是，西周世官的继承源还有其他情况的存在。有的世官的继承源是"祖"。师酉继承的是"祖"的职务，师酉的父过去可能并没有担任过这个职务（师酉簋，《集成》4289，西周中期）。有的继承源是"父"。师㝨父继承的是父亲的职务。在师㝨父祖的时候，可能还没有担任这一职务（师㝨父鼎，《铭文选》201，西周中期）。有的时候，职务的继承源是祖、父的亲属。殷簋记载："王若曰：殷，命汝更乃祖考友，司东鄙五邑。""友"即亲属；这里殷的职务是继承自祖、考的友，即祖、考的亲属，而不是祖、考。

其次，在世官制度里，职务担任者的确定也是灵活的。在禹鼎（《集成》2833）中，禹的祖、父和禹本人都是世官的担任者；从"叔"的行辈来看，禹的祖"幽大叔"、父"懿叔"都不是嫡长子。这种情况说明当时的世官制度，在继承人的选择上有很大的灵活性。谁能最终继承，应当还是看他们的能力、才干和对职务的适合性，而血缘和宗法上有优势的贵族后人不见得一定能够担任相关职务。

在西周世官制度中，继承源确定的灵活性，是"为特定的人找职务"，主要是给优秀的、合适的贵族后人担任职务创造血缘条件。而担任者确定的灵活性，则是"为特定的职务找人"，为特定的职务寻找优秀的、合适的贵族担任人员。这两种做法的目的都是在贵族里"选贤"，即选拔出优秀的贵族来担任职务为西周国家服务。

三　绝大多数世官只能传承三代

在西周金文中，经常可以看到"更乃祖考"的记载。在这些案例中，如果这些贵族家族在更早祖先——如"祖"以上的高祖、远祖——的时候就担任相应职务，再传承到继承人，那么这些继承人一定会在自己铸造的铜器铭文中注明的，但是这些人并没有。这背后深刻的原因应该是：绝大多数世官只能传承三代。

有人可能会说"更乃祖考"中的"祖"可以指代"祖"以上的远祖，并不一定指意为"父亲的父亲"的"祖"。按：这种看法不正确，因为西周时期的远祖有其他的称谓，如曶的远祖会被称为"高祖""亚祖"（曶鼎）、微将自己的远祖称为"高祖""烈祖""亚祖"（史墙盘）、逨称呼自己的远祖为"高祖"（逨盘）。另外，癫钟、卯簋盖和禹鼎铭文可以明确证明"祖"即指"父亲的父亲"，可作为确证。

西周时期个别官职能传承三代以上，如曶鼎中，贵族尹氏的家族职官"师"由曶的家族传承了七代。这应当是因为官职的第二代或第三代担任者特别的卓越，又建立了特别的功勋，所以又可以继续传承。

四　有些世官继承者担任的职务与家族先辈不同

有的贵族因为祖、父的功勋而被任命职务，但是担任的职务与祖、父并不相同。在逆钟（《集成》60—63，西周晚期）中，逆家族是世官家族。叔氏在任命逆职务的时候，提到了他的祖、考曾"许政于公室"，说明逆的这次被任命与他祖、考过去的功劳有关。但是逆担任的职务是"用攀于公室仆、庸、臣、妾、小子室家"，俨然叔氏家族总管的角色。

有的人继承祖考职务之后，可以再升迁。在引簋（《铭图》5299、5300）中，引继承了祖的职务，但他是被"申命"的，即地位要高于他的祖。有的世官家族，后代的职务却要比先辈低。在禹鼎（《集成》2833）中，禹的皇祖"夹召先王"，即在周王国任职。而他的祖"幽大叔"、父"懿叔"和他本人都只是在武公家族里任家臣，从某种意义上讲，这个家族后辈的职务降低了。

这样做的目的还是为了让后代担任最合适的职务，从而更好地发挥作用。可见，西周时期在任命世官担任者的时候有"适宜"和"效率"的考量因素。

五　家族不同代人循着同样的轨迹升迁

西周世官制度下，还有一种特别的现象，即贵族家族不同代人在不同的历史时期循着相同的职务升迁轨迹任职。在师毁簋（《集成》4325）中，师毁过去就被先王任命来管理"小辅"；先王去世后，时王任命他管理"小辅眔鼓钟"，职责范围明显扩大。到了辅师毁簋（《铭文选》387）里，师毁的职务范围进一步扩大，管理"辅"。师毁的职责范围是从"小辅→小辅眔鼓钟→辅"一路扩展的。而且，师嫠不同阶段的职务都是继承他的祖、考，那么他的祖、考过去也是这样升迁的。

与师嫠家族比较，卯家族三代相似又不同的经历会启迪我们更深入的思考。在卯簋盖（《集成》4327，西周中期）中，卯的祖、父和他本人都在荣伯家族担任家族职官，所以他们属于世官家族。卯的祖过去的职务是"司荣公室"，相当于荣家族总管的角色。卯的祖能命令卯的父"司荈人"，可见"司荣公室"的职位要高于"司荈人"。从铭文"乃先祖、考死司荣公室"来看，卯的父后来也升迁到了"司荣公室"的职务。卯现在被荣伯任命的职务是"司荈宫、荈人"，职位显然高于其父过去"司荈人"的职位，但是要低于"司荣公室"的职务。卯应当没有担任"司荈人"，而是直接担任"司荈宫、荈人"职务的。卯的祖在担任"司荣公室"之前和卯之后的职务情况，铭文中没有交待。卯的祖可能也是从较低职务升迁上来的；卯之后有可能会升迁到"司荣公室"的职务，也可能不会。究竟如何，这当然要取决于他在任"司荈宫、荈人"期间的表现和功绩了。

在西周世官制度里，之所以让世官家族的后代循着祖先的足迹来任职，目的还是为了历练他们的能力，从而在职位上更好地发挥管理作用。在卯簋盖中，卯之后职务有很大的不确定性，这些情况都提醒我们有些贵族后人可能升迁不到祖先的职务上去。这些现象说明西周世官制度里有讲求"尚贤""选贤"的因素。

六 有些世官家族的前几代成员来自低贱阶层

西周时期的贵族拥有世袭权利，才能继承祖考的职务。然而，世袭权利并不是与生俱来的，而是依靠前几代人建立功勋而获得的。正因为如此，我们可以看到有些世官家族的前几代成员来自低贱阶层，晙家族正是如此。在晙簋（《铭图》05386）中，晙的祖、父和他本人都担任了相同的职务，那么他们是一个世官家族。"先王亦弗鄙乃祖、考"，意为先王不以你的祖、父为低贱。如此看来，晙的祖、父在担任这一职位之前地位很低。但是晙的祖、父因为"有功"，被周王"登里厥典，封于服"——擢升上来，使整顿典册以便在行政时使用——被任命了职务。

晙簋是懿王时期器物，说明晙是这个时代的人，那么晙的祖、父应是穆王、恭王时期的人。如此看来，晙家族是西周中期才崛起的世官家族，这和商周鼎革之际周王朝通过封赐拉拢人心而诞生的一大批世官家族有着本质不同。这进一步说明世官制度是选贤的。

〔本文摘自《人文杂志》2021年第9期。作者王进锋，华东师范大学历史学系教授〕

秦汉宗族政策与基层社会治理

臧知非

准确把握商鞅变法离散宗族的历史精神、制度内涵和历史意义，不仅关乎对商鞅变法基本原则的认识，也是认识秦汉社会结构变迁的需要，还是把握历代国家权力与基层社会治理的基础。

孝公任用商鞅，推行新法。变法是以法律手段强化国家对自然资源和社会资源的控制，把宗族血缘关系彻底地从国家权力运作过程中剥离，是新法的特征。认识秦汉宗族与社会治理的关系，必须从商鞅变法的宗族政策说起。

一　强制分户的历史内涵

商鞅曾自诩"始秦戎翟之教，父子无别，同室而居。今我更制其教，而为其男女之别，大筑冀阙，营如鲁卫矣"，这是对"令民父子兄弟同室内息者为禁"的直接解释。其时之"室"是指宗族血缘共同体，而非变法以后一般意义上的"家室"。

变法以前之秦国，"室"仍是以宗族为特征的财产单位和权力单位。"令民父子兄弟同室内息者为禁"意味着大家族分为小家庭，一"室"变多"户"，原来以"室"为单位的土地人口由官府析分登记在各"户"之下，确认其土地权属关系，均直接隶属于国家，"家长""族长"失去了土地支配权，也失去了对宗族成员的人身支配权，宗族土地所有制变为国有制，民户由隶属于宗族转而隶属于国家，国家权力直接控制每家每户，农民成为国家课役农。

商鞅之法严格实行授田制和军功赐田制，其性质是土地国有制，不存在汉儒说的"民得卖买，富者田连阡陌，贫者亡立锥之地"的问题。在全面控制土地的前提下，国家按照新的身份等级统一分配土地，宗室贵族土地也必须按照法律分配。在这里，宗族关系与土地无关，原来的宗族贵族土地所有制，转变为国有制。

基于以上分析，我们不难理解"令民父子兄弟同室内息者为禁"远非移风易俗那么简单。商鞅此举是一次深刻的社会革命，是为了更深层次地把宗族血缘关系从国家权力分配和运作过程中剥离出去，国家力量不必再依靠宗族力量控制社会，解除了宗族血缘关系对民户的束缚。编户摆脱宗族身份限制的民户可以凭借自身努力改变社会地位，实现富且贵的梦想，空前地激发了他们的主观能动性，在法律规定范围内，通过"耕织至粟帛多者复其身"而致富，军功获爵则增加土地和"庶子"，踏入"贵"的社会序列，从而收到了"秦民大悦"的效果。

"民有二男以上不分异者，倍其赋"是"父子兄弟同室内息以为禁"的制度表述，凸显了"户"的社会控制意义。授田、征税、起役、社会等级的确定，均以"户"为基础。出入同一门户的人口是为户口，登记在文书上是为户籍，包括所有家庭成员的年龄、性别、体貌特征，以及土地、房屋、奴隶和其他财产，均登记在户籍簿上，作为征税起役的依据。人隶属于"户"，个人的毁誉荣辱和"户"的利害关系一体化，控制了"户"，就控制了所有社会成员，因而"户"成为国家控制社会的基本单元，社会各阶层的身份属性一目了然。

二　"令民为什伍而相牧司连坐"与社会治理

研究表明，"令民为什伍，而相牧司连坐"并非商鞅发明，而是战国通制。而商鞅此举，不同之处在于强化彼此监督，检举不法，"不告奸者腰斩，告奸者与斩敌首同赏，匿奸者与降敌同罚"。《索隐》云："牧司谓相纠发也。一家有罪而九家连举发，若不纠举，则十家连坐。恐变令不行，故设重禁。"司马迁之语是原则概括，制度并不一定是一家违法九家连坐，所谓"奸"也有其特定内容，而非一般意义上的作奸犯科。

但是，秦国同伍连坐之严厉确实空前。"令民为什伍，而相牧司连坐"是国家行政的一般原则，"告奸"是什伍之民的基本义务。不"告奸"无论是否故意，结果都导致户口统计不实，使国家役源流失，故而一并处罚，从而使邻里之间每时每刻都要盯紧对方，随时举报不法行为。所谓"居处相察，出入相司"之"察"与"司"的内容就是各种违法行为，充分体现了国家权力对百姓日常的控制，宗族关系的温情在国家行政中涤荡殆尽。

汉儒及后世学者对"令民为什伍，而相牧司连坐"诟病有加，认为是严刑峻法的代名词，这是价值预设的结果。历史地考察，它当时带给秦民的并非灾难，反而是改变命运的制度契机。变法之后，编户民固然要承担徭役赋税，但以国家授田为基础，家家户户生产资料有保障，并可以通过军功和耕织获得爵位和奖赏，通过个人努力实现富而贵的梦想，所以才有"秦民大说，道不拾遗，山无盗贼，家给人足。民勇于公战，怯于私斗，乡邑大治"的情况，秦国才迅速崛起。

三　秦统一后离散宗族及社会矛盾大集中

秦统一，将秦国之法变成秦朝之法，原六国社会宗族关系从行政运作中被彻底清除，国家对社会控制固然强化，同时也导致了社会矛盾的空前集中。秦与六国以及六国之间，在经济发展、社会结构方面都存在较大差异，宗族关系、宗族力量对国家行政运行的作用有明显不同。因为变法不彻底，六国宗族遗存远远大于秦国，国家对社会的控制远弱于秦。而天下一统，遵行秦制秦法，统一行政、土地制度，按照二十等爵制重新设定社会等级和财产等，遂为必然。"令民为什伍，而相牧司连坐""令民父子兄弟同室内息者为禁""民有二男以上不分异者，倍其赋"等制度原则推及于六国地区。但与往日不同，离散宗族反而激化了社会矛盾，导致社会矛盾的大集中。

战国时代东方各国宗族对国家权力机构及其运行影响甚大，控制基层政府，拥有诸多特权。他们彼此间是依存关系，是大大小小的利益共同体。统一之后，六国贵族、豪强大姓，无论是留在原籍，还是迁徙关中或者其他地区，均按照法律强制分户，成为什伍之民，相互连坐，原来的宗族成员及依附人口难以聚族而居。作为被征服者，这些贵族官僚、工商业主、地方豪强原来的特权、财产被剥夺，还要像普通农民一样承担赋役，他们必然以各种方式抵制新的法律制度，仇视新王朝。而普通农民也因其故俗，在不经意间触犯新法而身陷囹圄。而秦始皇"刚毅戾深，事皆决于法，刻削毋仁恩和义，然后合五德之数。于是急法，久者不赦"，结果使六国社会各个阶层都把仇恨矛头指向官府，希望回到过去，千方百计地和过去的主人保持联系，离散宗族故旧的效果大打折扣。

四　汉代宗族复兴与基层社会治理

西汉前期的六国贵族之后、豪强大姓无论是迁于关中还是回归故里，其宗族势力均迅速复活，并因宽松的经济政策和黄老无为政治而迅猛崛起。

新兴宗族无不以其富厚，交通王侯，与贪官污吏沆瀣一气，操纵乡里，欺压良善，兼并农民，鱼肉弱小，意味着社会秩序的新紊乱、国家权力的分割、国家控制社会的弱化，甚至成为诸侯王割据的依靠。这与社会有序发展、中央集权的本质需求背道而驰。

汉武帝打击宗族固然严厉，但不可能从根本上抑制其发展。因为封建统治的本质决定了宗族豪强必然成为王朝统治的基础，宗族血缘关系必然成为统治权力的组成部分。随着社会矛盾的演变，国家难以发挥其正常的组织生产、维持秩序的功能，贫弱之家不得不依附于宗族，宗主凭借血缘关系控制宗族成员和贫弱之家，将宗人、宗亲、乡党组成私人武装，保护私人财产和维护社会治安的同时，救恤九族，扶助乡党，保持一方秩序的稳定，成为王朝统治力量的补充。

但是，就国家治理而言，宗族势力发展是双刃剑，既可以维护国家统治，也可以销蚀国家统治。宗族势力的扩大本身就刮削国家税源和役源，其维护社会秩序，可以保障本集团利益，当国家统治能满足其利益需求时，宗族势力自然是维护国家统治的一部分力量；当其利益难以得到有效满足时，宗族大姓就会成为国家统治的异己力量：或者置国家危难于不顾，或者重新寻找政治代表，成为王朝崩溃的内部动因之一。

〔本文摘自《史学集刊》2022年第1期，原题《秦汉宗族政策与基层社会治理——兼论商鞅变法离散宗族的历史内涵》。作者臧知非，苏州大学社会学院教授〕

张家山汉简《秩律》与吕后元年汉朝政区复原

马孟龙

一 六百石秩级县道隶属关系复原

《秩律》六百石秩级地名的排列规律最为明显。今仿照晏先生论证方式，把六百石秩级县道依据简文排列顺序分为若干组。鉴于《秩律》存在"旧本"与"增补律文"，以下对六百石秩级县道的分组，也区别为"旧本"与"增补律文"两部分。先看六百石秩级"旧本"县道分组情况（表1）。

表 1

组序	简号	县道	晏昌贵所拟属郡	笔者所拟属郡	备注
1	451	汾阴、汧、杜阳、沫〈漆〉、上雒、商、武城、瞿道	内史	内史	
2	451 452	乌氏、朝那、阴密、郁郅、菌（蔺）、楬〈枸〉邑、归德、朐衍、义渠道、略畔道、朐衍道	北地郡	北地郡	
3	452	雕阴、洛都、襄城、漆垣、定阳、平陆、饶、阳周、原都、平都、平周、武都、安陵、徒淫、西都、中阳、广衍、高望	内史 上郡	上郡	安陵，晏昌贵归入内史，笔者归入上郡。
4	453	☑冀、襄武、成己（纪）、平乐、羌道、故道、狄道、戎邑	陇西郡	陇西郡	冀、襄武、成己（纪）、羌道、故道为学界最新释出
5	453	葭明、阳陵	广汉郡	蜀郡	
6	453	江阳、临江、涪陵、安汉、宕渠、枳	蜀郡 巴郡	巴郡	江阳，晏昌贵归入蜀郡
7	453 454	菹、旬阳、安阳、长利、锡、上庸、武陵、房陵、阳平	东郡 汉中郡	汉中郡	阳平，以往归为东郡属县，笔者考订属汉中郡
8	454	垣、灌（溉）泽、襄陵、蒲子、皮氏、北屈、嶽	河东郡	河东郡	

续表

组序	简号	县道	晏昌贵所拟属郡	笔者所拟属郡	备注
9	454 455	潞、涉、余吾、屯留、武安、端氏、阿〈陭〉氏、壶关、泫氏、高都、铜鞮、涅、襄垣	上党郡	上党郡	
10	455	成安、河阳、汲、荡阴、朝歌、邺、野王、山阳、内廣（黄）、繁（繁）阳	颍川郡 河内郡	河内郡	成安，以往归为颍川郡属县，笔者考订属河内郡
11	455 456	陕、卢氏、新安、新城（成）、宜阳、平阴、河南、缑氏、成皋、荥（荥）阳、卷、岐、阳武、陈留、梁、圉	河南郡	河南郡	
12	456 457	姊（秭）归、临沮、夷陵、醴陵、屖陵、销、竟陵、安陆、州陵、沙羡（羡）、西陵、夷道、下隽	南郡	南郡	
13	457	析、郦、邓、南陵、比阳、平氏、胡杨、祭（蔡）阳、隋、西平、叶、阳成、雉、阳安、鲁阳、朗陵、鲝、酸枣	南阳郡 河南郡	南阳郡 河南郡	酸枣，属河南郡
14	458	密、长安西市、阳城（成）、苑陵、襄城、偃、郏、尉氏、颍（颍）阳、长社、解陵	河南郡 颍川郡	颍川郡	密、苑陵、尉氏，晏昌贵归入河南郡。
15	458	武泉、沙陵、南舆、蔓（曼）柏、莫黑、河阴、博陵、许	云中郡 颍川郡	云中郡 颍川郡	许，属颍川郡
16	459	辨道、武都道、予道、氐道、薄道、下辨道、獂道、略阳、縣（斄）诸、方渠除道、雕阴道、青衣道、严道	陇西郡 上郡 蜀郡	陇西郡 上郡 蜀郡	这一组地名因与蛮夷相关，排列在一起

《秩律》六百石秩级"旧本"地名，除第16组外，基本一组地名对应一郡，只有第13、15组例外，两组最后插入一个别郡属县。此前有学者注意到，《二年律令》律文抄写存在于简末补抄遗漏律文的现象。第13组地名"酸枣"，第15组地名"许"，恰好位于简457、458末尾，且两县所属的河南郡、颍川郡，其县名分别排列在简455—456、简458。故笔者推测，抄手在抄写完简457后，核对律文，发现遗漏河南郡属县"酸枣"，故将其补抄于简末；在抄写完简458后，发现遗漏颍川郡属县"许"，故将其抄于简末。如果这样推测属实，则《秩律》六百石秩级"旧本"地名抄写，存在极为严谨的"同郡属县集中排列"规律。

《秩律》六百石秩级"增补律文"县名分组及归属如表2。

表2

组序	简号	县道	晏昌贵所拟属郡	笔者所拟属郡	备注
1	459	鄜、美阳、坏（襄）德	内史	内史	
2	459 460	共、馆阴〈陶〉、隆虑、棘满（蒲）	河内郡	河内郡	棘满，为学界最新释出
3	460	中牟、颍（颍）阴、定陵、舞阳、启封、闲阳、女（汝）阴、索、焉（傿）陵	河南郡 颍川郡	颍川郡	晏昌贵认为中牟、启封、索、闲阳属河南郡
4	460	东阿、聊城、燕、观、白马、东武阳、茌平、甄（鄄）城、揩（顿）丘	东郡	东郡	

《秩律》六百石秩级"增补律文"地名抄写也存在极为严谨的"同郡属县集中排列"规律。

二 其他秩级县道隶属关系复原

接下来对《秩律》八百石秩级地名进行分组（表3）。

表3

组序	简号	县道	晏昌贵所拟属郡	笔者所拟属郡	备注
1	447	胡、夏阳	内史	内史	
2	447	彭阳	内史	北地郡	
3	447	朐忍、郪、资中、阆中	巴郡	巴郡	郪、资中、阆中为学界新释出
4	447	临邛、新都、武阳、梓潼、涪	蜀郡 广汉郡	蜀郡	晏昌贵以为临邛属蜀郡，其余县属广汉郡
5	447	南郑	汉中郡	汉中郡	
6	447	宛、穰	南阳郡	南阳郡	
7	447	温、修武、轵	河内郡	河内郡	
8	447	杨、临汾	河东郡	河东郡	
9	447 448	九原、咸阳、原阳、北与（舆）、旗（？）陵、西安阳	云中郡	云中郡	
10	448	下邽、蘩、郑、云阳、重泉、华阴、慎、衙、蓝（蓝）田	内史 南阳郡	内史	慎，晏昌贵归入南阳郡，笔者归入内史
11	448	新野、宜成、蒲反、成固、圁阳、巫、沂〈泥〉阳	分属七郡	分属七郡	沂阳乃"泥阳"讹误。七郡属县排在一起，原因不明
12	449	长子、江州、上邽、阳翟、西成、江陵、高奴	分属七郡	分属七郡	七郡属县皆为郡治，故排在一起
13	449	平阳、降（绛）、鄝、赞、城父	河东郡 南阳郡 楚国	河东郡 南阳郡 长信詹事	五县皆为废除之"侯国"，故排列在一起。赞、城父隶属关系见后文

《秩律》八百石秩级县名除第11—13组情况较为特殊，其余十组皆存在极为严谨的"同郡属县集中排列"规律。

接下来对《秩律》千石秩级地名进行分组（表4），千石秩级县名皆见于简443。

表4

组序	县道	晏昌贵所拟属郡	笔者所拟属郡	备注
1	栎阳、长安、频阳、临晋	内史	内史	
2	成都、郫、雒	蜀郡 广汉郡	蜀郡	雒，晏昌贵归入广汉郡
3	雒阳	河南郡	河南郡	

续表

组序	县道	晏昌贵所拟属郡	笔者所拟属郡	备注
4	酆	内史	少府	见后文考述
5	云中	云中郡	云中郡	
6	杜、高陵、郭（虢）、郿、新丰、槐里、雍、好畤	内史	内史	杜、高陵、虢、郿为学界新释出
7	沛、邰阳	内史	少府	见后文考述

《秩律》千石秩级县名较少，除了皇帝汤沐邑之酆、沛、邰阳插入其中，基本符合"同郡属县集中排列"规律。

《秩律》五百石秩级地名见于简467、465，为五个道名。简467的月氏（道）属北地郡，简465的阴平道、蜀氏道、縣遞道、湔氏道属蜀郡，也符合"同郡属县集中排列"规律。

三　中央诸卿直属苑邑

西汉初年，基层行政机构的隶属关系较为灵活，并非所有的基层行政机构都归属内史、郡管辖，部分基层行政机构隶属中央诸卿。

八百石秩级的长陵，三百石秩级的黄乡邑、万年邑分别是刘邦及其父母的陵园奉邑，汉初隶属太常。

千石秩级的酆、沛为皇帝汤沐邑，汉初属少府管辖。八百石秩级的赞、城父，汉初在淮阳国，不在朝廷直辖区域，疑为《津关令》"汤沐邑在诸侯，属长信詹事者"。

六百石秩级简463之圜阳、灵州，与一系列中央官署排列在一起。何慕已指出两地为马苑，属太仆。与之类似，六百石秩级简461之云梦，八百石秩级简449、450之池阳，也与中央官署排列在一起，疑两地为禁苑，隶属少府。

汉初县道皆隶属内史、郡，而邑、苑皆隶属九卿。汉初邑与县、道之区别，恐怕正在于此。

四　朝廷直辖区域内的侯国

汉初朝廷直辖郡内，还分布有相当数量侯国。因侯国官员俸禄不由朝廷支付，故不见于《秩律》。复原汉初朝廷直辖政区面貌，必须把汉郡内的侯国考虑在内。根据笔者《西汉侯国地理》，可以复原吕后元年五月汉郡内侯国名目如表5。

表 5

郡名	侯国名目
河东	猗氏、长修、高梁
河内	平皋、波
上党	阳阿、阏氏、平都
颍川	武强、故市
南阳	乐成、棘阳、涅阳、杜衍
南郡	邔、轵
东郡	清、衍、戚

结 论

最后根据前文考订结论，分列出高后元年五月朝廷直辖内史、15 郡、中央官署所辖县、道、苑、邑，以及分布在各郡境内的侯国。

内史： 栎阳、长安、频阳、临晋、杜、高陵、虢、郿、新丰、槐里、雍、好畤、邰阳（以上千石），胡、夏阳、下邽、蘩、郑、云阳、重泉、华阴、慎、衙、蓝田（以上八百石），汾阴、汧、杜阳、漆、上雒、商、武城、翟道、鄠、美阳、襄德（以上六百石）。

北地郡： 彭阳、泥阳（以上八百石），乌氏、朝那、阴密、郁郅、蒀、枸邑、归德、朐衍、义渠道、略畔道、胸衍道、方渠除道（以上六百石），月氏道（五百石）。

上郡： 圜阳、高奴（以上八百石），雕阴、洛都、襄城、漆垣、定阳、平陆、饶、阳周、原都、平都、平周、武都、安陵、徒泾、西都、中阳、广衍、高望、雕阴道（以上六百石）。

陇西郡： 上邽（八百石），冀、襄武、成纪、平乐、羌道、故道、狄道、戎邑、辨道、武都道、予道、氐道、薄道、下辨道、獂道、略阳道、縣诸道（以上六百石）。

巴郡： 胸忍、鄨、资中、阆中、江州（以上八百石），江阳、临江、涪陵、安汉、宕渠、枳（以上六百石）。

蜀郡： 成都、郫、雒（以上千石），临邛、新都、武阳、梓潼、涪（以上八百石），葭明、阳陵、青衣道、严道（以上六百石），阴平道、甸氏道、縣虒道、湔氏道（以上五百石）。

汉中郡： 南郑、成固、西成（以上八百石），蒩、旬阳、安阳、长利、锡、上庸、武陵、房陵、阳平（以上六百石）。

河东郡： 杨、临汾、蒲反、平阳、绛（以上八百石），垣、濩泽、襄陵、蒲子、皮氏、北屈、猋（以上六百石）。

侯国： 猗氏、长修、高梁。

上党郡：长子（八百石），潞、涉、余吾、屯留、武安、端氏、猗氏、壶关、泫氏、高都、铜鞮、涅、襄垣（以上六百石）。

侯国：阳阿、阋氏、平都。

河内郡：温、修武、轵（以上八百石），成安、河阳、汲、荡阴、朝歌、邺、野王、山阳、内黄、繁阳、共、馆陶、隆虑、棘蒲（以上六百石）。

侯国：平皋、波。

河南郡：雒阳（千石），陕、卢氏、新安、新成、宜阳、平阴、河南、缑氏、成皋、荥阳、卷、岐、阳武、陈留、梁、圉、酸枣（以上六百石）。

南郡：宜成、巫、江陵（以上八百石），秭归、临沮、夷陵、醴陵、孱陵、销、竟陵、安陆、州陵、沙羡、西陵、夷道、下隽（以上六百石）。

侯国：邔、轪。

南阳郡：宛、穰、新野、鄝（以上八百石），析、郦、邓、南陵、比阳、平氏、胡阳、蔡阳、隋、西平、叶、阳成、雉、阳安、鲁阳、朗陵、酂（以上六百石）。

侯国：乐成、棘阳、涅阳、杜衍。

颍川郡：阳翟（八百石），密、阳城、苑陵、襄城、偃、郏、尉氏、颍阳、长社、解陵、许、中牟、颍阴、定陵、舞阳、启封、闲阳、汝阴、索、傿陵（以上六百石）。

侯国：武强、故市。

云中郡：云中（千石），九原、咸阳、原阳、北舆、旗陵、西安阳（以上八百石），武泉、沙陵、南舆、蔓柏、莫䴞、河阴、博陵（以上六百石）。

东郡：濮阳（八百石），东阿、聊成、燕、观、白马、东武阳、茬平、鄄城、顿丘（以上六百石）。

侯国：清、衍、戚。

朝廷诸卿系统：

奉常：长陵邑（八百石），黄乡邑、万年邑（三百石）。

少府：酆邑、沛邑（千石），池阳苑（八百石），云梦苑（六百石）。

长信詹事：赞邑、城父邑（八百石）。

太仆：灵州苑、圜阴苑（六百石）。

〔本文摘自《出土文献》2021年第3期。作者马孟龙，复旦大学历史学系副教授〕

胡家草场汉简律典与汉文帝刑制改革

陈 伟

一 黥刑的废止

黥、劓、斩趾等肉刑，在睡虎地秦律中均已出现。通过与《二年律令》相关律条的对读，可以明显地看到，在胡家草场汉律中，黥刑已全面废止。"黥为城旦舂"一类刑罚悉数删改，显然是文帝十三年废除肉刑的结果。

通过简文比较，对了解文帝十三年肉刑废改有三点启示。第一，《二年律令》中习见的"黥为城旦舂"，有两处在胡家草场汉律中改作"髡为城旦舂"，但表述并非完全如《汉书·刑法志》所说"当黥者，髡钳为城旦舂"。据走马楼汉简0341等记载的案卷，推测文帝十三年刑制改革后实称"髡为城旦舂"，其后至武帝早期某个时间，才改用"髡钳为城旦舂"一类表述。《汉书·刑法志》或许是将两次修改合并记在文帝十三年，有欠准确。

第二，《汉书·刑法志》中"诸当完者，完为城旦舂"，大概确如日本学者富谷至所指，是指先前原有的"完为城旦舂"这一刑罚在改革后维持不变。

第三，胡家草场汉律中，"不当卖而和为人卖买者"由先前的"黥为城旦舂"改作"弃市"。匿罪人时，排除先前"死罪，黥为城旦舂"的例外情形，即在被匿者犯有死罪时匿者也处以死罪。这两条例证与《汉书·刑法志》所述类似，属于死刑范围的扩大。"匿罪人，各与同罪"，所同之罪应包括弃市以外的其他死刑，如磔、腰斩。这也拓展了我们的认知。

二 夷三族刑沿革

睡虎地汉律与胡家草场汉律一样，不见《收律》的存在。在"以城邑亭障反降诸侯"

律条中，删去了夷三族的内容。这与《汉书·刑法志》等文献所记文帝元年"尽除收律、相坐法"相符。易言之，睡虎地汉律中《收律》以及"以城邑亭障反降诸侯"律条中夷三族文句的删除，是文帝元年改革在律典中的体现。

由此朝前看《二年律令》相关内容，应该正是文帝所说"今犯法者已论，而使无罪之父母妻子同产坐之"针对的法规。周勃、陈平奏言称："父母妻子同产相坐及收，所以累其心，使重犯法也。收之之道，所由来久矣。"显示相关规定沿用已久。由此考虑，吕后元年应该并未彻底废除夷三族刑，《二年律令》简1—2盖即"除三族罪"之后的律条。

由此往后看胡家草场汉律的相关内容，应该正是文帝"复行三族之诛"的产物。文帝对"盗高庙坐前玉环"者"欲致之族"，可能是当时夷三族刑尚未恢复，文帝欲复用之；也可能是虽然夷三族刑业已恢复，但如胡家草场汉律所示，对象仅限于"其城邑反降，及守乘城弃去若降之，及谋反者"，"盗高庙坐前玉环"不在其列。文帝复用"夷三族刑"的时间，当如《汉书·刑法志》等文献所载，是在文帝后元元年。

应该注意的是，胡家草场汉律适用时并非简单地"复行三族之诛"，重新启用《二年律令》中的律条，而是有所推敲、改订。胡家草场汉律还增加了对于谋反者的认定程序，需要通过廷尉上达皇帝，也显示出对于谋反及其连坐者处理的审慎。

三 律典内容的其他改变

（一）"公卒""庶人"的消失

"公卒"在睡虎地秦简中尚未知见，在里耶秦简、岳麓书院藏秦简中已有较多记载。在《二年律令》授田、授宅等规定中，公卒屡屡与士伍以至庶人并列，介于公士与司寇、隐官之间，与秦简所示相当，而在胡家草场汉律中公卒全部消失。

在胡家草场汉律中，"公卒"这一身份显然被整合到士伍之中。现在看来，公卒的省并很可能是在文帝十三年刑制改革时的举措。

与《二年律令》相比，胡家草场汉律中婢被免除时的名称，由与奴有别的"庶人"变成为与奴同样的"私属"。与《二年律令》授予田、宅的律条以及胡家草场汉律免老之律比照，《二年律令》免老律条所说的"公卒以下"，当包括士伍、庶人、司寇、隐官。胡家草场汉律将六十六岁一个等级分作六十六、六十七岁两个等次，删并了与士伍相当的公卒、庶人，同时剔除与隐官相当的司寇，从而形成新的格局。

在《二年律令》代表的西汉初期律典中，公卒与士伍的地位基本相同，庶人的身份定位则比较含混。胡家草场汉律将公卒合于士伍，并且有可能把庶人也融入士伍，使社会等级显得较为清晰、简明。

（二）司寇属性的改变

司寇在睡虎地秦律至《二年律令》中，是一种特别的存在。其一，司寇为刑徒名之一。其二，司寇与家人居住在民里，还有迁徙的记录，而非集中管制。其三，在授田、授宅序列中，司寇、隐官系于有爵者和公卒、士伍、庶人之后，领受田五十亩宅地一宅。这与秦简中司寇居于民里的记载对应。其四，司寇必须"践更"，即每隔一定时间为官府提供一段时间的劳役。其五，与这种生存状态相应，司寇当时被视为介于黔首与徒隶之间的特殊人群。

目前所见胡家草场汉律涉及司寇的内容很少，但足以显示其身份发生了重大变化。西汉后期至东汉的简文显示，当时司寇在刑期内持续为官府劳作，而非如秦至西汉初期简牍所示，是以践更或冗作的方式供役。胡家草场汉律简46"为司寇者作县官及它"，应大致如此。

《汉旧仪》："罪为司寇，司寇男备守，女为作如司寇，皆作二岁。"张新超先生指出当连读，"司寇"与"作如司寇"分别针对男女罪犯。胡家草场简46专门针对女性而言，是这方面的又一证据。

通过对胡家草场汉律简86的分析，可知在删并公卒、庶人的同时，还将司寇剔除。《汉书·刑法志》："司寇一岁，及作如司寇二岁，皆免为庶人。"这句话或有讹误，学者有不同解读。在这种情形下，应该不再需要为司寇设定免老的年龄。作为另一种可能性，是司寇地位由介于民众与徒隶之间降为完全意义上的徒隶，因而不再有免老的资格。

（三）赎罪合并于罚刑

秦律中，同时存在赀和赎两种财产方面的处罚。西汉初期的罚金，当由秦赀刑的演化而来。睡虎地秦简《秦律十八种·司空》简133："有罪以赀、赎及有责（债）于公……"《二年律令》简427及胡家草场汉律简82并称"有罚、赎、责（债），当入金，欲以平贾（价）入钱"。汉律之罚与秦律之赀大致对应，由此亦可窥见。

水间大辅指出：《二年律令》中的赎黥，到悬泉汉简中成为罚金一斤，这大概就是文帝刑制改革时赎刑融入罚金刑的结果。胡家草场汉简有两组律文可与《二年律令》对照。"赎黥"，改作"罚金一斤"。"赎耐"和"赎迁"，改作"罚金十二两"和"罚金八两"。"赎黥"改作"罚金一斤"，"赎耐"之于"罚金十二两"，"赎迁"之于"罚金八两"，也都基于《二年律令》简119所示的赎金数额。在另一方面，《二年律令》中的罚金数额，有一两、二两、四两3个等级。在将赎刑改作罚金之后，罚金序列又加上八两、十二两、一斤（16两）、一斤四两（20两）及二斤八两（40两）五个等级。在第3（四两）至第7（一斤四两）等级，每档均相差四两，显得比较规整。由此可见，赎刑转为罚金，大概只是一种技术性调整，而无实质变化。

在赎刑融入罚金刑之后，胡家草场汉律中还有"赎"的存在。张建国先生分析《二年律令》中的赎刑指出："赎作为一种特殊的财产刑在适用中表现为一种混合型，既可以作为实刑的换刑，也可以作为单独的一个刑罚级别。"在胡家草场汉律中合并于罚金刑中的赎刑，是张氏所谓"单独的一个刑罚级别"；而继续留存的，则是"作为实刑的换刑"。

四 律典修订的年代

胡家草场律典的年代，目前可以做如下几点分析。

其一，《二年律令》简246、326、328均称"恒以"如何，与胡家草场简45"常以月晦报囚于市"形成直接对照。这应该是避文帝名讳而作的更改。

其二，胡家草场汉律未见存于《二年律令》的《收律》，修订大致当在文帝元年"除收帑诸相坐律令"之后。废止黥刑，司寇、作如司寇不再践更和冗作而"作县官及它"，则又应在文帝十三年除肉刑之后。夷三族刑重新恢复，则又晚至文帝后元元年以后。

其三，简87—88云："其宗庙、上帝祠殿，耐为隶臣妾；它祠，罚金十二两。"《二年律令》未见相应律条。整理中的睡虎地汉简有相应律条但只说宗庙而未及上帝，显示这条律文在文帝时期经过修订。文帝十三年到后元元年，对上帝的崇拜不断升温，似是律文增加上帝祠的背景。其中十四年诏与律文均以"上帝""宗庙"并重，只是顺序不同，尤其值得重视。这条律文很可能修订于文帝十三年。

其四，关于《选粹》简92、93，无论是按李志芳、蒋鲁敬二氏的处理，抑或本文的调整，律文所记的乐舞应当只有这三种。《史记·孝文本纪》所记景帝元年初为文帝庙所制的《昭德》之舞尚未出现。这意味着，律典修订的时间下限不晚于文帝末年。

上述第一、四两点，均指向文帝之世。第二、三两点，从不同角度，共同指向文帝十三年以后。其中夷三族刑的重现显示，律文中存在文帝后元元年修订的内容。从目前披露的律文看，胡家草场律典最后修订的年代，应在文帝后元元年至七年之间。联系共存的岁纪资料，律典最后修订在文帝元年的可能性最大。

综合这些分析，睡虎地汉律的修订年代当在文帝元年"尽除收律、相坐法"之后，十三年废肉刑以前。

〔本文摘自《武汉大学学报》2022年第2期。作者陈伟，武汉大学简帛研究中心教授〕

走马楼西汉简所见赦令初探

邬文玲

走马楼西汉古井出土简牍大部分为长沙国使用的行政文书，包含多件司法文书，其中涉及三次汉代的赦令，即正月壬寅赦、四月丙辰赦、五月乙未赦。

一　走马楼西汉简所见"赦令"

第一，关于"正月壬寅赦"。与张乘之相关的司法文书简册中有两处提及"正月壬寅赦"，但是没有提及具体年代。从相关记录来看，"正月壬寅赦"应该颁布于七年之前，甚或可能在五年至七年之间，因三年和五年的文书中未提及赦令免罪的内容。

第二，关于"四月丙辰赦"。"长沙临湘少内禁钱计误脱案"的司法文书简册中有两处提及"四月丙辰赦"。从文书纪年来看，该案的审理调查从五年四月持续至七年七月。其中提及的"四月丙辰赦"，应该颁布于五年至七年之间。

第三，关于"五月乙未赦"。长沙走马楼西汉简中有好几桩司法案件涉及"五月乙未赦"。一是"令史兒等为武擅解脱易桎弗举劾案"。从文书纪年来看，该案发生于九年初，于当年五月丁未日，由临湘令坚等负责完成调查审理，并提出了结正报告。与该案有关的简0223提及"五月乙未赦"。二是"亭长黄襄坐捕人首匿案"。该文书的生成时间为"九年六月庚午"，五月乙未赦令应颁布于此前。三是"中乡小男申、庚坐首匿案"。该文书的生成时间亦为"九年六月庚午"，五月乙未赦令应颁布于此前。

此外，还有一些案件涉及"五月乙未赦"，不过相关文书简较为残断零散，有些墨迹也比较漫漶，部分文字难以辨识。其中所言"五月乙未赦令"大体也颁布于九年。

综合文书中的时间节点来看，"正月壬寅赦令"和"四月丙辰赦令"颁布的时间范围都是五年至七年之间，"五月乙未赦令"颁布的时间是九年，且在九年六月庚午之前。这至少意味着在五年至九年之间颁布过三次赦令。如果元年至九年的纪年，皆为某一代长沙王的纪年，在位年数达到和超过九年的有吴右、吴著、刘发、刘庸、刘鲋鮈、刘建德等多人。但在位五年至九年期间经历过三次赦令且明确包括四月、五月赦令的，只有刘庸时期。刘庸五年至九年，对应汉武帝元朔五年（前124）至元狩三年。根据《汉书·武帝纪》，元朔六年（前123）、元狩元年（前122）、元狩三年皆有"赦天下"的举措。元朔六年、元狩元年、元狩三年分别对应刘庸六年、七年、九年。其中"（元狩元年）夏四月赦天下"，应即走马楼西汉简所见"四月丙辰赦"。元狩元年四月的朔日为丁未，丙辰日为十日。"（元狩三年）夏五月赦天下"，应即走马楼西汉简所见"五月乙未赦"。元狩三年五月的朔日为乙未，乙未日为一日。略有疑问的是，"元朔六年二月赦天下"，与走马楼西汉简所见"正月壬寅赦"，时间不太吻合，相差一个月。从《汉书》中的记载来看，汉代初年于正月赦天下者，为数不多，只有汉高祖十一年（前196），汉景帝三年（前154），宣帝元康二年（前64）、甘露二年（前52），且汉景帝三年正月赦天下有明确的日干支，为"正月乙巳"，均不能与相应时段内长沙王纪年之五年至七年相合。如此看来，存在两种可能性，一是《汉书·武帝纪》记载的月份有误，二是走马楼西汉简的记载有误。走马楼西汉简中有两处涉及"正月壬寅赦"，其中一处文字清晰，另一处略有残损漫漶，大体尚可辨识。按照常理推断，在司法文书中将涉及减免罪人刑罚的关键性赦令写错的概率较低，更有可能是《汉书》记载不够准确。据《汉书·卫青霍去病传》载，"明年（元朔六年）春，大将军青出定襄，合骑侯敖为中将军，太仆贺为左将军，翕侯赵信为前将军，卫尉苏建为右将军，郎中令李广为后将军，左内史李沮为强弩将军，咸属大将军，斩首数千级而还。月余，悉复出定襄，斩首虏万余人"。《汉书·武帝纪》云"（元朔）六年春二月，大将军卫青将六将军兵十余万骑出定襄，斩首三千余级。还，休士马于定襄、云中、雁门。赦天下"。据此，元朔六年春颁布赦令，应在卫青第一次出定襄获胜之后。这里的"春二月"有可能是"春正月"之误。据张培瑜《三千五百年历日天象表》，元朔六年正月甲申朔，有壬寅日，为十九日，二月为癸丑朔，无壬寅日。因此，如果推定"正月壬寅赦"颁布于元朔六年，即刘庸六年，则应以"正月"赦天下为是。

二 赦令与复作

史籍中"皆赦除之"的表述，往往让人误以为大赦可以消灭全部刑罚，得到赦免的罪人可以立即获得自由。不过实际情形远非如此简单，出土简牍资料表明，汉代对于大赦令所针对的范围、人员、罪行以及相应的刑罚减免办法等，有十分详细的律令规定。

通过赦令获得减免的刑徒被称为"复作"。复作仅指女子的说法已经被学者们予以纠正，《汉书》、居延汉简中均可找到男子为复作的证据。

大赦使刑徒得以脱掉刑具钳釱及赭衣，恢复庶人身份，如果再犯罪，与一般庶民一样，不会被以累犯起诉。不过，他们仍需要在官府劳作至刑期届满为止，这种身份在法律上称为"复作"。可见，"复作"只是获得部分赦免，但并没有完全免除"罚"。敦煌悬泉汉简中关于死刑、城旦舂、鬼薪、白粲等，遇到赦令能够减刑而不能完全免罚的资料，正可与之相互印证。

敦煌悬泉汉简有一则残断的简文，虽然文意不全，但可以看出其与赦令减免罪刑的规定有关（悬泉汉简Ⅱ 0216②：437）。走马楼西汉简中亦有关于因赦令而减免刑罚的资料，进一步彰显了赦令与复作之间的关系。

敦煌悬泉汉简中还有关于刑徒遇赦减免刑期为复作时，如何计算剩余劳作期限的资料（悬泉汉简Ⅱ T0114④：339）。从相关资料来看，因赦令免罪为复作的刑徒，只要劳作满相应的期限，即可免为庶人，回归故郡。罪行较重的刑徒遇到大赦时，会被减免为相应的复作，而刑等较轻的刑徒如司寇等遇到大赦时，则径直免为庶人，令其回归故郡。另外，在某些大赦令中，会特别规定"毋有复作"，即获得赦免的人员，可以全部免除刑罚，直接恢复为庶民，而无须像通常的赦令所规定的那样充当一定期限的"复作"。

三 赦令与债务免除

大赦除了具有减免刑事责任的效力之外，也具有免除民事责任的效力。从云梦睡虎地秦简中的相关资料来看，秦代的盗窃犯罪遇到赦令之后，所盗窃的赃物可免予追讨。这种不追讨赃款的做法，似乎也为汉代所继承。

汉代的大赦令通常附随减免租赋、免除逋贷的内容，其免除的皆为国家与百姓之间的债务。出土简牍资料表明，对官有财物造成损失的官吏，在遇到赦令时可以免除赔付责任。

从走马楼西汉简的资料来看，统计物资账目出现失误的罪责，也可因赦令予以免除。

另外，私自占有田地进行耕种的行为，如遇大赦，似亦可免予追究。东汉时期，大赦免除百姓拖欠公家债务当已成为习惯做法，以至于有些地区的百姓故意拖欠租税，希望等到大赦时一并得到减免。甚至由于百姓连年拖欠租赋，官府财政日渐枯竭，出现"仓空无米，库无钱布"的窘况，迫使地方长官上书请求皇帝今后颁布赦令时，不要免除老百姓拖欠的租赋。

汉代大赦是否也可以免除私人之间的债务呢？目前见到的相关资料较少，但也可窥见一斑。肩水金关汉简73EJF3：60+283表明，一个名叫普的人，以为遇到大赦，他的债务也被免除了。五一广场东汉简牍中包含一桩"女子王绥不当复还王刘衣案"似乎暗示，私人之间的债务遇到赦令也可以免除。从相关记载来看，后世可能也有大赦免除私人债务的情况。

〔本文摘自《社会科学战线》2022年第4期。作者邬文玲，中国社会科学院古代史研究所研究员、"古文字与中华文明传承发展工程"协同攻关创新平台研究员〕

悬泉汉简养老简与汉代养老问题

袁延胜

《悬泉汉简》（壹）中公布了一枚养老简，该简有助于深化对汉代养老制度中不同年龄段老人权益问题的认识。内容如下：

民年七十以上二百廿七人　其卌六人受米，十四人复子孙

百六十七人受杖（Ⅰ90DXT0111②:20）

该简记载的 227 名 70 岁以上老人中，46 人"受米"，14 人"复子孙"，167 人"受杖"，这种分类统计老人享受优待的简文第一次见到。

一　养老简的年代与属县

悬泉汉简这枚养老简是成帝早期河平、阳朔年间的可能性更大一些。

尽管现在还没有汉代某县具体养老人口数的记载，但有县级"免老"数的记载，可以作为参考，养老简中的老人数量应该是某个县的统计数字。另外，养老简中的人口数最有可能是敦煌郡效谷县的老人数。

具体而言，该枚养老简记载的 70 岁以上高龄人口数可能是西汉成帝时期敦煌郡效谷县某年的老人数。

二 养老简中高年人口辨析

悬泉汉简养老简记载的227名老人，按照享受优待的不同而分为"受米""复子孙""受杖"三种情况，造成老人享受不同优待的依据是年龄。下面就按照简文记载的顺序，逐一分析享受不同待遇老人的年龄段。

"其卅六人受米"。养老简"其卅六人受米"中的"受米"，应指官府授予的粟米。简文"其卅六人受米"中受米的46人，应该是指80岁以上老人，而不是指90岁以上老人。

养老简中46名80岁以上老人受米，反映了西汉后期老人受米年龄已经从90岁以上变为80岁以上，这是西汉高龄养老制度的一个重要变化。

"十四人复子孙"。"复子孙"中的"复"应为免除之意。而"复"的内容，可能仍是"甲卒"，即免除儿子或者孙子的兵役。养老简"复子孙"的14人，应该是指90岁以上的老人。这里存在的一种可能是：90岁以上老人仍然享有"禀鬻米"的待遇，这是定制，因此不需要特别提及。而"复子孙"是一种荣耀，也是90岁以上老人特有的福利，因此需要特别提及。

"百六十七人受杖"。养老简中"百六十七人受杖"中的"受杖"者，应是指70岁以上老人。悬泉汉简养老简可能是成帝时期的，执行的可能是成帝"建始二年诏"的规定。养老简中"受杖"的"百六十七人"，应该是指70岁以上的老人。

总之，养老简中70岁以上老人的优待内容，实际上揭示了养老政策中的年龄分层原则，朝廷按照老人年龄段的不同而给予不同的优待。具体优待为：70—79岁"受杖"、80—89岁"受米"、90岁以上"复子孙"，而且这三个年龄段的人数互不交叉。三个年龄段的人数不交叉，并不代表待遇不交叉。按照养老简的年代，这项分年龄段享受不同优待的规定应该是汉成帝时期的养老制度。

三 养老简与《集簿》中的高年人口

与养老简时代接近，而且也是按三个年龄段记载老人情况的是尹湾汉墓木牍《集簿》中东海郡的一组人口数据：

年八十以上三万三千八百七十一，六岁以下廿六万二千五百八十八，凡廿九万六千四百五十九。

年九十以上万一千六百七十人，年七十以上受杖二千八百廿三人，凡万四千四百九十三，多前七百一十八。

《集簿》中记载的人口也是按 70 岁以上、80 岁以上、90 岁以上三个年龄段统计的，老人年龄段统计的顺序也与养老简基本一致。这应该是当时的统计制度，或者统计惯例。

对尹湾汉墓木牍《集簿》中高龄人口的研究，在人口的数量、受王杖者的数量及条件等问题上，学界都存在一些不同的看法。而养老简的出土，则为解决这些争论提供了新资料，同时也进一步印证了本文第二部分的一些推论。

高年人口的数量问题。《集簿》中的"年八十以上三万三千八百七十一"应指 80—89 岁老人 33871 口，"年九十以上万一千六百七十人"应指 90—99 岁老人 11670 口，80 岁以上的老人数并不包含 90 岁以上的老人数。同理，《集簿》"年七十以上受杖二千八百廿三人"中的"年七十以上"应是指 70—79 岁的老人。

70 岁以上受王杖数量问题。尹湾汉简《集簿》中年 70 岁以上受杖的 2823 人，可能并不是东海郡全部的受杖人数，而且这些受杖者的年龄应该是 70—79 岁，并不包括 80 岁、90 岁以上的老人。

养老简受杖人数的探讨。从《集簿》和养老简来看，记载的受杖人数并没有包括 70 岁以上所有的老人。"王杖十简"已经明确年 70 岁就可以授王杖，而且这个授予，可能是一次性授予，终身享有王杖主的权益。既然 80 岁以上的老人都有王杖，那么养老简在统计受杖人数时为什么不包含在内？这可能是因为王杖是他们早已享有的福利，因此不需要特别提及。

养老简统计受杖人数，可能与不同年龄段享有的优待有关。70 岁老人受王杖以及享受王杖带来的一系列权益。

官府在统计 70 岁以上高龄人口时，就按不同年龄段应该享受的最高待遇来统计。但这些早在 70 岁时就被授予王杖的 80 岁以上、90 岁以上老人，仍然享有王杖主的政治、法律等优待。

四　养老简与汉代高年养老制度

汉代很重视老人问题。西汉"高年"是指 70 岁以上的老人。养老简中 70 岁以上的老人，就属于高年老人，笔者尝试从养老制度的角度对高年养老制度变化做一推测和梳理。

汉朝对高年老人的养老，主要分为两种形式：一种是制度性的；一种是临时性的赐物。临时性的赐物带有一定偶然性，而养老制度无疑最具稳定性，是高年养老的保障。

汉代养老制度主要有三项内容：王杖制度、高年复除、"受鬻法"。其中王杖制度的史料较多，演变的轨迹较为清晰。

高年复除制度也比较稳定。从简牍资料看，汉武帝对80岁以上、90岁以上老人的复除制度一直延续到东汉、三国时期。

汉代养老制度中变化大的可能就是"受鬻法"。"受鬻法"的年龄标准在汉武帝早期还是90岁以上，而且这个年龄标准一直延续到元狩元年（前122）。

汉武帝元狩元年之后，再未见80岁以上赐米、90岁以上赐帛的记载，但有不分年龄段赐"高年帛"之言。

赐帛，原本就不是高年养老的制度化规定，但汉文帝养老诏、汉武帝养老诏中，都有90岁以上赐帛、80岁以上赐米的"惯例"，这样赐帛就成了区分80—90岁、90岁以上老人的一个重要标志物。汉武帝元狩年间以后，这种"惯例"不见了，代之而起的是没有差别的赐"高年帛"之举。这样就把原来专属于90岁以上老人的福利下移到80岁。

赐帛对象的扩大，可能与汉武帝提倡儒学后，社会对"老"的认识有关。

"受鬻法"如果在武帝后期发生变化，最大的可能就是把每月禀米一石变为一年禀米一石，而且把禀米年龄标准下移到80岁。这样表面上享受禀米的群体增加了，但朝廷的支出反而减少了。

这种养老制度的变化，可能在汉成帝初年得以重新定型。悬泉汉简养老简的内容，正是对形成于汉成帝时期的养老制度的体现。任何制度都是不断变化的，到了东汉时期，"受米"的对象由80岁下移到70岁。

从前面高年复除所引的简文多为东汉简、三国吴简来看，东汉养老制度中还包括80岁老人复算、90岁老人复子孙兵役的内容。这与70岁受杖、仲秋八月受粥米，共同构成了东汉高年养老的制度。此时，养老简中80岁"受米"制度已经不见，原有的复算制度则凸显出来。从长时段来看，汉代高年养老制度中变化最大的就是"受鬻法"，享有鬻米的年龄从汉初的90岁以上，到西汉后期的80岁，再到东汉的70岁，这种变化，既是养老思想影响的结果，也是朝廷应对现实需要而调整政策的结果。悬泉汉简养老简中记载的老人待遇，正是汉代高年养老制度变化过程的一个反映。

〔本文摘自《史学月刊》2021年第11期。作者袁延胜，郑州大学历史学院教授〕

对《魏书》所记北魏开国史真实性的质疑

廖基添

本文所讨论的北魏开国史，起自登国元年（386）正月拓跋珪即代王位，讫于皇始三年（398）七月自盛乐徙都平城。在这十三年中，拓跋珪经历了从拓跋复国运动的领导者到北魏王朝的创建者的角色转变，开启了中国北方再次统一的历史进程。相关记载集中见于《魏书》和《北史》，广为治史者所熟知。不过，这一版本的北魏开国史却可能存在严重的失实。

今天能看到的北魏开国史的记载，大致可以归纳为三个系统。其一，北魏国史系统。主要指《魏书》中昭成、道武两朝君臣纪传，以及诸志所记国初史事。其二，南朝史书系统。主要指《宋书·索虏传》《南齐书·魏虏传》。其三，《十六国春秋》系统。

最早质疑《魏书》所记北魏开国史真实性的是周一良先生。周先生在札记《崔浩国史之狱》中提出两点质疑。其一，对于前秦灭代的经过，《晋书·载记》的记载全不同于《魏书》，却能得到南朝史书的印证。周先生认为，《晋书·载记》及其所本《十六国春秋》所记属实，乃是拓跋鲜卑历史上的一段屈辱经历。什翼犍被俘并被送往长安，拓跋珪则因"执父不孝"而流徙蜀地。其二，关于拓跋珪的身世，《魏书》记载拓跋珪为遗腹子却又有同母弟，南朝史书与《晋书·载记》称拓跋珪为其祖父什翼犍之子。周先生认为，拓跋珪生父拓跋寔死后，祖父什翼犍收继儿媳贺兰氏及遗腹子拓跋珪，并与贺兰氏生子拓跋觚。

关于拓跋珪的身世问题，多数学者赞同拓跋寔死后，拓跋珪母子曾被人收继。不过，究竟是谁收继了拓跋珪母子呢？有学者赞同周说，认为是拓跋寔之父什翼犍。也有学者赞同唐长孺先生之说，认为是拓跋寔之弟拓跋翰。争议最大的当属前秦灭代的经过以及拓跋珪的早年经历问题，既有学者支持周先生之新说，也有学者仍旧遵从《魏书》提供的北魏开国史版本。

先看拓跋珪的身世问题。对于周先生之新说，本文有三点看法。其一，拓跋仪与拓跋觚为贺氏之子，拓跋烈则否。若此，则周一良先生漏举了拓跋仪，李凭先生多举了拓跋烈。

其二，不能依据南朝史书和《晋书·载记》的记载断定拓跋珪是什翼犍之子。《晋书·载记》中"缚父请降"后被"迁之于蜀"的"翼圭"并非拓跋珪，而是拓跋寔君。其三，人类学研究显示，收继婚以同辈收继婚（娶兄嫂、弟媳）和晚辈收继婚（娶后母、婶）为主，长辈收继婚（娶儿媳、侄媳）是非常罕见的。按照一般的收继婚习俗，拓跋寔死后，寡妻贺氏当由他的兄弟收继，而非被其父什翼犍收继。

在此，我们对拓跋珪的身世问题略做小结。其一，拓跋珪之母贺氏曾嫁给献明帝寔，建国三十四年（371）寔死后，贺氏被人收继。其二，贺氏生珪、仪、觚三子，仪和觚生父难以确定，珪是否为献明帝寔的遗腹子也存疑。其三，拓跋珪所谓"嫡孙""遗腹子"名分，很可能是复国后清理历史、建构宗统的产物。

再看拓跋珪的早年经历和复国经过。淝水之战后，前秦崩溃，拓跋珪乘机复国。登国元年（386）正月，拓跋珪即代王位于牛川。从公元376年前秦灭代到公元386年拓跋复国，对于这十年间拓跋珪的经历，史书中有两类迥异的记载。一类记载出自北魏国史系统。按照《魏书》的记载，这十年间拓跋珪未曾离开过代北。另一类记载出自南朝史书与《晋书·载记》。《宋书》："〔什翼犍〕其后为苻坚所破，执还长安，后听北归。犍死，子开字涉珪代立。"《南齐书》："太元元年，苻坚遣伪并州刺史苻洛伐犍，破龙庭，禽犍还长安，为立宅，教犍书学。分其部党居云中等四郡，诸部主帅岁终入朝，并得见犍，差税诸部以给之。"上述记载又能在《晋书·载记》中得到参证。

《晋书·载记》的史源是北魏崔鸿所撰《十六国春秋》，而《十六国春秋》的史源则是"诸国旧史"。宣武帝命崔鸿呈书，"鸿以其书有与国初相涉，言多失体，且既未讫，迄不奏闻"。我们认为，十六国史事之中"与国初相涉"而又触犯禁忌者，莫过于前秦俘虏什翼犍、拓跋珪之事。崔鸿曾任北魏史臣，可以方便地查阅国史。《十六国春秋》中"与国初相涉"之处却不取北魏国史，孰真孰伪显而易见。

《南齐书》："〔苻〕坚败，〔什翼犍〕子圭，字涉圭，随舅慕容垂据中山，还领其部，后稍强盛。"拓跋珪显然也被俘至长安。淝水之战后，丁零翟斌起兵反秦，部分被徙至关中的故燕势力加入，共同推奉慕容垂为盟主。拓跋珪可能是跟随自关中东归的故燕势力加入慕容垂集团的。

拓跋珪返回代北的时机，又与华北政治形势的消长密切相关。淝水之战后，华北各支政治势力结成阵营的分野可以概括为"秦燕之争"。这是前燕、前秦以及后燕对华北政治秩序多次改造的结果。概言之，前秦对河北（慕容）及代北（拓跋）的征服和处置，重塑了华北政治版图。具体到代北地区，前秦在黄河以东扶植独孤部取代拓跋部，又在黄河以西扶植铁弗部，使其与独孤部相互制衡。独孤部和铁弗部是前秦时代华北政治秩序的受益者，日后也是这一秩序的捍卫者。淝水之战后，在河北有慕容复国运动，在代北有拓跋复国运动，二者正是挑战前秦时代的政治版图，试图恢复旧有的政治版图。正是在这一背景下，代北的独孤部被卷入河北的政治冲突之中。慕容垂在控制河北后，有意在代北扶植一支亲燕势力。约在 385 年夏，慕容垂派拓跋珪返回代北，重整旧部。这便是《南齐书》所记载的拓跋珪"随舅慕容垂据中山，还领其部"之事。

拓跋珪在建立帝业后，对北魏开国史乃至拓跋早期历史做过一番清理。拓跋珪清理历史的意图不仅是要论证北魏王朝的合法性，更是要掩饰其屈辱挫折的早年经历。《魏书》中关于北魏开国史的曲笔大致可以分为两类，一类是对拓跋珪身世和早年经历的掩饰，另一类是对其创业历程的粉饰。

天兴元年（398）十二月，"追尊成帝已下及后号谥"。值得追问的是，拓跋珪为何要给自己先祖的死敌——桓帝、穆帝——追尊帝号呢？田余庆先生提出，拓跋珪之所以重视桓、穆二帝，是因为拓跋部向南发展的基础是桓、穆时奠定的，这也恰是拓跋珪正在进行的事业。他的看法固然是合理的。不过，他却没有注意到，桓帝猗㐌其实并未做过拓跋部的可汗。问题变成了，拓跋珪为什么一定要将桓帝纳入帝系呢？我们认为，这可能与拓跋珪有意掩饰收继婚的旧俗有关。拓跋珪将桓帝纳入帝系，并将惠、炀二帝归为桓帝之子，这样既解释了普根、惠帝、炀帝的法统来源，又掩盖了收继婚的旧俗。

《魏书》中有关议定国号的记载，可能也是拓跋珪清理历史的产物。《魏书·太祖纪》：登国元年（386）正月，拓跋珪即代王位；同年四月，"改称魏王"；皇始三年（398）六月，"诏有司议定国号"，群臣多主张"以代为号"，拓跋珪最终决定"宜仍先号，以为魏焉"。所谓"先号"，指的是登国元年四月改称魏王之事。学者大多对上述记载深信不疑。令人费解的是，拓跋珪在登国元年为何要由代王改称魏王呢？既然登国元年已经"改代曰魏"，又何以十二年后仍然国号未定呢？我们认为，所谓登国元年四月拓跋珪改称魏王之事根本是子虚乌有。拓跋珪之所以要伪造出这件事来，是为了使皇始三年改代为魏之事看起来不那么突然、被动。拓跋珪以"魏"为国号，意在向东晋宣示他建立了可与东晋相匹敌的帝业，以及他才是河北的主人。

在本文的结尾，我们还要延伸出一个普遍性的问题，即北族王朝开国史的造伪现象。北族王朝开国史的造伪大致可以分为两类，一类是对人物关系的造伪，另一类是对开国史事的造伪。前一类造伪主要是针对祖先世系及家庭关系，目的是论证开国之君的政治合法性。后一类造伪主要是对开国历程的篡改，除了粉饰美化之外，还体现在对开国年代的篡改上。所谓开国年代，包括何时建元、称帝、立国号等。上文讨论的北魏国号问题也可归入其中。

〔本文摘自《史学月刊》2021 年第 12 期。作者廖基添，南京师范大学社会发展学院历史学系讲师〕

宋齐之际的王朝财政与三吴经济

李 磊

一 宋齐之际的财政结构与萧道成的三吴政策

宋齐易代是刘宋元嘉体制衰败后，孝武帝改革失败的结果。自元嘉后期以来，建康朝廷的财政日益仰仗扬州，"南朝政权的京畿化"的倾向越来越显著。宋齐之际，江、荆、湘、越、广、梁、益诸州或"税调本少""军募多乏"，或"罕遵王宪"。"布荆、湘、雍、郢、司等五州界"的诸蛮与州郡展开了旷日持久的战争，建元元年（479）郢州武陵郡西溪蛮田思飘寇抄；建元二年（480）南襄城蛮秦远之叛；永明三年（485）湘川蛮陈双、李答寇掠郡县。在此情形下，长江中游诸州难以向建康朝廷提供更多的赋税。交州的情况是，泰始四年（468）交州人李长仁据州叛，建元元年萧道成擢升李长仁之弟李叔献为交州刺史。建康朝廷用兵交州有赖于越州、广州的军事资源，故而交、越、广诸州亦难以有财政贡献。泰始五年（469）淮北四州沦陷后，宋明帝侨置兖州于淮阴，侨置徐州于钟离。豫州淮西地的丧失也使淮西流民内徙。兖、徐、豫诸州正处于经济凋敝与财政拮据的困境中。

在扬州内部，作为大郡的丹阳，"八属近县"社会经济凋敝严重，以致需要赈给、原其逋课。朝廷财政只能依赖建康以东太湖流域及宁绍平原以东诸郡。淮北四州豪强是萧道成造齐的主要军事力量。控制扬州以东诸郡关乎"开口待哺"的淮北四州军事势力的存续。故而萧道成在策动禅让之时，将太湖东岸的吴郡、西岸的义兴，以及宁绍平原的会稽划入所封齐国十郡之中，意在控制朝廷的财政区。

二　易代之际三吴地区的太守选任

萧道成对三吴的掌控始于昇明、建元之际。在昇明元年的政争中，萧道成挑动吴郡高门张氏夺取当地政权。诛杀太守刘遐后，萧道成以张瓌为吴郡太守，这既是着眼于吴郡张氏的地方影响力，也是基于张瓌的政治投效。

易代之际，萧道成对三吴地区太守的选任标准是为其所"悉"并有"勋"。在这一前提下，尊重吴郡、义兴太守由高门子弟出任的晋宋常例。昇明年间的吴郡太守还有出身庐江何氏的何戢。何戢尚山阴公主，但党附褚渊、萧道成。昇明三年（479）吴郡被纳入齐国封地之时的太守是河东柳世隆，柳世隆为萧赜亲信，与之"相遇甚欢"。张瓌、何戢、柳世隆均在萧道成造齐的政争中立有大功，张瓌、柳世隆更立有军功。

建元年间的吴郡太守主要用以安置高门士族及宗室，易代之际重"勋"标准略有放松。建元元年至二年间（479—480）任吴郡太守的是吴郡张岱。张岱为张永之弟，易代之际为吏部尚书，持同情刘宋的立场。萧道成称帝后出张岱为吴郡太守，即隐含外放之意，但在形式上则表现为尊重吴郡士族的地方统治。接替张岱的是褚渊之弟褚澄。建元年间最后一位吴郡太守是南齐宗室萧景业，萧道成以宗室相侔高门士族。

由于义兴在昇明元年的政变中并未出现如吴郡的武力夺权，故其太守人选仍以高门子弟为主。昇明年间任职者为陈郡谢超宗（昇明元年至二年），继任者中有琅邪王缋。永明初年义兴太守的任职情况与昇明、建元年间相同，任义兴太守的是出身琅邪王氏的王秀之。

通过李安民的投效，萧道成至迟在元徽四年控制了会稽郡。昇明三年，萧道成以萧子良为使持节、都督会稽东阳临海永嘉新安五郡、辅国将军、会稽太守。建元三年（481）以武陵王萧晔接替萧子良。齐武帝永明元年至四年（483—486），王敬则执政会稽，此后除王敬则于隆昌元年至永泰元年（494—498）再度任职之外，会稽太守基本都由宗室出任。接连以宗室为会稽太守，表明会稽在南齐政治地理中的特殊地位。

三　建元、永明之际的租调征收、货币政策与三吴的经济困境

尽管宋齐之际的财政严重依赖扬州，然而三吴地区在刘宋后期便已出现了严重的经济衰退，在南齐建元、永明之际又频遭水灾，实难以支撑财政。南齐初年的水灾频发是刘宋末年以来气候变化的结果。元徽、昇明年间气候回暖，泰豫元年至昇明三年（472—479）梅雨期早至，降水增多，易代的当年，吴郡、吴兴郡、义兴郡诸郡遭受了较大的水灾。建元二

年吴郡、吴兴郡、义兴郡三郡再遇水灾。频遭水旱灾害的情况持续到齐武帝永明年间。尽管建元元年萧道成曾除宥太湖诸郡租调，但太湖诸郡实际上仍处于人口检校、严期课税及猥役征发之中。

南齐建立后，对三吴地区的统治乏善可陈。除了赈灾不利，还存在科网严重、赋役不均、增立税目等失政之举。除了赋役征发之外，台使"切求悬急"是造成"民贫于下"的主要原因。朝廷向地方派遣台传御史，并设置台传机构，以作赋役催征、转运、贸利之用。官吏在实务中的徇私亦造成了赋役不公。相较于刘宋，南齐还增加了税目。刘宋赋税以租布为主，其他税目为轻，但南齐杂税增多，租布在赋税中的分量反而变轻，杂税连同租布被称为三调。永明二年（484）时任会稽太守王敬则上书提议将塘役"悉评敛为钱，送台库以为便宜"，得到齐武帝的许可。塘役是会稽郡内男丁无论士庶，每年所须服的力役或缴纳的代役钱，民间自治性。王敬则所创的"塘丁入官"，在扬州、南徐州得到广泛施行，这等于在既存税目之外再增一调。

货币短缺等经济条件也严重制约了三吴经济的发展，这一问题因建元年间的灾害而得以暴露。建元四年（482）奉朝请孔觊上铸钱均货议，请求朝廷关注灾后三吴的经济隐患：三吴地区在遭遇水灾后粮价并未高涨，这是通货紧缩造成钱贵粮贱的结果，而非源于粮食产量的稳定。孔觊强调货币流通在三吴经济运行中的重要作用，呼吁南齐朝廷关注通货不足的问题。由于齐高帝崩于建元四年，广铸钱货的计划实际上未能施行。

永明二年萧子良的两份上启均指出"钱贵物贱"对三吴经济的负面影响：在南齐通货紧缩的情况下，公家受钱"必须轮郭完全"的原则造成了市场上货币价格的扭曲。所谓公家受钱，指调（含租、布、杂税）以货币形式征纳。由于调有规定的时间，货币市场随户调征纳时间而出现价格波动。货币名义价值与实际价格之间的比值可达到1∶1.7，还有价无市。若以被剪凿过的小钱代替"员大"钱，则须按照1∶2的比值征纳。萧子良还指出，原本户租钱帛各一半，但地方官强行全以货币征纳，这增加了户租征纳时节的货币需求，进一步增大货币价格的波动幅度，为经营货币者创造了更大的盈利空间。钱帛之间的比价是"今入官好布，匹堪百余"，当时的市价是"斛直数十""匹裁三百"，这一比价是历史最低值。在谷物、布帛贬值的情形下，全以货币征调使编户承担了更为高昂的纳税成本。

永明四年（486）五月齐武帝下诏将扬、南徐二州与其他诸州区分开来，在户租征纳中，三分二纳以布的实物。这一规定当是考虑到扬、南徐二州"国之关辅""百度所资"的重要性，减少因"钱贵物贱"而导致的民户经济损失。次年在远近诸州所施行的官定布直比价，也当在扬、南徐二州施行。

永明五年（487）诏将经济衰退归因于货币短缺，提出的解决方案有两条：一是，将京师及州郡所藏货币以购买米谷丝绵的方式流入市场，以便黔首获得货币；二是，将货币流通限定在与岁赋有关的市场范围内。前者是增加流通领域的货币供给，后者是进行市场管制。

"和市"于次年（488）十二月施行，施行范围主要集中在三吴地区。

永明八年（490）齐武帝尝试增加流通领域的货币供给，"遣使入蜀铸钱，得千余万"，但由于"功费多"而停止了铸钱。在铸币政策失败、货币总额增加有限的情况下，齐武帝增大货币供给的手段十分有限，货币短缺未能得到有效缓解，三吴地区的经济运行仍然处于通货紧缩带来的困境之中。

综上可知，南齐统治者虽然认识到三吴地区对于王朝财政的重要性，但齐高帝、齐武帝以赋税征收为施政的首要考虑，故使三吴经济在"重赋""急役"下运行。加以南齐缺乏解决货币问题的能力，三吴经济长期受困于"钱贵物贱"的货币环境。尽管《南齐书》以"职贡有恒""府藏内充"来赞誉永明时代，但这是以民户贫困与经济衰退为代价的。南齐的国祚短促未必与三吴赋税区的经济衰退无关。

〔本文摘自《西北大学学报》2022 年第 3 期。作者李磊，华东师范大学历史学系教授〕

北朝至隋代墓葬文化的演变

倪润安

大唐盛世的繁荣与稳定，基于其成熟的制度文明。这并非一蹴而就，而是经历了此前反复的制度实践和磨合。可从北朝至隋代墓葬文化演变的层面来观察这一历史过程。

一 北魏平城墓葬文化的两种制度模式

北魏平城时代早期（道武帝至太武帝时期），道武帝、太武帝先后进行了广泛的制度建设。道武帝向后燕学习，遂有"天兴新制"，后发生倒退。太武帝在统一北方的过程中，实施"延和新政"，终于建立起来一套适应北魏现实需要的"北魏制"，与南朝文化之间形成对立平衡。北魏平城时代中、晚期（文成帝至孝文帝时期），北魏逐步转向"晋制"，意在直接针对南朝的文化正统性展开同质性、排他性的竞争。这先后出现的"北魏制"和"晋制"，构成了北魏平城墓葬文化的两种制度模式。

（一）"北魏制"墓葬的特征

太武帝确立"北魏制"的思路是追承曹魏的正统地位，以否定后出的西晋、东晋、刘宋，于是从文化发展较为滞后的十六国边疆地区寻找曹魏文化因素的遗留，有意回避西晋洛阳地区形成的"晋制"文化。"北魏制"的内涵既有鲜卑旧俗，也有北魏初期天兴制度的遗留，还有来自东北、河西两大地域的汉魏文化遗留因素。从平城地区墓葬的情况看，其主要特征包括如下几点。

1. 墓葬西向

西向是拓跋旧俗的一种体现，来源于对檀石槐鲜卑墓葬以西向为主的葬俗的继承。墓葬西向大概在道武帝时成为一种制度,具有强制性,平城地区由此出现了整齐划一的坐东朝西的墓群。

2. 墓葬形制

北魏平城时代早期墓葬有土洞墓和砖室墓两大系统。土洞墓有纵长梯形、纵长方形、刀形 3 种形制组合,与河西地区有渊源。平城砖室墓的重新发展也受到河西的影响。

3. 墓葬壁画

北魏平城时代早期墓葬壁画具有一套比较固定的模式。其核心是墓室后壁的墓主夫妇并坐宴饮图,两侧壁的画面也围绕墓主人生活展开,一侧壁绘车马出行图或山林狩猎图,另一侧壁绘野宴庖厨图。墓室前壁绘守门武士或力士。甬道的壁画内容不稳定。壁画题材和构图主要受到河西和东北文化因素的直接影响。

4. 葬具

漆木彩画棺源自中原文化系统的"东园秘器",所绘棺画内容与布局符合墓室壁画的模式特征。

5. 陶器

出现以平沿罐、盘口罐、平沿壶为代表的新式陶器。陶器素面或施简单纹饰,纹饰有弦纹、简单水波纹、磨光暗纹。平沿陶器的沿部宽展,完全水平。这种宽平沿,且颈部或腹部施有磨光暗纹的特征,可追溯到辽西三燕文化墓葬的影响。

6. 墓主信息记录方式

北魏平城时代早期,墓主人姓名、身份、葬年等信息的记录方式形式多样,既有砖、石墓志,也有其他载体,反映了本时期文化汇聚的多样性。

(二)向"晋制"转变中的墓葬特征

北魏平城时代中期(文成帝至献文帝太上皇时期)是向"晋制"墓葬特征转变的过渡时期。北魏平城时代晚期(孝文帝太和年间)则基本实现了与"晋制"墓葬特征的一致性。

1. 墓向和墓葬形制

文成帝时期,一部分墓葬仍保持西向,一部分开始转为南向。越往后,南向墓葬越多,平城时代晚期全面转为南向。

2. 墓葬壁画

墓葬壁画日趋萎缩、简化,画面密度减小,变得疏朗,进而空心化。墓室四壁正中渐成为空白之处,仅存边缘的影作木构,使"北魏制"壁画模式的题材全遭废弃。

3. 葬具

漆木彩画棺逐渐消失,新的葬具以石椁、木椁、石棺床、木棺床、砖棺床为特色。在墓室壁画衰落后,石椁、棺床相继成为人物图像转移的暂时载体。

4. 墓葬俑群

关中特征的十六国俑群传入平城，至孝文帝前期形成新的面貌。包括四大组合：第一组为镇墓兽、镇墓武士；第二组为出行仪仗组合，以牛车、鞍马为中心，还包括甲骑具装俑、鸡冠帽骑马鼓吹男乐俑、仪仗俑、步兵俑、胡人伎乐俑、驼、驴等；第三组为家居宴乐组合，包括男侍俑、女侍俑、踞坐乐俑、舞俑等；第四组为家居庖厨组合，包括劳作俑，井、灶、磨、碓等模型明器，以及猪、狗、鸡、羊等家禽家畜。平城俑群的内容较西晋丰富很多，但基本组合形式没有太大变化。

5. 陶器

平城时代中期，佛教因素在墓葬各方面普遍出现，"北魏制"特征的陶器也发生了相应变化。器型主要有平沿壶、平沿罐、盘口罐、直领罐等。平沿壶、平沿罐的口沿由完全水平变得向外倾斜。陶器的纹饰变得较为繁复，流行弦纹夹忍冬纹带、弦纹夹水波纹带。进入平城时代晚期，陶器种类没有大的变化，但装饰大为简化。

6. 墓志

文成帝时期，墓主信息记录方式尚保留着平城时代早期多样化的特点。此后，墓主信息就向砖、石专用墓志集中。

北魏平城时代中、晚期，平城墓葬逐渐转为南向，形制趋向弧方形，单室墓最为常见，复杂不过前、后双主室墓，恰是西晋洛阳墓葬演变到最后阶段的形制。西晋洛阳墓葬没有壁画，而有俑群，平城墓葬就明显地抑制墓室壁画，而恢复和发展出俑群组合。对墓主生平的记录，与西晋一样，集中到专用墓志上。另外，葬具、陶器等也向着符合"晋制"薄葬精神的方向发展。到平城时代晚期，北魏墓葬文化已脱离"北魏制"特征，实现了向"晋制"特征的转变。

二 北朝晚期墓葬文化的模式选择

（一）北魏洛阳墓葬文化对"晋制"的继承和丰富

北魏晚期，洛阳地区继续全面推进"晋制"政策，在墓葬形制、随葬品、墓葬图像等各方面都与其保持一致。俑群仍为四大组合，人物俑大多由鲜卑装改为汉服。墓葬壁画恢复平城时代晚期状态，在墓顶绘天象图，在甬道两壁绘门吏武士，墓室四壁基本没有壁画。比较有特色的新发展是石棺和石墓志。出现了平城不见的石棺，主要题材是孝子图和四神、方士、仙人等护佑墓主人的升仙引导图。石墓志在北魏晚期正式定型，正方形成为主流形制，并加覆斗形志盖。

（二）东魏北齐墓葬文化对两种制度模式的糅合

墓葬形制、随葬品方面，东魏北齐邺城、晋阳地区的墓葬均继承了洛阳地区北魏晚期墓葬的特征，仍在"晋制"的框架之内。墓葬壁画方面，东魏北齐墓葬突破"晋制"，在远承"北魏制"墓葬壁画模式的基础上，通过简省壁画内容和将壁画空间由墓室延展到墓道两项举措，建立起一套以墓主人为中心的新模式。其特点是在墓室北壁上绘墓主人正坐或墓主人夫妇并坐宴乐，东、西两侧壁分绘鞍马出行图、牛车出行图，南壁绘门吏武士或仪仗，顶部绘天象、四神、十二生肖等，墓道两侧壁所绘内容主要是宏大的仪仗出行图，偶见山林狩猎图。将壁画由墓室延展到墓道，是东魏北齐墓葬的最大创新。

（三）西魏北周墓葬文化对"晋制"模式的个性化改造

西魏北周墓葬继承了北魏晚期洛阳"晋制"的框架，但为了强调自己的文化独立性，刻意做了一些个性化的改变。墓葬形制方面，以土洞墓为主，前室近方形、后室窄长的双室墓是墓葬形制最具特色之处。陶俑组合亦符合"晋制"俑群的四大组合，但强化了人物俑单模、平背、实心的制作方法。西魏北周墓葬壁画的发展，既未采用"北魏制"模式，也没像"晋制"那样消除墓室壁画，而是在延续北魏晚期洛阳墓葬壁画衰微简单、无墓主人图像的基础上有所扩展。一方面也将壁画扩展到墓道，在过洞入口外的上方绘门楼图，在墓道、过洞、天井的两侧壁绘廊道内间隔站立的执刀武士；另一方面在墓室四壁绘有侍从、伎乐人物，没有墓主人形象出现。石葬具方面，目前仅见于北周时期，兼有石榻、石围屏石榻、石棺三种形式。石榻的图像内容大量表现墓主人的生活和信仰。石棺图像内容主要为伏羲、女娲和四神组成的升仙引导图。

三　东西统合的隋代墓葬文化

杨隋代周后，隋文帝在礼制的倡导上，明令参照北齐和南朝梁。北齐墓葬文化因素由此大举进入北周的核心地带——关陇地区，与北周墓葬文化因素互相碰撞、损益。隋代墓葬文化对北周、北齐因素各有取舍，相互平衡，力图建构将二者统为一体的新礼制。至此，隋代墓葬文化已初具"唐制"之雏形，为唐代墓葬文化走向鼎盛铺平了道路。

〔本文摘自《社会科学战线》2022年第2期。作者倪润安，北京大学考古文博学院教授〕

傅大士作品早期流传考

陈志远

　　傅大士（497—569）是中国佛教史上的传奇人物，生活在南北朝末期，作品起初由弟子结集，经过历代的增删涂乙，今日所见之《善慧大士录》，都是19—20世纪之交刊刻的版本。利用这一文献，就必须考虑现存版本与传主／作者生活年代的巨大鸿沟，考察、判断历代编校者对傅大士作品的改动，从而甄别出不同的文本层次。

　　笔者仔细检核前人论断，发现还有一些值得澄清的问题，特别是傅大士作品经由宋人删定、刻版刊印以前的情况。因此不揣谫陋，将零星考补所得连缀成篇。凡前贤已有定论者，则仅概略言之。

一　徐陵等人撰碑的内容

　　傅大士传记和作品的最早记载，当为徐陵所撰《东阳双林寺傅大士碑》（以下简称徐陵《碑》），成立于陈太建年间。碑文的节略本见《艺文类聚》卷七六《内典部上》，全文见《善慧大士录》（《卍续藏经》本）卷三，此后文集、类书所收皆不出此两本范围。

　　史料记载，傅大士碑所在地婺州，还有三通碑刻，即"梁智者法师碑"、"陈善知阇黎碑"和"陈惠集法师碑"。传主分别是梁武帝菩萨戒师慧约，以及傅大士的两位主要弟子慧集、慧和。

　　值得注意的是，徐陵《碑》的碑阴"记大士问答语，并题眷属、檀越弟子名"。今本《善慧大士录》卷二后半，正是傅大士与弟子的问答。这部分约有7000余字，是徐陵《碑》文字的两倍左右，自然不可能全部刻于碑上，也不排除后世增益的成分。比较合理的推测是，弟子们记录了傅大士的问答，并择要刻于碑上。换言之，宋人关于徐陵《碑》的描述证明，《善慧大士录》卷二后半的问答，含有反映傅大士思想最古层的材料。

二 隋代章疏引用慧和经说

隋代吉藏、灌顶之章疏，为南北朝经说辑佚之渊薮，且时代相近，较少宗派偏见，最值得重视。从二人作品中，可以辑得傅大士及弟子经解经之语 5 条。与傅大士直接相关者见于吉藏《中观论疏》卷二《因缘品》引傅大士《二谛颂》，此后有一评语："其人本不学问，尚知二谛不可一异，况寻经论者，有定执乎？"

此外尚有傅大士弟子和阇黎的经说 4 条，散见与吉藏的《法华义疏》卷六、《大品经义疏》卷三、灌顶的《大般涅槃经疏》卷二四、《涅槃经疏私记》卷七。吉藏称慧和为"光宅学士"，《善慧大士录》卷四《慧和传》也记载傅大士弟子慧和曾师从光宅法云。

在傅大士去世后的数十年内，他和弟子的学说已经为隋代主流义学僧所知。其中起了比较关键作用的人物，或许是曾在建康光宅寺修学，又在广陵传经的弟子慧和。

三 佛窟遗则《无生义》的性质

傅大士的作品在 8 世纪中期经过了三次结集，分别是：（1）天宝年间楼颖编次本；（2）宗密编禅藏；（3）佛窟遗则作序。

佛窟遗则（751—830）从学于牛头慧忠，后至天台山佛窟岩传法，一坐四十年。其间"序集融祖师文三卷，为宝志释题二十四章，《南游傅大士遗风序》，又《无生》等义，凡所著述，辞理粲然，其他歌诗数十篇，皆行于世"（《宋高僧传》本传）。归名于佛窟遗则的两种作品《无生义》与傅大士有比较密切的联系。从五代吴越国永明延寿（904—975）的《宗镜录》一百卷，《万善同归集》三卷，尚可辑得若干引文。

从辑佚的引文来分析，《无生义》比较频繁地引述了傅大士讲经之语，并加以发挥。文称"大师"言、"师主姓傅"，可知乃指傅大士。《宗镜录》中又对佛窟遗则的话加以引用，形成一个逐层嵌套的引用结构。《无生义》中援引的经典，以《思益梵天所问经》《维摩诘经》等最多，联想到徐陵碑文说傅大士长年讲诵此经，也体现了经典偏好的传承。

四 《傅大士颂金刚经》的成立及流传

1. 达照假说的检讨

今日所存《傅大士颂金刚经》，是将傅大士所作四十九首偈颂，与《金刚经》本文合抄，经文之前有一段序，讲述梁武帝请傅大士讲《金刚经》，大士上殿后唱四十九颂后离去等事。

达照曾据敦煌本指出，该作品的初期形态是敦煌所存佚名《金刚经赞》，该本明显受到无著所撰《金刚般若论》的影响，后经天台宗学人改动，最终被附会为弥勒化现的"傅大士"的作品。

关于《金刚经赞》被归到傅大士名下的时间，达照的观点是：由于颂文所配的《金刚经》罗什译本含有"冥世偈"，故时代不会早于公元822年。传统认为"冥世偈"由灵幽补入正文，是根据托名慧能的《金刚经解义》，这一作品的年代本来存疑。实则早在昙旷的《金刚般若经旨赞》中，冥世偈已经补入，昙旷活动的最晚记载是744年，因此无法将822年作为判断《傅大士颂》成立的精确年代上限。

关于《傅大士颂》的成立下限，达照指出《明觉禅师语录》有"可怜傅大士，处处失楼阁"的诗偈，与序文荆州四层阁被烧毁一事相符，但他把语录的作者认定为马祖道一的弟子明觉（？—831），并将其人卒年作为成立下限。实则明觉禅师乃是北宋雪窦重显（980—1052），语录的成立下限晚至1108年。

2. 重订《傅大士颂》成立年代

今重新推定《傅大士颂》的成立年代。现存唯一有明确纪年的写本，敦煌遗书P. 3325题记云："广顺三年（953）癸丑岁八月二十一日毕手。"这可以作为该作品成立最可靠的年代下限。另据日本所存《善慧大士小录》，抄写于北宋雍熙二年（985），其中提到：

> 帝后于寿光殿请志公讲《金刚经》，答："不能。"指大士善此。师登座，执拍板，唱经成四十九颂，后书荆渚，任人传写。续有智者，不显姓名，蹑五于后，惣五十四颂。理旨通贯，不测圣凡之述作也，近荆南节度高从诲印施天下。

荆南节度使高从诲（891—948）是五代时期盘踞荆襄地区的割据势力，长兴元年（930）封荆南节度使，三年封渤海王，则刊本的印行年代在930—932年之间。

此外，《东域传灯目录》般若部"金刚经"条著录："'同经疏一卷'小注云：大悲。见行本云：记四十二纸云。沙门大悲集，□诱童蒙云云。中间有颂，是傅大士作云云。此疏是宝志和尚撰云云。"据此，我们知道一位称为"大悲"的僧人撰集了《金刚经疏》，中间的颂为傅大士所作。考《宋高僧传·神智传》，神智为婺州义乌人，善持《大悲心咒》，故号大悲和尚。光启丙午岁（886）圆寂，则《傅大士颂》的出现不会是该年。

至于《傅大士颂》成书的上限，考虑到敦煌、吐鲁番写本《傅大士颂》没有早于8世纪的写本，入唐目录亦未提及，圆仁归国是大中元年（847），圆珍归国是大中十二年（858），如果《傅大士颂》在此之前已经成书，大概不会逃脱求法僧的搜寻视野。因而笔者推定，《傅大士颂》的成书不会早于圆珍归国的858年。

3.《傅大士颂》的早期流传

《傅大士颂》经由高从诲主持的刊雕，向四方流散开来。入唐求法的圆仁、圆珍，皆未及见《傅大士颂》。一个多世纪后，高丽义天《新编诸宗教藏总录》（1090）著录："（金刚经）《夹颂》一卷，傅大士颂。"《东域录》是日本宽治八年（1094）兴福寺永超向青莲院进献的全国性目录。名古屋七寺《古圣教目录》，亦著录"《金刚般若经疏》一卷，傅大士，大悲集"。据此可知，此书在11世纪末传到了韩国和日本。德国学者Peter Zieme指出，《傅大士颂》最早的回鹘本也出现于10世纪。综合这些情况，可知《傅大士颂》大约在9世纪后半浙东地区成立，10世纪中期在荆州有一次刊印，10—11世纪开始在东亚和中亚传播开来。

结　语

众所周知，今日可见的《善慧大士小录》一卷和《善慧大士录》四卷，是宋人根据楼颖编次的傅大士集删定而成。宋代以前，傅大士作品似乎是以相对灵活的方式在流传。文献的最古层是傅大士弟子传承的经说，以及被徐陵等人碑文所采录的部分。中唐时期，也就是公元8世纪左右，傅大士的作品经历了比较大的改动。楼颖、宗密、佛窟遗则分别对傅大士作品进行了整理。

会昌灭佛以后，流传已久的佚名作品《金刚经赞》被附会到傅大士名下。纵观中古佛教的历史，太武法难之后，出现了《提谓波利经》《杂宝藏经》《付法藏因缘传》等一系列汉地撰述；周武法难之后，隋代《法经录》也著录了一大批不见于《佑录》的疑伪经。当传承有序的经典流传和著录机制在一个时期内被切断，此后的文本便有必要确认自身的来源和传承，托名、攀附就会出现。这应该是一个比较普遍的规律。

〔本文摘自《魏晋南北朝隋唐史资料》第44辑，上海古籍出版社，2021。作者陈志远，中国社会科学院古代史研究所助理研究员〕

唐代的两种格及其演变

黄正建

唐格可以分为两种，一种是对制敕的整理汇编，即"编录当时制敕，永为法则，以为故事"（《唐六典·尚书刑部》）；另一种是具有某种实施规则或标准的格，性质偏重于"百官有司之所常行之事"（《新唐书·刑法志》）。《唐六典》的定义所指为前者，《新唐书》的定义所指为后者，反映了格从唐到五代其性质或使用频率范围的变化。

就体例而言，要区别两种不同的格：制敕编辑类格体例的大部分可能既不带"敕"也不带年月日，但也有带"敕"不带年月日和带"敕"又带年月日的，此外还有采用臣下奏文加"敕依"即敕旨形式者。

从史籍对格的称呼看，制敕编辑类格很少在前面加上年号的年份，只称《永徽格》《开元格》《开成格》等，而不称永徽某某年格，或开元某某年格、开成某某年格。但是非制敕编辑类格因为时间性强、编纂频繁，又常有新格编纂，所以要注明某某年的格，例如开元二年军功格（《李德裕文集》）、会昌五年举格（《唐摭言》）等。

非制敕编辑类格的体例可能是就某一专门规则或标准，分类以逐条呈现的形式编排。如"会昌五年举格"就可以局部复原为：

所送人数：

其国子监明经，旧格每年送三百五十人，今请送二百人；进士，依旧格送三十人。

其隶名明经，亦请送二百人。

其宗正寺进士，送二十人。

其东监、同华、河中所送进士，不得过三十人，明经不得过五十人。

其凤翔、山南西道东道、荆南、鄂岳、湖南、郑滑、浙西、浙东、廊坊、宣商、泾邠、江南、江西、淮南、西川、东川、陕虢等道，所送进士不得过一十五人，明经不得过二十人……

这种采用分类逐条呈现体例的格，在唐以后还能看到。例如《庆元条法事类》附录中所收《开禧重修尚书吏部侍郎右选格》残卷，其体例为：

注阙
监押，
右注年三十以上人，不注老疾。（老疾不相须。）广南年六十者，亦不注。
诸巡检、驻泊提贼，
右注年未六十人。
巡辖马递铺，
右注经任识字年未六十、无私罪及冲锋体量人。（广南路听注。）

这个明确写有吏部选格的体例，其特点也是将拟定的规则或标准分类逐条呈现。参照宋代选格，我想唐代的此类非制敕编辑类格的特点应该也是如此，即其原本的体例都应是分类将所拟定的相关规则或标准以逐条呈现的方式排列的，而从中看不到有制敕编辑的痕迹。

依此为标准的话，敦煌文书中被定名为《开元兵部选格》的文书（P.4978号）是将涉及同类问题的《格后敕》《格》《敕》等辑在一起，以不同形式的法典为条目，而没有采用逐条呈现某种规则或标准的形式，因此并非《选格》，而是某类法典的集合。参照五代"格例"中包含有《令》《式》《格》《故事》等多种法典的体例，这件敦煌文书中的所谓"选格"应该并非选格而是有关选举的法律规定的汇集，可称为"格例"或"条件"、"条流"等。

关于"格"的编纂，由于存在两种格，因此不能泛泛说唐后期很少编纂格。其中制敕编辑类格我们看到还有《元和格》《大和格》《开成格》等格的编纂；非制敕编辑类格即带有年号年份的格看到至少有建中二年格、贞元七年格、元和四年选格、长庆二年格、大和二年选格、大和四年格、大和八年格、会昌元年选格、会昌五年举格、大中五年选格等共十种。此外长定格、循资格也在一直被使用和修订。所以唐中后期仍在继续编纂格，特别是非制敕编辑类格的编纂还十分频繁。

"格"在唐后期直至五代，制敕编辑类格一方面向刑律发展，例如后唐天成元年御史台等的奏文说"《开元格》多定条流公事，《开成格》关于刑狱"（《五代会要·定格令》）就是一个例证；另一方面又向格后敕、编敕发展。这两种发展趋势导致制敕编辑类格越来越少。

非制敕编辑类格则编纂频繁，在法典中所占比率越来越高。查《唐会要》《五代会要》中的"准格"，大多记录在《选部》《选事》《贡举》《考》《阶》《勋》《司封》等类中，可证这些格针对的多为具有某种规则或标准的事务。例如《唐会要》中"准格"的40条，涉及某种规则或标准的"格"有31条，多在唐后期，且占全部"准格"中"格"的78%。我们甚至可以说：到唐后期，史籍所载诏敕或奏文中所谓"准格"的"格"，除《刑部格》外基本都是非制敕编辑类的、具有某种实施规则或标准的格，而非制敕编辑类格。这样的一种格在五代使用的更多。用《四库全书》电子版查《五代会要》，"准律"16个匹配、"准令"11个、"准式"4个、"准格"50个。"准格"稳居律令格式首位，且这些"准格"的"格"基本都是非制敕编辑类格。依此，一来可见格在五代时期地位的提升，二来可见非制敕编辑类格作用范围的扩大。

非制敕编辑类格即具有某种规则或标准的格成为唐后期直至五代时期格的主要类型，是唐格发展变化的一个显著特点，所以《新唐书·刑法志》才会将唐格定义为"百官有司之所常行之事"，宋神宗才会将宋代的格定义为"设于此以待彼"（《宋史·刑法一》）。这两种定义正反映了唐格从唐后期到宋代的变化。

在宋代，格基本就只剩下非制敕编纂的一种类型了。在神宗元丰改制之前，宋代的格编纂很少，据现有资料，编纂的主要是循资格、长定格，或者与考试进士有关的新格。这种格显然延续的是唐末五代以来非制敕编辑类格的形式和内容。元丰二年宋神宗给"格"下的定义是"设于此以待彼之谓格"，"命官之等十有七，吏、庶人之赏等七十有七，又有倍、全、分、厘之级凡五等，有等级高下者，皆为格"。这个定义实际就是唐代非制敕编辑类格所具有的规则和标准性质的延续和引申。这以后，宋代的格主要就是规定各门类各事务的等级和名额数量标准，而以赏格为主了。查南宋时的《庆元条法事类》，其中提到的格共有约16种140条，其分布为：《赏格》87条（内容均涉及不同人的酬赏数额）；《给赐格》9条（给赐纸张、油炭、赡家钱的数量）；《吏卒格》10条（配给各官司吏卒人数）；《考课格》2条（监司县令考课标准）；《杂格》4条（配给抬轿子人数）；《驿格》1条（配给驿递兵士人数）；《辇运格》2条（配给船数）；《假宁格》3条（放假天数）；《荐举格》8条（不同级别的人荐举人数）；《封赠格》1条（封赠等级）；《服制格》4条（借官舍间数）；《选试格》3条（考试武艺标准）；《断狱格》3条（下手轻重标准）；《军防格》1条（酒务兵士人数）；《田格》1条（品官田产免差科亩数）；《道释格》1条（"试"的纸数和"度"的人数）。这些格都是非制敕编辑类格，无论涉及的事务为何，其本质都是提供等级和名额数量等的标准，即所谓"设于此以待彼"。其中《赏格》比其他15种格的总数（53条）还多，占了绝大多数。总之，由上述宋代的格文可知，当时的格已经完全是非制敕编辑类格，唐代的两种格到宋代演变成了一种格，即非制敕编辑类的、具有某种规则或标准（等级和数额）意义的格。这一变化导致宋代的"敕令格式"与唐代的"律令格式"虽同样有"格式"，但实际存在着非常大的不同。

一般认为，中华法系的成熟期在唐朝，标志是"律令格式"体系的完善。但是"律令格式"体系到宋代就出现了变化，元以后更是不复存在。原因何在？我想最重要的原因当是随着专制皇权的不断加强，"敕"的法典地位显著提高，令、格、式或者消亡或者整合成各种事务性规范规则。由于令、格、式中唯一与"敕"相关联的是制敕编辑类格，因此，这种与"敕"相关联的格逐渐消失、而另一种非制敕编辑类格一支独大，就成了"律令格式"体系乃至整个中华法系变化的一个显著特征了。

〔本文摘自《史学月刊》2022 年第 5 期。作者黄正建，中国社会科学院古代史研究所研究员、敦煌学研究中心研究员〕

碑志所见唐代帝陵奉守制度

赵　洋

在"视死如生"的观念下，天子山陵葬事向来备受世人瞩目。在唐代，自高宗修定《显庆礼》以后，山陵制度大多语焉不详。近年来，唐人碑志大量出土刊布，从这些时人的人生经历中，我们可以窥见正史中所遗漏的一些历史细节，这也为我们探讨唐代帝陵奉守制度提供了丰富材料。不仅能对诸陵台令的改隶、迁转与日常职能再做增补，还能对诸陵留守及诸陵陵使的创废与职能做全面的揭示。

唐代帝陵日常奉守由陵台负责，陵令为最高长官，全权掌管陵台诸多事宜。诸陵台归属原有其沿革规定，但在玄肃代三朝，三十年间改易五次，缘由不尽相同，但大多与帝王意志相关。如玄宗朝陵台隶属的摇摆，在于帝王对于臣子的恩遇，制度改换依从于帝王心思。肃宗朝的改隶则是为了消弭安史之乱的影响，宣扬自身正统性。代宗朝主要由外因引发。制度改动往往成为政治人物、事件变动的晴雨表。

陵台归属多次改易，陵令品级也有多次变化，但在唐代的职官体系中，陵令在正常的职官序列中升迁。根据七十余位陵令和陵丞墓志所述，陵令虽非清要，但对官员出身要求较高，《新唐书·宗室世系表》《新唐书·宰相世系表》中就有至少13人曾任陵令，唐前期陵令也主要以科举出身为主，还有部分门荫出身。不过，他们还要经过一定的历练积累才能升任陵令，特别是宪宗时，宰相李吉甫定考迁之格时将诸陵令定为五考。

陵令迁转有序，陵台官员具体职掌也有法度可依。樊英峰据《唐六典》所言将陵令职责概括为三：掌管陵寝内的所有事务、率领守陵陵户履行守卫维护之事以及在指定的日子里按时祭祀陵寝。照唐人墓志所留下的记述与历史细节，根据仪注进行祭祀奠献是陵令最为重要和日常的工作，"仪注无违"几乎与陵令相关的每篇墓志都会着重提及，如程纲"其朝夕奠献必亲视拜"。奉寝事神虽是陵令的主要职掌，但并非所有陵台都需要朝夕献奠，所以陵令在任期间实际上可能颇为清闲。

为先皇陵寝免遭侵扰，除陵令负责陵台日常行政外，诸陵留守还会专门带军驻扎宿卫。诸陵留守是在唐太宗朝才出现的使职，以守卫高祖李渊的献陵，此后在帝陵奉守制度中占据重要地位。综合传世文献与出土史料，目前所知唐代诸陵留守共有六位：太宗朝齐士员，高宗朝曹钦、常基，武后朝刘文祎、冯师训、庞同本。作为临时而设的使职，以上六位诸陵留守前后任职大致相续，齐士员、常基和庞同本应该分别是献、昭、乾三陵首任留守。这些人皆以诸卫将军（从三品及以上）身份任职以守卫先皇陵寝，并多以诸陵宿卫或留守来指代使职。皇帝之所以选取这些人担任诸陵留守，主要在于他们都是先帝旧臣，年纪已然较大，将其委任至先帝陵寝宿卫，以优待之名行发配之实。

诸陵留守作为先皇旧臣养老的安排，集中出现于太宗至武后执政时期，这也是使职产生的重要时期。如庞同本在乾陵宿卫所遭疾，但薨于留守所，留守所的出现则指示诸陵留守的使职于此时正式设置。玄宗编修《唐六典》时，诸陵留守则被正式写入制度之中，与诸陵令分别成为帝陵的军政主帅：陵令负责日常行政，留守负责日常宿卫。但在元和二年正月乙巳，"停诸陵留守"，诸陵留守在唐中后期已不复设置。

诸陵留守的职能以宿卫为主，守卫山陵兆域内的安全，以免闲杂人等打扰到先帝陵寝的安宁。《天圣令》复原唐《丧葬令》第2条载："先皇陵，皆置留守，领甲士，与陵令相知巡警。左右兆域内，禁人无得葬埋，古坟则不毁。"先皇陵亦即帝陵，留守负责带领甲士在山陵兆域内进行巡守警戒。《唐律疏议》中相关律条还具体规定诸陵留守的具体管理事务大致有三：其一阻止阑入及越垣者进入陵寝兆域内；其二防止山陵失火；其三防止山陵兆域内草木遭他人盗砍。唐人笔记小说《宣室志》中通过记述贞元中张诜因将被选授为乾陵令，梦中被高宗武后鬼魂召见的经历，描写了诸陵留守率领兵甲守卫防止外人阑入的具体情景。

帝陵原以陵令和留守分治文武，但根据2006年在昭陵北司马门附近发掘的碑记《新添修昭陵宫寝廊宇并使判厅七司院记》的记述，我们可以发现在正式的陵台建制之外，居然还有所谓"昭陵使"和"七司院"的存在。综合墓志与正史材料，目前所知陵使有七人，涵盖玄宗至懿宗朝共6个唐代帝陵，其中玄宗朝有薛璇（恭陵使、桥陵使）、张府君（献陵使），代宗朝有高承信（泰陵使）、史忠烈（建陵使），宣宗朝有骆淮质（昭陵使），宣宗、懿宗之际有王公操（端陵使），懿宗朝有田献铦（桥陵使）。可见，玄宗朝已在诸帝陵设置由武官兼任的陵使。

对比同在帝陵守卫的诸陵留守，陵使与留守的关系极为密切。如高宗时负责昭陵守卫的武将权善才等人因误砍昭陵柏树而险遭砍头，建陵使史忠烈因为建陵连冈被毁而被诛。而且诸陵留守基本都只在玄宗朝以前出现，诸陵使则刚好出现于玄宗朝，且同为武官系统的使职。故此，我们有理由怀疑陵使与留守的职能可能有重叠。宪宗时之所以因"官额空存"而停罢诸陵留守，大概就源于此。唐中后期诸陵陵使成为唐前期诸陵留守的延续，陵使继承诸陵留守的使职，承担起诸山陵巡卫，防止外人阑入及避免山陵兆域遭人毁坏等职能。

　　玄宗朝的陵使虽由士人武官充任，但在后来北司势力发展强势的代宗、宣宗及懿宗朝，陵使皆由宦官担任。建陵使史忠烈的情况不详，泰陵使高承信作为著名宦官高力士的养子，任职内给事，掌判内侍省，位从五品下，肯定是宦官。骆淮质则是内侍省掖庭局宫教博士，应当也是宦官。至于端陵使王公操，从其后任监军来看，当然也是宦官。而桥陵使田献铦前任职为阁门使，所以也是宦官。之所以出现如此现象，在于山陵陵域内有大量军队宿卫驻守。帝陵陵域内既有重兵，宦官势力为了更好掌控地方局势，必然不会放弃这里的兵权，故而帝陵守军也被宦官陵使所掌握。

　　此外，《七司院记》中"创起使、判两厅并七司院"，也有助于我们了解陵使与陵令之间的关系。使、判两厅作为陵使及其判官的办公场所，表明昭陵使已有固定的办公场所，亦即昭陵使已是常规设置使职。七司院作为附属于"使、判两厅"的建筑，应是模仿中央或地方"七司"而设，其性质与架构与中央或地方"七司"一致，是处理帝陵陵域内日常行政事务的七个行政官司，分别为"录事司、司功曹、司仓曹、司户曹、司兵曹、司法曹、司士曹"。"七司"既仿照中央或地方官司所设，那么"七司"原本应附属于昭陵令治下，但七司院却成为昭陵使、判厅的附属，进一步说明"七司"已被宦官势力从昭陵令手中抢夺。帝陵军政实权均由内朝宦官充任的陵使所掌控，故此《七司院记》才会说此后已"名实不符"。

　　唐代帝陵奉守制度是以陵令、留守和陵使三者共同管理和保卫诸帝陵。在汉魏旧制的基础之上，陵令作为山陵管理的最高行政官员，其地位不断被抬高，其隶属关系也在不断变动，但职能以日常祭祀为主，平日颇为清闲，其象征意义更加显著。诸陵留守作为一项临时使职，它的出现，可能是太宗出于孝心等原因，希望有人能专门领兵宿卫献陵，以免打扰先帝陵寝安宁，故而仿照长安宫城的守卫制度，派遣品级颇高的诸卫将军在此宿卫，掌管该山陵陵域内的最高军事权力，与陵令形成军政分治的相守局面。但后来陵使逐渐取代诸陵留守，成为帝陵陵域内掌控禁兵的首领，而且唐中后期内朝宦官的政治势力急剧攀升，陵使改由内朝宦官充任，并对陵令行政权力有所侵夺，这也可视为唐代内外朝势力在诸山陵陵域内权力争斗的体现。

〔本文摘自《首都师范大学学报》2021年第5期。作者赵洋，中国社会科学院古代史研究所助理研究员〕

论贞元时期宦官与神策军的结合

张照阳

宦官和神策军的结合是贞元时代的重要主题。过去对这一过程的解释，往往径因史乘之叙述，认为德宗惩"泾师之变"中武臣掌兵的教训，从而任用亲信的宦官代为掌握。在此期间，神策大将军柏良器被排斥，是宦官专军政的转折性事件，此后德宗特意设立神策中尉主管禁军。这种说法相当笼统，既缺乏足够的细节，又忽略了具体政治语境的影响。虽然宦官的权力基础是皇权，但这很难成为宦官甫一介入即掌握神策军的理由，更不能保证其持续地掌握。同样的解释困境也发生在近年来流行的对宦官与禁军在居住、婚宦、信仰和收养等方面关系的讨论上。就具体情势而言，德宗在贞元初年设立的神策大将军和将军，就是宦官实现权力角色转变时必须面对的力量。

近年来墓志的大量出土，使得对这一问题做出更细致的解释成为可能。此解释至少要在两个层面进行回应，首先是宦官在神策军内树立权威的过程，再则是时人眼中宦官与神策将领的关系，毕竟二者结合的程度终究需要"他者"的挑战来检验。这些都要求对贞元时代禁军将领和宦官领袖的权力角色进行更精准的界定，他们究竟是怎样的群体，在秩序重建的贞元时代扮演了怎样的角色。在此基础上，才能挖掘出这一过程中原本存在的更多可能。

从很多方面看，贞元前期的禁军将领都是个相当特殊的群体，主要由奉天、梁州"功臣"和削藩战争中功勋显著的藩镇高级将领构成。他们备受信任，很多人先后出任藩镇节度使，充当了德宗重塑京西北藩镇秩序的凭藉。这种集体性的升迁虽非安史之乱以来前所未见的，却是藩镇将领命运的重要转折，自此他们不再是朝廷猜忌的对象，而是受到了干城之寄。目前所见的神策军将领，无论大将军马有麟、莫仁擢、张元芝、孟涉、柏良器，还是将军符璘、孟日华、李长荣等人，基本都符合这个标准。神策军作为最重要的禁军，其将领更应是德宗慎重选择的，正如大中十年（856）的墓志所说，"德宗立禁军，精择元帅"。贞元初年当监兵马使窦文场、霍仙鸣等面对这批将领时，很难说有多大权威。

贞元前期宦官的影响力也在日益扩散，窦参之死和陆贽罢相的背后都有他们的因素。就神策军内而言，窦文场等人也在积极培植势力。如韩全义，"出自行间，少从禁军，事窦文场"。《何文哲墓志》也透露，"贞元初，德宗追惟旧勋，悉求其后……时开府护军中尉窦公文场以公名闻，旋补左军马军副将"。但这些人地位较低，能对宦官构成制衡的主要还是禁军将领。柏良器的下位就是他们冲突的结果。这是引起贞元时期神策军内权力格局转变的关键事件，史乘径称"自此宦官始转军政"。而要解释这场冲突，还必须说明当时窦文场"监勾当"身份的内涵。

自兴元元年（784）宦官介入神策军以来，其名号经历了从"监神策军兵马使""监勾当"到神策中尉的变化。这固然意味着宦官权力的增大和地位的提升，但其权力角色都有监军使的性质应无疑问。德宗在禁军中确立的"大将军＋监勾当"的管理模式，很可能是对藩镇"节度使＋监军使"体制的模仿。开成五年（840）的墓志称志主"历事九将军、五中尉"，将将军与中尉并举而言，就是某种意识的体现。因此，在界定"监勾当"等职位的权力角色时，藩镇监军使自是重要参照，二者的权力逻辑应有某种一致性。

宦官监军虽自玄宗时即已有之，但贞元时期监军使的权威从深度到广度都大大加强，节度使与监军使的权力秩序处于重塑中。二者的权力冲突中，跋扈专权的监军使往往取得胜利。最有名的例子就是先后出任河东监军使的王定远和李辅光，王定远更是唐代首位拥有监军使印的宦官。夏州监军使贾英秀、义成监军使薛盈珍在与节度使韩潭、姚南仲的竞争中都成为赢家，即便韩潭、姚南仲均在"泾师之变"中有扈从之功。

寡见所及，贞元时代这样的监军使还有宣武的俱文珍、凤翔的西门去奢，以及下文提到的杨志廉、孙荣义等。摒却史家立场的偏见，这些宦官集体性的"跋扈"很难用偶然来解释。值得注意的是，这一时期德宗对藩镇亦颇为姑息，节度使往往任期较长，跋扈者比比皆是。当然并不是说德宗对藩帅没有制约，李宗闵所称的"德宗文皇帝以诸侯方强，质其子于京师"就是其中之一。这些监军使的"跋扈"恐怕亦是如此，很可能是德宗有意造就的政治规范。

在这个意义上，柏良器与窦文场的冲突和藩镇节度使与监军使的并无二致，结果也极为相似。柏良器在军内地位最高，甚至有着他人难以企及的影响力，其下位透露出宦官与将领之间权势转移的信息。此外，窦文场还提拔资望较低的衙将担任大将军，委亲信朱华"军中补署"之权，这和柏良器时相比已大相径庭，正是"军中之政不复在于将军"的体现。从这个角度说，贞元十二年神策中尉的设立，更多的是对宦官权威的认可以及法令上的明确。

宦官领袖虽然掌握了神策军大权，但并不意味着这种权力是无限制的，更不意味这种权力能够延续下去，尤其是当窦文场和霍仙鸣这样资历特殊的第一代宦官领袖退出政治舞台的时候，往往容易发生变故。德宗的意志、继任者的权威以及神策军内权力格局的演变都是重要的影响因素。杨志廉和孙荣义是德宗挑选的，接替窦、霍的第二代神策中尉。虽然第五守亮也曾短暂担任右军中尉，但从各方面看都更像是个过渡性人物。而杨孙的出现意味着巨大的转折，这在《杨志廉墓志》和《孙荣义神道碑》对其生平的记录上表现得异常明显。因此这起看似不起眼的人事更迭实际上有着相当特殊的意义，同时也使得宦官掌握禁军呈现出连续性和稳定性。这在某种程度上塑造着宦官掌握禁军的政治惯例。

杨志廉和孙荣义均出身于重要的宦官世家，很早就参与重要的政治活动，都在"泾师之变"中积累了政治资本，之后历任帝国重要区域的监军使，表现出较高的军政素质。他们的职业生涯主要在地方，没有证据表明他们和德宗有过深的私人交集，升迁主要依靠多年服务帝国的功劳资历，这是他们和之前宦官领袖最大的不同。他们完全符合陆扬先生指出的德宗以来开始频繁出现的"新型宦官领袖"，身份认同也更趋向于事功官僚而非"奴仆"和"家臣"。他们的上位可以说是制度化宦官体系最重要变革，自此宦官领袖的权力性质发生根本改变。

贞元后期的神策军将领则恰恰相反，无论分量还是资劳声望都不如前期。不仅鲜见到如柏良器等自藩镇擢任禁军将军的例子，更不用说再升任节度使了。在这个被称为"仕进道塞"的时代，禁军将领的仕宦生涯也不例外。大量将领长期得不到升迁，即使有限的升迁多局限在禁军内部，甚至还需要宦官领袖的支持。可以说，贞元后期禁军将领的影响力日益式微。而杨志廉和孙荣义既有迥异于过去的权力基础，也有着不低于窦文场等人的跋扈。在这种权力格局之下，禁军将领自然更无力挑战神策中尉的权威，宦官在军内的地位则更加稳固。

值得注意的是，杨志廉、孙荣义出任神策中尉，有着极为相似且迥异以往的升迁途径，即均由神策副使升任中尉。神策副使之前并未引起特别关注，但其设立以及宦官出任，对于宦官掌握神策军有着不能轻忽的意义，也体现出贞元后期特殊的政治氛候。这一职位设于贞元十六年，颇有量身打造的意味，目的是确立由副使到中尉的升迁模式。之后接替孙荣义出任中尉的薛盈珍即如此。

当然，以上只是从宦官与将领力量对比的角度进行的审视，宦官掌握神策军的程度如何，仍然是个需要检验的问题。就在杨、孙接任中尉不久，德宗去世，顺宗即位，政局进入波诡的永贞年间。凭借着东宫旧人身份执政的王叔文、王伾等人根基不稳，试图越过宦官掌握神策军权来保住地位。在"他者"的挑战下，中尉和将领的反应不一。"边上诸将各以状辞中尉"，说明他们没有必须从属于宦官领导的自我认同。在中尉的阻挠下，诸将的立场很快发生改易，王叔文的夺权归于失败。这两方面足以说明，贞元时期宦官与神策军的结合虽然稳固，却并非不可挑战。

〔本文摘自《文史》2021 年第 4 期。作者张照阳，华中师范大学历史文化学院讲师〕

宋代紫色奇特的社会功能

程民生

以传统五行为基本框架的色彩体系，在青、赤、白、黑、黄五正色之外，还有绿、碧、红、紫、骝（褐黄）五间色。其原本的原色和二次色的科学性，因分正色贵、间色贱而大打折扣，不断受到社会历史的冲击。在宋代社会经济文化大发展的背景中，紫色以其特殊性在诸色中最为活跃，涉及一系列政治、经济问题。

一　紫色理论与社会地位的反差

紫色的地位在中国古代的十色之中非常奇特。

首先，紫色属于低贱的间色，不能与正色相提并论。在诸色之中，紫色的传统理论地位最低，是唯一有负面定义和象征者，泛政治化的过分解读使之名声不佳。但是，紫色同时又是祥瑞色彩，在全世界范围内深受各阶层的喜爱并被常帝王所专享。围绕着如此反差的紫色，有着诸多的政治、道德说辞，简直成了色彩伦理学的一个样板。

古人认为紫色最主要的过失是风头太健，喧宾夺主。紫出于红而乱红，盖压了红，又近乎黑，以间色乱正色，似乎有扰乱正统乃至犯上作乱之嫌，以至于成为僭越的象征，这是政治等级观念导致的色彩偏见。

其次就是以艳色蛊惑人心。东汉刘熙认为紫色不正不纯，是色彩的瑕疵，具有迷惑力，颇有将间色诬之为恶色、邪色的意图。宋人也有人认为破旧的素帛用紫色点染后即可高价出售骗钱，也即绮丽的紫色具有很强的欺骗性。

但在社会历史中，紫色在宋代或更早以前实际上却是尊贵之色。

宋人认为，紫色是各种物质、精神融会的表现，所以星宿有紫微宫即北极星，上帝与紫色同在。人间的皇帝则居紫宸殿，每月朔望的朝会、郊庙典礼完成时的受贺及接见契丹使臣都在紫宸殿举行。为避开至高无上的紫宸之名，乃至紫宸殿学士改名为观文殿学士。

在传说和文学作品中，紫气是天人感应的吉祥瑞气。佛教以紫为贵，罗汉居住的祥云就称为紫云。开封每年佛生日时往往以紫幕护卫贡献佛祖的金盘，表面是遮盖，实际是彰显。则是紫色之贵，僧俗同一。

皇帝颁布诏令，总以紫泥为封。紫泥、紫泥封、紫泥书、紫泥诏、紫诏等，都是诏书的别称。皇帝祭祀跪拜用的褥垫，最高规格就是紫色。在皇家守孝服丧期间，一些外交场合的红色器物用紫色替代，既避开了红艳之色，又不失喜庆之意，巧妙地融合了红事与白事的悲喜，是又一种以紫夺朱的表现。

宋代的"紫禁"并非皇宫的专词，使用比较广泛，可以指代皇宫，也可指代朝廷词臣，中书舍人就可雅称为紫薇舍人。

宋代按不同色彩的章服区分品官级别，高品级章服的紫色是间色，最低品级的青色却是正色，中级的朱红也是正色，而且是宋朝的本命色。偏偏让间色占据最高位，正是色彩本身的魅力起着主要作用。元丰改制后，章服由紫、朱、绿、青四色，简化为紫、绯、绿三色，减少了级差，并使服色全部由间色组成，紫色扩大到四品。宋代中下级官员最喜爱、向往的就是紫色章服，常通过赐紫和借紫两种方式堂而皇之地穿上紫衣。皇帝休闲时也喜欢穿紫色，北宋后期有"御爱紫"说法出现，典型地说明了皇家爱紫。

紫色地位的高贵，更多表现在对自然美的赞颂，是春光的最佳代表。春光的美在于紫和红，现实世界中紫色的表现力最强，"万紫千红"即以"万"而紫，以"千"而红，又一次抢了红色的风头和话语权，更反映了宋人对紫色的热爱。

二 紫色的蔓延与开放

宋代社会中穿紫色服装者，除了着章服的品官外，还有两大团体也是合法的。

一是军队，紫衫是低级武官以及相当一部分部队士兵的军装。北宋时军校的军装是紫衫，便于奔走作战，南宋初的战争期间，文官也服紫衫以适应，经两次禁令才予制止。北宋时不同的部队以紫色或绯色军装来区别，而南宋时期除了极个别部队外，无论禁军还是厢军，都穿紫色军装。

二是高级僧道。宋代沿袭唐代制度，向高僧名道颁发表明政治地位和荣誉的紫衣师号。其中的赐紫衣，即朝廷赐予紫衣或紫方袍、紫袍、紫罗衣、紫袈裟等，得到紫者就被尊称为紫衣僧道。如同章服中紫色为高官一样，紫衣僧道也是宋代最高等级的宗教人士。南宋初年紫衣商品化，朝廷开始出售紫衣帖，意味着穿紫衣的僧道数量更多。

对于平民百姓穿紫，宋代社会与西方大不相同，不但没有垄断，而是开始向百姓全面开放。宋太宗朝有一段围绕紫色服装是否开放为全国服饰的历史，历时十余年。朝廷曾两次禁止百姓公开穿紫，但效果不佳，最后只好顺从民意、直接开放，满足了广大人民服紫的愿望。紫色纺织品在民间也普遍流行。

三　紫色创新与政治问题

紫色的解禁以及宋人对紫色的热爱，促进着紫色的创新。在染色方面，宋朝有两次创新或改变。

第一次是创造了油紫。宋仁宗末期出现了新的染色技术，以山矾作为媒染剂，又使用染青为底、后染紫的染色程序，创造出了黑紫色，呈现着不同的效果。油紫是指其紫如同被油浸过一样，色泽光润沉着，又名黑紫。众多服紫的高级官员即以黑紫为公服，朝廷禁而不止，百姓也纷纷效仿，盛行一时。

第二次是引进了北紫。从宋仁宗末到南宋前期，黑紫已经流行了一百余年，不免有审美疲劳之虞，继而流行北方传来的北紫。与黑紫不同，北紫的工艺是先染绯而不是先染青，再用很少的紫草染紫，也即仍是以红为主，其实是恢复了传统紫色。这一时尚轮回用了百余年，宋人对紫色的喜爱换个色度依然持续。

另一重大创新是土与火烧制的紫色瓷釉。宋代瓷器是中国瓷器的顶峰，主要特点就是色彩的创新，最突出的就是以钧窑为代表的紫釉。由此开创了铜红釉之先河，改变了以前中国高温颜色釉只有黑釉和青釉的局面，开拓了新的艺术境界。

四　紫色染料及市场

紫色服饰的开放，极大地促进了紫草种植、染紫市场和紫色物品的买卖。一般分民间和官府两大部分。

民间市场可细分为专业染坊和家用自染的购买。专业染坊的染紫业务繁忙，紫草市场也十分繁荣。私家染紫的行为也极多，甚至有官员用官库的绢、用官钱买紫草，在官府染紫，紫绢却归私家所有，属于贪污行为，数量巨大。官府购买紫草的数量更大。地方政府经常各自购买或科配紫草染紫，以至于朝廷下令予以规范，要求地方政府按市场价购买，不准非法强制贫民缴纳。

染紫工序多，成本高，因而市场上同样的物品，紫色的价格常高于其他色彩。

宋人对紫色不懈的追求，拉动起紫色经济的繁荣。紫色染料的广泛种植和染紫作坊的资金实力，以及紫色商品的高价买卖，是宋代一项重要的农业、手工业和商业行为。

结　语

在传统的正间色等级观念中，紫色名分最受歧视，但在社会生活中，紫色在宋代实际上同红色一样也是尊贵之色，其风头在许多方面盖过了国色朱红。"大红大紫""万紫千红"等词，更反映了宋人对紫色的热爱。面对百姓服紫的热潮，宋代社会与西方不同，皇家从宋太宗朝开始向百姓全面开放，贵贱共享。由此带来紫色服饰等的大发展，促进了紫色的创新。紫草成交量大、染紫市场大以及紫色物品价格高，都促进了社会经济发展。

宋代紫色一直不甘于间色的地位，在许多方面"夺朱"、势压正色，将正色、间色贵贱之分的樊篱打破，人为的是非仍由人的喜好推翻。这一现象充分说明正统保守的礼法无法阻挡人们对美的追求，从而推动了思想文化和社会经济的发展。

〔本文摘自《首都师范大学学报》2022 年第 2 期。作者程民生，河南大学历史文化学院教授〕

正统、道统与华夷之辨

江　湄

　　20 世纪初期，日本学者内藤湖南提出了"唐宋变革论"，二战后，宫崎市定等人发展了内藤湖南的观点，使"唐宋变革论"更加成熟，对世界范围内的中国史研究都产生了很大影响。宫崎市定在《东洋的近世》中指出，契丹辽朝、党项西夏、女真金朝的建立，大理、安南的独立，无不可以看作是东亚各民族民族意识的自觉和民族主义的勃发，而"华夷之辨""攘夷"思想就是宋朝汉族的民族主义意识形态。近些年来，在"唐宋变革论"的影响下，很多中外学者再次聚焦宋朝尤其是南宋的"中国"意识，他们大多认为，宋代尤其是南宋的"中国"意识在中国史上具有一种划时代的意义，宋朝已经形成了种族、文化、国家合一的近代国族意识，把自己视为一个单一族群构成的民族国家，"中国"这个名称具有了近代民族国家的意涵。

　　究竟应该怎样认识宋朝尤其是南宋的"中国"认同？从华夷之辨的视角看，宋朝尤其是南宋人的"中国"认同，有着很明显的近代国族意识的色彩。但是，笔者认为，要真正了解南宋的"中国"认同，必须把华夷之辨和正统论、道统论结合起来加以考察，那样一来，我们就会发现，南宋人的"中国"认同与近代国族观念、民族主义有着极其重要的不同，而只有认识到这种不同，我们才能正确理解南宋的"中国"认同在中国史上的重要意义。

　　严华夷之辨是"宋型文化"的突出特点。自春秋以来就有华夷之辨的思想，但是，到了宋代，严华夷之辨的思想显然更加激烈和绝对，具有一定的族裔民族主义色彩。但是，正是在胡安国《春秋传》对"华夷之辨"的经典表述中，我们可以清楚地看出"华夷之辨"与民族主义的根本区别。胡安国《春秋传》将华夷之辨与三纲并列，上升到了天道和纲常的高度，这是以前很少见到的论述，南宋士人无不受其影响。然而，胡安国清楚地知道，他所说的如此"严华夷之辨"的春秋大义，有悖于秦汉以来"合天下于一""以夏变夷""夷狄进于中国则中国之"的"大一统"理想和天下主义，他的解决之道就是使"华夷之辨"与"天下主义"形成一种"体"与"用"的辩证关系。对于宋人来说,"华夷之辨"毕竟是"用","王者无外""无不覆载"才是"体",严华夷之辨的目标绝不是造成一个汉族的民族国家,而是要恢复四夷归附中国的本来的应然的天下秩序。

后世人说到南宋的蜀汉正统论,主要根据就是朱熹的《通鉴纲目》,但事实上,朱熹并没有以"王道""义理"作为判别正统的标准,相反,他的正统论强调的是统一天下的事功。在朱熹那里,三代以后,"道统"和"正统"乃是两码事,"正统"之为"正"的标准并不在于"德"而在于"功"。也就是说,与一般南宋道学家不同,朱熹的正统论承袭北宋正统论的主流,以统一天下的实际功业作为"正统"的判准——正是同样的正统观鼓动着海陵王、忽必烈发动灭宋战争,去完成统一天下的事业。他以蜀汉为三国时正统所系,其理由仅仅在于刘备有继承汉朝的合法性,与东晋司马睿继承西晋的合法性完全是一样的,是"正统之余"。直到南宋亡国前后,南宋士人在引据朱熹《通鉴纲目》时,才将之有意无意地转化成以"义理"为原则的正统论,并与华夷之辨结合起来。

然而,南宋之所以能在南北对峙的历史状况下自居唯一的中国,其更深刻更重要的理据却在于"道统"论。朱熹继承程颐的道统论,以宋儒直接上承孟子,把汉唐诸儒摒除于道统之外。这种宋儒接续道统,道统在宋的话语,具有非常重要的政治文化功能。宋儒发明"道学","道统"在宋,这意味着,只有宋儒才自觉意识到并真正掌握了达到理想政治和社会的根本原理、正确方法,也就是说,南宋虽避处江南,失去中原,却掌握着中国文明根本的形上之理,掌握着中国文明的精神命脉。"道统"在南宋,这才是南宋为唯一的、真正的"中国"更为根本的理由。元顺帝时期南人士大夫杨维桢上书朝廷为宋朝争正统,他说"道统者,治统之所在也",这句话将南宋道统论的政治文化意义完全揭显出来了。道统接续于宋儒,彰明于宋朝,这一意识极大地强化了每一个宋朝士人对道统存续的责任意识。道统的存续,就是中国文明命脉的存续,就是"天下"的存续,成为每一个士人都能负担也必须负担的责任,"天下"之兴亡,"中国"之存灭,有赖于每一个哪怕穷居僻壤独处一室的士人志于道学于道,成为道统的承担者——这就是道统论所产生的提升每一个南宋士人之人生的作用,也是道统论所昭示的,每一个南宋士人担当历史责任、国家命运的方式。正是在这个意义上,道统论比正统论,更加有力地强化了士人对于南宋国家的认同和忠诚。

南宋人的民族意识的确很强,南宋人大讲的华夷之辨,确实已经有民族主义的意味,但是,如果我们把华夷之辨和当时的正统论与道统论结合起来看,就会发现,南宋人的"中国"认同并不是近代国族意识、民族主义的萌芽所能解释。从后见之明看,朱熹的正统论和道统论尤其重要。当汉族政权的南宋失去中原且恢复中原无望之时,朱子将中国文明浓缩、抽象为两大精神原则即"道统"和"正统",中国所以为中国的原理变成了道统和正统双线,贯通天下及其历史的"道"变成了道统与正统双线,二者理一而分殊。这是中国文明在精神向度上的深化和形而上化,它的意义是非常重大的。从此,"中国"超越了具体的种族、地域、国家，而指的是中国所以为中国的两大精神原则，"中国"成为一种具体而抽象的历史文化认同。

正如我们从朱子思想中看到的，在大讲华夷之辨的南宋人心目中，中国不可能成为一个民族国家，奉行民族主义，"中国"仍然是那个使天下成为一大神圣共同体，使历史成为道之呈现的"中国"。大讲华夷之辨的南宋，它作为"中国"，它的立国原理，不可能是"民族主义"，而是一种精神上的"天下主义"。如果把正统论和道统论，与华夷之辨放在一起看，我们就能明白，宋代思想家并没有产生出现代的"国族意识"，而是构建出了一套以道统、正统双线整合天下、整合中国文明的思想体系，给出了一套继承汉朝"大一统"而有所变化的"中国"原理，为新的"大一统"准备了思想条件。元朝的建立和"大一统"的再次实现，与宋朝的正统论与道统论皆有密切的关系。

〔本文摘自《中国哲学史》2022年第3期，原题为《正统、道统与华夷之辨——论南宋的"中国"认同及其历史意义》。作者江湄，首都师范大学历史学院教授〕

再论金朝开国年代及其相关问题

邱靖嘉

　　据《金史》记载，辽天庆四年（1114）九月，生女真部族节度使完颜阿骨打起兵叛辽，在取得宁江州、出河店两战胜利之后，旋即于次年（1115）正月朔日称帝建国，国号"大金"，建元"收国"，二年十二月又"改明年为天辅元年（1117）"。对于这一金朝开国史记述，数百年来世人皆深信不疑，直至 20 世纪末，刘浦江先生发表《关于金朝开国史的真实性质疑》一文，主要依据宋元文献有关金朝建国的歧异记载，并结合辽末女真兴兵的具体情势分析，首次对《金史》的上述叙事提出深切怀疑。他认为《金史》所记开国历史肯定是不真实的，恐出于金修《太祖实录》的事后编造，其初步的研究结论是："完颜阿骨打于公元 1114 年起兵以后，可能在 1117 年或 1118 年建立了国家，国号是'女真'，年号为'天辅'，1122 年改国号为'大金'。"而所谓"收国"年号并不存在。此说随后引发学界争议。

　　实际上，长期以来，学界对金、宋史料的认识存在一定偏见，过度信任《金史》，而忽视了某些宋人记载的可靠性。加之，辽朝的开国年代也存在正史记载与历史事实之间的重大抵牾，辽太祖耶律阿保机实于 916 年称帝建国，然辽后期史官纂修国史时为寻求王朝政治合法性与正统性，将契丹开国史提前至唐朝灭亡的 907 年。因鉴于此，考虑到辽、金两朝的前后延续性，不排除金人受辽朝影响出于某种政治目的而改纂开国年代的可能。此外，《三朝北盟会编》引苗耀《神麓记》还提到过一种阿骨打在辽天庆四年宁江州首次起兵之后便已称帝建国的说法，应是金朝史官在纂修《太祖实录》过程中较早提出的一种开国史建构方案，但最终没有被采纳。既然女真建国的时间节点可由史臣随意设定，这更加重了我们对《金史》记载的疑虑。因此关于金朝开国史问题，还有较大的研究空间。

　　金朝于辽天庆五年（1115）正月建国说来自《金史》，其史源为金《太祖实录》。而南宋史书关于金太祖阿骨打称帝建国之事则记载不同，皆以宋重和元年（1118）阿骨打始称帝，定国号"大金"，建元"天辅"，且多提及此举乃出于谋士杨朴的计议，并称其后金向辽朝遣使求册封云云，其共同的史源就是辽末进士史愿归宋后所著《金人亡辽录》（以下简称《亡辽录》）。

根据《亡辽录》之记事，阿骨打先是采纳杨朴的劝进意见，称帝建国，随后又在杨朴的建议下，与辽朝议和、求册封，采取两步走的开国策略。尽管《亡辽录》所记阿骨打1118年建国改元的年代并不准确，但结合辽、金、宋多方文献记载来看，《亡辽录》原载阿骨打采纳杨朴的建议与辽朝和议、求册封之事大体可信。作为女真建国的两个重要步骤，既然求辽册封一事可以得到证实，那么杨朴劝阿骨打称帝也很可能是有事实依据的，况且《亡辽录》还记有杨朴的劝进内容，当非凭空捏造。天庆八年（1118）正月辽金开始议和，二月阿骨打给辽朝的"复书"中已有"能以兄事朕，岁贡方物"之文，此乃《亡辽录》所记封册十事中"以弟兄通问"和"岁输银绢"两条之雏形，且阿骨打自称为"朕"，并向辽索要"宋、夏、高丽往复书诏、表牒"，说明女真欲效仿学习宋、夏、高丽等国对辽交聘的文书制度，这些都透露出金已建国的讯息。从这些线索来看，杨朴劝阿骨打称帝建国当在天庆六年（1116）降女真之后、八年正月之前。

有证据表明最有可能的年份就是天庆七年（1117）。首先，《辽史·天祚皇帝纪》及《属国表》记载"（天庆七年）是岁，女直国主即皇帝位，建元天辅，国号金"，有研究表明此乃辽末史官的即时记录，较之《亡辽录》这样的私人史著更为权威和准确。其次，《辽史·天祚皇帝纪》和《亡辽录》都记载阿骨打称帝建国，所创立的首个年号为"天辅"，其始行年代即为辽天庆七年。再次，《高丽史》睿宗十二年（即金天辅元年，1117）三月记有阿骨打致高丽国王的一封国书，起首自称"兄大女真金国皇帝"，说明是时阿骨打已称帝，建号金国。这条记载可将金朝建国的时间进一步明确为辽天庆七年正月至三月间。由此推断，阿骨打当于辽天庆七年采纳谋士杨朴的劝进意见，即皇帝位，国号"大金"，建元"天辅"，《金史》所记开国史乃是出于金修《太祖实录》时的改写与重塑。

再辨析所谓"收国"年号，其本义当为收取辽国，但天庆五年初，女真人实力尚弱，没有灭亡辽朝的底气和打算，不可能有此年号。而"天辅"年号的字义正与金人天佑开国的传统天命观相符，此后金太宗、熙宗相继改元"天会""天眷"，暗含的也是相同的寓意，可谓一脉相承。故"天辅"为阿骨打始建年号，当可信从，而《金史》所记"收国"年号着实可疑。

此外，宋人吕颐浩还记载有一种"女真于宣和四年（1122）方建国号大金"之说，但通过史料辨析可知，女真始建国号"大金"绝不会晚至宣和四年，它所反映的史实可能是金朝从"大女真·金国"的双国号制向"大金"单一国号体制的转变。

总而言之，据考证研究，阿骨打称帝建国之本事及金人改写本朝开国史的过程大致如下：辽天庆六年高永昌之乱，铁州人杨朴降女真。七年，杨朴劝阿骨打称帝建国，阿骨打遂即皇帝位，国号"大金"，建元"天辅"，次年（1118）又采纳杨朴的意见，与辽和议，求册封。但"前后十三遣使，和议终不可成"，加之在此期间金宋之间开始建立海上之盟，金国遂转而发起武力灭辽的全面战争。然而金朝史官后来编纂《太祖实录》，对这段开国历史讳莫如深，遂杜撰出另一个迥然不同的叙事版本，他们抹杀了杨朴在女真建国前后所发挥的重要作用，称阿骨打在吴乞买等完颜部宗室成员的劝进下，于辽天庆五年正月朔称帝建国，国号"大金"，建元"收国"，从而将其建国时间提前了两年，并编造出一个子虚乌有的"收国"年号。"收国"明确寓有收取辽国之义，应当是在金天辅四年（1120）与辽和谈破裂、决定灭辽之后才会有的概念，其目的是要表现女真在起兵后不久即已确立了推翻辽朝、取而代之的志向，以示金承辽统。由此，金皇统八年修成的《太祖实录》便重塑出一部全新的金朝开国史。其实，金人改篡其朝开国史的做法与辽朝的情况如出一辙，体现了一种曲笔隐讳的史学观念，从中或可折射出契丹、女真民族建国后的心态变化和文饰前史的政治传统，由此可进一步思考北方民族崛起建立政权之后如何追述和书写其自身的开国历史。

〔本文摘自《文史哲》2022 年第 2 期，原题为《改写与重塑：再论金朝开国年代及其相关问题》。作者邱靖嘉，中国人民大学历史学院副教授〕

杀虎与当熊：元代胡烈妇救夫叙事的流变

洪丽珠

胡烈妇为《元史》列女之一，史传全文仅约八十字，虽曰"烈妇"，却有义之行、无烈之实。胡妇因杀虎救夫而脍炙于元代南、北士人之口，是少见入史之前具有丰富传世资料的元代列女。其事迹流布于庙堂江湖之间，图文并茂，承载的叙事功能远比列女史传的内在意义与外在形式更加多元。流变方向大致可归纳为三类：第一类为政治正确的诠释，主要在宋元对峙和南宋亡国的背景下，元廷官员强调胡氏的义烈，彰显国朝人伦淳厚，才出此祥瑞；第二类着重伦理纲常的发扬，将胡氏杀虎救夫与冯媛当熊保君并列，甚而添加饶娥杀蛟，完整为君、父、夫三纲的论述；第三种则从百姓的角度控诉政虐，尤其南宋遗士以颂扬胡烈妇为表，军兴戍役之害为里，批判苛政猛于虎。当故事成为正史的一部分，叙事空间随之消散，胡烈妇的讨论也趋于冷寂。明清士人偶尔提及，反倒是因对元人传世相关画作的兴趣，而非故事本身的吸引力。

一 列女与天伦

成为"列女"的一员之前，胡氏的英勇事迹，在元代朝野引起许多反响，其中朝堂代表人物为前金进士、曾任翰林侍讲、官至山东按察使的徐世隆（1206—1285）。他撰写的《胡氏杀虎歌》，补充了不少细节，定调其足称"列女"典型。

北方士人王恽（1227—1304）在城破之后，跟随父亲经历北渡的艰辛。王恽父、祖皆在金朝为吏任官，王恽把自己当作金朝遗士的一员，和徐世隆相互呼应，作《烈妇胡氏传》，内容简短，但部分细节详于《胡氏杀虎歌》。徐世隆和王恽都提到荆钗、柔懦等女性特质，用以对比英烈、壮毅等表现。

除了著名士大夫的宣扬，地方士人也加入传播故事的行列。四明（今浙江宁波）人任士林（1253—1309）有一篇《烈妇胡氏传》。他提供了目前可见关于杀虎救夫事件最详细的记载。任士林并未如同徐世隆和王恽那样，视胡氏为"列女"候选人，他主要叹服于事件之奇。如徐世隆、王恽代表的是北方金代遗士的圈子，那任士林的关注则来自南宋士人群体，他关怀的重点和庙堂士人有明显的差别。

同一个故事，代表中央官僚的徐世隆、王恽着重为典为范的政治用途，任士林则强调战争、徭役的伤害，以及无畏虎暴背后的无奈。

二　当熊与杀虎

广州艺术博物院藏有一册《四烈妇图》，据称为元代佚名之作，画册中最早的题跋为明代。稽之史料，明人程敏政（1445—1499）自称曾作《题沈廷美尚宝所藏四烈妇图》，并标注四则故事分别为：楚妃投水（战国）、冯媛当熊（汉）、凝妻断臂（五代）与平妻杀虎（元）。

据元代的诸多记载，胡氏杀虎图像版本众多。不同作者的题记、题诗，都宣称见过杀虎图，佐证创作杀虎图者不止一人，图像也肯定不只一幅。

胡氏的事迹一出场，就从众多贞节烈女中脱颖而出，成为当时列女呼声最高的候选人，文字显然难以满足当时叙事者的想象与流传欲望，朝廷与地方著名士人的讨论，诱发以图像重现情景的需要，图像则对故事的渲染与流传，更具力量。但此热潮显未延续至明清，未见后世有相关话本小说。显示胡氏杀虎事件的话题性，仅在元代昙花一现。

这四个故事的主角，被选择并列的标准是什么？由谁来认定？观看的对象是哪些人？目前无法深究，但冯媛当熊与杀虎救夫是元代文字传述中最常见的并列，显示女性/猛兽这样的组合是标准之一，而夫/君则是"烈妇"展现"义"（royalism）的对象。冯媛当熊的事迹，唐宋以来少见士人谈论或刻意赞扬，甚至可说是因为有胡氏杀虎故事在元代的流传，冯媛当熊才能成为一个类型对象。冯媛当熊的价值核心，本不在于夫妻之爱，而在于忠君之义，元人题写胡氏杀虎图，往往以冯媛当熊比拟，有意无意地转嫁了当熊事迹中的君臣纲常价值，救夫与救君所牵涉的"天性"与"伦常"，也不免重叠。

与王恽交情甚深的胡祗遹（1227—1295）曾为"救夫杀虎图"题诗。此诗将胡氏比为元代平民版的冯婕妤，一位不知书的野妇，在关键时刻能够展现对君父夫的义烈，他归功于本朝伦常风气之淳厚，所以像胡氏这样的"祥麟瑞凤"、元代"冯媛"的出现就有合理性。胡祗遹的诗，焦点不在惊讶胡氏以弱质女子杀虎的奇异，而是诠释"我朝人伦厚有余"，故而"当熊冯媛无时无"。

元人陈镒，有《题刘平妻杀虎图》诗，同样将冯媛与胡氏比拟，强调女性的柔弱与对猛兽的勇武，烘托"为义亡（忘）其身"之说。刘诜（1268—1350）亦有《题刘平妻杀虎图》诗，但细节上出现了差异，和流传至今的杀虎图不太相符。故此，如非刘诜个人描写不精准，就是他所题者另有其图。从胡祗遹、陈镒和刘诜等南、北士人都曾题杀虎图，显见胡氏故事流传地域甚广。

由于长寿而经历元代大部分时间，晚年生活于明洪武朝的武进（今江苏常州）人谢应芳（1296—1392），工诗文。他提到有位名为胡石、字润卿的巡检，曾拿了一幅"胡妇杀虎图"向他索书，他题诗于后，画的内容正是至元七年滨州军士刘平往戍枣阳遇虎，妻胡氏逐虎杀之的故事。再证胡氏杀虎救夫故事流布人群与区域极广，从中央官僚到地方教官，从前金遗士到南宋文人，乃至巡检这样的基层捕盗官，都参与其中。谢应芳把冯媛、饶娥和胡烈妇古今三人，贯穿君、父、夫三种伦常关系，呼应胡祗遹等官员的意念，至此，百姓因应役面临的生死故事，在流传过程中，被诠释为政治祥瑞，冯媛当熊也因此在沉寂多年之后，伴随胡氏故事而起。

杨学文是辗转州县的基层官员。杨学文解释自己对此事的关注，是因徐世隆杀虎歌与"好事者"的图画流传，胡氏事迹受到广泛褒扬，才有他的"锦上添花"。杨学文亲眼看过某一幅图像，他描述道"英英义胆鬼神惊，一刀儿手天为助，百灵呵斥虎自倾，不然何能与虎争，当熊委身差可拟"，以及"此图价可百倍高"。对胡氏的赞扬，离不开冯媛当熊的对比，几乎成为一种通则。

三　政治与猛虎

在众多传播杀虎救夫诗文图像的士人中，知名度最高的，影响力最广的，除了徐世隆之外，首推赵孟頫（1254—1322）。他自述此事"闻之中原贤士大夫"，即前述北方出身的士大夫群体，故而"慷慨作烈妇行以歌之"。

赵孟頫名满天下，其《烈妇行》自是推波助澜。比较明显的是借此事传达对时政的婉转批判，不同于伦理纲常或国之祥瑞的阐释，赵孟頫之论不脱苛政猛于虎的旧说，在宣扬胡氏的义烈之余，更批评时政对百姓的苛虐。

元明之际的唐肃（1331—1374），在《题赵松雪烈妇行后》曰："右《烈妇行》一首，吴兴赵文敏公所作，当时同赋者颇多，若杨公仲弘、徐公威卿、陈公众仲以下，或文或歌或近体，皆一一可观。可文敏此篇尤为绝倡，故能脍炙人口，久而益传也。"唐肃证明了赵孟頫《烈妇行》诗歌的影响深远，贯穿到明初，也提到元代多位著名士人都与赵孟頫以此相互唱和，这种情况势必引来士人圈的大量关注。唐肃的说法，证明胡烈妇事迹的流布，赵孟頫起着重要作用。赵孟𫖯传世作品中，《烈妇行》并不特别受后世关注，唐肃专门评论《烈妇行》，认为赵孟𫖯借此表达自己对宋元易代的心迹。

吴师道（1283—1344）作《杀虎行》。胡烈妇的事迹在吴师道看来，不是祥瑞，也不是义烈，反倒是军兴征戍带来的人伦悲剧，是不忍卒睹的人祸。他的观点呼应的是赵孟𫖯、任士林等南宋遗士，批判这个事件凸显人民的安居乐业受到破坏。

可见围绕胡氏杀虎，论者绝大部分都认同这位奇女子之胆识、勇武与义烈，但在延伸的评论上，北方／南方、庙堂／地方等身份背景各异的士人，赋予杀虎故事的价值与意义不同。前者多以胡氏应为烈（列）女典型，强调政权的正面与义烈出现的相辅相成；后者则往往强调杀虎故事是苛政虐民的结果，甚至暗喻宋元易代的天意与人力。

入明之后，传颂近百年、图文满天下的杀虎救夫事件，最终成为《元史·列女》中约八十字左右的《胡烈妇》传。成为正史后，事件似乎失去了魅力，讨论空间不再多元。明清人对胡氏事迹的兴趣，本质已变。他们常隐去胡氏之姓，不知是否避讳敏感字眼。在清代有这种现象，容易理解，时人通常称刘平妻，甚至把胡烈妇改称刘烈妇。再者，他们也不那么关注故事的情节，或发扬胡氏的义烈不让须眉，主要是对已属珍品的元人画作有浓厚的兴趣，而画作恰好是以杀虎救夫为主题。

〔本文摘自《文史》2022 年第 2 辑。作者洪丽珠，四川大学历史文化学院副教授〕

试论元明户役当差与吏民依附奴化的回潮

李治安

本文基于前贤论著，侧重元诸色户计当差制、明划一"配户当差"和元明吏民的依附奴化，试做如下新的探研。

一 元代诸色户计当差的起源、定制及其在不同地区的实施

元诸色户计当差，肇始于蒙古军前掳掠"生口"的强制役使。经乙未（1235）、壬子（1252）和至元七年（1270）的三次"抄籍"，终成定制。

（一）诸色户计当差的含义、起源及其在蒙古草原的早期形态

元代的诸色户计，包括种族、等级、职业、政府指定工役及分拨等内容或名色，又以职业、政府指定工役及分拨等人户为主，通常是指蒙元统治者将居民划分为各种户，用以承担国家及贵族所需要的各种义务。元诸色户计当差往往呈现"工作征成"专项役和"全户应当"户役的混合。

从"当差"的含义不难窥见，元代诸色户计与"当差"密不可分。离开"当差"或"当役"，元代诸色户计制度就容易流于一般性的户籍制，而失去其特有的本质含义。这也是笔者把"诸色户计当差"作为不可分割的整体来考察的缘由。

元代"诸色户计"，肇始于成吉思汗征服中的军前掳掠。被掳掠"生口"最初多被强迫承担繁重劳役。有元一代诸色户计的属性及其当差服役等，与被掠"生口"最初强制服役及掳掠"工匠""百工""签军"等，似存在较多的因袭联系。在蒙古西征和攻西夏、灭金国的过程中，众多色目人、汉人被掳掠到蒙古草原，构成了蒙古草原千户民以外的诸色户计及官署。

（二）汉地诸色户计当差的定制与特征

华北汉地是蒙古较早征服和元朝迁都后政治军事统治的核心地带。华北汉地随而成为蒙元诸色户计当差制最为典型和普遍的地区。在华北汉地诸色户计当差定制的过程中，太宗五年（癸巳，1233）"原免"汴民的诏旨及其后拣选诸色户，殊为重要。1233 年经耶律楚材等"奏选"而成"定例"及宣差勘事官阿同葛等"括中州户"，意味着继掠民北迁早期原型之后华北汉地诸色户计当差定制的开端。窝阔台汗乙未年、蒙哥汗壬子年和世祖至元七年三次"抄籍"的居中功用，更是不容小觑。

元代诸色户计制度的基本特征及其与中原王朝户籍制的区别，主要是偏重在"当差""当役"。对照参考王毓铨先生有关明"配户当差"的论述，笔者认为，作为其前身的元诸色户计当差，基本属性或特征可概括为：据籍当差，户役世袭，各有所属，主从役使。

（三）诸色户计当差制在江南的移植与嫁接

笔者认为诸色户计当差制在江南的推行移植与华北体制间仍存一定差异，基本表现为与原南宋赋役形态的嫁接。理由如下：其一，平定南宋，多半是招降而非武力攻略，故而与灭金战争掳掠之后乙未、壬子和至元七年抄籍重在"分拣""取勘"驱与良、投下与"大数目"等，不尽相同；其二，与华北汉地相比，江南军前掳掠及官府签发等相形见绌，民户以外的其他诸色户计及其专项役也相对较少，或接近江南人口总数的 20%，80% 左右的多数人口仍然是民户，元廷对其所课役主要是汉地民户式的"杂泛差役"；其三，元统治者基于多榨取的实用策略，大抵默许袭用南宋旧例。

二 明代"配户当差"及"纳粮也是当差"

如果说移民、授田与军民屯田充当了明代"配户当差"体制的基础，黄册制和里甲制则相当于该体制最终成型的强制编籍及赋役框架。这肯定不是由宋朝传承，而是直接来自前述元华北汉地等诸色户计制。与黄册制配套的是里甲制，其职司为催办钱粮，勾摄公事，实质是将百姓管束附籍以供赋役。王毓铨先生还深刻揭示"配户当差"户役法的如下四项基本特征：役皆永充，役因籍异，役有役田，以户供丁。

王毓铨先生曾一针见血地指出，明"配户当差"制下"纳粮也是当差"。对此，笔者很长一段时间似懂非懂。近日研读史料及有关论著，才发觉"里甲正役"应为理解民户等"纳粮也是当差"的关键或枢纽。"催办钱粮"的"正役"背后始终隐藏着催征、经收和解运等沉重徭役，明税粮与解运等徭役二者不可分割，"纳粮也是当差"也就昭然若揭了。

事实上，明以"配户当差"治天下，是由秦、西汉编民耕战与元诸色户计制二者混合而成。在迁民、授田、屯田、国家直接统辖役使百姓及重农抑商等环节，明朝主要"远祖"秦和西汉。而在以诸色户计和全民当差制等环节，明朝"近承元朝的户役法"。从前述元三大区域实施情况看，其诸色户计分立及当差又径直"近承"元华北汉地体制。此乃明"配户当差"的由来。

朱元璋划一推行与元华北汉地有直接渊源联系的"配户当差"，还与他浓厚的中原情结密不可分，同时也因朱元璋始终对浙西等江南士人缺乏足够的信赖。由于契丹、女真、蒙古相继南下入主，无论经济文化抑或社会结构，此时的中原已带有包括诸色户计当差在内的较多北方民族元素。

还需要阐明的是，尽管在授田、屯田、国家直接统辖役使百姓等环节上，明"配户当差"较多仿效秦西汉等而与之有所相通，但其世袭"户役"及前述"纳粮也是当差"却颇为特殊，既不尽同于汉唐，更有别于两宋，很大程度上是朱元璋变通元华北汉地体制后的"独树一帜"，这恰是明"配户当差"的特定属性。

三　当差服役秩序与吏民依附奴化的回潮

"唐宋变革"中"身丁"无差别劳役的基本消亡已是大势所趋。百姓被强制人身服役的相应弱化或趋于消逝，又意味着其国家依附民或农奴身份的大幅度减退。元"诸色户计"和明"配户当差"，既是户籍制度，更偏重在以"户役法"出现的全民当差服役，即无例外地实施户役世袭，强制为国家或贵族提供"全户应当"之"役"和"工作征戍"之"役"。而劳役恰恰是衡量传统社会农民人身被部分占有的基本尺度。元明"户役法"所缔造的全民当差服役秩序，直接施行于百姓之身，明显是对"唐宋变革"中民众"身丁"劳役基本消逝趋势的逆转。

几乎与百姓依附奴化同步，元明官僚的奴化也愈演愈烈。元明背离了唐宋道统高于君统及士大夫"致君行道"的进步趋势，君臣关系步入了"皇帝越威风，士大夫越下贱"的黑暗时代。官僚士大夫受到皇权的强力压制，蜕变为"纲纪之仆"和听候皇帝差遣的"役"。忽必烈以笞杖待臣僚和朱元璋开创的"廷杖"，多半是针对犯上谏诤官员的肉体和精神打击。而元明籍没转而盛行，更彰显皇帝对吏民家庭、财产等的奴隶般强制褫夺与主宰。说起汉语"当差"一词，元代大抵是在百姓范围内使用，且与服役含义相近。如元杂剧唱词曰"普天下并役当差"，时至明清，官员仕宦使用"当差"越来越普遍。于是，百姓当差与官僚当差，百姓依附奴化与官僚依附奴化，被牢牢捆绑在一起，相辅相成，彼此渗透支撑。

继"唐宋变革"士大夫政治主体意识形成及谏议制成熟之后，元明清臣僚反而陡然跌落为"卖身的奴隶",确实令人诧异茫然。此处我们基本廓清了元明臣僚奴化与全民当差服役的普遍并存和交互因应联系,基本廓清了元诸色户计当差和明"配户当差"所构建的长达300年的全民当差服役秩序,其充当着元明吏民依附奴化回潮的最深厚、最广阔的社会土壤。这也就找到了元明清官僚奴化的根子。元明清皇帝独裁走向巅峰以吏民依附奴化为牺牲代价的"内幕",随而也大白于天下。此乃元诸色户计当差和明"配户当差"最主要的负面历史性影响,也是本文着重考察该问题的价值所在。

最后谈与吏民依附奴化相关的元明清宫妃殉葬和明"廷杖"。元明宫妃殉葬,大多非其守节志愿,纲常贞节等原因实属次要。主要应归结为元明太祖极端专制与父权制奴役的混合作用,前述当差秩序及奴化回潮的滋养催生,也难辞其咎。元明妃嫔殉葬实乃吏民奴化在宫廷内的范本,也是泯灭人性的腐朽倒退。明"廷杖"横行三百年,主要来自北族父权制家内奴役俗,亦可在全民当差服役等较深层次找到合理答案。

〔本文摘自《史学集刊》2021年第6期。作者李治安,南开大学历史学院教授〕

明代朝觐经费地方财政化考察

黄阿明

　　明朝综兼往代，将周代朝觐制度与后世外官赴京考核制度有机结合起来，对地方官吏实行三年一朝觐考察的制度。对地方官吏而言，朝觐考察费用则是一项必不可少的开支，衍生出诸多弊端。探讨这一问题，不仅有助于深入认识明代文官考核制度的实际运行状态，也有助于深刻理解明代地方财政史的构造。

　　朝觐考察必需一定人力、物力和财力予以保障，方可完成朝觐之典。明太祖朱元璋立国之初，颇恤新除地方官员出身贫寒，用度不给，由国家提供赴任道里费，以养其廉。洪武十九年（1386）颁布的《大诰续编》，以则例形式规定地方官朝觐路费、脚力："每有司官一员，路费、脚力共钞一百贯，周岁柴炭钱五十贯。"这是一笔相当可观的路费补贴。对于明初国家财政来说，也是一笔不小的财政支出。但是，洪武十九年"路费则例"相当粗疏，存在诸多漏洞和缺陷。首先，"路费则例"内容指向不明，并未言明"百贯"是一次完整朝觐行为往还的路费、脚力，还是一个单程道里费额数。其次，路费开支归口不明，究竟是由中央财政还是由地方财政支出支付以及从何种性质的财政名目支出，未做出明确规定。再次，"路费则例"仅提供朝觐官员路费，不及佐贰、首领官和随行"吏"之路费。最后，"路费则例"内容过于简略，仅规定朝觐道里费，缺少与朝觐有关其他项目用费开支的规定。洪武二十六年颁定《诸司职掌》，更使洪武十九年"路费则例"中规定的"脚力钞"取消，仅保留朝觐道里费一项。

　　值得注意的是，随着大明宝钞自发行以来一路恶性贬值，以宝钞形式给予的任何赏赐、经费补贴变得仅具象征意义，导致朝觐路费补贴变得微乎其微。但明廷却始终没有废除朝觐路费则例，因此地方官吏不得不另辟他途筹措朝觐费用。

　　明朝朝觐考察有一套严格的制度规定和程仪，包括朝觐成员、赍携朝觐文册、行程、至京朝觐考察和一应程仪，每一项都需支出一定的费用。根据性质与用途，可将朝觐经费分为朝觐路费和朝觐造册等用费两大类。如此名目繁多的花费、路费盘缠、工食，自是一切皆自民出也。正统以降，官方文献《明实录》不复见有关地方官员朝觐道里费用的任何记载。相反，明代的文集和方志关于朝觐经费的记载越来越多，显示朝觐经费逐渐转入地方财政领域，成为地方财政开支项目。成弘时期是明代朝觐经费供给发生制度性转变的分水岭，朝觐路费与朝觐造册等用费进入地方财政领域的演化路径颇有不同。

朝觐造册、祭祀、饯宴等具有地方行政公务性质，因此费用可以充分正当的理由纳入地方政府行政公费范畴，进入徭役领域。嘉靖至清初的方志表明，明代中期以后各地解决朝觐经费的措施不尽相同，支出名目各异，但是根本方向一致。即随着各地赋役改革向一条鞭法改革的纵深推进，各地相继将朝觐造册、祭祀、饯宴等用费纳入地方里甲、均徭领域，征收银两，并通过颁布均平录、徭里文册、赋役书形式固定下来，实行量化管理，表现出"役银化"特征。但是，由于全国存在明显的地域差异，各地赋役改革进度不一，做法亦具差异，山西潞城县甚至迟至万历九年（1581）推行一条鞭法改革后才将朝觐费用编入徭银。

明代史籍不乏地方官员自筹朝觐道里费的记载，这些例证固然反映了个别地方官的廉介贞静，奉公守纪，同时也透露出地方官员在应对朝觐筹措觐费时的窘境和无奈。实际上，在国家制度规定范围内，各地在解决朝觐盘费时大都各行其道，或从里甲银，或从均徭银，或从赃罚银，或从羡余银，或从官库银等地方财政不同领域解决朝觐路费问题，使朝觐路费筹措方式呈现出多途化特征。

正德《朝觐事例》，为朝觐路费广泛进入地方财政领域提供了制度基础。地方官员在筹措朝觐费用时往往以朝觐为由大肆科派征敛，朝廷虽屡申禁令，终究鲜有成效。为遏制地方官员以朝觐为由大肆科派敛征，盘剥百姓，隆庆二年（1568）明穆宗采纳巡按御史张槚建议，都察院议定奏请颁布天下司府州县官朝觐路费标准。"隆庆定例"在明代朝觐制度史上具有里程碑意义，在地方财政制度史上亦具不可忽视地位。它是明代国家第一次充分考虑到道里远近、官职崇卑，将两京十三省划分成三个朝觐区系，对司府州县朝觐正佐、首领官实行等差的定额路费津贴。"隆庆定例"无疑是一项具有根本性变革和进步意义的制度规定，但缺陷也非常明显。它仍然没有规定朝觐路费津贴在地方财政中的开支归属以及随行吏员路费落实问题。

然而始料不及的是，隆庆定例却为不少地方将朝觐路费大规模引入徭役领域提供了制度保障。随着一条鞭法改革的推进，从嘉靖到万历年间地方上将朝觐经费中的朝觐造册、酒席、路费费用全部编入里甲均平银派征。但各地具体做法和编派方式又有所不同，千差万别。耐人寻味的是，以"均田均役"为改革目标的赋役改革，初衷本是为了减轻百姓负担，然而，将朝觐经费摊入徭役领域的结果无疑却是加重了百姓的负担。嘉隆以后，在继续深化赋役改革的趋势下，一些地方开始裁革徭里用费，将朝觐经费转至官库收入中的赃罚银下支给，迨至明代后期将朝觐经费固定到赃罚银下支取俨然已呈改革趋势。

明季国家多事，内外交窘，军费开支激增，府库匮绌，计臣东挪西支，无处措手。为筹措军费饷银，明廷实行"三饷"加派，征收地亩银，同时朝廷一再裁减、扣解地方经费。自万历中开始大幅度裁扣地方朝觐经费，上解以佐军饷，大规模裁减朝觐经费则是发生在崇祯时期。

〔本文摘自《中国史研究》2021年第3期。作者黄阿明，华东师范大学历史学系副教授〕

《论葡萄牙人的航行》及其中国知识来源考

李晨光

1577 年，西班牙首部中国研究专著——《论葡萄牙人东方各国各省航海和中国奇观消息》（Discurso de la navegacion que los portugueses hazen à los Reinos y Prouincias del Oriente，y de la noticia que se tiene de las grandezas del Reino de la China），简称《论葡萄牙人的航行》，在西班牙本土与海外殖民地的交通枢纽——塞维利亚（Sevilla）出版。作者贝尔纳尔迪诺·德埃斯卡兰特（Bernardino de Escalante，1535/1537—1605）出生于军事贵族家庭，曾多次受命于西班牙王室，投身外事、战争、宗教和信息收集等事务。本文通过细读德埃斯卡兰特的原著，全面还原和总结作者透露的素材来源，并以葡萄牙和西班牙在早期海外殖民的竞争历史背景作为切入点，检验作品的写作动机和目的，考察 16 世纪在与华交往方面占有先机的葡萄牙人对中国信息的获取机制和垄断政策。

一 地理大发现时代早期西班牙、葡萄牙与中国的交往史

从 15 世纪后半叶开始，发现从欧洲到达富饶东方的航路，是伊比利亚半岛上的两大世界性帝国——葡萄牙和西班牙海外扩张的不变目标。葡萄牙虽然在领土面积和综合国力上略逊于邻国，却在亚洲占得先机。16 世纪 50 年代葡萄牙人终于在澳门立足，开通了欧洲与中国之间的固定海上航线。据统计，15 世纪至 16 世纪之间，欧洲人 90%—95% 的海外探索和征服是由葡萄牙和西班牙两国完成的。然而具体到对中国的认识和了解上，西班牙人要远远落后于其邻国。

葡萄牙从曼努埃尔时代开始的对中国的探寻具有划时代意义，以里斯本为中心的葡国主要城市成为欧洲积累、收集和传播中国信息的集散地。虽然葡萄牙王室视这些内容为机

密，绝大多数完成于16世纪上半叶以亚洲为主题的著作也未获出版许可，而是以手稿的形式保存在里斯本的印度之家（Casa da Índia），葡萄牙仍吸引了欧洲作家、外交官、航海家等前来搜集情报。西班牙首部中国研究专著之题名即揭示了主要素材来源——葡萄牙人在东方的航行，但作者还有其他的依据和参考。

二　《论葡萄牙人的航行》的内容、作者和流传

《论葡萄牙人的航行》由16个存在逻辑和先后顺序的独立章节构成，从内容上可以分为两大部分：第一到第五章着墨于葡萄牙的海外征服史，特别是15世纪开始一直到占领马六甲，并最终获得中国消息的扩张历程；第六章一直到全书结尾则聚焦中国概况。具体而言，后十一章的标题佐证了作者丰富的涉华信息储备和由浅入深、由宏观到具体、清晰而明确的写作逻辑。

德埃斯卡兰特的著作一经面世迅速在欧洲知识界引起反响，英国人约翰·弗兰敦（John Frampton，生卒年不详）仅在作品首版的两年之后（1579），就将其翻译成英文出版。世界上首部近代地图集《万国全图》（Theatrum Orbis Terrarum）的作者、西班牙王国首席宇宙志家、尼德兰著名地理学家奥特里乌斯（Abraham Ortelius，1527—1598）和《中华大帝国史》的作者门多萨（José González de Mendoza，1545—1618）都曾征引过德埃斯卡兰特专著中的内容。

生活在西班牙帝国全盛时期的德埃斯卡兰特对葡萄牙在中国抢得先机深受触动，显赫的家族背景和身份地位，又使其赶赴邻国收集甚至是购买写作所需要的素材成为可能。他在全书的开篇之处即坦承："他们（中国人）在自然的事情和政府的组建上异常严谨和审慎，世界上没有国家能出其右，在艺术上的天分也是如此。这是促使我写作这本专著的原因。"

三　《论葡萄牙人的航行》的中国知识来源

通过作品内容，本文归纳出作者三个获取素材的渠道：从葡萄牙购买的中国实物；亲访了解中国信息的葡萄牙人和移居西班牙、葡萄牙的中国人；直接引用葡萄牙人和西班牙人创作的涉华文本。

（一）实物：中国文化最直接的表达

德埃斯卡兰特不但接触到为数不少的中国商品和艺术品，还在书中表达了对东方美学

和技艺的崇敬之意："中国人在绘画和石刻方面心灵手巧，才华横溢，在作品中使用很多植物枝叶、鸟类和猎物的图案，从中国带入葡萄牙的床具、桌子、盘子、盾牌和其他奇妙的物品上，很容易发现这些花样……我认识很多曾经到过中国的葡萄牙人都这么说，在里斯本我还亲见从中国带来的绘画作品，他们的画家确实是如此创作的。"

为了创作的需要，德埃斯卡兰特在书中描绘了自购的中国商品，增加了作品的可读性和可信度："从中国引进的镶嵌家具尤其让人惊艳，我自己有一张小写字台，是在里斯本购买的。我在塞维利亚让那些感兴趣的能工巧匠们参观，这座城市里的业内翘楚深感叹服，他们告诉我，全欧洲都没有人敢做这样的家具，试都没人敢试。"

（二）访谈：丰富而翔实的对华描述

德埃斯卡兰特重视通过访谈直接获取一手素材和资料，在作品首尾两次重复强调自己的信息来源——曾经因为经商或者其他原因到过中国的葡萄牙人和中国人。然而，在涉及中国人的部分出现了表述上的偏差：在作者本人撰写的前言中，德埃斯卡兰特称访问了在葡萄牙生活的中国人，而在全书结尾处，则称通过与"来到西班牙的华人"交流，获得了珍贵的消息。根据档案文献，葡萄牙、西班牙与亚洲的航线开通之后，中国东南沿海，特别是广东、福建、浙江等地的商民或被殖民者虏获强制带往欧洲，或主动决定移居海外，里斯本和塞维利亚等地早在 16 世纪就出现了华人移民。由此，德埃斯卡兰特极有可能拜访过在葡萄牙的中国人，也曾造访过西班牙华人社区。

通过与中国人的接触，德埃斯卡兰特对中文的写作和排版方式有了直观的认识。专著特别收录了三个手写体的汉字，这也是截至目前发现的欧洲历史上最早出版印刷的中国字。"中国人用图形写字，没有字母。"作者秉持猎奇的态度，在著作第十一章《关于中国人的语言和文字以及在学问上的概况》里特别引介了汉字。从外观上看，字体线条纤细，难以辨认，应是作者或其他不谙书写之人的临摹抄录。原文里，作者在汉字之前列出了西班牙语的释义和注音，以此为依据，并结合字形，三个汉字应为"穿"（guant）、"皇"（bontai）和"城"（leombi/fu）。

（三）文本：葡萄牙、西班牙文献的交叉使用

《论葡萄牙人的航行》题名即点明专著最大的信源——葡萄牙人，德埃斯卡兰特在文中给出了所引的两位葡萄牙作者姓名：一位是服务于葡萄牙"印度之家"的著名历史学家若昂·德巴洛斯（João de Barros，1496—1570）；另一位则是于 1556 年冬短暂停留广州的葡萄牙多明我会传教士加斯帕尔·达·克路士（Gaspar da Cruz，1520—1570），他在 1569 年至 1570 年间出版了西方历史上首部专述中国著作《中国事务及其特点详论》（Tractado em que se côtam muito por estêso as cousas da China）。

专著发表的 1577 年，西班牙人已经在与中国一衣带水的菲律宾立足。德埃斯卡兰特在全书最后一章收录了征服菲岛的西班牙将领阿尔提艾达（Artieda，生卒年不详）对中国的描述，以及他策划的访华计划。同王室和权贵关系密切的德埃斯卡兰特从传教的角度进一步阐释了对华关系的重要性，并从西班牙在亚洲征服的进展层面论证了派遣访华使团的可能性。

结　语

15 世纪晚期开始，以葡萄牙人和西班牙人为先锋的地理大发现活动使中西方的交流和了解空前深入，欧洲人对中国的认识在质和量上都有发展——一手资料和真实见闻逐步增多，想象渐渐消退，呈现出现代知识进步的典型历程。1577 年，西班牙历史上第一本中国研究专著的面世是中国和西班牙交往史上的标志性事件。本文研究发现，葡萄牙人、移居西班牙和葡萄牙的中国人及菲律宾的西班牙殖民者是作者最主要的中国信息来源，这反映了专著创作的历史背景和时代特征。《论葡萄牙人的航行》不仅收录了丰富而翔实的中国信息，作者德埃斯卡兰特还在著作中论证了出使中国的必要和可能，体现了文本的政治性功能。

〔本文摘自《国际汉学》2022 年第 3 期，原题为《西班牙首部中国研究专著〈论葡萄牙人的航行〉及其中国知识来源考》。作者李晨光，浙江外国语学院西方语言文化学院副教授〕

《明史》所载"中荷首次交往"舛误辨析

李 庆

作为基本史籍,殿本张廷玉《明史》的"外国传"塑造了学界对明代中外关系史的基本认知。其中,《和兰传》所记万历二十九年(1601)中国与荷兰首次交往的史事,多为史家征引、讨论。张维华早在 20 世纪 30 年代指出《和兰传》中的"李道"当为"李凤",不过他并未对中荷首次交往的记载做更多订正。其后,汤纲在利用殿本《明史》时,误将"税使李道即召其酋人城,游处一月,不敢闻于朝,乃遣还"的史事放置到"麻韦郎事件"之后,认为 1604 年荷兰人首先在福建遇阻,才转至香山澳,进而游处广州。1999 年,汤开建首次对中荷首次交往的史事展开详细辨析,认为西文史料未载的李凤招引夷酋游处会城一事属实。这一观点后来也得到林发钦、李庆新等学者的认同。然而,此说尚有不少疑点,本文拟就此展开进一步讨论,以求证于方家。

一 夷酋游处会城事为孤证

正如张维华指出的,清初纂修《明史》,尤侗领纂外国各传,万斯同《明史稿》在其基础上有所损益增删,而后王鸿绪再取万斯同《明史稿》,稍点窜文句,成为张廷玉殿本的主要文本基础。《和兰传》的演变过程大致遵循了这一文本演化特点。殿本《明史》"税使李道即召其酋人城,游处一月,不敢闻于朝,乃遣还"一语,不见于尤侗、万斯同所纂稿本,确实乃王鸿绪编纂时所增加,而殿本在王鸿绪稿本的基础上仅变动数字。那么,王鸿绪所增李道招诱夷酋游处会城的文字又出自何处?

早在 1999 年,汤开建先生指出李凤招引夷酋进入广州一事,首记于郭棐的万历《广东通志》(后文简称《通志》),其后张燮的《东西洋考》、金光祖的《广东通志》基本转录郭棐的文字。不过，郭棐却不是记录中荷首次交往的第一人。万历二十九年（1601）九月十四日夜，王临亨与两广总督戴燿于宴席间谈及此事。王临亨遂作《九月十四夜话记附》（后文简称《记附》），所记只字未谈及税使李凤召酋入会城、游处一月之事。继王临亨、郭棐之后，朱吾弼，时任南京御史，也提到李凤与此事的关系，然而只称其勾夷灭澳，并未说及招引荷兰人进入广州游历。

综合以上所述，清修《明史》对"夷酋游处会城事"的记载仅见于郭棐的《通志》，并无其他中文古籍可资佐证，实为孤证，不可尽信。

二 作为反证的西文史料

在中文史料之外，关于中荷的首次交往，荷兰文、葡萄牙文等西文史料亦有所载，且更为详尽。

据事件亲历者勒洛夫斯所记，自9月27日抵达澳门海域，至10月3日范·内克带领其他未被俘虏的成员离开中国海域，荷兰人逗留中国海域前后共计8日。在这期间，荷兰人从未进入广州城，更无暇游历一月之久。范·内克本人在《航行日记》中的记录也印证了这一点。虽然他没有明确记录自己抵达中国海域的时间，却清晰地指出自己在10月3日带领船员悻然离开。

作为事件的另一重要参与方，葡萄牙人亦提供了直接证据。耶稣会士费尔南·格雷罗（Fernão Guerreiro）在1605年的《东印度耶稣会神父的年度报告》中称，澳门城经历暴风雨和船只受损后不久，又有3艘陌生船只驶近，澳门居民很快意识到前来的是敌人。敌人的旗舰上放下了一艘小船，随后驶近澳门城。该船和11名船员俱被葡人截获扣押，其中两名荷兰人称他们此行是"为了与当地贸易而来"。第二日，敌人又派出一艘船只探路，船只和9名船员也被捕获。最终敌人的旗舰船起锚逃离，荷籍俘虏被判死刑。

那么，是否有可能登陆被俘的20名荷兰人中，部分成员后来辗转进入广州城，以此才有了相关记载？作为被俘的20名成员之一，马丁·阿佩（Marten Ape）后来得以侥幸逃脱死刑返回欧洲，他在事后的证词否定了这种可能性。因此，尚不论朱吾弼所奏"勾夷灭澳"说是否能成立，至少郭棐所言"夷酋游处会城"是没有依据的。

三 误载文本的可能来源

回顾相关时间点，李凤始入广东监税在1599年，《通志》首记"夷酋游处会城事"约在

1602 年。因此，若事件的主角仍为李凤，且存在史事误植的可能，那么被植入的事件极可能发生在 1599—1602 年。稽考该时段的中西关系史，可以发现确曾有一批非葡籍的西方人在广州待过一段时间，又与李凤有直接往来。不过这批西方人不是荷兰人，而是来自西属菲律宾的西班牙人。

1598 年 9 月，西属菲律宾总督派遣萨穆迪奥（Don Juan Zamudio）率船前往广东崖山附近，试图寻找与中国通商的机会，后与澳门葡萄牙人发生武力冲突。1599 年底，最后一批西班牙人准备撤出崖山之时，依惯例必须向广东当局请示并获得通行许可方能离开。为此，迪奥戈·杜阿尔特（Diego Aduart）受命在 1599 年 10 月初前往广州申办相关文书。

据杜阿尔特所记，因没有相关文书，抵达广州城外郊区后他们并未能立即进入广州城内，而是被一位称为 Liculifu，主管海南珍珠、渔业的宦官召进城内。这位宦官显然就是所谓的"钦差总督广东珠池、市舶、税务兼管盐法太监"李凤。此后杜阿尔特在广州城的经历可谓不幸，他在著作中记录下自己如何送礼，如何被勒索一千两白银，如何惨遭拶刑，又如何被关押在大牢。最终，约在 1599 年 11 月 16 日前，杜阿尔特才得以脱离牢狱，紧急逃离广州，与尚在虎跳门附近的西班牙人汇合。随后，杜阿尔特前往澳门，其他西班牙人则在 11 月 16 日离开虎跳门，返回菲律宾。

据以上信息，西班牙人杜阿尔特在 10 月初抵达广州不久就被李凤控制，"召到他面前"；最后离开广州的时间在 11 月 16 日前，大约已过"立冬"之期；前后合计，杜阿尔特的"广州之行"历时正好一月余。以上三个环节皆暗合《通志》和《明史》中"召酋入城""游处一月""冬"的三处记载。因此，如若《明史》的确误植事件，那么很可能是因为中荷首次交往与杜阿尔特事件发生的时间较近，加之郭棐编纂《通志》的"红毛夷"一条又紧随"吕宋"之后，这才导致编纂者将两者混淆误植，而后王鸿绪在利用《通志》编修《明史稿》时，又未能明察，以致以讹传讹。

余 论

借由"夷酋游处会城"失实的讨论，可以进一步梳理、比勘相关中西文献，对中荷首次交往的记载做更多剖析。就此而言，后出文献或许会出现所谓"层累"的问题，但所记信息也可能更完整、更贴近史实，因而也不可武断否定后出文献的价值。然而，以上对传统文献的讨论仍基于一个重要的前提，即晚明以后的中西交往过程中存留有大批细节颇丰的西文史料。仅就明清中外关系史而言，这些西文史料无论是在考据传统文献记载的真伪、还原历史事件的因果，还是在深入辨析互有差异的中文记载上，皆有着无可替代的作用。

在处理早期的中西文本时，中西历法是一个尤需注意的问题。王临亨所记"九月十四夜"，是目前所见中文文献中唯一明确记载的日期。按照普遍的认知，简要查照中西历法对照表，即可以判定万历二十九年九月十四日对应格里历（Gregorian Calendar）"1601 年 10 月 9 日"。然则，这种处理方法忽视了荷兰的不同地区采用格里历各有不同的历史事实。实际上，荷兰的不少地区迟至 18 世纪才采用格里历，而即便某些地区在 1582 年就已采用新历法，当地的很多文本也不一定就使用新的计时系统。

若按照格里历换算，戴燿与王临亨的对话会发生在荷兰人离开澳门海域（10 月 3 日）六日之后，这显然与《记附》所载信息不匹配。因为，若对话发生在六日之后，两人关于荷兰人"入寇乎？互市乎？"的讨论就不会发生，更无须再讨论中方的应对之策。合理的解释是，范·内克一行所使用的计时系统不是格里历，而是传统的儒略历，因此，"万历二十九年九月十四日"对应到范·内克一行的文书计时系统时应减去 10 日，为"儒略历 1601 年 9 月 29 日"。9 月 28 日是荷兰人第二艘船只被捕之时，次日消息传至广州，从而才有了戴燿与王临亨的夜话。

〔本文摘自《海洋史研究》2021 年第 2 期。作者李庆，南京大学历史学院助理研究员〕

康雍乾时期的海岛治策

胡泰山

内附治岛是将海岛作为大陆附属，由临近大陆的军政机构管辖的治岛政策。因边疆海岛地居大洋之中，与统治中心相去甚远，中央王朝难以对其实施直接统治。康雍乾时期，清廷承袭明代旧制，以行政手段跨越海峡阻隔，将边疆海岛内附临近的大陆省份，由其直接管辖海岛，而中央王朝通过对该大陆省份的节制总理边疆海岛事务，实现对边疆海岛的统治。

一　内附治岛政策的内涵

洪武元年（1368），海南岛隶属广西。洪武三年（1370），明廷升琼州为府，海南岛改隶属广东。清廷沿袭明制，以内附治岛政策治琼，以海南岛内附广东，将海南岛作为广东下辖的琼州府，由广东省直接管辖海南岛事务。此外，康熙年间收复台湾后，清廷以治琼之策迁移治台，内附治岛政策亦成为清廷的治台方略。康熙二十二年（1683），清廷将台湾内附福建管辖，并设立台湾府，隶属福建布政司。

内附治岛政策有三层内涵：行政隶属、军事统辖和经济依附。

行政隶属指以二岛道员为首的行政职官分别受到广东和福建督、抚、藩、臬等行省要员的节制。在二岛执掌行政权力的最高职官并非知府，而是分巡道。清代守巡道的职责不仅包括监察所属地方文武官员，还涉及剿灭盗贼、清理词讼等方面。二岛守巡道员是岛内品级最高的文官，主司岛内民政和监察事务，经布、按二司汇集于广东和福建二省，总领于中央。二岛的分巡道员是中央王朝在二岛落实内附治岛政策的重要成员。

军事统辖指以二镇总兵为首的军事职官分别受到广东和福建督、抚、提等要员的节制。

清廷先后在海南岛和台湾岛设立了琼州绿营镇和台湾绿营镇，作为驻守二岛的常设军事力量。二镇绿营兵既要弹压岛内抗清势力的骚乱，维护岛内统治秩序，也要抵御岛外海盗等外部势力袭扰，承担清朝南部和东南海防线的卫戍之责。二镇总兵是实际驻扎二岛的最高军事职官。与道员类似，二镇总兵所领事务和职权汇集于广东和福建二省，最终归于中央，他们也是清廷在二岛落实内附治岛政策的重要成员。

此外，海岛对临近大陆行省的经济依附也是内附治岛政策的内涵之一。因为地理位置及行政隶属的关系，海南岛、台湾岛自身经济发展都对其临近的大陆行省有着巨大的依赖性。这种依赖性主要表现在大陆向海岛的移民及海岛与大陆间的贸易。

二　海南方案

顺治四年（1647），清朝开始统治海南岛。清廷承袭明代治琼的内附治岛政策，将海南岛内附于广东，在海南岛设立琼州府。至晚在顺治六年（1649），清廷设置琼州分巡道。顺治八年（1651），清廷设置琼州绿营镇。

康熙二年（1663）五月，清廷调整广东道制，琼州道被裁。此时，虽然岛内抗清势力逐渐被平定，但岛外的海患却愈演愈烈。海盗频频侵袭海南岛，海南岛沿海各州县频遭洗劫。海盗侵袭给清廷对海南岛的统治造成巨大威胁。清剿盗贼、维护地方安宁也是道员的职责。康熙八年（1669），清廷复设琼州道，希望琼州道员可以督率琼州地方官员积极应对海患。

康熙二十二年（1683），清廷大改广东道制，将雷州府并入琼州道，改琼州道为分巡雷琼道。雷琼道治所仍驻琼州府，兼辖雷州与琼州二府。雷琼道的设置，对内附治岛政策在海南岛的深化意义重大。一方面，兼辖海（海南岛）陆（雷州）的雷琼道与广东水师巡洋会哨结合，强化了雷琼两地所属洋面的海防态势，使其得以有效应对海患。另一方面，雷琼道的设置增强了海南岛与雷州乃至广东大陆的联系，增强了海南岛对广东省的内附程度，清廷对海南岛的统治得以加强。

雍正年间，广东总督郝玉麟奏请将雷琼道改为海南道，使其专辖海南岛。郝玉麟认为雷州与琼州分立于海峡南北，中隔大洋，风信无常，紧急公文难以及时传递，是以雷琼道难以兼顾雷州。在此前后，雍正皇帝接到奏报，琼州绿营镇风气败坏，军纪涣散，弊病丛生，甚至为祸乡里。随即，雍正皇帝采纳郝玉麟的建议。雍正八年（1730），清廷改雷琼道为海南道，并加兵备道衔。此举虽然强化了对琼州绿营的监督，也避免了雷琼道难以兼顾雷州的困难，但却使海南岛与广东大陆的联系遭到削弱。

乾隆三年（1738），两广总督鄂弥达奏请复海南道为雷琼道。鄂弥达认为，雷琼两地相近，海南岛所需米谷等物均从雷州贩运接济。但海南道只辖琼州一府，在调度运粮等方面存在诸多不便。随后，清廷准许该奏，雷琼道得以恢复，再度兼辖雷州和琼州二府。

乾隆二十七年（1762），两广总督苏昌上疏称，雷州是进出琼州的咽喉要地，雷琼道兼辖雷琼二府，控制得当，而琼州镇只辖海南岛，与雷州并无联系。苏昌奏请将雷州协、徐闻营、海安营拨归琼州镇，并称此举可使雷州与琼州声势联络，犄角相应。随即，乾隆皇帝将此一协二营拨归琼州镇，并将其更名为琼雷镇。因雷琼道名之故，琼雷镇亦被称为雷琼镇。

兼辖海陆的道、镇不仅利于两地资源的调配，也更加利于加强海南岛与广东大陆的联系。清廷在海南岛从专辖海岛的道、镇转向设置兼辖海岛与大陆的道、镇，以此强化海岛对临近大陆的内附程度，从而强化清廷中央对海南岛的统治。此为深化内附治岛政策的"海南方案"。

三 台湾方案

康熙二十二年，清军收复台湾。在治台方略的选择上，赵士麟建议仿治琼之策治台，即是以内附治岛政策为治台方略。

收复台湾时，清廷以内附治岛政策治琼已30多年，清廷对海南岛的统治不断强化。根据历史经验来看，以内附治岛政策治理边疆海岛有其合理性因素。另外，海南、台湾二岛有着诸多相似。其一，二岛有相同的历史背景。清廷在统治二岛之前，二岛均有反清势力盘踞，与清军对抗。其二，二岛地理位置相似，文化风俗相近，气候环境亦类似。其三，二岛皆为清廷新收复的疆土，清廷对其有着相同的统治需求。因上述原因，康熙皇帝采纳了赵士麟的意见，亦以内附治岛政策为治台方略。

康熙二十三年（1684），清廷设置台湾府，将其内附福建省管辖。同时，清廷还设置了分巡台湾厦门道（即台厦道）、台湾绿营镇，以台厦道员和台湾镇总兵统领全台政事和军事。

台厦道兼辖台湾和厦门两地，治所在台湾，其设置显然是汲取了清廷在海南岛设置雷琼道的经验。然而，雍正四年（1726），浙闽总督高其倬奏称台厦道隔两重大洋兼辖厦门，实属鞭长不及，只有虚名并无实际。高其倬奏请改台厦道为台湾道，使其专辖台湾岛。雍正五年（1727），清廷改台厦道为台湾道。而台湾道自设立起，终康雍乾之世，始终只辖台湾镇。

台湾道、台湾镇均只辖台湾岛，不利于台湾岛与福建大陆联系的强化，清廷和福建省对台湾的节制也因海峡阻隔而显得鞭长不及。为了解决这一问题，清廷还实行了下列措施。

其一，提升台湾镇绿营的军事实力。台湾镇的兵力远超琼州镇等其他绿营镇。台湾镇雄厚的军事实力，有助于弹压岛内各种抗清起义。

其二，强化台湾道员和台湾镇总兵的职权，便于其及时奏报消息和处理台湾岛内事务。考虑到台湾岛的特殊位置，以及台湾岛内此起彼伏的抗清斗争，雍正时期，清廷给台湾镇总兵挂印，使其能够在岛内爆发骚乱时立时弹压，而不必事先请示督抚。乾隆时期，清廷给台湾道员加按察使衔，使其能够单独奏事。

其三，对台湾道员、总兵选任尤为审慎。对于台湾道员、总兵的选任，不仅要求其才识过人，而且对其心性、年龄等多方面都有严格要求。

其四，清廷通过设置巡台御史、给道员加兵备衔等措施强化了对台湾道、镇等官员和地方事务的监督。

清廷在台湾岛趋向设置专辖海岛的分巡道和绿营镇，并通过若干辅助措施，强化了清廷中央对台湾的统治，此为深化内附治岛的"台湾方案"。

"海南方案"和"台湾方案"是康雍乾时期清廷在前朝治岛方略基础上对边疆海岛治理方略的进一步探索和发展。这一时期，通过两种方案，清廷成功地在二岛贯彻内附治岛政策，将其纳入内地一体化统治体系，实现并强化了对二岛的统治。

然而，内附治岛政策本身也存在一些缺陷。内附治岛政策的核心是"以岛附陆，以陆治岛"，这说明该政策深受重陆轻海观念的影响，将海岛作为大陆的附庸。此外，内附治岛政策试图以行政手段跨越海峡对海岛实行一体化管辖，但在政策落实过程中却又无法避免海峡阻隔的现实困境。

另外，这些缺陷客观上也引发了对海岛和海峡的反思。海峡是大陆与海岛的中间地带，不仅有阻隔作用，同样也是二者联系的纽带。海岛是内部陆地和外部海洋结合的特殊地理形态。因而，对海岛的研究不能仅关注其陆地属性，也必须重视其海洋性特征。

〔本文摘自《中国边疆史地研究》2022年第2期，原题《康雍乾时期的海岛治策——内附台岛的两种方案》。作者胡泰山，中央民族大学历史文化学院博士研究生〕

明清时期中国的民间组织与基层秩序

龙登高　王　明　陈月圆

士绅长期被学界视为传统中国基层秩序与社会治理的核心，不仅广泛参与基层公共事业，也在各类民间组织中发挥作用。与此同时，民间组织本身也是一个重要的行动主体，在基层公共事业中的作用也逐步得到了重新认识。随之带来的问题在于，士绅与民间组织在基层社会的职能似乎很接近，那么二者在基层秩序与公共事业中各自发挥了什么作用？二者之间又存在什么关系？

本文关于明清时期中国基层秩序的论述，能够在一个统一的框架下有力地解释上述问题。如下图所示，正式官僚体系之外，基层秩序主要通过善堂、书院、会社等民间组织，歇家、官中等市场主体与保甲、里甲基层准行政力量三方面共同维系。民间组织并非国家行政机构，而是由不同社会群体出于某种"公共性"目的创建并经营管理的社会团体，大多具有非营利性，能够有效满足不同群体的需求。以上述基层秩序为基础，政府才能够实现对基层的间接管理，从而得以低成本地实现大一统，这是短缺经济与信息技术条件落后约束下的政府治理之道。

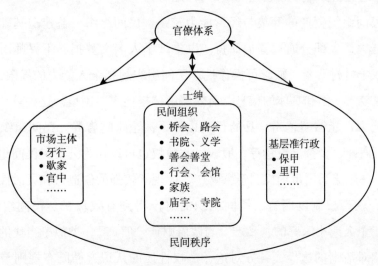

图 1　明清时期的民间主体与基层秩序

一 民间组织具有"合法性"与协调力的优势

民间组织能够成为基层秩序与公共品供给的主体，源于其在"合法性"与协调力方面的独有优势。

就"合法性"而言，首先，政府的支持与"授权"是民间组织合法性的一项重要来源。地方官往往通过准许"立案"、在捐簿加盖官印、下达谕示禁令等方式，维护公共设施建设与使用过程中的秩序，官员亦常常率先捐款或亲自倡导。其次，民间组织"合法性"的另一重要来源是在组织建设过程中参与者所形成的共同信念与共识。

就协调力而言，基于多元的"合法性"来源，民间组织能够通过不同领域之间的"关联博弈"，制度化地协调、整合各方利益，推动公共事业的建设。民间组织较强的协商、调解利益关系的能力，还体现在组织领导层的选任上，一般都符合基层民主与各方利益均有代表的原则。此外，民间组织协调能力的另一重要意义，在于其作为信息传达的渠道，能够为政府决策提供补充。

二 民间组织的资产独立性与资源整合力

基层秩序与公共品供给以一定的物质基础为必要条件，民间组织的资产独立性与资源整合力为此提供了可能。民间组织长期、稳定主导基层公共事业，数十年乃至数百年延绵不辍，其基础在于拥有相应的财产，时称为"公产"。公产的产权性质保障了民间组织的独立性、持续性与稳定性，并赋予其较强的资源整合能力。

一方面，民间组织资产的筹集与经营能力较强。民间组织公益建造基础设施与公共工程，所需资金浩大，大部分通过募捐而得。以士绅个人名义募捐，不仅师出无名，而且募捐对象往往分散于村村寨寨，缺乏可操作性。民间组织超越个人能力的局限，能够深入村、户，且往往掌握较为全面和具体的信息，有效缓解"搭便车"困境。这种整合不同人群、不同地域资源的能力，能够超越州、县的行政边界，甚至跨越省界。民间组织的财产类型多样，包括田地、商铺、会金、粮食等，股权、收益权也可以作为公产。民间组织可根据自身需要灵活配置，并广泛利用市场机制经营财产，体现了较强的创造力和灵活性。

另一方面，就产权制度而言，民间组织的财产得到有效保护。民间组织的财产，即"公产"，独立于个人或小家庭的"私产"与政府财产"官产"，类似于当代的法人产权，在时人眼中存在相对清晰的边界，各方对这一产权性质的认识遵循既有规则与惯例。通常而言，对于民间组织的财产，其他主体不能主张权利，作为管理者的个体士绅或"首士"，亦不能随意支配，必须按章程运营，由组织内部共同商议使用。官员同样不能随意侵占公产，侵占者亦将受到惩处。公产的产权性质，有效保障了民间组织的独立性。

三 民间组织的活动有相对规范的制度与规则约束

民间组织以其公开透明与权责分明的治理模式，形成了激励与约束机制，具有一定的活力和拓展性，满足基层社会的公共需求。士绅与民间组织制定的乡规民约，长期稳定地维护基层秩序。如果脱离了制度化的民间组织，士绅个体往往难以充分发挥作用。

在参与基层公共事业的过程中，民间组织建立起有效的自我约束机制。在民间组织的理事会治理模式下，理事会"首事"由民间"公议"推选，自愿担当。民间组织通常设立章程与规约，以保证组织发展与公共事业的稳定性、延续性和长期性。权责的分配与决策中的制约机制尤其重要，因此在章程中都有明确的规定和分配。民间组织可根据实际情况，自我纠正、自我更新、自我完善。为获得社会各界的信任，保障财务运行的安全与透明，民间组织创造出"征信录"这一有效的信息披露机制。

基于制度与规则的约束，民间组织具备拓展性。各民间组织能够通过联合、复制与扩张实现资源整合，从而推动基层公共事业的发展。典型的例子是宗族与其他民间组织的互动，跨越行政区划限制的各类水利组织与工程也并不罕见。因此，明清时期不同类型的民间组织也能够实现相互联合与资源共享。

各方参与之下所订立的制度与规则成为地方秩序的重要内容。基层秩序有其规则约束，其中乡规民约相当一部分由士绅与民间组织制定，或者是长期沿用的惯例，由民间组织重申或监督。这些规约成为士绅与民间组织调解民众纠纷的依据，由此能够将社会矛盾在基层直接消解。只有事关命案或个别民间无法调停的情况，才赴官府仲裁。从民间组织的角度，可将相关规则大致归为三类：1. 特定群体内部成员的行为准则，通常也是民间团体内部的规范；2. 士绅与民间组织拟定、面向社会全体成员的公共规约；3. 会馆、行会等民间组织制定、维系的市场交易规则。

四 士绅、民间组织与政府之间的关系

士绅通过创建与领导民间组织在基层发挥作用。民间组织本身具有平台属性，能够超越自然人的生命与局限。民间组织可有效放大士绅的作用，士绅亦主动依靠民间组织的力

量。非人格化与制度化的民间组织，具有较强的存续力，能够避免"人亡政息"的困境。

民间组织长期存在、广泛开展公益事业，因而受到社会各界认可，成为普遍性的制度安排，也可以为士绅以外的其他群体所借重。相当数量的民间组织，由士绅以外的民众自发创建，这一类型的民间组织也是传统中国基层秩序的重要组成部分。

政府通过民间组织，实现对基层社会的管理，以维护稳定的社会秩序。民间组织主导公共事业，与政府征收赋税、"教化"百姓、维持社会秩序的目标一致，因而获得政府的支持与优待。地方官员鼓励和倡导基础设施与公共工程建设，以此获得政绩。对民间组织本身而言，政府的支持同样促进了自身的发展。在具体的实践中，官府可以通过士绅连接民间组织与基层社会。士绅通过科举考试获得生员等身份后，享受赋税减免的特权，并保有通向官僚体系的晋升渠道。

结语与启示

本文对明清时期民间组织的制度特征进行了系统性论述，进而探讨士绅与民间组织在基层秩序中的不同作用，由此得到新发现与拓展性认识。民间组织作为非政府、非营利性主体参与公共事业，能够协调不同阶层、不同群体的利益和冲突，同时能够为士绅提供活动平台、放大士绅群体自身的优势。

这一模式之所以能普遍存在，有赖于产权制度和治理机制的保障。在制度化的章程之下，独立的财产与明晰的产权，民主推选、公开透明的机构治理，使民间组织具有整合各方资源的能力，并利用地权市场和金融工具实现资产增值，从而使民间组织及其承担的公共事业在数十、数百年的时间尺度上稳定存续，超越个体生命的范畴。

由此也可检验过去的一些主流成说，如中国人缺乏自组织能力，中国人没有民主基因，传统中国缺乏制度、规范等，都失之偏颇。传统基层秩序的维系并非仅仅依靠浅层次的道德教化或个人权威，而是配合一套包含产权、组织、市场等要素的整体性制度。这种制度基础不仅为士绅提供了长袖善舞的平台，也为普通民众在公共领域和基层秩序中有所作为提供了可能性。士绅、民间组织和相关与政府有序连接的基层制度体系，国家能力也在与民间社会的互动中得以塑造。

凡此发现与认识，将有助于我们全面反思传统中国的经验与基因，也能为当前中国特色的基层治理体系与治理机制提供启示。

〔本文摘自《民族研究》2021 年第 6 期。作者龙登高，清华大学社会科学学院教授，浙江财经大学经济学院讲座教授；王明，南京大学经济学院助理研究员；陈月圆，清华大学社会科学学院博士研究生〕

孙中山对"共和"的迎与拒

桑 兵

共和是辛亥革命时期与帝制相对的重要概念。或谓辛亥革命缔造了亚洲第一个共和国，因此辛亥革命又被称为共和革命，而在举世不言中率先反清革命的孙中山被尊为中国共和的北斗。过去总结辛亥革命失败的教训，说是只剩了一块共和的招牌。无论褒贬，都体现出共和与辛亥革命关系匪浅。近年来，随着相关研究的深入，孙中山与共和的关系，变得不那么清晰明确。王学庄首先注意到，孙中山原来一般不使用共和的概念，直到邹容的《革命军》反响强烈，才顺势接纳了共和。李恭忠则认为共和原有民主与联邦两种意涵，孙中山原来较为倾向联邦主义，民主的色彩不大彰显。与此相关的问题还有，孙中山对于代议制民主始终不以为然，试图加以改造。而这与美式代议制民主的形象不佳以及当时代议制民主在世界范围遭遇的重大挑战密切相关。这两个问题，之前已经在几篇文章中就相关各点分别有所论述，在此基础上进一步集中讨论，希望全面系统地把握近代中国围绕共和与代议制民主所展开的历史进程，使孙中山与共和关系的脉络更加清晰明确，同时有助于加深对共和制以及代议制在近代中国的历史命运的认识。

一 有限接纳"共和"

辛亥时期，孙中山主要活动于海外，因而各种形式的人际交往，所使用的语言文字工具主要是英文。具体考察出现"共和"一词的全部文本，有不少其实是孙中山使用西文的翻译，其中不少还是从日语借用或转译。原来研究者忽视译文与原话的分别，混为一谈，作为一般性论述，固然无伤大雅，但是作为关键概念加以引述，必须严格区分，否则不仅所论毫无意义，而且还会产生各种困扰。

共和一词，古今意涵有别。中国古代的共和如大家熟知的周公共和，此外还有古罗马的贵族共和。严格说来，"共和"只是使用汉语词汇的东亚人用来指称一种历史状况或制度的专有名词，并非世界各国都有"共和"的概念。

19世纪七八十年代，日本式的今义共和经黄遵宪、王韬等人引入中国，开始只是照用日本人的说法，指称欧美等国的历史、现况及思想学说，无关中国之事。到了19世纪90年代，共和开始成为中国有志于革新者私底下议论的一种现实的新制度选项，但是在公开场合，得到的回应却是否定及反对。

在《革命军》不胫而走之前，孙中山与外国人士接触时多次表达对于新中国政体的设想，对方无论是日本人、法国人还是英美人，所接收到的信息都是其主张共和。日本人直接用了共和一词，欧美人则是用与汉语共和对应的西文词汇。但是在直接使用汉语中文的表述中，孙中山却几乎从不使用共和一词。

孙中山使用合众、联邦、民国，却唯独不用共和，显然是有意为之，而非无心之失。这样的有意识选择意味着什么？一种可能的解释是孙中山倾向于联邦制；另一种可能的解释刚好与之相反，即正因为孙中山注重民主内核，所以对汉语的今义"共和"一词有所保留。

目前所见孙中山最早直接使用汉语"共和"一词，是壬寅八月（1902年8月）为宫崎寅藏著《三十三年之梦》所作序，文中他称赞宫崎寅藏"闻吾人有再造支那之谋，创兴共和之举，不远千里，相来订交"。孙中山用西文表达的概念，日本人多译成共和，所以此处无非是顺接日本人的通行用法而已，未必表示孙中山对于国人用汉语"共和"一词对应西文的认定。不过，这也一定程度上显示出孙中山至此可以接受或是不排斥这一指称。

民初孙中山常常将共和与民国连用，对外宣言"建设共和民国""易君主政体以共和"，强调共和与自由是"专为人民说法，万非为少数之军人与官吏说法"，正是为了凸显民主的内核，以防共和被人利用来作为掩饰专权的外衣。

二　对代议制的保留

决定共和制属性的是民主，而民主的形式各异，欧美发达国家多采用代议制民主，进一步考察，代议制民主也有多种形式。

清季国人向往共和，以美国为理想模范，《革命军》的制度蓝本就是美国。孙中山认为，美国式的联邦共和对外可以瓦解列强联盟制华，对内便于中国革命之时由群雄并起的割据走向统一和民主。在他看来，中国人多有大者王小者侯之思，很难自觉交出各自独揽的大权，要解决这一困扰，切当的办法是将联邦与民权二义协调统一在共和的架构之内，通过联邦走向民权。其革命程序论的设想，就是为了由联邦实现民主，防止怀抱帝王思想者割据称雄，以致内部纷争，外患不已。所以辛亥起义，"旨在建立一联邦式共和国"。"革命成功之日，效法美国选举总统，废除专制，实行共和。"

显然，孙中山看重合众联邦，非但不是因为忽视共和的民主内涵，反而认为联邦制是中国通过革命走向民主的必由之路。换言之，要确保共和的民主属性，联邦制是一种适合革命过渡时期中国国情的形式。不过，在关键的民主问题上，孙中山对美国的代议制民主却颇为不满，很有保留。因此，他不赞成照搬美国的制度，要在立法、司法、行政三权之外另设考选权和纠察权，实行五权宪法，以弥补三权分立的制度漏洞造成的弊端。

辛亥鼎革之际，各方即倡言以国民会议公决国体政体。在众多加强直接民权的设想中，孙中山参照综合各种国民大会方案修订的五权宪法，将国民大会正式列为国家行政体制的常设机关和最高机关，不仅拥有法律上创制与复决的最终裁决权，还有对国家各机关人事选举与罢免的最高决定权。这样的政治架构，成为国民政府的正式建制。

民初实行代议制的诸多流弊以及国民大会产生实施的渊源流变，显示代议制民主必须变革的大势所趋。正确的进路，应该是继续循着孙中山开启的方向，在借鉴吸收各种民主体制的基础上，调整改造，创成新制。唯有解决民主制与生俱来的局限性，才能确保共和的民主立宪属性，实现孙中山一生追求的政治理念。

三　一点申论

尽管"共和"在近代中国存在种种歧义，作为与君主制对立的共和制，其内核必须是民主。因此，虽然梁启超和邹容在汉语"共和"一词的流行以及相关概念的普及上居功至伟，谨慎使用这一明治后新汉语词汇的孙中山还是被奉为民主革命的先行者。

民主只是形式，以保障人的自由平等为目的，资本主义的法律面前人人平等，也就是政治平等或政治民主，必然造成事实上的不平等，为此，社会主义要通过再分配的办法实现经济平等或经济民主。孙中山的三民主义，已经包含部分社会主义的因素。为了完成尚未成功的革命，几经努力的孙中山不得不以俄为师，在苏俄的帮助下，联俄容共，发动国民革命，打倒列强和军阀。

20世纪的一大谜题，就是以代议制为主要形式的西方民主制的成败得失。虽然长期看此种制度具有一定的纠错机制，中短期却无法避免效率低下的问题，随着民族解放运动的兴起，殖民地半殖民地国家日益加深的民主危机主要表现在两方面，一是西欧各国的国力日衰，二是后发展国家无法通过代议制民主方式走向富强，从而导致民主以外的各种形式的权力集中体制引起广泛关注。

用民主与集权的对立来自我标榜，很大程度体现了基督教绝对排他性（即根本不能容忍相异者）的自大，将代议制民主作为终极政治体制，排斥其他一切社会制度，也就等于放弃了自我调适改造的动力。在民族解放运动如火如荼展开的殖民地半殖民地国家，反共恰恰是专制独裁的同义词，推翻专制独裁，就是为了争取独立解放和民主自由。

风物长宜放眼量。辛亥革命以来一个多世纪的中国与世界的历史进程表明，迄今为止人类社会的各种制度，并未到达终极阶段，必须相互借鉴，相互吸收，才有可能臻于极则的境界。动辄以非此即彼的分立为此疆彼界的对抗，以排斥和消灭对方为动机目的，是欧洲基督教一神论一元化思维方式的典型体现。这样的规律，同样适用于民主共和之制。如果代议制民主只是作为争斗与排他的工具，其历史结局必然不会是人类社会的理想模式。这也是孙中山的民主共和探索留给后人的重要启示。

〔本文摘自《中山大学学报》2022年第3期。作者桑兵，浙江大学历史学院教授〕

建党时期中共党内对社会主义革命的两种理解

赵旭铎

本文分析了建党时期中共党内两派对社会主义革命的不同理解，将中国早期共产主义运动置于全球左翼思想史的框架中，借此展现马克思主义在中国不同地域语境下多元化解读的可能性。

一 通向社会主义："直接行动"概念指引下的激进革命

第一次世界大战之后，西方议会政治与资本主义体系遭遇重大危机，十月革命点燃了工人武装夺权、无产阶级专政的圣火。面对这一巨变，中国的知识分子对共产主义革命产生了浓厚兴趣，并希望在中国复制苏俄式的革命道路，将布尔什维克革命与中国的具体实际相结合。施存统、周佛海、李达等党内不少成员纷纷将"直接行动"赞许为一种革命家短时间内领导劳动阶级、建立无产阶级专政的革命路径。他们将布尔什维克革命视为直接行动的化身，而与"直接行动"所对立的"议会政策"，则只有那些向资产阶级投降的修正主义者才会去提倡。"议会政治—直接行动"的二分法在1920—1921年间成为他们的共识。

中共党内这种"改良主义即投身议会政治而布尔什维克即采用直接行动"的二分法实则受到了日本社会主义文献的影响。"直接行动"这一概念为无政府工团主义（anarcho-syndicalism）常用的概念。施存统、周佛海等人均为日本留学生，曾在日本接受过社会主义思潮的熏陶。五四时期的日本知识界对马克思逝世之后欧洲社会主义发展史的看法已基本勾勒出"议会政治—直接行动"二分法的框架。日本社会党领袖之一幸德秋水于1907年2月发表了《我的思想变化》一文指出，实现社会主义不能靠普选权和议会制度，而应通过广大劳动者的"直接行动"。这也使得"直接行动"第一次进入了中国知识分子的视野。但直到

"五四"时期，中国社会主义者才在苏俄革命的背景下重新"发现"了这一概念。

除日本方面的影响之外，作为"直接行动"诞生地的美国对中共早期成员亦产生了直接影响。在美国"红色大恐慌"的背景之下，美国早期共产主义运动在初创阶段被迫转入地下，同时受到IWW无政府工团主义的影响。在对待议会选举、工人立法方面毫无兴趣，也反对与任何党派合作推动社会改革，专注于宣传群众直接行动作为夺取政权的主要手段。中共早期领导人对工团主义则表示同情与赞美，也侧面反映出在"直接行动"的指引下，早期党内多数派的激进化受到了美国与日本无政府工团主义思想的影响，而更为稳健的少数派实际上更加贴近正统的欧洲马克思主义革命学说。

二　通向社会主义：广州的社会民主主义主张

1921—1922年的广东同之前相比，政治局面与社会思潮均有较大改观，地方自治的推行、广州市市政厅的建立、新文化的传播、教育改革的起步以及舆论界的繁荣都促使广东共产党领导人探索一种与党内主流观点所不同的通向社会主义的路径。以谭平山与陈公博为代表，在政治实践中积极寻找着地方自治、民主选举与社会主义道路的结合点。谭陈二人相信工人群体能够接受教育，增长政治与社会知识，并形成成熟的阶级意识与革命思想。在此之后，真正的社会主义革命方能发生。

受到德国社会民主党考茨基等人对选举和革命的关系的记述影响，谭、陈等人领导的广东共产党组织引导工人投入政治斗争中去，在争取普选权及言论、集会、结社自由的过程中及参与投票活动和地方自治的过程中理解阶级斗争的意义。1920年，二人创办了《广东群报》，开始广泛宣传平民教育、地方自治和工人训练，为未来的社会主义革命做准备。与施、周等人不同，二人更多地关注基层苏维埃组织如何选举代表以及这些代表同群众的薪水有多大的差别，这也同马克思与恩格斯有着相似之处。在呼吁和组织工人参与到政治斗争的过程中，谭平山筹办了工人劳动夜校，陈公博则担任广东省宣讲员养成所的所长，培养了数届宣传社会主义与劳工运动的宣讲员。同时，借助《广东群报》，他们着力改造广东地方大众文化，希望借此唤起劳工阶级意识和斗争精神的新形式。又将粤讴、南音、叹五更等岭南民间歌曲形式与批判资本主义制度、提倡工人团结斗争的新观念相融合，以期利用这一大众化的文体在知识分子和劳工群体中传唱，将社会主义思想广泛传播。谭、陈等人充分利用了广州较为宽松的政治环境和活跃的舆论环境，以劳工真正熟悉的文艺形式，引导广州劳工逐渐理解阶级斗争和参与政治运动的意义，为未来的无产阶级革命和革命后的社会化管理做好准备。

三　两种想象背后：革命道路的唯物辩证法

党内早期成员在理解马克思主义革命理论的过程中，必须思考如何运用这种理论去回应现实政治与社会问题，如何在自身所处的具体政治与社会环境中实践这种理论。"五四"时期，南方与北方、沿海与内陆之间的经济发展水平已经相当不平衡；加之南北分裂，军阀割据，各省的政治形势也有明显不同。在这种情况下，地方政府的政治倾向和治理方式、资本主义经济的发展程度、工人阶级的数量、受教育水平与组织化程度都会使得不同区域的政治与社会环境存在较大差别。

从马克思主义的视角来看，不同国家和地区的政治经济环境千差万别，革命道路存在差异是为正常现象。对于革命者来说，最重要的是在确定社会主义的革命目标后，根据当时当地具体的经济社会结构和政治形势采取相应的革命策略。这正是唯物辩证法在社会主义革命中的具体体现。以这种思路回看中国共产党内的两种主张：在 20 世纪 20 年代初的广州，地方选举与普选运动、较为宽松的言论、结社、集会、出版自由、劳工立法以及高涨的社会主义热情，这一切都与 19 世纪末德国的政治形势颇为相似。在工人阶级稳步壮大、政治形势有利于社会主义者的情况下，实属不必急于发动武装暴动，而且这种轻率的冒险可能也会断送掉工人运动已经取得的成果。正因如此，谭平山、陈公博等人在北京大学学习期间即已熟悉的德国社会民主主义路径才能够在广州落地。但在其他省份，保守的政治氛围、剥夺平民政治自由的《治安警察条例》的存在以及分散而缺少训练的工人群体，都使得急于将中国推向无产阶级革命高潮、响应世界革命号召的共产党领导人热情拥抱一种更为激进的革命想象。这些建党时期的革命家之所以能够在美国统一共产党的党纲中找到共鸣，也是因为中国大多数省份当局对社会主义运动的钳制确与同时代兴起红色恐怖的美国类似。这是一种融合了马克思主义无产阶级专政与工团主义直接行动的革命想象，也是一种在不利的政治和社会条件下短时间内可能夺取政权的革命策略。这种计划的风险较大，但一旦夺权成功，共产党人则可以利用国家权力对社会进行改造，以无产阶级专政的方式通向社会主义。这就是许多早期共产党人所理解的苏俄革命的道路。

这两种对社会主义革命的想象都是基于具体的地方政治与社会环境而展开的。在对马克思主义认识较浅的初创时期，中国共产党的成员们能够对中国革命的未来道路做出如此有张力和多元化的设想，殊为不易。

余 论

首先，笔者从全球左翼思想史的视角出发，揭示了"五四"时期中国激进知识分子与世界社会主义思潮之间的紧密联系。力图拓展全球思想史的研究思路，探讨中国马克思主义与德国社会民主主义、俄国布尔什维克主义、日本社会主义以及美国无政府工团主义之间的内在关联，借此揭示中国共产党建党时期思想的多元性与复杂性及其与国际社会主义运动之间的紧密关系。通过全球视野下的分析和比较，笔者揭示出在"直接行动"概念的指引下，中共早期党内多数派的激进化受到了美国与日本无政府工团主义思想资源的支持，而更为稳健的少数派实际上更加贴近正统的欧洲马克思主义革命学说。其次，以谭平山、陈公博为首的广州共产主义小组为例，探讨了少数派是如何在 19 世纪末 20 世纪初德国社会民主主义思潮的影响下，将马克思主义革命思想同地方政治实践相结合的。谭平山与陈公博的主张展现了德国社会民主主义思想是如何同"五四"时期地方自治与民众启蒙的话语相结合的，而这种结合呈现了马克思主义在中国语境中的多元化解读的可能性。最后，在二者之间没有严格的谁对谁错，而应放在具体的历史情境中去审视。

在建立布尔什维克式革命党的过程中，这两种不同观点不可能一直共存。1922 年后，在革命的准备过程中是否参与议会选举、是否参与"合法政治"、是否与现存其他政治势力发生关系等问题仍是党内领导人必须面对的重要问题。无论是在国共合作前的西湖会议上，还是在合作后对待国民党和国民政府的态度上，共产党人始终保持着高度的警惕性。正是建党时期那种对"合法政治"的厌弃与对自身"纯洁性"的追求，短短几年间，使得成员从几百人发展为数万人，在从地下斗争转向公开革命的过程中保持革命初心而不被腐蚀。但不可否认的是，这种激进不时影响着国共两党关系，逐渐不为国民党高层所容，为 1927 年国民党的"清党"埋下了伏笔。

〔本文摘自《史林》2022 年第 2 期。作者赵旭铎，北京大学历史学系博雅博士后，北京大学中华人民共和国史研究中心助理研究员〕

顾颉刚学术价值观的转向与经世致用观的合离

徐国利

民国时期顾颉刚的学术价值观经历了两次重要转向，与传统经世致用观有较复杂的离合关系，在中国现代史家中最具典型性。

一　早年从立志经国济世到转向二元学术价值观

顾颉刚早年学术价值观经历了从经国济世到转向二元学术致用论的历程。

他从小就受经国济世思想熏陶，少年时代又受梁启超今文学经世观影响，倡导学术致用，并对传统致用论有新阐发；十五六岁时接触到章太炎的古文经学，触发其经世致用观的转向。随着章氏思想对顾颉刚影响的不断强化，使他接受了重求真而非致用的观念。

实际上，1914—1917 年间的顾颉刚日记和文章却显示其学术价值观并未彻底转向，他不仅大谈经世致用，还赋予其现代科学的内涵，其学术价值观呈现出传统与现代相融合的色彩。1915—1916 年，他与同学练为璋通信时对学术致用的论述颇为深入。其要点有三：其一，学术的功能是"观变"知来，目的是"致至治"；其二，学术要"利益群众"方为"正学"；其三，辨析"有用之学"及其自动性。1917 年之后，胡适思想和新文化运动的重要影响并未使他放弃经世致用观，1919 年 1 月所写《中国近来学术思想界的变迁观》集中反映了新文化运动时期顾氏的学术观，此文要义之一便是倡导学术致用。他将人类进化为意志力进化视作学术要致用的内在动因，是对学术何以能够致用的新解释。可见，顾颉刚青少年时代实秉持二元的学术价值观。

问题在于，其 1926 年所撰《〈古史辨〉第一册自序》只言及 1914—1917 年因受章太炎和清代朴学影响，确立了重求真薄致用的价值观，且自此信守了"这个主义"；他却未说出该时期及此后仍主张经世致用的另一面相。究其原因在于，1926 年顾颉刚已成为服膺胡适科学方法的著名古史学家，完全信奉现代科学价值观，与此价值观不合的思想往往会被"摒弃"或"屏蔽"，以描绘一幅符合现代科学知识线性进化的完整图景。结果便是，其"重建"的经世致用论未能全面呈现其学术价值观的二元面相。

二　20 年代学术价值观的转向及其真实面相

20 世纪 20 年代，顾颉刚接受实用主义价值观，既强调学术旨在求真而非致用，主张保持学术的独立性，又认为学术有间接之用和无用之用，对史学的社会功用多有阐述。

1926 年 1 月，顾颉刚发表《北京大学研究所国学门周刊一九二六年始刊词》，用现代科学观较系统阐述了其学术价值观，内容主要包括两大方面。首先，论证学术研究的目的只在求真；其次，批评传统致用观的危害性和陈腐性。

然而，顾颉刚又不否认学术的功用，认为建立在求真基础上的学术有间接或无用之用，并对学术有何功用颇有阐发。概括起来有两点：其一，学术有间接和无用之用；其二，史学有社会现实意义。

20 年代顾颉刚之所以持此看似矛盾的学术价值观，是因为接受了实用主义学术价值观，既强调学术研究应当以求真为前提和准则，学术研究必须保持科学精神和学术独立性，同时又承认在求真基础上学术有直接或间接之用，史学可以服务社会与人生，甚至是直接救国。只是，由于五四运动以来科学主宰了中国学术界的话语权，使顾更强调学术研究科学精神的绝对性，常常称学术研究止在求真，甚至说求真便是治学目的；于学术致用性的宣扬不够。事实上，实用主义价值观与儒家经世致用论有共通性，这是顾颉刚及现代中国学术界能够接受实用主义的根源所在。也就是说，这一时期传统经世致用观依然对顾氏学术价值观的转向和发展发挥潜移默化的作用。

三　三四十年代大力倡导经世致用和热心民族救亡

20 世纪 30 年代，顾颉刚两次深入华北和西北社会考察的所见所闻与九一八事变后民族危机的加剧使他的学术价值观再次发生转向。

顾颉刚学术价值观的转向主要表现在两方面。首先，在亡国危机下衡量学术的价值必须以是否有用为标准，强调学术研究的现实意义。其次，强调史学对唤醒民族意识和救国救亡的重要作用。顾颉刚还将经世致用思想付诸实践。一者，积极开展历史文化通俗教育，向民众大力宣扬民族爱国观。再者，创办禹贡学会和刊物，开展边疆地理和民族学研究，使学术研究更好地服务抗日救亡事业。

抗战时期，顾颉刚的经世致用信念愈加执着。他大力阐发民族危亡时代学术如何经国济世，以学术为工具对民众进行爱国教育和科学启蒙。他虽承认纯学术研究之价值，但认为中国处于危亡之时，学者更应从事救国之学。抗战爆发后，《禹贡》和禹贡学会被迫停止活动。为了继续使边疆史地研究服务民族抗战，1941 年 2 月他创办了中国边疆学会。

三四十年代，顾颉刚对传统致用观既有继承又有发展，他高度赞赏传统史鉴观，称其为"自史学以来未有之义"。他还认为史学不是为帝王之治资鉴，而是要为国家和世界创造新历史。此言深刻反映了顾氏对经世致用观的传承与创新。

四　与传统经世致用论的离与合

顾颉刚经历了从青少年时代接受传统经世致用观及其反思，到 20 世纪 20 年代以实用主义批判经世致用观和建构新致用观，再到三四十年代回归和重新阐释经世致用观的"合—离—合"历程。

"以天下为己任"、乾嘉考据和晚清今古文经学的经世致用论为青少年时期顾氏学术价值观提供了直接思想来源，构成其学术价值观的底色。他在承继传统经世致用观时，用现代科学观来做新阐释，赋予其学致至治、利益群众和改造社会等新内涵。可见，这一时期顾的学术价值观与传统经世致用观是有"合"有"离"。

讲道德实践理性和重经世致用，是中国学术文化的实质性传统。而强调科学精神的实用主义则将致用限于知识的自然之用上，反对设定道德价值目标。故而，顾颉刚坚称学问的"目的不是求美善，乃是求真"；现代学术只是研究学问，"同政治毫没有关系，同道德也毫没有关系"。可见，20 年代顾的学术价值观与传统经世致用观是"离"中有"合"。

三四十年代，民族危机不断加剧和民众现代知识缺乏促使顾颉刚回归传统经世致用观。他宣扬以学术经国济世，致力于民众历史教育和边疆史地研究；主张以史为鉴和以史明智，使史学研究服务于国家和社会。同时，他根据时代要求对经世致用论做了发展，突出史学培养国民爱国主义的作用，指出史学能够增进民族团结和多民族国家的统一，有鲜明的时代精神；在形式上，不再限于传统学术研究和史学著述，而是以现代学会和报刊从事宣传，通过撰写新历史教科书和各类通俗历史读物传播历史知识。可见，该时期顾颉刚的学术价值观与传统经世致用观是"合"中有"离"。

概观顾颉刚三个时期学术价值观与传统经世致用观的离合关系，不仅最终回归经世致用观，而且每个时期都是继承中有批判，批判中有继承，始终没有背离经世致用观，尤其是其实践理性精神。

经世致用及其蕴含的实践理性精神是中国学术的实质性传统。概观顾颉刚三个时期对学术价值观的阐释，能发现这种实质性传统发挥着制约或引领作用。实质性传统的强大力量使顾颉刚新学术价值观的阐释与建构不仅没有脱离、反而最终回归传统经世致用观的理路和取向。当然，所回归的经世致用观已得到现代阐释，是传统与现代相融合的产物。

〔本文摘自《史学月刊》2022年第4期，原题为《民国时期顾颉刚学术价值观的转向及与经世致用观的离合》。作者徐国利，上海财经大学人文学院历史系教授〕

以国家说民族：范文澜关于汉民族形成思想的特色

罗志田

民族、国家和民族国家概念的在地动态变化，以及中国被侵略和反侵略的时代背景，是理解范文澜"以国家说民族"论述特色的要素。

范文澜关于"汉民族形成"思路的一个重要特点，即强调民族与国家的关联：秦始皇统一中国，"建立起统一的中央集权的以汉族为基干的民族国家"，这就"可以说是伟大中国和伟大中华民族形成的开始"，即把"统一的国家"作为民族形成的基本背景条件。沿此论证理路，他先说中国自秦汉时起已是"中央集权的统一国家"，随即提出"汉族自秦汉以下……是在独特的社会条件下形成的独特的民族"。

根据一般的理解，民族是现代的产物；在当时一般马克思主义学者的语境中，民族是特定的资本主义社会的产物。范文澜的看法，既不同于今天的一般观点，和当时流行的斯大林学说也不尽相同，而他关于中国何时成为统一国家与汉民族何时形成是相辅相成的具体见解，也未曾得到同时代人的认可。

要认识范文澜究竟是"把民族和国家这两个不同的概念混淆起来了"，还是注重并强调其在特定时空中的相互关联，可先从这一外来语的词义进行辨析。

一　一体两面的"哪逊"

"nation"一字双关，兼表民族与国家两义。该词进入中国本带有随机性，并非一个"谋定"而后引进的概念。一字双关的名相可以向"单一"发展，则其指谓便很难在纸面界定，而需要从行动中理解。在地情形也可以影响到名相指谓。

孙中山就曾说："英文中民族的名词是'哪逊'（按：即"nation"）。'哪逊'这一个字有两种解释：一是民族，一是国家。"由于"自秦汉而后，都是一个民族造成一个国家"，或不如把"哪逊"译为"国族"。换言之，在外国说"民族主义就是国家主义"是不适当的，而在中国这么说就是适当的。李璜明确指出，把"nationalism"译作"民族主义"并不妥当，可能强化人和种族之意，而淡化"一定领土、相当主权的重要意义"，所以必须译作"国家主义"。这种有意的选择性翻译，揭示出社会实践中"在地化"的复杂性。

范文澜关于汉民族形成的基本观点确立于抗日战争时期，和韦伯（Max Weber）类似，对民族的定义不应只考虑"建立了民族共同体"这一"共同品质"，而更应考虑是否建立了"独立的国家"这一目标。在后来的英文写作中，民族国家的称谓也渐由"nation"转为"Nation"，以及更精确的"nation-state"，以彰显其既民族又国家的指谓。近代引入中国的"国家"观念，就是这样一个以"民族"为"国家"要素的认知。

"哪逊"本就一字双关，更常在社会实践中被"在地化"为并不一致的具体内容，很难视为一个具有普遍意义的抽象概念。民族和国家经过一个历时不短的发展进程，因关联而成一体，逐渐成为一定时段里"典型的正常的"国家形式。更因"适者生存"观念与现代性挂钩，民族国家乃成为"现代性的终极载体"，能现代化者生，不能者亡。

范文澜是在马克思主义史学体系中诠释中国古代民族与国家的关联的，他既要尊重马克思主义社会形态和民族理论的基本观念，又要让中国的在地因素能够表述自己，而不是被人表述。在此努力中，民族、国家和民族国家的概念也从抽象转化为多少带有特殊意味的具体内容。从范文澜对这个问题的论证来看，他并未混淆不同的概念，而是在中国语境中重建了两者之间的关联。

二 民族与国家：从范文澜的论述看名相在地化

范文澜的论述理路，仍是先引用马克思主义经典作家的相关论述，然后以实例证明这些现象在中国早已存在。范文澜正是要说明，在"封建"的中国存在着西方"资本主义"时代的现象。"中国和欧洲不同处，在于使分裂的国家成为统一国家的经济联系，欧洲是由资产阶级实现的，而中国则是封建时代就实现了。"

在范文澜看来，汉民族的形成和发展都得到统一国家的支撑。西周封建社会变化出一种不同于其他封建制度的独特形态，因此可能很早就形成民族，而国家统一乃是这种很早形成的民族得以继续成长的基础。所以，中国自秦汉起"已经是一个相当稳定的人们的共同体"，并且随着北宋后国内经济联系的强化而更趋稳定。就全世界而言，不仅民族的形成是一个历史发展进程，形成后的民族也仍处于不断的变化发展之中。中华民族却有着长期融合而不分离的特色，这与中国这个国家"能够保持长期的正常的统一状态"是分不开的。

中国从汉代到清末，国家和民族长期处于一体两面的态势，不论是民族的形成还是维护，都与国家休戚相关，需要与国家关联起来认识。"以国家说民族"不失为一种适当的甚或必要的论证方式，不能说是混淆了"两个不同的概念"。

在民族和国家的长期关联方面，反驳范文澜最有力的是魏明经：如果说"汉族最初是在封建的汉帝国型铸下所形成的共同体"，这样的汉部族，"在当时确只具有国家领土的特征"；"中国原来是说的统治部族的本部"，其后在悠久的共同生活中逐步同化其他共同体而形成一个"近于稳定的共同体"，则"以中国说汉族恰好说明这一部族在同化中的扩展情况"。

按照魏明经的分析，清末是一个转折点，"以国家说民族"的时代终结于此，以后进入一个"以民说族"的时代，国家亦随之淡出。然而进入民国之后，"以国家说民族"的态势并未表现出多大变化，反因日本的大规模入侵而强化了民族与国家的关联。故被侵略和反侵略的时代背景，是理解范文澜观念的一个要素。

三 现实中的学术：民族自豪与文化自信

范文澜在 1942 年出版的《中国通史简编》中把秦统一作为"中央集权民族国家"的起点，而毛泽东也把这本书视为中国共产党取得对传统历史文化发言权的象征。

那时的范文澜借写历史为现实服务，有些地方因"借古说今"而损害了实事求是的历史观点。"借古说今"固然是有意为之，而战时树立民族自信的更大需要，恐怕有意无意间也会影响到他论述的倾向性。1950 年，范文澜发展了自己的观点，提出秦始皇统一中国是"建立起统一的中央集权的以汉族为基干的民族国家"，不仅明确了那时建立的是"民族国家"，而且把过去主要说统一的集权国家发展到与汉民族形成相关的思路，进一步把国家和民族联结起来。

范文澜在论证中国历史上统一力量总是战胜割据力量时，说道"在帝国主义侵入以后，帝国主义列强用暴力和阴谋企图分裂中国，但并不能真正达到它们的目的"，这不仅揭示出在当时反侵略需要的存在，也可能是他坚持"以国家说民族"的一个原因。被侵略和反侵略，直接指向国家这一政治共同体，彰显出民族和国家的关联，也强化了民族自豪这一情感要素在民族自信中的地位。

范文澜是在对日抗战的战略"相持阶段"提出其基本观点的。在大量领土被侵略者侵占的背景下，当牺牲就在眼前且可以预期未来仍有牺牲的时候，强调中国是统一的民族国家，有着鲜明的时代针对性和特定的现实意义。

中国在何时进入"封建社会"，直接牵涉到中国在世界历史上的地位。范文澜对秦汉中央集权的凸显，正是要区别于此前已存在的封建国家。荣誉感和尊严感乃是形成和维护民族国家的要素，范文澜强调"自豪"要有证据，体现了学术的分寸感，但这仍是一种对中国历史"光荣"的"自豪"。中国何时成为统一的国家、中华民族何时成为一个民族，中国何时进入"封建社会"，既是学术问题，也是涉及民族自信的现实问题。对范文澜关于"汉民族形成"的论说，既要依循学术探讨的理路去认识，也不妨注意时代语境中那些诗外的功夫。

〔本文摘自《南京大学学报》2021年第6期。作者罗志田，四川大学历史文化学院教授〕

关于抗日战争整体史的叙事问题

李金铮

　　整体史或总体史是历史研究的根本目标。无论中国古代史、中国近代史还是比较短时的抗日战争史，一切具体的、片段的研究，最终都是为了写出一部大家比较信服的整体史，也就是内容全面、主线清晰、结构平衡、客观反映的通史著作。历史不可能得到全部还原，一切历史书写都是有选择的，无论是个人还是集体的书写都是如此。由于各种原因，暂时撇开某些历史是无法避免，也是无须苛责的，但无论如何编纂，对关键问题、核心问题是不能回避的，对所呈现的内容应最大限度地追求真实可信、基本一致。就抗日战争史而言，国内已经出版了一些颇为优秀的通论性著作，较具代表性的有军事科学院军事历史研究部著《中国抗日战争史》三卷本（解放军出版社，2005，以下简称"军科版"），王建朗、曾景忠著《抗日战争（1937—1945）》（《中国近代通史》第9卷，江苏人民出版社，2009，以下简称"江苏版"），张宪文主编《中国抗日战争史》四卷本（化学工业出版社，2017，以下简称"化工版"），等等。笔者在学习和领会的基础上，在几个关键问题、核心问题上提出一些思考和改进的意见（与"挑错"不是一个概念），或许有益于抗日战争整体史研究的学术发展。

一　如何呈现支撑抗战的社会基础性力量

　　历史著作更多是通过事件呈现的，事件最能反映历史发生、发展和转变的进程，因而有其合理性。但历史又是由多方面的合力所形成的，在事件之外，还有更为深厚的社会基础性力量在发挥作用。抗日战争是一场总体战，除了事件性较强的军事、政治、外交的历史外，还有支撑这些领域的经济、社会、文化等基础性力量，而这些力量往往与悠久的历史传统之间存在密切联系。

应该说，如同其他历史研究领域一样，改革开放以来的抗战史叙事，在一定程度上改变了过去军事、政治和外交等内容"一统天下"的基本格局，增加了经济、社会和文化等内容，这是历史书写的一个进步。不过，这些内容从总体上讲仍是点缀式的，没有从根本上改变传统叙事结构，缺乏历史的深沉感和厚重感。

以1937年至1945年的全面抗战时期而言，军科版共27章、91节、272目，其中反映国共抗日的经济和文化只有7节、14目，占总节、总目的7.7%、5.1%，没有社会条目；江苏版共13章、53节，经济、文化、教育共7节，占总节的13.2%，也无社会条目，比前一著作的比重有所增加；化工版共56章、220目，经济只有6目，占总目的2.7%，且都与国民政府有关，几无文化、社会条目。尽管政治、军事、外交占更多篇幅是可以理解的，但经济、文化和社会的基础面如此之小，与实际的重要性相比，实在是太不相称了。

还要强调一个问题，对于经济、文化与社会的阐述，不能仅限于现象描述，更要进一步挖掘其与抗战前的变化，尤其是与中国历史传统的联系。以农业经济为例做出一些简略说明。粮食之于抗战的重要性毋庸多述。为了保证粮食供给、提高粮食产量，无论是国统区还是敌后抗日根据地，都在农作物结构上进行了一定程度的调整，即减少非必需经济作物种植，增加粮食作物种植比例，提高自给自足程度。在国统区，除了开垦荒地、禁止鸦片种植之外，非必需经济作物的种植面积有所减少；在敌后抗日根据地，对经济作物种植减少的调整就更为明显。

更为重要的是，研究者还要进一步认识到，近代以来，经济作物的种植、商品化程度的提高愈益成为社会进步的反映，而自给自足的自然经济成为落后的标志。但到了抗战这样一个特殊的内外交流不畅和受到日本封锁的历史时期，恰恰是回归这样一个经济传统（包括手工业），较大限度地减少对外依赖，成为支撑抗战的重要经济力量。这一论断，更是以往抗战史著作鲜见的。

而要想改变上述结构失衡和历史纵深感薄弱的叙事困境，历史学界就不仅要增强基础社会力量与抗战密切关系的认识，更要对此展开深入研究。

二　如何呈现抗战史的另一条线索——国共斗争和摩擦

抗战期间，国共两党共赴国难，合作抗日当然是主流，但相互之间的斗争和摩擦也不可忽视，它们同样是国共之间"共有历史"的重要组成部分。甚至可以说，斗争和摩擦是抗战史的另一条线索，一定程度上影响和决定了抗战进程，直至影响和决定着未来中国的命运。

此处仅以百团大战为例，对两党之间的斗争和摩擦做出说明。在 1940 年 8 月至 12 月百团大战期间，战役在国共双方最高领导人的历史记录中都出现不多。但事实上两党之间的斗争和摩擦是不可回避的现象，在以抗日作战为叙述主体的同时，应给予足够的篇幅来加以呈现。

然而，抗战史著作对此叙述较少，且不同著作呈现的篇幅也有较大差别。相比而言，军科版对国共斗争和摩擦的叙述较多，但也只有四节内容有所涉及或专门叙述，包括抗战初期的反摩擦、反投降和反分裂斗争，打退国民党顽固派的第一次、第二次、第三次反共高潮。而江苏版未设一个专节反映国共斗争和摩擦，只有两节有所涉及，一是"抗战初期的对日作战"一章"敌后游击战"一节，有不到 300 字的简略介绍；二是"抗战中期的对日作战"一章"敌后抗日战场"指出，"1941 年 1 月 6 日，抗日战争时期国共之间最严重的军事摩擦事件皖南事变发生"，之后对皖南事变有较多的叙述。化工版也未设专节叙述国共的斗争和摩擦，只有两节有所涉及，一是"新四军、八路军会师，创建苏北抗日根据地"一节；二是"国民政府苏鲁游击区"一节。对秦启荣、韩德勤、李品仙等部与新四军的摩擦进行了数百字的描述。但对于皖南事变这样一个最有影响的摩擦事件，该著则没有提到。

由上可见，同为抗战史著作，对同一现象的叙述竟有如此之大的差别，反映了史实构架的另一困境。

其实，国共斗争和摩擦的现象恰恰反映了中国抗战的复杂、艰难和曲折，这一真实的历史镜像并不会降低抗日战争的伟大意义。因此，一方面应该给予足够的重视，另一方面应该尽可能统一构架、统一表述。

三　如何呈现国共两党的敌后抗战

国民党正面战场之外，还有共产党敌后战场和国民党的敌后战场。在敌后战场，主要是共产党抗日根据地，国民党虽打过游击战，但没有根据地，甚至由此导致国共之间的摩擦。基于此，抗战史著作对敌后抗战应主要凸显中共根据地，但对国民党敌后游击战也应给予一定程度的重视。

首先看中共敌后抗战。军科版对中共敌后抗战的阐述最为突出、详尽，涉及 16 章、41 节、101 目，分别占总数的 59.3%、45.1%、37.1%。江苏版所占比例则差别较大，有关者仅 3 章、3 节，分别占总数的 23.1%、5.7%。其次看国民党敌后游击战。军科版仅设一节"国民党军敌后游击战的衰败"，叙述 1938 年 11 月湖南南岳军事会议后国民党敌后游击战的相关部署，并简略介绍了山西、河北、山东、江苏等省晋绥战区、冀察战区、鲁苏战区的国民党部队及其抗战的衰败过程，基本上是持否定态度的。江苏版给予了较多篇幅，分为抗战初期、中期和后期三个阶段，以三章篇幅进行了相关阐述。

　　总之，即便以最优秀的抗战通史著作来看，无论内容、主线、结构还是客观反映上，都还存在着叙述上的困境。尽管不同著作各有取舍，无须也不可能千篇一律、一个模式，但在关键问题、核心问题上，总要有历史学界认可或基本认可的统一表述。然而，挑出问题是比较容易的，而要从破到立，何其难也！

　　最后，笔者还想补充一句，抗日战争是一场异常残酷的战争，胜负固然重要，后人有理由为抗战的胜利高唱赞歌，但拿出更多的篇幅来揭露侵略战争造成的巨大灾难，防止人类悲剧的重演，也许是更大的责任。

　　〔本文摘自《中共党史研究》2021年第5期。作者李金铮，南开大学中国社会史研究中心暨历史学院教授〕

抗战严重困难时期敌后根据地的军事建设

臧运祜

一 敌后抗战严重困难时期的到来与抗日根据地军事建设问题的提出

太平洋战争爆发前后，日本帝国主义为实现"大东亚共荣圈"的侵华政策，日伪连续发动的全面而疯狂的进攻，国民党政府的继续消极抗战与积极反共，使得中共领导的敌后抗战进入了严重困难时期。为渡过敌后抗战的难关，中共中央及中央军委提出了一系列克服困难的政策，来领导抗日根据地进行全面建设。

1940年12月25日，毛泽东在《论政策》的党内指示中，首次提出了"加强我军的军事建设"问题。1941年11月7日，中央军委发出了《关于抗日根据地军事建设的指示》。中央军委的上述指示，是抗战严重困难时期中共中央关于根据地军事建设问题的第一份全面而系统的文件，对于加强根据地的武装力量及其体制建设与武器装备建设，具有非常及时和十分重要的指导意义。1941年11月6—21日，陕甘宁边区第二届参议会在延安召开，李鼎铭等11人提交了"精兵简政"的提案并获得了多数通过；陕甘宁边区政府于12月3日要求贯彻实行"精兵简政"。毛泽东出席了大会的开幕式与闭幕式并分别发表了讲话，对于李鼎铭的"精兵简政"提案表示赞同与支持。11月17日，中共中央政治局会议专门讨论了陕甘宁边区财政经济计划草案，并确定了精兵简政的方针。12月17日，中央政治局讨论通过了《中共中央关于太平洋战争爆发后敌后抗日根据地工作的指示》，要求普遍实行"精兵简政"。

由此，在敌后抗战的严重困难时期，主要是从1942年开始，各抗日根据地的军事建设结合贯彻执行党的"精兵简政"政策并作为一项重要内容，从而在中共的集中统一领导下，由党、政、军、民、学各界密切配合、共同进行。

二 八路军、新四军实行精简整编，加强精兵建设

陕甘宁边区的八路军留守部队，自1941年12月开始，以正规化为目标，确定了精兵主义的建设原则，大力精简机关和人员，淘汰一些老弱病残，确定枪兵比例，统一与充实了主力军的编制。

晋西北军区1941年12月召开高干会议，制订了精简部队的计划和编余人员处理原则。各部队开始了以缩小机关、充实连队为中心的精简工作。

晋察冀边区于1942年1月确定对敌斗争的具体方针政策是实行精兵简政，缩编主力，加强地方武装和人民武装的建设，加强部队训练与培养干部，以支持长期战争。

八路军129师在1941年12月29日发布的命令中，把精兵简政作为1942年的中心任务之一。具体工作是实行整编，紧缩领导机关，充实战斗连队。

八路军115师主力入鲁之后，在山东分局领导下，将山东纵队化为地方军，由115师统一指挥全山东部队。山东分局、军区决定，各区党委实行一元化领导，统一军事指挥，主力地方化；撤销115师、山纵所属各旅支队番号，整编为13个兵员充实、领导坚强的主力团，其余编为地方武装，以加强地方武装与民兵的建设。

华中根据地绝大部分地区尚未达到脱产人员占总人口3%的比例；主力军、地方军及民兵，都还面临着大发展的形势。故中共华中局结合本地实际，具体部署精兵简政工作，以推进军事建设。

三 各根据地加强地方军与人民武装建设

陕甘宁边区的地方武装分为保安队和自卫军两种，边区政府将军事建设的重点置于自卫军，边区各县成立人民武装委员会，专门领导本县区的自卫军、少先队及属于本县区的地方保安队；县以上则统一在边区保安司令部系统之下。并于1942年5月22日的边区政府第十八次政务会议通过了新修订的《陕甘宁边区抗日自卫军组织条例》，组织游击队应对敌方进攻。针对自卫军建设出现的问题于1943年11月20日发出《关于整训自卫军的指示》，要求健全其领导机关，加强整编与训练，并完善其武器装备。

晋西北军区1941年7月通过了《晋西北抗日人民武装自卫队条例》。1942年底，晋西北自卫队员发展到15.94万人，民兵3.06万人，在抗日战场上发挥了巨大的作用。

晋察冀军区以主力团及地方游击队一部，编成新的地区队：北岳、平西、平北、冀东

共有 17 个地区队，冀中区也编成 14 个地区队，不同地区队分属于各个军分区。此后，又普遍整顿充实县、区基干游击队，健全了地方党委和地区队对游击队的领导体制。1942 年 4 月 25 日，中共北方分局发出《关于人民武装工作的指示》，要求人民武装今后必须具有军事性与群众性。此后，边区民兵总数由 1941 年的 30 万，增加到 1942 年的 40 万；同时发展兵工生产，解决民兵武器问题。

晋冀鲁豫边区在地方武装方面的主要措施是安置老弱病残人员，清洗不良分子，训练干部，加强党组织建设。边区民兵得到大发展，到 1944 年 4 月为止，全区已有民兵 40 万人。

中共山东分局 1941 年 7 月 4 日决定发布《抗战第五年的山东十项建设运动》，其第四项为"广泛建立与健全地方武装、民兵与普通自卫团，开展群众性游击战争"。到 1942 年底，民兵发展到 17 万余人，占全区人口的 2.3%，占青壮年的 21.5%；自卫团则发展到 82 万人。

中共华中局 1942 年 2—3 月第一次扩大会议上，刘少奇在政治报告中提出在继续提高主力军的同时，加强与扩大地方军，广大地建立与训练人民武装。1943 年 9 月 30 日，华中局发出了《对整理自卫军和提高民兵工作的指示》，要求各地进行自卫军和民兵之整理和提高其武装力量。到 1943 年底，边区的主力军、地方军发展到 4 万人。

总　结

第一，人民军队的建设，应审时度势地转变发展战略，并须以经济力量为基础、生产力为标准，走精兵之路。

中共中央、中央军委决定八路军、新四军实行精兵建设，而将根据地军事建设的主要注意力置于地方武装与人民武装的发展，这是一项审时度势的正确的战略决策。

抗日根据地开始军事建设不久，李鼎铭先生在陕甘宁边区第二届参议会上关于"精兵简政"的理由"军事政治之建立，必须以经济力量为基础"，长期被忽略而无闻。而抗日根据地所进行的军事建设，就是按照这一历史规律而进行的军事政治上的改革。进行军政机构、人员及编制体制的改革，是精兵简政政策之被提出和军事建设的大力开展深刻的内在的根本原因。因此，精兵简政政策绝非中共在抗战严重困难时期的权宜之计，而是认识与运用马克思主义历史规律的主观能动性使然。同时，中共中央、中央军委及毛泽东同志，在严重困难到来之际，果断领导根据地进行军事建设，适时提出精兵简政政策，有效克服了精兵简政政策在实际执行过程中的阻力，体现了作为马克思主义政党的中国共产党在政治上的成熟。抗战严重时期敌后根据地的军事建设，也为人民军队此后所进行的历次精简整编提供了宝贵的历史经验。

第二，抗日根据地的军事建设，标志着主力军、地方军与民兵"三结合"的人民战争武装力量体制的正式形成。

1941—1942年是敌后抗战的困难时期，也是抗日游击战争全面而深入的发展时期，出现了中国抗日战争史上最活跃、积极、生动、丰富的人民战争局面。中央军委指示，在主力军进行精兵建设的同时，重点发展地方武装与人民武装及其相关的武器装备问题。通过军事建设，在抗日根据地正式形成了主力军、地方军与民兵"三结合"的人民战争武装力量体制。纠正了全面抗战爆发后，敌后根据地主要集中于猛烈扩大八路军与新四军，忽略了地方武装与人民武装的同步发展等问题。八路军、新四军实行注重质量的精兵建设，更好地发挥了其作为抗日游击战争的主力与骨干的作用；而主力军的地方化，对于地方武装也是一个巨大的支持。抗日根据地党、政、军、民、学各种组织共同努力，集中力量、大力发展地方武装与人民武装，并通过民兵→地方军→主力军这一逐级递升的动员体制，实现了寓兵于民、全民皆兵，使得人民战争得到了真正的体现。

到1943年，绝大多数抗日根据地渡过了难关，转入恢复与巩固；党领导的人民抗日力量，又进入了"再上升"阶段。因此，严重困难时期抗日根据地形成与确立的"三结合"武装力量体制，是人民军队在抗战中继续获得大发展的一条成功经验，也是中国共产党在抗日战争时期军事建设上的一大创新与成就。中国共产党在敌后抗战严重困难时期，统一领导抗日根据地的党、政、军、民、学各组织，大力进行的包括军事建设在内的全方位建设，不但继续坚持和发展了抗日游击战争、发挥了中国抗日战争中流砥柱的作用，而且为人民军队和新中国的武装力量建设提供了宝贵的历史经验。

〔本文摘自《北京大学学报》2022年第4期。作者臧运祜，北京大学历史学系教授〕

第三个历史决议对新中国史研究的方法示范

朱汉国

2021 年 11 月，中共十九届六中全会通过的《中共中央关于党的百年奋斗重大成就和历史经验的决议》（以下简称"第三个历史决议"），不仅在党的历史上具有重要的政治和历史意义，而且对于我们认识历史发展、总结历史经验、探求历史规律，尤其是对新中国史研究具有重要的学术价值和现实意义。

一　大历史观为我们多维度审视新中国史提供了范本

在领导中国特色社会主义现代化建设的实践进程中，习近平同志在多种场合倡导全党要树立大历史观，认识中国历史和文化，提高治国理政能力。

大历史观要求我们从长时段、远距离、宽视野来审视新中国的历史发展，探析新中国史发展内涵，揭示新中国史发展趋势，评价新中国发展的历史方位。

第一，新中国史是五千多年中国历史的接续。中国历史悠久，中华文明源远流长。经过数千年历史积淀而形成的中华优秀传统文化、人民群众的聪明才智、不畏艰险的拼搏奋斗精神，成为新中国历史发生、发展的文化底蕴和不竭动力。经过 70 余年的砥砺奋进，自近代以来久经磨难的中国人民迎来了从站起来、富起来到强起来的伟大飞跃。新中国史已进入悠久中国历史上最炫丽的时期。

第二，新中国史是中国共产党百年奋斗史中重要的组成部分。究竟应如何认识新中国史与党史之关系，大历史观为我们提供了辨析二者关系的视角。我们既可在新中国史视域中审视党的领导力、执行力对新中国建设和发展的意义，也可在党史视域中检视新中国发展对党史的重要意义。新中国成立以来所取得的伟大成就和成功经验，充分证明中国共产党既能领导全国各族人民取得新民主主义革命胜利，也能领导全国各族人民建设一个社会主义现代化国家。

第三，新中国史是世界社会主义运动史中重要组成部分。新中国的成立，不仅壮大了世界社会主义阵营，而且显示了社会主义强大的生命力。在我国社会主义革命和建设中，尽管也经历了极其曲折的过程，但是中国经受了考验，顶住了多方压力，创造了令人瞩目的成就。充分体现了社会主义制度的优越性，也令世界看到了社会主义运动的希望与前景。

第四，新中国史是当代世界史中不可或缺的重要内容。近代以来的世界历史充分表明，各国的发展都不是孤立的。纵观新中国70多年的建设和发展历史，应该说，中国的建设成就一方面受益于借鉴世界发达国家的先进经验和发展中国家的互助，另一方面，中国在建设和发展中开辟的新道路、提出的新方案，尤其是中国庞大的经济体量、强大的综合国力和先进的国家治理模式也极大地推动了当今世界历史进程。中国的发展离不开世界，世界的发展也不能离开中国。

二　以中华民族伟大复兴为主题创建了新中国史研究新范式

目前，新中国史研究主要存在以下两种研究范式：一种是从国家发展史视角来观察新中国历史进程，可称为"国史范式"；另一种是从社会主义建设史视角来观察新中国历史的演进，可称为"社会主义史范式"。

第三个历史决议基于唯物史观，以历史大视野，把百年党史和七十余年新中国史置于中华民族伟大复兴进程中，揭示了近代以来中国历史发展的主题就是实现中华民族伟大复兴，从而创造性地提出了党史、新中国史研究的新范式。我们可把这种研究范式称为"中华民族复兴史范式"。纵观70多年的新中国史，就是一部实现中华民族伟大复兴的历史，新中国成立、改革开放、中国特色社会主义进入新时代，是其进程中的三座丰碑。

1949年新中国成立，是中华民族伟大复兴进程中一件具有里程碑意义的重大事件。从新中国成立到改革开放前夕，新中国史之于实现中华民族伟大复兴历史进程的意义，就是为实现中华民族伟大复兴奠定了根本政治前提和制度基础、物质基础。

1978年，中共十一届三中全会做出改革开放的重大决策，是实现中华民族伟大复兴进程中又一件具有里程碑意义的重大事件。从改革开放后到中共十八大，新中国史之于实现中华民族伟大复兴进程的意义，就是为实现中华民族伟大复兴提供了充满活力的体制保证和快速发展的物质条件。

2012年中共十八大宣告中国特色社会主义进入新时代，这是中华民族伟大复兴进程中又一件具有里程碑意义的重大事件。以习近平同志为核心的党中央面对中国社会主要矛盾的变化、世界百年未有之大变局，牢记实现中华民族伟大复兴之使命，提出了一系列新理论新思想新战略，制定了一系列重大方针政策，推出了一系列重大举措，推动新中国政治建设、经济建设、文化建设、社会建设、生态文明建设取得了历史性成就，为实现中华民族伟大复兴提供了更为完善的制度保证、更为坚实的物质基础、更为主动的精神力量，中华民族伟大复兴进入不可逆转的进程。

三　基于正确党史观提出了可资新中国史研究的方法范例

第三个历史决议运用正确党史观对党的百年奋斗伟大成就和历史经验的总结，提出了一系列可资新中国史研究利用的基本观点和方法范例。

（一）用具体历史的、客观全面的、联系发展的观点看待历史

用具体历史的、客观全面的、联系发展的观点看待历史，既是研究党史的基本观点，也是研究新中国史的态度和方法。我们用辩证的、联系发展的观点去看待改革开放前和改革开放后两个历史时期，两个历史时期都是我国社会主义现代化进程中不可或缺的，也是中华民族伟大复兴进程中不可或缺的。没有改革开放前打下的理论基础、制度基础和物质基础，改革开放和中国特色社会主义道路也难以起步。但没有实行改革开放，并坚定不移地坚持社会主义方向，社会主义中国的各项建设事业也不可能取得如此伟大成就。

（二）要准确把握历史发展的主题主线

历史发展的主题究竟是一个还是多个？历史发展的主线究竟是一条还是多条？我们也可理解新中国史的主题可以有多种表述，主线也可以多条呈现。笔者认为，这些主题是互相联系的，主线是并行不悖的。不同历史主题的表述，只是观察历史发展的视域不同、视角不同。在实现中华民族伟大复兴主题主线下，实际上蕴含了社会主义建设和现代化强国建设的主题主线内容。但不论何种表述，新中国史研究必须准确把握历史发展的主题主线，不拘泥于个别细节，这是我们研究新中国史的基本态度和方法。

（三）要正确对待历史前进道路上经历的失误和曲折

新中国史研究该如何看待失误与曲折？能否正确认识新中国史上的成就与失误？这实际涉及能否准备把握新中国历史发展的主流问题。要正确看待新中国历史发展中的失误与曲折，应秉持实事求是的原则，具体情况具体分析。

一是要分析失误和错误的涉及面，是个别、局部现象还是普遍、全局性的问题。

二是要分析造成失误和错误的原因。新中国成立后，我国在社会主义革命和建设过程中出现的失误和曲折，既有客观原因，也有主观原因。从主观上说，出现的失误与错误，与我们的思想方法、工作方法、工作作风有关。应该说，因主观因素导致的错误是可以避免的。这也是我们在新中国史研究中需加以重点总结的，要引以为鉴。

三是要把失误和曲折与同期所取得的成就置于同一历史时空中加以分析，并用联系发展的观点准确把握历史发展的主流。纵观新中国前30年的历史，我国确实出现了一些失误，有些失误甚至是全局性的。对此，我们绝不能掩饰，否则我们难以吸取教训。但我们也不能夸大其影响，更不能由于前进道路中出现失误与曲折而全面否定新中国前30年历史。如果把新中国所取得的成就和出现的失误置于新中国70多年的历史进程中加以考察，我们就不难看出成就是主要的，失误只是局部的。如果把70多年的新中国史比作一条历史长河，取得的成就就是主流，失误只是支流。纵观新中国70多年的历史，全国人民在党的领导下开展的社会主义革命和建设并取得伟大成就，始终是新中国史发展的主流。

伴随着实现中华民族伟大复兴的推进，新中国已走过70多年历程，新中国史研究也经历了从初创、发展到繁荣的过程。如何深化新中国史研究，仍是我们史学研究工作者需进一步思考的问题。第三个历史决议是一篇正确认识、分析、总结、书写历史的经典文献，它昭示的史学认识、史学研究态度和史学研究方法，为我们深化新中国史研究树立了典范。

〔本文摘自《当代中国史研究》2022年第4期，原题为《范本、范式、范例：第三个历史决议对新中国史研究的方法示范》。作者朱汉国，北京师范大学历史学院教授〕

篇目推荐

史学理论与中国史学史

成一农、陈涛：《"中国疆域沿革史"历史书写发展脉络研究》，《思想战线》2022 年第 1 期。

陈娇娇、张秋升：《古代史家责任意识探析》，《齐鲁学刊》2021 年第 6 期。

曹刚华：《中国佛教史学批评的发展与变化》，《世界宗教研究》2021 年第 6 期。

龚艳：《大一统意识与〈魏书·西域传〉的书写》，《宁夏社会科学》2022 年第 3 期。

梁晨：《技术方法的引入与时代新史学的形成》，《南京大学学报》（哲学·人文科学·社会科学）2022 年第 2 期。

李红岩：《历史学的原生形态及其质文递变》，《东南学术》2022 年第 1 期。

刘家和：《"编年史"在中西史学传统中含义的异同》，《史学月刊》2022 年第 3 期。

李勇：《"西周封建说"首创之问题探析——关涉吕振羽、范文澜和吴玉章之学术影响》，《云南大学学报》（社会科学版）2022 年第 1 期。

罗志田：《走向特殊规律：范文澜关于"汉民族形成"的思考》，《天津社会科学》2021 年第 5 期。

苗润博：《元修〈辽史〉契丹早期史观解构》，《中山大学学报》（社会科学版）2022 年第 4 期。

乔治忠：《论历史认识的检验标准》，《南开学报》（哲学社会科学版）2021 年第 5 期。

瞿林东：《论新时代中国特色历史学基本理论问题》，《北京师范大学学报》（社会科学版）2022 年第 4 期。

戚裴诺：《"我者"与"他者"的交织：汉唐间正史的族源叙事》，《郑州大学学报》（哲学社会科学版）2022 年第 1 期。

钱茂伟、王笑航：《董朴垞〈中国史学史长编〉：20 世纪 70 年代的中国史学史代表作》，《史学史研究》2021 年第 4 期。

孙红梅：《中华民族共同体视域下的元代"中国"认同》，《陕西师范大学学报》（哲学社会科学版）2022年第4期。

吴英：《构建具有中国特色的史学理论学科体系和话语体系的思考》，《江海学刊》2022年第1期。

王晴佳：《史学史研究的性质、演变和未来：一个全球的视角》，《河北学刊》2021年第5期。

王应宪：《史海津梁：历史辞典与中国近代史学》，《人文杂志》2022年第7期。

吴原元：《百年来中国学人的美国中国学研究进路及其反思》，《南京理工大学学报》（社会科学版）2022年第3期。

谢贵安：《清代史学的近代择受及重构论析》，《中国高校社会科学》2022年第4期。

尤学工：《论中国近现代历史教育研究的基本问题》，《史学史研究》2022年第1期。

张俊峰：《中国水利社会史研究的空间、类型与趋势》，《史学理论研究》2022年第4期。

张绪山：《论以史为鉴有效性的限度》，《清华大学学报》（哲学社会科学版）2022年第3期。

张越：《中国马克思主义史学的形成与社会史论战》，《近代史研究》2021年第5期。

庄亚琼：《欧美〈史记〉〈汉书〉史表研究述评》，《中国史研究动态》2022年第3期。

邹兆辰：《史学社会功能在历史进程中的演变与提升》，《史学理论与史学史学刊》2021年下卷（总第25卷）。

晁福林：《"大夷"之力：中华民族形成过程的重要进阶》，《历史研究》2022 年第 3 期。

陈絜、聂靖芳：《甲骨金文中的束族与商周东土族群流动》，《史学月刊》2022 年第 1 期。

程浩：《从"盟府"到"杏坛"：先秦"书"类文献的生成、结集与流变》，《清华大学学报》（哲学社会科学版）2021 年第 6 期。

黄开国：《春秋时期重民的社会思潮》，《社会科学战线》2022 年第 6 期。

李忠林：《先秦时期的族武装考论》，《陕西师范大学学报》（哲学社会科学版）2022 年第 4 期。

卢中阳：《先秦指定服役制度述论》，《四川大学学报》（哲学社会科学版）2022 年第 4 期。

马赛：《试论商周时期关中地区的人群构成——以墓葬材料为中心》，《考古与文物》2022 年第 4 期。

钱杭：《西周单氏〈逨盘〉铭文中的世系性质与宗法问题》，《史林》2022 年第 3 期。

王坤鹏：《"均"之思：社会转型期思想变化的一个案例》，《孔子研究》2022 年第 1 期。

王晓鹏：《从彭阳姚河塬卜骨刻辞看西周早期西北边域族群关系》，《古代文明》2022 年第 2 期。

阎步克：《先秦礼书中的"五十养于乡"、"五十而爵"——一个基于"父老体制"的观察》，《中华文史论丛》2022 年第 1 期。

于薇：《从朝觐站班"五爵三等"看周代封国政治的血缘性——基于〈逸周书〉的解读》，《史学月刊》2022 年第 7 期。

朱彦民：《甲骨文所见天下"四方"观念》，《殷都学刊》2022 年第 1 期。

张淑一：《穆伯奔莒：社会文化史视野下〈左传〉史事新研》，《东岳论丛》2022 年第 7 期。

冯渝杰：《汉代长安的神圣化与大众信仰》，《历史研究》2021 年第 6 期。

符奎：《闾里化与自然性：秦汉聚落形态的演变》，《中国史研究》2022 年第 2 期。

姬丽君、黄朴民：《"河图""洛书"与汉代的经义阐释》，《国学学刊》2021 年第 4 期。

凌文超：《秦汉注籍身份异同论——以簿籍分类为前提》，《中国史研究》2022 年第 1 期。

李恒全、许欣：《论秦汉田税征收方式及其变化过程》，《史学月刊》2022 年第 3 期。

刘洁、成一农：《东汉光武帝时期的"州牧制"》，《南都学坛》2022 年第 3 期。

王萍：《简牍所见秦代徭戍程序考论》，《中国社会经济史研究》2022 年第 2 期。

王彦辉：《秦汉时期的"更"与"徭"》，《中国社会科学》2022 年第 2 期。

吴晓丰：《星象中的官制史：执法、上相与汉唐间的宰相制度变迁》，《文史》2021 年第 3 辑。

徐建委：《独尊儒术的历史进程》，《中国人民大学学报》2022 年第 3 期。

杨继承：《汉人对时日禁忌的反思与批判》，《中山大学学报》2021 年第 5 期。

徐畅：《再谈汉吴简牍中的"长沙太守中部督邮书掾"》，《文物》2021 年第 12 期。

朱丽双、荣新江：《两汉时期于阗的发展及其与中原的关系》，《中国边疆史地研究》2021 年第 4 期。

张瀚墨：《延长中心，羁縻边疆：早期政治地理模式影响下汉帝国对西域的经营与书写》，《中国人民大学学报》2021 年第 6 期。

成祖明、张洪玮:《孙吴立国的结构性矛盾与文治化转型》,《南京大学学报》2021年第6期。

董刚:《重释南北朝文献的"素族"》,《中华文史论丛》2021年第4期。

洪斌:《六朝的"伧"》,《南京晓庄学院学报》2022年第4期。

胡鸿:《且停酪酒度荒年:释北魏正始四年禁河南畜牝马》,《中华文史论丛》2022年第4期。

胡胜源:《帝纪微言:〈魏书〉北魏末诸帝的书写与东魏北齐正统性的建构》,《文史哲》2022年第1期。

李亮:《北朝隋唐都城空间区划制度的演变——以"坊""里"的使用为中心》,《中国历史地理论丛》2022年第1期。

楼劲:《魏晋南北朝儒学的发展》,《历史研究》2022年第3期。

曲安京:《魏晋南北朝时期穹隆顶墓室结构与牟合方盖》,《西北大学学报》(哲学社会科学版)2022年第5期。

石硕:《胡入中华:"中华"一词的产生及开放性特点》,《清华大学学报》2022年第4期。

石小英:《魏晋南北朝时期尼僧与世俗家庭的关系》,《敦煌学辑刊》2021年第4期。

汪华龙:《避籍与同宗:魏晋凉州刺史太守考论》,《西域研究》2022年第3期。

薛海波:《论东晋北伐的巴蜀因素与门阀政治》,《史林》2022年第6期。

严耀中:《魏晋南北朝"医"身份辨析》,《史林》2022年第1期。

晏可艺:《阿育王生因缘故事所见法律观——从岑仲勉著〈隋唐史〉谈起》,《魏晋南北朝隋唐史资料》2022年第5期。

杨雅婷、王铿:《论晋末南朝时期的"岭南之弊"》,《中南大学学报》(社会科学版)2022年第2期。

杨英：《曹魏、西晋郊礼重构及其对郑玄、王肃说之择从》，《史学集刊》2021年第5期。

庄芸：《西魏北周"大诰体"兴废考论》，《北京大学学报》（哲学社会科学版）2022年第2期。

白玉冬、张庆祎：《碎叶出土残碑再考——唐伊犁道行军相关史事蠡测》，《敦煌学辑刊》2021年第3期。

陈丽萍：《再议唐"十王宅制"》，《中国史研究》2022年第1期。

陈明光：《唐朝"两税法"税制要素欠缺析论》，《厦门大学学报》（哲学社会科学版）2022年第4期。

丁俊：《唐开元时期军政体制下的西州财务收支蠡测》，《敦煌研究》2022年第2期。

范恩实：《唐羁縻州制度是一体而治的重要一环》，《历史评论》2022年第1期。

管俊玮：《从国图藏BD11178等文书看唐代公文钤印流程》，《文献》2022年第1期。

郭桂坤：《唐瀚海、单于二都护府初置年代再考》，《中国历史地理论丛》2022年第3期。

李瀚：《唐后期藩镇官员兼宪衔探析——兼论御史台与藩镇的关系》，《唐宋历史评论》第9辑。

李佳：《唐中后期河曲地区的黄河水运》，《文史》2022年第2期。

李军：《唐大中三年宣宗收复三州七关事发微》，《中国边疆史地研究》2022年第4期。

刘子凡：《"天可汗"称号与唐代国家建构》，《历史研究》2021年第6期。

罗祎楠：《认识论视野中的唐宋变革问题》，《北京大学学报》（哲学社会科学版）2022年第4期。

秦中亮：《论唐代皇室与河朔节度使家族的联姻》，《学术月刊》2021年第10期。

庆昭蓉、荣新江：《唐代碛西"税粮"制度钩沉》，《西域研究》2022年第2期。

仇鹿鸣：《"伪梁"与"后唐"：五代时期的正统之争》，《历史研究》2021年第5期。

沈一民：《唐代封贡体系下的贡物制度——以渤海国贡物为视角》，《江西社会科学》2022年第6期。

唐雯：《〈旧唐书〉中晚唐人物列传史源辨析——以〈顺宗实录〉八传为中心》，《中华文史论丛》2022年第2期。

王孙盈政：《唐代宗、德宗两朝"恢复旧制"的改革与尚书省转型》，《唐研究》第27辑。

闻惟：《〈旧唐书·职官志〉编纂及其史源综考》，《文史》2022年第1期。

吴树国：《赋役制度变迁视域下的唐后期乡村治理》，《史学集刊》2022年第1期。

武绍卫：《从崇佛到限佛：唐僧义竑及其经历的两个时代（武后—中宗、睿宗—玄宗）》，《中华文史论丛》2022年第2期。

夏炎：《唐代地方官府水旱祈祷与水利资源控制——以泉神祠庙石刻为中心》，《史学集刊》2021年第6期。

谢守华:《隋唐之际稽胡族群的地域结构与政治动向》,《唐史论丛》第34辑。

游自勇、冯璇:《会昌法难后之寺院重建与规制——以宜兴善权寺为例》,《文史》2022年第1期。

张天虹:《唐朝的"官爵威命"与河朔藩镇》,《首都师范大学学报》(社会科学版)2022年第4期。

张艳玉:《唐后期五代宋初敦煌僧尼养老优老问题初探》,《敦煌学辑刊》2021年第4期。

周奇:《唐代的度牒文书》,《史林》2022年第3期。

宋元明清史

包伟民:《"唐宋变革论":如何"走出"?》,《北京大学学报》(哲学社会科学版)2022年第4期。

陈峰:《宋代的文官掌军制度及其效应》,《中国社会科学》2022年第7期。

陈希丰:《以武制文与三司分立:南宋初年川陕高层的权力格局》,《文史》2021年第4期。

陈晓伟:《辽朝横帐新论》,《史学月刊》2022年第2期。

邓小南:《再谈走向"活"的制度史》,《史学月刊》2022年第1期。

龚延明:《宋代官品与品官制度》,《中华文史论丛》2022年第2期。

顾成瑞:《宋代义门优免制度的实践——以〈余姚开元刘氏家谱〉所收宋公文书考析为中心》,《文史》2022年第1期。

韩冠群:《感戴报德与循吏象征:宋代生祠的盛行与地方社会》,《史学集刊》2021年第6期。

胡坤:《评黄宽重〈孙应时的学宦生涯〉——兼谈孙应时改官的问题》,《中国史研究》2022年第1期。

黄纯艳:《北宋财政能力与国家治理》,《史学集刊》2021年第5期。

贾连港:《南宋初年中央统军体制的调试及其运作方式研究——以御营使司的兴废为线索》,《中国史研究》2021年第4期。

孔妮妮:《从"伪学"到正学:朱子学说在南宋后期的发展传播与道统的政治建构》,《史林》2022年第3期。

李金闯:《宋代货币比价研究》,《中国经济史研究》2022年第3期。

苗润博:《民族记忆抑或家族标识?——契丹漆水郡望探赜》,《中国史研究》2022年第2期。

任石：《试论南宋班位——兼谈杂压功能的多元化趋向》，《古代文明》2022年第1期。

王善军：《女真贵种与金代政治文明的演变》，《中国社会科学》2022年第6期。

袁钰莹：《五代两宋荆湖地区商业城镇发展及其格局演变》，《中国经济史研究》2022年第5期。

曹金成：《元代"黄金家族"称号新考》，《历史研究》2021年第4期。

陈希：《元代中政院及其政治参与》，《文史》2022年第1期。

陈新元：《灭乞里氏只儿哈郎家族史事考略——元代色目家臣政治地位之一斑》，《中国边疆史地研究》2022年第2期。

范家伟：《元代地方官、医官、医者与三皇庙》，《中华文史论丛》2021年第3期。

黄忠鑫：《寄庄户的成立与长期延续——徽州富溪程氏家族宋元明文书考析》，《中国经济史研究》2021年第6期。

姬庆红：《〈马可·波罗行纪〉所记甘州之真实性》，《中国历史地理论丛》2022年第2期。

贾建增：《元代元日朝会考》，《中国史研究》2021年第4期。

李春圆：《元代借贷利率研究》，《暨南史学》2022年第1期。

李鸣飞：《元中后期纸币控制政策及影响》，《历史研究》2021年第5期。

马晓林：《元朝太庙祭祀中的"国礼"因素》，《历史研究》2022年第3期。

乔志勇：《论蒙元时期人身依附中的"对称结构"——从银延寿奴"杀害"驱口案谈起》，《中华文史论丛》2022年第2期。

田俊武、尚秀玲：《〈悠傲信件〉所见13世纪欧洲文献中的蒙古形象》，《国际汉学》2022年第2期。

王青：《元代制盐典籍〈熬波图〉作者及成书背景新证》，《盐业史研究》2022年第2期。

温海清：《臣服或毁灭：使臣见杀、遭囚视阈下的蒙元对外政策再检讨》，《文史》2021年第3期。

温旭：《"明文之争"影响下的元末政局》，《暨南史学》2021年第2期。

张春海：《高丽文献中的蒙、丽"兄弟之盟"——事实、认同与话语》，《安徽史学》2021年第5期。

陈时龙：《明代诏敕的赍送与传播》，《中国史研究》2021年第3期。

丁亮：《市场与徭役：明代地方政府的财政流通机制探论》，《中国经济史研究》2021年第5期。

杜新豪：《课晴问雨：明代中后期日用类书中的农业占候研究》，《史林》2021年第4期。

高寿仙：《明中叶白莲教系文献之一角——成化"禁书目录"与〈钦明大狱录〉所载"妖书"》，《明清论丛》2021年第20辑。

郭红：《军亦吾之民：明末判例判牍中的卫所司法地方化》，《中华文史论丛》2021年第

3 期。

侯振龙：《品尝权力——黄鼠与明代饮食文化》，《古代文明》2022 年第 2 期。

马子木：《明季浙党考》，《文史》2022 年第 1 期。

宋上上：《论明代南京快船军役编佥方式的演变》，《史学月刊》2022 年第 8 期。

田琳：《新见明代洪武初年浙江卫所文书考》，《文史》2022 年第 1 期。

王吉辰：《游走于官民之间——阴阳学制度的兴衰及在明代中期的职能转变》，《自然科学史研究》2021 年第 3 期。

王小文、贾浩：《中国国家博物馆藏明〈九边图〉屏研究》，《中国国家博物馆馆刊》2022 年第 7 期。

温海波：《杂字读物与明清识字问题研究》，《安徽史学》2021 年第 4 期。

吴兆庆、吴涛：《明代两畿鲁豫俵马折价和市场价格研究》，《中国农史》2022 年第 1 期。

希都日古：《关于马可古儿吉思可汗时期明朝与蒙古的关系》，《中国边疆史地研究》2021 年第 4 期。

张金奎：《明朝立国前后的军中舍人与演武余丁》，《安徽史学》2021 年第 5 期。

陈跃：《因旧与革新——清朝前中期西北边疆治理体制研究》，《明清论丛》第 20 辑，2021。

陈章：《清代"北五省"与"南五省"地理概念探源》，《中国史研究》2022 年第 1 期。

何一民、陆雨思：《清代珠江沿江城市空间分布及特征》，《史学集刊》2021 年第 5 期。

刘希洋：《检方施治：防疫方书与清代的疫情防控》，《清史研究》2022 年第 1 期。

刘永华：《祀典仪式视野下的明清省制演进》，《历史研究》2021 年第 4 期。

罗检秋：《从"崇儒"到"重道"——清初朝廷对民间理学的认同及歧异》，《北京师范大学学报》（社会科学版）2022 年第 4 期。

王晗：《清代基层官员的环境感知与地方治理——基于陕北黄土高原的考察》，《苏州大学学报》（哲学社会科学版）2021 年第 6 期。

钟焓：《历史人类学视角下的清代蒙藏关系再思考——兼论所谓"西藏佛教世界"共同体的成立性问题》，《文史哲》2022 年第 2 期。

周建波、曾江、周子超：《清代江南农村手工业生产性借贷的高利率影响探析——兼谈早期工业化走向近代工业化的金融条件》，《清史研究》2021 年第 6 期。

朱汉民、郎玉屏：《清代西南边疆少数民族儒家文化认同研究》，《湖南大学学报》（社会科学版）2022 年第 1 期。

中国近现代史

蔡纪风：《同光之际的西礼知识、体验与译介》，《学术月刊》2022 年第 4 期。

陈阳：《区域的统一：民国时期左翼拉丁化新文字运动的方言视域》，《史林》2021 年第 5 期。

邓燕：《历史、文化与民族：20 世纪前期中国文化史的兴起》，《史学理论研究》2022 年第 1 期。

贺江枫：《流动性军阀的生存逻辑：孙殿英西进与北方政局之变动（1933—1934）》，《史林》2021 年第 6 期。

贺雪娇、贺怀锴：《苏联援助中国陆军建设述论》，《安徽史学》2022 年第 4 期。

侯庆斌：《1921 年陈独秀在上海被捕事件探赜》，《近代史研究》2021 年第 6 期。

姬凌辉：《20 世纪三四十年代国民政府公医制新探》，《史学月刊》2022 年第 5 期。

贾琳：《清季士人群体的"明遗民"记忆及其政治文化效应》，《安徽史学》2022 年第 4 期。

贾小叶：《论梁启超近代国家思想提出的内在逻辑——以〈清议报〉为中心》，《近代史研究》2022 年第 1 期。

刘晨：《太平天国社会治理方略的近代化建构——〈资政新篇〉新解读》，《近代史研究》2022 年第 3 期。

马陵合：《路权变动下胶济铁路货捐的开征与滥征（1924—1931）》，《近代史研究》2022 年第 4 期。

倪玉平：《清朝咸同时期的政府借债》，《清华大学学报》（哲学社会科学版）2022 年第 2 期。

瞿骏：《20 世纪初社会主义在江南的传播》，《历史研究》2021 年第 6 期。

孙贝贝：《1949 年前后各方对蒋介石出处的设计与蒋的应对》，《安徽史学》2022 年第

2 期。

王建伟:《1928 年京津易帜与国民党人的北京论述》,《安徽史学》2022 年第 2 期。

王毅:《主义、组织与群众：中国共产党成立初期的特质》,《历史研究》2022 年第 4 期。

王玉玲:《清末民初"新中国"一词的概念内涵与话语演进》,《史学月刊》2021 年第 8 期。

萧冬连:《关于改革开放起步时期国际环境的考察》,《中共党史研究》2022 年第 4 期。

肖存良:《中共一大与统一战线关系再研究》,《中共党史研究》2021 年第 5 期。

徐玲:《1949—1961 年故宫博物院革命性改造的历史考察》,《史学月刊》2022 年第 6 期。

朱英:《再论辛亥革命前的上海商会与抵制美货运动》,《史林》2021 年第 6 期。

左玉河:《中国社会史论战与马克思主义史学的崛起》,《历史研究》2022 年第 2 期。

图书在版编目(CIP)数据

中国历史文摘. 2022年卷：总第3卷 / 李军主编
. -- 北京：社会科学文献出版社，2023.8
ISBN 978-7-5228-2004-0

Ⅰ. ①中… Ⅱ. ①李… Ⅲ. ①中国历史－文集 Ⅳ.
①K207-53

中国国家版本馆CIP数据核字（2023）第113004号

中国历史文摘 2022年卷（总第3卷）

主　　编 / 李　军
执行主编 / 张　峰

出 版 人 / 冀祥德
责任编辑 / 郑彦宁
文稿编辑 / 窦知远
责任印制 / 王京美

出　　版 / 社会科学文献出版社·历史学分社（010）59367256
　　　　　地址：北京市北三环中路甲29号院华龙大厦　邮编：100029
　　　　　网址：www.ssap.com.cn
发　　行 / 社会科学文献出版社（010）59367028
印　　装 / 三河市龙林印务有限公司

规　　格 / 开　本：787mm×1092mm 1/16
　　　　　印　张：36　字　数：757千字
版　　次 / 2023年8月第1版　2023年8月第1次印刷
书　　号 / ISBN 978-7-5228-2004-0
定　　价 / 168.00元

读者服务电话：4008918866